# LTE et les réseaux 4G

G. PUJOLLE. – **Les Réseaux**.
N°13852, 8ᵉ édition, 2014, 780 pages.

J.-F. BOUCHAUDY. – **Linux Administration. Tome 3 : sécuriser un serveur Linux**.
N°13462, 2ᵉ édition, 2012, 512 pages.

L. LEVIER, C. LLORENS. – **Tableaux de bord de la sécurité réseau**.
N°12821, 3ᵉ édition, 2010, 562 pages.

P. SULTAN. – **Asterisk**.
N°12434, 2009, 298 pages.

P. N. HANSTEEN. – **Le livre de Packet Filter**.
N°12516, 2009, 190 pages.

S. BORDERES. – **Authentification réseau avec Radius**.
N°12007, 2006, 300 pages.

Sous la direction de Guy Pujolle

# LTE et les réseaux 4G

Yannick Bouguen

Éric Hardouin

François-Xavier Wolff

Préface d'Alain Maloberti

Troisième tirage 2015

EYROLLES

ÉDITIONS EYROLLES
61, bd Saint-Germain
75240 Paris Cedex 05
www.editions-eyrolles.com

# Préface

L'idée d'une nouvelle technologie mobile, plus performante que la 3G et ses évolutions, a vu le jour au milieu des années 2000, au sein du groupe 3GPP, l'organisme de normalisation des systèmes mobiles 3G UMTS. Poussé par les opérateurs qui pressentaient le besoin à venir d'un système mobile conçu autour des services de données très hauts débits, avec plus de capacité, plus de vitesse, plus facile à déployer et à exploiter, le groupe 3GPP a commencé des études sur ce qui a alors été appelé LTE (*Long Term Evolution*).

Mais le LTE n'allait pas rester longtemps une vision à long terme, et est vite devenu nécessaire pour faire face aux besoins croissants d'échanges de données en mobilité.

En effet, la fin des années 2000 et le début des années 2010 ont vu une véritable révolution dans l'usage et la consommation de services de données depuis un téléphone mobile. Cette révolution a été rendue possible par la conjonction de deux facteurs : d'une part l'apparition et la généralisation de « téléphones intelligents » (smartphones, puis tablettes), dans le sillage de la commercialisation du premier modèle i-Phone d'Apple et de son écosystème d'applications ; d'autre part le déploiement généralisé des évolutions de la norme UMTS sur les réseaux, dites 3G+ (ou HSPA, pour *High Speed Packet Access*, puis HSPA+), entraînant une amélioration significative de leur performance pour les transmissions de données. Ces deux progrès simultanés ont mis en route un cercle vertueux de développement des usages clients, et de développements d'applications, mises à disposition de ces clients à travers les kiosques d'applications (*appshops*), et leur permettant de nouveaux usages. Ces derniers augmentent à leur tour l'attente des clients pour une meilleure qualité et une plus grande performance des réseaux, que ce soit en termes de débits disponibles ou en termes de temps de réponse pour accéder aux applications.

L'impact de cette révolution des usages sur le trafic de données véhiculé par les réseaux mobiles ne s'est pas fait attendre ; il s'est manifesté par des croissances annuelles de trafic de 60 % à plus de 100 % selon les pays. Sur dix ans, de tels taux de croissance aboutissent à une multiplication du trafic de données sur les réseaux mobiles par un facteur de 100 à 1 000.

Les possibilités d'augmenter les performances et la capacité avec les technologies 3G dans les bandes de fréquences existantes à l'époque ont été utilisées, avec le début du déploiement de technologies 3G dans les bandes de fréquences 2G, et avec l'utilisation des différentes étapes du HSPA et du HSPA+. Mais il est vite apparu que seules la nouvelle génération LTE (aussi appelée 4G) et de nouvelles bandes de fréquences (en Europe, autour de 2,6 GHz, ou, suite au dividende numérique, autour de 800 MHz) seraient à même de satisfaire les besoins à venir.

La technologie LTE/4G, conçue et optimisée pour la transmission de données, fournit des réponses aux attentes des clients, avec des débits crêtes plus importants, et des temps de réponse (latence) plus faibles, mais aussi aux besoins des opérateurs, avec une capacité par unité de fréquence plus importante et des fonctions permettant d'assurer de manière optimale l'interaction entre les différentes technologies (2G, 3G ou LTE/4G) qui seront disponibles pour les terminaux. Elle permet ainsi d'utiliser au mieux les nouvelles bandes de fréquences et de réutiliser de façon plus efficace celles qui sont occupées actuellement par des technologies 2G. Comme la 3G, cette nouvelle technologie est appelée à évoluer dans le temps pour améliorer ses performances. C'est, pour la première fois, une technologie unique à l'échelle de l'ensemble de la planète, évolution convergente de la « famille » GSM-3G et de la « famille » CDMA, ce qui lui permet de bénéficier de l'ensemble des forces de développement de l'industrie pour son évolution.

Cette quatrième génération connaît déjà, en 2012, un formidable succès commercial en Amérique du Nord, et est en cours ou en préparation de déploiement dans l'ensemble des pays d'Europe, en suivant le rythme des allocations de nouvelles fréquences par les différents états. Il est donc important d'expliquer les principes de cette nouvelle technologie à l'ensemble des acteurs qui participent à ce déploiement. C'est l'ambition de ce livre qui couvre non seulement les domaines contribuant à la performance technique, mais aussi les fonctions d'exploitation, comme celles d'auto-organisation des réseaux (fonction SON, pour *Self-Organising Networks*) qui permettront d'insérer ce réseau de nouvelle génération dans ceux existants. Le succès de cette nouvelle génération se mesurera non seulement au fait qu'elle tient ses promesses technologiques, mais aussi au fait que les clients, équipés de terminaux multistandards (2G, 3G et LTE/4G), pourront utiliser en toute occasion la technologie disponible la plus performante à l'endroit où ils se trouvent, et ceci sans couture.

Gageons que cet ouvrage y contribuera.

Alain MALOBERTI
Directeur de l'architecture et de l'ingénierie des réseaux
Groupe France Télécom – Orange

# Table des matières

# Avant-propos

Ce livre a pour ambition de présenter la technologie LTE normalisée par le 3GPP, de manière accessible et commentée. Les concepts et techniques qui la sous-tendent sont expliqués en des termes aussi simples que possible, de sorte que le lecteur non nécessairement familier avec les systèmes radio mobiles puisse acquérir une vue d'ensemble de leurs principes de fonctionnement. Le lecteur déjà familier avec les technologies GSM et UMTS/HSPA trouvera une description détaillée des principaux mécanismes normalisés en LTE, ainsi que les motivations des choix de conception associés. Si certaines parties sont accessibles à tous, la plupart d'entre elles présupposent que le lecteur possède une formation élémentaire en communications numériques. De même, si nous avons autant que possible limité l'usage des mathématiques, un nombre restreint de parties supposent que le lecteur ait des connaissances en algèbre linéaire et probabilités.

Il est important d'indiquer que ce livre est conçu comme un compagnon explicatif aux spécifications du LTE, mais ne prétend pas s'y substituer. En particulier, nous ne décrivons pas dans tous leurs détails l'ensemble des mécanismes normalisés, mais donnons les clés des principaux pour que le lecteur puisse déchiffrer par lui-même les spécifications. Par ailleurs, ces dernières sont par nature appelées à évoluer au cours du temps : de nouvelles fonctionnalités sont régulièrement introduites, des corrections (mineures) pouvant aussi être apportées. Le livre se concentre sur les spécifications de la première version du LTE (appelée la Release 8 du 3GPP), un chapitre étant dévolu à son évolution LTE-Advanced (définie à partir de la Release 10).

Toutes les spécifications et rapports techniques du 3GPP auxquels nous nous référons dans cet ouvrage sont disponibles en ligne à l'adresse http://www.3gpp.org/specification-numbering. Nous citons également souvent des documents discutés en réunion de normalisation ; ces derniers sont disponibles sur le site Internet du 3GPP, à l'adresse http://www.3gpp.org/ftp/.

Notons enfin que les opinions exprimées dans ce livre sont celles des auteurs et ne reflètent pas nécessairement celles de leur employeur.

Nous espérons que ce livre sera utile à la compréhension de cette nouvelle technologie, appelée à devenir incontournable dans le quotidien de chacun dans le futur.

Yannick Bouguen, Éric Hardouin et François-Xavier Wolff

# Remerciements

Un certain nombre de personnes ont contribué à ce livre, directement ou indirectement, et nous souhaitons les y associer ici.

Nous adressons tout d'abord nos vifs remerciements à Alain Maloberti, directeur de l'architecture et de l'ingénierie des réseaux du groupe France Télécom–Orange, pour son soutien à cet ouvrage et l'honneur qu'il nous fait en acceptant d'en rédiger la préface.

Nous remercions chaleureusement Loïc Brunel, Jaafar Chafai El Alaoui, David Freyermuth, Nicolas Gresset, Daniel Jaramillo Ramirez, Marios Kountouris, Raphaël Le Bidan, Rodolphe Legouable, David Mazzarese, Dinh Thuy Phan Huy, Thomas Sälzer et Dragan Vujcic, pour leur relecture attentive et leurs commentaires judicieux, qui ont joué un rôle déterminant dans l'amélioration de la qualité de cet ouvrage.

Ce livre est aussi le résultat de discussions actives avec nos collègues du monde des réseaux radiomobiles, du groupe France Télécom–Orange lors de notre travail quotidien, comme des sociétés membres du 3GPP au cours des réunions de normalisation du 3GPP. Nous leur devons une grande partie des connaissances que nous partageons dans ce livre, et souhaitons les en remercier.

Nous témoignons une reconnaissance particulière aux éditions Eyrolles pour leur confiance dans ce projet, leur disponibilité et leur assistance au cours de sa réalisation. Nos remerciements vont également ment à l'ETSI et au 3GPP pour nous avoir autorisés à reproduire des éléments des spécifications du LTE.

Nous remercions enfin tout spécialement nos familles et amis pour leur patience et leur soutien constant tout au long de la rédaction de cet ouvrage.

Yannick Bouguen, Éric Hardouin et François-Xavier Wolff

1

# LTE, la révolution de l'UMTS

**Sommaire :** *Le contexte historique – Les motivations pour l'introduction du LTE – Le processus de normalisation au sein du 3GPP – Les exigences définies par le 3GPP – Les bandes de fréquences pour le LTE – Les services – Les performances du LTE*

Ce chapitre présente, dans un premier temps, les étapes majeures du développement des réseaux mobiles, de leurs premiers pas dans les années 1970 à leurs dernières évolutions. Ces rappels permettront de mieux appréhender le contexte d'émergence du LTE (*Long Term Evolution*), qui constitue un système dit de *quatrième génération*. Puis, les motivations pour la définition d'une nouvelle génération de systèmes mobiles sont examinées. C'est ensuite le processus de normalisation du LTE au sein du 3GPP (*3rd Generation Partnership Project*) qui est décrit, ainsi que les objectifs ayant présidé à sa conception. Nous présentons alors les fréquences allouées au LTE, ainsi que les services envisagés grâce à cette nouvelle technologie. Les performances atteintes par le LTE sont quantifiées. Nous terminons par un aperçu des évolutions du LTE depuis sa version initiale.

## Un peu d'histoire

En l'espace d'une vingtaine d'années, l'usage des services de communications mobiles a connu un essor remarquable. La figure suivante illustre l'évolution du nombre d'abonnés mobiles au regard de la population mondiale : on compte à fin 2011 près de 6 milliards d'abonnés à travers le monde, soit 87 % de la population mondiale [UIT, 2012]. C'est véritablement un nouveau secteur de l'industrie mondiale qui s'est créé, regroupant notamment constructeurs de circuits électroniques, constructeurs de terminaux mobiles, constructeurs d'infrastructures de réseaux, développeurs d'applications et de services et opérateurs de réseaux mobiles.

Conçues à l'origine pour offrir un service de téléphonie mobile uniquement, les technologies de communications radio mobiles ont considérablement évolué et permettent désormais une connexion haut-débit en situation de *mobilité*. Les réseaux mobiles complètent ainsi les réseaux d'accès résidentiels tels que x-DSL (*x-Digital Subscriber Line*) et FTTH (*Fiber To The Home*) pour l'accès haut-débit à Internet. Les utilisateurs de terminaux mobiles peuvent naviguer sur le Web, utiliser leurs applications et services préférés, consulter leurs courriels, télécharger des vidéos, de la musique, regarder la télévision, partager des photos, tout cela sur le même terminal et en mobilité. Ainsi, cette dernière n'est plus un frein à l'accès aux contenus numériques. Dans certains pays dépourvus de réseau fixe fiable et développé, les réseaux mobiles se substituent même aux réseaux résidentiels et sont l'unique moyen d'accéder à Internet.

Figure 1-1
*Évolution du nombre d'abonnés mobiles à travers le monde*

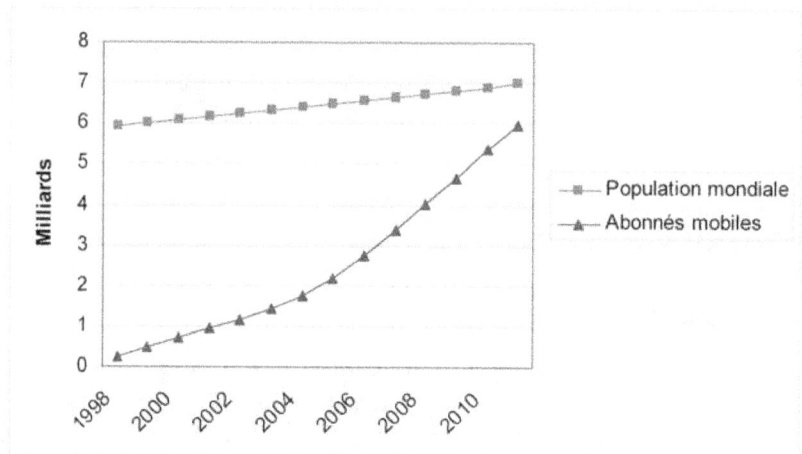

## Quelques rappels techniques

L'histoire des réseaux mobiles est relativement récente puisque l'ouverture commerciale du premier réseau mobile fut annoncée en 1979 au Japon. Jusque-là, l'état de l'art en matière d'électronique et de micro-ondes n'autorisait pas l'émission/réception radio avec un équipement portable. Les progrès majeurs réalisés dans ces domaines ont permis de réduire de manière drastique la taille des terminaux.

Le premier réseau mis en service était déjà basé sur le concept de *motif cellulaire*, concept défini au sein des *Bell Labs* au début des années 1970. Cette technique est une composante technologique clé des réseaux mobiles car elle permet de réutiliser les ressources du réseau d'accès radio sur plusieurs zones géographiques données appelées *cellule*. À une cellule est ainsi associée une ressource radio (une fréquence, un code…) qui ne pourra être réutilisée que par une cellule située suffisamment loin afin d'éviter tout conflit intercellulaire dans l'utilisation de la ressource. Conceptuellement, si une cellule permet d'écouler un certain nombre d'appels simultanés, le nombre total d'appels pouvant être supportés par le réseau peut être contrôlé en dimensionnant les cellules selon des tailles plus ou moins importantes. Ainsi, la taille d'une cellule située en zone urbaine est habituellement inférieure à celle d'une cellule située en zone rurale. Les réseaux mobiles sont tous basés sur ce concept de cellule, c'est pourquoi ils sont aussi appelés *réseaux cellulaires*.

Une cellule est contrôlée par un émetteur/récepteur appelé *station de base*, qui assure la liaison radio avec les terminaux mobiles sous sa zone de couverture. La couverture d'une station de base est limitée par plusieurs facteurs, notamment :

- la puissance d'émission du terminal mobile et de la station de base ;
- la fréquence utilisée ;
- le type d'antennes utilisé à la station de base et au terminal mobile ;
- l'environnement de propagation (urbain, rural, etc.) ;
- la technologie radio employée.

Une cellule est communément représentée sous la forme d'un hexagone ; en effet, l'hexagone est le motif géométrique le plus proche de la zone de couverture d'une cellule qui assure un maillage régulier de l'espace. Dans la réalité, il existe bien entendu des zones de recouvrement entre cellules adjacentes, qui créent de *l'interférence intercellulaire*.

On distingue plusieurs types de cellules en fonction de leur rayon de couverture, lié à la puissance d'émission de la station de base, et de leur usage par les opérateurs.

- Les *cellules macro* sont des cellules larges, dont le rayon est compris entre quelques centaines de mètres et plusieurs kilomètres. Les cellules macro couvrent l'ensemble d'un territoire de manière régulière et forment ainsi l'ossature de la couverture d'un réseau mobile. Elles sont contrôlées par des *stations de base macro* dont la puissance est typiquement de 40 W (46 dBm) pour une largeur de bande de 10 MHz. Leurs antennes sont placées sur des points hauts, comme des toits d'immeubles ou des pylônes.

- Les *cellules micro* sont des cellules de quelques dizaines à une centaine de mètres de rayon, destinées à compléter la couverture des cellules macro dans des zones denses ou mal couvertes. Les stations de base associées sont appelées des *stations de base micro* et leur puissance est de l'ordre de 10 W (40 dBm). Leurs antennes sont typiquement placées sous le niveau des toits, généralement en façade de bâtiments.

- Les *cellules pico* poursuivent le même but que les cellules micro, mais sont associées à des puissances plus faibles, de l'ordre de 0,25 à 5 W (24 à 37 dBm). Elles peuvent notamment servir à couvrir des *hot spots*, ou de grandes zones intérieures (*indoor*), tels que des aéroports ou des centres commerciaux. Les antennes des *stations de base pico* peuvent être placées comme celles des stations de base micro, ou au plafond ou contre un mur à l'intérieur de bâtiments.

- Les *cellules femto* sont de petites cellules d'une dizaine de mètres de rayon, principalement destinées à couvrir une habitation ou un étage de bureaux. Elles sont associées à des puissances faibles, de l'ordre d'une centaine de mW (20 dBm), et sont généralement déployées à l'intérieur des bâtiments.

Chaque station de base requiert un site radio, habituellement acquis ou loué par l'opérateur de réseaux mobiles, à l'exception des stations de base femto qui peuvent être déployées par l'utilisateur. On notera que seules les cellules macro sont généralement déployées selon un motif cellulaire régulier, les autres types de cellules venant dans la plupart des cas seulement compléter localement la couverture, formant alors un réseau dit *hétérogène*.

Afin de minimiser le nombre de stations de base macro, on utilise communément la *trisectorisation*. Ce déploiement consiste pour une station de base à mettre en œuvre un système d'émission/réception dans trois directions distinctes appelées *azimuths*. Ceci s'effectue au moyen d'antennes directionnelles, chaque antenne pointant dans une direction donnée. Le schéma suivant présente une topologie commune de réseau macrocellulaire et illustre le concept de trisectorisation, chaque flèche représentant la direction de pointage d'une antenne et chaque hexagone représentant une cellule. Dans le cas de la trisectorisation, une cellule est aussi appelée un *secteur*. Notons que dans la réalité, notamment en milieu urbain, les cellules ne sont pas disposées selon un motif aussi régulier et peuvent être de formes variées en fonction de la propagation locale.

Figure 1-2

*Topologie d'un réseau cellulaire trisectorisé à structure hexagonale*

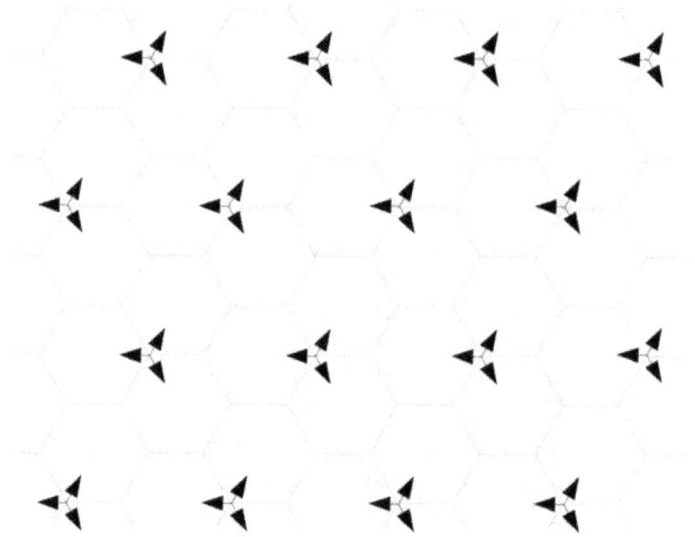

L'*architecture* d'un réseau mobile inclut trois entités fonctionnelles :

• le terminal mobile, appelé aussi équipement utilisateur (ou usager), abrégé en UE (*User Equipment*) ;

• le réseau d'accès ou RAN (*Radio Access Network*) ;

• le réseau cœur ou CN (*Core Network*).

On distingue également deux domaines :

• le domaine de l'UE, qui inclut les équipements propres à l'utilisateur ;

• le domaine de l'infrastructure, constitué des équipements propres à l'opérateur.

La figure suivante présente la structure d'un réseau mobile. L'UE fait partie du domaine de l'équipement utilisateur et est interconnecté au réseau d'accès par l'intermédiaire de l'interface radio. L'élément d'interconnexion du réseau d'accès avec l'interface radio est la station de base. Le réseau d'accès et le réseau cœur sont rattachés au domaine de l'infrastructure et sont interconnectés par une ou plusieurs interfaces terrestres. Nous préciserons au chapitre 2 la répartition fonctionnelle entre UE, réseau d'accès et réseau cœur pour le LTE.

Figure 1-3
*Structure d'un réseau mobile*

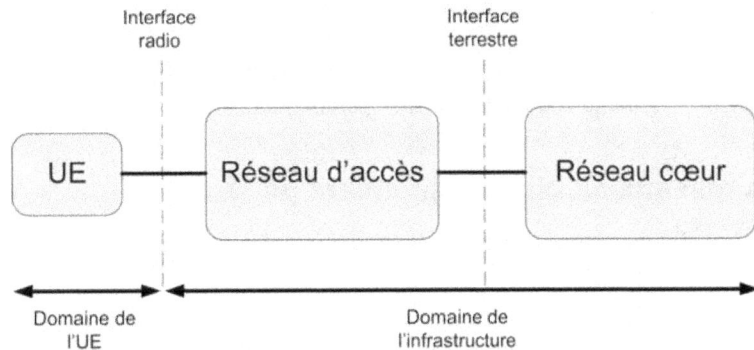

L'histoire des réseaux mobiles est jalonnée par trois étapes principales, auxquelles on donne couramment le nom de *génération*. On parle des première, deuxième et troisième générations de réseaux mobiles, généralement abrégées respectivement en 1G, 2G et 3G. Ces trois générations diffèrent principalement par les techniques mises en œuvre pour accéder à la ressource radio.

L'évolution de ces techniques est guidée par la volonté d'accroître la *capacité* ainsi que les *débits* offerts par le système dans une bande de fréquences restreinte. En effet, les fréquences sont des ressources très rares car convoitées par de multiples applications (télévision, radio, faisceaux hertziens, liaisons satellites, réseaux privés, communications militaires, etc.). Dans les différents pays du monde, le spectre disponible au début des années 1980 était déjà très limité. Aussi le développement des réseaux mobiles a été, et est toujours, principalement conditionné par la capacité des ingénieurs à tirer le meilleur parti des ressources spectrales disponibles. Initialement, la capacité des réseaux mobiles se traduisait par le nombre maximal de communications téléphoniques pouvant être maintenues simultanément sous couverture d'une même cellule. De nos jours, avec le développement de l'usage des services de données, la capacité d'un réseau se matérialise aussi par le nombre d'utilisateurs pouvant être connectés simultanément aux services de données, ainsi que par le débit moyen par utilisateur lors d'une session de transfert de données. Plus généralement, la capacité d'un réseau peut être représentée par le débit total maximal pouvant être écoulé par une cellule fortement chargée.

La liaison entre l'UE et la station de base est spécifique au sens de transmission entre ces deux entités. En effet, l'UE dispose typiquement d'une puissance d'émission inférieure à celle de la station de base, d'antennes moins performantes et de ressources de calcul moindres, qui limitent la complexité des traitements du signal mis en œuvre. On distingue ainsi deux voies de communication :

- la *voie montante* ou UL (*UpLink*), où l'UE transmet vers la station de base ;
- la *voie descendante* ou DL (*DownLink*), où la station de base transmet vers l'UE.

Un autre élément caractérisant un système mobile est la technique de séparation entre la voie montante et la voie descendante. Cette technique est aussi appelée le *duplexage*. Deux modes de duplexage sont possibles.

- Dans le duplexage en fréquence ou mode FDD (*Frequency Division Duplex*), les voies montante et descendante opèrent sur des fréquences différentes.

- Dans le duplexage en temps ou mode TDD (*Time Division Duplex*), les voies montante et descendante opèrent sur les mêmes fréquences mais sont séparées dans le temps. Le mode TDD requiert une synchronisation temporelle entre les stations de base, exigence parfois complexe à garantir d'un point de vue opérationnel.

## Les réseaux mobiles de première génération

La première génération de réseaux mobiles émerge au cours des années 1980 et est caractérisée par une multitude de technologies introduites en parallèle à travers le monde. On peut citer les technologies suivantes :

- AMPS (*Advanced Mobile Phone System*) aux États-Unis ;
- TACS (*Total Access Communication System*) au Japon et au Royaume-Uni ;
- NMT (*Nordic Mobile Telephone*) dans les pays scandinaves ;
- Radiocom2000 en France ;
- C-NETZ en Allemagne.

Ces systèmes devaient offrir un service de téléphonie en mobilité. Ils ne parvinrent pas à réellement franchir les frontières de leurs pays d'origine et aucun système ne s'imposa en tant que véritable norme internationale. Cette hétérogénéité résultait principalement des cloisonnements nationaux en vigueur à l'époque dans le domaine des télécommunications. Elle impliquait de fait l'incompatibilité des systèmes et l'impossibilité d'itinérance internationale (aussi appelée *roaming*). Cet échec relatif fut primordial dans la reconnaissance par les différents pays de la nécessité de définir des normes de téléphonie mobile à l'échelle internationale.

D'un point de vue technique, ces systèmes étaient basés sur un codage et une modulation de type analogique. Ils utilisaient une technique d'accès multiples appelée FDMA (*Frequency Division Multiplex Access*), associant une fréquence à un utilisateur. La capacité de ces systèmes demeurait très limitée, de l'ordre de quelques appels voix simultanés par cellule. Cette contrainte de capacité, ainsi que les coûts élevés des terminaux et des tarifs de communication ont restreint l'utilisation de la 1G à un très faible nombre d'utilisateurs (60 000 utilisateurs de Radiocom2000 en 1988 en France). Par ailleurs, les dimensions importantes des terminaux limitaient significativement leur portabilité.

## Les réseaux mobiles de deuxième génération

La deuxième génération de réseaux mobiles (2G) est elle aussi marquée par le nombre de systèmes ayant été définis et déployés à travers le monde. On retrouve le GSM (*Global System for Mobile communications*) en Europe, le PDC (*Personal Digital Communications*) au Japon et l'IS-95 aux États-Unis. Ces systèmes, dans leurs versions initiales, donnaient accès au service voix en mobilité, mais aussi aux messages textes courts plus connus sous le nom de SMS (*Short Message Service*). En complément, ces systèmes permettaient des transferts de données à faible débit. Les progrès technologiques réalisés dans la conception de circuits hyperfréquences et de dispositifs de traitement numérique du signal permirent une réduction drastique de la taille des terminaux, autorisant une réelle mobilité.

De ces trois systèmes, le GSM est celui qui a rencontré le plus large succès. Il fut déployé dans un grand nombre de pays, permettant l'itinérance entre ces derniers. Ce succès fut rendu possible par une démarche de normalisation mise en place au niveau européen au début des années 1990. Les pays européens avaient su en effet tirer les enseignements des écueils de la 1G en matière d'incompatibilité des systèmes. L'assurance d'une itinérance au sein des pays européens, ainsi que des coûts de production réduits via des économies d'échelle liées à la taille du marché, incitèrent d'autres pays à adopter cette technologie. Le GSM devint ainsi le premier système déployé sur quasiment l'ensemble du globe. En 2012, on compte 212 pays possédant au moins un réseau GSM. Par ailleurs, les réseaux GSM déployés à travers le monde couvrent plus de 90 % de la population mondiale [GSMA, 2012].

Les systèmes 2G ont pour principal point commun d'être basés sur des codages et des modulations de type numérique : le signal de parole est transformé en un train de bits avant modulation et transmission sur l'interface radio. L'introduction du numérique dans les technologies radio mobiles fut l'élément qui permit le net accroissement de la capacité des réseaux, grâce aux puissants traitements mathématiques du signal qu'il autorise. Par ailleurs, des techniques d'accès multiple plus élaborées que le FDMA furent employées. GSM et PDC sont par exemple basés sur une répartition en fréquences FDMA entre les cellules, combinée à une répartition en temps sur la cellule appelée TDMA (*Time Division Multiple Access*). D'autre part, les voies montante et descendante sont séparées en fréquence (mode FDD). L'IS-95 utilise une répartition par codes appelée CDMA (*Code Division Multiple Access*). Ces techniques accrurent largement l'efficacité spectrale des systèmes, c'est-à-dire le débit pouvant être écoulé par Hertz par cellule. À titre d'exemple, une cellule GSM peut supporter une cinquantaine d'appels voix simultanés et ce chiffre double quasiment si le schéma de codage de la voix est réduit au format demi-débit (*half-rate*).

Le succès des systèmes 2G fut et demeure considérable. Fin 2011, plus de deux tiers des utilisateurs de services mobiles sont connectés via un terminal 2G. Ce succès s'explique d'une part par le gain des réseaux en capacité, mais aussi par l'ouverture du marché des télécommunications mise en œuvre dans de nombreux pays au cours des années 1990. Cette nouvelle donne a introduit la concurrence au sein de marchés jusqu'alors monopolistiques, réduisant de manière significative les tarifs en vigueur. En outre, l'adoption du GSM par un grand nombre de pays a conduit à faire baisser les coûts de production des équipements, contribuant ainsi à la démocratisation de la technologie.

Les systèmes 2G présentent toutefois plusieurs limites. La plus importante est d'ordre capacitaire, impliquant des rejets d'appels aux heures les plus chargées de la journée malgré la densification des réseaux. La seconde est d'ordre fonctionnel. À ses débuts, le GSM utilisait un réseau cœur à commutation de circuit par lequel l'accès aux services de données était particulièrement lent. Afin d'accroître les débits fournis, le réseau d'accès GSM fut connecté à un réseau cœur appelé GPRS (*General Packet Radio Service*). Cette évolution améliora la prise en charge des services de données. En complément de ce développement, la technologie d'accès radio EDGE (*Enhanced Data rates for GSM Evolution*) rendit possible des débits de l'ordre de 240 Kbit/s par cellule grâce à l'amélioration des techniques d'accès au canal radio. Toutefois, à la fin des années 1990, les débits fournis par les réseaux 2G étaient encore trop limités pour que l'accès aux services de données soit fluide. Cette limitation fut à l'origine de la définition des technologies 3G.

## Les réseaux mobiles de troisième génération

La troisième génération de réseaux mobiles (3G) regroupe deux familles de technologies ayant connu un succès commercial : l'UMTS (*Universal Mobile Telecommunications System*), issu du GSM et largement déployé autour du globe, et le CDMA2000, issu de l'IS-95 et déployé principalement en Asie et en Amérique du Nord. Les interfaces radio de ces deux familles reposent sur des caractéristiques techniques proches, notamment un schéma d'accès multiples à répartition par les codes (CDMA). Dans ce qui suit, nous nous concentrons sur l'UMTS, car c'est cette famille de technologies qui va donner naissance au LTE.

### L'UMTS

La 3G est caractérisée par la volonté des industriels de télécommunications de définir une norme au niveau mondial. Les enjeux étaient d'offrir une itinérance globale aux utilisateurs, mais également de réduire les coûts unitaires des terminaux mobiles et des équipements de réseau grâce aux économies d'échelle. Dans cette perspective, ces entreprises, en particulier celles issues du monde GSM, se sont regroupées au sein d'un consortium appelé 3GPP (*3rd Generation Partnership Project*), dont l'organisation est détaillée plus loin dans ce chapitre. Cette démarche aboutit à l'élaboration de la norme UMTS à la fin des années 1990. Cette première version de la norme est appelée Release 99. Les innovations associées au système UMTS ont principalement trait au réseau d'accès, celui-ci s'interfaçant avec le réseau cœur GPRS. Les objectifs de l'UMTS étaient d'accroître la capacité du système pour le service voix mais surtout d'améliorer le support des services de données.

L'UMTS Release 99 utilise la technologie W-CDMA (*Wideband CDMA* ou *CDMA large bande*). Cette dernière est basée sur une technique d'accès multiples CDMA et supporte les deux schémas de duplexage FDD et TDD. Le signal utile est étalé sur une largeur de bande de 3.84 MHz avant mise sur porteuse (d'où le nom de *large bande*), une porteuse occupant un canal de 5 MHz. Chaque appel est associé à un code spécifique connu de la station de base et du terminal, qui permet de le différencier des autres appels en cours sur la même porteuse. Le W-CDMA autorise la connexion simultanée à plusieurs cellules, renforçant la qualité des communications lors du changement de cellule en mobilité. La Release 99 est limitée à un débit maximal de 384 Kbits/s dans les sens montant et descendant.

Une variante de l'UMTS TDD, appelée TD-SCDMA (*Time Division Synchronous CDMA*), est également normalisée par le 3GPP. Cette technologie opère sur une largeur de bande de 1.28 MHz, et est principalement déployée en Chine.

L'UMTS connaît deux évolutions majeures que nous présentons brièvement dans les sections suivantes :

- Le HSPA (*High Speed Packet Access*) ;
- Le HSPA+ (*High Speed Packet Access+*).

## Les évolutions HSPA

Rapidement, la volonté apparut d'effacer les limites de la Release 99 en matière de débits. Les évolutions HSPA, aujourd'hui connues commercialement sous le nom de 3G+, furent introduites :

- HSDPA (*High Speed Downlink Packet Access*) pour la voie descendante ;
- HSUPA (*High Speed Uplink Packet Access*) pour la voie montante.

Ces évolutions ont été définies par le 3GPP respectivement en Release 5 (2002) et Release 6 (2005) afin d'accroître les débits possibles et de réduire la *latence* du système. La latence désigne le temps de réponse du système à une requête de l'utilisateur, et est un facteur clé de la perception des services de données par l'utilisateur.

L'innovation principale du HSPA concerne le passage d'une commutation circuit sur l'interface radio, où des ressources radio sont réservées à chaque UE pendant la durée de l'appel, à une commutation par paquets, où la station de base décide dynamiquement du partage des ressources entre les UE actifs. L'allocation dynamique des ressources est effectuée par la fonction d'ordonnancement ou *scheduling*, en fonction notamment de la qualité instantanée du canal radio de chaque UE, de ses contraintes de qualité de service, ainsi que de l'efficacité globale du système. La commutation par paquets optimise ainsi l'usage des ressources radio pour les services de données. La modulation et le codage sont rendus adaptatifs afin de s'adapter aux conditions radio de l'UE au moment où il est servi, les débits instantanés étant accrus via l'utilisation de modulations à plus grand nombre d'états qu'en Release 99. La modulation 16QAM (*16 Quadrature Amplitude Modulation*) est introduite pour la voie descendante en complément de la modulation QPSK (*Quadrature Phase Shift Keying*) en vigueur en Release 99. De même, la modulation QPSK est introduite pour la voie montante en complément de la modulation BPSK (*Binary Phase Shift Keying*) utilisée en Release 99. Enfin, un nouveau mécanisme de retransmission rapide des paquets erronés, appelé HARQ (*Hybrid Automatic Response reQuest*), est défini entre l'UE et la station de base, afin de réduire la latence du système en cas de perte de paquets. Ces évolutions offrent aux utilisateurs des débits maximaux de 14,4 Mbit/s en voie descendante et de 5,8 Mbit/s en voie montante, ainsi qu'une latence réduite.

## Les évolutions HSPA+

Dans certains pays tels que le Japon et les États-Unis, la technologie UMTS et ses évolutions HSPA ont cependant commencé à montrer leurs limites en termes de capacité. La mise sur le marché de terminaux attractifs comme les smartphones et l'introduction de nouveaux services impliquant une connexion quasi-continue au réseau sont des facteurs qui ont mené à un essor brutal des usages et du trafic à écouler par les réseaux. On fait à présent référence aux utilisateurs toujours connectés ou *always-on*. Cette augmentation du trafic implique un partage des ressources entre les utilisateurs et, dans certains cas, une réduction des débits qui leur sont délivrés. Avec l'augmentation de la charge des réseaux, la qualité de service fournie aux clients se dégrade, ce qui pose un véritable problème aux opérateurs de réseaux mobiles. Deux pistes ont été suivies par le 3GPP afin de répondre à ces contraintes :

- la définition d'évolutions du HSPA, appelées HSPA+ ;
- la définition du LTE.

HSPA+ est un terme qui regroupe plusieurs évolutions techniques visant principalement à améliorer :

- les débits fournis aux utilisateurs et la capacité du système ;
- la gestion des utilisateurs *always-on*.

Le HSPA+ a été normalisé par le 3GPP au cours des Releases 7 (2007) et 8 (2008). L'amélioration des débits et de la capacité est rendue possible par l'introduction de nouvelles techniques. En voie descendante, la modulation 64QAM est désormais prise en charge, de même que la modulation 16QAM en voie montante. En complément, une cellule peut transmettre des données à un utilisateur sur deux porteuses simultanément en voie descendante, à l'aide de la fonctionnalité DC-HSDPA (*Dual Carrier – HSDPA*). Le spectre supportant la transmission n'est donc plus limité à 5 MHz mais à 10 MHz. Les débits fournis à l'utilisateur sont potentiellement doublés. De plus, la largeur de bande plus élevée permet au système une gestion plus efficace des ressources spectrales. La fonctionnalité MIMO (*Multiple Input Multiple Output*) est également introduite pour améliorer les débits en voie descendante. Les utilisateurs *always-on* sont mieux pris en compte via des fonctionnalités regroupées sous le terme de CPC (*Continuous Packet Connectivity*). Le HSPA+ intègre enfin une option d'architecture qui réduit la latence du système via la suppression du contrôleur de stations de base pour les services de données. Les évolutions HSPA+ apportent ainsi des gains très significatifs en termes de débits, de capacité et de latence et renforcent la pérennité des réseaux 3G.

## État des lieux de l'UMTS

Le tableau suivant dresse une comparaison non exhaustive des technologies 3GPP hors LTE jusqu'à la Release 8.

**Comparaison des technologies GSM, UMTS Release 99, HSPA et HSPA+ Release 8
[UMTS forum, 2010]**

|  | GSM/GPRS/EDGE | UMTS Release 99 | HSPA | HSPA+ Release 8 |
|---|---|---|---|---|
| Débit maximal UL | 118 Kbit/s | 384 Kbit/s | 5,8 Mbit/s | 11,5 Mbit/s |
| Débit maximal DL | 236 Kbit/s | 384 Kbit/s | 14,4 Mbit/s | 42 Mbit/s |
| Latence | 300 ms | 250 ms | 70 ms | 30 ms |
| Largeur de canal | 200 kHz | 5 MHz | 5 MHz | 5 MHz avec possibilité de deux canaux simultanés |
| Technique d'accès multiples | FDMA/TDMA | CDMA | CDMA/TDMA | CDMA/TDMA |
| Modulation DL Modulation UL | GMSK 8PSK | QPSK BPSK | QPSK, 16QAM BPSK, QPSK | QPSK, 16QAM, 64QAM BPSK, QPSK, 16QAM |
| Bandes de fréquences usuelles (MHz) | 900/1800 | 900/2100 | 900/2100 | 900/2100 |

L'UMTS et son évolution HSPA sont aujourd'hui largement déployés sur tous les continents. Ils ont rencontré un succès commercial croissant en lien avec le développement de nouveaux usages (Internet mobile, TV, vidéo, applications mobiles…) mais aussi grâce à l'arrivée de nouveaux terminaux favorisant ces usages (smartphones, clés 3G+, modules intégrés aux ordinateurs portables).

**Vers le LTE**

Le LTE a été envisagé dès novembre 2004 comme l'évolution à long terme de l'UMTS (d'où son nom de *Long Term Evolution*), lors d'un atelier organisé par le 3GPP appelé *Future Evolution Workshop*. Cette évolution était alors destinée à maintenir la compétitivité de l'UMTS sur un horizon de dix ans et au-delà [NTT DoCoMo *et al.*, 2004]. Les travaux sur cette nouvelle norme ont débuté au 3GPP en janvier 2005 avec une étude de faisabilité, qui s'est conclue en septembre 2006 avec la définition des grands principes de la technologie LTE [3GPP 25.912, 2006]. Les travaux de spécification proprement dit se sont alors déroulés jusqu'à décembre 2008, date où la première version des spécifications a été approuvée. Le LTE est ainsi défini dans la Release 8 du 3GPP. Du fait du saut technologique qu'il représente par rapport au HSDPA, le LTE est considéré comme constituant une quatrième étape de l'évolution des réseaux d'accès mobiles, ou 4G. On peut ainsi véritablement parler d'une *révolution* de l'UMTS, plutôt que d'une évolution.

À l'instar de chaque nouvelle génération de réseau d'accès, le LTE a pour objectif de proposer une capacité accrue et fait appel à une nouvelle technique d'accès à la ressource fréquentielle. Cet ouvrage décrit la norme LTE, et explique les choix de conception effectués. En particulier, les évolutions technologiques par rapport au HSPA sont largement documentées.

Notons que le développement de la famille de systèmes CDMA2000 ne connaîtra pas d'évolution comparable au LTE. En effet, les opérateurs ayant déployé ces systèmes ont fait le choix du LTE pour la quatrième génération de réseaux mobiles, de sorte que le développement de la famille CDMA2000 est destiné à s'arrêter.

La prochaine section précise les motivations qui ont mené à la définition du LTE.

# Les motivations pour l'introduction du LTE

L'émergence du LTE est liée à une conjonction de facteurs techniques et industriels qui sont décrits au sein de cette section.

## La capacité

En préambule, il convient de préciser les interactions entre capacité et débit. Nous avons expliqué que la capacité d'une cellule correspond au trafic total maximal qu'elle peut écouler en situation de forte charge au cours d'une période donnée. La capacité d'une cellule est conditionnée par l'efficacité spectrale du système et la ressource spectrale disponible. Comme nous l'avons vu précédemment, les techniques employées par les évolutions HSPA impliquent un partage des ressources entre les UE connectés à une même cellule. Aussi, la présence de plusieurs UE actifs sous une même cellule se traduit-elle par une réduction du débit fourni à chacun. En particulier, le débit moyen par utilisateur en situation de forte charge peut être approché par la capacité divisée par le nombre d'UE actifs dans la cellule. La capacité d'un réseau limite donc la valeur des débits dans un scénario impliquant plusieurs UE actifs, ou le nombre d'UE pouvant être servis simultanément avec un débit donné.

L'accroissement des besoins de capacité est une constante dans l'évolution des réseaux mobiles. En effet, le progrès technologique des réseaux encourage de nouveaux types d'usages, grâce à une expérience utilisateur plus confortable et un coût pour l'abonné généralement stable ou décroissant. Ces nouveaux usages, couplés à la démocratisation de leur accès, incitent en retour à une utilisation plus intensive des réseaux. Les besoins de capacité vont donc croissant, et la technologie se doit d'évoluer constamment pour les satisfaire.

Les gains associés aux évolutions HSPA et HSPA+ ont renforcé la capacité des réseaux par rapport à la Release 99 et au GSM. Toutefois, cet accroissement est jugé trop faible à terme par les opérateurs. La mise sur le marché de terminaux tels que les smartphones ou les clés 3G+ a entraîné l'explosion des usages de services de données mobiles. L'utilisation de réseaux mobiles comme alternative aux réseaux de données résidentiels est aussi à l'origine de la très forte croissance du trafic de données mobiles. Le facteur de croissance annuelle de ce dernier au niveau mondial était supérieur à 100 % en 2011 et ce rythme devrait se maintenir dans les années suivantes. Face à cette augmentation du trafic, les opérateurs de réseaux 3G doivent activer de nouvelles porteuses s'ils souhaitent maintenir des débits satisfaisants. Cette activation est envisageable sous réserve de disponibilité des ressources fréquentielles nécessaires. Or, dans de nombreux pays, le nombre de porteuses disponibles par opérateur est trop limité pour permettre un accompagnement de la montée en charge des réseaux. Cette limitation se traduit aux heures chargées par des rejets d'appels et par une réduction des débits fournis aux abonnés.

Fin 2004, date à laquelle le LTE a été pour la première fois discuté au 3GPP, les prévisions de trafic indiquaient déjà clairement que les besoins de capacité augmenteraient significativement. On constate a posteriori que cette anticipation s'est vérifiée. Une raison majeure ayant motivé l'introduction du LTE est par conséquent le besoin d'accroître la capacité des réseaux mobiles.

## Les débits

L'évolution des débits suit une progression semblable à celle de la capacité, chaque nouvelle technologie de réseaux mobiles augmentant les débits et suscitant une attente de débits supérieurs. Il était ainsi également clair dès 2004 que le LTE devrait fournir de très hauts débits [NTT DoCoMo *et al.*, 2004]. Au-delà des limitations capacitaires, le débit fourni à un utilisateur dépend de ses conditions radio, liées en particulier à sa position dans la cellule, des techniques de transmission employées et de la ressource spectrale disponible.

Les valeurs des débits fournis aux abonnés ont nettement crû avec l'introduction des techniques HSPA et HSPA+. L'introduction de débits supérieurs à ceux fournis par les technologies HSPA est toutefois une demande forte des utilisateurs et donc des opérateurs. Cette exigence est principalement guidée par la volonté d'offrir en mobilité une expérience utilisateur comparable à celle offerte par les réseaux résidentiels. L'utilisateur peut ainsi accéder à ses services favoris chez lui ou hors de son domicile avec une fluidité homogène. En complément, le débit est jugé comme un facteur de comparaison entre opérateurs et une course aux débits est en marche dans certains pays. Enfin, des débits toujours plus élevés ouvrent la porte à l'introduction de nouveaux services, sources de revenus et/ou de différenciation pour les opérateurs.

L'attente des opérateurs de fournir des débits supérieurs à ceux offerts par les réseaux HSPA s'est donc  confirmée au cours du temps, et est aujourd'hui un des motifs de déploiement du LTE.

## La latence

La latence d'un système est la mesure du délai introduit par ce système. On distingue deux types de latence :

- la latence du plan de contrôle ;
- la latence du plan usager.

La latence du plan de contrôle représente le temps nécessaire pour établir une connexion et accéder au service. La latence du plan usager représente le délai de transmission d'un paquet au sein du réseau une fois la connexion établie. Les notions de plan de contrôle et plan usager seront détaillées au sein du chapitre 2.

De manière générale, la latence traduit donc la capacité du système à traiter rapidement des demandes d'utilisateurs ou de services. Une latence forte limite l'interactivité d'un système et s'avère pénalisante pour l'usage de certains services de données. L'UMTS et ses évolutions HSPA offrent une latence du plan usager supérieure à 70 ms, valeur trop importante pour offrir des services tels que les jeux vidéo en ligne. L'amélioration de la latence est un des éléments ayant concouru à la décision de définir un nouveau système.

## L'adaptation au spectre disponible

La technologie UMTS contraint les opérateurs à utiliser des canaux de 5 MHz. Cette limitation est pénalisante à deux titres.

- Les allocations spectrales dont la largeur est inférieure à 5 MHz ne peuvent pas être utilisées (sauf pour le TD-SCDMA), ce qui limite le spectre disponible.
- En cas de disponibilité de plusieurs bandes spectrales de largeur de 5 MHz, un opérateur est dans l'incapacité d'allouer simultanément plusieurs porteuses à un même UE. Cette contrainte limite le débit maximal potentiel du système ainsi que la flexibilité de l'allocation des ressources spectrales aux utilisateurs. Il faut noter que cette contrainte a été partiellement levée en HSPA+ Release 8 avec la possibilité de servir un UE sur deux porteuses de 5 MHz simultanément.

Un consensus s'est ainsi imposé sur le besoin d'un système dit *agile en fréquence*, capable de s'adapter à des allocations spectrales variées. Cette agilité est un objectif de conception fort du LTE.

## L'émergence de l'OFDM

Les travaux scientifiques sur la technique d'accès OFDM (*Orthogonal Frequency Division Multiplexing*), considérée pour les systèmes de radiodiffusion dès la fin des années 1980, se sont multipliés au début des années 2000 dans l'optique d'une application aux réseaux mobiles. L'adaptation de cette technique aux terminaux mobiles pour supporter de hauts débits fut possible grâce aux progrès conjugués en traitement du signal et dans les équipements hyperfréquences. L'histoire récente des réseaux mobiles montre qu'une nouvelle génération est associée à une nouvelle méthode d'accès aux ressources radio. Or, l'OFDM offre plusieurs avantages pour des systèmes radio mobiles. En particulier, il bénéficie d'une grande immunité contre l'interférence entre symboles créée par les réflexions du signal sur les objets de l'environnement. En outre, l'OFDM permet de gérer simplement des largeurs de bande variables et potentiellement grandes, ce qui, comme nous l'avons vu à la section précédente, était une motivation de l'introduction du LTE. Enfin, l'OFDMA (*Orthogonal Frequency Division Multiple Access*) assure un partage aisé des ressources fréquentielles entre un nombre variable d'utilisateurs bénéficiant de débits divers. Pour ces raisons, il fut décidé de baser le LTE sur l'OFDM, en rupture avec le CDMA. Les progrès scientifiques ont donc également eu leur importance dans la décision prise par le 3GPP de définir un système de nouvelle génération. L'OFDM et ses avantages seront décrits en détail au chapitre 6.

## La simplicité d'exploitation du réseau

L'exploitation d'un réseau mobile est très coûteuse pour les opérateurs. Elle implique tout d'abord le déploiement de stations de base. Elle nécessite aussi une configuration initiale des paramètres des équipements installés. Ces tâches de configuration sont récurrentes et fastidieuses, et peuvent faire l'objet d'erreurs qui dégradent la qualité de service offerte aux utilisateurs. À titre d'exemple, la non-déclaration d'une relation de voisinage entre deux cellules entraîne la coupure de la communication lors du déplacement des UE entre ces cellules. Les opérateurs optimisent également les valeurs de différents paramètres afin d'optimiser la qualité de service offerte et de maximiser la capacité du système. De nombreux travaux scientifiques ont démontré la possibilité d'automatiser certaines de ces tâches, réduisant de manière significative les coûts d'exploitation des réseaux. L'intégration de fonctionnalités simplifiant l'exploitation des réseaux est par conséquent une demande forte des opérateurs que seule une nouvelle génération de systèmes pouvait satisfaire.

## Le contexte industriel

Un élément clé ayant déclenché les premiers travaux du 3GPP sur la définition d'un nouveau système fut l'émergence du système WiMAX mobile (*Worldwide Interoperability for Microwave Access mobile*), normalisé par l'IEEE (*Institute of Electrical and Electronics Engineers*) et le WiMAX Forum. Le 3GPP regroupe les entreprises qui ont accompagné le développement des réseaux mobiles basés sur le GSM ces vingt dernières années. L'IEEE et le WiMAX Forum regroupent quant à eux certaines de ces entreprises dites « historiques », mais aussi des challengers qui avaient pour objectif de pénétrer le marché des télécommunications mobiles sur la base d'une rupture technologique : le WiMAX mobile, également connu sous le nom IEEE 802.16e. Les travaux de définition du WiMAX mobile commencèrent au début des années 2000 et aboutirent à une première version de spécifications en 2005. Le WiMAX mobile, basé sur une technique d'accès OFDM, offre alors une capacité supérieure à celle fournie par l'UMTS et son évolution HSDPA Release 5. Les entreprises membres du 3GPP se devaient de réagir, et c'est en 2005 que débutèrent les études sur le LTE. Certains membres du 3GPP virent là l'opportunité de reprendre des parts au sein d'un marché de la 3G dominé par un cercle restreint d'entreprises, tant au niveau des terminaux qu'au niveau des infrastructures réseau. Un dernier point majeur est celui des droits de propriété intellectuelle. L'UMTS fut développé sur la base d'une technique CDMA dont les brevets fondateurs sont détenus par un nombre très réduit de sociétés. La redistribution des droits de propriété intellectuelle associés aux produits implémentant ces brevets est donc particulièrement inégale et affecte significativement les marges des entreprises ne disposant pas d'un portefeuille de brevets conséquent. La définition d'un nouveau système basé sur une technique bien connue du monde scientifique et industriel était donc une opportunité pour équilibrer la balance des royalties entre les différents acteurs du monde des télécoms. Au delà des aspects techniques, on constate donc que les enjeux industriels, stratégiques et financiers ont largement contribué à l'avènement du LTE.

# Processus de normalisation du LTE

À l'instar de l'UMTS, le LTE a été défini par l'ensemble des entreprises partie prenante dans le marché mondial des télécommunications mobiles, regroupées au sein du 3GPP.

## Présentation du 3GPP

Le 3GPP est un consortium créé en 1998 à l'initiative de l'ETSI (*European Telecommunications Standards Institute*). Le 3GPP a pour objectif de définir des spécifications permettant l'interfonctionnement d'équipements de constructeurs différents. Contrairement à ce que son nom suggère, le champ d'activités du 3GPP ne se limite pas à la normalisation de systèmes 3G. Son rôle consiste à maintenir et développer les spécifications des systèmes :

- GSM/GPRS/EDGE ;
- UMTS (FDD et TDD) ;
- LTE, ainsi que celles du réseau cœur EPC.

Le 3GPP est composé d'un groupe de coordination appelé PCG (*Project Coordination Group*) et de différents groupes de spécifications techniques appelés TSG (*Technical Specification Groups*). On retrouve quatre TSG au sein du 3GPP :

- le CT (*Core Network and Terminals*) qui normalise les interfaces du terminal ainsi que ses capacités et est également en charge de la normalisation des réseaux cœurs des systèmes 3GPP ;
- le GERAN (*GSM/EDGE Radio Access Network*) qui développe l'accès radio GSM/EDGE et les interfaces associées permettant l'interconnexion avec les réseaux d'accès UMTS et LTE ;
- le RAN (*Radio Access Network*) qui est en charge des spécifications des réseaux d'accès UMTS et LTE ;
- le SA (*Services and System Applications*) qui définit les services ainsi que l'architecture globale des systèmes 3GPP.

Le 3GPP définit toutes les couches de chacun de ses systèmes de communication. En outre, le 3GPP normalise les méthodologies de test des équipements mettant en œuvre ses technologies. Les tests sont particulièrement importants afin de vérifier qu'un équipement est conforme aux spécifications avant sa mise sur le marché, et pour vérifier qu'il satisfait des critères de performance minimaux.

Il convient d'indiquer que le 3GPP n'est pas un organisme de normalisation en tant que tel. Il définit des spécifications techniques qui sont par la suite approuvées et publiées par des organismes

de normalisation régionaux, propres à un pays ou une région du monde. On peut citer six organismes de normalisation principaux qui travaillent à la publication de ces normes :

- ARIB (*Association of Radio Industries and Business*) et TTC (*Telecommunication Technology Comittee*) pour le Japon ;
- ATIS (*Alliance for Telecommunications Industry Solutions*) pour les États-Unis ;
- CWTS (*China Wireless Telecommunication Standard Group*) pour la Chine ;
- ETSI (*European Telecommunications Standards Institute*) pour l'Europe ;
- TTA (*Telecommunication Technology Association*) pour la Corée du Sud.

Figure 1-4
*Organismes en charge
de la normalisation
des spécifications 3GPP*

Les TSG sont eux-mêmes répartis en sous-groupes de travail. Ces groupes et sous-groupes sont formés de représentants des acteurs (principalement industriels) du monde des réseaux mobiles, qui se réunissent plusieurs fois par an. Ces acteurs doivent impérativement être membres de l'un des organismes de normalisation partenaires du 3GPP. On y retrouve notamment des constructeurs de circuits électroniques, des constructeurs de terminaux mobiles, des constructeurs d'infrastructures de réseau et des opérateurs de réseaux mobiles. Les spécifications sont définies sur la base de contributions proposées et présentées par les membres individuels, discutées et souvent modifiées afin d'aboutir à un consensus.

Les modifications des spécifications approuvées par les groupes de travail sont associées à une *Release*. Une Release correspond à un ensemble de nouvelles fonctionnalités introduites dans la norme par les groupes du 3GPP dans une période de temps donnée et représente un palier significatif dans l'évolution des systèmes. Le 3GPP a défini neuf Releases entre 1998 et 2011 :

- Release 97 : définition du GPRS ;
- Release 99 : introduction de l'UMTS ;
- Release 4 : ajout de fonctionnalités au sein du réseau cœur, notamment la séparation des couches média et contrôle pour le réseau cœur circuit ;
- Release 5 : introduction de l'évolution HSDPA pour le réseau d'accès UMTS ;
- Release 6 : introduction de l'évolution HSUPA pour le réseau d'accès UMTS ;
- Release 7 : introduction du HSPA+ MIMO ;
- Release 8 : introduction des évolutions HSPA+ CPC et DC-HSDPA, et première Release du réseau d'accès LTE et du réseau cœur EPC ;

- Release 9 : évolutions du DC-HSDPA, notamment en combinaison avec le MIMO, et introduction du DC-HSUPA ; seconde Release du LTE ;

- Release 10 : évolution multiporteuse du HSDPA (jusqu'à 4 porteuses, soit 20 MHz) et introduction de l'évolution du LTE appelée *LTE-Advanced*.

La Release 11 est en cours de définition au moment de l'édition de cet ouvrage et est prévue pour être finalisée en septembre 2012.

Cet ouvrage présente le système LTE/EPC : son architecture, son interface radio, les principales procédures entre l'UE et le réseau pour l'enregistrement, la gestion des appels, la mobilité et la sécurité, les fonctionnalités d'auto-optimisation et les cellules femto. En raison de la rupture du LTE avec la technologie HSPA, l'accent est mis sur les spécifications de la Release 8. Les fonctionnalités introduites dans les Releases ultérieures sont brièvement indiquées à la fin de ce chapitre. Une grande part de la Release 10 du LTE est présentée au sein du chapitre 23, où un aperçu des évolutions du LTE attendues dans les futures Releases est également esquissé.

Dans le cadre de ses travaux, le 3GPP travaille également en collaboration avec d'autres organismes de normalisation :

- OMA (*Open Mobile Alliance*), qui a pour objectif de fournir des faciliteurs (*enablers*) de services, indépendamment du réseau utilisé pour y accéder ;
- IEEE, qui définit les spécifications WiFi 802.11 et WiMAX 802.16 ;
- IETF (*Internet Engineering Task force*), qui définit les protocoles du monde d'Internet ;
- 3GPP2, qui maintient et développe les spécifications propres au CDMA2000 ;
- ETSI/TISPAN, spécialisé dans les réseaux fixes et convergents.

Le lecteur pourra se rendre à l'adresse http://www.3gpp.org/ pour obtenir plus d'informations concernant l'organisation et les objectifs du 3GPP.

## Les exigences pour le LTE

La première étape des travaux de normalisation du LTE consista à définir les exigences que ce dernier devait satisfaire. En synthèse, l'objectif majeur du LTE est d'améliorer le support des services de données via une capacité accrue, une augmentation des débits et une réduction de la latence. En complément de ces exigences de performance, le 3GPP a aussi défini des prérequis fonctionnels tels que la flexibilité spectrale et la mobilité avec les autres technologies 3GPP. Ces exigences sont définies dans le document [3GPP 25.913, 2006] et résumées dans cette section.

### La capacité en nombre d'utilisateurs simultanés

Avec l'explosion des services nécessitant une connexion *always-on*, la contrainte appliquée sur la capacité en nombre d'utilisateurs simultanés devient forte. Le système doit supporter simultanément un large nombre d'utilisateurs par cellule. Il est attendu qu'au moins 200 utilisateurs simultanés par cellule soient acceptés à l'état actif pour une largeur de bande de 5 MHz, et au moins 400 utilisateurs pour des largeurs de bande supérieures. Un nombre largement supérieur d'utilisateurs devra être possible à l'état de veille.

## L'efficacité spectrale cellulaire

Le système compte parmi ses objectifs l'accroissement de l'efficacité spectrale cellulaire (en bit/s/Hz/cellule) et, en corollaire, l'augmentation de la capacité du système (en termes de débit total). En sens descendant, l'efficacité spectrale doit être trois à quatre fois supérieure à celle offerte par le HSPA Release 6 au sein d'un réseau chargé, et deux à trois fois supérieure en sens montant.

## Les débits

Les exigences pour la technologie LTE ont porté également sur des gains de débit en comparaison avec le HSPA. Les objectifs de débit maximal définis pour le LTE sont les suivants :

- 100 Mbit/s en voie descendante pour une largeur de bande allouée de 20 MHz, soit une efficacité spectrale crête de 5 bit/s/Hz ;
- 50 Mbit/s en voie montante pour une largeur de bande allouée de 20 MHz, soit une efficacité spectrale crête de 2,5 bit/s/Hz.

Ces chiffres supposent un UE de référence comprenant :

- deux antennes en réception ;
- une antenne en émission.

Nous verrons plus tard que ces exigences ont été largement dépassées. Une autre exigence a trait au débit moyen par utilisateur par MHz. Celui-ci doit être en voie descendante trois à quatre fois supérieur à celui disponible avec un UE UMTS Release 6 dans les conditions suivantes :

- pour l'UMTS : une antenne d'émission à la station de base avec un récepteur avancé au sein de l'UE ;
- pour le LTE : deux antennes d'émission à la station de base et deux antennes en réception au niveau de l'UE.

Par ailleurs, le débit moyen par utilisateur par MHz en voie montante doit être deux à trois fois supérieur à celui disponible avec un UE UMTS Release 6 dans les conditions suivantes :

- pour l'UMTS et le LTE : une antenne d'émission au niveau de l'UE et deux antennes de réception à la station de base.

Le débit en bordure de cellule, défini comme le débit atteignable par au moins 95 % des utilisateurs de la cellule, a aussi fait l'objet d'exigences. Il doit être deux à trois fois supérieur à celui offert par le HSPA Release 6 dans les conditions précédentes, en sens descendant comme en sens montant.

## La latence

Nous avons vu que la latence du système se traduit concrètement par sa capacité à réagir rapidement à des demandes d'utilisateurs ou de services. Elle se décline en latence du plan de contrôle et latence du plan usager.

*Latence du plan de contrôle*

L'objectif fixé pour le LTE est d'améliorer la latence du plan de contrôle par rapport à l'UMTS, via un temps de transition inférieur à 100 ms entre un état de veille de l'UE et un état actif autorisant l'établissement du plan usager.

*Latence du plan usager*

La latence du plan usager est définie par le temps de transmission d'un paquet entre la couche IP de l'UE et la couche IP d'un nœud du réseau d'accès ou inversement. En d'autres termes, la latence du plan usager correspond au délai de transmission d'un paquet IP au sein du réseau d'accès. Le LTE vise une latence du plan usager inférieure à 5 ms dans des conditions de faible charge du réseau et pour des paquets IP de petite taille.

## L'agilité en fréquence

Le LTE doit pouvoir opérer sur des porteuses de différentes largeurs afin de s'adapter à des allocations spectrales variées. Les largeurs de bande initialement requises ont par la suite été modifiées pour devenir les suivantes : 1,4 MHz, 3 MHz, 5 MHz, 10 MHz, 15 MHz et 20 MHz dans les sens montant et descendant. Notons que le débit crête est proportionnel à la largeur de bande. Les modes de duplexage FDD et TDD doivent être pris en charge pour toutes ces largeurs de bande.

## La mobilité

La mobilité est une fonction clé pour un réseau mobile. Le LTE vise à rester fonctionnel pour des UE se déplaçant à des vitesses élevées (jusqu'à 350 km/h, et même 500 km/h en fonction de la bande de fréquences), tout en étant optimisé pour des vitesses de l'UE faibles (entre 0 et 15 km/h). Les services temps-réel comme le service voix doivent être proposés avec le même niveau de qualité qu'en UMTS Release 6. L'effet des handovers intrasystème (procédure de mobilité entre deux cellules LTE) sur la qualité vocale doit être moindre qu'en GSM, ou équivalent. Le système doit également intégrer des mécanismes optimisant les délais et la perte de paquets lors d'un handover intrasystème.

Le LTE doit aussi coexister avec les autres technologies 3GPP. Pour ce faire, les exigences suivantes ont été définies.

• L'UE qui met en œuvre les technologies GSM et UMTS en complément du LTE doit être capable d'effectuer les handovers en provenance et à destination des systèmes GSM et UMTS, ainsi que les mesures associées. Les conséquences de ces mécanismes sur la complexité de l'UE et du système doivent rester limitées.

• Le temps d'interruption de service lors d'une procédure de handover entre le système LTE et les systèmes GSM ou UMTS doit rester inférieur à 300 ms pour les services temps-réel et inférieur à 500 ms pour les autres services.

## Atteinte des exigences

Une fois l'étude de faisabilité du LTE effectuée et les grands principes du système définis, le 3GPP a procédé à l'évaluation de la technologie au regard des exigences. Les résultats de cette étude peuvent être trouvés dans le document [3GPP 25.912, 2007], qui montre que toutes les exigences ayant fondé la conception du LTE sont satisfaites. Les performances du LTE sont discutées plus loin dans ce chapitre.

# Allocation de spectre pour le LTE

## Contexte réglementaire

Le spectre est une ressource rare. Son organisation au niveau mondial est nécessaire à plusieurs titres. Elle garantit la compatibilité des systèmes entre pays, autorisant l'itinérance des utilisateurs à travers le monde. Elle permet aussi aux constructeurs d'équipements de réaliser des économies d'échelle substantielles, réduisant les coûts et favorisant le développement des technologies. Cette mission d'harmonisation au niveau mondial est assurée par le secteur Radiocommunications de l'UIT (*Union internationale des télécommunications*) ou UIT-R. Les WRC (*World Radiocommunication Conference*) sont des forums internationaux organisés tous les quatre ans par l'UIT-R, au cours desquels les traités internationaux gouvernant l'utilisation du spectre de fréquences radio peuvent être revus.

Au milieu des années 1980, l'UIT a démarré le travail d'évolution des réseaux mobiles de normes nationales et régionales vers une norme mondiale. Cet objectif nécessitait l'identification d'une bande de fréquences commune, mais devait également faire converger les nombreuses technologies existantes. À l'occasion de la WRC-92, une bande de fréquences de 230 MHz de largeur a été identifiée aux alentours de 2 GHz (1 885-2 025 MHz et 2 110-2 200 MHz) pour accueillir les technologies d'accès radio connues sous le nom de IMT-2000 (*International Mobile Telecommunications-2000*). Ces dernières comprennent une composante terrestre, c'est-à-dire pour les réseaux mobiles, et une composante satellitaire qui n'a finalement pas été exploitée commercialement. Le rattachement à la famille IMT-2000 implique pour ces technologies l'atteinte d'exigences fortes, notamment en matière d'interopérabilité, de performances et de qualité de service. Un effort de standardisation au niveau mondial a alors été engagé pour parvenir à la définition des technologies 3G. Toutefois, le besoin de spectre supplémentaire se fit rapidement sentir pour répondre à la forte croissance du trafic mobile attendue dans les années futures. Trois nouvelles bandes de fréquences furent alors identifiées pour la composante terrestre des systèmes IMT-2000 à l'occasion de la WRC-2000 (806-960 MHz, 1 710-1 885 MHz, 2 500-2 690 MHz). Dans les années suivantes, l'accroissement du trafic mobile a mené à la capacité maximale du spectre alloué par le régulateur dans de nombreux pays. La libération de spectre supplémentaire s'est alors avérée nécessaire pour accompagner le développement des usages et l'introduction d'un nouveau système tel que le LTE. Les opérateurs et les industriels du secteur des réseaux mobiles ont par conséquent demandé à ce que l'extension du spectre alloué aux communications mobiles soit inscrite à l'ordre du jour de la WRC-07.

Le LTE Release 8 est un système IMT-2000. Avec l'émergence de technologies de quatrième génération, l'UIT-R a introduit la famille IMT-Advanced (*International Mobile Telecommunications-Advanced*). Cette famille inclut des systèmes dont les capacités vont au-delà des exigences de l'IMT-2000. L'évolution du LTE, appelée LTE-Advanced, a été définie pour répondre à ces exigences. Le LTE-Advanced sera décrit au chapitre 23. Les bandes nouvellement identifiées dans le cadre de la WRC-07 étaient initialement destinées aux systèmes IMT-Advanced. Nous allons voir cependant que le LTE Release 8 a également accès à ces nouvelles bandes.

D'un point de vue fréquentiel, le déploiement du LTE peut ainsi se concevoir de deux manières :

- déploiement sur une bande de fréquences déjà allouée à un système 2G ou 3G ;
- déploiement sur de nouvelles bandes de fréquences.

## L'allocation spectrale au niveau mondial

Un des thèmes principaux discutés lors de la WRC-07 concerna l'allocation de spectre additionnel pour les services mobiles. La première décision prise fut de s'accorder sur le terme générique IMT (*International Mobile Telecommunications*). Ce terme regroupe désormais les familles IMT-2000 et IMT-Advanced et donc les technologies 3G et 4G. Cette décision fut guidée par la volonté des régulateurs de rendre l'allocation de spectre plus neutre d'un point de vue technologique. Les fréquences inférieures à 1 GHz sont optimales pour répondre au besoin de couverture étendue en comparaison avec les fréquences supérieures à 2 GHz. Toutefois, il est très difficile d'identifier de larges bandes de fréquences en dessous de 1 GHz. Les besoins de très haut débit sont par conséquent satisfaits par des bandes de fréquences supérieures à 2 GHz. La WRC-07 a permis d'identifier du spectre additionnel inférieur à 1 GHz et supérieur à 2 GHz.

Suite à la WRC-07, les bandes de fréquences suivantes sont identifiées pour les technologies IMT au niveau mondial [UIT] :

- 450 – 470 MHz ;
- 790 – 960 MHz, incluant la bande que nous appellerons plus tard la bande de fréquences 800 MHz ;
- 1 710 – 2 025 MHz ;
- 2 110 – 2 200 MHz ;
- 2 300 – 2 400 MHz ;
- 2 500 – 2 690 MHz ou bande de fréquences 2,6 GHz.

Les bandes de fréquences suivantes ont également été identifiées au niveau régional :

- 610 – 790 MHz pour le Bangladesh, la Chine, la Corée du Sud, l'Inde, le Japon, la Nouvelle-Zélande, la Papouasie-Nouvelle-Guinée, les Philippines et Singapour ;
- 698 – 790 MHz pour le continent américain ;
- 3 400 – 3 600 MHz sans allocation globale mais acceptée par un grand nombre de pays d'Asie, d'Océanie, d'Europe, d'Afrique, du Moyen-Orient et la Russie.

La figure suivante fait la synthèse des bandes de fréquences allouées aux technologies IMT suite à la WRC-07 pour différentes régions du monde.

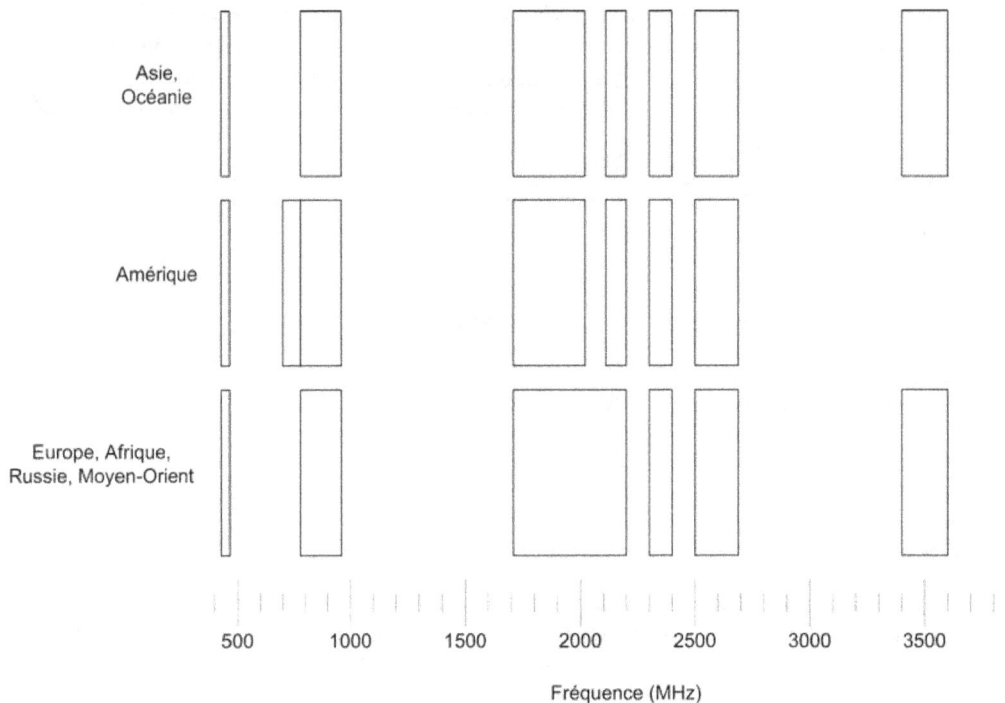

Figure 1-5
*Bandes
de fréquences
allouées aux
technologies
IMT suite à
la WRC-07*

La bande de fréquences 2,6 GHz est de largeur spectrale relativement importante, offrant la possibilité d'utiliser des canaux fréquentiels contigus de 10, 15 ou 20 MHz. Notons que cette bande avait été identifiée lors de la WRC-2000, mais n'était pas utilisée jusqu'alors car elle n'était pas libérée dans de nombreux pays.

## L'allocation spectrale au niveau européen

Pour permettre le déploiement du très haut débit mobile de manière satisfaisante, l'Europe a choisi d'harmoniser les bandes attribuées au LTE entre les différents pays de l'Union. Ce sont les bandes 800 MHz et 2,6 GHz qui ont été identifiées au niveau européen. La bande 2,6 GHz a été harmonisée au cours de l'année 2008, tandis que la bande 800 MHz l'a été au cours de l'année 2010. Les pays européens sont ainsi tenus de mettre à disposition ces bandes de fréquences pour permettre d'y introduire le LTE. Cette approche harmonisée au niveau européen a pour objectif la création d'un marché européen pour les équipements de réseau et les terminaux. En effet, un marché d'une telle échelle encourage des développements technologiques plus efficaces et des équipements à des prix plus compétitifs. En outre, il garantit l'interopérabilité entre équipements et ainsi une itinérance sans couture pour les utilisateurs voyageant au sein de l'Union Européenne. L'harmonisation des bandes de fréquences permet également, d'un point de vue technique, une meilleure coordination aux frontières pour les opérateurs européens.

Pour le mode de duplexage FDD, on fait référence à la notion de duplex pour évoquer les bandes de fréquences distinctes qui supportent la voie montante et la voie descendante. Par exemple, un duplex de 70 MHz correspond à une bande de fréquences de 70 MHz pour la voie descendante en complément d'une bande de fréquences de largeur identique pour la voie montante. La bande 2,6 GHz a ainsi été organisée en deux parties :

• un duplex de 70 MHz de spectre FDD ;

• 50 MHz de spectre TDD.

La bande 800 MHz étant plus étroite, il a été retenu de définir un duplex de 30 MHz de spectre pour le mode FDD, sans réservation pour le mode TDD. Les directives européennes instituent par ailleurs un cadre de neutralité technologique pour l'utilisation des fréquences, en lien avec la démarche engagée par l'UIT. Historiquement, les bandes de fréquences étaient affectées à des technologies spécifiques. Les bandes 900 et 1 800 MHz ont été dédiées à la technologie GSM. Le lancement de l'UMTS a été permis par l'attribution de la bande 2,1 GHz. Le principe de neutralité technologique guide l'attribution des bandes de fréquences 800 MHz et 2,6 GHz en Europe, les licences n'imposant pas l'utilisation d'une technologie spécifique. Il est en revanche habituel que le régulateur requière des niveaux de performances minimaux lors des procédures d'attribution de fréquences, conditionnant fortement la technologie à déployer par les opérateurs.

## L'allocation spectrale en France

### La bande 800 MHz

La bande 800 MHz est particulièrement prisée par les opérateurs de réseaux mobiles car elle revêt de très bonnes propriétés de propagation. Les ondes radio se propagent plus loin avec des fréquences basses et pénètrent mieux les bâtiments et la végétation qu'avec des fréquences hautes. À même nombre de stations de base déployées, la bande 800 MHz permet aux opérateurs d'offrir une meilleure couverture (notamment à l'intérieur des bâtiments) que la bande 2,6 GHz. Le prix consenti par les opérateurs français pour acquérir du spectre dans la bande de fréquences 800 MHz a donc été supérieur à celui investi pour la bande 2,6 GHz. La bande 800 MHz présente toutefois quelques inconvénients. Tout d'abord, la bande disponible est assez étroite (duplex de 30 MHz), à répartir entre les opérateurs présents sur le marché. Cette restriction a pour effet de limiter les débits et la capacité des réseaux 4G qui seront déployés par les opérateurs dans cette bande. Par ailleurs, la bande 800 MHz est appelée dividende numérique car elle regroupe les fréquences libérées suite à l'extinction de la TV analogique au profit de la TNT (Télévision Numérique Terrestre), plus efficace d'un point de vue spectral. Des précautions doivent ainsi être prises par les opérateurs déployant des stations de base LTE dans la bande 800 MHz afin d'éviter de brouiller les signaux de la TNT, qui utilisent une bande proche.

L'ARCEP (Autorité de régulation des communications électroniques et des postes) a publié en décembre 2011 les résultats de la procédure d'attribution des bandes de fréquences en France dans la bande 800 MHz [ARCEP, 2011], illustrés sur la figure suivante.

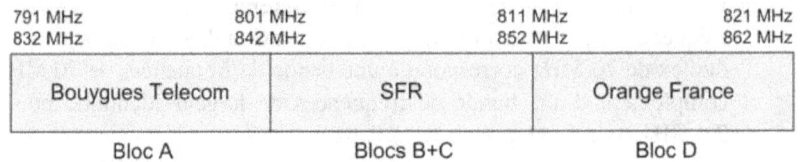

| 791 MHz | 801 MHz | 811 MHz | 821 MHz |
| 832 MHz | 842 MHz | 852 MHz | 862 MHz |
|---|---|---|---|
| Bouygues Telecom | SFR | | Orange France |
| Bloc A | Blocs B+C | | Bloc D |

Le dividende numérique a été valorisé à 2 639 087 005 euros. Les trois opérateurs retenus bénéficient chacun d'un duplex de 10 MHz. Cette autorisation est assortie d'obligations spécifiques en matière de couverture du territoire. Les opérateurs devront couvrir à terme 99,6 % de la population. Cette obligation est en outre assortie d'un objectif complémentaire de couverture de 95 % de la population de chaque département. Enfin, les trois opérateurs devront se conformer à un calendrier de déploiement accéléré pour les zones les moins denses du territoire. Ces obligations ont pour objectif de contribuer à l'aménagement numérique du territoire français.

### La bande 2,6 GHz

La bande 2,6 GHz a été moins prisée par les opérateurs car elle possède de moins bonnes propriétés de propagation. Toutefois, la largeur de bande disponible à 2,6 GHz est bien plus importante qu'à 800 MHz avec un duplex de 70 MHz à répartir entre les opérateurs. Elle autorise potentiellement des débits et une capacité élevés pour les réseaux l'utilisant. La bande 2,6 GHz est donc appropriée pour le déploiement de réseaux en zones denses.

Les résultats de la procédure d'attribution des bandes de fréquences dans la bande 2,6 GHz ont été communiqués en octobre 2011 comme décrits sur la figure suivante [ARCEP, 2011-2].

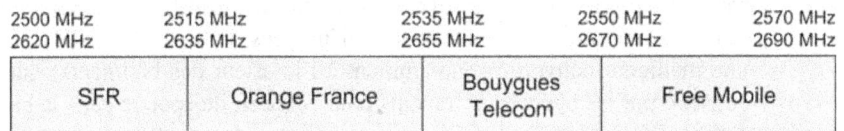

| 2500 MHz | 2515 MHz | 2535 MHz | 2550 MHz | 2570 MHz |
| 2620 MHz | 2635 MHz | 2655 MHz | 2670 MHz | 2690 MHz |
|---|---|---|---|---|
| SFR | Orange France | Bouygues Telecom | Free Mobile | |

La bande de fréquences 2,6 GHz a ainsi été valorisée à 936 129 513 euros. Orange France et Free Mobile bénéficient d'un duplex de 20 MHz tandis que SFR et Bouygues Télécom en ont un de 15 MHz.

# Les services

## Introduction

La définition d'une nouvelle génération de systèmes mobiles permet habituellement :

- l'introduction de nouveaux services ;
- l'amélioration de certains services vis-à-vis des systèmes de génération précédente.

Les systèmes 1G ont proposé le service voix pour un nombre limité d'utilisateurs. Les systèmes 2G ont autorisé le développement du service voix avec une capacité nettement accrue. Ils ont également introduit le SMS, service devenu très populaire dans le monde entier avec plusieurs milliards de messages envoyés chaque année dans le monde. Les systèmes 2G ont enfin autorisé des services de données à faible débit (inférieur à 300 Kbit/s). Les systèmes 3G ont accru la capacité des réseaux pour le service voix et ont développé les services de données grâce à des débits nettement supérieurs à ceux fournis par les systèmes 2G, le HSPA permettant réellement l'avènement du haut débit mobile.

## Services associés au LTE

Il est encore tôt pour identifier avec certitude de nouveaux services associés au LTE. Néanmoins, les caractéristiques techniques de ce dernier permettent de dégager quelques pistes. Le LTE se distingue des technologies précédentes par :

- une grande capacité cellulaire, qui peut se décliner en un grand nombre d'UE utilisant simultanément des services de débit moyen ou faible, ou peu d'UE utilisant simultanément des services à très haut débit ;
- une faible latence.

Le premier changement apporté par le LTE en termes d'expérience utilisateur est donc un confort accru d'utilisation des services en ligne : les pages web et les courriers électroniques se chargent rapidement grâce au très haut débit, tandis que la latence réduite garantit une réponse quasi-instantanée aux requêtes, par exemple pour lancer le chargement d'une page web ou d'une vidéo. Le très haut débit permet également l'introduction de nouveaux services mobiles tels que la vidéo haute définition en 3D, sur des écrans larges de type tablettes.

De plus, la faible latence ouvre la porte à de nouveaux services mobiles difficiles à mettre en œuvre jusque-là. On peut notamment citer les jeux vidéo en réseau, qui devraient ainsi se développer sur terminal mobile. La faible latence permet aussi d'accompagner sur les réseaux mobiles des évolutions de l'Internet fixe, comme le développement des services de type *cloud computing* ou SaaS (*Software as a Service*), où l'utilisateur fait appel à des capacités de calcul et un logiciel mis en œuvre sur un serveur distant, les ressources de calcul du terminal ne servant qu'à l'accès au réseau et à assurer l'interface utilisateur. La faible latence est essentielle pour ces services afin d'assurer à l'abonné une perception du service similaire à celle qu'il aurait avec un logiciel installé directement sur le terminal.

La capacité accrue permet de développer des services qui jusque-là auraient pu être à l'origine d'une saturation du réseau dans le cas d'un usage simultané par un grand nombre d'abonnés : on peut citer, par exemple, l'accès continu à des contenus en ligne, comme des web radio, ou des vidéothèques ou discothèques numériques, les terminaux recevant le média en temps réel au lieu de le lire sur leur mémoire locale.

Enfin, les débits confortables combinés à une meilleure capacité permettent l'introduction de modules LTE dans des équipements jusque-là non connectés au réseau. On peut par exemple citer des appareils photo ou des caméras vidéo qui enverraient leurs images ou vidéos directement sur un blog en ligne, ou des lecteurs multimédias téléchargeant des vidéos et de la musique. Les communications de machine à machine, communément appelées M2M (*Machine-to-Machine*) ou MTC

(*Machine-Type Communications*), sont également appelées à se développer grâce au LTE. Ces dernières recouvrent une large gamme de services, allant, par exemple, de caméras de vidéosur-veillance transmettant continuellement vers un serveur avec un débit de l'ordre de quelques centaines de Kbit/s, à des capteurs renseignant à distance l'état de compteurs de consommation électrique, qui transmettent typiquement avec un débit très faible une fois par mois. Ces derniers, toutefois, ne nécessitent pas les hautes performances du LTE, et ne se développeront vraisemblable-ment que lorsque le coût des terminaux LTE sera suffisamment faible.

## Le contrôle de la qualité de service

Le contrôle de la qualité de service est essentiel pour l'opérateur afin de garantir une expérience satisfaisante à l'utilisateur. La technologie LTE offre des mécanismes dits de *qualité de service différenciée* afin de faciliter la prise en compte des contraintes de services différents. Les services mobiles peuvent être distingués selon deux critères principaux, souvent intimement liés.

• Le service est-il temps-réel ou non temps-réel ?

• Le service tolère-t-il des erreurs de transmission ?

Ces caractéristiques de service impliquent une prise en charge différenciée de la part du réseau. On comprend aisément que le traitement d'un appel voix n'imposera pas les mêmes contraintes que le téléchargement d'un fichier. D'une manière générale, les services temps-réel (par exemple, un appel voix ou un appel de streaming vidéo) requièrent des délais de transmission courts mais peuvent tolérer des erreurs de transmission. En revanche, les services non temps-réel (par exemple, un téléchargement de courrier électronique ou de fichier) revêtent des contraintes de délais relâ-chées mais ne tolèrent pas d'erreurs de transmission. Le LTE a ainsi été conçu pour distinguer les services nécessitant un débit garanti ou GBR (*Guaranteed Bit Rate*), des services ne requérant pas de débit garanti (non-GBR). Nous présenterons en détail au chapitre 17 les mécanismes définis par le 3GPP pour différencier la qualité de service.

## Catégories d'UE

La mise en œuvre du LTE nécessite de nouveaux équipements de réseaux, comme de nouveaux terminaux compatibles avec cette nouvelle technologie.

À l'image de ce qui est défini en 3G, le débit maximal auquel peut prétendre un utilisateur LTE est dépendant de la *catégorie* de l'UE qu'il utilise, laquelle détermine sa complexité et donc son coût. Différentes catégories d'UE ont ainsi été définies ; plus précisément, elles se différencient par :

• les modulations supportées en voie descendante et en voie montante ;

• le nombre de flux indépendants, appelés couches spatiales, pouvant être reçus en voie descen-dante lorsque le multiplexage spatial ou SU-MIMO (*Single User-MIMO*) est employé (voir le chapitre 5) ; la mise en œuvre du SU-MIMO requiert que l'UE et le réseau disposent d'un nombre d'antennes au moins égal au nombre de couches spatiales transmises ;

- la capacité de traitement au niveau de l'UE pour mettre en œuvre les traitements nécessaires à la démodulation et au décodage du signal reçu, dont la complexité est conditionnée par le débit maximal supporté ;
- les quantités de mémoire nécessaires à la mise en œuvre de la combinaison HARQ et de l'opération de la couche RLC (*Radio Link Control*).

En comparaison avec l'UMTS, le nombre de catégories d'UE LTE a été réduit au minimum afin de limiter la segmentation du marché et favoriser ainsi les économies d'échelle. Il existe cinq catégories d'UE en Release 8, dont les caractéristiques sont présentées dans le tableau suivant.

**Caractéristiques des catégories d'UE LTE**

| Catégorie d'UE | Débit crête (Mbit/s) | | Modulations | | Nombre d'antennes de réception | Nombre maximal de couches spatiales en DL |
|---|---|---|---|---|---|---|
| | DL | UL | DL | UL | | |
| 1 | 10 | 5 | QPSK, 16QAM, 64QAM | QPSK, 16QAM | 2 | 1 |
| 2 | 50 | 25 | | | 2 | 2 |
| 3 | 100 | 50 | | | 2 | 2 |
| 4 | 150 | 50 | | | 2 | 2 |
| 5 | 300 | 75 | | QPSK, 16QAM, 64QAM | 4 | 4 |

L'UE signale sa catégorie au réseau lors de sa connexion initiale. Outre les catégories, un ensemble de *capacités* (*capabilities*) sont signalées par l'UE afin d'indiquer s'il supporte des fonctionnalités optionnelles dans les spécifications. Ces capacités sont définies dans [3GPP 36.306, 2012].

Notons de plus que les UE LTE sont contraints à une puissance d'émission maximale de 23 dBm. La largeur de canal devant être gérée par les UE est définie par bande de fréquences : elle est de 20 MHz pour les bandes 800 MHz et 2,6 GHz.

## Performances du LTE

Le 3GPP a mené une étude de vérification des performances complètes du LTE à l'issue de son étude de faisabilité [3GPP 25.912, 2007]. Cette évaluation a notamment comparé les performances du LTE à celles du HSPA Release 6, conformément aux exigences définies pour la conception du LTE. Le HSPA ayant évolué depuis, cette comparaison n'est plus aussi pertinente aujourd'hui, aussi nous nous limitons dans cette section aux performances absolues du LTE.

Le 3GPP a plus récemment effectué de nouvelles évaluations des performances du LTE Release 8, dans le cadre de la soumission du LTE-Advanced à l'UIT-R comme interface candidate au processus IMT-Advanced (voir le chapitre 23). Les résultats obtenus s'appuient sur les fonctionnalités effectivement normalisées en Release 8 et sont donc plus proches de la réalité que ceux de [3GPP 25.912, 2007]. Par conséquent, nous présentons ces derniers résultats dans cette section. Notons bien qu'il s'agit des résultats du LTE Release 8 et non du LTE-Advanced. Les résultats complets de cette campagne d'évaluation sont publiés dans le document [3GPP 36.912, 2010].

## Efficacité spectrale crête

L'efficacité spectrale crête (en bit/s/Hz) caractérise le débit maximal théorique offert par la technologie. Elle est déterminée par le schéma de modulation et codage d'efficacité spectrale la plus élevée possible, ainsi que par le nombre de couches spatiales pouvant être multiplexées sur les mêmes ressources en SU-MIMO. Cette efficacité spectrale est peu représentative des performances réelles du système, car pour l'atteindre, les UE se doivent d'être très proches de l'eNodeB ; en revanche, elle est aisée à calculer.

L'efficacité spectrale crête du LTE est résumée dans le tableau suivant pour différentes configurations d'antennes, où une configuration d'antennes $N \times M$ correspond à $N$ antennes à l'émetteur et $M$ antennes au récepteur. Ces chiffres sont obtenus d'après les performances maximales du système pour un UE seul dans la cellule, pour les catégories d'UE 4 et 5. Rappelons qu'il suffit de multiplier les chiffres d'efficacité spectrale par 10 pour obtenir le débit correspondant en Mbit/s sur un canal de 10 MHz.

**Efficacité spectrale crête d'un UE LTE**

| Voie | Configuration d'antennes (modulation) | Efficacité spectrale crête (bit/s/Hz) |
|---|---|---|
| DL | 2×2 (64QAM) | 7.5 |
| | 4×4 (64QAM) | 15.0 |
| UL | 1×2 (16QAM) | 2.5 |
| | 1×2 (64QAM) | 3.75 |

## Efficacité spectrale cellulaire et en bordure de cellule

L'efficacité spectrale cellulaire (en bit/s/Hz) caractérise la capacité réelle de la cellule. Elle est évaluée par simulation informatique d'un réseau dans des scénarios bien définis.

De même, l'efficacité spectrale en bordure de cellule (en bit/s/Hz) caractérise le débit pouvant être offert à un UE en mauvaises conditions radio, ce qui est le cas typiquement en bordure de cellule. Elle est définie comme la valeur d'efficacité spectrale telle que 95% des UE du système bénéficient d'une efficacité spectrale supérieure ou égale. Elle doit être évaluée au cours des mêmes simulations que l'efficacité spectrale moyenne.

Les résultats de performance suivants correspondent à un scénario représentant un déploiement dense urbain de cellules macro, dans la bande 2 GHz. Les sites sont trisectorisés et espacés de 500 m. Le nombre d'UE est fixé à 10 par cellule, et tous se déplacent à l'intérieur de bâtiments avec une vitesse de 3 km/h. Ce scénario est appelé *3GPP case 1*, et ses spécifications détaillées peuvent être trouvées dans [3GPP 36.814, 2010]. Le modèle de trafic employé est dit *full buffer*, car il correspond à des UE ayant toujours des données à transmettre en voie montante ou a recevoir en voie descendante ; on peut également voir les UE selon ce modèle comme téléchargeant un fichier de taille infinie. Bien qu'extrême, ce modèle est communément utilisé pour évaluer la performance d'un réseau à forte charge.

Le tableau suivant résume les résultats obtenus pour différentes configurations d'antennes, en voie montante et en voie descendante, pour les modes FDD et TDD. Notons que les chiffres d'efficacité spectrale du mode TDD supposent une transmission continue dans la direction de transmission considérée.

**Efficacité spectrale cellulaire et en bordure de cellule**

| Voie | Configuration d'antennes | Efficacité spectrale cellulaire (bit/s/Hz/cellule) | | Efficacité spectrale en bordure de cellule (bit/s/Hz/UE) | |
|---|---|---|---|---|---|
| | | FDD | TDD | FDD | TDD |
| DL | 2×2 | 2.23 | 2.17 | 0.079 | 0.083 |
| | 4×2 | 2.53 | 2.52 | 0.100 | 0.096 |
| | 4×4 | 3.41 | 3.28 | 0.143 | 0.154 |
| UL | 1×2 | 1.33 | 1.24 | 0.047 | 0.045 |
| | 1×4 | 2.00 | 1.83 | 0.075 | 0.064 |

Bien entendu, les chiffres donnés dans le tableau précédent dépendent du scénario considéré et doivent donc être considérés comme des ordres de grandeur des performances atteignables dans la réalité. En particulier, nous verrons au chapitre 5 que la performance des traitements MIMO dépend du type d'antennes utilisé. Les antennes simulées ici sont des antennes de même polarisation séparées d'une demi-longueur d'onde, qui favorisent le *beamforming* (et donc la performance en bordure de cellule), mais sont moins favorables au SU-MIMO que des antennes à polarisation croisée. Les résultats pour ces dernières pourront ainsi être sensiblement différents.

## Capacité d'appels voix

La capacité d'appels voix caractérise le nombre maximal d'utilisateurs pouvant passer des appels voix simultanément sur une cellule. Cette capacité en LTE est souvent appelée capacité voix sur IP (VoIP), car le service voix en LTE n'est supporté que par la VoIP. Elle est évaluée par simulation informatique du réseau dans des scénarios bien définis.

Les chiffres présentés dans le tableau suivant correspondent au scénario UIT « macrocellulaire urbain ». Ce dernier représente un scénario de déploiement dense urbain selon les mêmes caractéristiques que celles exposées à la section précédente, à la différence que les UE se déplacent dans des véhicules à une vitesse de 30 km/h. De plus, les paramètres détaillés de ce scénario, en particulier les modèles de propagation, diffèrent de ceux du 3GPP case 1. Les résultats selon ces deux scénarios ne peuvent donc être comparés. Les spécifications détaillées du scénario UIT macrocellulaire urbain peuvent être consultées dans [UIT-R, 2009].

**Capacité VoIP**

| Capacité VoIP (nombre d'UE/cellule/MHz) | |
|---|---|
| FDD | TDD |
| 69 | 67 |

Sur une bande de 10 MHz, une cellule LTE correspondant au scénario indiqué pourra donc écouler 690 appels voix simultanés en FDD et 670 en TDD. Ces chiffres supposent bien sûr qu'aucun autre trafic n'est présent sur la cellule. Dans le cas contraire, ce nombre sera inférieur puisque les ressources radio du système devront être partagées entre les différents utilisateurs et services.

## Latence

La latence a été définie plus tôt à la page 19.

La latence du plan usager s'évalue par la durée des procédures liées à l'émission et la réception d'un paquet sur l'interface radio. On montre dans [3GPP 25.912, 2007] que la latence du plan usager est inférieure à 5 ms en FDD, sous des hypothèses réalistes. En TDD, la latence du plan usager dépend de la configuration voie montante/voie descendante (voir le chapitre 3). Si pour certaines configurations la latence est effectivement inférieure à 6 ms en voie montante et en voie descendante pour des hypothèses réalistes, d'autres configurations peuvent conduire à une latence légèrement supérieure mais toujours inférieure ou égale à 6,2 ms en voie descendante et inférieure ou égale à 9,5 ms en voie montante.

De même, la latence du plan de contrôle est évaluée en calculant le temps nécessaire aux procédures d'activation de la connexion. Celles-ci dépendent en particulier des temps de traitement par les différents nœuds de l'architecture mis en jeu, ainsi que du temps de transport sur les interfaces réseau associées (voir le chapitre 2 pour une description de ces nœuds et interfaces, et le chapitre 17 pour une description des procédures). On montre que la latence du plan de contrôle pour la transition entre l'état de veille et l'état actif est de 80 ms en FDD et de 85 ms en TDD.

Le tableau ci-dessous résume les valeurs de latence des plans usager et de contrôle, en FDD et TDD.

**Latence du plan usager et du plan de contrôle sous des hypothèses réalistes**

| Latence du plan usager (ms) | | Latence du plan de contrôle pour la transition de l'état de veille à actif (ms) | |
|---|---|---|---|
| FDD | TDD | FDD | TDD |
| < 5 | ≤ 6.2 en DL<br>≤ 9.5 en UL | 80 | 85 |

## Performance du handover

La performance du handover est mesurée par le temps d'interruption du plan usager lors d'un changement de cellule, ou, en d'autres termes, le temps d'interruption de la communication que peut subir un utilisateur. Ce temps est calculé analytiquement en fonction du délai des procédures de synchronisation et d'accès aléatoire sur la nouvelle cellule, décrites aux chapitres 13 et 14. Les temps d'interruption pour les modes FDD et TDD sont donnés dans le tableau suivant.

**Performance du handover**

| Temps d'interruption du plan usager lors d'un handover (ms) | |
|---|---|
| FDD | TDD |
| 10.5 | 12.5 |

Ces temps d'interruption correspondent aux durées les plus courtes possibles, lorsque la procédure d'accès aléatoire est réalisée avec succès. En TDD, le temps d'interruption dépend de la configuration voie montante/voie descendante ; celui donné dans le tableau correspond à la configuration 1, qui permet l'interruption la plus courte.

On constate que ces temps d'interruption sont très courts et ne peuvent être décelés par l'utilisateur. Notons que ces temps d'interruption sont valables pour une cellule de destination située sur la même fréquence que la cellule source ou sur une fréquence différente, que cette dernière soit sur la même bande de fréquences ou sur une autre bande.

# Au-delà de la Release 8

Cet ouvrage présente en détail le contenu de la Release 8 du LTE, dont le contenu a été finalisé en décembre 2008. Depuis, la norme LTE a évolué à travers de nouvelles Releases (Release 9, Release 10). Cette section fournit une brève synthèse de leur contenu.

## La Release 9

La Release 9 a essentiellement consisté à compléter les fonctionnalités de base introduites en Release 8, et qui seront détaillées dans les chapitres suivants. En outre, elle a permis l'intégration d'un certain nombre de corrections de la Release 8, profitant de l'expérience acquise par les constructeurs dans le cadre des premières implémentations matérielles.

Les évolutions principales ont été définies dans les domaines suivants :

- extension des techniques de transmission multi-antennes pour le TDD afin de permettre la transmission simultanée de deux blocs de données pour 8 antennes d'émission (*beamforming double-couches*) ;

- définition de protocoles de localisation, notamment motivés par la législation des États-Unis qui impose de localiser les appels d'urgence ;

- définition d'une architecture et de protocoles autorisant des services de diffusion et d'envois multiples, aussi appelés MBMS (*Multimedia Broadcast Multicast Service*). Ces services permettent d'optimiser l'efficacité spectrale lors de la transmission d'un contenu commun à un groupe d'utilisateurs, comme de la télévision ;

- définition de nouvelles fonctionnalités d'*auto-optimisation* ;

- approfondissement des spécifications techniques des HeNB (*Home eNodeB*) notamment dans les domaines de la mobilité, de la sécurité et de l'architecture.

## La Release 10

La Release 10 est principalement marquée par l'adaptation du LTE afin de garantir l'atteinte des exigences de la norme IMT-Advanced définie par l'UIT. La version du LTE définie en Release 10 est ainsi connue sous l'appellation LTE-Advanced. La description du LTE-Advanced fait l'objet du chapitre 23.

En complément des évolutions propres au LTE-Advanced, des développements ont été effectués en Release 10 pour :

- améliorer la mobilité entre cellules femto ;
- permettre d'utiliser les mesures des UE afin d'évaluer automatiquement la qualité du réseau, et déterminer ainsi le besoin éventuel d'optimisation ou de résolution de problèmes, en réduisant le besoin de tests manuels par les opérateurs ;
- améliorer la prise en charge des communications de machine à machine, en introduisant des mécanismes destinés à protéger le réseau de surcharges éventuelles dans le cas où un très grand nombre de machines chercheraient à accéder au réseau simultanément.

# Références

[3GPP 25.912, 2006] Rapport technique 3GPP TR 25.912, *Feasibility study for evolved Universal Terrestrial Radio Access (UTRA) and Universal Terrestrial Radio Access Network (UTRAN)*, v7.1.0, octobre 2006.

[3GPP 25.912, 2007] Rapport technique 3GPP TR 25.912, *Feasibility study for evolved Universal Terrestrial Radio Access (UTRA) and Universal Terrestrial Radio Access Network (UTRAN)*, v7.2.0, août 2007.

[3GPP 25.913, 2006] Rapport technique 3GPP TR 25.913, *Requirements for Evolved UTRA (E-UTRA) and Evolved UTRAN (E-UTRAN)*, v7.3.0, mars 2006.

[3GPP 36.306, 2012] Spécification technique 3GPP TS 36.306, *E-UTRA, User Equipment (UE) radio access capabilities*, v.10.5.0, mars 2012.

[3GPP 36.814, 2010] Rapport technique 3GPP TR 36.814, *E-UTRA, Further advancements for E-UTRA physical layer aspects*, v9.0.0, mars 2010.

[3GPP 36.912, 2010] Rapport technique 3GPP TR 36.912, *Feasibility study for Further Advancements for E-UTRA (LTE-Advanced)*, v9.3.0, juin 2010.

[ARCEP, 2011] ARCEP, *Résultats de la procédure d'attribution des licences mobiles 4G dans la bande 800 MHz*, décembre 2011.

[ARCEP, 2011-2] ARCEP, *Résultats de la procédure d'attribution des licences mobiles 4G dans la bande 2.6 GHz*, septembre 2011.

[GSMA, 2012] GSMA, http://www.gsma.com/gsm/, avril 2012.

[NTT DoCoMo *et al.*, 2004] NTT DoCoMo et al., *Proposed Study Item on Evolved UTRA and UTRAN*, description d'étude RP-040461, 3GPP TSG-RAN #26, décembre 2004.

[UIT] UIT, *Spectrum for IMT*. http://www.itu.int/ITU-D/tech/MobileCommunications/Spectrum-IMT.pdf

[UIT, 2012] UIT Télécommunications, *Global mobile-cellular subscriptions, total and per 100 inhabitants*, 2001-2011, février 2012.

[UIT-R, 2009] Rapport UIT-R M.2135-1, *Guidelines for evaluation of radio interface technologies for IMT-Advanced*, décembre 2009.

[UMTS forum, 2010] UMTS forum, *Recognising the promise of mobile broadband*, juillet 2010.

# 2

# L'architecture LTE/EPC

**Sommaire :** *Les nœuds définis au sein de l'architecture LTE/EPC – Les fonctions des nœuds – Les interfaces définies entre les nœuds – Les différences apportées en termes d'architecture vis-à-vis des générations précédentes*

Le LTE désigne les évolutions de l'accès radio définies pour répondre aux exigences présentées au chapitre 1. Les changements requis ne se limitent toutefois pas à l'accès radio et une évolution du réseau cœur désignée par les termes SAE (*System Architecture Evolution*) ou EPC (*Evolved Packet Core*) a été nécessaire. Nous ferons référence dans cet ouvrage à l'architecture LTE/EPC. Notons que l'ensemble LTE (pour l'accès radio) et EPC (pour le réseau cœur) est aussi appelé EPS (*Evolved Packet System*). Ce chapitre a pour objectif de présenter les principes généraux de l'architecture LTE/EPC. Nous nous concentrerons sur l'analyse des fonctions du LTE et présenterons les fonctions principales des nœuds de l'EPC. Par ailleurs, les éléments d'architecture propres aux cellules femto seront présentés au chapitre 22.

## Architecture des réseaux 3GPP 2G et 3G

Le 3GPP définit l'architecture générale des systèmes d'un point de vue physique et d'un point de vue fonctionnel. Au niveau physique, le concept de *domaine* a été introduit pour désigner les nœuds au sein de l'architecture et les frontières entre ces nœuds. Au niveau fonctionnel, le concept de *strate* a été défini afin d'évoquer les procédures mises en œuvre pour permettre les échanges entre les domaines. En préambule à l'analyse de l'architecture LTE/EPC et afin de mettre en lumière les innovations qui s'y rattachent, il convient de rappeler brièvement l'architecture définie pour les réseaux 2G et 3G.

D'un point de vue physique, les réseaux 3GPP 2G et 3G sont composés de trois domaines :
- l'UE ;
- le réseau d'accès ;
- le réseau cœur.

La figure suivante représente l'architecture générale des réseaux 2G et 3G supportant un réseau cœur paquet.

Figure 2-1
*Architecture générale des réseaux 2G et 3G supportant un réseau cœur paquet*

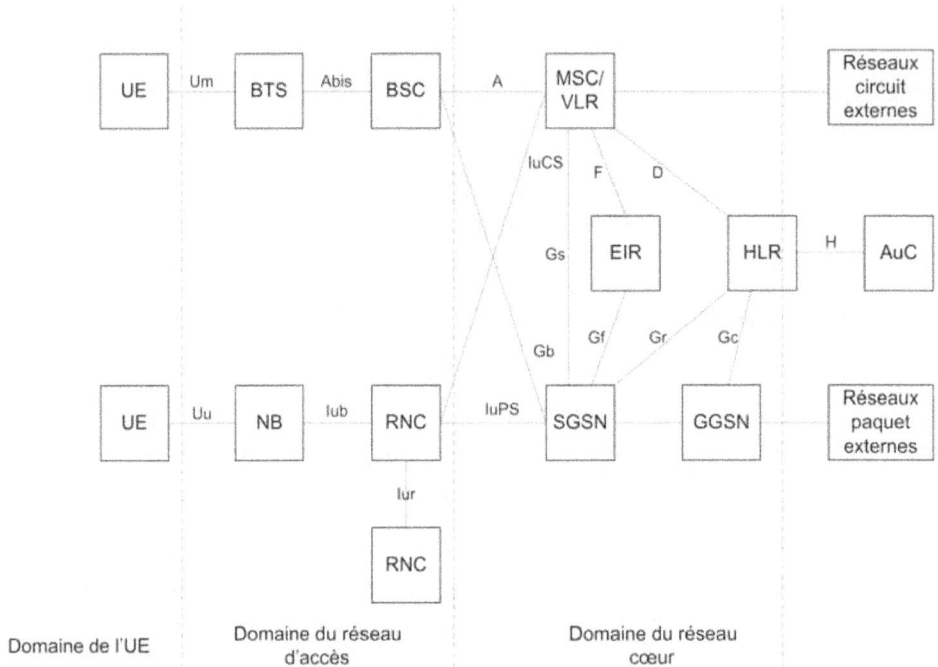

**Le domaine de l'UE** regroupe les éléments suivants.

- L'équipement mobile (ME ou *Mobile Equipment* en anglais) assure la gestion de la connexion avec le réseau mobile (établissement, reconfiguration, relâche) et la continuité de service en mobilité, de façon transparente pour l'équipement terminal. C'est donc cet équipement qui met en œuvre les protocoles et mécanismes propres à la technologie mobile utilisée.

- L'équipement terminal (TE ou *Terminal Equipment* en anglais) désigne l'élément physique sur lequel l'utilisateur accède aux services du réseau mobile. Il peut s'agir d'un ordinateur personnel, d'un appareil photo ou de tout autre équipement domestique utilisant un équipement mobile externe ou intégré pour l'accès au réseau mobile. Il échange donc essentiellement des paquets de données IP avec le ME.

Ces deux éléments forment ainsi l'équipement utilisateur ou *User Equipment* en anglais, dénommé UE dans cet ouvrage. En effet, ces définitions s'appliquent également dans le contexte du LTE.

**Le domaine du réseau d'accès** est appelé GERAN (*GSM EDGE Radio Access Network*) pour le réseau 2G et UTRAN (*Universal Terrestrial Radio Access Network*) pour le réseau 3G. GERAN et UTRAN sont composés de deux entités :

- la station de base, respectivement BTS (*Base Transceiver Station*) et NodeB ;

- le contrôleur de stations de base, respectivement BSC (*Base Station Controller*) et RNC (*Radio Network Controller*).

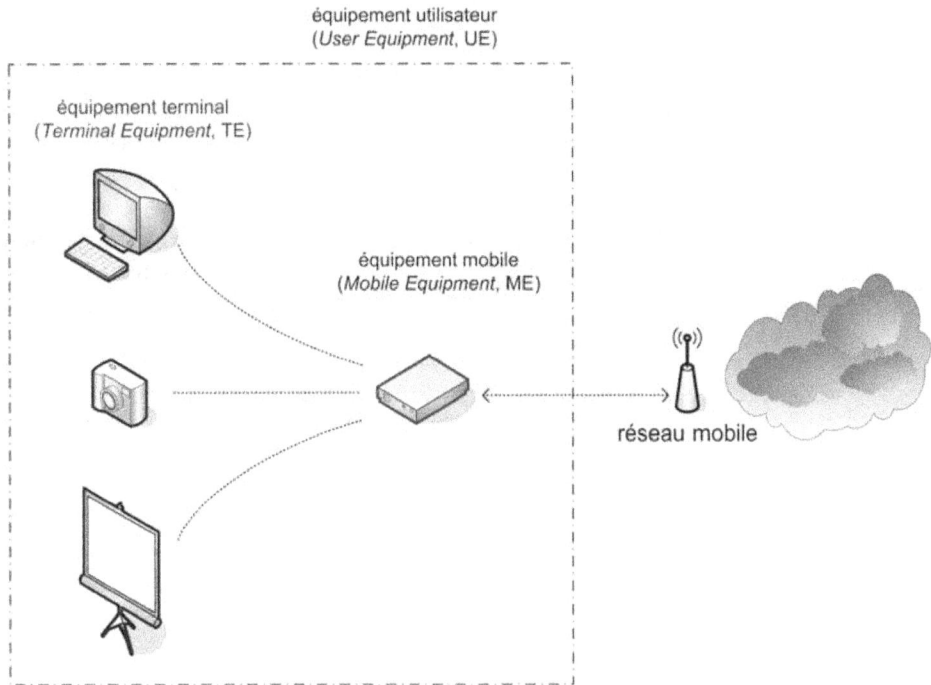

Le réseau d'accès permet à l'UE d'accéder aux ressources radio. Il gère aussi la mobilité en mode connecté.

La station de base met l'interface radio à disposition de l'UE. Le contrôleur de stations de base a pour rôle principal de gérer les ressources radio. Au sein de cette architecture, stations de base et contrôleurs de stations de base sont connectés via des interfaces terrestres (Abis dans le GERAN et Iub dans l'UTRAN). Ces interfaces sont gérées respectivement par les protocoles de transport TDM (*Time Division Multiplexing*) et ATM (*Asynchronous Transfer Mode*). L'utilisation du protocole IP (*Internet Protocol*) est une option disponible pour le réseau 3G à compter de la Release 5 3GPP. Ces interfaces sont supportées physiquement par des faisceaux hertziens, des liaisons cuivre ou des fibres optiques. Une des innovations du réseau 3G est l'introduction de la macrodiversité qui implique la connexion simultanée d'un UE à au moins deux cellules, avec pour objectif l'amélioration des performances en situation de mobilité. On peut noter qu'une interface existe entre les contrôleurs de stations de base au sein du réseau 3G, ce qui est une évolution par rapport au réseau 2G : il s'agit de l'interface Iur, qui permet notamment de servir l'UE simultanément par deux cellules connectées à des RNC différents et contribue donc à la macrodiversité.

**Le domaine du réseau cœur** regroupe l'ensemble des équipements assurant les fonctions telles que l'enregistrement de l'UE au réseau et la mise à jour de sa localisation, le contrôle des appels, le contrôle de la sécurité, la gestion de l'interface avec les réseaux externes (réseau téléphonique commuté, Internet, etc.). Le domaine du réseau cœur est lui-même scindé en deux domaines :

- le domaine circuit ou CS (*Circuit Switched*) ;
- le domaine paquet ou PS (*Packet Switched*).

Initialement, le réseau d'accès 2G était interconnecté uniquement au domaine circuit, par l'intermédiaire du MSC (*Mobile Switching Centre*), afin d'offrir le service voix. Puis l'engouement des utilisateurs pour les services de données s'est développé, menant à la définition d'un domaine paquet permettant un traitement amélioré de ces derniers. Le domaine paquet, aussi appelé GPRS (*General Packet Radio Service*), est composé des entités SGSN (*Serving GPRS Support Node*) et GGSN (*Gateway GPRS Support Node*) et comporte globalement les mêmes fonctionnalités, qu'il soit interfacé avec un réseau d'accès 2G ou 3G. Les réseaux d'accès 2G et 3G sont interconnectés :

- au domaine circuit du réseau cœur par l'interface A et l'interface Iu-CS respectivement ;
- au domaine paquet du réseau cœur par l'interface Gb et l'interface Iu-PS respectivement.

D'un point de vue fonctionnel, le réseau 3G est organisé en strates :

- l'*Access Stratum* ou AS ;
- la *Non Access Stratum* ou NAS.

Ces strates regroupent les procédures définies afin de permettre les échanges entre différents domaines. La figure suivante illustre les interactions entre les notions de *domaine* et de *strate* dans le cas d'un réseau de 3G.

Figure 2-3
*Interactions entre les concepts de strate et de domaine*

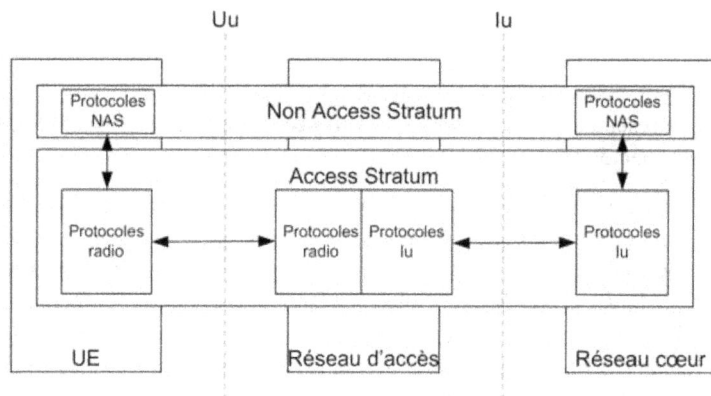

L'Access Stratum regroupe l'ensemble des protocoles propres au réseau d'accès, qui ont pour objectif de transférer l'information entre l'UE et l'infrastructure de manière bidirectionnelle. Au sein de l'Access Stratum, on distingue les protocoles radio pris en charge par l'interface Uu des protocoles gérés par les interfaces terrestres (Iub, Iur, IuCS, IuPS). La Non Access Stratum regroupe l'ensemble des protocoles permettant l'échange d'informations entre l'UE et le réseau cœur et notamment les protocoles NAS. Ces derniers ont pour rôle d'assurer, entre autres, l'enregistrement au réseau, la gestion des appels, la mise à jour de la localisation, l'authentification et la sécurité de niveau NAS. Ils seront présentés dans des chapitres dédiés au sein de cet ouvrage.

# Architecture LTE/EPC

## Notions de plan usager et de plan de contrôle

On distingue deux types de données pouvant transiter sur les interfaces du système LTE/EPC : les données utilisateurs, portées par le *plan usager*, et les données de signalisation, qui transitent via le *plan de contrôle*.

Le plan usager (*user plane* en anglais) d'une interface correspond aux protocoles et fonctions mis en œuvre sur cette interface pour le traitement des données de l'utilisateur (en provenance ou à destination de celui-ci) transitant sur le réseau mobile, et liées au service auquel cet usager accède (appel voix, Internet, streaming vidéo, réseau privé…).

Le plan de contrôle (*control plane* en anglais) de l'interface permet, comme son nom l'indique, de contrôler le plan usager par l'établissement, la reconfiguration et la relâche de connexion, l'échange d'informations et de contextes associés à l'UE. Il permet ainsi d'établir le service et d'en assurer la continuité dans l'environnement du réseau mobile. On notera que le plan de contrôle d'une interface ne porte pas nécessairement des messages en provenance ou à destination de l'UE.

Toutes les interfaces du réseau mobile ne portent pas des données de l'un ou l'autre de ces deux plans. Par exemple, l'interface entre les équipements du réseau cœur et la base de données des abonnés (HSS ou *Home Subscriber Server*) ne porte pas de données du plan usager.

Lorsqu'ils sont mis en œuvre sur une interface, ces deux plans sont matérialisés par des piles protocolaires différentes. Celles-ci partagent en général un tronc commun et se différencient sur les couches supérieures, lorsqu'un traitement spécifique et des fonctions différentes doivent être mises en œuvre pour chacun des deux plans. Nous verrons dans la suite de ce chapitre les piles protocolaires des plans usager et de contrôle définies pour les interfaces entre l'UE et le réseau au sein du système LTE/EPC.

## Exigences techniques

L'architecture LTE/EPC doit répondre à de nombreuses exigences techniques, qui ont conduit à des évolutions majeures par rapport à l'architecture définie pour les réseaux 2G et 3G. Ces exigences sont rappelées ci-dessous.

L'architecture LTE/EPC :

1. a pour objectif de supporter uniquement des services de données. Les services *circuit* migrent vers des services *paquet*. À titre d'exemple, le service voix est supporté par la VoIP (Voix sur IP) ;

2. doit fournir une connectivité IP entre l'UE et le réseau de paquets de données ou PDN (*Packet Data Network*) ;

3. doit répondre à des objectifs ambitieux de latence du plan de contrôle et du plan usager. La latence du plan de contrôle pour le passage d'un état de veille à un état actif doit être inférieure à 100 ms. La latence du plan usager doit être inférieure à 5 ms dans des conditions de faible charge ;

4. doit accepter un très grand nombre d'utilisateurs (plusieurs centaines d'utilisateurs actifs simultanés sous une même cellule) ;

5. doit suivre la mobilité des utilisateurs sans interruption du service ;

6. doit supporter différentes classes de services ;

7. doit permettre l'introduction rapide de nouveaux services ;

8. doit fournir à l'utilisateur une sécurité suffisante et protéger le réseau contre les usages frauduleux ;

9. doit prendre en charge la mobilité vers les réseaux 2G et 3G.

Ces exigences non exhaustives ont motivé les évolutions d'architecture définies par le 3GPP, que nous allons à présent détailler.

## Présentation générale

À l'instar des réseaux 2G et 3G, l'architecture générale LTE/EPC est définie d'un point de vue physique et d'un point de vue fonctionnel. D'un point de vue physique, l'architecture LTE/EPC est composée de trois domaines :

- l'UE ;
- le réseau d'accès, appelé LTE ou E-UTRAN (*Evolved-UTRAN*) ;
- le réseau cœur, appelé EPC.

L'architecture générale LTE/EPC est présentée sur la figure suivante.

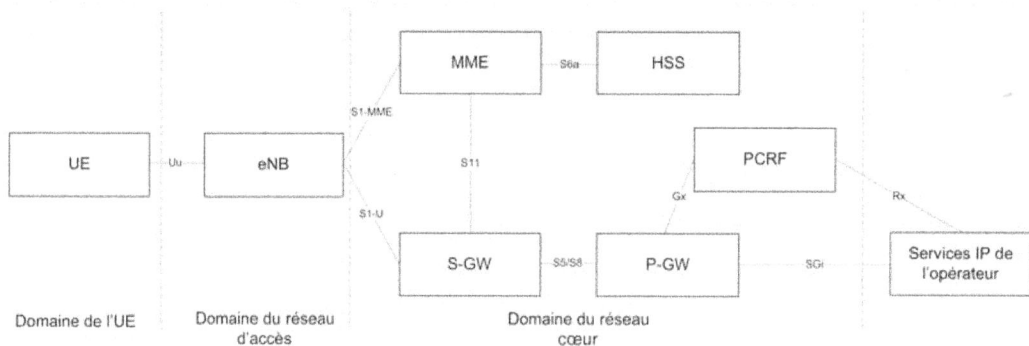

Figure 2-4
*Architecture générale LTE/EPC*

L'architecture générale LTE/EPC est présentée en détail au sein des spécifications 3GPP TS 36.300 et TS 23.401. Le domaine du réseau cœur est composé de plusieurs nœuds. Le domaine du réseau d'accès est composé d'un seul nœud : l'eNodeB. Ces différents nœuds sont interconnectés par l'intermédiaire d'interfaces normalisées par le 3GPP. Théoriquement, cette normalisation doit permettre l'interfonctionnement de nœuds de constructeurs différents. En pratique, cet interfonctionnement doit être vérifié lors de tests d'interopérabilité et des différences d'interprétation de la norme par les constructeurs d'équipements peuvent conduire à des dysfonctionnements.

L'architecture fonctionnelle LTE/EPC est présentée sur la figure suivante.

*Figure 2-5*
*Architecture*
*fonctionnelle LTE/EPC*

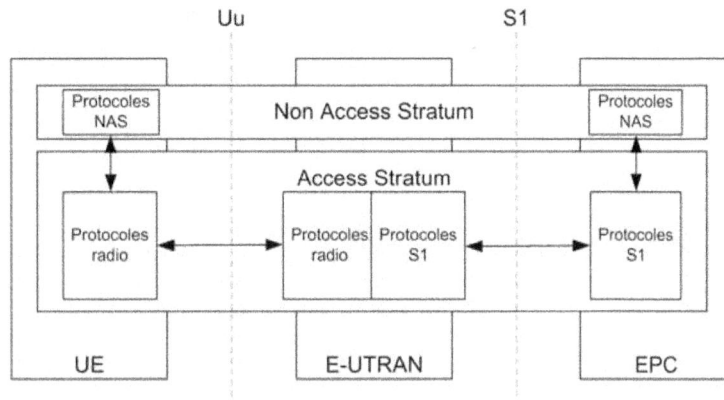

Les principes de l'architecture fonctionnelle du réseau 3G sont repris ici avec la définition d'une Access Stratum et d'une Non Access Stratum. L'Access Stratum regroupe les protocoles radio et les protocoles S1 tandis que la Non Access Stratum regroupe les protocoles NAS.

Les principales fonctions nécessaires au sein du système LTE/EPC sont définies selon l'architecture fonctionnelle présentée à la figure suivante.

*Figure 2-6*
*Répartition*
*des fonctions*
*entre les nœuds*
*de l'architecture*
*LTE/EPC*

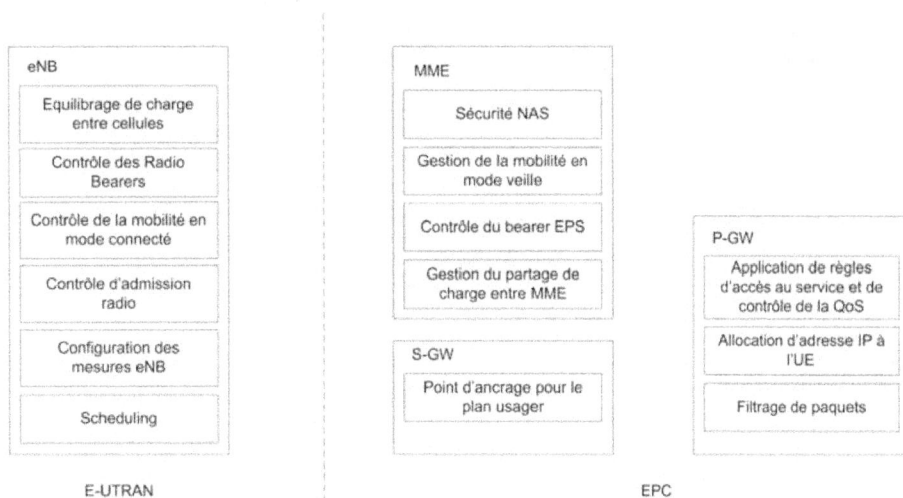

# Le réseau cœur

L'architecture EPC est présentée sur la figure suivante.

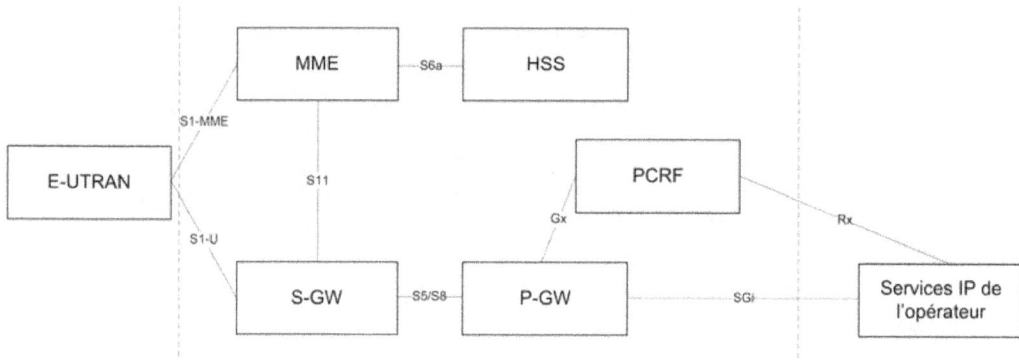

Figure 2-7
*Architecture EPC*

Les principaux nœuds logiques de l'EPC sont :

- S-GW (*Serving Gateway*) ;
- MME (*Mobility Management Entity*) ;
- P-GW (*PDN Gateway*) ;
- HSS (*Home Subscriber Server*).

En complément de ces nœuds, l'EPC inclut également le nœud PCRF (*Policy Control and Charging Rules Function*) de manière optionnelle. Des interfaces introduites à la figure précédente existent entre les nœuds de LTE/EPC :

- S1-MME entre MME et eNodeB ;
- S1-U définie entre S-GW et eNodeB ;
- S5/S8 définie entre P-GW et S-GW ;
- S6-a définie entre HSS et MME ;
- S11 définie entre MME et S-GW ;
- Gx définie entre PCRF et P-GW.

Ces interfaces ne sont pas toutes présentées en détail dans cet ouvrage. Le lecteur pourra se référer aux spécifications TS 23.401 pour obtenir plus d'informations concernant la structure des interfaces S5/S8 et S11 notamment.

Par ailleurs, l'architecture LTE/EPC requiert l'établissement d'une connexion logique entre deux points de terminaison : P-GW et UE. Cette connexion virtuelle est appelée *bearer EPS* (voir p. 50).

Le réseau cœur EPC assure :

- l'enregistrement et la mise à jour de localisation de l'UE ;

- l'authentification de l'UE ;
- la sécurité de niveau NAS ;
- la gestion des appels ;
- l'établissement des bearers.

L'architecture EPC diffère de l'architecture GPRS par les points suivants.

- Les flux des plans usager et de contrôle de l'UE traversent des nœuds logiques différents au sein de l'architecture EPC. Le MME gère les flux du plan de contrôle de l'UE tandis que la S-GW s'occupe des flux de son plan usager. Cette séparation a également été introduite au sein de l'architecture GPRS en Release 4 pour le domaine CS avec une séparation entre le plan de contrôle et le plan usager. Ce type de séparation répond à plusieurs objectifs :
  - pouvoir dimensionner séparément le plan de contrôle et le plan usager, afin de réduire les investissements capacitaires à réaliser par les opérateurs ;
  - optimiser l'implémentation matérielle des fonctions S-GW et MME ; ainsi, la S-GW peut être conçue sur la base d'une plate-forme optimisée pour le traitement de données à très haut débit, tandis que le MME peut être optimisé pour le traitement de la signalisation, et notamment la gestion simultanée d'un très grand nombre de contextes d'UE ;
  - permettre un choix différencié pour la localisation des S-GW et MME.
- L'architecture EPC n'intègre pas de domaine circuit. L'intérêt majeur de ce choix est de n'avoir à déployer et exploiter qu'un seul domaine au sein du réseau cœur. Un défi demeure néanmoins : fournir la même qualité de service voix que celle offerte par le domaine circuit des réseaux 2G et 3G.
- L'architecture EPC permet l'équilibrage de charge inter-MME. Également appelée *MME load balancing*, c'est la fonction qui permet d'équilibrer la charge des MME vis-à-vis du traitement de la signalisation au sein d'une zone de pool. Le moyen retenu pour équilibrer la charge entre les MME est de répartir les UE entrants dans la zone de pool entre les différents MME du pool. Cette fonction est permise par l'indication à tous les eNodeB de la zone de la capacité relative de chaque MME du pool, lors de la procédure d'établissement de l'interface S1. La fonction d'équilibrage de charge inter-MME intervient également lors de l'intégration ou de la suppression d'un MME au sein du pool. La charge est ainsi équilibrée automatiquement entre les nœuds. L'adaptation à l'introduction ou à la suppression d'un MME peut se faire par une procédure de mise à jour de l'interface S1 à l'initiative du MME. L'évolution de la capacité relative des MME peut alors être mise à jour.

Décrivons les nœuds logiques de l'EPC.

- S-GW : tous les paquets IP à destination d'utilisateurs sont transférés à travers la S-GW, qui sert de point d'ancrage pour les bearers de données lorsque l'UE est en mobilité entre plusieurs eNodeB. La S-GW conserve également des contextes sur les bearers de l'UE lorsqu'il est en veille. Si elle reçoit des données destinées à un UE en veille, la S-GW contacte le MME pour notifier l'UE et rétablir ainsi les bearers associés aux contextes. Par ailleurs, la S-GW gère quelques fonctions annexes au sein du réseau visité dans le contexte d'itinérance, telles que l'envoi d'informations pour la facturation (par exemple, le volume de données envoyées et reçues par l'utilisateur) et les interceptions légales. La S-GW sert également de point d'ancrage pour l'interfonctionnement avec d'autres technologies d'accès 3GPP comme l'UMTS ou le GPRS.

- MME : le MME est le nœud de contrôle qui gère la signalisation entre l'UE et le réseau cœur. Il est notamment le point de terminaison des protocoles NAS au sein de l'EPC. Le MME est responsable de la gestion des bearers et notamment des phases d'établissement, de reconfiguration et de relâche des bearers. Le MME a en charge la gestion de la connexion de signalisation et de la sécurité entre le réseau et l'UE. La gestion de la connexion ou *connection management* est prise en charge au sein du protocole NAS. Enfin, le MME maintient un contexte de l'UE tant que celui-ci est enregistré au réseau. Ce contexte contient notamment les paramètres de sécurité NAS et les capacités radio et réseau de l'UE.

- P-GW : la P-GW a pour premier rôle d'allouer une adresse IP à l'UE. Elle permet également de mettre en application la qualité de service. Elle supporte la fonction appelée *Deep Packet Inspection* (en français, inspection approfondie des paquets), qui analyse les paquets du plan usager, identifie la nature des flux, applique les règles prédéfinies pour tous les clients ou par client en fonction de l'offre souscrite. Par exemple, la P-GW peut décider de brider le débit d'un flux de type P2P en fonction de la politique de l'opérateur ou même détecter un usage soumis à la souscription d'une option tel que l'usage modem. La P-GW alloue ainsi des paquets IP transférés au sein de bearers de QoS différentes et joue ainsi un rôle déterminant dans le cadre de la gestion de la qualité de service, notamment pour les bearers à débit garanti. Par ailleurs, la P-GW permet de mettre en œuvre la facturation par flux de données, conformément aux règles définies par le PCRF (voir ci-dessous). Enfin, elle sert de point d'ancrage pour l'interfonctionnement avec d'autres technologies d'accès non 3GPP telles que CDMA2000 et WiMAX.

- HSS : le HSS contient les informations de souscription de l'utilisateur telles que le profil de QoS de l'abonné ou les restrictions d'accès en itinérance. Il contient également les informations concernant les réseaux de données (PDN) auxquels l'utilisateur peut se connecter. Ces informations peuvent se retrouver sous la forme d'un nom de point d'accès ou APN (*Access Point Name*) ou sous la forme d'une adresse PDN. Par ailleurs, le HSS supporte des informations dynamiques telles que l'identité du MME auquel l'utilisateur est actuellement attaché. Le HSS peut aussi intégrer le centre d'authentification ou AuC (*Authentication Center*) qui permet l'authentification des abonnés et fournit les clés de chiffrement nécessaires. Cet aspect sera évoqué en détail au chapitre 20 dédié à la sécurité.

- PCRF : le PCRF est un nœud optionnel au sein de l'architecture EPC. Toutefois, il permet d'appliquer des règles de gestion évoluées sur le trafic et la facturation de l'utilisateur en fonction de son offre. Pour mettre en œuvre ces règles, il communique avec le PCEF (*Policy Control Enforcement Function*), fonction intégrée à la P-GW. Par exemple, lorsqu'un utilisateur atteint le seuil de volume de données que sa souscription lui permet de transférer, le PCRF peut communiquer au PCEF un ordre afin que ce dernier diminue le débit de l'utilisateur (notion de *Fair Use* ou *Fair Usage*). Le PCRF peut également indiquer lors de l'établissement d'une session ou en cours de session les caractéristiques de qualité de service (*QoS Class Identifier* et débits) à appliquer par le PCEF sur les flux de données. La notion de QoS Class Identifier sera présentée plus loin dans ce chapitre. Le PCRF s'assure que le traitement appliqué est en accord avec le profil de souscription de l'utilisateur.

# Le réseau d'accès

L'architecture LTE est présentée sur la figure suivante.

Figure 2-8
*Architecture LTE*

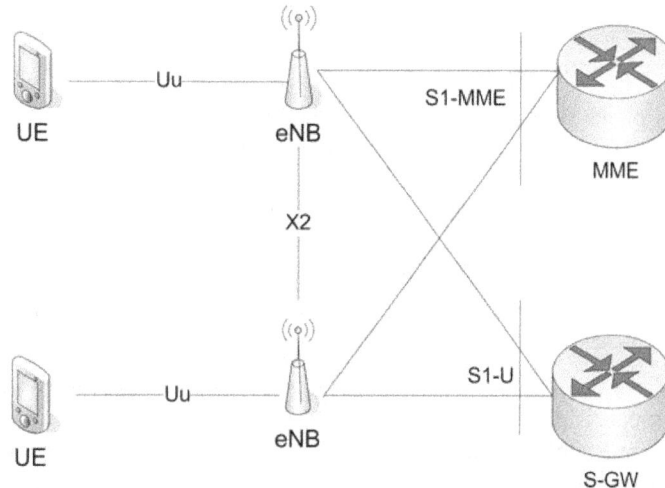

L'architecture LTE est composée de stations de base appelées eNodeB exposant à l'UE les piles protocolaires des plans usager et de contrôle sur l'interface radio. L'eNodeB est connecté à l'EPC par l'intermédiaire de l'interface S1. Plus précisément, les flux du plan usager sont gérés par l'interface S1-U définie entre S-GW et eNodeB tandis que les flux du plan de contrôle sont pris en charge par l'interface S1-MME définie entre MME et eNodeB. Cette architecture se distingue des architectures GERAN et UTRAN en différents points.

• Le contrôleur de stations de base est supprimé. L'architecture définie pour le LTE est dite *architecture plate*, c'est-à-dire qu'elle est constituée uniquement de stations de base. La suppression du contrôleur de stations de base au sein de l'architecture LTE s'explique notamment par la volonté de réduire la latence du système. Cette décision a des répercussions importantes sur la complexité de l'eNodeB et du réseau cœur, car de nombreuses fonctionnalités jusqu'alors assurées par cet équipement sont désormais distribuées au sein des eNodeB ou supportées par le réseau cœur. Ainsi, des procédures jusqu'alors définies entre l'UE et le contrôleur de stations de base sont désormais définies entre l'UE et la station de base elle-même. La suppression d'un nœud central au sein de l'architecture s'explique aussi par la volonté des opérateurs de rendre l'architecture LTE plus robuste et évolutive face à la montée en trafic. Cette croissance impliquerait en effet l'ajout récurrent de nouveaux contrôleurs. Ces nouveaux équipements entraîneraient des investissements pour leur achat, mais aussi des charges opérationnelles pour leur intégration au réseau. Par conséquent, le déplacement de fonctionnalités du contrôleur de stations de base vers l'eNodeB peut réduire les coûts pour les opérateurs. L'architecture plate permet également la suppression d'un nœud central sur lequel tout dysfonctionnement s'avère très pénalisant. Le système devient plus robuste face à d'éventuelles pannes. Enfin, il convient de mentionner que le choix de ne pas mettre en œuvre de macrodiversité en LTE a facilité l'adoption de cette architecture. La présence d'une fonction centralisée de combinaison des données n'est ainsi plus nécessaire. Une des conséquences de la suppression du contrôleur de stations de base intervient en cas de mobilité. Lorsque l'UE se déplace, le réseau doit transférer d'un eNodeB à l'autre toute l'information liée à l'UE, son contexte ainsi que les données en attente. Des mécanismes sollicitant le réseau cœur et les eNodeB sont par conséquent nécessaires pour limiter les pertes de paquets lors d'une procédure de handover.

- Une interface entre les stations de base est ajoutée. La distribution de fonctionnalités du contrôleur de stations de base au sein des eNodeB implique une connectivité accrue entre ces derniers, afin notamment d'optimiser les procédures de mobilité, de faciliter la gestion des interférences intercellulaires et de mettre en œuvre certaines fonctionnalités d'auto-optimisation du réseau. Les eNodeB peuvent ainsi être interconnectés via l'interface X2. On notera que la présence de l'interface X2 au sein de l'architecture LTE/EPC n'est pas obligatoire. Les implications de la présence ou de l'absence de cette interface seront discutées plus loin. L'interface X2 est comparable en plusieurs points à l'interface Iur de l'UMTS.

- Il est possible de connecter un eNodeB à plusieurs nœuds logiques du réseau cœur à travers le support de la fonction *S1-Flex*. Plusieurs nœuds logiques du réseau cœur peuvent ainsi gérer une même zone géographique, étant connectés aux eNodeB fournissant la couverture de la zone en question. Le groupe des MME/S-GW qui gèrent une zone commune est appelé pool MME/pool S-GW et la zone ainsi couverte est appelée zone de pool. Il peut exister plusieurs interfaces logiques S1-MME définies entre l'EPC et un eNodeB. En revanche, une seule interface S1-MME peut être établie entre une paire MME-eNodeB. Le concept S1-Flex permet une meilleure sécurisation des éléments du réseau cœur par une redondance supportée nativement, mais aussi un équilibrage potentiel de la charge entre les éléments du réseau cœur. Le contexte de l'UE demeure habituellement au sein d'un même MME tant que l'UE est situé au sein de la zone de pool, afin de limiter autant que possible la signalisation au sein du réseau.

Les protocoles définis entre eNodeB et UE sont les protocoles de l'Access Stratum. Le LTE est responsable des fonctions liées à l'interface radio telles que :

- la gestion des ressources radio ou RRM (*Radio Resource Management*), qui regroupe toutes les fonctions liées à la prise en charge radio (*radio bearer*), telles que le contrôle du radio bearer, le contrôle d'admission radio, le contrôle de la mobilité en mode connecté, l'allocation dynamique de ressources à l'UE (scheduling) dans les sens montant et descendant, l'équilibrage de charge intercellulaire, la configuration des mesures de l'UE et de l'eNodeB ;

- la compression d'en-tête, qui optimise l'utilisation de l'interface radio en réduisant la taille de l'en-tête de paquets IP. Cette fonctionnalité s'avère particulièrement utile dans le cas de paquets IP de petites tailles (VoIP, par exemple) ;

- la sécurité à travers la protection de l'intégrité et le chiffrement des données transitant sur l'interface radio ;

- la connectivité à l'EPC via le support du plan de contrôle vers le MME et du plan usager vers la S-GW.

Toutes ces fonctions se situent dans l'eNodeB, qui est capable de gérer plusieurs cellules.

## Support de l'itinérance

Un réseau déployé par un opérateur dans un pays est connu sous le nom de PLMN (*Public Land Mobile Network*). Habituellement, l'utilisateur ayant souscrit à l'offre d'un opérateur est connecté au réseau et donc au PLMN de cet opérateur. Dans une situation d'itinérance telle qu'un voyage à l'étranger, l'utilisateur est connecté à un PLMN différent de celui auprès duquel il a souscrit son abonnement. Avec l'architecture LTE/EPC, il est possible de gérer l'itinérance des utilisateurs. L'utilisateur en itinérance est connecté à l'eNodeB, au MME et à la S-GW du réseau visité ou VPLMN (*Visited PLMN*). Toutefois, l'architecture LTE/EPC permet d'utiliser :

- soit la P-GW du réseau d'origine ou HPLMN (*Home PLMN*), scénario appelé *Home routed* ;
- soit la P-GW du VPLMN, scénario appelé *Local breakout*.

L'opérateur propriétaire du HPLMN est appelé *opérateur Home*. La figure suivante présente l'architecture utilisée pour gérer l'itinérance dans le scénario *Home routed*.

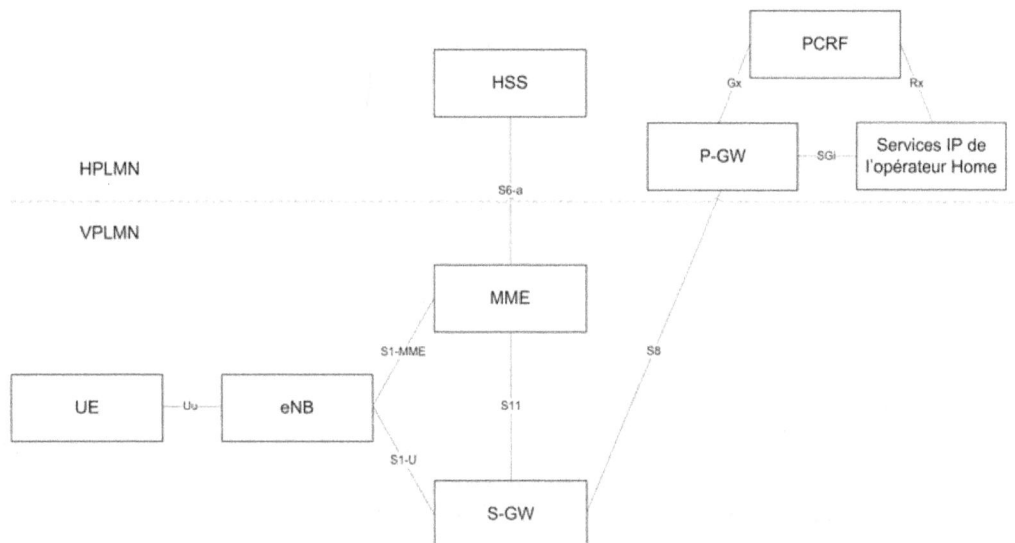

Figure 2-9
*Architecture prenant en charge l'itinérance – Scénario Home routed*

La figure suivante présente l'architecture utilisée pour gérer l'itinérance dans le scénario *Local breakout*.

Le scénario *Home routed* donne à l'opérateur Home une bonne connaissance du trafic effectué par ses clients en situation d'itinérance : la facturation se fera en fonction de l'usage et non seulement du volume. L'opérateur Home pourra ainsi étendre sa stratégie de facturation à l'étranger. Par ailleurs, ce scénario donne également aux utilisateurs l'accès aux services de l'opérateur Home. Le scénario *Local breakout* n'autorise pas la mise en œuvre de facturation à l'usage pour l'opérateur propriétaire du HPLMN. La facturation s'établit uniquement au volume, ce qui représente un risque de perte de valeur pour l'opérateur Home. Par exemple, un utilisateur en itinérance peut utiliser un service TV pour lequel l'opérateur Home applique un niveau de QoS élevé. Le PLMN visité peut alors respecter ce niveau de QoS élevé en privilégiant ce trafic par rapport à son propre trafic. Cette priorisation ne pourra dans ce cas être valorisée. La contrepartie du scénario *Home routed* est la nécessité de prendre en compte le trafic des utilisateurs en itinérance dans le cadre du dimensionnement de la P-GW et du PCRF.

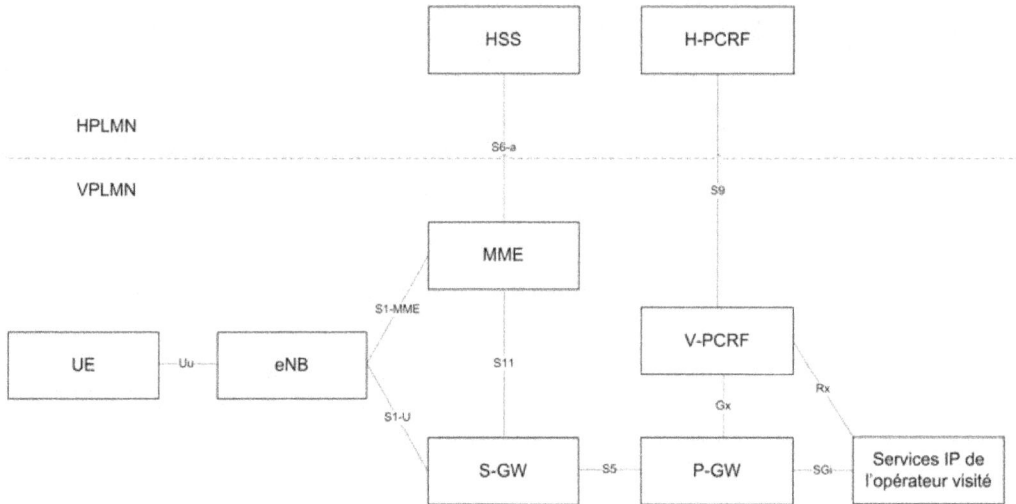

Figure 2-10
*Architecture prenant en charge l'itinérance – Scénario Local breakout*

## Interfonctionnement avec d'autres réseaux

L'architecture LTE/EPC s'adapte également à d'autres technologies d'accès radio ou RAT (*Radio Access Technologies*) telles que le GSM, l'UMTS, le CDMA2000 et le WiMAX mobile. L'architecture permettant la mobilité vers les réseaux 3GPP 2G et 3G est présentée à la figure 2-11. La S-GW agit comme un point d'ancrage au sein de cette architecture.

Le SGSN Release 8 échange avec le MME, pour le plan de contrôle, par l'intermédiaire de l'interface S3, qui est une évolution de l'interface Gn définie entre les SGSN dans l'architecture GPRS. Le SGSN Release 8 échange par ailleurs avec la S-GW, pour le plan usager, via l'interface S4 qui est une évolution de l'interface Gn définie entre SGSN et GGSN dans l'architecture GPRS.

Toutefois, un scénario complémentaire décrit sur la figure 2-12 a été envisagé impliquant un tunnel direct entre S-GW et UTRAN, constituant l'interface S12. Cette option d'architecture améliore la latence du système pour le plan usager et réduit potentiellement la charge du SGSN.

Les scénarios d'architecture précédents supposent l'utilisation de SGSN compatibles avec la Release 8. Dans le cas de SGSN pré-Release 8 qui n'implémentent pas d'interface S3 ou S4, l'architecture décrite à la figure 2-13 est mise en œuvre.

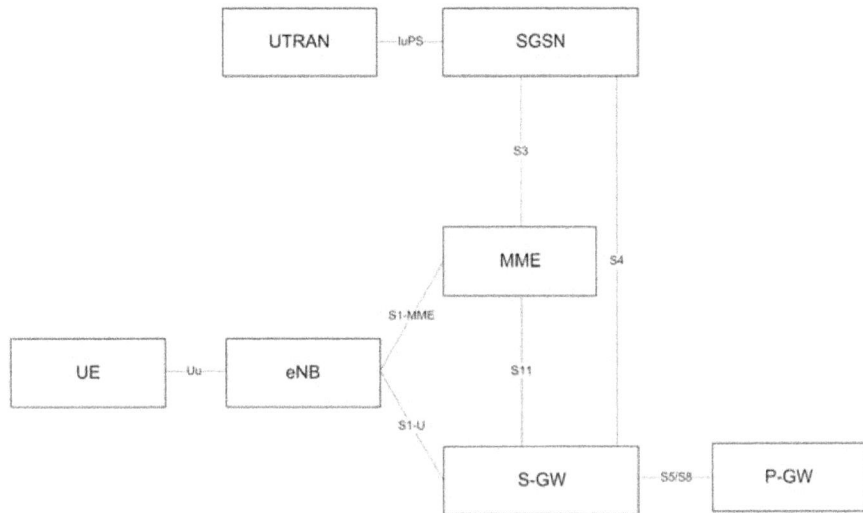

Figure 2-12
*Architecture
d'interfonctionnement entre
LTE et UTRAN impliquant
un tunnel direct*

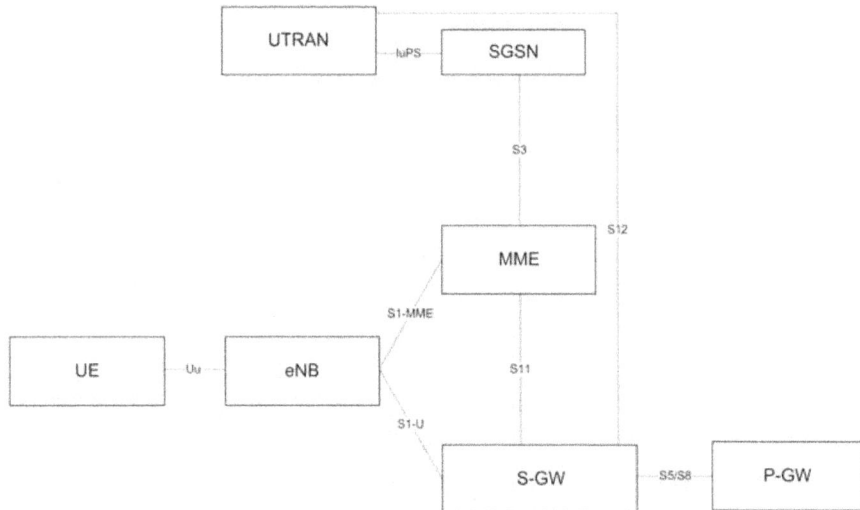

Au sein de cette architecture, le SGSN pré-Release 8 considère le MME comme un SGSN et la P-GW comme un GGSN. Par ailleurs, il n'existe plus d'interface entre le SGSN et la S-GW.

Des architectures ont également été définies pour gérer les scénarios de mobilité vers une technologie non 3GPP telle que CDMA2000 ou WiMAX mobile. Nous ne détaillerons pas ces scénarios mais le lecteur pourra se référer à la spécification 3GPP TS 23.402. Dans ces scénarios, la P-GW agit comme un point d'ancrage.

Figure 2-13
*Architecture
d'interfonctionnement
entre LTE et UTRAN
impliquant un SGSN
pré-Release 8*

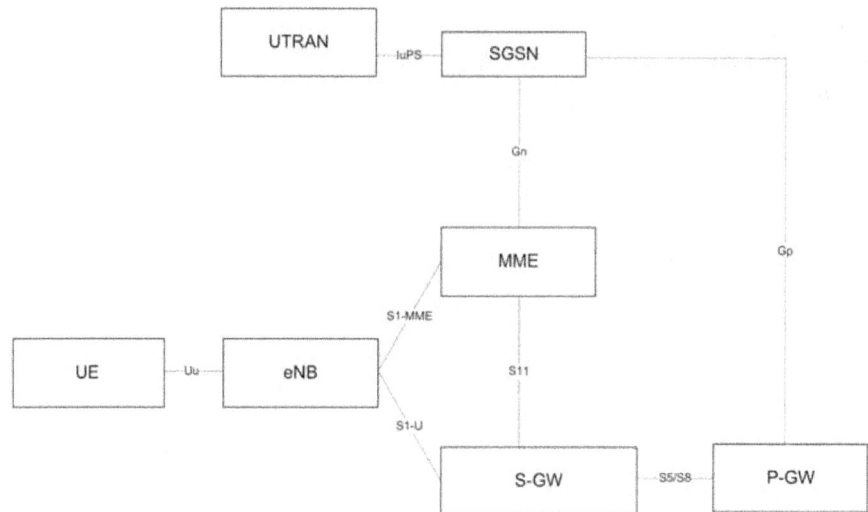

## Architecture protocolaire

L'architecture fonctionnelle LTE/EPC fait appel à différents protocoles qui sont présentés dans ce chapitre et dont certains seront détaillés plus loin dans l'ouvrage.

## Plan usager

Un paquet IP destiné à un UE est encapsulé par la P-GW et est transféré de la P-GW vers l'eNodeB au sein d'un tunnel, avant d'être transmis par l'eNodeB à l'UE. La fonction de tunnel est assurée par un protocole propre au 3GPP appelé GTP-U (*GPRS Tunneling Protocol-User plane*). Il est utilisé au sein des interfaces S1, S5 et S8. La figure suivante présente la pile protocolaire du plan usager.

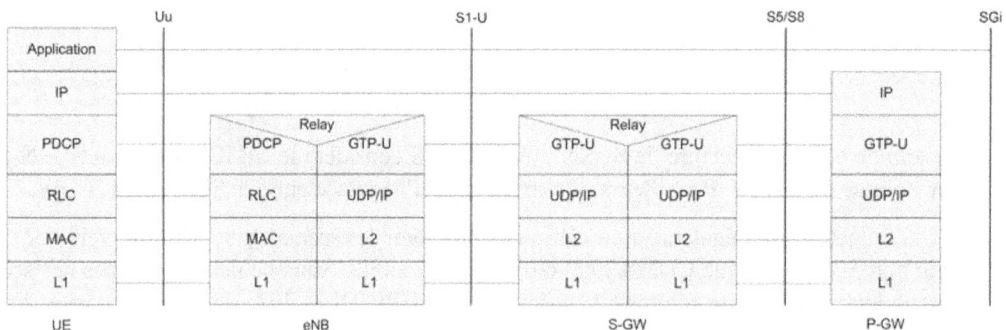

Figure 2-14
*Pile protocolaire du plan usager*

## Plan de contrôle

La pile protocolaire du plan de contrôle définie entre le MME et l'UE est présentée sur la figure suivante.

Figure 2-15
*Pile protocolaire
du plan de contrôle*

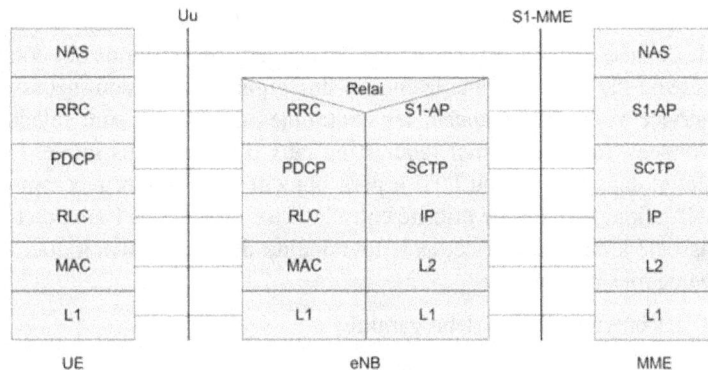

La pile protocolaire du plan de contrôle défini entre les nœuds de l'EPC est présentée sur la figure suivante.

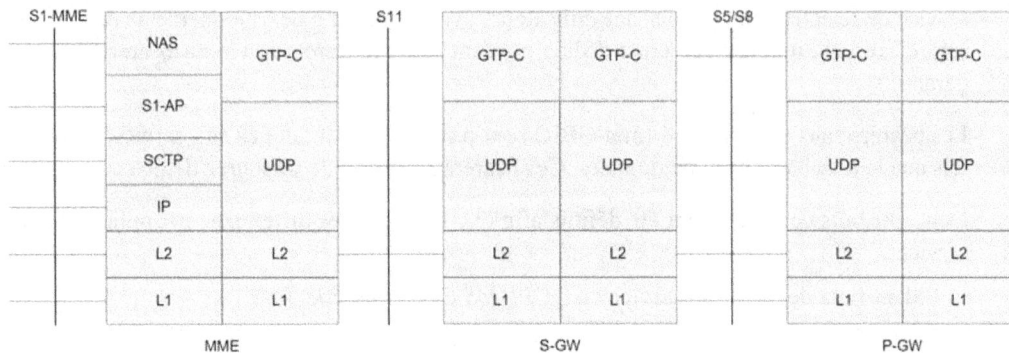

Figure 2-16
*Pile protocolaire du plan de contrôle défini entre les nœuds de l'EPC*

Cette pile protocolaire fait appel au protocole GTP-C (*GPRS Tunneling Protocol-Control plane*). Ce protocole est utilisé pour permettre les échanges de signalisation pendant l'établissement de bearer EPS et pour le transfert d'informations propres à chaque UE (contexte de l'UE) lors du changement de MME.

# Le bearer EPS

L'architecture LTE/EPC requiert l'établissement d'une connexion logique entre deux points de terminaison : P-GW et UE. Cette connexion virtuelle est appelée bearer EPS.

Le LTE supporte différents types de services tels que la voix, le streaming vidéo, le téléchargement de données, etc. La prise en charge de ces services implique des contraintes différentes au niveau du réseau. Par exemple, une latence et une gigue réduites sont nécessaires au bon fonctionnement du service voix. En revanche, les contraintes de latence sont relâchées pour le téléchargement de données, mais ce dernier requiert un taux d'erreurs plus faible. Le concept de qualité de service défini dans le cadre du LTE a pour objectif de répondre aux contraintes de chaque service via la définition de règles de priorité entre les flux. Au sein de l'architecture, un bearer différent peut être associé à chaque service, avec une qualité de service spécifique. Le 3GPP a défini deux grandes catégories de bearers :

- les bearers avec un débit garanti ;
- les bearers sans débit garanti.

Il est à noter que le débit réel peut être inférieur si la source envoie moins de données que le débit garanti.

Un bearer avec débit garanti (GBR) est alloué principalement aux services dits *temps-réel* tels que la voix ou le streaming vidéo. Toutefois, on peut aussi imaginer l'allocation d'un bearer GBR à un service de téléchargement pour des utilisateurs ayant souscrit à des abonnements dits *premium*. Au sein du réseau, une ressource est dédiée pendant toute la durée de vie du bearer EPS avec débit garanti.

Les bearers sans débit garanti (non-GBR) sont principalement alloués aux services non temps-réel tels que le téléchargement de données. Ces bearers n'ont pas de ressource dédiée au sein du réseau.

Deux attributs de bearers ont été définis afin que le réseau les différencie et applique la qualité de service :

- l'identifiant de classe de service ou QCI (*QoS Class Identifier*) ;
- la priorité d'allocation et de rétention ou ARP (*Allocation and Retention Priority*).

Ces concepts seront détaillés au chapitre 17 dédié à la gestion des appels. Au sein du réseau d'accès, l'eNodeB gère les flux d'un bearer EPS en fonction des valeurs de ces deux paramètres.

Un bearer EPS traverse de multiples interfaces (S5, S8, S1, radio). Pour chacune de ces interfaces, un bearer de couche inférieure est défini : bearer S5/S8, bearer S1 et bearer radio respectivement. Le bearer S5/S8 transporte les paquets d'un bearer EPS entre la P-GW et la S-GW. La S-GW établit alors une simple correspondance entre le bearer S1 et le bearer S5/S8. Le bearer est identifié par l'identifiant de tunnel GTP (*GTP tunnel ID*) sur ces deux interfaces. Les paquets du bearer EPS sont alors transportés de la S-GW vers l'eNodeB sur l'interface S1, puis de l'eNodeB vers l'UE sur l'interface radio. La figure suivante illustre le trajet d'un bearer EPS au sein de l'architecture LTE/EPC.

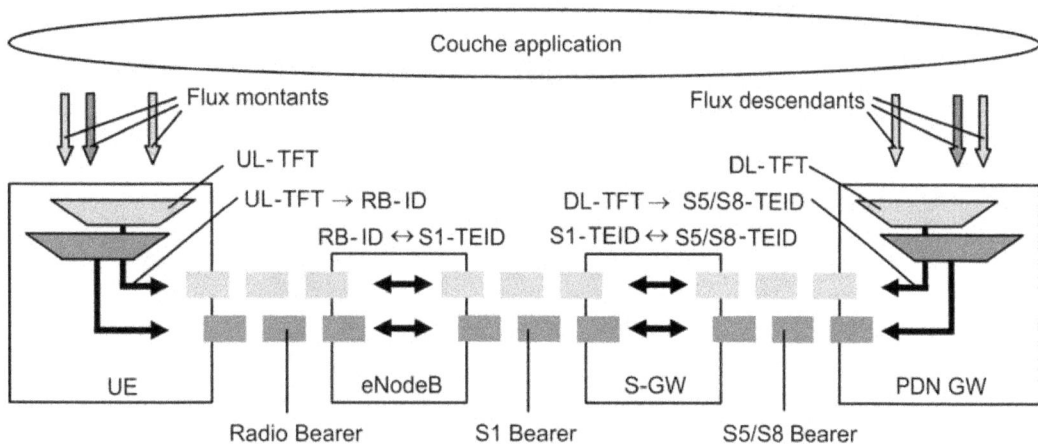

Figure 2-17
*Prise en charge d'un bearer EPS au sein de l'architecture LTE/EPC*

Les paquets alloués à un bearer EPS comportent des valeurs ARP et QCI identiques et subissent donc un traitement identique au sein du réseau. Par conséquent, une différenciation de qualité de service entre plusieurs flux est obtenue si un bearer EPS est défini pour chaque flux. Plusieurs bearers EPS différents peuvent être établis pour un même utilisateur. Le filtrage des paquets et l'allocation du bearer EPS approprié sont réalisés sur la base de gabarits de trafic ou TFT (*Trafic Flow Templates*). Cette fonction de filtrage est réalisée au sein de la P-GW pour les paquets en voie descendante et au sein de l'UE pour les paquets en voie montante. Les TFT d'un paquet IP sont définis en fonction d'informations telles que les adresses IP source et destination du paquet, et les numéros de port du protocole TCP (*Transmission Control Protocol*).

Un bearer par défaut ou *default bearer* est établi pour chaque UE, lors de la procédure d'enregistrement au réseau. Une adresse IP est allouée à l'UE par la P-GW. Le bearer par défaut reste établi pendant la durée de la connectivité PDN et fournit à l'UE une connectivité IP permanente. Les valeurs de QCI et ARP du bearer par défaut sont définies par le MME, en fonction des données de souscription de l'utilisateur fournies par le HSS. Le bearer par défaut est systématiquement sans débit garanti car il est établi de manière permanente et une garantie de service impliquerait la réservation permanente de ressources. Des bearers additionnels appelés bearers dédiés peuvent être établis à n'importe quel moment dès lors que la procédure d'enregistrement au réseau est terminée. Un bearer dédié est au choix à débit garanti ou sans débit garanti. Par ailleurs, un même utilisateur peut gérer des bearers dédiés établis avec un ou plusieurs PDN et donc potentiellement avec une ou plusieurs P-GW. De manière optionnelle, les valeurs de paramètres de QoS sont reçues par la P-GW en provenance du PCRF et transférées vers la S-GW. Ces valeurs peuvent également être déterminées par des règles locales définies au sein du PCEF. Le MME transfère de manière transparente à l'eNodeB les valeurs reçues en provenance de la S-GW par l'intermédiaire de l'interface S11.

# Les interfaces terrestres du LTE

S1 et X2 sont les interfaces terrestres du LTE. Les sections suivantes présentent les piles protocolaires de ces deux interfaces traitant les flux du plan usager et du plan de contrôle.

## Structure protocolaire des interfaces S1 et X2

Les piles protocolaires des interfaces S1 et X2 présentent une structure similaire, représentée sur la figure suivante.

Figure 2-18

*Structure protocolaire*
*des interfaces S1 et X2*

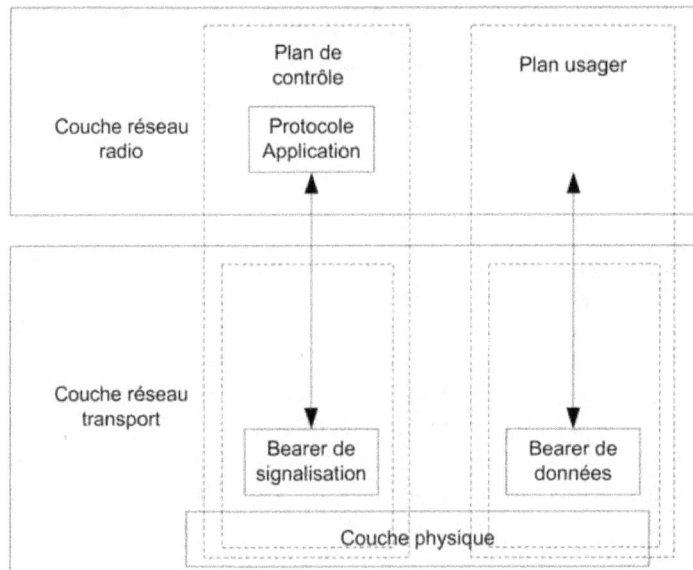

Cette structure est basée sur le principe que les couches et les plans sont logiquement indépendants les uns des autres. Ce principe est déjà appliqué pour le réseau 3G. La structure protocolaire des interfaces consiste en deux couches principales, appelées couche radio ou RNL (*Radio Network Layer*) et couche de transport ou TNL (*Transport Network Layer*). Cette structure a pour objectif de donner à la norme une grande capacité d'évolution. Les fonctions du LTE sont réalisées au sein de la couche radio, tandis que la couche de transport représente la technologie de transport utilisée par l'opérateur pour porter ces interfaces. En complément, on distingue le plan usager qui s'occupe des données des utilisateurs, du plan de contrôle qui traite la signalisation.

Le réseau de transport supportant les interfaces S1 et X2 est appelé *réseau de collecte mobile* ou *backhaul network*. Ce réseau doit être conforme à la couche de transport définie par le 3GPP. Les piles protocolaires des interfaces S1 et X2 seront détaillées dans les sections suivantes. On peut indiquer que les protocoles de niveau 1 (couche physique) et de niveau 2 (couche liaison) ne sont pas normalisés par le 3GPP. Cette ouverture laisse le choix à l'opérateur de sa technologie de transport. Ce choix est stratégique pour l'opérateur car le réseau de collecte est un centre de coûts majeur. Dans le cadre du déploiement des réseaux 2G et 3G, BTS et NodeB sont connectés au contrôleur de stations de base par trois types de solution :

- les liaisons cuivre (liaison à modulation d'impulsions codée ou liaison x-DSL) ;
- les faisceaux hertziens ;
- les liaisons optiques.

Étant données les performances requises pour le LTE, les technologies de transport envisagées à ce jour sont la fibre optique et le faisceau hertzien. On peut ainsi imaginer que les eNodeB seront connectés au réseau par l'intermédiaire de fibres optiques dans les zones urbaines et suburbaines. Les faisceaux hertziens pourraient être éventuellement utilisés dans les zones pour lesquelles le déploiement de fibres optiques s'avèrerait trop coûteux.

En revanche, le niveau 3 (couche réseau) est défini de manière précise avec l'utilisation du protocole IP, ce qui constitue une rupture avec la version originale de l'UTRAN pour laquelle le protocole ATM est utilisé. Ce choix s'explique par une bonne adaptation du protocole IP au support de services de données. Ce protocole permet notamment d'accompagner la croissance du trafic de données à des coûts raisonnables, contrairement à la technologie ATM. Les protocoles IPv6 et IPv4 peuvent tous deux être utilisés afin de donner le maximum de latitude aux opérateurs. Par exemple, un opérateur peut démarrer le déploiement de LTE en utilisant IPv4 et le faire migrer vers IPv6 par la suite.

## L'interface S1

S1 est une interface logique définie entre eNodeB et EPC, obligatoire au sein de l'architecture LTE/EPC. Elle est comparable en plusieurs points à l'interface Iu-PS définie pour interconnecter l'UTRAN et le réseau cœur GPRS. L'interface S1 est présentée en détail dans les spécifications 3GPP TS 36.410, TS 36.411, TS 36.412, TS 36.413 et TS 36.414.

S1 est elle-même décomposée en deux interfaces :

- S1-U, définie entre eNodeB et S-GW, traite les flux du plan usager ;
- S1-MME, définie entre eNodeB et MME, s'occupe des flux du plan de contrôle.

### Le plan usager (S1-U)

L'interface S1-U traite la transmission des paquets entre l'eNodeB et la S-GW de manière non garantie. Elle peut être considérée comme une évolution du plan usager de l'interface Iu-PS. La pile protocolaire de l'interface S1-U est présentée sur la figure 2-19.

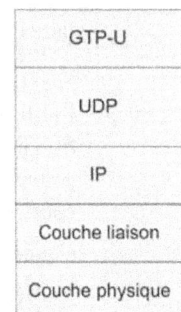

| GTP-U |
| UDP |
| IP |
| Couche liaison |
| Couche physique |

Figure 2-19
*Pile protocolaire du plan usager de l'interface S1*

Comme évoqué plus tôt, les couches physique et de liaison ne sont pas normalisées. Ceci s'explique par la volonté d'adapter l'interface S1 à une multitude de technologies de transmission. Ces dernières ne sont pas normalisées par le 3GPP et il serait complexe d'en dresser une liste exhaustive.

La couche de transport utilise le protocole IP. Le protocole UDP (*User Datagram Protocol*) est utilisé en complément. Comme détaillé au chapitre 17, le LTE supporte une différenciation de qualité de service. Cette dernière est assurée par la fonctionnalité *Diffserv*, portée par le champ DSCP (*Differentiated Services Code Point marking*) situé dans l'en-tête des paquets IP transitant sur l'interface S1-U. L'opérateur peut alors configurer au sein du réseau de transport une correspondance entre les valeurs de QCI définies pour chaque classe de trafic et le champ DSCP de la couche IP.

Comme sur l'interface Iu-PS, le protocole GTP-U (*Gateway Tunneling Protocol-User*) est utilisé en complément de UDP/IP pour transporter les paquets du plan usager entre eNodeB et S-GW. Le protocole GTP-U vise entre autres à garantir la transmission des paquets de manière sécurisée entre ces nœuds, les fonctionnalités de chiffrement et de compression d'en-tête étant traitées au sein de l'eNodeB (et non de l'EPC). Le choix de ce protocole s'explique notamment par la simplification des procédures de mobilité avec d'autres systèmes 3GPP tels que l'UMTS. Il peut exister plusieurs interfaces logiques S1-U entre l'EPC et un eNodeB dans le scénario d'utilisation de la fonctionnalité S1-Flex. Il n'existe qu'une seule interface S1-U établie entre un couple {S-GW, eNodeB}.

Un bearer S1 est identifié par les points de terminaison de tunnel GTP ou TEID (*Tunneling End IDentifiers*) et par les adresses IP source et destination. L'adresse IP de l'eNodeB d'un bearer donné est récupérée par la S-GW via le protocole S1-AP, que nous allons voir ci-après. Dans le sens descendant, la S-GW peut alors envoyer à l'eNodeB les paquets associés au bearer. De la même façon, l'eNodeB obtient l'adresse IP de la S-GW pour ce bearer dans un message S1-AP, et peut dès lors envoyer à la S-GW les paquets associés à ce bearer.

### Le plan de contrôle (S1-MME)

Le plan de contrôle de l'interface S1 est appelé S1-MME et est défini entre l'eNodeB et le MME. Il peut exister plusieurs interfaces logiques S1-MME entre l'EPC et un eNodeB si la fonctionnalité S1-Flex est utilisée. Il n'existe en revanche qu'une seule interface S1-MME par couple {MME, eNodeB}. L'établissement de cette association est à l'initiative de l'eNodeB. Les fonctions de l'interface S1-MME sont gérées par le protocole S1-AP (*S1 Application Protocol*). La pile protocolaire du plan de contrôle de l'interface S1 est représentée sur la figure 2-20.

L'exigence de fiabilité requise pour la transmission des informations de signalisation implique l'utilisation du protocole SCTP (*Stream Control Transmission Protocol*). Une seule association SCTP peut être établie par couple {MME, eNodeB}. Cette association supporte plusieurs flux qui peuvent être associés au traitement de procédures S1-AP génériques ou spécifiques à un UE. Au cours de l'association SCTP :

- une paire unique d'identifiants de flux est réservée pour l'usage unique des procédures élémentaires S1-AP n'ayant pas trait à une signalisation liée à l'UE ;
- au moins une paire d'identifiants de flux est réservée à l'usage unique des procédures élémentaires S1-AP ayant trait à une signalisation liée à l'UE ;

Figure 2-20

*Pile protocolaire du plan de
contrôle de l'interface S1*

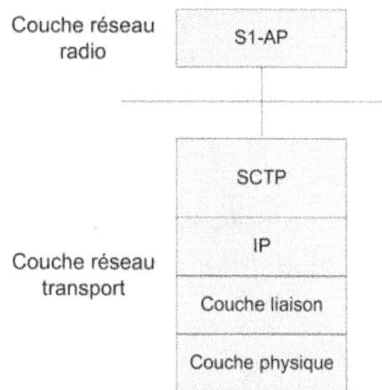

Couche réseau radio

S1-AP

Couche réseau transport

SCTP

IP

Couche liaison

Couche physique

- une unique paire d'identifiants de flux est utilisée pour la signalisation associée à un UE donné. Cette paire ne change pas pendant la durée d'un appel.

Les flux SCTP d'une même association SCTP peuvent être multiplexés au sein du protocole S1-AP. Le protocole S1-AP gère les procédures de la couche réseau radio entre l'EPC et le LTE. Il est aussi capable de transporter la signalisation UE-EPC de manière transparente pour l'eNodeB, comme le protocole RRC sur l'interface radio.

Les fonctions traitées par le protocole S1-AP sont ainsi divisées en deux groupes :

- les fonctions génériques, indépendantes des UE et liées aux instances de l'interface S1 dans sa globalité ;
- les fonctions associées à un UE.

Les fonctions génériques ont principalement trait à la gestion de l'interface S1 :

- établissement de l'interface S1, permettant de fournir les informations de configuration ;
- redémarrage de l'interface S1, pour assurer une initialisation rigoureuse de l'interface ;
- mise à jour des informations de configuration de l'eNodeB et du MME ;
- indication d'erreur, pour traiter les cas pour lesquels un message d'échec n'est pas défini ;
- indication de surcharge, pour informer l'eNodeB d'une situation de surcharge d'un MME.

Les principales fonctions associées à un UE gérées par le protocole S1-AP sont :

- gestion du bearer établi entre la S-GW et l'UE, incluant son établissement, sa modification et sa relâche sur l'interface S1 ;
- transfert du contexte initial, utilisé pour :
  - établir un contexte de l'UE, incluant ses capacités radio et de sécurité, au sein de l'eNodeB ;
  - établir une connectivité IP par défaut pour l'UE (bearer EPS par défaut) ;
  - établir un ou plusieurs bearer(s) entre la S-GW et l'UE ;
  - transférer la signalisation NAS à l'eNodeB si nécessaire ;
- indication par l'eNodeB au MME des capacités de l'UE ;

- mobilité de l'UE en mode connecté, lors d'un changement d'eNodeB ou de technologie d'accès ;
- transfert des messages de *paging* en provenance du MME, permettant de joindre l'UE, notamment pour l'établissement d'appels entrants sur le réseau.

## L'interface X2

La distribution des fonctionnalités du contrôleur de stations de base au sein des eNodeB implique une connectivité accrue entre ces derniers, afin notamment d'optimiser les procédures de mobilité, faciliter la gestion des interférences intercellulaires et mettre en œuvre certaines fonctionnalités d'auto-optimisation au sein du réseau. Aussi les eNodeB sont-ils interconnectés via une interface appelée X2. Cette interface n'est pas obligatoire au sein de l'architecture. Un opérateur peut ainsi faire le choix de ne pas en implémenter s'il désire simplifier la configuration de son réseau de transport. En cas d'absence de l'interface X2, les procédures de mobilité sont basées sur l'interface S1, ce qui a pour effet d'allonger la durée de la procédure de handover. L'interface X2 est présentée en détail dans les spécifications 3GPP TS 36.420, TS 36.421, TS 36.422, TS 36.423 et TS 36.424.

X2 est une interface logique définie entre eNodeB afin de les interconnecter. Elle est comparable en plusieurs points à l'interface Iur définie pour interconnecter deux RNC au sein de l'UTRAN. Tous les eNodeB ne peuvent être interconnectés au sein du LTE, aussi l'interface X2 est-elle définie entre deux eNodeB voisins. Un eNodeB est considéré comme voisin d'un autre eNodeB si au moins une cellule contrôlée par ce dernier est voisine d'une cellule contrôlée par le premier. Deux cellules sont considérées comme voisines lorsqu'elles sont contiguës. Un même eNodeB peut naturellement être interconnecté à plusieurs autres eNodeB voisins et peut donc accepter plusieurs interfaces X2. L'interface X2 est décomposée en deux sous-ensembles :

- l'interface X2-U, qui s'occupe des flux du plan usager ;
- l'interface X2-C, qui traite les flux du plan de contrôle.

### Le plan usager (X2-U)

L'interface X2-U est définie entre deux eNodeB voisins et gère la transmission des paquets de manière non garantie entre ces derniers. Elle peut être considérée comme une évolution du plan usager de l'interface Iur. La pile protocolaire formant l'interface X2-U est présentée sur la figure 2-21.

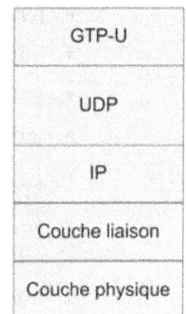

| GTP-U |
|---|
| UDP |
| IP |
| Couche liaison |
| Couche physique |

**Figure 2-21**
*Pile protocolaire du plan usager de l'interface X2*

Le plan usager de l'interface X2 est contraint aux mêmes exigences que celui de l'interface S1. Les piles protocolaires des interfaces S1-U et X2-U sont donc identiques.

## Le plan de contrôle (X2-C)

Le plan de contrôle de l'interface X2 est appelé X2-C et est défini entre deux eNodeB voisins. Les fonctions de l'interface X2-C sont supportées par le protocole X2-AP (*X2 Application Protocol*). La pile protocolaire du plan de contrôle de l'interface X2 est représentée sur la figure suivante.

Figure 2-22
*Pile protocolaire du plan de contrôle de l'interface X2*

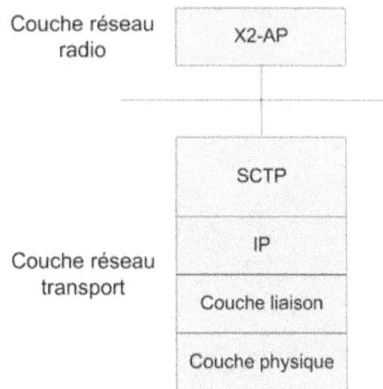

Le plan de contrôle de l'interface X2 est contraint aux mêmes exigences que celui de l'interface S1. Les piles protocolaires des interfaces S1-MME et X2-C sont identiques, à l'exception des protocoles S1-AP et X2-AP. Le protocole SCTP est utilisé pour convoyer les messages du protocole X2-AP. Il n'existe qu'une seule association SCTP établie entre une paire eNodeB/eNodeB. L'établissement de l'association SCTP peut être démarré par n'importe quel eNodeB. Dans l'association SCTP d'une paire d'eNodeB, la gestion des identifiants est similaire à celle utilisée sur l'interface S1. Le protocole X2-AP permet de réaliser toutes les procédures de la couche réseau radio entre une paire d'eNodeB. Comme pour S1-AP, les fonctions assurées par la couche X2-AP sont divisées en deux groupes :

- les fonctions génériques, indépendantes des UE et liées aux instances de l'interface X2 dans sa globalité ;
- les fonctions associées à un UE.

Les fonctions génériques ont principalement trait à la gestion de l'interface X2 :

- établissement de l'interface X2, permettant de fournir les informations de configuration ;
- redémarrage de l'interface X2, pour garantir son initialisation rigoureuse ;
- mise à jour des informations de configuration des eNodeB ;
- indication d'erreur, pour traiter les cas pour lesquels un message d'échec n'est pas défini ;
- échange d'indicateurs relatifs à la gestion des interférences intercellulaires (voir le chapitre 10).

La principale fonction associée à un UE prise en charge par le protocole X2-AP est la gestion de la mobilité. Elle permet à l'eNodeB de transférer à l'eNodeB cible le contexte de l'UE et les données du plan usager. En cas d'absence de l'interface X2, la mobilité de l'UE est basée uniquement sur les procédures de l'interface S1.

# 3

# L'interface radio du LTE

**Sommaire :** *Rappels sur le canal radio – Les modes de duplexage définis pour le système LTE (FDD et TDD) – L'architecture de l'interface radio – Les canaux logiques, de transport et physiques – Structure de trame et dimension fréquentielle – Caractéristiques clés de l'interface radio – Introduction aux traitements d'émission et de réception*

Figure 3-1

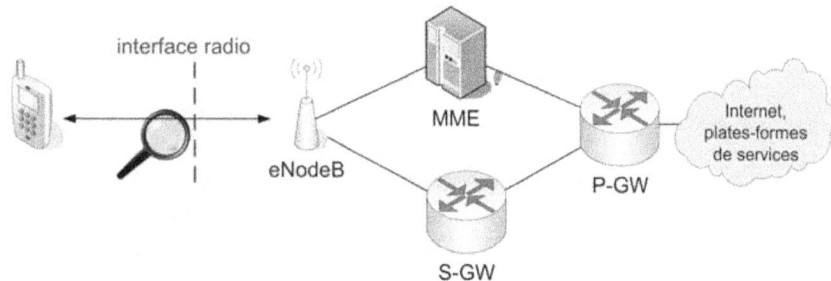

Ce chapitre décrit les principes de l'interface radio du système LTE et fournit au lecteur les connaissances nécessaires à la compréhension de son fonctionnement.

L'interface radio assure le rôle clé de transférer par la voie des airs les données issues de la couche IP associées au service demandé par l'utilisateur. Ce transfert doit respecter des exigences de qualité de service (latence, débit) malgré un medium extrêmement variable, tout en optimisant l'accès à une ressource spectrale limitée. En outre, la disponibilité du spectre, variable selon les régions du globe, impose de pouvoir s'adapter à différents types de bandes disponibles.

Ce chapitre fournit une vue d'ensemble de l'interface radio du système LTE et constitue une introduction aux chapitres 4 à 19 qui décriront plus en détail les couches physique et MAC. La section « Rappels sur le canal radio » (p. 60) commence par rappeler les spécificités du canal radio. La section « Les modes de duplexage » (p. 73) présente ensuite les modes de duplexage définis pour le système LTE. La section « L'architecture de l'interface radio » (p. 78) décrit l'architecture de l'interface radio, qui organise le transfert des données selon une structure en couches ayant chacune un rôle précis. Les couches communiquent entre elles via des canaux, dont les caractéristiques sont adaptées au type des données véhiculées et à la façon dont elles sont transportées. Les différents types de canaux sont présentés à la section « Les canaux » (p. 85). Les sections « Structure de trame de l'interface radio » (p. 91) et « La dimension fréquentielle en LTE » (p. 94) décrivent respectivement la structure de trame de l'interface radio et sa dimension fréquentielle, puis la section « Les caractéristiques clés de la couche physique » (p. 96) présente succinctement les caractéristiques clés de la couche physique. Enfin, les sections « Introduction aux traitements d'émission et de réception » (p. 96) et « Synthèse fonctionnelle » (p. 97) fournissent une vue d'ensemble respectivement des traitements mis en œuvre en émission et réception pour la transmission de données, et des fonctions assurées par les protocoles spécifiés pour l'UE.

# Rappels sur le canal radio

En communications, le *canal de transmission* représente toutes les transformations subies par le signal entre l'émetteur et le récepteur, de par sa propagation dans le milieu de transmission, ainsi que dans les équipements d'émission et de réception. Le canal de transmission détermine la manière dont les données doivent être mises en forme à l'émetteur afin de se propager dans de bonnes conditions dans le milieu, ainsi que les traitements à mettre en œuvre au récepteur afin de les détecter correctement. Le canal de transmission est donc d'une importance clé, car il détermine une grande partie de la conception d'un système de communication.

## Mécanismes de propagation

Dans le cas des communications radio mobiles, le signal est porté par une onde électromagnétique qui se propage dans l'air. La puissance reçue au récepteur dépend de plusieurs effets.

- Les *pertes de propagation* (*path loss*, en anglais) traduisent l'atténuation du signal en fonction de la distance entre l'émetteur et le récepteur, et de l'environnement de propagation. Dans l'espace libre (c'est-à-dire lorsque l'onde ne rencontre aucun objet), les pertes de propagation varient comme le carré de la distance entre émetteur et récepteur. Des atténuations supplémentaires viennent s'ajouter du fait des obstacles dans le milieu, qui engendrent des réflexions, diffractions, diffusions et absorptions de l'onde. En particulier, la traversée de murs donne lieu à des pertes additionnelles dites *de pénétration*. Pour un environnement donné, les pertes de propagation ne dépendent que de la distance $d$ entre émetteur et récepteur, typiquement selon une loi du type suivant, où $A$ et $B$ sont des constantes dépendant de l'environnement :

$$P(d) = A + B.\log_{10}(d) \text{ (en dB)} ;$$

- L'*effet de masque* (ou *shadowing*) est une atténuation supplémentaire qui se produit lorsqu'un objet de grande taille (par exemple une tour) s'interpose entre l'émetteur et le récepteur. L'effet de masque varie donc en fonction des déplacements de l'UE, mais cette variation est lente si on la rapporte à la durée d'un intervalle de temps de transmission (qui dure une milliseconde en LTE).

- Les *évanouissements rapides* (*fast fading*) désignent des variations rapides de la puissance instantanée reçue, autour de la puissance moyenne. Ces variations proviennent du déplacement relatif de l'UE et des objets dans son environnement, comme nous le verrons plus loin. Les évanouissements profonds peuvent entraîner des pertes de puissance reçue de 35 dB en milieu urbain [Jakes, 1994]. Néanmoins, ces variations peuvent aussi augmenter la puissance reçue de quelques décibels. Pour un trajet de propagation dit distinguable (voir plus loin), deux évanouissements sont typiquement séparés d'une demi-longueur d'onde (soit 7,5 cm pour une fréquence porteuse de 2 GHz), d'où leur qualificatif de *rapides*. Ainsi, la puissance reçue peut varier de plusieurs décibels sur quelques millisecondes si la vitesse de l'UE est suffisante.

Contrairement aux évanouissements rapides, les pertes de propagation et l'effet de masque affectent la puissance moyenne du signal et sont relativement invariants sur une distance ou durée faible. La figure 3-2 résume l'effet de ces différents mécanismes sur la puissance de signal reçue. On voit que la puissance décroît régulièrement à mesure que l'UE s'éloigne de l'eNodeB, du fait des pertes de propagation (étapes 1 à 2, puis 4 à 5). La puissance chute ensuite brusquement lorsque le signal est masqué par la tour (étape 3), avant de remonter lorsque l'UE s'en dégage. Les variations de puissance instantanée dues aux évanouissements rapides sont également représentées sur un horizon bref. Elles affectent bien entendu le signal sur toute la durée du parcours de l'UE.

La figure 3-3 matérialise le chemin emprunté par le signal pour une position particulière de l'UE. Le signal est reçu via plusieurs trajets du canal, chaque trajet suivant un chemin particulier en fonction des réflexions, réfractions et diffusions sur les obstacles rencontrés par l'onde. La figure représente trois trajets principaux, dits *distinguables* car ils peuvent être isolés les uns des autres par le récepteur. En réalité, les retards des trajets ne sont pas aussi bien marqués dans le temps, mais sont distribués autour de valeurs moyennes. Cependant, il est toujours possible de modéliser le canal comme un ensemble fini de trajets distinguables dans le domaine temporel après échantillonnage du signal [Proakis, 2000]. Chaque trajet distinguable est associé à un retard et/ou un angle d'arrivée moyen particulier, qui le différencie des autres dans le domaine temporel et/ou le domaine spatial, respectivement. En outre, chaque trajet distinguable est associé à une certaine puissance moyenne, qui dépend du chemin parcouru et des interactions que l'onde a subies avec l'environnement. À ce titre, les trajets correspondant à une vue directe entre l'émetteur et le récepteur, ou *Line of Sight* (LOS), sont reçus avec une puissance nettement supérieure à celle des trajets reçus via des réflexions, diffractions ou diffusions (dits *Non Line of Sight*, NLOS).

Chaque trajet distinguable est la somme d'un ensemble de *rayons* réfléchis, diffractés ou diffusés sur une même zone d'un obstacle donné. Notons que seuls les rayons extrêmes de chaque trajet sont représentés sur la figure 3-3. Chaque rayon possède un retard et un angle d'arrivée qui lui sont propres, proches de ceux du trajet distinguable mais avec lesquels la différence est trop faible pour pouvoir les séparer.

Les rayons sont à l'origine du phénomène d'évanouissements rapides, que nous décrivons à la section suivante, tandis que les retards différents des trajets distinguables créent les phénomènes d'*interférence entre symboles* et de *sélectivité en fréquence*, décrits à la section « Interférence entre symboles et sélectivité en fréquence » (p. 65). Enfin, la dimension angulaire des trajets fait l'objet de la section « Aspects spatiaux » (p. 66).

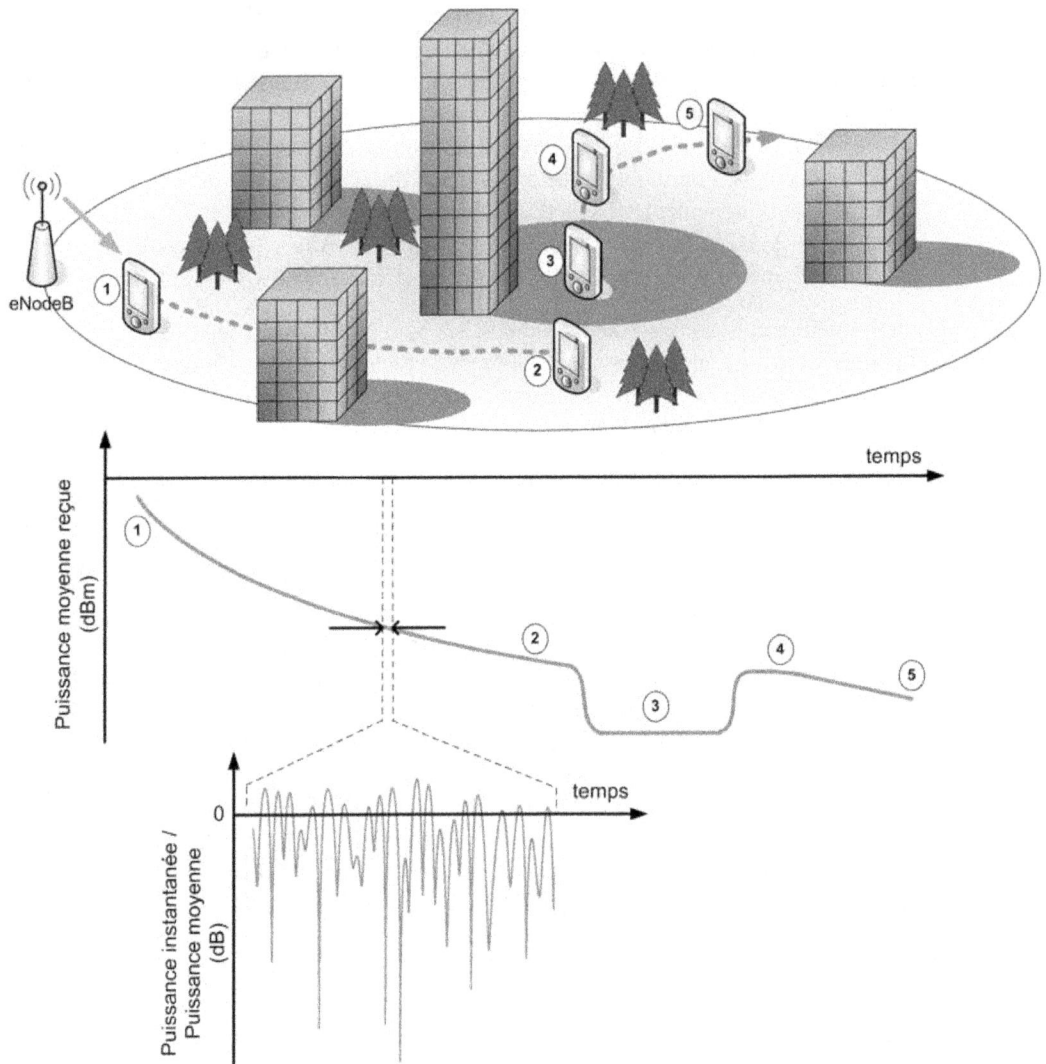

Figure 3-2
*Évolution de la puissance reçue*
*en fonction du déplacement*
*dans l'environnement*

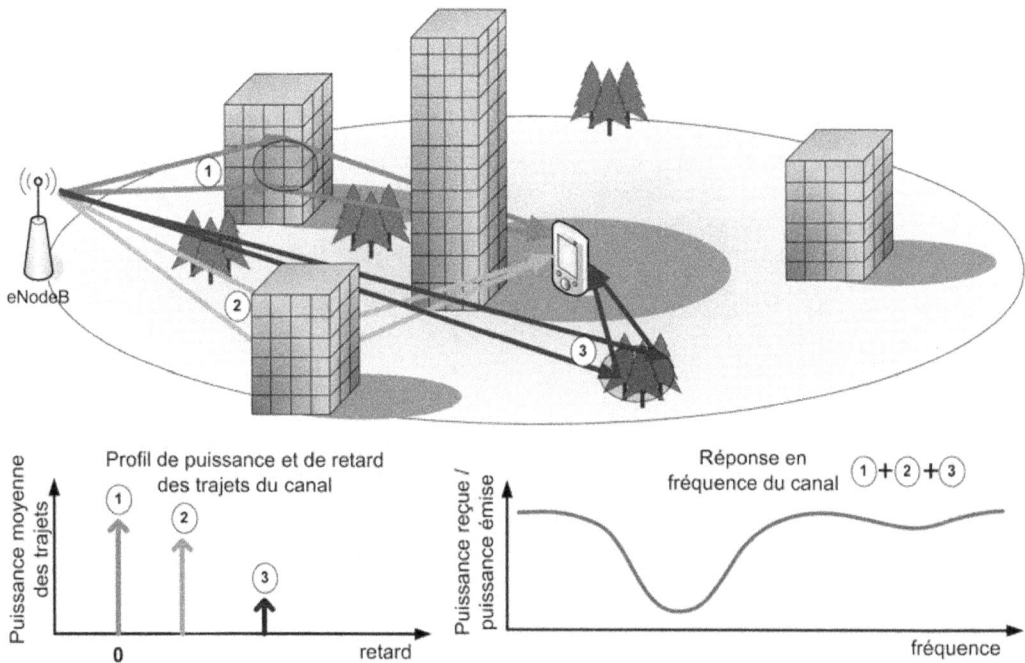

Figure 3-3
*Trajets multiples et sélectivité en fréquence du canal*

## Évanouissements rapides et diversité

La différence de retard entre les rayons d'un trajet distinguable, aussi faible soit-elle, engendre une différence de phase entre les rayons au niveau d'une antenne de réception. À un instant donné, l'atténuation du signal sur un trajet distinguable dépend donc de la somme des phases des rayons qui le composent. Ces dernières peuvent s'additionner en phase pour donner des évanouissements constructifs, on parle alors de *combinaison cohérente*, ou en opposition de phase pour donner alors des évanouissements destructifs. La notion de combinaison cohérente est importante en communications numériques et est rappelée à la page suivante.

La phase de chaque rayon évolue à une vitesse spécifique, fonction de l'angle d'arrivée du rayon avec la direction de déplacement du récepteur suivant l'effet Doppler. Lorsque l'UE ou les objets dans son environnement se déplacent, la combinaison des phases varie rapidement pour donner le phénomène des évanouissements rapides, alternativement constructifs et destructifs. On peut ainsi voir l'UE comme se déplaçant dans un motif spatial d'évanouissements constructifs et destructifs. Puisque les phases et angles d'arrivée des rayons d'un trajet distinguable sont indépendants de celles d'un autre trajet, les évanouissements rapides affectant deux trajets distinguables sont indépendants. On définit le *temps de cohérence* du canal comme la durée pendant laquelle il reste sensiblement invariant.

Cette indépendance des trajets est exploitée pour réduire les effets négatifs des évanouissements rapides, via ce qu'on appelle la *diversité*. La diversité est un concept général en communications numériques, qui traduit le fait qu'un même bit d'information fait l'expérience de plusieurs réalisations indépendantes du canal au cours de sa transmission.

> **RAPPEL La notion de combinaison cohérente**
>
> Deux ondes de même fréquence sont combinées de manière cohérente si elles sont additionnées en phase. Prenons l'exemple de deux sinusoïdes de même amplitude comme sur la figure ci-dessous : les additionner en phase maximise la puissance du signal résultant, tandis que les additionner en opposition de phase annule le signal résultant.

Figure 3-4

*Combinaison de deux sinusoïdes en phase (haut) et en opposition de phase (bas)*

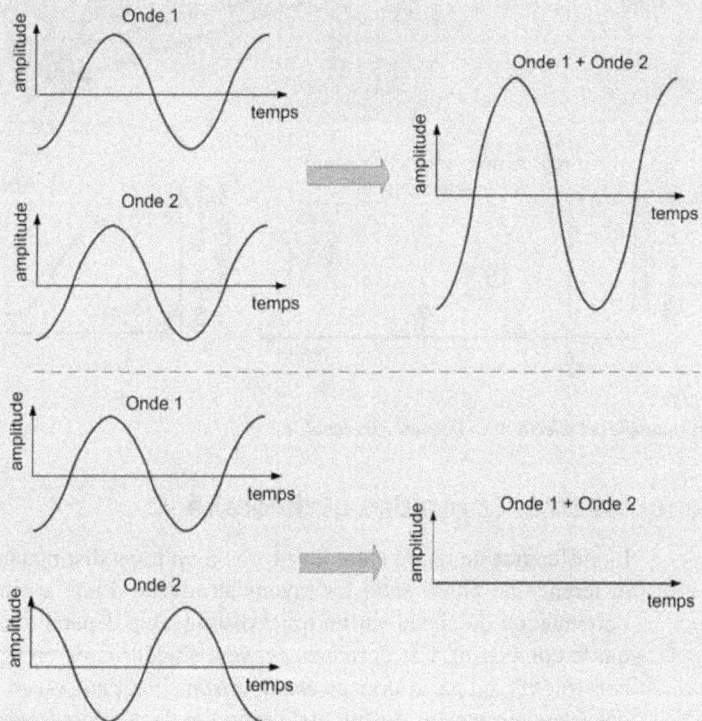

L'*ordre de diversité* désigne le nombre de réalisations indépendantes du canal. Plus cet ordre est élevé, plus la probabilité est faible que toutes les réalisations soient affectées par un évanouissement profond, ce qui augmente les chances d'avoir au moins une version du bit reçu qui permette de le détecter convenablement. Ainsi, l'augmentation de l'ordre de diversité améliore la robustesse de la transmission.

Dans le domaine temporel, la diversité s'obtient par la réception du signal via des trajets du canal affectés de manière indépendante par les évanouissements rapides, ou encore par des retransmissions. On distingue aussi la diversité spatiale, obtenue via plusieurs antennes (décorrélées) d'émission et/ou de réception. Enfin, la diversité en fréquence consiste à transmettre un bit d'information sur différentes parties de la bande de fréquence, par exemple via le codage de canal, afin de réduire les effets de la sélectivité en fréquence introduite à la section suivante.

## Interférence entre symboles et sélectivité en fréquence

Dans le domaine temporel, les trajets distinguables sont reçus différemment atténués et retardés, ce qui crée un phénomène d'écho. Si les trajets sont de puissance similaire, et/ou s'ils sont en grand nombre, ils créent une interférence dommageable pour les performances de la transmission, appelée interférence entre symboles (IES). En effet, si des symboles de modulation sont émis sur le canal au rythme de un symbole toutes les T secondes, et si les retards des trajets sont non négligeables devant T, les symboles reçus sur un trajet seront interférés par ceux qui suivent ou qui précèdent, reçus via les autres trajets. En revanche, si la durée des symboles est grande devant le retard entre le premier trajet reçu et le dernier trajet d'énergie significative, l'IES sera quasi-inexistante. Cette différence de retards, aussi appelée *dispersion des retards* ou *delay spread*, caractérise la capacité du canal à provoquer de l'IES et donc sa difficulté pour des communications.

Le phénomène d'écho dans le domaine temporel se traduit dans le domaine fréquentiel par une *sélectivité en fréquence* : certaines fréquences du signal sont plus atténuées que d'autres, comme illustré sur la figure 3-3. La *bande de cohérence* est définie comme la largeur de bande sur laquelle la réponse en fréquence du canal peut être considérée comme constante.

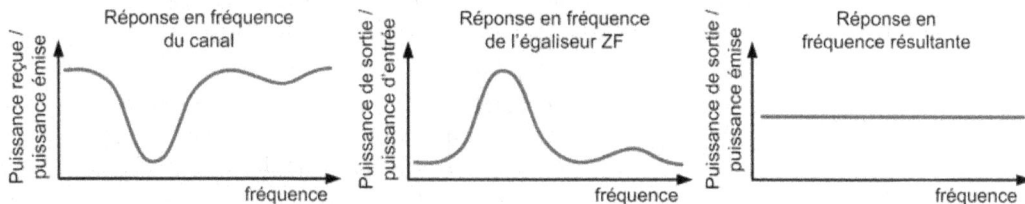

Figure 3-5
*Principe de l'égaliseur ZF*

L'IES et la sélectivité en fréquence introduisent ainsi une distorsion sur le signal reçu, qu'il est nécessaire de compenser afin de détecter correctement le signal émis. Cette correction est assurée par une fonction du récepteur appelée *égalisation*, car elle vise à restaurer un canal équivalent plat en fréquence, ou, de manière équivalente monotrajet dans le domaine temporel. En effet, un trajet unique ne modifie pas les propriétés spectrales du signal. Notons que l'égalisation assure également la compensation de la phase introduite par le canal lorsque l'information est portée par la phase absolue de la porteuse (on parle alors de *démodulation cohérente*). L'égalisation est typiquement mise en œuvre au moyen d'un filtre appelé *égaliseur*. Plus la dispersion des retards du canal est importante et plus le filtre devra avoir une réponse impulsionnelle longue, donc plus il sera complexe s'il est réalisé dans le domaine temporel. Dans le cas d'un canal sans bruit, l'égaliseur optimal selon le critère de la compensation de la sélectivité en fréquence inverse simplement la réponse en fréquence du canal comme illustré à la figure 3-5. On dit alors que l'égaliseur réalise un *forçage à zéro* de l'IES (*Zero Forcing*, abrégé en ZF), car dans le domaine temporel il supprime les échos du signal. En présence de bruit et/ou d'interférence, le forçage à zéro peut cependant conduire à amplifier significativement la puissance du bruit et de l'interférence, et à ainsi masquer les bénéfices de la compensation de la sélectivité en fréquence. On emploie donc généralement plutôt un critère de conception de l'égaliseur appelé la *minimisation de l'erreur quadratique moyenne* (*Minimum Mean*

*Square Error*, MMSE), qui réalise un compromis entre la compensation de la sélectivité en fréquence et l'augmentation de la puissance de bruit et d'interférence. Ces deux critères ZF et MMSE sont communs en communications numériques et leur cadre d'application dépasse celui de la compensation de la sélectivité en fréquence. Le lecteur pourra se reporter à [Joindot, Glavieux, 2007] pour plus de détails sur ces deux critères d'optimisation et sur l'égalisation en général.

## Aspects spatiaux

Il existe un canal de transmission entre chaque antenne d'émission et chaque antenne de réception. De la même manière que deux oreilles permettent de distinguer la direction de provenance d'un son, les antennes multiples à l'émetteur et/ou au récepteur révèlent la dimension spatiale du canal.

Dans le domaine spatial, les angles de départ caractérisent la corrélation des canaux entre les antennes d'émission et une antenne de réception.

---

RAPPEL **Notion de corrélation**

La corrélation entre deux variables aléatoires traduit le degré de ressemblance moyenne entre ces variables. La corrélation entre deux canaux $h_1$ et $h_2$ s'exprime comme suit :

$$\text{Cor}(h_1, h_2) = \text{E}\{\,h_1.h_2{}^*\}$$

Où E{} désigne l'espérance mathématique et l'exposant * indique la conjugaison complexe. Si on modélise $h_1$ et $h_2$ comme des variables aléatoires de moyenne nulle et de variance unité, une corrélation unité signifie que ces deux canaux sont identiques, tandis qu'une corrélation nulle signifie qu'ils sont complètement indépendants ; entre ces deux extrêmes, deux canaux peuvent être plus ou moins corrélés. En pratique, on peut mesurer la corrélation par la moyenne temporelle du produit $h_1.h_2{}^*$.

---

De même, les angles d'arrivée caractérisent la corrélation des canaux entre une antenne d'émission et plusieurs antennes de réception. Cette corrélation entre canaux, généralement simplement appelée *corrélation entre antennes*, augmente avec l'écart entre les angles extrêmes, aussi appelé *dispersion angulaire* (*angle spread*). Cela s'explique en regardant la figure 3-6 (a). Le rayon 1 arrive sur le réseau d'antennes avec un angle $\theta_1$ faible par rapport à l'axe de symétrie du réseau, tandis que le rayon 2 arrive avec un angle $\theta_2$ bien plus élevé. La distance $\delta_2$ de chemin à parcourir par le rayon 2 entre les deux antennes est alors bien plus importante que pour le rayon 1, ce qui se traduit par un écart de phase entre les signaux reçus par chaque antenne également plus important pour le rayon 2. Un trajet distinguable est formé d'un ensemble de rayons. Plus la dispersion angulaire de ces rayons est importante et plus la somme de leurs phases respectives conduira à des évanouissements différents entre les antennes pour ce trajet.

En contraste, lorsque l'UE est en vue directe de l'eNodeB, un seul trajet du canal domine largement tous les autres en termes de puissance. Ce trajet est reçu via des angles de départ et d'arrivée uniques, conduisant à des antennes fortement corrélées.

Outre l'environnement de propagation, la corrélation des antennes dépend des antennes elles-mêmes, tout d'abord via leur espacement. Reprenons la figure 3-6 et observons la différence entre les cas (a) et (b). On voit que plus les antennes sont espacées et plus la différence de chemin des rayons entre les antennes est importante. La somme de plusieurs rayons incidents avec des angles donnés conduit ainsi à des évanouissements d'autant plus différents que les antennes sont espacées. En d'autres termes, plus des antennes sont espacées et moins elles sont corrélées.

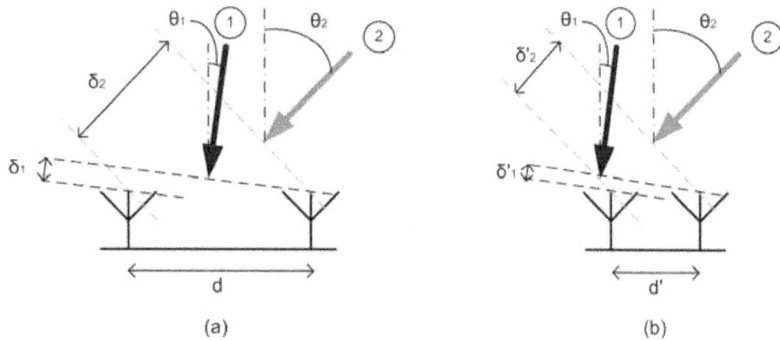

Figure 3-6
*Influence de l'angle d'arrivée et de la distance entre antennes sur la différence de chemin parcouru entre deux antennes*

L'autre facteur influençant la corrélation des antennes est leur *polarisation*. La polarisation caractérise la trajectoire de l'extrémité du vecteur de champ électrique lors du déplacement de l'onde [Balanis, 2005]. Une antenne peut être conçue de façon à produire et/ou recevoir une onde selon une polarisation déterminée. On considère généralement deux grands types d'antennes pour les réseaux mobiles : les antennes de même polarisation (rectiligne), dites *copolarisées*, et les antennes de polarisations orthogonales, dites *à polarisation croisée* (*cross-polarized*). La figure suivante illustre ces deux grands types, pour 2 et 4 antennes.

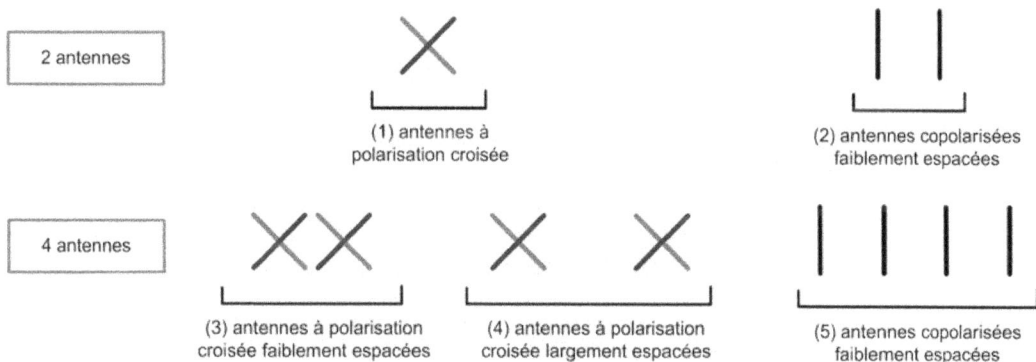

Figure 3-7
*Configurations d'antennes typiques pour les réseaux mobiles, pour 2 et 4 antennes*

Tout ce que nous avons dit jusqu'à présent sur le caractère spatial de la transmission s'applique à des antennes copolarisées. En effet, la polarisation ajoute une nouvelle dimension à la propagation.

Des antennes à polarisation croisée permettent en théorie d'émettre des signaux indépendants sur chaque polarisation et de les recevoir sans interférence mutuelle, à condition que le récepteur utilise également des antennes à polarisation croisée. En réalité, les interactions avec les obstacles introduisent une dépola-risation des ondes, de sorte qu'une antenne de réception polarisée selon une direction donnée recevra une contribution du signal émis par une antenne d'émission polarisée orthogonalement [Oestges, Clerckx, 2007]. Néanmoins, les polarisations horizontale et verticale sont affectées très différemment par les obstacles rencontrés lors de leur propagation, ce qui conduit à des évanouissements très différents selon la polarisation. Les antennes à polarisation croisée sont ainsi typiquement faiblement corrélées.

Les antennes à polarisation croisée constituent une configuration de choix pour les opérateurs, car elles offrent une faible corrélation tout en autorisant des formes de radôme compactes. En effet, les antennes à polarisation croisée occupent une largeur environ deux fois moindre que des antennes copolarisées de même nombre d'éléments. Cette caractéristique est avantageuse, car des antennes plus étroites offrent moins de prise au vent et sont moins visibles dans l'environnement. Lorsque plus de deux antennes à polarisation croisée sont déployées, les paires d'éléments de même polari-sation peuvent être plus ou moins espacés. Considérons, par exemple, la configuration (3) de la figure précédente : elle comporte deux paires d'éléments copolarisés, corrélés car rapprochés, ces deux paires étant décorrélées car de polarisations différentes.

La corrélation entre antennes est un paramètre important des systèmes possédant plusieurs antennes en émission et plusieurs antennes en réception, ou MIMO (*Multiple Input Multiple Output*). En effet, elle conditionne la diversité spatiale pouvant être récupérée par les antennes multiples, ainsi que le nombre de flux indépendants transmissibles sur les mêmes ressources temporelles et fréquentielles. Ce dernier mécanisme est appelé le *multiplexage spatial* et nous verrons au chapitre 5 qu'il est large-ment exploité en LTE. Attardons-nous un peu sur les ressorts physiques de ce mécanisme. Nous venons de voir que dans le cas des antennes à polarisation croisée, deux flux indépendants seront, dans un cas idéal, transmis chacun sur une polarisation orthogonale et reçus sans interférence mutuelle. Dans le cas des antennes copolarisées, le multiplexage spatial peut se comprendre de manière intuitive d'après la figure de la section « Mécanismes de propagation » (p. 60) montrant les trajets. Plus les angles de départ et d'arrivée sont dispersés, plus les trajets distinguables du canal ont de chances de passer par des chemins différents, associés à des obstacles différents, comme c'est le cas sur la figure. Si l'émetteur et le récepteur sont capables d'orienter la transmission et la réception pour sélectionner chaque trajet individuellement, on comprend qu'il soit possible de transmettre plusieurs flux d'infor-mation indépendants sur les mêmes ressources temps-fréquence, chaque flux étant porté par un trajet. Nous aborderons le multiplexage spatial sous l'angle mathématique au chapitre 5 et montrerons que le paramètre déterminant pour sa mise en œuvre est la corrélation des antennes.

## Interférence, qualité de canal et débit

Nous avons vu jusqu'ici les mécanismes de propagation affectant la puissance de signal utile reçu ainsi que son éventuelle distorsion. Au sens le plus général, le canal intègre également les perturba-tions externes affectant la transmission : l'interférence et le bruit thermique. Le bruit thermique est provoqué par les équipements électroniques du récepteur, tandis que l'interférence est créée par d'autres transmissions radio que celle attendue par le récepteur.

La qualité du signal reçu, aussi appelée la *qualité du canal*, est caractérisée par le *rapport signal sur interférence et bruit* (*Signal to Interference and Noise Ratio*, SINR), défini comme suit :

$$SINR = \frac{Puissance\ du\ signal\ utile}{Puissance\ de\ l'interférence + Puissance\ du\ bruit}$$

Dans cette équation, les différentes puissances mises en jeu sont mesurées au niveau symbole, en sortie des divers traitements de réduction d'interférence du récepteur (notamment de l'égaliseur), mais avant le décodage de canal.

Le débit pouvant être offert à un UE dépend directement de son SINR. Sous l'hypothèse d'un canal fixe et d'une interférence gaussienne, le débit maximal pouvant être atteint pour un SINR donné est donné par la formule de Shannon, où $B$ est la largeur de bande de la transmission (en Hz) :

$$C(SINR, B) = B.\log_2(1 + SINR) \quad \text{(en bit/s)}$$

Ce débit maximal est appelé la *capacité du canal*. La formule précédente est relative à la transmission d'un seul bloc de données. Il existe d'autres formules plus détaillées donnant la capacité du canal pour des scénarios de transmission particuliers, notamment MIMO où plusieurs blocs de données sont transmis sur les mêmes ressources. On pourra trouver ces formules par exemple dans [Tse, Viswanath, 2005]. Dans la pratique, le débit de la transmission est adapté en réglant le type de modulation et de codage de manière à s'approcher au plus près de la capacité du canal, avec une certaine probabilité d'erreur sur le paquet transmis. La formule de Shannon, si elle reste théorique, donne néanmoins les grandes tendances de l'évolution du débit en fonction du SINR.

Il existe plusieurs types d'interférence :

* l'interférence *entre symboles*, que nous avons déjà présentée ; en LTE, cette interférence n'est présente que dans la voie montante en raison de l'utilisation de l'OFDM sur la voie descendante, comme nous le verrons par la suite ;
* l'interférence *entre couches spatiales*, créée par une transmission MIMO mono-utilisateur, ce qui consiste à transmettre plusieurs flux d'information (ou couches spatiales) indépendants vers un même UE, sur les mêmes ressources temps-fréquence ;
* l'interférence *intracellulaire*, créée par la transmission d'autres UE dans la cellule ; en LTE, la seule source d'interférence intracellulaire est la transmission MIMO multi-utilisateurs, où plusieurs UE sont servis sur les mêmes ressources temps-fréquence en étant séparés dans l'espace ;
* l'interférence *de canal adjacent*, créée par une transmission sur une fréquence adjacente à celle de la porteuse assignée à l'UE ;
* l'interférence *intercellulaire*, créée par les cellules voisines.

Les interférences liées au MIMO et l'interférence de canal adjacent seront détaillées respectivement au chapitre 5 et à la section « Le mode FDD » (p. 74) du présent chapitre. Dans ce qui suit, nous nous attardons sur l'interférence intercellulaire, car elle joue un rôle clé dans la répartition géographique du débit sur la cellule.

Dans un réseau cellulaire, la cellule dans laquelle opère un UE est environnée de cellules voisines, qui typiquement réutilisent les mêmes ressources temps-fréquence pour la communication avec les UE qu'elles servent. Ce faisant, les cellules voisines génèrent une interférence qui affecte significativement les performances de la communication. Du fait de la géométrie d'un réseau cellulaire, un

UE qui s'éloigne de son eNodeB serveur pour s'approcher de la bordure de cellule est soumis à deux mécanismes affectant sa qualité de canal.

• La puissance de signal utile reçue de l'eNodeB serveur diminue en raison des pertes de propagation.

• La puissance d'interférence intercellulaire augmente, puisque l'UE se rapproche des stations de base interférentes.

Cette observation conduit à une caractéristique fondamentale des réseaux cellulaires : à allocation de ressources égales, un UE en bordure de cellule reçoit moins de débit qu'un UE proche de l'eNodeB. Il est possible de réduire cette inégalité en allouant plus de ressources aux UE en bordure de cellule. Néanmoins, l'amélioration de l'équité entre UE s'effectue alors au détriment de la capacité de la cellule, puisque les ressources supplémentaires allouées aux UE en bordure de cellule fourniraient plus de débit si elles étaient allouées à des UE en meilleures conditions radio. L'allocation de ressources doit donc réaliser un compromis entre la capacité de la cellule et le débit des UE en bordure de cellule. En règle générale, ces derniers reçoivent ainsi moins de débit que les UE proches de l'eNodeB. On notera qu'il n'est pas nécessaire de se trouver en bordure de cellule pour expérimenter de mauvaises conditions radio, par exemple à cause de l'effet de masque ou des pertes de pénétration.

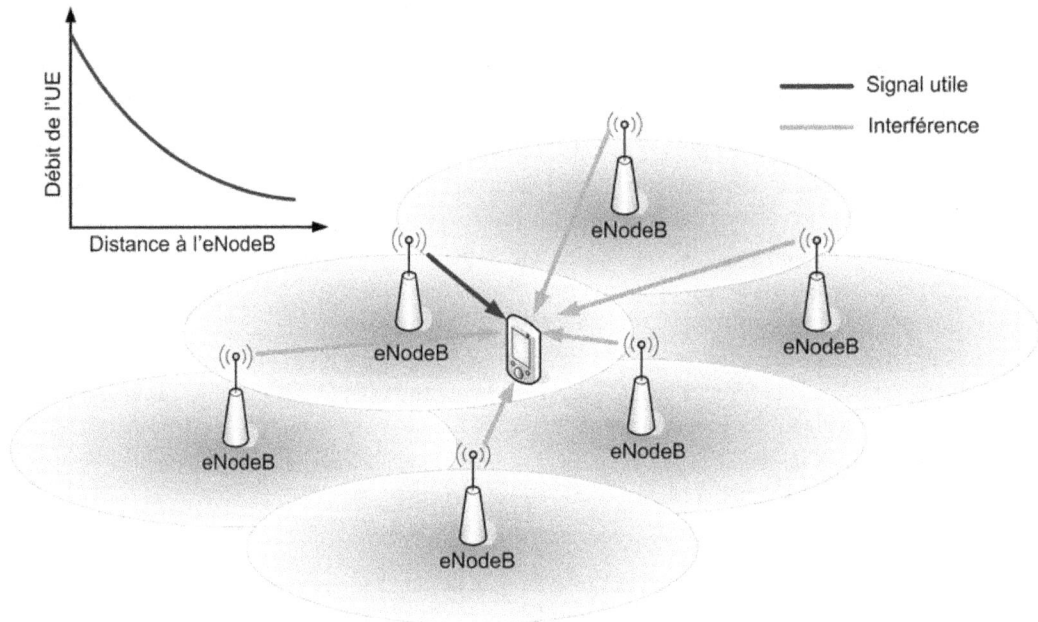

Figure 3-8
*Influence de la position de l'UE dans la cellule sur son débit*

## Représentation mathématique du signal

On peut représenter l'effet du canal sur le signal transmis comme un filtrage par un filtre linéaire, dont les coefficients complexes capturent l'atténuation et le déphasage de chaque trajet distinguable. Ce canal, vu du récepteur en bande de base, ne se limite pas aux effets de la propagation, mais prend en compte également les effets sur le signal apportés par les différents équipements radiofréquence (filtres, etc.) des chaînes d'émission et de réception.

Pour les besoins de l'exposé, nous anticipons un peu sur le contenu du chapitre 6. Nous y verrons que la transmission en voie descendante s'effectue en LTE sur un ensemble de fréquences élémentaires orthogonales appelées *sous-porteuses*, un symbole de modulation étant transmis par sous-porteuse à un instant donné. Ce schéma de transmission est appelé OFDM (*Orthogonal Frequency Division Multiplexing*). Le signal temporel résultant de la modulation simultanée d'un bloc de symboles sur les différentes sous-porteuses du système est appelé un *symbole OFDM*. L'OFDM rend le canal plat en fréquence sur chaque sous-porteuse, de sorte qu'il est suffisant de représenter le canal entre une antenne d'émission et une antenne de réception par un seul coefficient complexe dans le domaine fréquentiel. Ce coefficient varie au cours du temps en fonction des déplacements de l'UE, mais peut être considéré comme constant sur l'intervalle de temps correspondant à la transmission d'un symbole OFDM.

Considérons un système OFDM à une antenne d'émission et une antenne de réception. Après filtrage de réception et échantillonnage, on peut exprimer un échantillon en bande de base de signal reçu sur une sous-porteuse donnée d'un symbole OFDM donné par :

$$r = \sqrt{P}\, h\, a + z$$

Dans cette expression, $r$ est l'échantillon de signal reçu, $a$ est le symbole de modulation émis (supposé de variance unité), $P$ est la puissance moyenne du signal émis, $z$ est un échantillon d'interférence et de bruit thermique, et $h$ est le coefficient de canal, toutes ces grandeurs étant des scalaires complexes relatifs à la sous-porteuse considérée. Rappelons que $h$ intègre non seulement les effets de la propagation, mais aussi ceux des traitements radiofréquence d'émission et de réception.

Dans le cas du MIMO, on représente les coefficients du canal sous la forme d'une matrice, dont chaque colonne porte les coefficients des canaux entre les antennes de réception et une antenne d'émission donnée. En définissant $h_{nm}$ comme le coefficient complexe du canal entre l'antenne d'émission $n$ et l'antenne de réception $m$ à un instant donné, la matrice du canal pour 2 antennes d'émission et 2 antennes de réception est de la forme :

$$\mathbf{H} = \begin{bmatrix} h_{11} & h_{21} \\ h_{12} & h_{22} \end{bmatrix}$$

Cette matrice peut encore s'écrire comme :

$$\mathbf{H} = \begin{bmatrix} \mathbf{h_1} & \mathbf{h_2} \end{bmatrix}, \text{ avec } \mathbf{h}_1 = \begin{bmatrix} h_{11} \\ h_{12} \end{bmatrix} \text{ et } \mathbf{h}_2 = \begin{bmatrix} h_{21} \\ h_{22} \end{bmatrix}$$

Notons $\mathbf{a} = \begin{bmatrix} a_1 & a_2 \end{bmatrix}^T$ le vecteur des symboles de modulation émis sur l'antenne 1 et l'antenne 2, respectivement, où l'exposant $T$ note l'opération de transposition. Le signal reçu sur une sous-porteuse s'écrit alors sous la forme matricielle suivante, où $\mathbf{r}$ et $\mathbf{z}$ sont des vecteurs complexes de dimension 2x1, contenant respectivement les échantillons de signal reçu et d'interférence sur chaque antenne de réception, et $P$ est la puissance émise par antenne :

$$\mathbf{r} = \sqrt{P}\,\mathbf{H}\,\mathbf{a} + \mathbf{z}$$
$$= \sqrt{P}\left(\mathbf{h}_1 a_1 + \mathbf{h}_2 a_2\right) + \mathbf{z}$$

Nous verrons au chapitre 5 que le signal émis sur chaque antenne d'émission en MIMO n'est pas nécessairement un symbole de modulation, mais peut être une version précodée d'un symbole ou plusieurs (jusqu'à deux symboles pour deux antennes d'émission et deux antennes de réception, pour une transmission vers un UE donné). Le précodage est utilisé pour donner certaines propriétés spatiales au signal émis et a pour effet de transmettre chaque symbole de l'ensemble des antennes d'émission. Toutefois, il est souvent possible de se ramener à l'expression ci-dessus en définissant $\mathbf{h}$ comme un canal équivalent, résultant de la combinaison du canal de propagation et du précodage appliqué à un symbole particulier. De même, il n'est pas obligatoire de transmettre plusieurs symboles de modulation sur les mêmes ressources temps-fréquence. Le modèle précédent s'applique toujours dans ce cas, en mettant à zéro le symbole non transmis.

Il est également utile d'introduire la notion de matrice de corrélation du signal reçu, qui est notamment utilisée pour la mise en œuvre de certains traitements de réception. La matrice de corrélation du signal reçu est définie comme suit :

$$\mathbf{R} = E\left\{\mathbf{r}\,\mathbf{r}^H\right\}$$

$E\{.\}$ désigne l'espérance mathématique et l'exposant $H$ l'opération de transposition et conjugaison complexe. Sous l'hypothèse que le canal est déterministe et que les symboles de modulation sont indépendants, on montre que la matrice $\mathbf{R}$ s'exprime de la façon suivante, où $P^{(i)}$ et $\mathbf{H}^{(i)}$ désignent respectivement la puissance par antenne et la matrice du canal de l'interféreur $i$ et $\sigma_N^2$ note la puissance du bruit thermique :

$$\mathbf{R} = P\,\mathbf{H}\,\mathbf{H}^H + \sum_i P^{(i)}\,\mathbf{H}^{(i)}\,\mathbf{H}^{(i)^H} + \sigma_N^2$$
$$= P\,\mathbf{h}_1\,\mathbf{h}_1^H + P\,\mathbf{h}_2\,\mathbf{h}_2^H + \sum_i P^{(i)}\,\mathbf{H}^{(i)}\,\mathbf{H}^{(i)^H} + \sigma_N^2$$

La matrice de corrélation du signal reçu peut en pratique s'estimer par une moyenne temporelle et/ou sur plusieurs sous-porteuses de la grandeur $\mathbf{r}\,\mathbf{r}^H$, à condition que le canal varie peu sur l'horizon considéré.

La voie montante du LTE utilise un schéma de transmission dérivé de l'OFDM, appelé *SC-FDMA*, où une sous-porteuse ne porte plus un symbole de modulation, mais une combinaison linéaire des symboles de modulation du bloc transmis. En redéfinissant $a_k$ ($k = 1,2$) comme cette combinaison linéaire, le modèle précédent reste valide pour une sous-porteuse en SC-FDMA.

L'OFDM et le SC-FDMA seront décrits en détail au chapitre 6.

# Les modes de duplexage

Le duplexage définit la manière dont sont séparées les transmissions sur la *voie descendante* et sur la *voie montante*. La voie descendante, aussi appelée *DownLink* (DL), correspond à la transmission de la station de base vers l'UE. La voie montante, aussi appelée *UpLink* (UL), correspond à la transmission de l'UE vers la station de base. Il existe deux principaux modes de duplexage, tous deux gérés par l'interface radio du LTE :

- le duplexage en fréquence ou *Frequency Division Duplex* (FDD) ;
- le duplexage en temps ou *Time Division Duplex* (TDD).

En mode FDD, les voies montante et descendante opèrent sur deux fréquences porteuses séparées par une bande de garde. En mode TDD, les voies montante et descendante utilisent la même fréquence porteuse, le partage s'effectuant dans le domaine temporel, comme illustré sur la figure suivante. Certains intervalles de temps de transmission sont réservés à la voie montante, tandis que les autres sont réservés à la voie descendante. Un temps de garde est nécessaire aux changements de direction de transmission, notamment pour laisser aux équipements le temps de basculer d'émission à réception. En LTE, l'intervalle de temps élémentaire pouvant être dédié à l'un des sens de transmission est appelé la *sous-trame* (voir la section « Structure de trame de l'interface radio », p. 91).

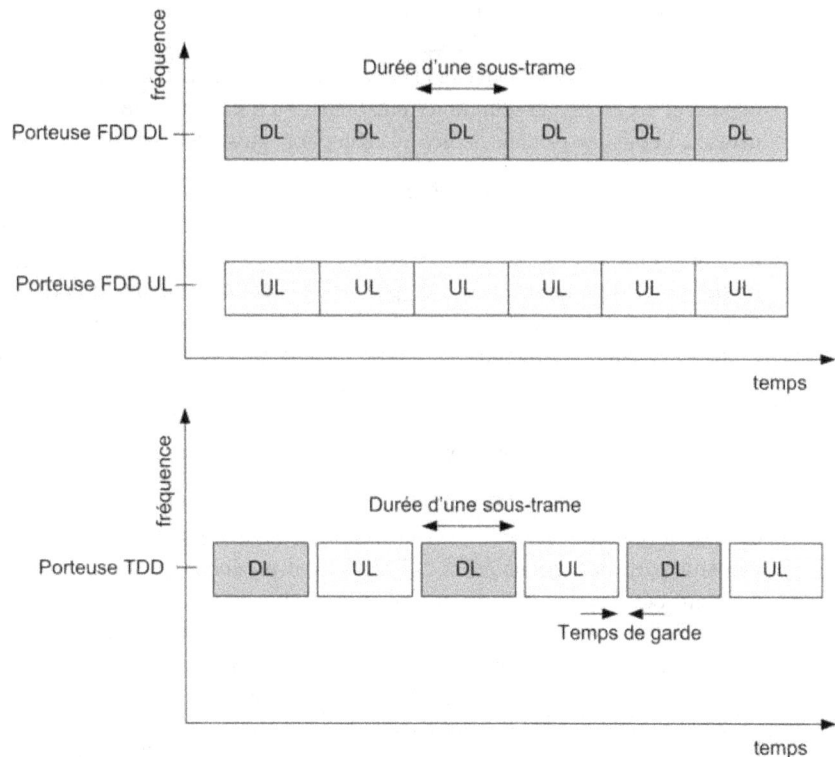

Figure 3-9
*Répartition des voies montante et descendante en temps et fréquence pour les modes de duplexage TDD et FDD*

Le choix du mode de duplexage dépend principalement de la disponibilité du spectre : le FDD requiert deux bandes de spectre appariées, séparées par une bande de garde de taille suffisante pour éviter les interférences. En revanche, le TDD permet de déployer un système de communication dans une bande isolée. En Europe, le FDD est le mode le plus couramment retenu pour l'UMTS, bien que des bandes TDD soient également disponibles. Ce choix est justifié par la présence des bandes appariées nécessaires, ainsi que par la facilité de mise en œuvre du FDD vis-à-vis des interférences, comme l'expliquent les deux sections suivantes. On notera cependant que le mode TDD est très utilisé par un opérateur en Chine, ce qui, en raison de la taille du marché correspondant, donne au mode TDD une importance industrielle significative. Les sections « Le mode FDD » (ci-dessous) et « Le mode TDD » (p 75) décrivent les caractéristiques de ces modes, tandis que la section « Les modes FDD et TDD du LTE » (p. 77) présente brièvement leur mise en œuvre au sein du système LTE.

## Le mode FDD

En mode FDD, les voies montante et descendante opèrent sur deux fréquences porteuses séparées. Cette séparation confère à ce mode une grande immunité vis-à-vis des interférences et simplifie ainsi le déploiement du réseau. Au contraire, nous verrons que le mode TDD requiert des précautions particulières dans ce domaine.

En contrepartie, une bande de garde est nécessaire entre les porteuses dédiées aux voies montante et descendante afin d'éviter l'interférence de canal adjacent de la bande d'émission sur la bande de réception (voir ci-après), pour laquelle la puissance des signaux reçus est généralement très faible. De plus, un duplexeur est requis au sein du terminal ainsi qu'à la station de base, afin d'isoler la partie du modem dédiée à l'émission de celle dédiée à la réception, puisque toutes deux partagent les mêmes antennes.

On notera que la bande dédiée à la voie montante est généralement la bande basse, tandis que celle dédiée à la voie descendante est généralement la bande haute. En effet, l'atténuation des ondes électromagnétiques en espace libre croît avec la fréquence. Par conséquent, un UE transmettant sur une fréquence basse requiert moins de puissance d'émission pour être reçu à la station de base avec un niveau de puissance donné qu'un UE d'un même système transmettant sur une fréquence plus haute. L'énergie étant une ressource rare pour l'UE et moins critique pour la station de base, il est logique d'allouer la fréquence basse à la voie montante et la fréquence haute à la voie descendante. Dans certains cas cependant, des contraintes de coexistence avec d'autres systèmes radio peuvent forcer la voie montante à opérer sur la bande haute et la voie descendante à opérer sur la bande basse.

En outre, la séparation des voies montante et descendante en fréquence permet aux UE et stations de base d'émettre et de recevoir simultanément en FDD. Cette caractéristique aide à tirer le meilleur parti des mécanismes qui exploitent un échange rapide d'informations de contrôle entre émetteur et récepteur. Citons par exemple l'allocation de ressources dynamique, qui se base sur la qualité instantanée du canal mesurée par le récepteur (l'UE en voie descendante). En effet, en TDD, l'envoi d'informations dans une direction donnée ne peut s'effectuer que sur certaines sous-trames, ce qui peut augmenter leur délai de mise à disposition.

Il existe une variante du mode FDD, appelée *FDD half-duplex*. Dans ce mode, les UE ne peuvent émettre et recevoir simultanément. Une manière simple de mettre en œuvre le mode FDD half-duplex

RAPPEL **L'interférence de canal adjacent**

En communications radio, le signal transmis est assigné à occuper une largeur de bande donnée, appelée *canal*. Toutes les émissions hors de ce canal sont appelées émissions *hors-bande*. Ces dernières doivent être limitées car elles créent des interférences sur les canaux adjacents. Or, en pratique, il est impossible de réaliser des filtres ayant une fonction de transfert éliminant parfaitement les émissions hors-bande. Le niveau maximal des émissions hors-bande est donc fixé par les normes des systèmes de communication sans fil, en valeur relative par rapport à la puissance émise sur la bande du canal. Toutefois, si la puissance reçue sur le canal adjacent est très supérieure à celle reçue sur le canal assigné, la puissance hors-bande du canal adjacent peut affecter sévèrement la réception du signal utile. C'est ce qu'on appelle *l'interférence de canal adjacent*. Ce cas de figure est illustré à la figure suivante. Il apparaît lorsque l'émetteur sur le canal assigné est bien plus éloigné du récepteur que l'interféreur sur le canal adjacent. Le signal utile est alors fortement atténué par les pertes de propagation et de même ordre de grandeur que le signal interférent.

**Figure 3-10**
*Illustration de l'interférence de canal adjacent*

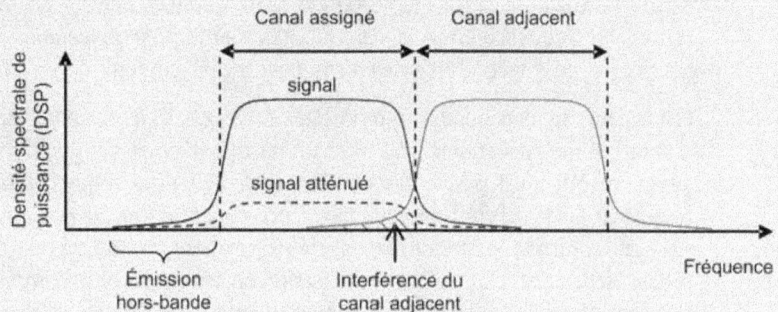

est de diviser les UE en deux groupes, chaque groupe émettant lorsque les UE du deuxième groupe reçoivent, et inversement. Ce mode fait l'économie du duplexeur et réduit ainsi le coût des terminaux. On notera que la station de base, elle, émet et reçoit toujours simultanément, de sorte que la perte d'efficacité spectrale au niveau système est limitée. Cette perte n'est cependant pas complètement nulle, notamment en raison des restrictions imposées au scheduler pour servir un UE particulier. Le mode FDD half-duplex n'a pas été utilisé jusqu'à présent pour les systèmes radio mobiles, vraisemblablement en raison de la complexité d'implémentation à la station de base d'un scheduler adapté, et de la réduction du débit maximal qu'il entraîne pour les UE.

## Le mode TDD

En mode TDD, les voies montante et descendante utilisent la même fréquence porteuse, le partage entre les deux directions s'effectuant dans le domaine temporel. Le TDD offre plusieurs avantages : tout d'abord, le partitionnement du temps en sous-trames montantes et sous-trames descendantes permet d'optimiser le système pour une éventuelle asymétrie du trafic entre les deux voies. Concrètement, le volume de trafic en voie descendante est généralement plus important qu'en voie montante. L'opérateur peut alors configurer un plus grand nombre de sous-trames descendantes que de sous-trames montantes.

Par ailleurs, l'utilisation de la même bande pour les voies montante et descendante offre l'avantage que le canal de propagation entre la station de base et l'UE est identique sur les deux voies. La station de base peut ainsi acquérir la connaissance du canal vu par l'UE sans que ce dernier ait à lui transmettre cette information. Cette propriété, appelée *réciprocité du canal*, est particulièrement utile pour mettre en œuvre des traitements de précodage à l'émission en transmission MIMO. Toutefois, cette propriété ne s'applique qu'au canal de propagation. Or, la connaissance du canal nécessaire à l'émetteur doit également prendre en compte l'effet des équipements radiofréquence (filtres, amplificateurs, câbles) et des antennes sur la phase et l'amplitude du signal. Ces équipements sont généralement sensiblement différents sur les chaînes d'émission et de réception d'un équipement donné, ce qui altère la réciprocité du canal de transmission complet. En pratique, une procédure dite de *calibration* doit donc être mise en œuvre à l'émetteur (et dans certains cas au récepteur également) afin de compenser les différences potentielles entre les chaînes d'émission et de réception [Huawei, 2009].

Enfin, l'utilisation de la même bande de fréquences permet de mutualiser une partie des composants radiofréquence entre la voie montante et la voie descendante ; de plus aucun duplexeur n'est nécessaire, ce qui conduit à des terminaux moins coûteux qu'en FDD.

Cependant, la dépendance temporelle du mode TDD impose des contraintes au système. Tout d'abord, toutes les stations de base d'une même zone géographique doivent être synchronisées en temps, ce qui n'est pas le cas pour le mode FDD qui requiert simplement une synchronisation en fréquence. La synchronisation en fréquence peut être fournie assez simplement par le lien de transmission qui connecte la station de base au contrôleur de stations de base (en GSM ou UMTS) ou au réseau cœur (en LTE). La synchronisation en temps est plus complexe à fournir par ce lien de transmission. Aussi, la solution la plus communément utilisée pour fournir une synchronisation en temps à une station de base est le déploiement d'un récepteur GPS connecté directement à la station de base.

Les stations de base doivent en outre mettre en œuvre la même configuration d'asymétrie entre voie montante et voie descendante, ce qui limite la flexibilité de reconfiguration de cette asymétrie. En effet, si deux équipements (station de base ou UE) proches se trouvaient dans des phases de communication différentes, l'émetteur brouillerait complètement le signal utile du récepteur. La figure suivante illustre ce cas de figure. Le récepteur de l'UE1 reçoit un signal utile émis par l'eNodeB1, affaibli en raison de leur éloignement. L'UE2 est lui aussi éloigné de sa station de base servante, l'eNodeB2, et émet donc une forte puissance pour compenser les pertes de propagation. Ce faisant, l'UE2 brouille la réception de l'UE1, puisque tous deux sont proches et communiquent simultanément sur la même fréquence porteuse.

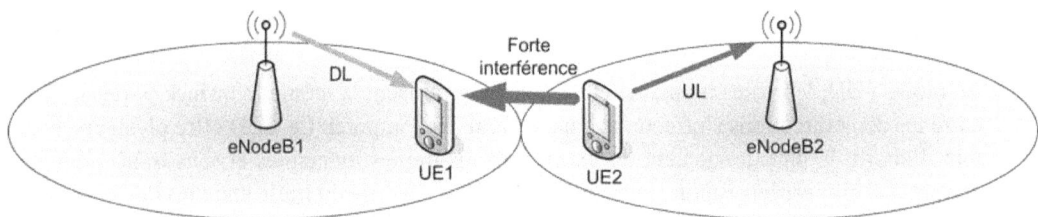

Figure 3-11
*Cas d'interférence en mode TDD*

En règle générale, le risque d'interférence de canal adjacent impose d'utiliser des bandes de garde entre une bande TDD et les bandes proches (TDD ou FDD) utilisées par d'autres systèmes ou appartenant à d'autres opérateurs dans la même zone géographique. Lorsque deux opérateurs TDD sont présents dans une même zone géographique sans bande de garde suffisante, il est nécessaire de synchroniser les réseaux en temps et d'aligner la configuration des sous-trames montantes et descendantes afin que les deux réseaux soient continuellement dans la même phase de communication.

Enfin, l'alternance entre voie descendante et voie montante implique d'établir un temps de garde entre une sous-trame descendante et une sous-trame montante. D'une part, les équipements ont besoin d'un certain temps afin de basculer entre émission et réception. D'autre part, le temps de propagation entre la station de base et un UE en bordure de cellule, puis entre cet UE et la station de base, rend impossible la réception par la station de base d'une sous-trame montante immédiatement après l'émission d'une sous-trame descendante. Cet effet, illustré sur la figure suivante, est d'autant plus accentué que la cellule est grande. Un temps de garde est également nécessaire à l'eNodeB pour la transition entre la réception d'une sous-trame montante et la transmission d'une sous-trame descendante, pour la bascule des équipements. Le temps de garde représente une perte d'efficacité pour le système, puisqu'aucune transmission ne peut intervenir durant cet intervalle. Afin de limiter cette perte, il est nécessaire de limiter le nombre de basculements entre voie descendante et voie montante.

Figure 3-12
*Nécessité d'un temps de garde*
*en mode TDD*

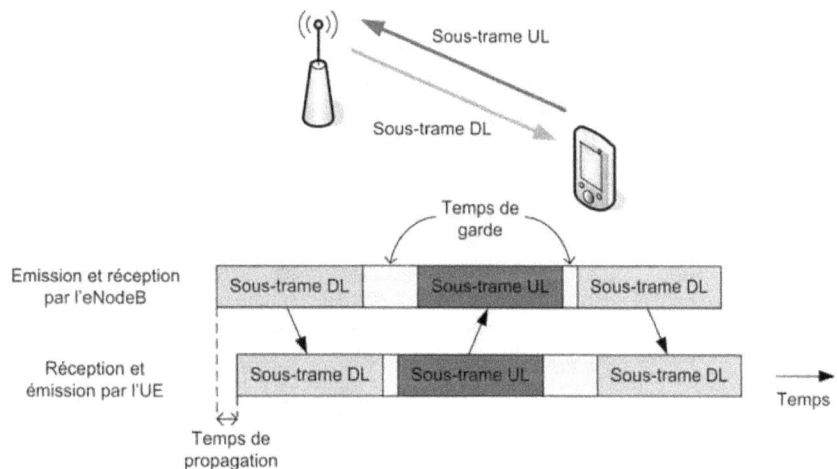

## Les modes FDD et TDD du LTE

L'interface radio du LTE comprend les modes FDD et TDD, ainsi que le mode FDD half-duplex. La gestion des modes FDD et TDD a été décidée afin de garantir une interface radio universelle, déployable quelle que soit la disponibilité du spectre et permettant ainsi une itinérance (*roaming*) globale. Ces deux modes ont été développés de manière à présenter un haut degré de similitude. Ainsi, si la structure de trame diffère, la structure d'une sous trame est identique dans les deux modes, à l'exception des sous-trames spéciales employées en TDD à la transition entre voie descendante et voie montante. De plus, les paramètres de base de la couche physique sont identiques pour les deux modes. Cette harmonisation permet de réutiliser une grande part des implémentations pour les deux modes et ainsi de réduire les coûts de développement.

Les structures de trame pour les modes FDD et TDD du LTE ainsi que les configurations voie montante/voie descendante possibles en TDD seront données à la section « Structure de trame de l'interface radio » (p. 91). La mise en œuvre du mode FDD half-duplex sera également abordée dans cette section.

# L'architecture de l'interface radio

## Plan usager et plan de contrôle

Ces deux plans sont matérialisés par des piles protocolaires qui partagent un tronc commun (la partie inférieure) et qui se distinguent notamment dans les interactions avec les couches supérieures : alors que la signalisation NAS est véhiculée par le plan de contrôle de l'interface radio, son plan usager permet de transporter sur celle-ci les paquets délivrés ou à destination de la couche IP. Ces deux piles protocolaires sont représentées sur la figure suivante.

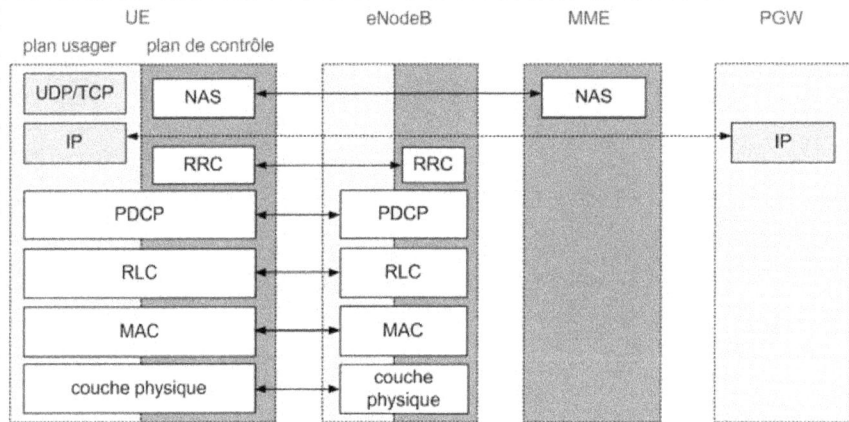

Figure 3-13
*Piles protocolaires
des plans usager et
de contrôle sur
l'interface radio*

En LTE comme en GSM et UMTS, les protocoles du plan usager de l'interface radio correspondent aux deux premières couches du modèle OSI. La structure de l'interface radio du système LTE possède de nombreuses similitudes avec celle définie pour l'UMTS, comme le montre la figure 3-14.

La principale différence réside dans le rôle de la couche PDCP (*Packet Data Convergence Protocol*). En UMTS, son unique rôle est de réaliser une compression d'en-tête des paquets IP. Ce protocole n'est pratiquement pas utilisé sur les réseaux UMTS actuels. En LTE en revanche, le protocole PDCP est utilisé systématiquement, car il est impliqué dans la sécurité de l'Access Stratum (chiffrement et intégrité). On notera cependant que toutes ces couches, si elles portent le même nom en UMTS et en LTE, sont néanmoins très différentes dans ces deux systèmes.

Figure 3-14
*Piles protocolaires des interfaces radio en UMTS et en LTE*

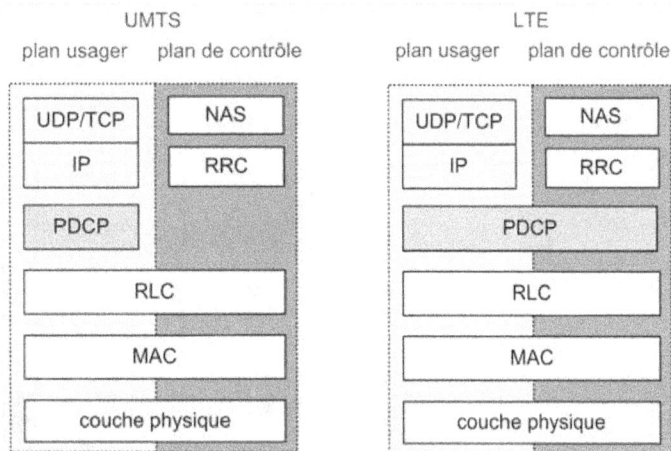

Les données traitées par PDCP, RLC, MAC et PHY appartiennent :

- au plan de contrôle lorsqu'il s'agit de données de signalisation communiquées par la couche RRC ;
- au plan usager lorsqu'il s'agit d'autres données (transmises par la couche IP).

Les notions de plan de contrôle et de plan usager sont transparentes aux couches RLC, MAC et PHY : celles-ci traitent les données délivrées par la couche supérieure, suivant la configuration indiquée par RRC, sans distinction a priori entre données de contrôle et données de l'usager. Nous verrons plus loin que le traitement effectué par PDCP diffère en revanche suivant la nature des données reçues.

Indépendamment de ces deux plans, chaque couche utilise dans son protocole des informations de contrôle qu'elle échange avec l'entité paire distante, dans l'en-tête ajouté par la couche à l'unité de donnée. Cela permet à l'entité paire distante de traiter les données transmises de façon appropriée. Il s'agit donc d'informations de contrôle propres à la couche.

## Interactions entre les couches

La figure 3-15 détaille le découpage en couches et les interactions logiques entre celles-ci pour les données du plan de contrôle et celles du plan usager. Cette architecture s'applique à l'UE et à l'eNodeB.

Deux entités paires distantes d'une couche (*N*) échangent entre elles des unités de données appelées *Protocol Data Unit* (PDU), formées d'un en-tête du protocole associé à cette couche *N* et de blocs de données. Ces blocs sont des unités de données délivrées par la couche supérieure (*M*), ou des segments de ces unités de données si ces dernières doivent être segmentées avant la transmission sur l'interface radio. L'unité de données de la couche *M* est appelée *Service Data Unit* (SDU) dans le contexte de la couche *N*, car elle porte des données de service que la couche *N* n'interprète pas. Ainsi, une PDU est-elle aussi une SDU pour la couche immédiatement inférieure, et ainsi de suite.

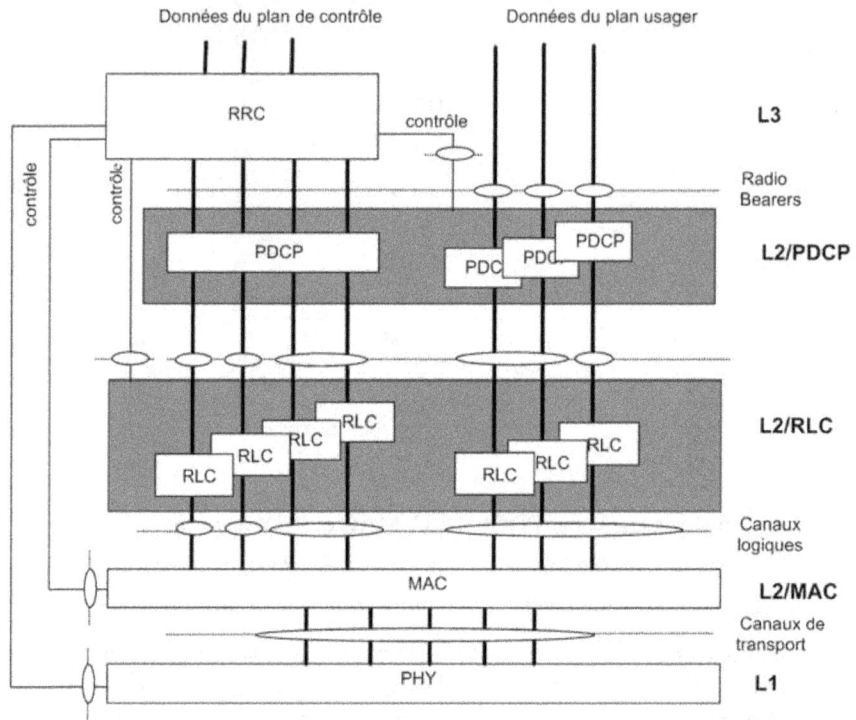

Par exemple, la couche PDCP de l'UE traite un paquet reçu de la couche IP et lui ajoute un en-tête, contenant notamment un numéro de séquence PDCP. Cette unité de donnée forme une nouvelle PDU PDCP, qui doit être transmise à la couche PDCP distante (celle de l'eNodeB). Pour cela, PDCP délivre la PDU à l'entité de la couche RLC associé au service. Cette entité RLC reçoit donc une nouvelle SDU RLC, qu'elle peut éventuellement segmenter ou concaténer avec d'autres SDU RLC précédemment reçues de la couche PDCP, afin de constituer une PDU RLC qui pourra être transmise sur l'interface radio sans segmentation ultérieure. À son tour, la couche RLC ajoute un en-tête à cette PDU qu'elle a formée, en-tête qui permet à l'entité distante de reconstituer la SDU RLC d'origine en rassemblant les segments reçus dans différentes PDU ou en identifiant les blocs concaténés dans cette PDU.

Ce transfert vertical de SDU entre couches du même équipement s'effectue via des points d'accès logiques entre couches, désignés par le terme générique *Service Access Points* (SAP) et représentés par des ellipses sur la figure précédente. Ils portent des noms spécifiques selon le niveau considéré : radio bearer au niveau RLC/PDCP, canal logique entre RLC et MAC, canal de transport entre MAC et PHY.

La section suivante décrit le rôle des différentes couches de l'interface radio, les canaux logiques et de transport étant présentés à la section « Les canaux » (p. 85).

## Les couches de l'interface radio

### La couche physique

La couche 1, appelée également *Layer 1* (L1) ou couche *PHY*, représente la couche physique. Son rôle est d'assurer la transmission des données sous une forme capable de se propager dans l'air et de résister aux différentes perturbations inhérentes au canal radio mobile. D'un point de vue fonctionnel, la couche physique offre un service de transport sur l'interface air à la couche MAC.

La couche physique réalise les fonctions suivantes pour la transmission de données :

- le *codage de canal*, qui protège les bits d'information contre les erreurs de transmission, en introduisant de la redondance dans la séquence de bits transmis ;
- la *modulation*, qui associe les bits à transmettre à des symboles de modulation capables d'imprimer une onde électromagnétique ;
- les *traitements spatiaux* (dits MIMO), qui précodent les symboles de modulation afin de les transmettre de plusieurs antennes (par exemple pour donner une direction au signal émis) ;
- la *modulation multiporteuse*, qui associe le signal à transmettre sur chaque antenne à des porteuses multiples, selon le principe de l'OFDM pour la voie descendante et du SC-FDMA en voie montante.

Les opérations inverses sont effectuées par la couche physique en réception, ainsi que des traitements de lutte contre l'interférence (par exemple l'égalisation). En outre, la couche physique assure des fonctions n'impliquant pas de transmission de données, mais nécessaires à son fonctionnement, ainsi qu'à certaines fonctions de la couche MAC :

- les *mesures radio*, pour estimer le canal de transmission, la qualité du signal de la cellule servante, ou encore les niveaux de puissance reçus d'une autre cellule, ou d'un autre système radio ;
- la *synchronisation*, afin d'acquérir et de maintenir la synchronisation en temps et fréquence avec la porteuse de l'émetteur ;
- la *détection de cellule*, afin de détecter la présence de cellules et de s'y connecter, à l'allumage de l'UE ou pour préparer un handover ;
- la *signalisation d'informations de contrôle* entre eNodeB et UE.

Le codage de canal et la modulation seront décrits au chapitre 4, le MIMO fera l'objet du chapitre 5 et les transmissions multiporteuses seront présentées au chapitre 6. Les signaux physiques sur lesquels s'effectuent les mesures radio seront détaillés au chapitre 7, les indicateurs mesurés étant introduits dans les chapitres relatifs aux fonctions qui les utilisent. La synchronisation et la détection de cellule seront traitées dans le chapitre 13. La signalisation d'informations de contrôle sera décrite au chapitre 12.

## La couche 2

La couche 2 est constituée de trois sous-couches :

- PDCP (*Packet Data Compression Protocol*) ;
- RLC (*Radio Link Control*) ;
- MAC (*Medium Access Control*).

Ces sous-couches interviennent pour le transfert des données, du plan usager comme du plan de contrôle. Seule la sous-couche PDCP est conçue pour traiter différemment les données de ces deux plans. Pour RLC et MAC, c'est la configuration qui détermine les éventuelles différences de traitement à appliquer aux flux.

### Sous-couche PDCP (Packet Data Compression Protocol)

PDCP assure des fonctions de sécurité et de transfert des données :

- compression d'en-tête ;
- chiffrement des données et de la signalisation RRC ;
- protection de l'intégrité de la signalisation RRC ;
- détection et suppression des doublons (unité de données PDCP reçues deux fois) ;
- remise en séquence des paquets.

La taille des en-têtes des SDU PDCP du plan usager est réduite à l'aide du mécanisme de compression RoHC (*Robust Header Compression*). Cette fonction vise à améliorer l'efficacité spectrale de services conversationnels comme la voix sur IP (VoIP), qui forme des paquets de petite taille. Plusieurs profils de compression sont cependant définis afin d'adapter son utilisation à différents usages (TCP/IP, UDP/IP, RTP/UDP/IP, ESP/IP…). On notera que cette fonctionnalité est optionnelle pour l'UE, sauf pour un UE capable de réaliser de la VoIP via l'IMS (certains profils sont alors obligatoires). L'eNodeB choisit le profil de compression selon les capacités de l'UE (profils acceptés) et le type de service utilisé. La compression d'en-tête ne peut être appliquée qu'aux SDU PDCP du plan usager.

Les fonctions de chiffrement et de protection de l'intégrité seront décrites dans le chapitre 20. Elles concernent le plan de contrôle (chiffrement et intégrité) et le plan usager (chiffrement).

Enfin, les fonctions de détection des doublons et de remise en séquence sont également mises en œuvre pour le plan de contrôle et le plan usager. Elles sont particulièrement utiles lors d'un handover entre deux cellules LTE, au cours duquel des PDU PDCP peuvent être reçues deux fois (envoi sur la cellule source et la cellule cible) et/ou en désordre (PDU *N* reçue avant la PDU *N-1*). Ces mécanismes seront décrits dans le chapitre 19.

La sous-couche PDCP est donc sollicitée pour le transport de la signalisation et des données utilisateurs. La figure suivante illustre le traitement fonctionnel réalisé par PDCP, en émission et en réception. On notera que les PDU PDCP de contrôle, qui sont créées par la couche PDCP et non par les couches supérieures, suivent un traitement spécifique (pas de chiffrement ni de protection de l'intégrité) et ne sont pas associées à des SDU PDCP. La PDU *Status Report* en est un exemple. Son utilisation lors d'un handover sera présentée au chapitre 19.

Figure 3-16

*Traitements effectués par PDCP*
*en émission et en réception*
*(vue fonctionnelle)*

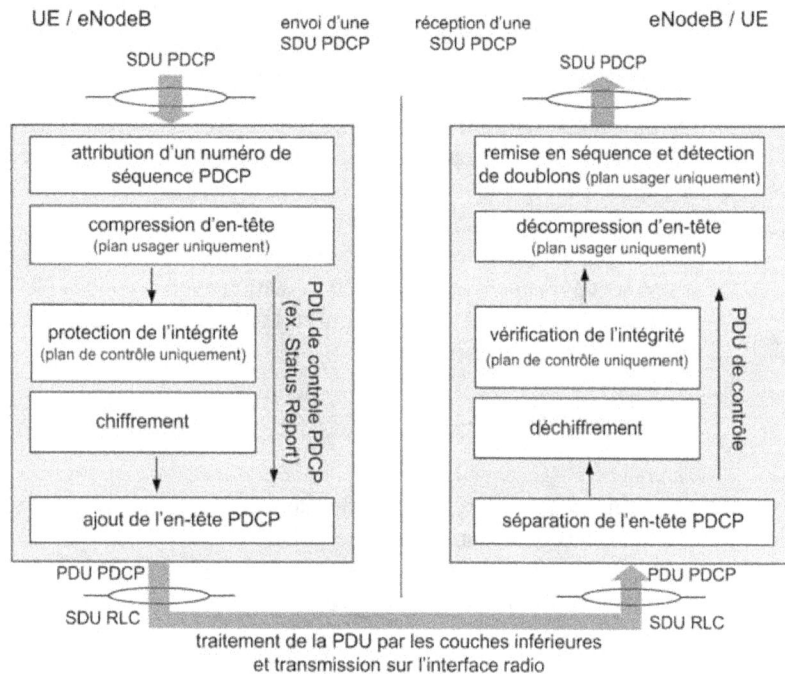

## Sous-couche RLC (Radio Link Protocol)

La sous-couche RLC assure les fonctions de contrôle du lien de données dévolues à la couche 2 du modèle OSI (*Data Link Control*) :

- détection et retransmission des PDU manquantes (en mode acquitté) permettant la reprise sur erreur ;
- remise en séquence des PDU pour assurer l'ordonnancement des SDU à la couche supérieure (PDCP) ;
- utilisation de fenêtres d'émission et de réception pour optimiser la transmission de données.

À la différence de l'UMTS, la couche RLC en LTE n'effectue pas de contrôle de flux : l'UE et l'eNodeB doivent être capables de traiter les trames RLC tant qu'elles arrivent dans la fenêtre de réception RLC.

## Sous-couche MAC (Medium Access Control)

La sous-couche MAC permet l'accès et l'adaptation au support de transmission grâce aux fonctions suivantes :

- le mécanisme d'accès aléatoire sur la voie montante ;
- la correction d'erreurs par retransmission HARQ lors de la réception d'un acquittement HARQ négatif ;

- les allocations dynamique et semi-statique de ressources radio (scheduling) ;
- le maintien de la synchronisation sur le lien montant ;
- la priorisation des flux sur le lien montant.

La fonction de scheduling s'appuie sur les mesures effectuées par la couche physique, tandis que le mécanisme HARQ est couplé avec le codage de canal. Ces fonctions sont donc étroitement liées à la couche physique et sont optimisées pour cet interfonctionnement. L'optimisation intercouches est l'une des caractéritiques clés de l'interface radio du LTE. L'HARQ et le scheduling seront décrits en détail dans les chapitres éponymes (10 et 11). L'accès aléatoire et la synchronisation en temps sont également réalisés en coordination avec la couche physique et seront décrits respectivement dans les chapitres 13 et 14. Enfin, le mécanisme de priorisation des flux sur la voie montante sera détaillé dans le chapitre 14.

## La couche RRC

La couche RRC, pour *Radio Ressource Control*, sert au contrôle de l'interface radio. On peut en effet constater sur le schéma modélisant la structure de l'interface radio, que la couche RRC est connectée aux quatre autres couches, via des points d'accès de contrôle : RRC est responsable de la configuration et du contrôle des couches de niveau 1 (PHY) et 2 (MAC, RLC et PDCP). C'est la spécificité de cette couche, véritable chef d'orchestre de l'interface radio.

Ce rôle est possible grâce à l'échange d'informations entre les entités RRC distantes, localisées au sein de l'UE et de l'eNodeB, suivant les procédures du protocole RRC. Les messages RRC sont traités par les couches PDCP, RLC, MAC et PHY avant d'être transmis sur l'interface radio, puis reconstitués, vérifiés et interprétés par l'entité distante RRC. La signalisation RRC demande ainsi un certain temps de traitement par l'UE et est consommatrice de ressources radio, aussi ne peut-elle pas être utilisée trop fréquemment. Pour la couche physique, on parle alors de configuration semi-statique lorsqu'elle est effectuée par RRC.

Un UE présent sur une cellule LTE est en *mode veille* (ou *RRC_IDLE*) lorsqu'il n'a pas de connexion RRC active avec l'eNodeB. Dans ce cas, il décode régulièrement les Informations Système diffusées par l'eNodeB sur la cellule, ainsi que les messages de notifications (paging). Dans cet état, l'UE contrôle de façon autonome sa mobilité. Lorsqu'il a établi une connexion RRC, il est en *mode connecté*, également appelé *RRC_CONNECTED* sur l'interface radio. RRC doit alors gérer la connexion active, la mobilité de l'UE, le transfert de la signalisation NAS, la sécurité AS (gestion des clés) ainsi que les supports radio activés pour porter les données de service et ou la signalisation (RRC et NAS).

RRC assure ainsi les fonctions suivantes :

- la diffusion et le décodage d'Informations Système de niveaux AS et NAS sur la cellule, pour tous les UE en mode veille présents sur celle-ci, donnant notamment les paramètres d'accès à la cellule, de mesure et de resélection en mode veille ;
- l'envoi et la réception de paging, pour l'établissement d'appel destiné à un UE en mode veille, pour informer les UE de la cellule que les Informations Système sont modifiées ou encore pour les alerter en cas de force majeure (par exemple, en cas de tremblement de terre ou de tsunami) ;

- la gestion de la connexion RRC (établissement, reconfiguration et relâche) ;
- le contrôle des radio bearers associés à des services ou à la signalisation ;
- le contrôle des mesures de l'UE et leur remontée à l'eNodeB en mode connecté ;
- la mobilité en mode connecté ;
- le contrôle de la mobilité en mode veille (sélection et resélection de cellule) ;
- et la transmission de la signalisation des couches supérieures NAS.

Certaines de ces fonctions seront présentées dans les chapitres qui décrivent les procédures dans lesquelles elles sont impliquées, par exemple au chapitre 18 pour la resélection de cellule et la mise à jour de localisation notamment, ou au chapitre 19 pour la gestion des radio bearers et des messages de notification.

Les Informations Système diffusées sur la cellule sont découpées en plusieurs blocs, chacun portant un type d'information défini (par exemple, informations générales sur la cellule serveuse, sur sa configuration radio, sur les cellules voisines LTE, UMTS, GSM). Ces blocs sont appelés SIB (pour *System Information Block*), chaque SIB portant un type d'information défini dans les spécifications. Le MIB (*Master Information Block*) joue un rôle particulier puisqu'il fournit aux UE les paramètres essentiels leur permettant de déterminer la structure et la périodicité des Informations Système. Il doit donc être répété fréquemment (toutes les 10 ms), pour qu'un UE arrivant sur la cellule puisse l'obtenir rapidement. Par ailleurs, sa période de mise à jour est également réduite (40 ms), pour qu'un éventuel changement dans la structure des Informations Système soit indiqué aux UE dans un délai bref.

# Les canaux

## Le concept de canal

Le système LTE, de manière similaire à l'UMTS, utilise le concept de *canal* afin d'identifier les types des données transportées sur l'interface radio, les caractéristiques de qualité de service associées, ainsi que les paramètres physiques liés à la transmission. Ces canaux sont des composantes de l'architecture du système et sont donc à distinguer du canal de transmission (qui capture les effets de la propagation radio) et du canal fréquentiel (ou porteuse) déjà rencontrés.

Les canaux de l'interface radio sont des points d'accès aux services proposés par une couche $N$ : ils permettent à la couche $N+1$ de délivrer à cette couche $N$ des données qui devront être traitées (et éventuellement marquées) selon les spécificités du canal.

On distingue trois classes de canaux, selon les couches du modèle OSI auxquelles ils sont attachés.

- les *canaux logiques*, qui opèrent entre les couches RLC et MAC et sont définis selon le type d'information qu'ils transportent (par exemple : signalisation du plan de contrôle ou données du plan usager) ;
- les *canaux de transport*, qui opèrent entre la couche MAC et la couche physique et sont définis par la manière et les caractéristiques selon lesquelles les données sont transportées par l'interface radio (par exemple la méthode d'accès aux ressources radio) ;

- *les canaux physiques* qui sont utilisés par la couche physique et sont définis par les caractéristiques physiques de leur transmission (par exemple leur placement dans la trame).

Dans une configuration donnée de l'interface radio (déterminée par le protocole RRC), un canal logique ne peut être porté que par un seul canal de transport, mais ce dernier peut transporter plusieurs canaux logiques. La même règle s'applique pour les canaux de transport et les canaux physiques. Enfin, certains canaux physiques ne sont associés à aucun canal de transport ni canal logique, car ils portent uniquement des informations relatives à la couche physique.

Ceci est illustré par la figure suivante, sur laquelle trois canaux physiques sont représentés (PDSCH et PDCCH pour le sens descendant, PRACH pour le sens montant).

Figure 3-17
*Les canaux de l'interface radio LTE et leurs imbrications*

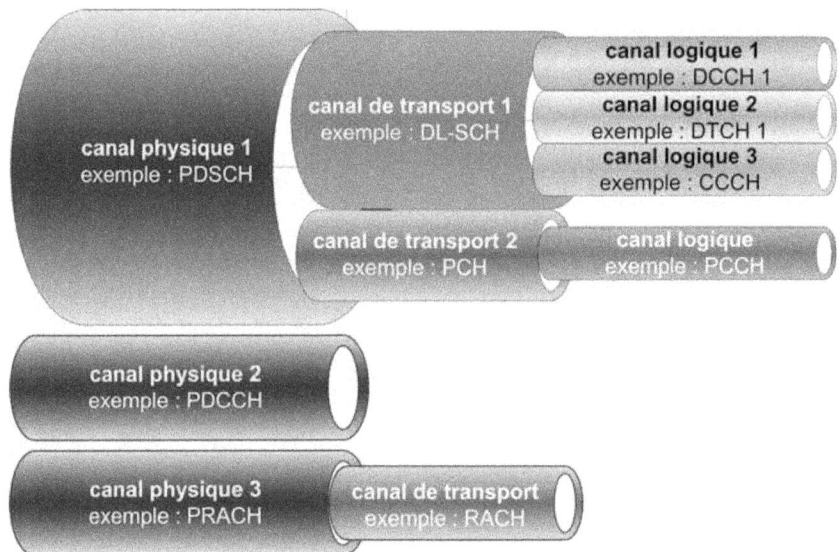

Nous décrivons ci-après l'ensemble des canaux utilisés par l'interface radio du LTE, pour chacune de ces trois catégories.

## Les canaux logiques

Un canal logique est associé à un ou plusieurs flux de données (ou de signalisation) qui possèdent des caractéristiques communes : typologie des données transportées (plan usager ou plan de contrôle), priorité du flux, débit nominal (garanti ou non). Un canal logique est donc caractérisé par ce qu'il transporte, et non par la façon dont ces données sont véhiculées.

Les canaux logiques se séparent en canaux de contrôle et canaux de trafic. Les canaux de contrôle transportent uniquement des informations du plan de contrôle, tandis que les canaux de trafic véhiculent exclusivement les données du plan usager.

Le tableau suivant présente les différents canaux logiques définis pour l'interface radio du LTE.

**Canaux logiques fournis par la couche MAC**

| Canal logique | Acronyme | Canal de contrôle (plan de contrôle) | Canal de trafic (plan usager) | Usage | Exemples d'information transmise |
|---|---|---|---|---|---|
| Broadcast Control Channel | BCCH | X | | Pour la diffusion d'informations de contrôle sur la cellule | Identifiant de la cellule, largeur de bande DL... |
| Paging Control Channel | PCCH | X | | Pour la notification d'appels | Identifiant de l'UE dans la zone de localisation, type d'appel |
| Common Control Channel | CCCH | X | | Pour la transmission de la signalisation, quand elle ne peut être transmise sur un canal dédié (DCCH) | Demande d'établissement d'une connexion RRC |
| Dedicated Control Channel | DCCH | X | | Porte la signalisation dédiée à un utilisateur (RRC et NAS) | Message commandant à l'UE de réaliser un handover |
| Dedicated Traffic Channel | DTCH | | X | Porte les informations de trafic dédiées à un utilisateur | Données d'un flux de streaming vidéo (ex. IP/ UDP/RTSP) |

Lorsque la couche RLC construit une unité de données ou *Protocol Data Unit* (PDU), elle la communique ensuite via le canal logique adéquat à la couche MAC. Cette dernière peut alors ajouter dans l'en-tête MAC l'identifiant de ce canal, si nécessaire. Après les traitements par la couche MAC, celle-ci délivre la PDU MAC à la couche physique via le canal de transport associé au canal logique. Le marquage du canal logique dans l'en-tête MAC permet à l'entité MAC distante de restituer cette information à la couche RLC, qui traite et aiguille ensuite correctement cette unité de données. Il est rendu nécessaire par le fait que, dans certains cas, plusieurs canaux logiques peuvent être multiplexés sur le même canal de transport. L'identification par l'entité paire du canal de transport n'est donc pas suffisante pour un aiguillage correct des données. La correspondance canal de transport – canal logique est configurée par la couche RRC lors de l'établissement de la connexion RRC ou de sa reconfiguration.

## Les canaux de transport

Un canal de transport est caractérisé par la façon dont les données sont transportées sur les ressources physiques, notamment :

- la méthode d'accès aux ressources radio (scheduling dynamique, semi-persistant ou statique) ;
- les formats de transport autorisés, qui définissent les traitements de la couche physique à appliquer (type de codage de canal, schéma de transmission MIMO, etc.) ;
- la possibilité d'effectuer des retransmissions d'HARQ, et si oui, de quel type.

Plusieurs canaux de transport sont définis dans l'interface radio du LTE pour les sens montant et descendant, dont les caractéristiques sont résumées dans le tableau suivant.

**Canaux de transport fournis par la couche physique**

| Canal de transport | Acronyme | Sens | Caractéristiques | Usage | Exemples d'information transmise |
|---|---|---|---|---|---|
| Broadcast Channel | BCH | DL | Ressources, périodicité et format de transport fixes et prédéfinis<br>Doit être transmis sur toute la zone de couverture de la cellule | Pour la diffusion d'informations sur la cellule<br>Le BCH porte exclusivement le BCCH, et en particulier le *Master Information Block* (*MIB*, voir remarque) | MIB (BCCH) : largeur de bande DL sur la cellule, numéro de trame système (*SFN, System Frame Number*) |
| Downlink Shared Channel | DL-SCH | DL | Permet l'HARQ et l'adaptation de lien, l'allocation dynamique ou semi-persistante de ressources et l'utilisation de la réception discontinue par l'UE (DRX)<br>Peut bénéficier de beamforming, ou être transmis de manière omnidirectionnelle | Pour la transmission de données dédiées de contrôle et du plan usager<br>Utilisé également pour transmettre les informations de cellule non portées par le BCH | Canaux DCCH, DTCH, CCCH<br>Canal BCCH : diffusion des informations cellules autres que celles du MIB |
| Paging Channel | PCH | DL | Doit être transmis sur toute la zone de couverture de la cellule<br>Partage les mêmes ressources physiques que le DL-SCH | Pour diffuser les informations de paging sur l'ensemble de la cellule | Canal PCCH |
| Random Access Channel | RACH | UL | Basé sur l'accès partagé aléatoire (« à contention ») qui implique un risque de collision entre plusieurs UE lors de la procédure d'accès au réseau | Pour l'établissement d'une connexion RRC avec la station de base, son rétablissement, lors d'un handover ou pour transmettre des données (ex. *Buffer Status Report*) ou encore sur ordre de la station de base si la synchronisation en voie montante a été perdue | Préambule choisi de façon aléatoire par l'UE dans un jeu de préambules prédéfinis |
| Uplink Shared Channel | UL-SCH | UL | Permet l'HARQ et l'adaptation de lien, l'allocation dynamique ou semi-persistante de ressources | Pour la transmission de données dédiées de contrôle et du plan usager | Canaux DCCH, DTCH, CCCH |

> **REMARQUE Les SIB et les canaux de transport**
>
> Le MIB est le seul bloc d'Informations Système à être transmis sur le BCH, tandis que les autres blocs sont envoyés via le DL-SCH. Cela donne en effet une plus grande flexibilité dans l'ordonnancement des blocs (association de plusieurs blocs en un seul message, périodes de répétition et de mise à jour).

## Les canaux physiques

Les canaux physiques fournissent le moyen de transmettre par radio les données des canaux de transport. Une SDU reçue de la couche MAC via un canal de transport donné est appelée un *bloc de transport*. Un canal physique correspond à un ensemble d'éléments de ressource temps-fréquence (un élément de ressource est une sous-porteuse d'un symbole OFDM) dans la sous-trame. De plus, il est associé à des caractéristiques physiques particulières, comme une séquence d'embrouillage, des schémas de codage et modulation, des schémas MIMO (en voie descendante uniquement). Le format des canaux physiques sera détaillé au chapitre 8 pour la voie descendante et au chapitre 9 pour la voie montante.

Les tableaux suivants présentent de manière synthétique les différents canaux physiques, pour la voie montante et la voie descendante respectivement.

**Canaux physiques pour la voie montante**

| Canal physique | Acronyme | Caractéristiques | Usage |
|---|---|---|---|
| Physical Uplink Shared Channel | PUSCH | Ses paramètres de transmission sont déterminés dynamiquement par l'adaptation de lien | Pour la transmission du UL-SCH ; porte également les informations de contrôle du PUCCH en cas de collision de ces deux canaux sur le même intervalle de temps |
| Physical Uplink Control Channel | PUCCH | N'est jamais transmis simultanément au PUSCH d'un même UE (en Release 8) | Pour la transmission d'informations de contrôle nécessaires à l'HARQ (acquittements) et à l'allocation de ressources |
| Physical Random Access Channel | PRACH | Est formé d'un préambule spécifique à l'UE | Porte le RACH |

**Canaux physiques pour la voie descendante**

| Canal physique | Acronyme | Caractéristiques | Usage |
|---|---|---|---|
| Physical Downlink Shared Channel | PDSCH | Ses paramètres de transmission sont déterminés dynamiquement par l'adaptation de lien. | Pour la transmission du DL-SCH et du PCH |
| Physical Broadcast Channel | PBCH | | Pour la transmission du BCH |
| Physical Control Format Indicator Channel | PCFICH | Le PCFICH est placé dans le premier symbole OFDM de chaque sous-trame | Indique le nombre de symboles OFDM utilisés pour la transmission du PDCCH dans une sous-trame |
| Physical Downlink Control Channel | PDCCH | Le PDCCH est placé dans les premiers symboles OFDM de chaque sous-trame | Pour la transmission d'informations de contrôle : schéma de modulation et codage et allocation de ressources du DL-SCH et PCH, informations d'HARQ pour le DL-SCH. Schéma de modulation et codage, allocation de ressources et informations d'HARQ pour le UL-SCH. Ordre de déclenchement d'une procédure d'accès aléatoire |
| Physical Hybrid ARQ Indicator Channel | PHICH | Le PHICH est placé dans les premiers symboles OFDM de chaque sous-trame | Porte les acquittements d'HARQ |

## Association des différents canaux

Les figures suivantes décrivent l'association entre les canaux logiques, de transport et physiques, respectivement pour la voie montante et la voie descendante.

Figure 3-18
*Association entre canaux logiques, de transport et physiques en voie montante*

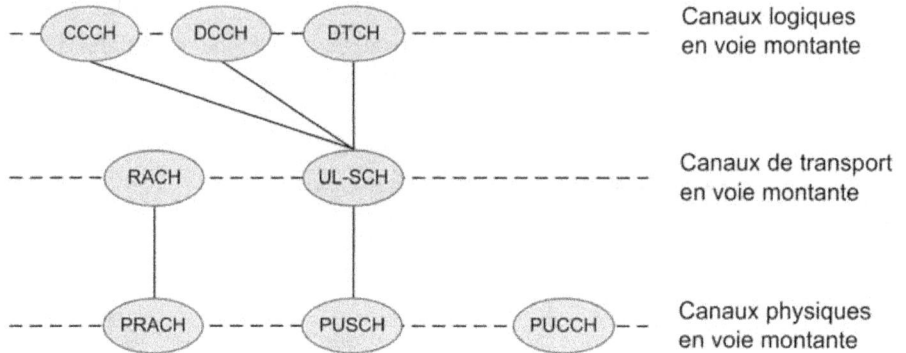

Canaux logiques en voie montante

Canaux de transport en voie montante

Canaux physiques en voie montante

Figure 3-19
*Association entre canaux logiques, de transport et physiques en voie descendante*

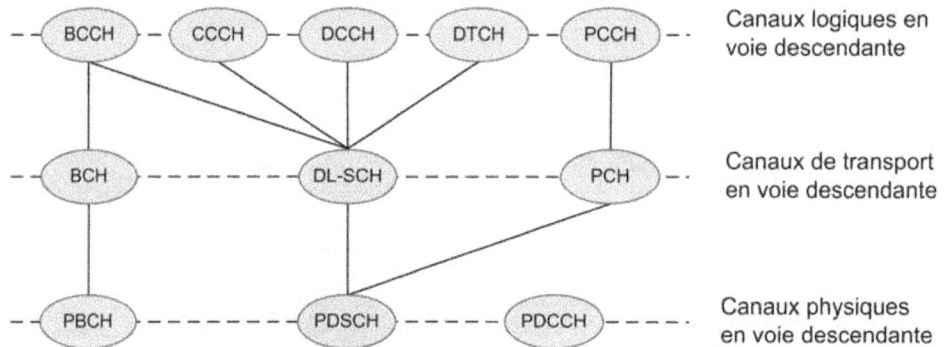

Canaux logiques en voie descendante

Canaux de transport en voie descendante

Canaux physiques en voie descendante

## Les signaux physiques

Outre les canaux physiques, la couche physique utilise également des *signaux physiques*, qui ne portent pas d'information issue des couches supérieures (c'est-à-dire de canaux de transport) mais sont nécessaires aux opérations de la couche physique. Les signaux physiques correspondent également à des éléments de ressource et sont associés à des paramètres de transmission physiques prédéfinis.

On distingue deux grands types de signaux physiques :

- les *signaux de référence* ou *Reference Signals* (RS) ;
- les *signaux de synchronisation*.

Les signaux de référence portent des séquences de symboles prédéfinies et connues du récepteur, qui lui permettent notamment d'estimer le canal de transmission. Cette information est cruciale pour de nombreuses fonctions de la couche physique : l'estimation de la qualité du canal pour le scheduling, l'adaptation de lien et la détermination des paramètres MIMO, la démodulation cohérente, ainsi que les mesures nécessaires à la mobilité. Les signaux de référence seront décrits en détail au chapitre 7. Les signaux de synchronisation permettent au mobile de se synchroniser à la cellule et sont présents en voie descendante uniquement. Chaque cellule émet un signal de synchronisation qui l'identifie de manière unique dans une zone donnée. Les signaux de synchronisation seront détaillés au chapitre 13.

Les tableaux suivants récapitulent les différents signaux physiques possibles, dans la voie montante et la voie descendante respectivement.

**Signaux physiques pour la voie montante**

| Signal physique | Acronyme | Caractéristiques | Usage |
|---|---|---|---|
| Demodulation Reference Signal | DMRS | Sont associés à la transmission du PUSCH ou du PUCCH, et spécifiques à un UE particulier | Pour estimer le canal afin de permettre une démodulation cohérente à la station de base |
| Sounding Reference Signal | SRS | Ne sont associés à aucun canal physique. Sont spécifiques à un UE particulier | Pour déterminer la qualité du canal (notamment sur les ressources où l'UE n'est pas servi), maintenir la synchronisation |

**Signaux physiques pour la voie descendante**

| Signal physique | Acronyme | Caractéristiques | Usage |
|---|---|---|---|
| Cell-specific Reference Signal | CRS | Sont communs à la cellule. | Pour la démodulation cohérente à l'UE, la mesure de la qualité du canal, la détermination des paramètres MIMO, le maintien de la synchronisation, les mesures de mobilité |
| UE-specific Reference Signals | DRS | Sont spécifiques à un UE particulier. | Pour la démodulation cohérente |
| Primary, Secondary Synchronization Signal | PSS, SSS | Sont communs à la cellule. | Pour la synchronisation initiale, la détection et l'identification de cellule |

# Structure de trame de l'interface radio

L'opération de l'interface radio dans le domaine temporel est découpée en *trames radio* consécutives de 10 ms. Une trame radio est divisée en dix *sous-trames* de 1 ms chacune, numérotées de 0 à 9. La sous-trame constitue un TTI (*Transmission Time Interval*), c'est-à-dire l'intervalle de temps de transmission élémentaire pouvant être alloué à un UE. Il existe deux types de structures de trame, illustrés sur les deux figures suivantes :

• Le type 1 est adapté au FDD et au FDD half-duplex.

• Le type 2 est adapté au TDD.

Dans la structure de trame de type 1, chaque sous-trame est divisée en deux *slots* de 0,5 ms chacun. Les slots d'une trame radio sont numérotés de 0 à 19. En FDD, dix sous-trames sont disponibles pour la voie montante et dix sous-trames sont disponibles pour la voie descendante par période de 10 ms, puisque les voies montante et descendante opèrent sur des fréquences différentes. En FDD half-duplex, un UE ne peut transmettre et recevoir simultanément, ce qui restreint le nombre de sous-trames utilisables dans chaque direction de transmission.

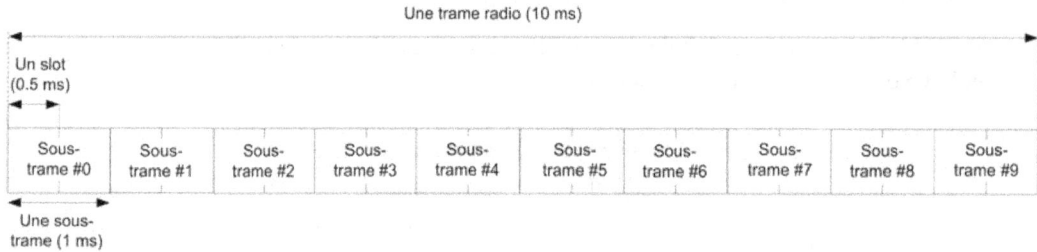

Figure 3-20
*Structure de trame en FDD et FDD half-duplex*

En TDD, certaines sous-trames sont réservées pour la voie montante tandis que d'autres le sont pour la voie descendante. Il existe de plus une sous-trame spéciale, qui contient notamment un temps de garde nécessaire au basculement entre la voie descendante et la voie montante. Ce temps de garde est noté GP (*Guard Period*) sur la figure suivante. Le temps de garde nécessaire au basculement de l'eNodeB entre la réception d'une sous-trame montante et l'émission d'une sous-trame descendante est créé par l'eNodeB en avançant dans le temps les sous-trames montantes par rapport aux sous-trames descendantes. L'UE est informé de ce décalage par la commande d'avance de temps décrite au chapitre 14, qui lui indique de démarrer sa transmission un peu plus tôt (ou un peu plus tard). Une avance de temps par défaut de 20 µs est ainsi spécifiée en TDD, car cette durée est attendue comme la valeur maximale potentiellement nécessaire aux équipements pour basculer de réception à émission [3GPP RAN WG4, 2008]. Au plus, deux sous-trames spéciales sont présentes par trame, afin de limiter la perte d'efficacité du système due au temps de garde.

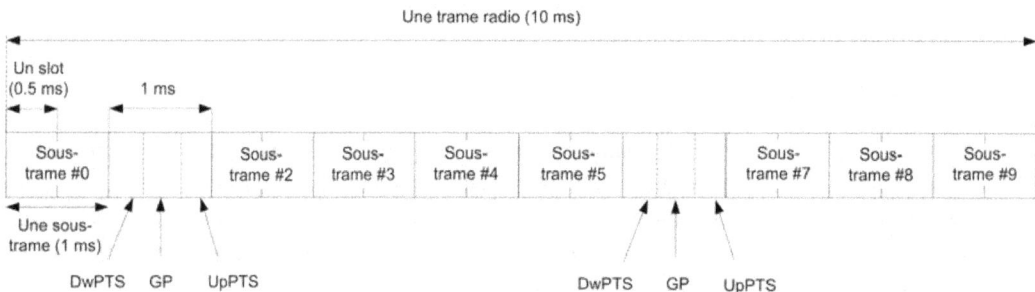

Figure 3-21
*Structure de trame en TDD*

Les configurations TDD voie montante/voie descendante possibles en LTE sont données dans le tableau suivant.

**Configurations voie montante (U)/voie descendante (D). S note la sous-trame spéciale**

| Configuration voie montante/ voie descendante | Périodicité du basculement de la voie descendante vers la voie montante | Numéro de la sous-trame | | | | | | | | | |
|---|---|---|---|---|---|---|---|---|---|---|---|
| | | 0 | 1 | 2 | 3 | 4 | 5 | 6 | 7 | 8 | 9 |
| 0 | 5 ms | D | S | U | U | U | D | S | U | U | U |
| 1 | 5 ms | D | S | U | U | D | D | S | U | U | D |
| 2 | 5 ms | D | S | U | D | D | D | S | U | D | D |
| 3 | 10 ms | D | S | U | U | U | D | D | D | D | D |
| 4 | 10 ms | D | S | U | U | D | D | D | D | D | D |
| 5 | 10 ms | D | S | U | D | D | D | D | D | D | D |
| 6 | 5 ms | D | S | U | U | U | D | S | U | U | D |

On note que les sous-trames 0 et 5 sont toujours réservées pour une transmission en voie descendante.

Outre le temps de garde, la sous-trame spéciale porte les champs DwPTS (*Downlink Pilot Time Slot*) et UpPTS (*Uplink Pilot Time Slot*), réservés pour les transmissions respectivement en voie descendante et en voie montante. Malgré la signification de leurs acronymes, héritée de l'UMTS TDD, ces champs ne contiennent pas que des signaux de référence.

• Le champ DwPTS porte de la signalisation de contrôle (PCFICH, PDCCH, PHICH) ainsi que des données (PDSCH) comme une sous-trame descendante normale, à la différence près qu'il est plus court. De plus, il porte le *Primary Synchronisation Signal* (PSS).

• Le champ UpPTS peut porter le PRACH de préambule court (dit de format 4, voir le chapitre 13) et/ou des signaux de référence de sonde (SRS), ou uniquement des SRS en fonction de la longueur du champ. Aucune donnée ni signalisation ne peut être transmise sur ce champ.

Les durées des champs DwPTS et UpPTS sont configurables et signalées par les couches supérieures. Il existe 8 configurations possibles, se différenciant par différentes longueurs de GP et deux longueurs possibles (courtes : 1 ou 2 symboles SC-FDMA) du champ UpPTS, le champ DwPTS occupant la durée de la sous-trame restante. Les différentes configurations sont données dans [3GPP 36.211, 2009, section 4.2].

Le mode FDD half-duplex requiert également un temps de garde afin que l'UE puisse basculer de l'émission à la réception, et inversement. Pour la transition voie descendante vers voie montante, ce temps de garde est créé par l'UE en ne recevant pas la fin d'une sous-trame descendante précédant immédiatement une sous-trame montante où il transmet. Cette perte doit être compensée par une adaptation de lien appropriée par l'eNodeB (voir le chapitre 4), ou par une retransmission. Pour la transition voie montante vers voie descendante, le temps de garde est assuré par l'eNodeB via la commande d'avance de temps, comme en TDD. La manière de réaliser le half-duplex n'est pas spécifiée, c'est au scheduler de l'eNodeB d'assurer qu'un UE n'est pas servi simultanément sur les voies montante et descendante.

# La dimension fréquentielle en LTE

Par rapport à l'UMTS, la couche physique du LTE introduit une rupture majeure : l'OFDMA (*Orthogonal Frequency Division Multiple Access*), un mode d'accès multiples basé sur l'OFDM, en remplacement de l'accès multiple à répartition par codes (CDMA).

L'OFDM a déjà été brièvement mentionné dans ce chapitre et sera décrit en détail au chapitre 6. Pour la compréhension des premiers chapitres consacrés à la couche physique, il est utile de retenir que la transmission OFDM s'effectue en parallèle sur plusieurs porteuses à bande étroite appelées sous-porteuses. Ces sous-porteuses sont orthogonales, de sorte qu'un symbole de modulation transmis sur une sous-porteuse ne subit pas d'interférence de la part des sous-porteuses adjacentes. De plus, l'OFDM est immunisé contre l'interférence entre symboles dans les domaines temporel et fréquentiel. L'OFDM est utilisé en voie descendante. Pour la voie montante, on en utilise un dérivé appelé SC-FDMA, qui permet une meilleure couverture pour les amplificateurs de puissance utilisés par les UE.

De par la dimension fréquentielle introduite par l'OFDM et le SC-FDMA, l'allocation de ressources en LTE s'effectue à la fois dans les dimensions temporelle et fréquentielle. Les ressources radio en voie descendante et voie montante se présentent ainsi sous la forme d'une grille temps-fréquence représentée à la figure suivante. La plus petite unité de ressource fréquentielle pouvant être allouée à un UE par le scheduler est le PRB (*Physical Ressource Block*).

Figure 3-22
*Grille de ressources temps
fréquence en voie
montante et descendante*

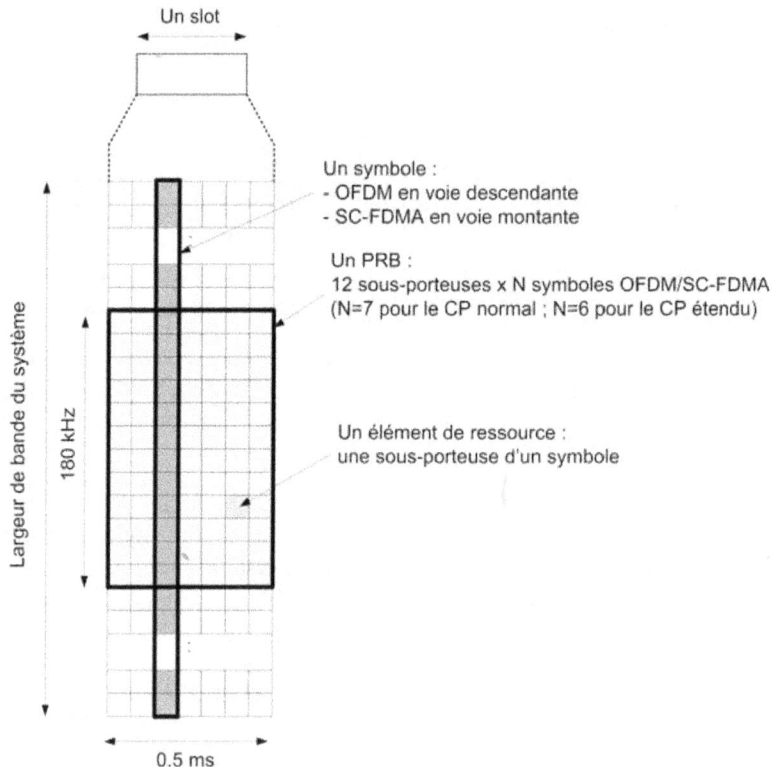

Un PRB dure 0,5 ms, soit un slot, et est constitué de plusieurs symboles OFDM (ou SC-FDMA). Rappelons qu'un symbole OFDM représente le signal dans le domaine temporel correspondant à un bloc de symboles de modulation émis sur les différentes sous-porteuses de la bande du système. La durée d'un symbole dépend de la valeur du *préfixe cyclique* (CP, défini au chapitre 6). La largeur de bande d'un PRB est de 12 sous-porteuses, soit 180 KHz.

Une sous-porteuse d'un symbole OFDM/SC-FDMA est appelée un *élément de ressource*. Un élément de ressource porte un symbole de modulation en OFDM.

Les ressources s'allouent par *paire de PRB*, les PRB d'une paire étant alloués dans deux slots consécutifs d'une même sous-trame. Le nombre de PRB dans la dimension fréquentielle dépend de la largeur de bande du canal, comme indiqué dans le tableau suivant.

**Largeur de bande du système en nombre de PRB**

| | Largeur de bande du canal (MHz) | | | | | |
|---|---|---|---|---|---|---|
| | 1.4 | 3 | 5 | 10 | 15 | 20 |
| Largeur de bande du système en nombre de PRB | 6 | 15 | 25 | 50 | 75 | 100 |

La largeur de bande disponible pour la transmission est appelée la *largeur de bande du système*. Elle est inférieure à la largeur de bande du canal, comme décrit à la figure suivante, afin de laisser des bandes de garde de part et d'autre pour limiter l'interférence de canal adjacent.

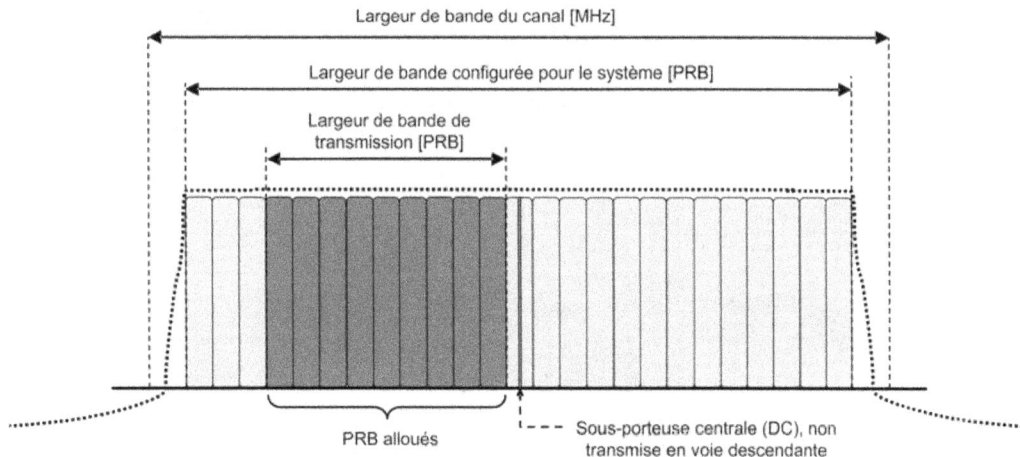

Figure 3-23
*Bande du canal et bande du système*

Les différents paramètres caractérisant les transmissions OFDM et SC-FDMA en LTE seront détaillés au chapitre 6.

# Les caractéristiques clés de la couche physique

La manière dont sont codées les données et les techniques utilisées pour la transmission sont détermi-nantes pour les performances du réseau en termes de capacité et d'expérience offerte à l'utilisateur. Nous donnons dans cette section un aperçu des caractéristiques clés de la couche physique du LTE.

Outre les modulations OFDM et SC-FDMA présentées à la section précédente, la couche physique du LTE a été conçue autour de deux caractéristiques clés :
• la gestion des antennes multiples à l'émission et à la réception (le MIMO) ;
• l'optimisation conjointe des couches physique et MAC.

Le MIMO a été pris en compte nativement dans la conception de la couche physique, contrairement au HSDPA où il avait été ajouté au système existant. Le MIMO améliore la robustesse de la trans-mission et les débits, notamment grâce à la transmission de plusieurs flux indépendants d'informa-tion sur les mêmes ressources temps-fréquence. Cette intégration originelle couplée à l'absence d'interférence intracellulaire dans les systèmes OFDM conduit à une grande efficacité du MIMO dans le système LTE. Le MIMO fera l'objet du chapitre 5.

L'interaction forte entre les couches physique et MAC permet de tirer parti au maximum des évanouissements rapides du canal pour le scheduling et l'adaptation de lien, ainsi que du lien étroit entre codage de canal et mécanismes de retransmission rapide HARQ. Cette optimisation dite *inter-couches* maximise le débit offert et minimise la latence de la transmission. Elle implique des échanges d'informations de contrôle entre eNodeB et UE.

# Introduction aux traitements d'émission et réception

Les figures suivantes représentent schématiquement la relation entre les grandes fonctions de la couche physique décrites à la section « La couche physique » (p. 81), ainsi que leur relation avec la couche MAC.

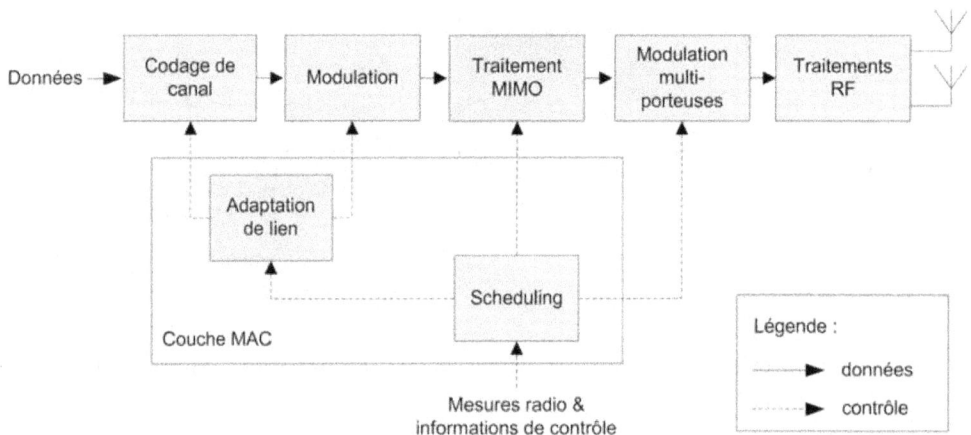

Figure 3-24
*Principales fonctions mises en jeu en émission. Les traitements MIMO à l'émission ne s'appliquent qu'en voie descendante.*

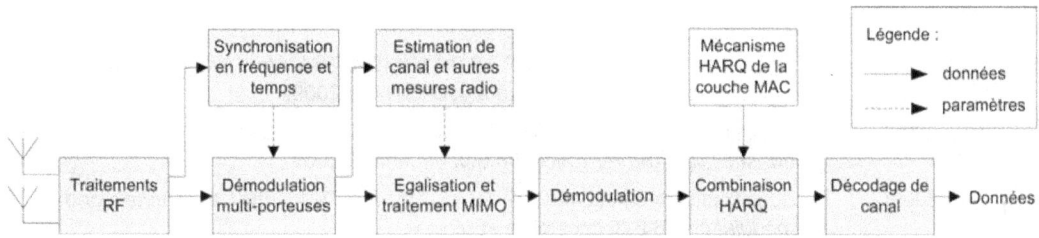

Figure 3-25
*Principales fonctions mises en jeu en réception*

Les fonctions de la chaîne de réception indiquées à la figure précédente ne sont pas spécifiées, bien qu'étant en grande partie déterminées par les traitements d'émission. La norme spécifie cependant les outils indispensables à leur mise en œuvre (comme les signaux physiques nécessaires à l'estimation du canal et la synchronisation). En revanche, les performances minimales de démodulation sont spécifiées, dans les documents [3GPP 36.101, 2009] et [3GPP 36.104, 2009], pour les récepteurs de l'UE et de l'eNodeB respectivement. La vérification de l'atteinte des performances requises est effectuée par des tests sur les équipements selon une méthodologie définie au 3GPP.

# Synthèse fonctionnelle

La figure suivante présente une synthèse des fonctions assurées par les différents protocoles présents dans la pile protocolaire d'un UE LTE. Les protocoles EMM et ESM seront décrits en détail dans le chapitre 15 dédié aux protocoles NAS.

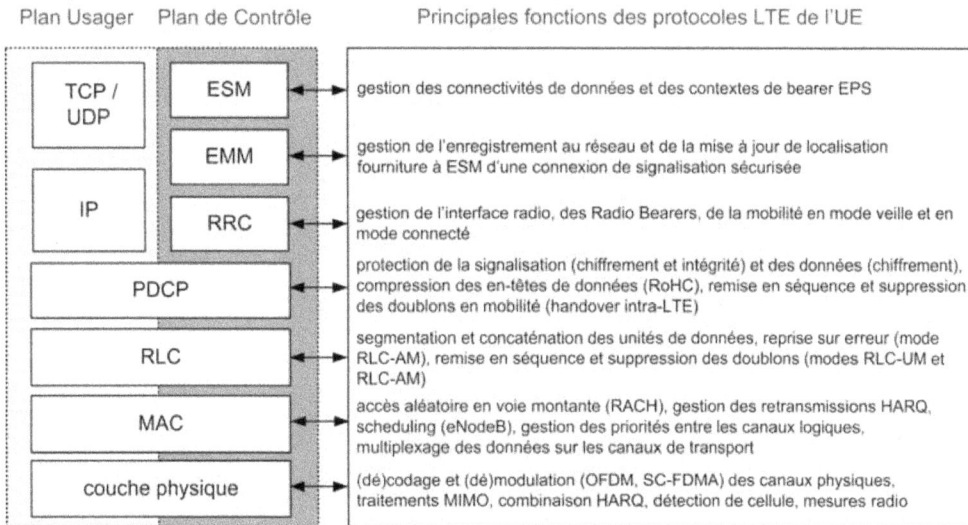

Figure 3-26
*Synthèse fonctionnelle des protocoles LTE au sein de l'UE*

# Références

[3GPP 36.101, 2009]  Spécification technique 3GPP TS 36.101, *E-UTRA, User Equipment (UE) radio transmission and reception*, v8.8.0, décembre 2009.

[3GPP 36.104, 2009]  Spécification technique 3GPP TS 36.104, *E-UTRA, Base Station (BS) radio transmission and reception*, v8.8.0, décembre 2009.

[3GPP 36.211, 2009]  Spécification technique 3GPP TS 36.211, *E-UTRA, Physical channels and modulation*, v8.9.0, décembre 2009.

[3GPP RAN WG4, 2008]  3GPP TSG RAN WG4, *Response to LS on switch time requirements for LTE TDD*, Liaison R1-081181, 3GPP TSG RAN WG1 #52bis, avril 2008.

[Balanis, 2005]  C. A. Balanis, *Antenna Theory*, 3ème édition, Wiley, 2005.

[Huawei, 2009]  Huawei, *Hardware calibration requirement for dual layer beamforming*, Contribution R1-091794, 3GPP TSG RAN WG1 #57, mai 2009.

[Jakes, 1994]  W. C. Jakes, Ed., *Microwave Mobile Communications*, IEEE Press, 1994.

[Joindot, Glavieux, 2007]  M. Joindot et A. Glavieux, *Introduction aux communications numériques*, Dunod, 2007.

[Oestges, Clerckx, 2007].  C. Oestges and B. Clerckx, *MIMO Wireless Communications*, Elsevier, 2007.

[Proakis, 2000]  J. G. Proakis, *Digital Communications*, Mc Graw Hill, troisième édition, 2000.

[Tse, Viswanath, 2005]  D. Tse and P. Viswanath, *Fundamentals of Wireless Communication*, Cambridge University Press, 2005.

# 4

# Codage, modulation et adaptation de lien

**Sommaire :** *Introduction au principe du codage de canal – Opérations mises en jeu dans la chaîne de codage – Codes normalisés – Embrouillage et modulation – Adaptation de débit – Schémas de modulation et codage – Adaptation de lien*

Ce chapitre décrit trois fonctions fondamentales de la chaîne d'émission/réception de tout système de communication par paquets : le codage de canal, la modulation et l'adaptation de lien, ainsi que la manière dont ces fonctions sont normalisées en LTE.

Le codage de canal transforme le bloc de bits d'informations reçus de la couche MAC en un bloc de bits de taille généralement plus grande, encodé de façon à protéger l'information des perturbations apportées par la transmission radio. Nous commençons ce chapitre par rappeler le principe du codage de canal. Nous décrirons ensuite les grandes fonctions mises en jeu dans la chaîne de codage de canal du LTE, en particulier la détection d'erreurs, le codage correcteur d'erreur et les différents codes normalisés, ainsi que l'adaptation de débit. La modulation imprime les bits codés sur une grandeur physique apte à se propager dans l'air (typiquement une sous-porteuse en OFDM). Différents types de modulation sont possibles en LTE, chacun étant associé à une efficacité spectrale particulière ; nous les présenterons à la section « Embrouillage et modulation », p. 110. Le niveau de protection apporté à l'information dépend conjointement de la modulation et du codage employés, ce qu'on appelle le schéma de modulation et de codage. Le choix du schéma le plus adapté à la qualité du canal fait l'objet de la fonction appelée adaptation de lien, décrite à la section « Adaptation de lien », p. 112. La figure suivante résume la relation entre les différentes fonctions du LTE objets de ce chapitre (les termes entre parenthèses seront introduits au cours du chapitre).

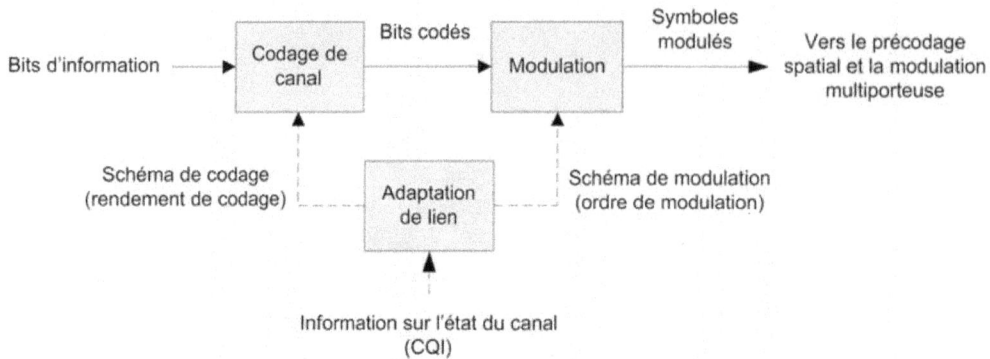

Figure 4-1
*Relation entre codage de canal, modulation et adaptation de lien*

# Codage de canal

## Rôle du codage de canal

Le codage de canal a pour but de protéger l'information émise en introduisant de la redondance dans le signal à transmettre, c'est-à-dire en liant les bits transmis entre eux par une règle connue du récepteur. Un exemple simple permet de comprendre le principe du codage de canal : lorsqu'une personne parle dans un environnement bruyant, il est plus aisé pour son interlocuteur de comprendre ses paroles lorsqu'elle utilise le langage plutôt que des sons aléatoires. En effet, le langage introduit une redondance naturelle dans le signal de parole : toutes les combinaisons de sons ne sont pas autorisées (le mot doit exister), tous les mots ne peuvent pas être employés les uns à la suite des autres (une grammaire doit être respectée), la phrase doit avoir un sens et l'ensemble des phrases doit former un tout cohérent. Toutes ces règles protègent l'information à échanger. Ainsi, si le bruit altère la perception de certains sons, le cerveau compensera naturellement les manques ou les sons corrompus. Par exemple la phrase « J'ai dû cond(-) ma boiture au (-)arage » sera naturellement reconstruite par le cerveau comme « J'ai dû conduire ma voiture au garage ». Dans le cas où la phrase est trop altérée pour être reconstruite, le langage permet de détecter que le message est corrompu et le récepteur peut alors demander au locuteur de répéter sa phrase. Le codage de canal agit de la même manière, en introduisant de la redondance dans les bits à transmettre, qui aide le récepteur à reconstruire des parties reçues corrompues. Notons d'ores et déjà qu'une fonction de retransmission des blocs de transport erronés ne pouvant être corrigés est également disponible : l'HARQ, qui sera décrite au chapitre 11.

On pourra se reporter à l'ouvrage [Berrou, 2007] pour une introduction complète au codage de canal. Une notion utile à définir est le *rendement de codage* (*code rate* en anglais), qui est le rapport entre le nombre de bits en entrée du codeur et le nombre de bits délivrés par le codeur, appelés *bits codés*. Le rendement de codage est toujours inférieur à 1. Plus il est faible et plus l'information est redondante, donc protégée. En contrepartie, plus le rendement est faible et plus l'efficacité spectrale de la transmission est faible, puisque les bits codés transmis représentent un nombre de bits d'information plus faible.

L'un des rôles du codage de canal est de détecter la présence d'erreurs dans un bloc de données reçues. Cette fonctionnalité est cruciale dans les communications de données, où une erreur sur un bit d'information peut avoir des conséquences désastreuses, par exemple lorsqu'il code le montant de transactions financières ou des données médicales. On utilise typiquement pour cette opération des codes dits *de contrôle par redondance cyclique*, généralement abrégés en CRC (*Cyclic Redundancy Check*).

L'autre rôle du codage de canal est de corriger les erreurs. Pour cela, on fait appel à d'autres types de codes, appelés codes correcteurs d'erreurs ou codes FEC (*Forward Error Correcting Codes*), qui introduisent dans le signal émis une redondance qui peut être exploitée au récepteur, par l'opération de décodage, afin de reconstruire des données corrompues. Les codes correcteurs d'erreurs permettent notamment d'opérer dans des environnements fortement bruités ou affectés par l'interférence et ont été de ce fait une composante clé des communications radio mobiles depuis l'émergence du système GSM/GPRS.

## Vue d'ensemble du codage de canal en LTE

Le codage de canal en LTE comporte les fonctions décrites à la figure suivante, mises en œuvre à l'émetteur de l'UE et de l'eNodeB.

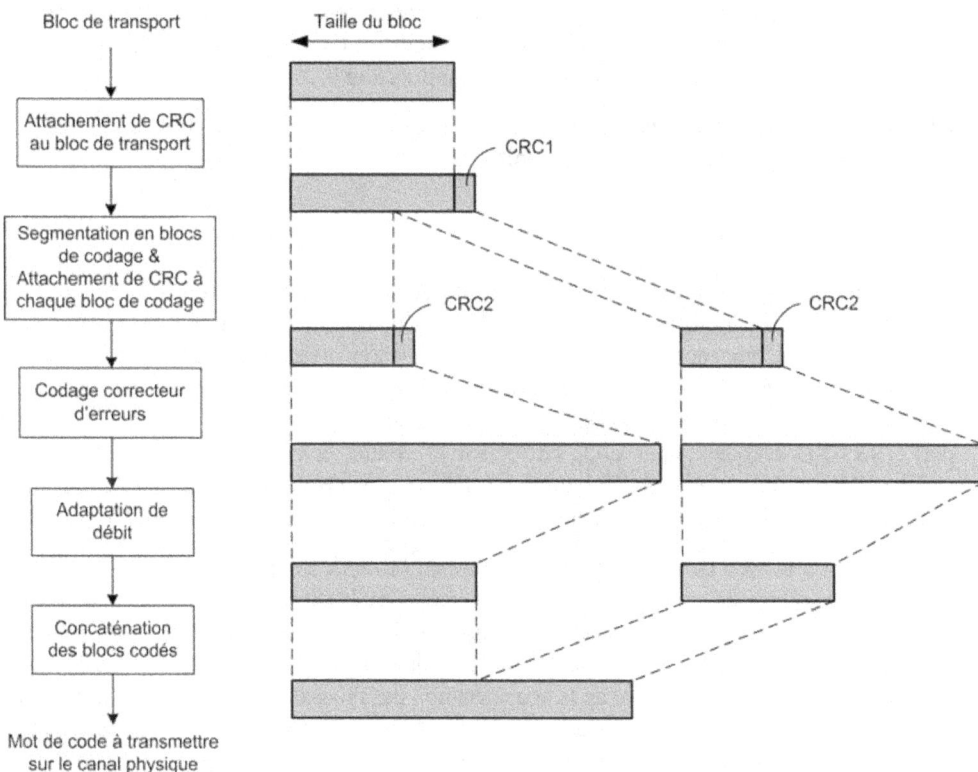

Figure 4-2

*Opérations effectuées pour un bloc de transport en voie montante ou descendante (à gauche) et illustration de l'évolution de la taille des blocs de bits mis en jeu (à droite)*

Les traitements effectivement effectués dans la chaîne de codage dépendent du type d'information à transmettre. Avant d'aller plus loin, il est utile de rappeler que deux types d'information sont véhiculés par la couche physique en LTE :

- des informations associées aux canaux de transport, destinées aux couches supérieures ;
- des informations de contrôle nécessaires au bon fonctionnement des couches physique et MAC.

Parmi les informations de contrôle, on distingue notamment :

- des informations sur l'état du canal de l'UE, appelées CQI (pour *Channel Quality Indicator*), PMI (pour *Precoding Matrix Indicator*) et RI (pour *Rank Indicator*) ;
- des acquittements d'HARQ (ACK/NACK, ou HI pour *HARQ Indicator*) ;
- des informations de contrôle en voie descendante appelées DCI (pour *Downlink Control Information*) indiquant en particulier l'allocation de ressources.

Toutes les opérations décrites sur la figure précédente sont effectuées pour le codage des canaux de transport DL-SCH et UL-SCH. Pour les autres canaux de transport et la transmission des informations de contrôle, les opérations de segmentation et de concaténation ne sont jamais effectuées car les blocs d'entrée sont trop petits pour le nécessiter. De même, un CRC n'est attaché aux blocs portant des informations de contrôle que lorsque le nombre de bits d'information est suffisamment grand (à partir de 12 bits, ce qui n'est le cas que pour les CQI/PMI). Le détail du codage de canal pour chaque canal physique sera détaillé aux chapitres 8 et 9.

Dans ce qui suit, nous décrivons plus en détail les fonctions de détection d'erreurs, de codage correcteur d'erreurs et d'adaptation de débit.

## Détection d'erreurs (CRC)

Lorsqu'un bloc de transport arrive à l'entité de codage de canal, la première opération est de lui attacher un bloc de 24 bits de CRC. Cette information additionnelle permet de détecter la présence d'erreurs dans le bloc de transport décodé en réception, avec une probabilité de non-détection d'erreurs d'au plus $6\times10^{-8}$. La valeur des bits de CRC est calculée à partir des bits du bloc de transport avant l'émission, puis le CRC est ajouté à la fin du bloc. En réception, une fois le bloc de transport et le CRC décodés par le code correcteur d'erreurs, la valeur du CRC est calculée afin de vérifier l'intégrité du bloc reçu. Si le bloc est détecté sans erreur, il est transmis à la couche MAC. Dans le cas contraire, le bloc est rejeté et une retransmission HARQ est demandée.

Dans le cas où le bloc de transport est segmenté en blocs de codage de tailles plus petites, comme expliqué à la section suivante, un CRC supplémentaire de 24 bits est attaché à chaque bloc de codage résultant de la segmentation (la manière de calculer ce CRC est différente de celle utilisée pour le CRC du bloc de transport). Ainsi, en réception l'intégrité de chaque bloc de codage est vérifiée, puis l'intégrité du bloc de transport résultant de la concaténation des blocs de codage l'est également. Si l'un des blocs de codage est reçu de manière erronée, les blocs de codage suivants peuvent ne pas être décodés puisque le bloc de transport sera faux dans tous les cas. Le récepteur économise ainsi de l'énergie.

Le LTE gère également des CRC de tailles 16 ou 8 bits en fonction du type d'information, qui permettent de vérifier l'intégrité d'un bloc reçu avec une probabilité d'erreur d'au plus $1,5 \times 10^{-5}$ et

$3,9 \times 10^{-3}$, respectivement. Ainsi, un CRC de 16 bits est attaché aux bits d'information du BCH et du PDCCH. Un CRC de 8 bits est également attaché aux informations de contrôle relatives à l'état du canal (CQI/PMI) avant codage correcteur d'erreurs, lorsque la taille du bloc à encoder est supérieure ou égale à 12 bits. Les blocs de bits d'information relatifs aux autres types d'information de contrôle sont trop petits pour leur associer un CRC et ne peuvent donc pas bénéficier de la détection d'erreurs.

## Segmentation et concaténation

Les opérations de segmentation et concaténation manipulent les blocs de transport de façon à leur donner une taille appropriée pour le codage. En effet, la taille des blocs d'entrée des codeurs correcteurs d'erreurs est limitée à un maximum de 6 144 bits. Lorsqu'un bloc de transport a une taille supérieure à cette valeur, il est nécessaire de le segmenter en blocs de codage de tailles réduites. L'algorithme de segmentation est décrit dans [3GPP 36.212, 2009, section 5.1.2]. À chaque segment est alors attaché un CRC supplémentaire de 24 bits.

Une fois que les blocs sont encodés et que l'adaptation de débit est effectuée, les blocs résultants sont concaténés séquentiellement pour donner un *mot de code* transmis sur les canaux physiques.

## Codage correcteur d'erreurs

Après une segmentation éventuelle, chaque bloc de codage est fourni en entrée du codeur correcteur d'erreurs, qui délivre un bloc codé.

Deux types de code correcteurs d'erreurs sont utilisés pour les canaux de transport en LTE :
- le *turbo-code* ;
- le *code convolutif.*

Un *code à répétition* peut également leur être associé, pour les rendements de codage inférieurs à 1/3, via l'adaptation de débit. Le turbo-code s'approche très près des limites théoriques de la capacité d'un canal de transmission pour des blocs de données de grande taille, tandis que le code convolutif est plus efficace pour des blocs de petite taille (de l'ordre de 100 bits ou moins). Ainsi, le turbo-code est utilisé pour les canaux de transport DL-SCH et UL-SCH car les blocs de codage associés peuvent être très grands (jusqu'à 6 144 bits). On notera que les blocs de transport transmis sur ces canaux peuvent également être de petite taille ; néanmoins, le turbo-code reste utilisé afin de simplifier l'implémentation. Le turbo-code est aussi utilisé pour le PCH. En revanche, les blocs de transport transmis sur le BCH sont constamment de petite taille (24 bits) et sont donc codés convolutivement.

Pour les informations de contrôle, dont les blocs sont généralement de petite taille, on utilise principalement le code convolutif ou des codes spécifiques dits *en blocs*. Ces codes sont nommés ainsi car ils délivrent un bloc de bits de sortie en fonction d'un bloc de bits d'entrée. Ce type de code est adapté aux blocs de très petite taille, qui sont utilisés en LTE notamment pour véhiculer des informations sur l'état du canal (CQI/PMI). Un code à répétition est également utilisé pour l'indicateur d'HARQ (HI) transmis sur le PHICH, qui porte les ACK/NACK en voie descendante.

Les tableaux suivants résument les types de code utilisés et les rendements associés pour :

- les canaux de transport ;
- les informations de contrôle.

**Schéma de codage et rendement du code pour les canaux de transport**

| Canaux de transport | Code | Rendement |
|---|---|---|
| UL-SCH | Turbo-code | 1/3 |
| DL-SCH | | |
| PCH | | |
| BCH | Code convolutif | 1/3 |

**Schéma de codage et rendement du code pour les informations de contrôle**

| Informations de contrôle | Code | Rendement |
|---|---|---|
| DCI (information de contrôle en voie descendante) | Code convolutif | 1/3 |
| CFI (indicateur de format de contrôle) | Code en blocs | 1/16 |
| HI (indicateur d'HARQ) | Code à répétition | 1/3 |
| UCI (information de contrôle en voie montante) | Code en blocs | Variable |
| | Code convolutif | 1/3 |

Dans ce qui suit, nous décrivons plus précisément chaque type de code. Si le codage est normalisé, l'algorithme de décodage, lui, est laissé à l'implémentation. Le lecteur intéressé pourra se reporter à la référence [Berrou, 2007] pour une description d'algorithmes de décodage usuels pour les turbo-codes, codes convolutifs et codes en bloc.

## Code convolutif

Les codes convolutifs sont appelés ainsi car la valeur d'un bit de sortie à l'instant $t$ est calculée comme une combinaison linéaire des valeurs de $L$ bits d'entrée : le bit d'entrée à l'instant courant $t$ ainsi que les $L-1$ bits précédents. La sortie du codeur peut donc être vue comme la convolution discrète de la suite des bits d'entrée par un ensemble de $L$ coefficients dépendant du code. La grandeur $L$ est appelée *longueur de contrainte* du code. On représente souvent un codeur convolutif par un *registre à décalage* formé de $L-1$ cases mémoire, comme sur la figure suivante, où chaque case notée $D$ représente une cellule de stockage d'un bit. Un nouveau bit en entrée décale chaque bit stocké dans le registre vers la case suivante. Des fils en sortie des cases mémoire reliés à des additionneurs modulo 2 définissent la valeur de chaque sortie du codeur, et donc le code lui-même.

L'état du codeur à un instant donné est défini par le contenu de ses registres et peut prendre $2^{L-1}$ valeurs. On notera que pour un état donné, les transitions possibles vers un autre état sont limitées à 2, puisqu'un nouveau bit d'entrée ne peut prendre que les valeurs « 0 » ou « 1 ». Chaque transition entre état est caractérisée par l'émission d'une séquence de bits codés (les sorties du codeur), de telle sorte que toutes les séquences binaires ne sont pas possibles en sortie du codeur, et qu'à chaque séquence valide de bits codés ne correspond qu'une succession unique de transitions entre états. Ces contraintes sont à rapprocher des contraintes introduites par le langage évoquées plus haut, qui elles aussi en interdisant certains enchaînements de syllabes ou de mots, permettent le décodage d'un message reçu en environnement bruité.

Les codes convolutifs se décodent ainsi typiquement au moyen d'un diagramme appelé *treillis*, qui représente l'évolution des états du codeur en fonction des bits d'entrée. Connaissant au moins l'état initial du codeur, les transitions autorisées et les bits codés produits par le codeur pour chacune d'entre elles, l'observation des bits codés reçus de manière bruitée permet de décider d'un *chemin* dans le treillis associé aux transitions les plus probables, et donc à la séquence la plus probable de bits d'entrée. L'efficacité du décodage peut encore être améliorée lorsque l'état final du codeur est également connu, qui est atteint lorsque le dernier bit du bloc de codage pénètre dans le registre. Une technique pour assurer cette connaissance consiste à initialiser le registre à décalage avec les *L-1* derniers bits du bloc d'entrée, de sorte que les états initial et final du registre soient identiques. Cette technique, appelée *tail biting*, offre notamment une protection plus uniforme des bits d'information. Plus d'information sur le décodage des codes convolutifs peut être trouvée dans l'ouvrage [Berrou, 2007].

La structure du code convolutif normalisé pour le système LTE est décrite à la figure suivante. Ce code est de longueur de contrainte 7 (64 états) et possède 3 sorties, conduisant à un rendement 1/3. Le registre à décalage est initialisé avec les 6 derniers bits du bloc d'entrée suivant la technique du tail biting.

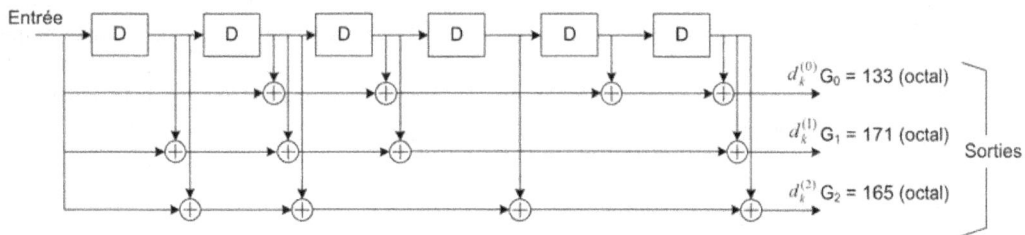

Figure 4-3
*Structure du codeur convolutif*

## Turbo-code

Le turbo-code et le procédé de décodage associé, dit *turbo-décodage*, sont considérés comme une des ruptures technologiques des années 1990 dans le domaine des communications numériques, au même titre que le MIMO. Le turbo-code a depuis été mis en œuvre dans une grande variété d'applications de communications, notamment dans l'UMTS.

Le turbo-codeur met en jeu deux codeurs constituants élémentaires et un *entrelaceur interne*. Ce dernier a pour fonction d'assurer que chaque codeur traite des séquences de bits ordonnés différemment, en mélangeant les bits du bloc d'entrée avant traitement par le deuxième codeur. Cette caractéristique est un élément clé du principe des turbo-codes, comme nous allons le voir dans la suite. Le bloc d'entrée encodé par le premier codeur constituant fournit ainsi une des sorties du turbo-codeur, tandis que le deuxième codeur constituant encode une version entrelacée du même bloc d'entrée afin de fournir une autre sortie du turbo-codeur. Une troisième sortie est formée des bits d'entrée non codés, appelés *bits systématiques* (rappelons que les bits codés, eux, sont appelés *bits de parité*). On dit que cette structure de turbo-code réalise une *concaténation en parallèle* des codeurs constituants. Elle est décrite à la figure suivante.

En réception, le turbo décodeur comprend deux décodeurs, un pour chaque codeur constituant, et un désentrelaceur qui effectue l'opération inverse de l'entrelaceur. L'originalité des turbo-codes est que le décodage s'effectue de manière itérative. En effet, puisque chaque décodeur produit sa propre estimation du même bloc d'entrée, il peut bénéficier du travail effectué par l'autre. Les deux décodeurs s'échangent ainsi à chaque itération une valeur estimée de chaque bit du bloc d'entrée raffinée par leur décodage, ainsi qu'une indication sur la fiabilité de cette estimation. Cette valeur estimée est ensuite utilisée à l'itération suivante afin d'améliorer progressivement la fiabilité de l'estimation du bloc d'entrée. Cette réaction entre l'entrée et la sortie du décodeur a inspiré le nom de *turbo-code*, par analogie avec les turbocompresseurs utilisés dans les moteurs. Nous ne rentrerons pas plus avant dans le décodage des turbo-codes, qui est laissé à l'implémentation. Cependant, le lecteur pourra se référer à l'ouvrage [Berrou, 2007] pour une description détaillée du principe des turbo-codes et de leur décodage.

La structure du turbo-code retenu pour le LTE est décrite à la figure suivante, selon les mêmes conventions que pour la figure représentant la structure du code convolutif. Le turbo-code met en œuvre deux codeurs constituants convolutifs et un entrelaceur interne, agencés selon un schéma de type codes convolutifs concaténés en parallèle. Chaque codeur constituant possède une longueur de contrainte de 4 et peut ainsi prendre 8 états. Le nombre d'états réduit par rapport au code convolutif présenté à la section précédente maintient une complexité de décodage raisonnable compte tenu des multiples itérations nécessaires. Le turbo codeur possède 3 sorties, ce qui conduit à un rendement de 1/3.

On utilise une *terminaison du treillis* (appelée ainsi en référence à la représentation en treillis de l'évolution des états d'un codeur convolutif en fonction des bits d'entrée), qui permet d'assurer que l'état final des registres soit connu et à zéro. Contrairement au tail biting déjà rencontré, la terminaison du treillis demande de transmettre 3 bits d'information additionnels pour chaque codeur constituant, qui sont obtenus en réglant en position basse le commutateur associé représenté sur la figure suivante. Ces 6 bits de terminaison de treillis entraînent ainsi une réduction de l'efficacité spectrale, cependant généralement très faible, voire négligeable au regard de la taille des blocs d'entrée du codeur.

Le turbo-code défini pour le système LTE est identique à celui retenu pour le système UMTS, à l'entrelaceur interne près. Ce choix permet de réutiliser une partie des implémentations développées pour le système UMTS, tout en mettant à niveau le turbo-code afin de supporter les hauts débits requis par le LTE. L'entrelaceur choisi pour le LTE est dit *à polynôme de permutation quadratique* (QPP, pour *Quadratic Permutation Polynomial*) : l'indice de sortie $\Pi(i)$ du bit d'entrée $i$ est donné par la forme quadratique $\Pi(i) = \left(f_1 \cdot i + f_2 \cdot i^2\right) \bmod K$ , où $f_1$ et $f_2$ sont des paramètres qui dépendent de la taille du bloc d'entrée $K$. Cet entrelaceur facilite l'implémentation du turbo-code pour les très hauts débits, tout en offrant des performances similaires ou meilleures à celles de l'entrelaceur utilisé en UMTS [Ericsson, 2006].

Figure 4-4
*Structure du turbo-code
(les lignes en pointillés
s'appliquent uniquement pour
la terminaison du treillis)*

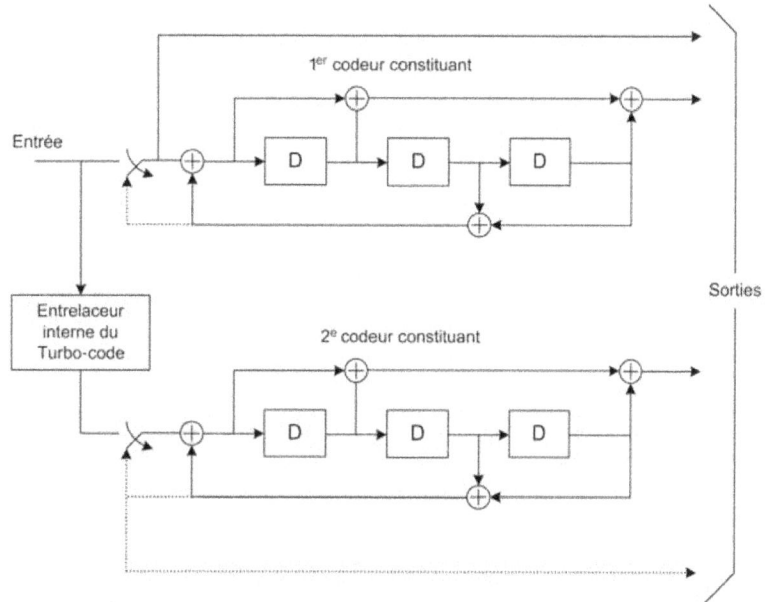

## Codes en bloc

Un code en bloc associe un mot de code (c'est-à-dire une suite de bits) d'entrée à un mot de code de sortie. En LTE, des codes en bloc sont utilisés pour les blocs très courts de bits à coder, uniquement pour des informations de contrôle. Pour cette raison, aucun CRC n'est attaché au bloc d'entrée du codeur lorsqu'un code en bloc est utilisé. Des codes spécifiques sont utilisés pour les différents types d'information de contrôle (ACK/NACK, CQI/PMI, RI) et en fonction du canal sur lequel ils sont transmis (PUSCH ou PUCCH).

Les bits d'ACK/NACK et de RI, lorsqu'ils sont transmis sur le PUSCH, sont codés de manière spécifique en raison de leur très faible nombre (de 1 à 2 bits pour chaque type d'information). Dans le cas où l'information à transmettre est codée sur un bit, celui-ci fixe le premier bit d'un symbole de la modulation employée pour le PUSCH, les autres bits portés par ce symbole étant déterminés de sorte que le symbole occupe l'un des points extrêmes de la constellation (voir la section « Modulation », p. 111), comme décrit à la figure suivante. Ce type de codage maximise la distance euclidienne entre les symboles de modulation, ce qui a pour effet de bien mieux les protéger contre des erreurs de détection. Le récepteur sachant que le symbole attendu est l'un des symboles extrêmes de la constellation, on voit en effet que la perturbation nécessaire pour engendrer une erreur de détection doit être bien plus puissante que si n'importe quel symbole pouvait être utilisé (ce qui est le cas pour les données). Dans le cas où l'information à transmettre est codée sur 2 bits, le même principe est utilisé mais trois symboles modulés sont utilisés au lieu d'un seul, chacun portant différentes combinaisons des deux bits d'information et de leur somme modulo 2 [3GPP 36.212, 2009, section 5.2.2.6]. Les symboles de modulation obtenus sont ensuite répétés jusqu'à satisfaire le rendement de codage désiré.

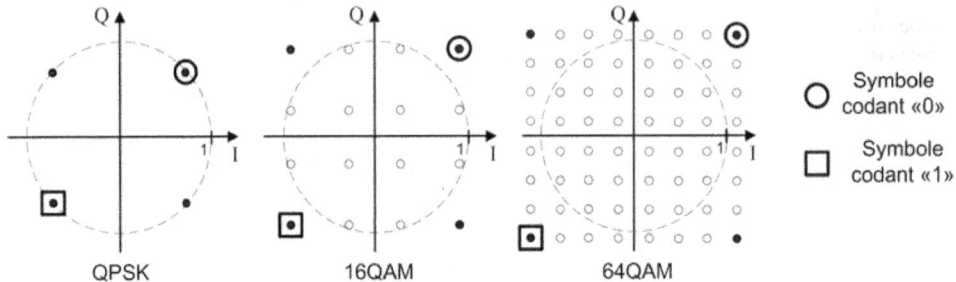

Figure 4-5
*Symboles extrêmes de la constellation de la modulation du PUSCH, utilisés pour le codage de 1 ou 2 bits d'HARQ ou de RI*

Un autre type de codage, dit *de Reed-Muller*, est utilisé pour coder l'information sur l'état du canal (CQI/PMI). Ce code est basé sur une somme modulo 2 de séquences binaires modulées par les bits d'entrée [3GPP 36.212, 2009, sections 5.2.2.6.4 et 5.2.3.3]. Le nombre de bits de sortie du codeur et le nombre de séquences sont respectivement de 32 et 11 lorsque la transmission s'effectue sur le PUSCH, de 20 et 13 pour une transmission sur le PUCCH. Les codes associés sont notés dans les spécifications $(32, O)$ et $(20, O)$, respectivement, où $O$ note le nombre de bits d'information.

Des mots de code fixes sont également utilisés pour l'indicateur de la taille du PDCCH (CFI).

## Adaptation de débit

L'adaptation de débit (*rate matching* en anglais) a pour but d'adapter le nombre de bits en sortie du codeur au nombre de bits à transmettre sur le canal, ce qui comme nous allons le voir revient à adapter le rendement du codeur effectivement utilisé pour la transmission. L'association d'un codage correcteur à rendement fixe et d'une adaptation de débit permet d'obtenir des rendements de codage effectifs variés de manière extrêmement souple. Nous verrons à la section « Adaptation de lien » (p. 112) que cette souplesse est nécessaire afin d'adapter dynamiquement la robustesse du codage en fonction des variations de la qualité du canal.

### Entrelacement

L'adaptation de débit pour le turbo-code et le code convolutif commence par un entrelacement des bits issus des trois sorties du codeur.

L'entrelacement est une opération effectuée classiquement après tout codage correcteur d'erreur. Il a pour effet de distribuer sur l'ensemble du bloc codé des erreurs dues à une perturbation localisée du signal (par exemple un évanouissement en fréquence du canal), ce qui facilite la tâche du décodeur [Berrou, 2007]. On notera que cet entrelacement a une fonction différente de l'entrelaceur interne du turbo-code.

L'entrelacement en LTE s'effectue par sous-bloc, où un sous-bloc désigne l'ensemble des bits issus d'une même sortie du codeur, selon les étapes suivantes.

1. Les bits d'entrée de l'entrelaceur sont rangés dans une matrice remplie ligne par ligne.
2. Les colonnes (au nombre de 32) de la matrice sont permutées.
3. La matrice permutée est lue colonne par colonne pour donner un sous-bloc de bits codés entrelacés.

## Collection des bits et poinçonnage/répétition

L'adaptation de débit s'effectue par bloc codé, soit en répétant tout ou partie des bits codés pour obtenir des rendements effectifs inférieurs à 1/3, soit en ne transmettant qu'une partie des bits codés pour obtenir des rendements effectifs supérieurs. Les bits codés non transmis sont dits *poinçonnés*.

Les bits codés entrelacés des 3 sous-blocs sont rangés dans un registre comme illustré à la figure suivante pour le cas du turbo-code. Puis ce registre est lu de manière *circulaire* pour délivrer les bits de sortie, ce qui signifie qu'une fois atteinte la fin du registre, la lecture reprend à son début.

Le point de départ de la lecture dans le registre est variable pour les besoins des retransmissions HARQ. Nous verrons en effet au chapitre 11 qu'il est avantageux lors des retransmissions de transmettre des bits de parité ne faisant pas partie de la transmission initiale. Plusieurs points de départ de lecture dans le registre sont ainsi prédéfinis (matérialisés sur la figure par les points notés « RV »), chacun d'entre eux marquant le début d'une *version de redondance*, c'est-à-dire d'une certaine version codée des bits d'information. La version de redondance à utiliser pour une transmission est signalée à l'UE par l'eNodeB, ou déterminée par l'UE selon une procédure normalisée.

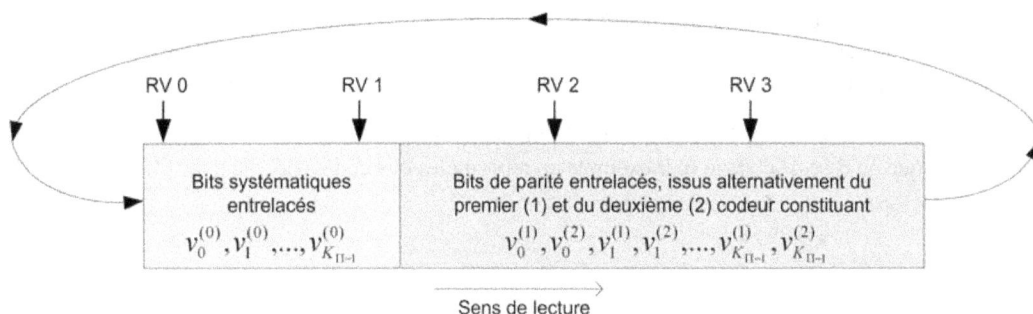

Figure 4-6
*Registre circulaire utilisé pour l'adaptation de débit d'un bloc codé par turbo-code*

Nous avons vu que lorsque le rendement de codage recherché est inférieur à 1/3, au moins une partie des bits codés est répétée : cette opération est réalisée en lisant le registre dans son intégralité une première fois, puis en reprenant la lecture à partir du point de départ jusqu'à ce que le nombre de bits codés à transmettre soit atteint. Au contraire, si le rendement recherché est supérieur à 1/3, seule une partie des bits codés est transmise. Cette opération est réalisée en ne lisant qu'une partie du registre pour former le bloc de sortie. Deux exemples sur la figure suivante illustrent comment les opérations de répétition et de poinçonnage sont réalisées à partir du registre circulaire, où $R$ dénote le rendement de codage recherché.

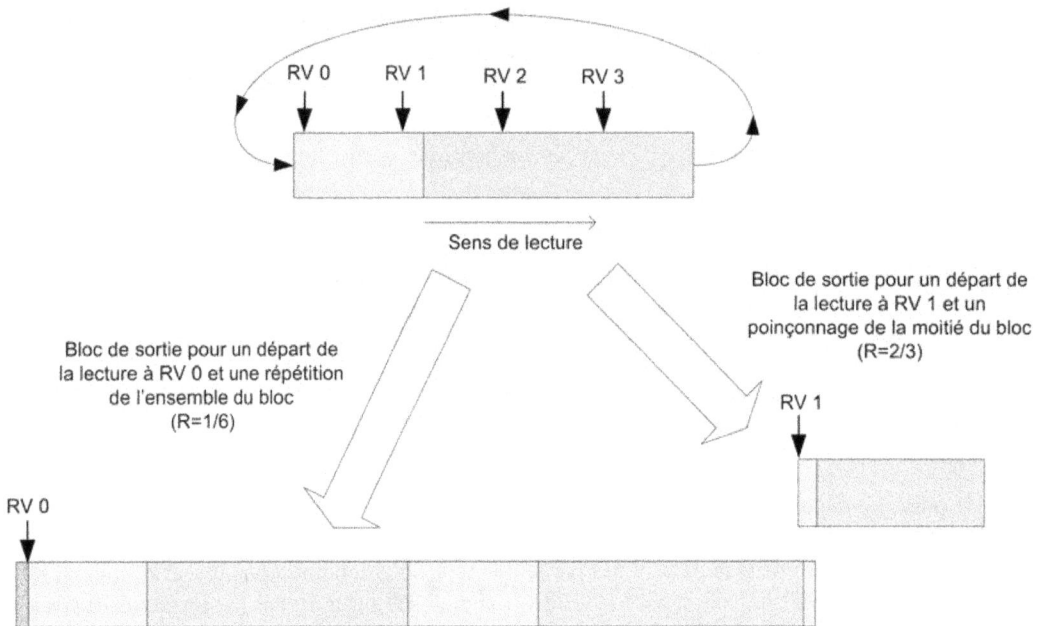

Figure 4-7
*Exemples d'adaptation de lien à l'aide du registre circulaire*

Un registre circulaire similaire est utilisé pour le code convolutif, excepté que les bits de parité associés à une même sortie du codeur sont rangés consécutivement, dans l'ordre des sorties, et que la lecture commence toujours au début du buffer (pas de version de redondance).

Pour les codes en bloc, l'adaptation de débit, lorsqu'elle est nécessaire, est effectuée d'une manière spécifique au type de codage (par exemple en répétant les bits codés) décrite dans [3GPP 36.212, 2009].

# Embrouillage et modulation

## Embrouillage

L'*embrouillage* (*scrambling* en anglais) d'une séquence binaire consiste à additionner modulo 2 chaque bit de cette séquence avec l'élément correspondant d'une séquence pseudo-aléatoire, dite d'embrouillage.

Les bits du mot de code obtenu en sortie de l'étape de codage de canal sont *embrouillés* par une séquence pseudo-aléatoire propre à l'émetteur. Cette opération permet de :

• séparer au récepteur des mots de code de sources différentes, en particulier de cellules différentes, d'UE d'une même cellule, ou encore d'un même UE dans le cas du MIMO ; en effet, si on ne le faisait pas, le décodeur pourrait dans un cas extrême (en réalité peu probable en pratique) décoder les données d'un signal interférent au lieu des données souhaitées ;

- assurer un caractère aléatoire au signal émis quelle que soit la séquence de bits d'information (par exemple dans le cas extrême où une séquence de bits d'information à zéro serait continuellement émise), ce qui d'une part facilite certaines opérations de traitement du signal qui sont typiquement basées sur cette hypothèse, et d'autre part évite la persistance de motifs d'interférence particulièrement dommageables s'ils venaient à apparaître.

La séquence pseudo-aléatoire employée est une séquence de Gold de longueur 31, dont la génération est décrite dans [3GPP 36.211, 2009, section 7.2]. La séquence d'embrouillage est toujours initialisée en fonction de l'identité de la cellule. Pour les canaux spécifiques à l'UE (PDSCH, PUSCH, PUCCH) l'initialisation s'effectue de plus en fonction de l'identifiant RNTI (pour *Radio Network Temporary Identifier*, voir le chapitre 12) de l'UE. Dans le cas d'une transmission MIMO où deux mots de code sont transmis (PDSCH uniquement), l'initialisation diffère suivant le numéro du mot de code afin d'assurer leur séparation au récepteur. La séquence d'embrouillage est réinitialisée à chaque sous-trame en fonction du numéro de la sous-trame dans la trame radio, sauf dans le cas du PBCH où la réinitialisation s'effectue toutes les quatre trames radio.

## Modulation

Les bits codés et embrouillés sont convertis en symboles de modulation. L'opération de modulation imprime l'information sur le signal physique (ici, une onde électromagnétique), en faisant varier l'une de ses caractéristiques physiques, typiquement sa phase et son amplitude. On représente généralement les différents états possibles d'une modulation par une *constellation* dans le plan des voies en phase (voie I) et en quadrature (voie Q) [Joindot, Glavieux, 2007]. En fonction de la modulation utilisée, un symbole de modulation peut être associé à un ou plusieurs bit(s).

Le LTE emploie les modulations BPSK (*Binary Phase-Shift Keying*), pour des informations de contrôle uniquement, QPSK (*Quadrature Phase-Shift Keying*), 16QAM (16 *Quadrature Amplitude Modulation*) et 64QAM (64 *Quadrature Amplitude Modulation*), dont chaque symbole porte respectivement 1, 2, 4 et 6 bits et dont les constellations sont décrites à la figure suivante. L'association entre chaque symbole et la suite de bits qu'il représente est donnée dans [3GPP 36.211, 2009, section 7.1].

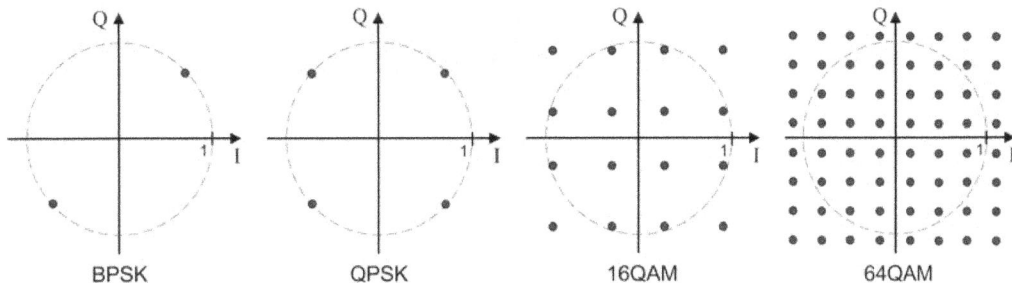

Figure 4-8
*Constellations des modulations possibles en LTE*

L'ordre de la modulation, c'est-à-dire le nombre de bits portés par un symbole, conditionne le niveau de protection de l'information. On voit en effet d'après la figure précédente qu'à puissance d'émission moyenne identique, la puissance de perturbation nécessaire pour déplacer un point de la constellation dans une région de décision voisine diminue lorsque l'ordre de la modulation augmente.

À ce titre, notons que la modulation 64QAM, déjà présente en HSDPA, peut être utilisée bien plus souvent en LTE (au moins en voie descendante) en raison de l'interférence intracellulaire plus faible dans un système OFDM que dans un système à répartition par codes comme l'UMTS.

Les symboles de modulation sont ensuite éventuellement précodés spatialement (dans le cas du MIMO) puis modulés par une modulation multiporteuse, comme nous le verrons aux chapitres 5 et 6 respectivement.

# Adaptation de lien

## Principe

Le niveau de protection apporté à l'information transmise est conjointement déterminé par une modulation et un rendement de codage, qui constituent un schéma de modulation et de codage appelé MCS (*Modulation and Coding Scheme*). Plus l'efficacité spectrale du mot de code correspondant est haute et plus la protection des bits d'information est faible, donc plus la qualité du canal doit être bonne pour assurer une réception correcte du bloc. Des exemples de courbes de taux d'erreurs par bloc ou BLER (*BLock Error Rate*) en fonction du SINR (*Signal to Interference and Noise Ratio*) pour différents MCS sont donnés à la figure 4-9, tandis que les MCS possibles en LTE sont donnés à la section « MCS en LTE pour la transmission de données », p. 115.

Figure 4-9
*Courbes de BLER en fonction du SINR pour différents MCS et exemple de sélection d'un MCS par l'adaptation de lien*

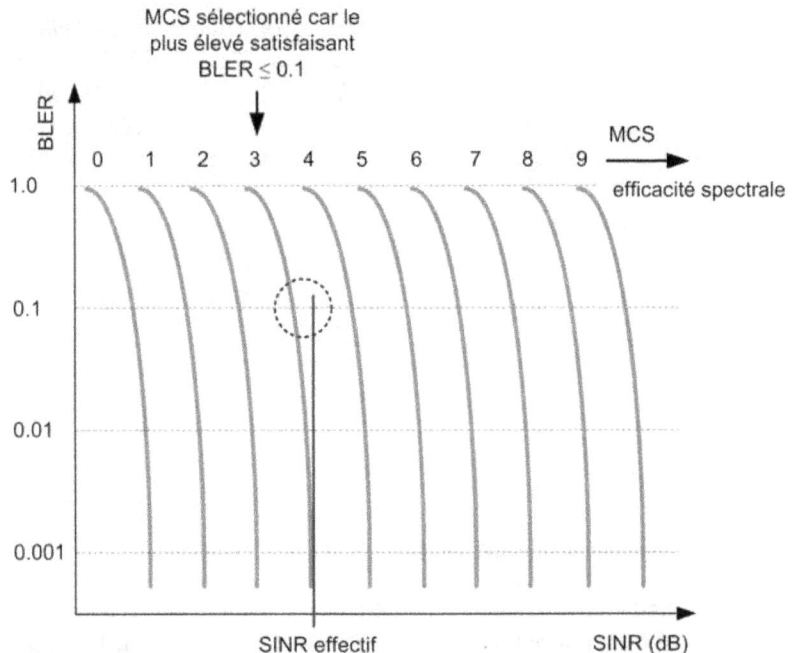

L'*adaptation de lien* consiste à adapter le débit instantané de la transmission à la qualité du canal, ce qui revient à décider du MCS à allouer à l'UE pour chaque transmission, en voie montante et en voie descendante. Cette opération est effectuée par le scheduler, qui est hébergé par la couche MAC, en se basant sur des mesures effectuées par la couche physique. L'adaptation de lien est ainsi une fonctionnalité reposant sur l'optimisation intercouches déjà évoquée au chapitre 3.

L'adaptation de lien s'effectue typiquement à chaque sous-trame où l'UE est servi dans le cas du scheduling dynamique. En revanche, elle reste fixe sur l'ensemble des sous-trames correspondant à une allocation semi-persistante.

## Sélection du MCS

L'algorithme de décision du MCS à allouer à l'UE n'est pas normalisé et est laissé à l'implémentation. L'adaptation de lien demande cependant au scheduler d'avoir accès à une information sur la qualité de canal de l'UE, c'est-à-dire représentative des performances attendues de l'UE dans les conditions de canal courantes. Ces dernières dépendent de la puissance utile reçue, du niveau d'interférence sur les PRB considérés et du récepteur de l'UE. L'information sur la qualité du canal peut être un rapport signal sur interférence et bruit (SINR), qui en voie montante est typiquement calculé par l'eNodeB à partir des signaux de référence SRS émis par l'UE. En revanche, l'eNodeB ne peut mesurer la qualité du canal expérimentée par l'UE en voie descendante. L'UE doit donc effectuer cette mesure et la retourner à l'eNodeB selon une procédure normalisée. L'indicateur de qualité correspondant est le CQI et est décrit à la section suivante « Le CQI ».

Lorsque l'allocation de ressources est adaptative en fréquence (voir le chapitre 10), plusieurs SINR (ou CQI) par sous-bande doivent être utilisés. Une méthode répandue pour obtenir un seul MCS à partir de ces entrées multiples est d'utiliser une fonction de compression des SINR afin d'en déduire un SINR effectif représentant la qualité du canal sur les PRB considérés. Plusieurs fonctions de compression sont disponibles, mais on citera par exemple la fonction MIESM (pour *Mutual Information Effective SINR Metric*) [Brueninghaus *et al.*, 2005]. Le SINR effectif peut alors être testé sur des courbes précédemment tabulées donnant le BLER en fonction du SINR pour les MCS disponibles, afin de déterminer le MCS le plus élevé satisfaisant le BLER visé. La figure précédente illustre le principe de la sélection du MCS en fonction de la valeur du SINR effectif, pour un BLER cible de 10 %.

L'eNodeB est libre de suivre ou pas la recommandation de l'UE matérialisée par le CQI. En particulier, il a la possibilité d'ajuster les CQI (ou les MCS calculés à partir de ces derniers) par tout moyen qu'il juge approprié. Cette approche est nécessaire lorsqu'il faut palier une estimation du CQI trop optimiste ou pessimiste de la part de l'UE, ou un manque d'information de sa part pour estimer correctement l'interférence (par exemple l'interférence créée par un autre UE servi sur les mêmes ressources dans le cas du MU-MIMO). Une stratégie commune est d'utiliser le taux de retransmissions d'HARQ afin d'ajuster le MCS au fil du temps : si l'UE décode convenablement ses blocs de transport constamment dès la première transmission, un MCS moins robuste peut être employé ; au contraire, si l'UE demande trop de retransmissions, le MCS alloué est trop optimiste et un MCS plus robuste doit être adopté. Le taux de retransmissions cible (c'est-à-dire le BLER cible) est décidé par l'eNodeB, mais on considère généralement qu'un « bon » taux est de

10 %. Cette stratégie d'adaptation du MCS est appelée *adaptation de lien en boucle ouverte*, ou OLLA (pour *Open Loop Link Adaptation*).

On verra notamment dans les sections suivantes que la granularité des MCS disponibles à l'eNodeB pour servir un UE est meilleure que celle des MCS utilisés par l'UE pour calculer le CQI, ce qui permet à l'eNodeB d'adapter finement le débit offert.

## Le CQI

Le CQI représente la qualité du canal expérimentée par un UE en voie descendante. La manière exacte de le calculer n'est pas normalisée. En revanche, il est spécifié que le CQI doit représenter le MCS le plus élevé garantissant un BLER inférieur ou égal à 10 % dans une sous-trame de référence, en utilisant le mode de transmission MIMO dans lequel l'UE est configuré (voir le chapitre 5) et en supposant une taille de région de contrôle de 3 symboles OFDM [3GPP 36.213, 2009, section 7.2.3]. Notons que le CQI est toujours calculé en supposant que le ou les indicateur(s) sur la matrice de précodage (PMI) retournés sont utilisés à l'eNodeB pour précoder le signal transmis. Lorsqu'il détermine le CQI, l'UE doit considérer les MCS dont les caractéristiques sont décrites dans le tableau suivant.

Le CQI est typiquement déterminé par l'UE à partir d'une estimation du SINR. Celle-ci est réalisée à l'aide des signaux de référence émis par l'eNodeB et connus du récepteur et est typiquement effectuée en sortie de l'égaliseur afin de refléter sa performance.

La manière de retourner le CQI à l'eNodeB sera détaillée au chapitre 12.

**MCS utilisés pour déterminer le CQI**

| CQI | Modulation | Rendement du code (approché) | Efficacité spectrale (approchée) (bit/symbole) |
|-----|------------|------------------------------|------------------------------------------------|
| 0 | Hors de portée | | |
| 1 | QPSK | 0.076 | 0.15 |
| 2 | QPSK | 0.12 | 0.23 |
| 3 | QPSK | 0.19 | 0.38 |
| 4 | QPSK | 0.30 | 0.60 |
| 5 | QPSK | 0.44 | 0.88 |
| 6 | QPSK | 0.59 | 1.18 |
| 7 | 16QAM | 0.37 | 1.48 |
| 8 | 16QAM | 0.48 | 1.91 |
| 9 | 16QAM | 0.60 | 2.41 |
| 10 | 64QAM | 0.46 | 2.73 |
| 11 | 64QAM | 0.55 | 3.32 |
| 12 | 64QAM | 0.65 | 3.90 |
| 13 | 64QAM | 0.75 | 4.52 |
| 14 | 64QAM | 0.85 | 5.12 |
| 15 | 64QAM | 0.93 | 5.55 |

## MCS en LTE pour la transmission de données

Le LTE définit 29 MCS différents pour la transmission de données, en voie montante comme en voie descendante. Les MCS ne sont pas spécifiés en termes de rendement de codage, mais par l'intermédiaire des tailles de bloc de transport, abrégées en TBS (*Transport Block Size*), pour un nombre de PRB donné.

En effet, connaissant la modulation employée, le nombre de bits codés effectivement transmis, ainsi que la taille du bloc de transport, l'UE peut effectuer la démodulation du signal, puis les opérations inverses de celles pratiquées par le codage de canal à l'émission. Parmi ces dernières, on distingue notamment l'opération inverse de l'adaptation de lien, puis le décodage du bloc reçu et enfin la vérification du CRC du bloc de transport.

Le MCS à utiliser pour l'émission en voie montante ou la réception en voie descendante est signalé à l'UE sous forme d'un indicateur dans le PDCCH. Cet indicateur détermine l'ordre de modulation ainsi qu'un indicateur $I_{TBS}$ de la taille du bloc de transport transmis. Ce dernier est indépendant du nombre de ressources en fréquences allouées à l'UE. Une table dans [3GPP 36.213, 2009, section 7.1.7] donne la taille effective du bloc de transport en fonction de $I_{TBS}$ et du nombre de PRB alloués (qui est également signalé dans le PDCCH). Le tableau suivant en montre un extrait.

**Extrait de la table donnant les TBS en fonction de l'indicateur $I_{TBS}$ et du nombre de PRB alloués**

| $I_{TBS}$ | $N_{PRB}$ | | | | | | |
|---|---|---|---|---|---|---|---|
| | 1 | 2 | 3 | ... | 108 | 109 | 110 |
| 0 | 16 | 32 | 56 | ... | 2 984 | 2 984 | 3 112 |
| 1 | 24 | 56 | 88 | ... | 4 008 | 4 008 | 4 008 |
| 2 | 32 | 72 | 144 | ... | 4 776 | 4 968 | 4 968 |
| ... | ... | ... | ... | ... | ... | ... | ... |
| 24 | 584 | 1 192 | 1 800 | ... | 66 592 | 66 592 | 66 592 |
| 25 | 616 | 1 256 | 1 864 | ... | 68 808 | 68 808 | 71 112 |
| 26 | 712 | 1 480 | 2 216 | ... | 75 376 | 75 376 | 75 376 |

Lorsqu'un bloc de transport est porté par deux couches spatiales dans le cas du MIMO 4 × 4 en voie descendante (voir le chapitre 5), la TBS se déduit de la valeur donnée dans la table précédente à l'aide d'une table de correspondance (pour donner une TBS approximativement doublée).

Bien que cet aspect ne soit pas explicite dans les spécifications, les tailles de bloc de transport spécifiées ont bien été calculées à partir de MCS exprimés en termes d'ordre de modulation et de rendement de codage. Les caractéristiques de ces MCS sont données au tableau suivant pour la voie descendante et la voie montante. En particulier, les critères de conception suivants ont été appliqués pour les MCS de la voie descendante [Motorola, 2008].

- Les rendements de codage les plus faibles et les plus élevés sont respectivement 0.12 et 0.92.
- Les MCS possibles incluent ceux utilisés pour calculer le CQI (voir la section « Le CQI », p. 114), mis à part le premier d'entre eux, jugé trop faible (mais utile pour le CQI afin d'indiquer que l'UE est en mesure de recevoir le PDCCH).

- Deux MCS de même efficacité spectrale (mais de rendement différent) couvrent chaque région de transition entre modulations (QPSK-16QAM et 16QAM-64QAM) afin de gérer efficacement une variété de canaux de transmission ; en effet, pour les canaux plats en fréquence, il est préférable d'utiliser une QPSK avec un rendement élevé plutôt qu'une 16QAM avec un rendement faible pour une même efficacité spectrale, tandis que cette tendance est inversée dans le cas de canaux sélectifs en fréquence [Samsung, 2007].

- Les autres MCS ont été choisis de manière à fournir une efficacité spectrale à mi-chemin entre celles des MCS déjà définis.

- Certaines TBS ont été imposées car elles sont typiques de certaines unités de transmission MAC, par exemple des paquets VoIP pour différents débits de codec (TBS=328 bits pour un codage de parole NB-AMR 12,2 kbps ou WB-AMR 12,65 kbps), ou un acquittement TCP.

Les MCS pour la voie montante ont été établis de façon à réutiliser la table des TBS issue de la conception des MCS pour la voie descendante, tout en prenant en compte les spécificités de la voie montante. Parmi ces dernières, on compte :

- un nombre de ressources disponibles pour la transmission de données dans chaque PRB différent ;

- le fait que tous les UE ne gèrent pas la 64QAM en voie montante ;

- une meilleure performance du SC-FDMA pour des modulations d'ordre peu élevé combinées à des rendements de codage plus élevés plutôt que l'inverse [Ericsson et al., 2008].

L'association entre l'indicateur du MCS, l'ordre de modulation et l'indicateur $I_{TBS}$ est ainsi différente entre les voies montante et descendante.

Les UE qui ne supportent pas l'usage de la 64QAM en voie montante utilisent la 16QAM à la place, le paramètre $I_{TBS}$ et l'efficacité spectrale restant identiques (ce qui se traduit par une augmentation du rendement de codage).

Le lecteur intéressé par tous les détails de la construction des tables de TBS ainsi que des MCS associés pourra se référer aux contributions suivantes au 3GPP : [Ericsson, 2008], [Motorola, 2008], [Ericsson et al., 2008], [Motorola et al., 2008], [3GPP RAN1, 2008].

**Caractéristiques des MCS pour la transmission de données**

| MCS | | Voie descendante | | | | Voie montante | | |
|---|---|---|---|---|---|---|---|---|
| | $I_{TBS}$ | Modulation | Rendement du code cible (approché) | Efficacité spectrale cible (approchée) (bit/symbole) | $I_{TBS}$ | Modulation | Rendement du code cible (approché) | Efficacité spectrale cible (approchée) (bit/symbole) |
| 0 | 0 | QPSK | 0.12 | 0.23 | 0 | QPSK | 0.10 | 0.20 |
| 1 | 1 | QPSK | 0.15 | 0.31 | 1 | QPSK | 0.13 | 0.25 |
| 2 | 2 | QPSK | 0.19 | 0.38 | 2 | QPSK | 0.16 | 0.31 |
| 3 | 3 | QPSK | 0.25 | 0.49 | 3 | QPSK | 0.20 | 0.41 |
| 4 | 4 | QPSK | 0.30 | 0.60 | 4 | QPSK | 0.25 | 0.50 |
| 5 | 5 | QPSK | 0.37 | 0.74 | 5 | QPSK | 0.31 | 0.62 |
| 6 | 6 | QPSK | 0.44 | 0.88 | 6 | QPSK | 0.37 | 0.73 |
| 7 | 7 | QPSK | 0.51 | 1.03 | 7 | QPSK | 0.43 | 0.86 |
| 8 | 8 | QPSK | 0.59 | 1.18 | 8 | QPSK | 0.49 | 0.98 |
| 9 | 9 | QPSK | 0.66 | 1.33 | 9 | QPSK | 0.55 | 1.11 |
| 10 | 9 | 16QAM | 0.33 | 1.33 | 10 | QPSK | 0.62 | 1.23 |
| 11 | 10 | 16QAM | 0.37 | 1.48 | 10 | 16QAM | 0.31 | 1.23 |
| 12 | 11 | 16QAM | 0.42 | 1.69 | 11 | 16QAM | 0.35 | 1.41 |
| 13 | 12 | 16QAM | 0.48 | 1.91 | 12 | 16QAM | 0.40 | 1.60 |
| 14 | 13 | 16QAM | 0.54 | 2.16 | 13 | 16QAM | 0.45 | 1.80 |
| 15 | 14 | 16QAM | 0.60 | 2.41 | 14 | 16QAM | 0.50 | 2.01 |
| 16 | 15 | 16QAM | 0.64 | 2.57 | 15 | 16QAM | 0.54 | 2.14 |
| 17 | 15 | 64QAM | 0.43 | 2.57 | 16 | 16QAM | 0.57 | 2.28 |
| 18 | 16 | 64QAM | 0.46 | 2.73 | 17 | 16QAM | 0.63 | 2.52 |
| 19 | 17 | 64QAM | 0.50 | 3.03 | 18 | 16QAM | 0.69 | 2.77 |
| 20 | 18 | 64QAM | 0.55 | 3.32 | 19 | 16QAM | 0.75 | 3.01 |
| 21 | 19 | 64QAM | 0.60 | 3.61 | 19 | 64QAM | 0.50 | 3.01 |
| 22 | 20 | 64QAM | 0.65 | 3.90 | 20 | 64QAM | 0.54 | 3.25 |
| 23 | 21 | 64QAM | 0.70 | 4.21 | 21 | 64QAM | 0.59 | 3.51 |
| 24 | 22 | 64QAM | 0.75 | 4.52 | 22 | 64QAM | 0.63 | 3.77 |
| 25 | 23 | 64QAM | 0.80 | 4.82 | 23 | 64QAM | 0.67 | 4.02 |
| 26 | 24 | 64QAM | 0.85 | 5.11 | 24 | 64QAM | 0.71 | 4.26 |
| 27 | 25 | 64QAM | 0.89 | 5.33 | 25 | 64QAM | 0.74 | 4.45 |
| 28 | 26 | 64QAM | 0.93 | 5.55 | 26 | 64QAM | 0.77 | 4.63 |

# Références

[3GPP 36.211, 2009]    Spécification technique 3GPP TS 36.211, *E-UTRA, Physical channels and modulation*, v8.9.0, décembre 2009.

[3GPP 36.212, 2009]    Spécification technique 3GPP TS 36.212, *E-UTRA, Multiplexing and channel coding*, v8.8.0, décembre 2009.

[3GPP 36.213, 2009]    Spécification technique 3GPP TS 36.213, *E-UTRA, Physical layer procedures*, v8.8.0, septembre 2009.

[3GPP RAN1, 2008]    3GPP TSG RAN WG1, *LS reply on considerations on transport block sizes for VoIP*, Liaison R1-083429, 3GPP TSG RAN WG1 #54, août 2008.

[Berrou, 2007]    C. Berrou (Ed.), *Codes et turbocodes*, Springer, 2007.

[Brueninghaus *et al.*, 2005]    K. Brueninghaus, D. Astély, T. Sälzer, S. Visuri, A. Alexiou, S. Karger and G.-A. Seraji, *Link Performance Models for System Level Simulations of Broadband Radio Access Systems*, IEEE International Symposium on Personal, Indoor and Mobile Radio Communications, septembre 2005.

[Ericsson, 2006]    Ericsson, *Quadratic Permutation Polynomial Interleavers for LTE Turbo Coding*, Contribution R1-063137, 3GPP TSG RAN WG1 #47, novembre 2006.

[Ericsson, 2008]    Ericsson (Discussion Moderator), *MCS Table Design - Outcome of offline discussions*, Contribution R1-081589, 3GPP TSG RAN WG1 #52bis, avril 2008.

[Ericsson *et al.*, 2008]    Ericsson, Panasonic, Motorola, *MCS and TBS Tables for PUSCH*, Contribution R1-082091, 3GPP TSG RAN WG1 #53, mai 2008.

[Joindot, Glavieux, 2007]    M. Joindot et A. Glavieux, *Introduction aux communications numériques*, Dunod, 2007.

[Motorola, 2008]    Motorola, *TBS and MCS Signaling and Tables*, Contribution R1-081638, 3GPP TSG RAN WG1 #52bis, avril 2008.

[Motorola *et al.*, 2008]    Motorola, LGE, Qualcomm, Ericsson, Panasonic, *Remaining details of MCS/TBS signaling*, Contribution R1-082211, 3GPP TSG RAN WG1 #53, mai 2008.

[Samsung, 2007]    Samsung, *Downlink Link Adaptation and Related Control Signaling*, Contribution R1-074777, 3GPP TSG RAN WG1 #51, novembre 2007.

# 5

# Le MIMO

**Sommaire :** *Qu'est-ce que le MIMO ? – Schémas MIMO normalisés en voie descendante – Schémas MIMO permis en voie montante – Modes de transmission*

Ce chapitre présente les différentes techniques multi-antennes permises dans les systèmes MIMO, puis décrit les schémas MIMO normalisés pour le système LTE.

Le LTE intègre nativement la gestion des techniques multi-antennes, aussi appelées techniques MIMO (pour *Multiple Input Multiple Output*, ou entrées multiples et sorties multiples). Ce chapitre commence par rappeler les principes des techniques multi-antennes. Puis la structure générale des traitements MIMO en LTE est exposée. Les schémas MIMO spécifiés ou pouvant être mis en œuvre de manière propriétaire en LTE sont ensuite décrits, pour la voie descendante et pour la voie montante. Enfin sont précisés les outils de configuration MIMO de l'UE, appelés *modes de transmission*.

## Le MIMO

Le MIMO est l'une des ruptures technologiques majeures des années 1990 dans le domaine du traitement du signal. Le MIMO s'appuie sur la présence de plusieurs antennes à l'émetteur et au récepteur pour permettre la transmission de plusieurs flux de données indépendants sur les mêmes ressources temps-fréquence. On parle de *multiplexage spatial*, la dimension spatiale étant créée par les antennes multiples. Nous verrons que la mise en œuvre de ce multiplexage spatial nécessite que le canal satisfasse des conditions particulières. Néanmoins, la présence des antennes multiples à l'émetteur et au récepteur permet de mettre en œuvre d'autres types de traitements spatiaux, pour certains bien antérieurs au MIMO (des systèmes à antennes multiples sont mentionnés dans des études sur le télégraphe datant des années 1930, voir par exemple [Beverage, Peterson, 1931]). De fait, on désigne souvent par abus de langage l'ensemble des techniques multi-antennes sous le nom de MIMO.

On distingue quatre grandes techniques permises par la présence d'antennes multiples à l'émetteur, illustrées à la figure suivante.

- La diversité de transmission consiste à émettre la même information depuis plusieurs antennes, éventuellement selon un codage de l'information, dit *espace-temps*, spécifique à chaque antenne. Les évanouissements rapides du canal étant indépendants entre les antennes d'émission, la diversité augmente la robustesse de la transmission.

- La formation de faisceaux ou beamforming concentre l'énergie du signal dans la direction du récepteur et augmente ainsi le débit de la transmission.

- Le multiplexage spatial mono-utilisateur (*Single-User MIMO* ou *SU-MIMO*) transmet plusieurs flux indépendants d'information sur les mêmes ressources temps-fréquence, en les séparant dans l'espace. Ces flux indépendants sont destinés au même récepteur, ce qui améliore son débit.

- Le multiplexage spatial multi-utilisateurs (*Multi-User MIMO* ou *MU-MIMO*) transmet les flux multiplexés spatialement à destination de récepteurs différents, ce qui améliore le débit global du système.

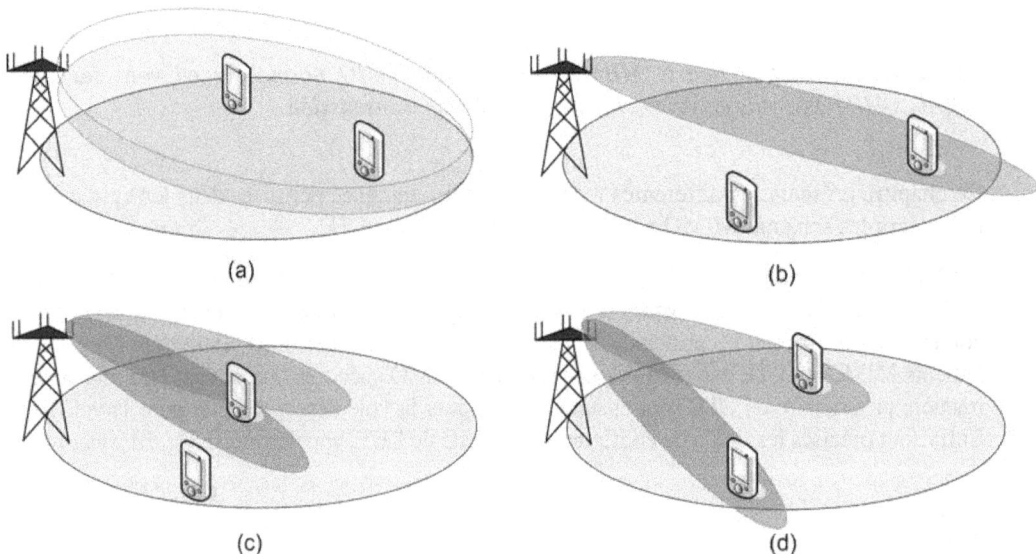

Figure 5-1

*Techniques MIMO - (a) diversité de transmission ; (b) beamforming ; (c) multiplexage spatial mono-utilisateur (SU-MIMO) ;*
*(d) multiplexage spatial multi-utilisateurs (MU-MIMO)*

En outre, la présence d'antennes multiples en réception permet également de mettre en œuvre des traitements spatiaux bénéfiques pour la performance du système. Ces techniques sont souvent appelées techniques de *diversité de réception*.

Les techniques multi-antennes seront décrites en détail dans les sections suivantes. Même si conceptuellement elles peuvent s'appliquer en voie descendante comme en voie montante, les techniques d'émission multi-antennes ne sont normalisées que pour la voie descendante en LTE Release 8. Aussi cette section décrit-elle leur concept en se plaçant souvent d'emblée dans le contexte de la voie descendante. Nous verrons à la section « Schémas spécifiés en voie montante » (p. 142), que certaines de ces techniques sont néanmoins applicables dans la voie montante du LTE. Les techniques de réception, en revanche, sont applicables à la fois à l'UE et à l'eNodeB, car il est obligatoire pour un UE LTE de disposer d'au moins deux antennes de réception.

## Diversité de transmission

Le canal de transmission MIMO et la diversité en communications numériques ont été présentés au chapitre 3 (« Rappels sur le canal radio », p. 60). Lorsque plusieurs antennes sont employées à l'émission et à la réception, il existe un canal de transmission entre chaque couple {antenne d'émission, antenne de réception}. Dans le cas particulier d'antennes parfaitement décorrélées (voir le chapitre 3, « Aspects spatiaux », p. 66), chaque canal est indépendant et l'ordre de diversité est donné par le produit du nombre d'antennes d'émission par le nombre d'antennes de réception.

La plus simple des techniques de diversité spatiale à l'émission, appelée *sélection d'antenne*, consiste à n'utiliser que l'antenne dont le signal est le mieux reçu par le récepteur. Cette technique demande à ce que l'émetteur ait connaissance de cette information. Dans le cas du FDD, la propriété de réciprocité du canal entre voie montante et voie descendante ne s'applique pas et l'émetteur ne peut acquérir cette information par ses propres moyens ; le récepteur doit donc la lui communiquer, on parle alors d'un fonctionnement *en boucle fermée*.

Une autre technique de diversité spatiale exploite la présence d'antennes multiples à l'émission par un codage faisant en sorte qu'un symbole de modulation soit transmis depuis plusieurs antennes, sans pour autant créer des propriétés non désirées dans le signal (comme un beamforming non intentionnel, voir la section suivante). Pour atteindre cet objectif, les codes utilisent généralement une dimension supplémentaire, le temps ou la fréquence : on parle alors de code *espace-temps* ou *espace-fréquence* respectivement. Nous donnerons des exemples de tels codes lors de la description des techniques de diversité spatiale à l'émission normalisées en LTE.

## Beamforming

Le beamforming, ou formation de faisceaux, consiste conceptuellement pour l'émetteur à concentrer l'énergie rayonnée par les antennes dans la direction du récepteur qu'il souhaite servir. Cette concentration s'obtient de manière électronique en appliquant des déphasages au signal émis sur chacune des antennes, de sorte que les signaux reçus se combinent de manière cohérente au niveau des antennes de réception (voir le chapitre 3, p. 64). Ces déphasages se représentent en bande de base par des pondérations complexes de module unité, généralement multipliées par un terme d'amplitude destiné à assurer que l'énergie totale transmise soit indépendante du nombre d'antennes.

La mise en œuvre du beamforming est schématisée sur la figure suivante : un jeu de pondérations crée un faisceau pointant dans une direction particulière, fonction des pondérations appliquées. Dans la liaison descendante, à chaque UE correspond donc un jeu de pondérations particulier (le vecteur noté **w** sur la figure), ces dernières variant dans le temps à mesure que l'UE se déplace dans le réseau. Notons qu'un faisceau présente dans la réalité des lobes secondaires pointant dans d'autres directions que le faisceau principal, non représentés sur la figure.

L'application de pondérations à chaque antenne en vue de donner des propriétés spatiales particulières au signal est appelée le *précodage spatial* du signal, ou tout simplement le *précodage*. Nous verrons qu'à l'exception des techniques de diversité de transmission, le MIMO repose sur cette opération de précodage.

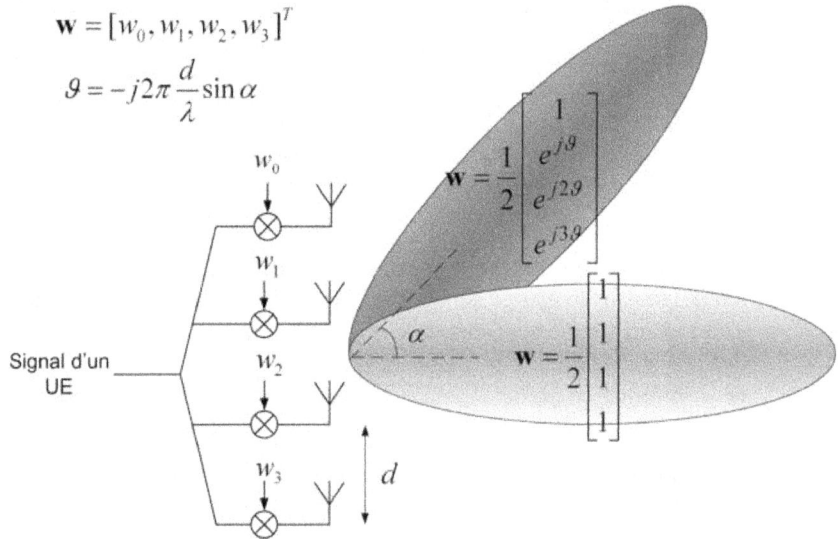

$$\mathbf{w} = \left[ w_0, w_1, w_2, w_3 \right]^T$$

$$\vartheta = -j2\pi \frac{d}{\lambda} \sin \alpha$$

$$\mathbf{w} = \frac{1}{2} \begin{bmatrix} 1 \\ e^{j\vartheta} \\ e^{j2\vartheta} \\ e^{j3\vartheta} \end{bmatrix}$$

$$\mathbf{w} = \frac{1}{2} \begin{bmatrix} 1 \\ 1 \\ 1 \\ 1 \end{bmatrix}$$

On notera que le terme de beamforming désigne traditionnellement la création de faisceaux bien localisés dans le domaine angulaire, ce qui nécessite des antennes de même polarisation faiblement espacées (typiquement d'une demi-longueur d'onde), donc corrélées, ainsi que certains types de pondérations. Un type de pondérations particulièrement adapté au beamforming est donné par ce qu'on appelle les *vecteurs DFT* (*Discrete Fourier Transform*). Leur expression est donnée à la figure précédente, où α est l'angle entre la direction du faisceau et l'axe de symétrie du réseau d'antennes, *d* est la distance entre les antennes et λ est la longueur d'onde de la porteuse.

Cependant, lorsque ces conditions ne sont pas remplies, le principe de viser une recombinaison cohérente des signaux au niveau des antennes de réception au moyen d'un précodage à l'émission s'applique toujours, mais les faisceaux n'ont plus une forme ni une direction aussi nettes.

L'étroitesse d'un faisceau augmente avec le nombre d'antennes, lorsque ces dernières sont de même polarisation et espacées d'une demi-longueur d'onde [Tse, Viswanath, 2005]. Pour un déploiement avec deux antennes d'émission à l'eNodeB, ce qui est typique en LTE pour des sites macro, les faisceaux pouvant être créés avec des antennes corrélées restent très larges.

La mise en œuvre optimale du beamforming, appelée *beamforming adaptatif*, demande que l'émetteur connaisse le canal instantané observé au récepteur. Dans les systèmes TDD, la propriété de réciprocité du canal permet de déduire le canal instantané vu au récepteur de l'UE du canal observé au récepteur de la station de base. Le mode TDD se prête donc bien à la mise en œuvre du beamforming adaptatif. Cependant, la réciprocité du canal ne s'applique que pour les propriétés moyennes de ce dernier (sa matrice de corrélation) en mode FDD, ce qui n'est pas suffisant pour mettre en œuvre le beamforming adaptatif. En FDD, il est donc nécessaire que l'UE retourne à l'émetteur une information sur l'état du canal qui comprenne une information sur le déphasage relatif instantané des antennes d'émission en plus du CQI. C'est ce qu'on appelle le retour d'information ou *feedback*. Pour le beamforming, cette information consiste en LTE en une recommandation sur les pondérations à utiliser sur chaque antenne. On restreint souvent, notamment au 3GPP, l'emploi du terme beamforming au beamforming adaptatif pour le TDD. En FDD, on parle plutôt de *précodage spatial monoflux*, ou, pour anticiper sur la terminologie du multiplexage spatial, *monocouche (single-layer precoding)*, puisque nous supposons pour le moment qu'un seul flux d'information est transmis à l'UE. Par souci de simplicité, nous emploierons indifféremment dans cet ouvrage les termes beamforming et précodage spatial monocouche.

Le beamforming possède deux propriétés bénéfiques pour le système :

- d'une part, la concentration de l'énergie dans la direction de l'UE augmente la puissance utile reçue ;
- d'autre part, lorsque les cellules voisines mettent également en œuvre le beamforming sur les ressources allouées à l'UE, l'interférence engendrée par une voisine donnée est également concentrée dans une certaine direction. À condition que les faisceaux des voisines ne pointent pas vers l'UE, la puissance d'interférence se trouve significativement réduite par rapport à une transmission omnidirectionnelle.

Ainsi, le beamforming augmente le SINR expérimenté par l'UE et par conséquent le débit qu'il peut recevoir.

Lorsque le choix des faisceaux n'est pas coordonné entre stations de base voisines, ce qui est le cas par défaut, un UE peut être « éclairé » par un faisceau d'une cellule interférente. Le niveau d'interférence intercellulaire est alors sensiblement augmenté par rapport à la moyenne pendant la durée de la collision. C'est l'effet « lampe torche » *(flashlight effect)*. Le rapport entre la puissance du signal utile et celle du signal reçu du faisceau interférent est alors semblable au cas où la transmission est omnidirectionnelle (pas de beamforming). Pour autant, le bloc de transport transmis peut ne pas être décodé convenablement si la station de base a choisi le MCS de la transmission sous l'hypothèse d'une absence de collision, et donc d'un SINR supérieur au SINR effectivement expérimenté par l'UE. Un tel cas de figure peut se produire en LTE par exemple si l'eNodeB a suivi la recommandation de CQI de l'UE et si ce CQI a été calculé en fonction de l'interférence moyenne. Il est alors nécessaire de retransmettre le bloc de transport via le mécanisme d'HARQ.

Malgré ce risque d'effet lampe torche, le beamforming améliore significativement les performances d'un réseau cellulaire, à condition que les antennes d'émission de la station de base soient corrélées et d'autant plus que leur nombre est élevé.

## Multiplexage spatial

Le multiplexage spatial consiste à transmettre plusieurs flux d'information différents, appelés *couches spatiales*, sur les mêmes ressources temps-fréquence (PRB en LTE).

La séparation des couches s'effectue dans le domaine spatial en leur attribuant des coefficients de précodage différents. On peut ainsi voir le multiplexage spatial comme créant plusieurs faisceaux sur les mêmes ressources temps-fréquence, chacun portant une couche spatiale. Le terme de faisceau est cependant ici à prendre au sens large, car les pondérations appliquées et/ou le type d'antenne utilisé ne produisent pas nécessairement des faisceaux bien localisés dans le domaine angulaire.

Plaçons-nous en voie descendante. Nous avons vu que lorsque plusieurs couches spatiales sont destinées au même UE, on parle de SU-MIMO. Lorsqu'elles sont destinées à des UE différents, on parle de MU-MIMO.

### Multiplexage spatial mono-utilisateur (SU-MIMO)

On appelle généralement mode *MIMO M × N* le multiplexage spatial entre $M$ antennes d'émission et $N$ antennes de réception. Le nombre maximal de couches spatiales tolérées par un mode MIMO $M \times N$ est donné en SU-MIMO par le minimum entre $M$ et $N$. Ainsi, une station de base possédant 4 antennes d'émission pourra transmettre au plus 2 couches spatiales vers un UE possédant 2 antennes de réception.

Nous montrons en remarque qu'il est théoriquement possible de transformer un canal MIMO en $R$ canaux indépendants, où $R$ est le rang de la matrice du canal, en appliquant un précodage approprié à l'émission ainsi qu'un précodage correspondant en réception. Les précodages à appliquer en émission et en réception sont donnés par des matrices issues d'une opération mathématique sur la matrice du canal : la décomposition en valeurs singulières (SVD, *Singular Value Decomposition*).

---

**DÉMONSTRATION Multiplexage spatial par SVD**

Le canal entre $M$ antennes d'émission et $N$ antennes de réception sur une sous-porteuse donnée peut être représenté par une matrice $M \times N$, où chaque entrée de la matrice représente le coefficient complexe du canal entre une antenne d'émission et une antenne de réception. Considérons une sous-porteuse particulière. En reprenant le modèle de signal introduit au chapitre 3, p. 71, pour $M$ antennes d'émission et $N$ antennes de réception, et en supposant pour alléger les notations que la puissance émise par antenne $P$ est égale à l'unité, on peut écrire la relation suivante :

$$\mathbf{Gr = GHFa + Gz}$$

où $\mathbf{F}$ et $\mathbf{G}$ sont des matrices contenant respectivement les pondérations de précodage à l'émission et de traitement de réception. La décomposition singulière [Golub, Van Loan, 1996] permet d'exprimer $\mathbf{H}$ comme :

$$\mathbf{H = UDV^H}$$

où $\mathbf{U^H U = V^H V = I}$, l'indice $^H$ dénote la transposée conjuguée et $\mathbf{I}$ est la matrice identité. $\mathbf{D}$ est une matrice diagonale possédant $R$ éléments non nuls réels positifs, appelés valeurs singulières de la matrice, où $R$ est le rang du canal. En prenant respectivement pour $\mathbf{F}$ et $\mathbf{G}$ les matrices singulières droite ($\mathbf{V}$) et gauche ($\mathbf{U^H}$), on obtient :

$$\mathbf{U^H r = U^H HVa + Uz = U^H UDV^H Va + Uz = Da + Uz}$$

Ainsi, le précodage et le traitement de réception associé ont transformé le canal $\mathbf{H}$ en $R$ canaux indépendants.

---

Le principe du multiplexage spatial par précodage SVD est illustré à la figure suivante, sans interférence autre qu'entre couches, et sans bruit.

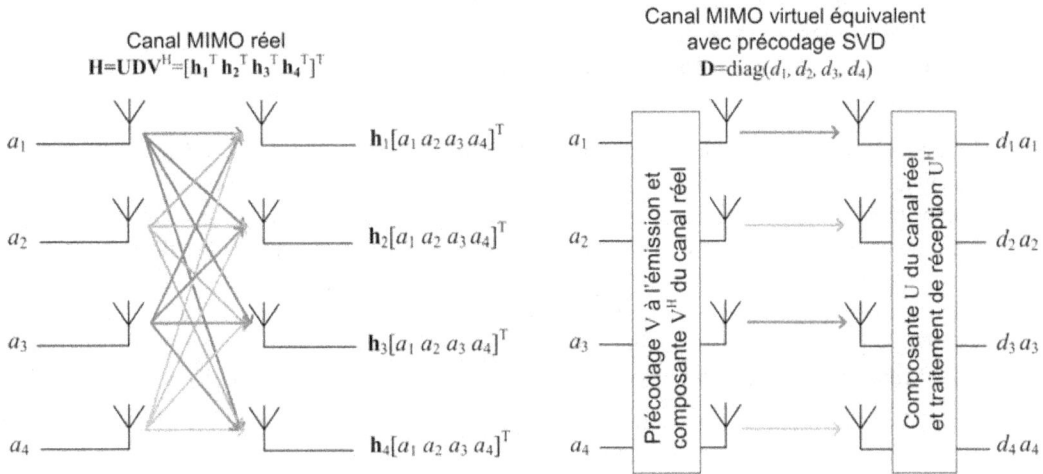

Canal MIMO réel
$\mathbf{H}=\mathbf{UDV}^{H}=[\mathbf{h_1}^T\, \mathbf{h_2}^T\, \mathbf{h_3}^T\, \mathbf{h_4}^T]^T$

Canal MIMO virtuel équivalent
avec précodage SVD
$\mathbf{D}=\mathrm{diag}(d_1, d_2, d_3, d_4)$

$a_1$    $\mathbf{h}_1[a_1\, a_2\, a_3\, a_4]^T$

$a_2$    $\mathbf{h}_2[a_1\, a_2\, a_3\, a_4]^T$

$a_3$    $\mathbf{h}_3[a_1\, a_2\, a_3\, a_4]^T$

$a_4$    $\mathbf{h}_4[a_1\, a_2\, a_3\, a_4]^T$

$a_1$   Précodage V à l'émission et composante $V^H$ du canal réel   Composante U du canal réel et traitement de réception $U^H$   $d_1 a_1$

$a_2$   $d_2 a_2$

$a_3$   $d_3 a_3$

$a_4$   $d_4 a_4$

**Figure 5-3**
*Principe du multiplexage spatial par précodage SVD*

L'atténuation de puissance sur chaque couche dépend de la valeur singulière associée, notée $d_i$ sur la figure précédente. Le nombre de couches spatiales pouvant être transmises sur un canal est donné par le rang de la matrice du canal, c'est-à-dire le nombre de valeurs singulières non nulles. En réalité, des valeurs singulières très faibles ne permettront pas une transmission utile sur le canal virtuel équivalent correspondant. Le nombre de couches spatiales efficaces dépend ainsi du conditionnement de la matrice du canal, c'est-à-dire du rapport entre les valeurs singulières extrêmes. Si ce rapport est proche de l'unité, le nombre de couches efficaces sera égal au rang de la matrice. Si au contraire ce rapport est élevé, seules les couches associées aux valeurs singulières dominantes seront utilisables (on dit alors que la matrice est mal conditionnée).

Établissons maintenant le lien avec la corrélation du canal. Rappelons que le rang d'une matrice est le nombre maximal de lignes (ou colonnes) linéairement indépendantes de cette matrice. Plus les antennes sont corrélées et plus les lignes et/ou colonnes de la matrice du canal se ressembleront à un instant donné. Prenons l'exemple d'un canal $4 \times 4$, comme sur la figure précédente. Si pour chaque antenne de réception, les canaux issus des différentes antennes d'émission sont identiques, les colonnes de la matrice **H** sont identiques et son rang vaut 1 : le multiplexage spatial n'est alors pas possible. Ce cas correspond à une corrélation totale des antennes d'émission. À l'inverse, si les antennes sont parfaitement décorrélées, la probabilité est quasi-nulle qu'à un instant donné les colonnes (ou les lignes) de la matrice soient linéairement dépendantes et le multiplexage spatial sera quasiment toujours possible. Sans aller jusqu'à ces cas extrêmes, plus les antennes sont corrélées et plus le nombre de valeurs singulières dominantes se réduit, limitant ainsi les possibilités de mettre en œuvre le multiplexage spatial. En particulier, lorsque l'UE est en vue directe d'une station de base qui emploie des antennes copolarisées, la matrice de canal ne comporte qu'une seule valeur singulière dominante, même si des trajets secondaires font que son rang est supérieur à 1. Le multiplexage spatial n'est alors pas possible et la transmission doit s'effectuer en précodage monocouche (beamforming). On utilisera dans la suite le terme de *rang du canal* pour désigner le nombre de couches spatiales efficaces transmissibles.

Lorsque le nombre de couches transmises est inférieur au rang de la matrice du canal, il est nécessaire d'utiliser les couches laissant passer le plus de puissance pour la transmission. Il est commun d'ordonner les valeurs singulières données par la SVD par ordre décroissant, de sorte que les premières couches soient utilisées en priorité.

Le précodage par SVD idéal garantit l'absence d'interférence entre couches spatiales, mais demande de connaître précisément le canal au niveau de l'émetteur. Lorsque ce n'est pas le cas, comme en FDD, il existe généralement une composante d'interférence entre couches spatiales. Plus généralement, le précodage vise donc à donner aux couches une structure spatiale, typiquement des directions d'arrivée et/ou une polarisation différentes, qui permette au récepteur de les séparer grâce à ses antennes multiples. L'interférence résiduelle entre couches doit alors être réduite et, si possible, supprimée par le récepteur. Plusieurs types de traitement de réception sont possibles pour cette tâche, parmi lesquels on distingue les quatre présentés ci-après [Tse, Viswanath, 2005].

- *Le récepteur (ou égaliseur) minimisant l'erreur quadratique moyenne* (MMSE) est un récepteur linéaire qui tire parti de la signature spatiale de l'interférence pour la réduire. La signature spatiale d'un signal est déterminée par ses directions de départ et d'arrivée, qui sont contenues implicitement dans la matrice des coefficients du canal ($\mathbf{H}$). On peut ainsi voir de manière schématique le traitement du récepteur MMSE comme une modification du diagramme d'antenne en réception visant à favoriser la réception dans la direction de la couche spatiale désirée (par la combinaison cohérente) et à réduire la sensibilité de l'antenne dans la direction des couches interférentes. On notera que le récepteur MMSE ne demande pas d'estimer les directions d'arrivée des signaux, mais travaille uniquement à partir de la matrice de corrélation du signal reçu, notée $\mathbf{R}$. En reprenant le modèle de signal introduit au chapitre 3, section « Représentation mathématique du signal » (p. 71), l'expression du filtre de réception MMSE pour la couche spatiale $k$ est donnée par :

$$\mathbf{g}_{MMSE} = \mathbf{R}^{-1}\,\mathbf{h}_k$$

Le symbole de modulation estimé sur cette couche est retrouvé en appliquant l'opération suivante :

$$\hat{a}_k = \mathbf{g}^H \mathbf{r}$$

On utilise généralement le nom de MMSE pour un récepteur traitant l'interférence entre couches spatiales et le nom d'IRC (*Interference Rejection Combining*) pour un récepteur traitant l'interférence intercellulaire, mais tous deux reposent sur le même principe. La section suivante donnera plus de détails sur l'application du récepteur MMSE/IRC à la réduction de l'interférence intercellulaire.

- *Le récepteur MMSE à annulations d'interférences successives* (MMSE-SIC) applique un récepteur linéaire MMSE pour démoduler la première couche. Une fois celle-ci décodée correctement (ce qui est vérifié à l'aide du CRC), l'interférence qu'elle crée peut être reconstruite, puis supprimée du signal reçu. La démodulation de la couche suivante peut alors être effectuée avec un SINR amélioré et ainsi de suite. Ce récepteur est donc plus performant, mais aussi plus complexe que le récepteur MMSE. Puisque la suppression d'interférences s'effectue successivement, la première couche doit être transmise avec un MCS plus robuste que les suivantes.

- *Le récepteur MMSE-SIC turbo* (Turbo-SIC) est similaire dans son principe au précédent, mais n'attend pas que l'interférence soit décodée correctement pour la soustraire. Il utilise un égaliseur à entrées et sorties probabilistes, selon le principe du décodage turbo (voir le chapitre 4) indiquant la fiabilité de chaque symbole estimé en plus de sa valeur estimée. L'estimation des données et de l'interférence est ainsi affinée pour chaque couche au fil des itérations [Visoz *et al.*, 2010]. Puisque ce récepteur décode toutes les couches en tenant compte de leurs interférences mutuelles, il offre de meilleures performances que le MMSE-SIC. En raison des multiples itérations, ce récepteur est plus complexe que le MMSE-SIC. Sa complexité additionnelle peut cependant être limitée par un compromis entre le nombre d'itérations du turbo SIC et le nombre d'itérations du turbo-décodage à chaque itération du processus de détection [Nokia Siemens Networks, Nokia, 2008].

- *Le récepteur à maximum de vraisemblance (ML)* considère le canal MIMO comme un code. Connaissant le canal et la modulation employée, il recherche les combinaisons de symboles émis sur les différentes couches qui maximisent la probabilité (dite probabilité a posteriori) d'observer le signal en entrée du récepteur. Sa complexité augmente ainsi de façon exponentielle avec l'ordre de la modulation, du fait de l'accroissement du nombre de combinaisons possibles à tester. Le récepteur ML offre des performances similaires à celles du turbo SIC, pour une complexité inférieure, équivalente ou supérieure en fonction de l'ordre de modulation [Nokia Siemens Networks, Nokia, 2009].

Comme pour le beamforming, la mise en œuvre des techniques de précodage pour le multiplexage spatial requiert une connaissance du canal à l'émission, ce qui demande en FDD des indications de l'UE sur l'état de son canal de transmission. En particulier, l'UE doit retourner une indication sur le rang du canal, afin que la station de base sache combien de couches spatiales elle peut lui allouer. Le nombre de couches effectivement transmises vers un UE est appelé le *rang de la transmission*. Ce dernier peut être inférieur au rang du canal indiqué par l'UE.

Lorsque l'émetteur ne connaît pas la matrice du canal, il est possible de faire du multiplexage spatial en *boucle ouverte* (*open-loop spatial multiplexing*, en anglais). Dans ce cas, la matrice de précodage est typiquement la matrice identité et une interférence importante peut être créée par une couche sur une autre, qui doit être traitée au récepteur.

### Multiplexage spatial multi-utilisateurs (MU-MIMO)

En MU-MIMO, le précodage doit être effectué conjointement avec la sélection des UE à servir simultanément (c'est l'opération de scheduling, voir le chapitre 10). En pratique, la station de base doit sélectionner des UE servis dans des faisceaux suffisamment disjoints, afin de limiter au maximum l'interférence entre utilisateurs. La création de faisceaux pointant dans des directions bien définies demande, comme pour le beamforming, des antennes de même polarisation faiblement espacées, donc corrélées. Afin de réduire l'interférence entre UE appariés, le MU-MIMO peut avantageusement tirer parti d'un précodage limitant la puissance rayonnée dans la direction des autres UE servis sur les mêmes ressources [Gesbert *et al.*, 2007]. Ce type de précodage n'est cependant pas possible en LTE Release 8, mais nous verrons au chapitre 23 qu'il le devient en Release 10.

Le nombre de couches susceptibles d'être transmises en MU-MIMO est limité par l'existence d'UE pouvant être appariés en raison de l'interférence créée par les couches transmises. Plus le nombre d'antennes à l'émetteur est élevé et plus les faisceaux sont étroits, ce qui augmente le nombre d'UE pouvant être multiplexés. Pour un système à 4 antennes d'émission, ce nombre reste cependant limité à 2 dans une majorité de cas pratiques. Pour 2 antennes d'émission, la largeur des faisceaux ne permet pas de mettre en œuvre le MU-MIMO.

Notons que MU-MIMO et SU-MIMO ne sont pas exclusifs. En effet, deux UE servis sur les mêmes ressources en MU-MIMO peuvent en toute généralité chacun recevoir plusieurs couches spatiales (à condition que le rang de leurs canaux le permette).

## Diversité de réception

En réception, la présence des antennes multiples est bénéfique quel que soit le nombre d'antennes à l'émission et la technique d'émission utilisée. On distingue trois mécanismes générateurs de gain, qui sont indépendants et dont les effets se complètent :

- le gain de diversité ;
- le gain de combinaison cohérente ;
- le gain de réjection de l'interférence.

La diversité est obtenue par une décorrélation suffisante des antennes, comme déjà discuté à la section « Diversité de transmission », p. 121.

Le gain de combinaison cohérente provient de la somme en phase des signaux utiles reçus sur les différentes antennes, ce qui s'obtient en ajustant la phase du signal reçu sur chaque antenne. En effet, nous avons vu que cette opération augmente la puissance totale de signal utile en sortie du combineur. En revanche, le rephasage effectué ne bénéficie ni à l'interférence ni au bruit, car leurs canaux de transmission sont indépendants du canal du signal utile. Lorsque les canaux de transmission des interféreurs sont décorrélés sur les antennes de réception, ce qui est favorisé par des antennes faiblement corrélées, le gain de combinaison cohérente peut être de 3 dB dans le cas de deux antennes de même qualité.

---

PRÉCISION **Gain de combinaison cohérente**

Prenons l'exemple d'un signal reçu sur deux antennes avec une puissance de signal utile $P_s$ et une puissance d'interférence et bruit $P_{i+b}$ sur chaque antenne (exprimées en dBm). Nous supposons que l'interférence est parfaitement décorrélée entre les deux antennes.

L'amplitude du signal combiné de manière cohérente est double de l'amplitude reçue sur chaque antenne, de sorte que la puissance utile en sortie du combineur est donnée par $P_s$ + 6 dB (en effet, le gain en puissance est donné par le carré du gain en amplitude). L'interférence et le bruit ne sont pas combinés de manière cohérente et sont indépendants sur chaque antenne, donc leur puissance en sortie du combineur est seulement la somme des puissances reçues sur chaque antenne : $P_{i+b}$ + 3 dB.

Le gain net entre l'entrée et la sortie du combineur en termes de rapport signal sur interférence et bruit est donc de 3 dB.

Dans la réalité, les antennes de réception ne sont pas forcément bien décorrélées, ni toujours de même qualité, de sorte que le gain de combinaison cohérente peut être inférieur à 3 dB. Cette situation se rencontre principalement au niveau de l'UE, où le faible espace disponible contraint la conception des antennes.

Une manière typique de mettre en œuvre la combinaison cohérente est le récepteur de type *Maximum Ratio Combining* (MRC). Le MRC multiplie le signal reçu sur chaque antenne par le conjugué complexe du coefficient du canal affectant le signal utile sur cette antenne (qui peut être estimé au récepteur via des signaux de référence prédéfinis transmis par la station de base). L'expression du filtre de réception MRC pour une couche spatiale est ainsi donnée par :

$$\mathbf{g}_{MRC} = \mathbf{h}$$

Cette opération a pour effet de mettre en phase le signal utile sur chaque branche de réception et de pondérer chaque branche en fonction de la puissance utile qu'elle a reçue : une branche ayant reçu un signal utile fort sera ainsi favorisée par rapport à une branche ayant reçu un signal utile de niveau plus faible, potentiellement plus sensible à l'interférence. Les sorties de chaque branche sont ensuite additionnées pour délivrer le signal de sortie. En OFDM et SC-FDMA, cette opération doit être effectuée pour chaque sous-porteuse. Notons qu'en raison de la combinaison cohérente qu'il effectue, le MRC peut également être vu comme réalisant un beamforming en réception. Comme il n'y a aucun traitement de réduction d'interférence, le MRC n'est pas adapté à recevoir des transmissions multicouches.

L'IRC rejette l'interférence dans le domaine spatial en réduisant la sensibilité du récepteur dans la direction des interférences, et favorise la réception du signal utile. L'IRC est identique dans son principe au récepteur MMSE décrit à la section « Multiplexage spatial mono-utilisateur (SU-MIMO) », p. 124. On emploie souvent le terme d'IRC lorsque la réduction de l'interférence intercellulaire est visée, tandis que le récepteur MMSE est plutôt associé à la réduction de l'interférence entre couches spatiales. Une différence entre MMSE et IRC réside dans la connaissance qu'a l'UE des caractéristiques de l'interférence et donc de la précision avec laquelle il peut calculer la matrice **R**. En effet, dans le cas de l'interférence entre couches, l'UE sait combien de couches il doit recevoir et est en mesure d'estimer le canal équivalent associé à chacune (formé du canal de propagation et du précodage appliqué à l'émetteur). Il peut alors construire les coefficients du récepteur à partir de cette connaissance, grâce à l'expression de la matrice de corrélation du signal reçu en fonction des matrices des canaux (chapitre 3, section « Représentation mathématique du signal », p. 71). Si seule l'information sur les autres couches attribuées à l'UE est prise en compte dans le calcul de la matrice, le récepteur traitera uniquement les interférences associées. En revanche, l'UE n'a pas forcément la possibilité d'estimer le canal des cellules voisines, ni de connaître le précodage qu'elles appliquent. Dans ce cas, la matrice de corrélation du signal doit être estimée par une moyenne (en temps et/ou en fréquence) du terme $\mathbf{r}\,\mathbf{r}^H$, où $\mathbf{r}$ est le vecteur des échantillons reçus sur les différentes antennes de réception, pour une sous-porteuse d'un symbole OFDM. En théorie, $N$ antennes permettent de supprimer parfaitement $N$-1 sources d'interférence. Dans la réalité, le nombre de sources peut être important, tandis que le nombre d'antennes est limité (par exemple, à deux maximum sur un terminal de type smartphone). Néanmoins, l'IRC applique au signal un traitement qui maximise le SINR, ce qui peut se traduire par une réduction imparfaite de la contribution de plusieurs sources.

Les traitements en réception ne sont pas normalisés en LTE et sont donc laissés à l'implémentation. Cependant, la norme définit des performances minimales à atteindre en réception dans des scénarios de test bien définis, le niveau de performances dépendant du type de traitement en réception considéré. Afin d'être déclaré conforme à la norme, chaque équipement doit passer avec succès ces tests. Même si aucune implémentation particulière n'est rendue obligatoire, les performances minimales requises définissent indirectement plusieurs types de récepteurs dans la norme, chacun étant associé à un niveau de performances particulier. Notons que comme seules des contraintes de performances minimales sont normalisées, les équipementiers sont encouragés à les dépasser en vue de se différencier de leurs concurrents.

## Scénarios d'application des techniques MIMO

Nous avons vu qu'il existe différentes techniques MIMO. Si la diversité de réception est toujours applicable et bénéfique, l'applicabilité des techniques MIMO à l'émission dépend de plusieurs paramètres : le rang du canal, le SINR, la vitesse de l'UE, le type de données à transmettre et le besoin de signalisation sur la voie de retour. Par ailleurs, ces techniques offrent des performances différentes en fonction des conditions, de sorte qu'un système à antennes multiples doit s'adapter aux conditions du canal afin d'en tirer toujours le meilleur parti.

Les conditions d'application des différentes techniques MIMO sont discutées dans cette section et sont résumées dans le tableau suivant. L'influence des antennes sur le MIMO et leurs contraintes de déploiement sont synthétisées à la fin de cette section.

**Domaines d'application des techniques MIMO**

| Conditions radio | | Mobilité | |
|---|---|---|---|
| | | Mobilité réduite | Mobilité réduite ou élevée |
| Faible SINR | rang du canal = 1 | Beamforming en boucle fermée (une couche) | Diversité de transmission |
| SINR élevé | rang du canal = 1 | Beamforming en boucle fermée (une couche) MU-MIMO en boucle fermée si la densité d'UE est suffisante | Diversité de transmission |
| | rang du canal > 1 | SU-MIMO en boucle fermée (≥ 1 couche) MU-MIMO en boucle fermée si la densité d'UE est suffisante | Diversité de transmission SU-MIMO en boucle ouverte (> 1 couche) |

### Diversité de transmission

Les techniques exploitant la diversité spatiale à l'émission s'appliquent typiquement à la transmission de données qui doivent être reçues partout dans la cellule, et/ou lorsqu'aucune voie de retour fiable n'est disponible. Ainsi, on applique les techniques de diversité de transmission aux canaux de contrôle, car ils doivent être reçus de manière robuste par tous les UE de la cellule, quelle que soit leur position, parfois avant que l'UE n'ait pu envoyer des données sur la voie montante (par exemple pour le BCH en LTE).

En outre, les techniques de diversité de transmission sont utilisées pour transmettre des données lorsque la vitesse de l'UE est trop élevée pour que les indications reçues de la voie de retour soient suffisamment fiables (typiquement au-delà de 30 km/h).

## Beamforming

Le beamforming s'applique forcément à une transmission vers un UE particulier, puisqu'un faisceau vise une direction déterminée. En FDD, le beamforming est tributaire d'une signalisation sur la voie de retour ; son utilisation est donc réservée aux vitesses de l'UE garantissant que l'information retournée restera valide jusqu'au moment de la transmission. Au-delà, on basculera sur des techniques de diversité de transmission.

## Multiplexage spatial mono-utilisateur (SU-MIMO)

La mise en œuvre du multiplexage spatial nécessite un SINR suffisant. En effet, plus le nombre de couches spatiales est élevé, plus chaque couche subit l'interférence créée par les autres. D'autre part, la puissance disponible à l'émetteur est partagée entre les différentes couches. Transmettre quatre couches spatiales demandera donc un SINR plus élevé que pour en transmettre deux. En d'autres termes, le multiplexage spatial demande que l'UE soit plus proche de la station de base. Les seuils de SINR associés dépendent des performances du récepteur de l'UE, qui sont en principe prises en compte dans l'indication de rang renvoyée par l'UE sur la voie de retour (en LTE, la méthode de calcul du RI n'est pas spécifiée). Lorsque le SINR n'est pas suffisant pour mettre en œuvre le multiplexage spatial, on emploie du beamforming (une seule couche spatiale).

En outre, nous avons vu à la section « Multiplexage spatial » (p. 123), que le multiplexage spatial demande un rang du canal supérieur à 1. Le nombre de couches spatiales transmises doit donc être adapté en fonction du SINR de l'UE et du rang de son canal.

Comme le beamforming, le multiplexage spatial en boucle fermé ne peut être utilisé que jusqu'à une certaine vitesse de l'UE. Au-delà, il est nécessaire de se replier sur du multiplexage spatial en boucle ouverte (si le rang du canal est supérieur à 1 et si le SINR est suffisant), ou sur de la diversité de transmission (dans les autres cas).

## Multiplexage spatial multi-utilisateurs (MU-MIMO)

Enfin, le MU-MIMO est à réserver aux situations où plusieurs UE peuvent être appariés. En pratique, la probabilité que cette situation se présente augmente avec le nombre d'UE demandant simultanément à être servis dans la cellule. Ainsi, le MU-MIMO sera utile principalement dans des cellules chargées. Dans les autres situations, on utilisera du SU-MIMO.

La puissance disponible étant partagée entre les UE multiplexés, le MU-MIMO est, à l'instar du SU-MIMO, réservé aux UE en bonnes conditions radio.

Comme il est nécessaire de connaître le canal à l'émetteur de manière fiable afin d'assurer la séparation des UE multiplexés, le MU-MIMO en boucle fermée n'est pas adapté pour les UE se déplaçant rapidement.

### Influence des antennes

Les performances de ces différentes techniques sont liées aux caractéristiques des antennes, notamment à leur corrélation. En émission, nous avons vu que certaines techniques bénéficient de la corrélation des antennes (comme le beamforming et le MU-MIMO), tandis que d'autres (comme le SU-MIMO et la diversité de transmission) bénéficient au contraire de leur décorrélation.

L'opérateur peut donc choisir le type d'antennes qu'il souhaite déployer au niveau des stations de base en fonction de la technique MIMO qu'il désire privilégier. En pratique cependant, le type des antennes à installer est généralement dicté par des contraintes pratiques telles que leur taille et leur impact visuel (voir le chapitre 3, section « Aspects spatiaux », p. 66). Ainsi, les sites macro sont généralement équipés d'antennes à polarisation croisée (où les deux polarisations sont peu corrélées) car, pour un même nombre d'antennes, les radômes sont alors deux fois moins larges qu'avec des antennes proches de même polarisation (fortement corrélées). Des déploiements de plus de deux antennes à polarisation croisée (par exemple, quatre antennes sous la forme : « X X ») combinent des paires d'antennes corrélées avec des paires d'antennes décorrélées, et représentent ainsi un bon compromis pour la mise en œuvre des différentes techniques MIMO.

## Structure générale des traitements MIMO en LTE

Les familles de techniques décrites précédemment sont toutes prises en charge dans la voie descendante du LTE : diversité spatiale en émission et réception, beamforming, SU-MIMO et MU-MIMO. Il existe également pour la voie descendante un mode mono-antenne, pour les systèmes équipés d'une seule antenne d'émission à l'eNodeB ; aucun traitement spatial à l'émission ne peut être mis en œuvre pour ce mode.

En voie montante, seule la sélection d'antenne est présente dans les spécifications de la Release 8. Le MU-MIMO est cependant applicable de manière transparente à la norme.

Les traitements MIMO en voie descendante sont décomposés en deux grandes étapes : l'association aux couches spatiales (*layer mapping*) et le précodage, comme illustré à la figure suivante.

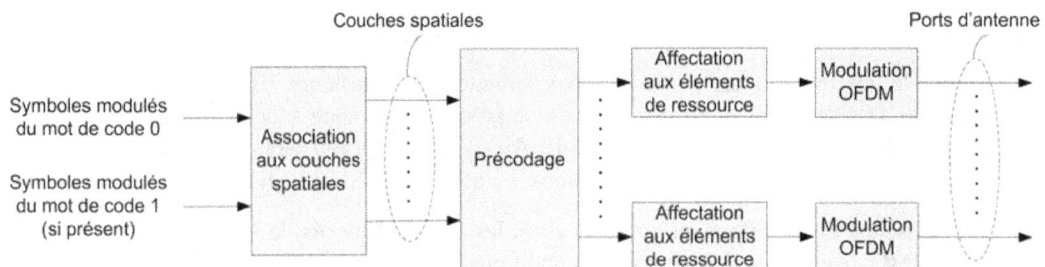

Figure 5-4
*Grandes étapes du traitement MIMO dans la chaîne d'émission*

Les opérations d'association aux couches spatiales et de précodage définies pour la voie descendante seront décrites pour chaque technique à la section « Schémas MIMO normalisés en voie descendante » (p. 135), tandis que les schémas MIMO utilisables en voie montante seront décrits à la section « Schémas MIMO possibles en voie montante », p. 142. Dans le reste de cette section, nous introduisons des définitions utiles pour comprendre les spécifications du MIMO en LTE.

## Mot de code ou bloc de transport ?

Avant d'aller plus loin, il est nécessaire de clarifier la signification du terme *mot de code* (*codeword*), utilisé dans les spécifications de la couche physique. On note que ce mot de code constitue le bloc de données d'entrée de la chaîne de traitement MIMO à l'émission décrite sur la figure précédente. En réalité, le mot de code n'est autre que la version embrouillée et modulée du mot de code délivré en sortie de la chaîne de codage de canal décrite au chapitre 4. L'information qu'il contient est donc celle du bloc de transport associé. Néanmoins, les spécifications de la couche physique emploient également le terme de bloc de transport, aussi est-il important de comprendre quand utiliser l'un ou l'autre.

Comme nous le verrons à la section « Schémas MIMO normalisés en voie descendante » (p. 135), le multiplexage spatial en LTE gère la transmission jusqu'à deux blocs de transport sur les mêmes ressources temps-fréquence. Les blocs de transport sont numérotés de 1 à 2.

Les mots de code, eux, sont numérotés de 0 à 1. Le mot de code 0 est toujours activé pour la transmission du PDSCH, tandis que le mot de code 1 n'est activé que lorsque la transmission est de rang 2. Un mot de code est un conteneur, qui peut porter l'information du bloc de transport 1 ou celle du bloc de transport 2. Il est ainsi possible d'affecter les blocs de transport 1 et 2 aux mots de code 0 et 1, ou aux mots de code 1 et 0, respectivement. En outre, dans le cas où seul un des blocs doit être retransmis, la retransmission utilise toujours le mot de code 0, quel que soit le mot de code utilisé par le bloc de transport lors de la transmission initiale. Nous reviendrons sur cette fonctionnalité à la section « Association entre mots de code et couches spatiales », p. 137.

## Nombre d'antennes et signaux de référence

### Nombre d'antennes prises en charge

Le LTE Release 8 gère 1, 2 et 4 antennes d'émission pour toutes les techniques MIMO en mode FDD et pour la diversité de transmission et le multiplexage spatial en TDD. Le beamforming peut quant à lui être mis en œuvre en TDD pour un nombre quelconque d'antennes.

Le nombre d'antennes de réception n'est pas spécifié, mais le LTE gère jusqu'à 4 couches spatiales en voie descendante, ce qui signifie que le système tire parti des capacités de l'UE pour du multiplexage spatial jusqu'à 4 antennes de réception.

Le nombre d'antennes prises en charge est étroitement lié aux signaux de référence, qui permettent à l'UE d'estimer le canal de transmission. Cette dernière sert deux objectifs : le retour d'information sur l'état du canal à l'eNodeB et la démodulation.

## MIMO et signaux de référence

Nous avons vu qu'en FDD l'UE doit retourner une information sur l'état de son canal à l'eNodeB. Pour ce faire, il estime le canal entre chaque antenne d'émission et chaque antenne de réception à l'aide de signaux de référence propres à chaque antenne d'émission. Le nombre maximal d'antennes gérées est par conséquent conditionné par l'existence dans les spécifications des signaux de référence, ainsi que des structures de retour associées. En Release 8, les signaux de référence adaptés au FDD sont spécifiques à la cellule et sont appelés CRS (*Common Reference Signals*). Ces signaux sont également utilisés pour la démodulation. Comme ils ne sont pas précodés alors que les symboles de données le sont, l'eNodeB doit signaler à l'UE (dans le PDCCH) la matrice de précodage utilisée à l'émetteur. Les matrices de précodage utilisables par l'eNodeB sont donc contraintes à appartenir à un ensemble restreint spécifié (appelé *dictionnaire*, comme nous le verrons par la suite). À partir de la connaissance du précodage appliqué et de l'estimation du canal de transmission, l'UE reconstruit le canal équivalent effectivement vu par les données, afin de les démoduler.

En TDD, l'eNodeB peut estimer le canal de l'UE en voie descendante à l'aide des signaux reçus de l'UE en voie montante, via la propriété de réciprocité du canal que nous avons déjà évoquée. De ce fait, l'UE n'a pas besoin en TDD de remonter d'information sur l'état de son canal, ni de connaître le nombre exact d'antennes en émission, sous réserve que :

- toutes les antennes utilisent le même signal de référence ;
- ce signal de référence soit précodé de la même manière que les données, donc qu'il soit *spécifique à l'UE* ;
- les chaînes radiofréquence de réception et d'émission de l'eNodeB sur les différentes antennes soient calibrées, afin de ne pas altérer la réciprocité du canal entre voie montante et voie descendante (voir le chapitre 3). La calibration n'est pas nécessaire en FDD, puisque l'information sur le canal en voie descendante que l'UE retourne à l'eNodeB prend en compte les effets des chaînes radiofréquence.

Le canal estimé par l'UE lors de la démodulation est alors le canal équivalent résultant de la combinaison du canal de propagation et du précodage appliqué par l'eNodeB. L'eNodeB n'a dans ce cas pas besoin d'indiquer à l'UE le précodage effectivement utilisé à l'émission. Ce mode de transmission est applicable pour une seule couche spatiale en Release 8 ; le multiplexage spatial en TDD ne peut donc être mis en œuvre via la réciprocité du canal et doit s'appuyer sur le retour d'informations de l'UE, ainsi que sur les signaux de référence spécifiques à la cellule CRS. De même, la diversité de transmission en TDD nécessite de s'appuyer sur les CRS.

Les signaux de référence seront détaillés au chapitre 7.

## Notion de port d'antenne

La norme LTE utilise la notion de *port d'antenne* plutôt que celle d'antenne. Un port d'antenne est associé à un signal de référence qui permet de le distinguer, mais il peut être transmis via plusieurs antennes physiques, que l'UE n'a pas besoin de distinguer ni de dénombrer. Ainsi, l'eNodeB peut utiliser 8 antennes d'émission pour mettre en œuvre le beamforming en TDD, mais l'UE n'aura besoin de connaître qu'un seul port d'antenne pour effectuer la démodulation associée.

Notons qu'en TDD, l'UE aura typiquement connaissance de trois ports d'antenne : deux ports CRS, utilisés pour la réception des canaux communs via la diversité de transmission, et un port associé au signal de référence spécifique à l'UE, pour le beamforming.

En FDD, seuls les ports d'antenne CRS sont utilisés et le nombre de ports est typiquement égal au nombre d'antennes physiques.

# Schémas MIMO normalisés en voie descendante

## Diversité de transmission

Les schémas de diversité de transmission normalisés sont des codages *espace fréquence en blocs* (SFBC, pour *Space Frequency Block Coding*), qui exploitent la diversité dans le domaine spatial en émettant chaque symbole modulé à partir de deux antennes différentes et sur deux sous-porteuses contiguës comme décrit sur la figure suivante.

Le code SFBC utilisé pour 2 antennes d'émission est basé sur le code dit *d'Alamouti*, du nom de son inventeur. Ce code offre une diversité d'ordre 2 et son décodage supprime l'interférence créée par la transmission de deux symboles sur les mêmes ressources temps-fréquence [Tse, Viswanath, 2005]. Le débit de la transmission n'est pas réduit par rapport à une transmission mono-antennaire, car deux symboles sont émis par couple de sous-porteuses. Notons que bien que deux sous-porteuses soient utilisées pour la transmission d'un symbole, ce code n'apporte pas de diversité fréquentielle car le canal est généralement quasi identique sur deux sous-porteuses contiguës ; cette propriété est en fait nécessaire pour assurer le décodage du code sans interférence entre antennes.

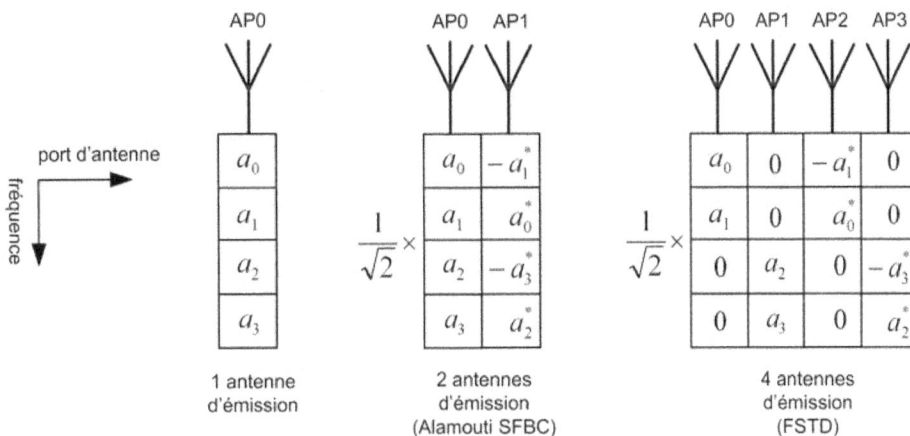

Note : le facteur $\frac{1}{\sqrt{2}}$ est nécessaire afin de conserver une puissance totale d'émission identique pour 1, 2 et 4 antennes

Figure 5-5

*Symboles transmis par port d'antenne et sous-porteuse à un instant donné pour les schémas de diversité de transmission normalisés en voie descendante, pour 2 et 4 antennes d'émission*

---

**DÉMONSTRATION Décodage du code d'Alamouti**

Deux symboles $a_1$ et $a_2$ sont transmis suivant le code d'Alamouti SFBC en utilisant les sous-porteuses contiguës d'indices respectifs $p$ et $q$. Nous supposons que le canal est identique sur les deux sous-porteuses. En reprenant les notations du modèle de signal défini au chapitre 3, section « Représentation mathématique du signal » (p. 71), le signal reçu sur chaque sous-porteuse s'écrit :

$$\mathbf{r}_p = \sqrt{P}\mathbf{h}_1 a_1 - \sqrt{P}\mathbf{h}_2 a_2^* + \mathbf{z}_p$$

$$\mathbf{r}_q = \sqrt{P}\mathbf{h}_1 a_2 + \sqrt{P}\mathbf{h}_2 a_1^* + \mathbf{z}_q$$

Nous supposons dans la suite que $P = 1$ afin d'alléger les notations. En appliquant les filtres de réception $\mathbf{g}_p$ et $\mathbf{g}_q$ respectivement sur les sous-porteuses $p$ et $q$, on obtient les variables suivantes :

$$y_p = \mathbf{g}_p^H \mathbf{r}_p = \mathbf{g}_p^H \mathbf{h}_1 a_1 - \mathbf{g}_p^H \mathbf{h}_2 a_2^* + \mathbf{g}_p^H \mathbf{z}_p$$

$$y_q = \mathbf{g}_q^H \mathbf{r}_q = \mathbf{g}_q^H \mathbf{h}_1 a_2 + \mathbf{g}_q^H \mathbf{h}_2 a_1^* + \mathbf{g}_q^H \mathbf{z}_q$$

En prenant $\mathbf{g}_p = \mathbf{h}_1$ et $\mathbf{g}_q = \mathbf{h}_2$ on obtient l'estimé du symbole $a_1$ par :

$$\hat{a}_1 = y_p + y_q^H = \left(\mathbf{h}_1^H \mathbf{h}_1 + \mathbf{h}_2^H \mathbf{h}_2\right) a_1 + \mathbf{h}_1^H \mathbf{z}_p + \mathbf{z}_q^H \mathbf{h}_2$$

De même, l'estimation du symbole $a_2$ est obtenu en prenant $\mathbf{g}_p = \mathbf{h}_2$ et $\mathbf{g}_q = \mathbf{h}_1$, par :

$$\hat{a}_2 = y_q - y_p^H = \left(\mathbf{h}_1^H \mathbf{h}_1 + \mathbf{h}_2^H \mathbf{h}_2\right) a_2 + \mathbf{h}_1^H \mathbf{z}_q - \mathbf{z}_p^H \mathbf{h}_2$$

Ainsi, on voit que chaque symbole peut être estimé sans interférence de la part du second. De plus, chaque symbole estimé bénéficie de la puissance transmise sur les deux canaux $\mathbf{h}_1$ et $\mathbf{h}_2$, source de diversité.

---

Pour 4 antennes d'émission, le LTE propose un schéma appelé FSTD (pour *Frequency Switched Transmit Diversity*). Dans ce schéma, chaque symbole est encore transmis de deux antennes et bénéficie donc d'une diversité d'ordre 2, mais deux paires consécutives de symboles sont émises d'antennes différentes. L'ensemble de symboles constituant le symbole OFDM expérimente donc les conditions de quatre canaux de transmission différents, ce qui augmente la diversité dont bénéficie le bloc de transport par rapport au SFBC. Ici encore, le code ne réduit pas le débit par rapport à une transmission mono-antennaire puisque 4 symboles de modulation sont transmis sur 4 sous-porteuses.

Notons que l'opération de codage espace-fréquence est présentée dans la norme comme une mise en couches spatiales suivie d'un précodage.

# Beamforming et multiplexage spatial en boucle fermée

Le beamforming et le multiplexage spatial (SU- et MU-MIMO) sont mis en œuvre via un même cadre basé sur l'opération de précodage. En effet, le beamforming peut être vu comme un multiplexage spatial où une seule couche est transmise ; à l'inverse, le multiplexage spatial peut être vu comme un double beamforming, chaque faisceau portant une couche spatiale. L'information discriminante dans ce cadre entre beamforming et multiplexage spatial est ainsi le nombre de couches spatiales.

## Association entre mots de code et couches spatiales

En fonction du rang du canal, transmis par l'UE à l'eNodeB via l'indicateur de rang RI, le scheduler détermine le nombre de couches spatiales à transmettre à l'UE. L'indication fournie par l'UE n'est interprétée que comme une *recommandation* par le scheduler, qui est libre de transmettre un nombre de couches inférieur au rang. Le nombre de mots de code transmis reste cependant limité à deux, avec la règle d'association entre mot de code et couche spatiale décrit à la figure suivante.

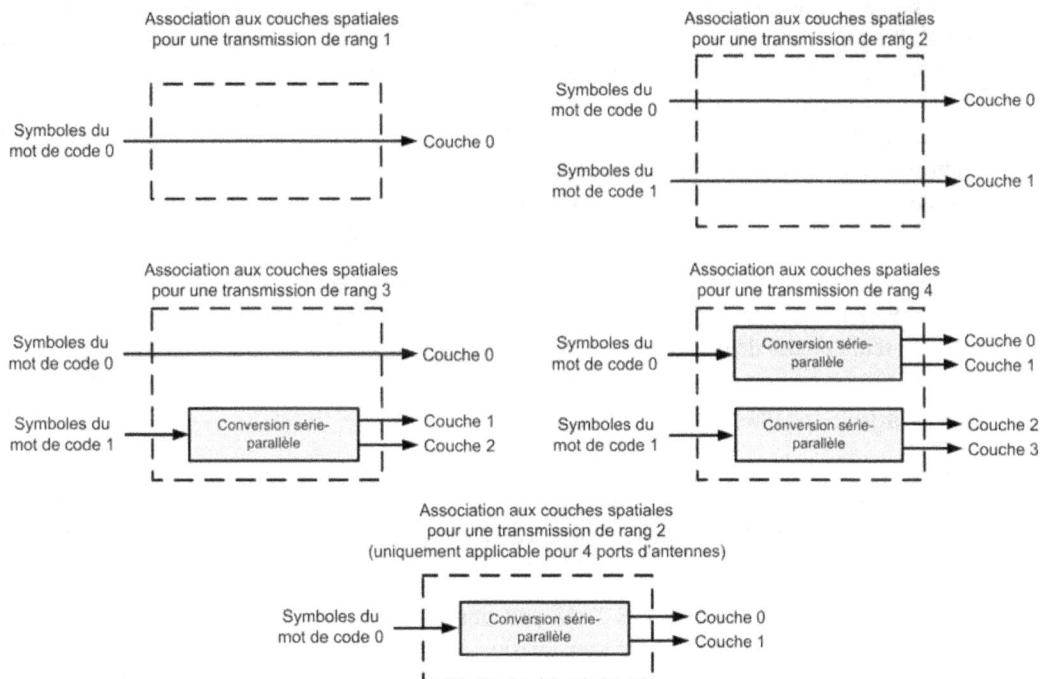

Figure 5-6

*Règles d'association entre mots de code et couches spatiales*

Limiter le nombre de mots de code à 2 pour 3 et 4 couches permet de réaliser un compromis entre l'efficacité spectrale en voie descendante et la charge de signalisation. En effet, transmettre un mot de code par couche a l'effet bénéfique d'améliorer la sélectivité des retransmissions (si besoin, on ne retransmet que des « petits » mots de code), ce qui améliore l'efficacité spectrale en voie descendante. En revanche, augmenter le nombre de mots de code accroît la charge de signalisation. Sur la voie montante, un CQI (possiblement par sous-bande pour le scheduling adaptatif en fréquence) et un acquittement d'HARQ (ACK/NACK) doivent être transmis par mot de code. En voie descendante, un MCS ainsi que des informations pour l'HARQ doivent être transmis par mot de code. On pourrait penser que transmettre un mot de code par couche améliore la détection de chaque couche lorsqu'un récepteur de type MMSE-SIC est utilisé, mais des simulations ont montré que 2 ou 4 mots de code avaient peu d'effet sur les performances dans ces conditions [Nokia, 2006].

L'association entre mots de code et couches est fixe. Nous verrons à la section suivante que l'UE retourne à l'eNodeB une indication sur sa matrice de précodage préférée (appelée PMI, *Precoding Matrix Indicator*), qui recommande le précodage à appliquer pour chaque couche spatiale. Comme l'atténuation de signal peut varier en fonction de chaque couche, il est préférable pour l'UE de retourner à l'eNodeB un PMI tel que les couches soient ordonnées de la moins atténuée à la plus atténuée. Ainsi, dans le cas où le scheduler décide de transmettre un nombre de couches inférieur au rang du canal, les couches laissant passer le plus de puissance seront utilisées. Pour cette raison, il est possible d'affecter dynamiquement la transmission d'un bloc de transport à un mot de code donné. Prenons l'exemple où les blocs de transports 1 et 2 sont transmis, respectivement sur les mots de code 0 et 1. Ces mots de code utilisent respectivement les couches spatiales 0, 1 et 2, 3. Si uniquement le mot de code 0 est correctement décodé et si l'eNodeB n'a pas d'autres nouvelles données à transmettre à l'UE, seul le bloc de transport 2 est transmis. Il est alors plus efficace d'utiliser les couches 0 et 1, potentiellement reçues avec plus de puissance, ce qui implique que le bloc de transport 2 soit associé au mot de code 0 utilisant ces couches. L'association entre bloc de transport et mot de code est signalée à l'UE dans le PDCCH allouant la transmission sur le PDSCH.

On notera qu'associer 2 couches spatiales à un seul mot de code est réservé au cas de 4 ports d'antenne, la transmission d'un seul mot de code en utilisant deux couches étant utile dans le cas de retransmissions, où seul l'un des deux blocs de transport de la transmission initiale doit être retransmis.

## Précodage (SU-MIMO et MU-MIMO)

Chaque couche spatiale est précodée par des coefficients complexes spécifiques, afin de lui donner une certaine structure spatiale (typiquement une direction). Les coefficients appliqués à $M$ antennes pour la transmission de $R$ couches spatiales sont regroupés dans une matrice de précodage de dimension $M \times R$.

En boucle fermée, l'UE retourne à l'eNodeB une information sur l'état de son canal, afin qu'il puisse déterminer les paramètres de transmission MIMO (précodage, nombre de couches spatiales, MCS) qui maximisent le débit de l'UE, ou celui du système lorsque le MU-MIMO est employé. Plus l'information retournée sur le canal est détaillée et plus elle est coûteuse, car sa transmission s'effectue au détriment de celle de données en voie montante. Un compromis doit donc être recherché entre l'amélioration de l'efficacité de la transmission en voie descendante grâce au retour d'informations, et la dégradation de la capacité sur la voie montante qui en découle.

Le principe du précodage en LTE repose sur l'utilisation de *dictionnaires* ou livre des codes (*codebook* en anglais). Un dictionnaire est un ensemble limité de matrices de précodage possibles, connu de l'eNodeB et de l'UE. En Release 8, l'eNodeB ne peut utiliser que l'une des matrices du diction-naire pour transmettre des données à un utilisateur. L'UE, à partir de son estimation du canal, déter-mine sa matrice de précodage préférée selon un critère propre à l'implémentation (voir plus loin), puis communique à l'eNodeB son numéro dans le dictionnaire. Cette approche limite la charge sur la voie de retour, puisque seul le numéro de la matrice doit être signalé, et non la matrice elle-même. La méthode de recherche de la matrice de précodage préférée est laissée libre à l'implémen-tation, mais peut s'effectuer selon deux grands types de critères [Texas Instruments, 2006] :

- la maximisation d'une métrique de performance (par exemple le SINR, ou le débit) qui doit être calculée pour chaque entrée du dictionnaire ;
- la quantification de la matrice singulière droite du canal, qui demande de calculer la décomposi-tion en valeurs singulières (SVD) du canal, puis de rechercher l'entrée du dictionnaire qui s'approche le plus de la matrice singulière droite (voir la section « Multiplexage spatial », p. 123).

Le choix du dictionnaire est crucial pour les performances du système et doit réaliser un compromis entre la précision de l'information sur l'état du canal (favorisée par un dictionnaire de grande taille) et la charge de signalisation sur la voie de retour. Les dictionnaires définis en LTE pour 2 et 4 antennes possèdent respectivement 4 et 16 entrées, ce qui demande respectivement 2 et 4 bits de signalisation sur la voie de retour par entrée. Le dictionnaire pour 2 antennes de transmission est donné dans le tableau suivant.

**Éléments du dictionnaire pour 2 ports d'antenne**

| Index du dictionnaire | Nombre de couches spatiales | |
|:---:|:---:|:---:|
| | **1** | **2** |
| 0 | $\frac{1}{\sqrt{2}}\begin{bmatrix}1\\1\end{bmatrix}$ | $\frac{1}{\sqrt{2}}\begin{bmatrix}1 & 0\\0 & 1\end{bmatrix}$ |
| 1 | $\frac{1}{\sqrt{2}}\begin{bmatrix}1\\-1\end{bmatrix}$ | $\frac{1}{2}\begin{bmatrix}1 & 1\\1 & -1\end{bmatrix}$ |
| 2 | $\frac{1}{\sqrt{2}}\begin{bmatrix}1\\j\end{bmatrix}$ | $\frac{1}{2}\begin{bmatrix}1 & 1\\j & -j\end{bmatrix}$ |
| 3 | $\frac{1}{\sqrt{2}}\begin{bmatrix}1\\-j\end{bmatrix}$ | – |

Le dictionnaire pour 4 antennes est construit à partir des colonnes de matrices dites *de Householder* $W_n = I - 2u_n u_n^H / u_n^H u_n$, où $I$ est la matrice identité $4 \times 4$ et $u_n$ est un vecteur colonne de dimen-sion 4. Il existe 16 vecteurs $u_n$ possibles, qui définissent autant de matrices (voir [3GPP 36.211, 2009, section 6.3.4] pour la liste de ces vecteurs). Chaque colonne d'une matrice $W_n$ définit un précodeur pour une couche spatiale.

Les dictionnaires pour 2 et 4 antennes d'émission ont été choisis de manière à obéir à plusieurs propriétés.

- Les matrices sont unitaires, ce qui signifie que les vecteurs de précodage pour chaque couche sont de norme unité (afin de ne pas affecter la puissance totale d'émission) et que les vecteurs pour différentes couches sont orthogonaux entre eux.

- Les coefficients de chaque vecteur de précodage sont de module constant, ce qui garantit que la puissance d'émission est distribuée de manière uniforme sur les différentes antennes, permettant une utilisation homogène des amplificateurs de puissance. Une des matrices du dictionnaire pour 2 antennes, proportionnelle à l'identité, fait exception à cette règle, mais assure néanmoins également une utilisation homogène des amplificateurs. D'autre part, les coefficients sont construits à partir des éléments $\{\pm1, \pm j, \pm1\pm j\}$, ce qui remplace les multiplications complexes, coûteuses en calcul, par des additions, soustractions et conjugaisons complexes.

- Les vecteurs pour une transmission de rang $R$ sont un sous-ensemble de ceux utilisés pour une transmission de rang $M > R$. Cette propriété, dite d'imbrication, confère à l'eNodeB plus de flexibilité dans le choix du rang de la transmission. En effet, si l'UE remonte une matrice de rang $M$ comme son précodeur préféré, le précodeur de rang $R < M$ construit à partir de la même matrice restera adéquat pour transmettre vers l'UE. En outre, la propriété d'imbrication réduit la complexité de la recherche de la matrice de précodage préférée par maximisation de métrique [Texas Instruments, 2007].

- Un compromis est établi entre de bonnes performances en termes de débit sur des canaux variés (évaluées à l'aide de simulations) et un nombre limité de bits à retourner pour indiquer l'entrée préférée du dictionnaire.

Spécifiquement pour le dictionnaire pour 4 antennes, la structure donnée par la matrice de Householder permet de réduire la complexité de la recherche de l'entrée du dictionnaire préférée [Texas Instruments, 2006]. Parmi les seize vecteurs de précodage de rang 1, les huit premiers sont des vecteurs DFT et sont ainsi particulièrement adaptés au beamforming avec des antennes de même polarisation et faiblement espacées, notamment pour une utilisation en MU-MIMO. D'autres matrices du dictionnaire (les éléments $\{0, 1, 2, 3, 8, 9, 10, 11\}$) sont adaptées à des paires d'antennes à polarisation croisée [3GPP MIMO, 2007]. On montre en effet que les matrices de précodage correspondantes reviennent à appliquer une matrice de précodage bloc-diagonale (qui suppose une indépendance totale entre les éléments de polarisation différente) à des antennes virtuelles tournées de 45 degrés par rapport aux antennes réelles via une matrice de rotation, selon le principe expliqué dans [Ericsson, 2007].

### Mise en œuvre du MU-MIMO

Le LTE Release 8 gère un mode de transmission MU-MIMO basique. Il est mis en œuvre à l'aide du dictionnaire présenté à la section précédente. La différence avec le SU-MIMO, du point de vue de la norme, réside dans la signalisation, comme précisé à la section suivante et à la section « Modes de transmission » (p. 143). En effet, le scheduling, qui est une composante essentielle du MU-MIMO, n'est pas normalisé. Le MU-MIMO gère seulement deux UE simultanés, et la transmission vers chacun est restreinte à une seule couche spatiale. Un mode MU-MIMO plus élaboré est défini en Release 10 (voir le chapitre 23).

### Principe de la signalisation pour le MIMO

Nous avons vu que l'UE peut retourner un indicateur PMI sur sa matrice de précodage préférée (un seul, quel que soit le rang du canal). En outre, l'UE retourne à l'eNodeB le rang de son canal, via l'indicateur RI. Enfin, lorsque l'UE est configuré pour remonter un PMI, il retourne toujours un CQI par mot de code ; dans le cas contraire, un seul CQI est retourné.

Lorsqu'un précodage en boucle fermée est appliqué à l'émission, l'eNodeB signale à l'UE le PMI et le nombre de couches effectivement utilisés pour la transmission. Cette information est transmise dans le PDCCH portant l'allocation du PDSCH. En TDD, la réciprocité du canal et l'utilisation d'un signal de référence spécifique à l'UE permettent de s'affranchir de cette signalisation (voir la section « Nombre d'antennes et signaux de références », p. 133). Dans le cas du MU-MIMO, l'eNodeB indique de plus dans le PDCCH une réduction de 3 dB de la puissance du PDSCH lorsque l'UE est multiplexé avec un autre sur les mêmes ressources, la puissance d'émission disponible devant être partagée entre les deux.

La signalisation et les différents modes de retour d'information pour le MIMO seront détaillés au chapitre 12.

## Multiplexage spatial en boucle ouverte

Lorsque la vitesse de déplacement de l'UE ne garantit plus des remontées fiables de PMI, le LTE permet un mode de multiplexage spatial dit *en boucle ouverte*, où l'UE remonte uniquement le rang du canal et un CQI pour le mot de code 0, quel que soit le rang du canal.

Afin d'assurer plus de diversité, on a recours à une méthode appelée *diversité de retard cyclique* (CDD, pour *Cyclic Delay Diversity* en anglais), qui consiste à introduire un retard différent sur chaque antenne d'émission. Ce retard dans le domaine temporel revient à créer des trajets virtuels dans le canal, ce qui se traduit par de la sélectivité en fréquence, source de diversité. Le retard sur chaque antenne est spécifié dans [3GPP 36.211, 2009, section 6.3.4] par un déphasage linéaire en fréquence sur chaque sous-porteuse. L'application de ce déphasage est effectuée comme une étape de l'opération de précodage, où un précodeur supplémentaire dépendant de la sous-porteuse est ajouté.

Pour deux antennes d'émission, la matrice de précodage est fixée à la matrice identité. Dans le cas de 4 antennes d'émission, la matrice de précodage appliquée varie de façon cyclique, de telle sorte que 4 précodeurs différents sont appliqués cycliquement, un même précodeur restant appliqué à $N$ sous-porteuses consécutives, où $N$ est le nombre de couches spatiales de la transmission. Cette diversité de précodage fournit un gain appréciable pour les UE en forte mobilité [Samsung, 2008].

Un seul CQI est remonté par l'UE dans le cas de la CDD. En effet, le récepteur MMSE-SIC, qui demande de retourner un CQI par mot de code, n'est typiquement pas applicable dans les scénarios de forte mobilité car le CQI remonté pour le premier mot de code n'est pas assez fiable pour lui assurer de bonnes performances. Dans ces conditions, il est préférable de mettre en œuvre un égaliseur MMSE linéaire. Comme ce dernier offre le même SINR aux différentes couches spatiales en CDD, le même MCS est employé pour chaque mot de code ; retourner un CQI pour un seul des mots de code est donc suffisant.

La CDD n'est utilisée que dans le cas où le rang du canal est supérieur à 1. Dans le cas contraire, la diversité de transmission est utilisée. La sélection entre ces deux schémas de transmission est effectuée dynamiquement par l'eNodeB en fonction du rang du canal.

Le MU-MIMO n'est pas possible en boucle ouverte, puisqu'il est alors impossible de servir des UE dans des faisceaux bien séparés spatialement de façon à minimiser l'interférence multi-utilisateurs.

## Schémas MIMO possibles en voie montante

Le LTE Release 8 n'autorise que la transmission mono-antenne en voie montante. Deux schémas apparentés au MIMO sont cependant utilisables : la sélection d'antenne d'émission et le MU-MIMO, que nous décrivons ci-après. Les transmissions multi-antennes sont introduites pour la voie montante en Release 10, que nous décrirons au chapitre 23.

### La sélection d'antenne

Pour les UE disposant de deux antennes d'émission, la norme permet de sélectionner celle qui offre le meilleur canal. On notera que, puisqu'une seule antenne peut être active à un instant donné, une seule chaîne d'émission radiofréquence est requise au sein de l'UE. La sélection peut s'effectuer selon deux schémas.

- En boucle ouverte, l'UE sélectionne de manière autonome l'antenne à utiliser. Ce schéma est laissé à l'implémentation et n'est pas spécifié.
- En boucle fermée, l'eNodeB signale à l'UE quelle antenne utiliser, via un masque spécifique appliqué aux bits de parité du CRC du PDCCH utilisé pour le scheduling du PUSCH (voir le chapitre 8).

Pour que l'eNodeB puisse estimer le canal de chacune des antennes d'émission, un UE proposant la sélection d'antenne en boucle fermée transmet ses signaux de référence de sonde (SRS, voir le chapitre 7) alternativement depuis chaque antenne.

### Le MU-MIMO

Bien que l'émission de chaque UE n'utilise qu'une seule antenne à un instant donné, un ensemble de deux UE émettant simultanément sur les mêmes ressources constitue un système MIMO $2 \times N$, où $N$ est le nombre d'antennes de réception à l'eNodeB.

Ainsi, l'eNodeB peut servir deux UE en MU-MIMO sur les mêmes ressources, à condition que leurs signaux soient séparables à la réception. Cette séparation s'effectue notamment dans le domaine spatial par un traitement du signal approprié (par exemple de type IRC), éventuellement combiné à une annulation d'interférence de type SIC. Du fait du besoin de séparation spatiale, de bonnes performances du MU-MIMO en voie montante seront plus facilement atteintes avec un grand nombre d'antennes de réception (par exemple, 4). Le MU-MIMO en voie montante est entièrement géré par le scheduler de manière transparente pour l'UE ; la norme ne prévoit pas de mécanisme particulier pour sa mise en œuvre.

# Modes de transmission

Il existe plusieurs types de configuration de l'UE pour le MIMO en voie descendante, appelés *modes de transmission*, souvent abrégés en TM (*Transmission Mode*) dans la norme. Chacun est associé à un schéma MIMO particulier. Pour la voie montante, il n'existe par défaut qu'un seul mode de transmission, qui n'est donc pas identifié explicitement comme tel dans les spécifications.

L'UE est configuré dans un mode de transmission de manière semi-statique par la couche RRC. Le mode de transmission détermine les configurations possibles de retour d'information sur l'état du canal, les formats des informations portées par le PDCCH (appelés *formats de DCI*, pour *Downlink Control Information*) et son espace de recherche (voir le chapitre 12), ainsi que les signaux de référence à utiliser pour la démodulation. De cette façon, le mode de transmission semi-statique réduit la charge de signalisation dynamique. Le tableau suivant liste les différents modes possibles ainsi que leurs caractéristiques principales.

Ainsi, la notion de mode de transmission a une définition précise en LTE, qui ne doit pas être confondue avec les modes MIMO employés généralement dans la littérature, désignant par exemple le SU-MIMO et le MU-MIMO comme deux *modes*.

Notons que le SU-MIMO en boucle fermée et le MU-MIMO se trouvent dans deux modes différents, les modes 4 et 6 respectivement. Ainsi, lorsqu'un UE est configuré dans le mode de transmission 6 (MU-MIMO), il est contraint de ne recevoir qu'une seule couche spatiale, même si son canal lui permet d'en recevoir plusieurs et s'il n'est pas possible de trouver un autre UE pouvant être servi sur les mêmes ressources. Cette rigidité limite donc les performances du système par rapport à une commutation dynamique entre SU- et MU-MIMO. Cet inconvénient est corrigé dans la Release 10.

Pour les modes de transmission 3 à 6, il est toujours possible d'utiliser la diversité de transmission comme mode de repli pour transmettre le PDSCH. Ce mode de repli est nécessaire pour assurer le maintien de la connexion entre l'UE et l'eNodeB en cas de situation anormale. Une telle situation peut par exemple se produire dans le cas où l'UE est configuré dans l'un des modes de transmission 4 à 6 (basés sur le retour de PMI), lorsque le retour sur l'état du canal de l'UE n'est plus fiable en raison de l'accroissement de la vitesse de l'UE. La reconfiguration dans un mode de transmission plus robuste (par exemple, le mode 3) demande alors une signalisation RRC, ce qui implique un délai pendant lequel le mode de transmission courant n'est plus adapté.

L'utilisation soit du mode MIMO associé au mode de transmission, soit de la diversité de transmission, est signalée via le format de DCI transmis dans le PDCCH. Chaque mode de transmission est associé à deux formats de DCI : celui qui est adapté à signaler les informations de contrôle nécessaires à la mise en œuvre du schéma MIMO associé, et le format 1A associé à la diversité de transmission. L'UE cherche à décoder le PDCCH selon les deux formats de DCI associés au mode de transmission afin de déterminer le schéma MIMO qui a été utilisé pour transmettre le PDSCH, comme expliqué au chapitre 12.

Pour les allocations de ressources semi-persistantes (voir le chapitre 10), seule la diversité de transmission (et donc le format de DCI 1A) est utilisée pour les modes de transmission 2 à 6, puisque les paramètres MIMO ne peuvent plus être signalés dynamiquement.

Les modes de transmission ne sont utilisés que pour le transfert de données dédiées à l'UE. Pour transmettre des informations communes à l'ensemble des UE (paging, Informations Système) ou de signalisation (le *Message2* de la procédure d'accès aléatoire), seule la diversité de transmission est possible.

**Modes de transmission (C-RNTI)**

| Mode de transmission | Format de DCI | Espace de recherche du PDCCH | Schéma de transmission du PDSCH correspondant au PDCCH |
|---|---|---|---|
| Mode 1 | 1A | Commun et spécifique à l'UE par C-RNTI | Mode mono port d'antenne, port 0 |
| | 1 | Spécifique à l'UE par C-RNTI | Mode mono port d'antenne, port 0 |
| Mode 2 | 1A | Commun et spécifique à l'UE par C-RNTI | Diversité de transmission |
| | 1 | Spécifique à l'UE par C-RNTI | Diversité de transmission |
| Mode 3 | 1A | Commun et spécifique à l'UE par C-RNTI | Diversité de transmission |
| | 2A | Spécifique à l'UE par C-RNTI | CDD ou Diversité de transmission |
| Mode 4 | 1A | Commun et spécifique à l'UE par C-RNTI | Diversité de transmission |
| | 2 | Spécifique à l'UE par C-RNTI | SU-MIMO en boucle fermée ou Diversité de transmission |
| Mode 5 | 1A | Commun et spécifique à l'UE par C-RNTI | Diversité de transmission |
| | 1D | Spécifique à l'UE par C-RNTI | MU-MIMO |
| Mode 6 | 1A | Commun et spécifique à l'UE par C-RNTI | Diversité de transmission |
| | 1B | Spécifique à l'UE par C-RNTI | SU-MIMO en boucle fermée utilisant une seule couche spatiale |
| Mode 7 | 1A | Commun et spécifique à l'UE par C-RNTI | Si le PBCH est transmis sur un seul port d'antenne, mode mono port d'antenne sur le port 0 Sinon, diversité de transmission |
| | 1 | Spécifique à l'UE par C-RNTI | Mode mono port d'antenne, port 5 (beamforming non basé sur le dictionnaire) |

# Références

[3GPP 36.211, 2009]   Spécification technique 3GPP TS 36.211, *E-UTRA, Physical channels and modulation*, v8.9.0, décembre 2009.

[3GPP 36.212, 2009]   Spécification technique 3GPP TS 36.212, *E-UTRA, Multiplexing and channel coding*, v8.8.0, décembre 2009.

[3GPP 36.213, 2009]   Spécification technique 3GPP TS 36.213, *E-UTRA, Physical layer procedures*, v8.8.0, septembre 2009.

[3GPP MIMO, 2007]  MIMO Ad-hoc session, *Text Proposal for TS36.211 for 4-Tx Antenna SU-MIMO Codebook*, Contribution R1-073206, 3GPP TSG RAN WG1 #49bis, juin 2007.

[Beverage, Peterson, 1931]  H. H. Beverage and H. O. Peterson, *Diversity Receiving System of R.C.A. Communications, Inc., for Radiotelegraphy*, Proceedings of the Institute of Radio Engineers, 1931.

[Ericsson, 2007]  Ericsson, *4 Tx Precoding Codebooks for Polarized Antenna Setup in LTE DL*, Contribution R1-073045, 3GPP TSG RAN WG1 #49bis, juin 2007.

[Gesbert *et al.*, 2007]  D. Gesbert, M. Kountouris, R. W. Heath, C.-B. Chae, T. Sälzer, *Shifting the MIMO Paradigm*, IEEE Signal Processing Magazine, septembre 2007.

[Golub, Van Loan, 1996]  G. H. Golub, C. F. Van Loan, *Matrix Computations*, 3$^e$ édition, The Johns Hopkins University Press, 1996.

[Nokia, 2006]  Nokia, *Impact of the maximum number of codewords on the 4x4 LTE system performance*, Contribution R1-062829, 3GPP TSG RAN WG1 #46bis, octobre 2006.

[Nokia Siemens Networks, Nokia, 2008]  Nokia Siemens Networks, Nokia, *Considerations on SC-FDMA and OFDMA for LTE-Advanced Uplink*, Contribution R1-084319, 3GPP TSG RAN WG1 #55, novembre 2008.

[Nokia Siemens Networks, Nokia, 2009]  Nokia Siemens Networks, Nokia, *Comparing performance, complexity and latency of SC-FDMA SIC and OFDM MLD*, Contribution R1-090232, 3GPP TSG RAN WG1 #55bis, janvier 2009.

[Samsung, 2008]  Samsung, *Open-Loop SM for High-speed UEs*, Contribution R1-080052, 3GPP TSG RAN WG1 #51bis, janvier 2008.

[Texas Instruments, 2006]  Texas Instruments, *Codebook Design for E-UTRA MIMO Pre-coding*, Contribution R1-062650, 3GPP TSG RAN WG1 #46bis, octobre 2006.

[Texas Instruments, 2007]  Texas Instruments, *Further Details on Codebook-Based Pre-coding for E-UTRA*, Contribution R1-070270, 3GPP TSG RAN WG1 #47bis, janvier 2007.

[Tse, Viswanath, 2005]  D. Tse and P. Viswanath, *Fundamentals of Wireless Communication*, Cambridge University Press, 2005.

[Visoz *et al.*, 2010]  R. Visoz, A. O. Berthet, M. Lalam, *Semi-Analytical Performance Prediction Methods for Iterative MMSE-IC Multiuser MIMO Joint Decoding*, IEEE Transactions on Communications, septembre 2010.

# 6

# Transmissions multiporteuses

**Sommaire :** *Qu'est-ce que l'OFDM et pourquoi l'adopter ? – L'OFDMA – Une version de l'OFDM modifiée pour la voie montante : le SC-FDMA – Les paramètres de l'OFDM et du SC-FDMA en LTE*

Ce chapitre s'attache à décrire les modulations multiporteuses sur lesquelles repose l'interface radio du LTE : l'OFDM et le SC-FDMA, ainsi que leurs paramètres normalisés.

La transmission en LTE est basée sur une modulation de plusieurs porteuses appelée OFDM (pour *Orthogonal Frequency Division Multiplexing*). L'OFDM est utilisée en voie descendante, ainsi que le mode d'accès multiples reposant sur l'OFDM : l'OFDMA (*Orthogonal Frequency Division Multiple Access*). En voie montante, on utilise une modulation dérivée de l'OFDM appelée SC-FDMA (pour *Single Carrier Frequency Division Multiple Access*). L'OFDM, l'OFDMA et le SC-FDMA seront respectivement décrits dans les trois premières sections. La dernière section donnera ensuite les paramètres de l'OFDM et du SC-FDMA choisis en LTE.

## L'OFDM

L'introduction de l'OFDM constitue une rupture avec l'UMTS, qui était basé sur une modulation monoporteuse avec étalement de spectre et accès multiple à répartition par codes (*CDMA*, pour *Code Division Multiple Access*) [Tse, Viswanath, 2005]. Les motivations pour passer à l'OFDM sont multiples :
- flexibilité de déploiement sur différentes largeurs de bande ;
- gestion de très larges bandes ;
- suppression de l'interférence *intracellulaire* ;
- adéquation au MIMO ;
- simplicité de l'égalisation ;

- prise en charge du scheduling adaptatif en fréquence ;
- flexibilité de l'accès multiple.

Afin de comprendre comment ces différents avantages apparaissent, commençons par rappeler les grands principes de l'OFDM.

## Principes de la modulation OFDM

L'OFDM découpe la bande du système en un grand nombre de porteuses individuelles appelées *sous-porteuses* [Li, Stüber, 2006], [Tse, Viswanath, 2005]. Dans le cas d'une seule couche spatiale, un symbole de modulation (par exemple QPSK), précodé dans le cas du MIMO, est transmis par sous-porteuse à un instant donné. Pour simplifier l'exposé, nous ne considérons qu'une seule couche spatiale dans le reste de ce chapitre. Les sous-porteuses sont dites orthogonales car, pour une transmission idéale, un symbole transmis sur une sous-porteuse peut être démodulé sans interférence de la part des sous-porteuses adjacentes.

La modulation OFDM est réalisée en bande de base par une transformée de Fourier discrète inverse (*IDFT*, pour *Inverse Discrete Fourier Transform*) des symboles de modulation, afin de passer du domaine fréquentiel au domaine temporel. Le schéma du modulateur OFDM est décrit à la figure suivante, où S/P et P/S désignent respectivement des convertisseurs série/parallèle et parallèle/série. Le bloc d'échantillons complexes $\{d_n\}$ obtenus en sortie de l'IDFT, qui représente le signal dans le domaine temporel correspondant au bloc de symboles de modulations $\{a_n\}$ émis sur les différentes sous-porteuses, est appelé un *symbole OFDM*. À ce bloc, on ajoute un *préfixe cyclique* (CP, défini plus loin), de longueur $P$ exprimée en nombre d'échantillons temporels. Les échantillons de signal dans le domaine temporel sont ensuite mis en forme par un filtre ayant pour réponse impulsionnelle une fonction porte (nous supposons que cela est fait dans l'étage radiofréquence), avant de subir les autres traitements radiofréquence (RF) puis d'être envoyés sur l'antenne correspondante.

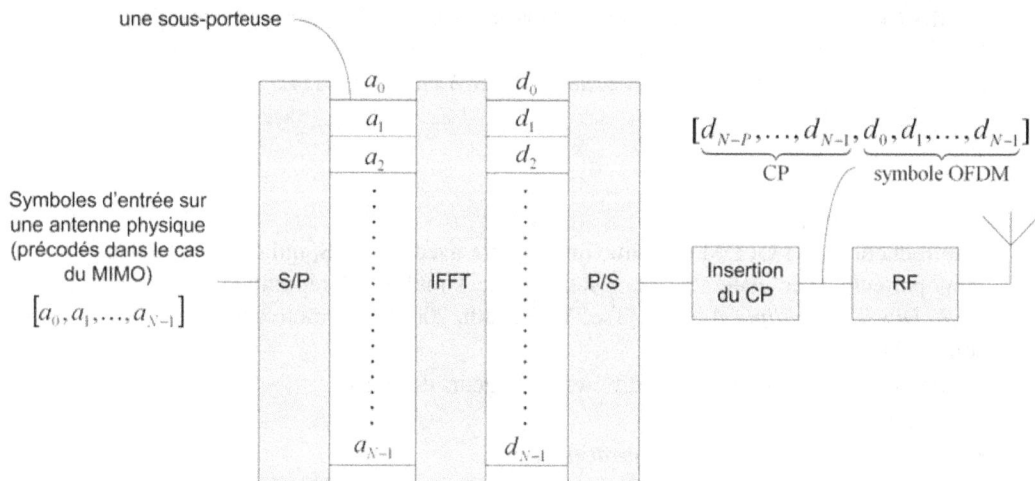

Figure 6-1
*Schéma de principe d'un modulateur OFDM*

En pratique, l'IDFT est assurée par une transformée de Fourier rapide inverse (*IFFT*, pour *Inverse Fast Fourier Transform*), qui permet une implémentation de faible complexité dans les circuits réalisant les fonctions élémentaires pour le traitement du signal [Golub, Van Loan, 1996].

Pour éviter qu'ils s'interfèrent, on laisse entre deux symboles OFDM consécutifs un intervalle de garde, qui absorbe les répliques du signal dues aux trajets multiples. En réalité, au lieu d'un intervalle de garde vide, on recopie la fin du symbole OFDM à son début, formant ainsi ce qu'on appelle un *préfixe cyclique* (CP). En plus d'effectivement supprimer l'interférence entre symboles OFDM, le CP fait apparaître le signal comme périodique (ou cyclique) sur l'horizon temporel formé du CP et du symbole OFDM. On peut montrer que cette dernière propriété a l'effet bénéfique de pouvoir exprimer le filtrage du symbole OFDM par le canal comme la multiplication dans le domaine fréquentiel du symbole porté par chaque sous-porteuse par un scalaire complexe égal à la réponse en fréquence du canal sur cette sous-porteuse [Tse, Viswanath, 2005]. Ainsi, le CP assure l'orthogonalité entre sous-porteuses dans le domaine fréquentiel, en assurant que le signal reçu sur une sous-porteuse contient uniquement une contribution du symbole émis sur cette même sous-porteuse, sans contribution des symboles émis sur les sous-porteuses adjacentes. Dans le domaine temporel, le CP donne les moyens au récepteur de récupérer l'intégralité du signal utile porté par chaque trajet du canal dans la fenêtre de traitement de la FFT (voir plus loin pour une description du démodulateur OFDM), comme illustré à la figure suivante. De même, il permet à la transmission de tolérer des erreurs de synchronisation en temps. Pour remplir ces rôles, le CP doit être dimensionné pour avoir une durée supérieure à la dispersion des retards du canal dans l'environnement considéré. Le préfixe cyclique est supprimé à la réception, puisqu'il ne porte pas d'information additionnelle par rapport à la partie utile du symbole OFDM. On note que le prix à payer pour les avantages offerts par le préfixe cyclique est une transmission d'énergie qui ne porte pas d'information, mais occupe des ressources radio qui ne peuvent donc pas être allouées à une transmission de données.

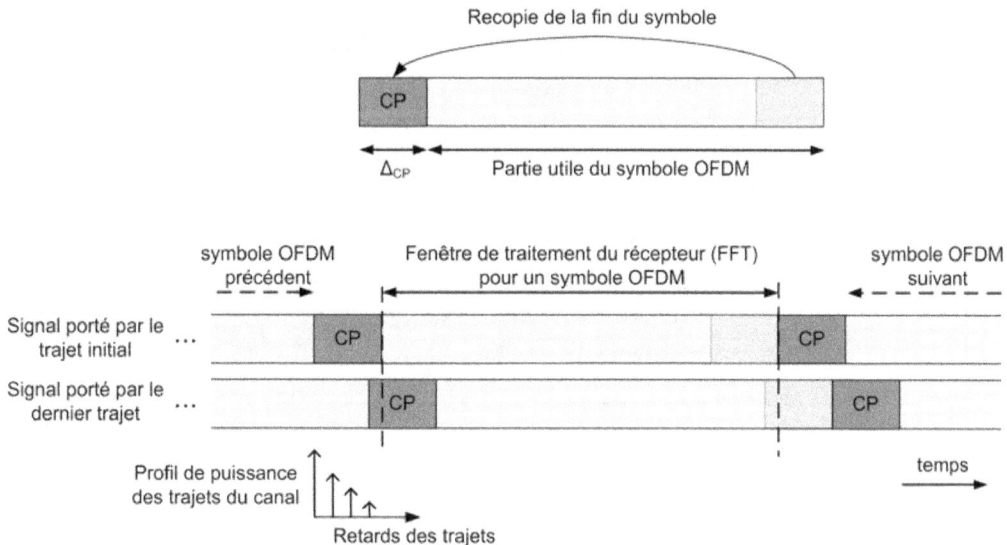

Figure 6-2
*Illustration de la protection contre l'interférence entre symboles OFDM assurée par le préfixe cyclique*

En OFDM, la forme d'onde utilisée dans le domaine temporel est typiquement rectangulaire, ce qui a pour effet de donner au signal sur chaque sous-porteuse une forme en sinus cardinal (sin(x)/x)dans le domaine fréquentiel. Comme la densité spectrale de puissance de la transmission doit respecter un masque imposé afin de ne pas créer d'interférence sur les canaux adjacents, des bandes de garde sont créées de part et d'autre de la bande utile en laissant un certain nombre de sous-porteuses inutilisées (les entrées de l'IFFT correspondantes sont mises à zéro).

Les paramètres importants d'un système OFDM sont ainsi résumés ci-après et leur relation est illustrée à la figure suivante :

- la durée du préfixe cyclique $\Delta_{CP}$ qui doit être supérieure à la dispersion des retards du canal ;
- la durée de la partie utile du symbole OFDM $T$, qui doit être grande devant la dispersion des retards du canal (pour limiter la perte d'efficacité spectrale due au CP) et faible devant le temps de cohérence du canal (pour que l'ensemble du symbole OFDM soit affecté de la même façon par le canal) ;
- le nombre de sous-porteuses $N_{FFT}$ (incluant les sous-porteuses de garde), égal à la taille de la FFT/IFFT ;

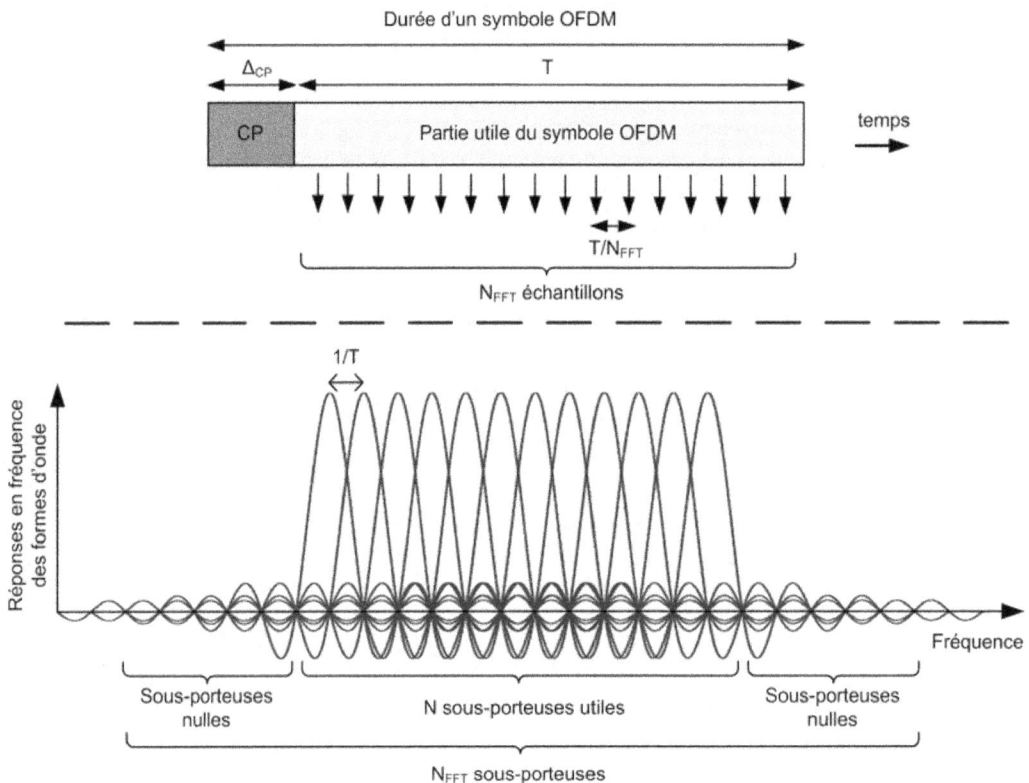

Figure 6-3
*Relation entre les paramètres temporels (haut) et fréquentiels (bas) d'un signal OFDM*

- la période d'échantillonnage des symboles modulés en entrée du modulateur/démodulateur OFDM, égale à $T/N_{FFT}$ ;

- l'espacement entre sous-porteuses, égal à $1/T$, qui doit être faible pour maximiser l'efficacité spectrale, mais suffisamment grand pour que l'effet Doppler n'affecte pas l'orthogonalité entre les sous-porteuses ;

- le nombre de sous-porteuses utiles et nulles, fonction du masque d'émission.

En pratique, les imperfections de la chaîne de transmission peuvent engendrer une interférence entre sous-porteuses et/ou entre symboles OFDM [Li, Stüber, 2006]. Citons en particulier les erreurs de synchronisation en temps et fréquence, un CP trop court par rapport à la dispersion des retards du canal, ou encore une vitesse de l'UE trop élevée par rapport à l'espacement entre sous-porteuses. Le lecteur pourra se reporter à [Montojo, Milstein, 2009] pour une évaluation de la sensibilité des performances de l'OFDM aux imperfections de la transmission. Les systèmes et équipements sont néanmoins conçus de manière à minimiser ces imperfections. Dans cet ouvrage, nous supposerons que les interférences entre sous-porteuses et entre symboles OFDM sont absentes, sauf si explicitement indiqué.

## Égalisation et démodulation en OFDM

Chaque sous-porteuse occupe une largeur de bande faible devant la bande de cohérence du canal, de sorte que la réponse en fréquence du canal puisse être considérée comme plate sur la sous-porteuse, comme illustré sur la figure suivante. On voit que, contrairement à une transmission monoporteuse où la sélectivité en fréquence du canal distord sévèrement le signal émis, le signal reçu sur chaque sous-porteuse en OFDM est simplement affecté par une atténuation (complexe). En effet, d'une part le préfixe cyclique permet d'exprimer la composante de signal utile reçue sur chaque sous-porteuse comme le produit du symbole émis et de la fonction de transfert du canal sur cette sous-porteuse, et d'autre part le canal vu par une sous-porteuse est plat en fréquence.

Les évanouissements en fréquence du canal peuvent entraîner la perte des symboles de modulation émis sur les sous-porteuses les subissant. L'ODFM doit ainsi impérativement être associée au codage de canal et à un entrelacement en fréquence sur les canaux sélectifs en fréquence. En effet, nous avons vu au chapitre 4 que le codage de canal distribue un bit d'information sur plusieurs symboles de modulation. Si l'un de ces symboles n'est pas détectable à cause d'un évanouissement profond de sa sous-porteuse, les bits d'information qu'il porte auront une chance d'être décodés malgré tout s'ils sont également transmis sur d'autres sous-porteuses moins atténuées. Le codage de canal permet ici d'exploiter la diversité en fréquence.

En réception, le démodulateur effectue les opérations inverses à celles de la modulation, comme décrit à la figure suivante. Par commodité, $N_{FFT}$ est simplement noté $N$ sur la figure. Pour les raisons que nous venons d'expliquer, le signal reçu sur une sous-porteuse $i$ entre une antenne d'émission et une antenne de réception s'exprime comme la somme du symbole émis multiplié par un coefficient de canal scalaire complexe $h_i$, et d'un terme d'interférence et de bruit $z_i$. L'opération d'égalisation, qui vise à compenser l'effet du canal (voir le chapitre 3), peut ainsi être réalisée simplement dans le domaine fréquentiel, en multipliant l'échantillon reçu sur chaque sous-porteuse par un scalaire complexe. Il est important de remarquer que le traitement d'égalisation s'effectue indépendamment pour chaque sous-porteuse. Dans le cas du MIMO, l'égalisation sur une sous-porteuse traite conjointement les signaux reçus des différentes antennes de réception, comme décrit au chapitre 5. En sortie de l'égalisation, les symboles estimés (notés $\{\hat{a}_n\}$) sont finalement délivrés au décodage de canal.

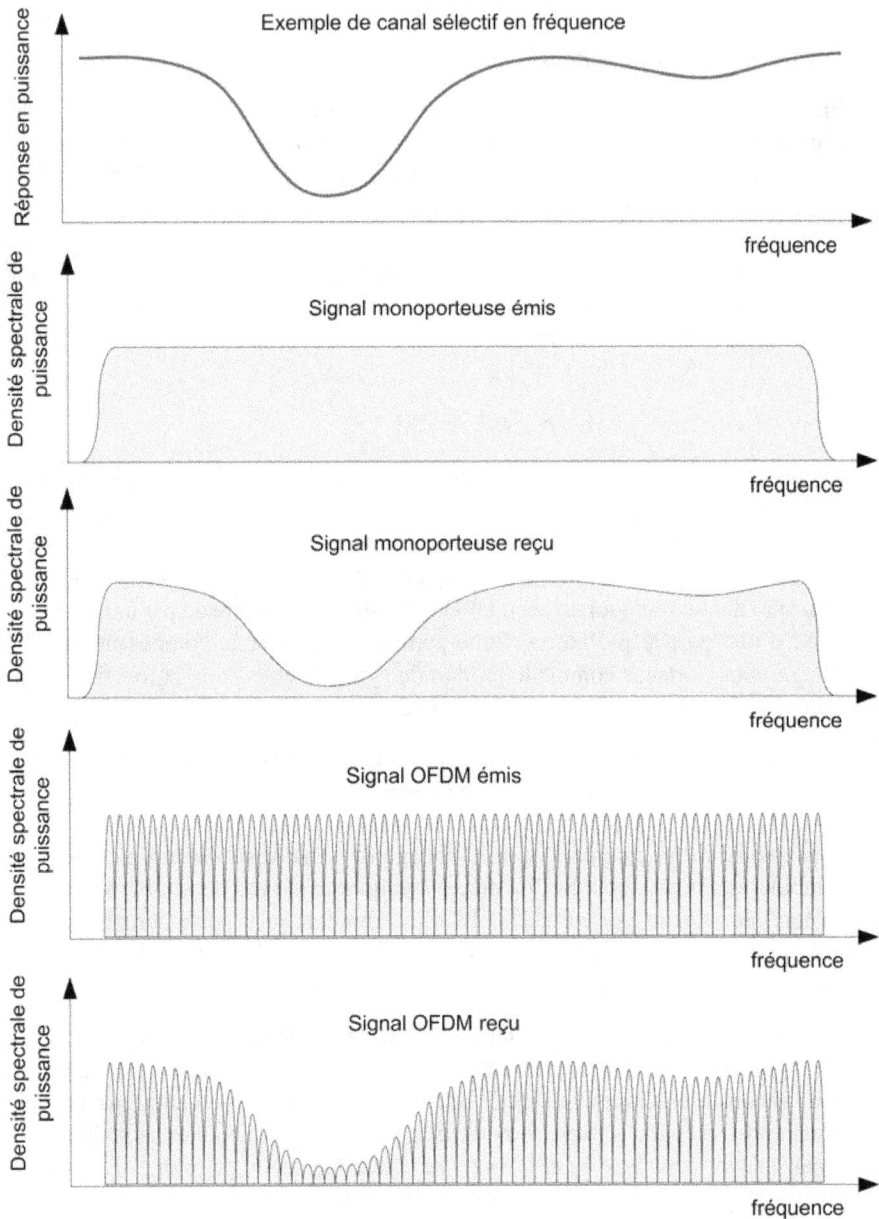

Figure 6-4

*Représentation de l'influence d'un canal sélectif en fréquence sur un signal OFDM et un signal monoporteuse*

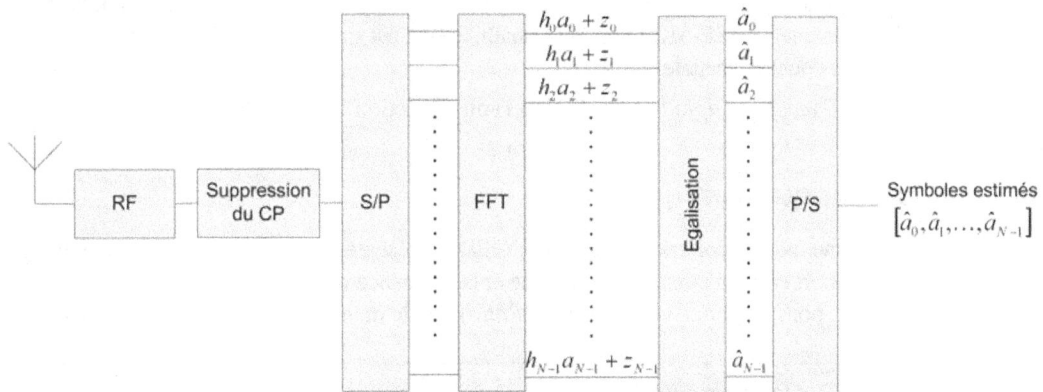

*Schéma de principe d'un démodulateur OFDM*

Du fait des spécificités de la modulation OFDM, des fonctions d'estimation du canal et de synchronisation spécifiques doivent être mises en œuvre. Le lecteur intéressé pourra, par exemple, se reporter à la référence [Li, Stüber, 2006] pour plus d'informations sur ces aspects.

## Synthèse des avantages de l'OFDM

Les avantages de l'OFDM sont les suivants.

- *Flexibilité de déploiement sur différentes largeurs de bande* : l'OFDM s'adapte à différentes largeurs de bande en variant le nombre de sous-porteuses (et donc la taille de la FFT/IFFT et la période d'échantillonnage), les autres paramètres restant identiques. Cette propriété est bénéfique en termes d'adaptabilité à des disponibilités de spectre variées à travers différentes régions du globe.

- *Gestion de très larges bandes* : en transmission monoporteuse, la durée d'un symbole d'information est grossièrement égale à l'inverse de la largeur de bande occupée par la transmission [Proakis, 2000]. Pour une bande de 20 MHz, la durée du symbole en transmission monoporteuse devrait donc être de l'ordre de 50 nanosecondes, soit quatre fois moins que la durée d'un symbole élémentaire en UMTS (appelé chip) [3GPP 25.201, 2008]. Réduire la durée symbole augmente la longueur de la réponse impulsionnelle du filtre équivalent au canal de transmission ainsi que le nombre de trajets distinguables et, par là, l'interférence entre symboles et la sélectivité en fréquence du canal (voir le chapitre 3). Cela rend alors plus complexe l'égalisation dans le domaine temporel. En OFDM, l'orthogonalité entre les sous-porteuses supprime l'interférence entre symboles et l'égalisation s'effectue aisément dans le domaine fréquentiel.

- *Prise en charge du scheduling adaptatif en fréquence* : lorsqu'un utilisateur n'occupe pas toute la largeur de bande du système, l'OFDM permet de lui allouer sélectivement des sous-porteuses où la réponse en puissance du canal est forte, de manière à maximiser sa qualité de canal. Le scheduling adaptatif en fréquence sera détaillé au chapitre 10.

- *Adéquation au MIMO* (voir le chapitre 5) : grâce à l'absence d'interférence entre symboles, l'OFDM offre au MIMO de meilleures performances que le CDMA à récepteur équivalent, typiquement basé sur un égaliseur linéaire. Par ailleurs, un récepteur avancé, par exemple basé sur l'annulation d'interférence comme le MMSE-SIC [Tse, Viswanath, 2005], est simplifié en OFDM car il n'a que l'interférence entre couches spatiales à traiter.

* *Facilité de l'accès multiple par l'OFDMA* (voir la section « L'OFDMA », ci-dessous).

## Le PAPR et la métrique cubique

Par rapport à une modulation monoporteuse, l'OFDM présente l'inconvénient d'augmenter significativement le rapport entre la puissance moyenne et la puissance maximale du signal (abrégé communément en PAPR, pour *Peak to Average Power Ratio*), ou de manière équivalente la *métrique cubique*.

---

**PRÉCISION PAPR et métrique cubique**

Le PAPR et la métrique cubique représentent tous deux la réduction de puissance qui doit être appliquée au signal en entrée d'un amplificateur de puissance afin de rester dans sa plage d'amplification linéaire par rapport à un signal de référence [Motorola, 2004]. En effet, sortir de cette plage introduit une distorsion sur le signal de sortie, qui entraîne en particulier des transmissions non désirées (fuites sur le canal adjacent, harmoniques), pouvant violer le masque d'émission imposé. La métrique cubique, introduite plus récemment, fournit une estimation plus précise de la réduction de puissance nécessaire, et est par conséquent la métrique de référence au 3GPP. Elle reflète la puissance de sortie de l'amplificateur due au terme du troisième ordre de sa caractéristique de gain, qui est le premier responsable des fuites de puissance sur le canal adjacent. La métrique cubique, tout comme le PAPR, est une grandeur caractéristique du signal d'entrée. Le PAPR fournit cependant une compréhension plus intuitive de la manière dont le type de signal influe sur la réduction de puissance à appliquer. Ainsi, le PAPR et la métrique cubique augmentent avec l'ordre de modulation, et une somme de signaux utilisant une modulation donnée aura un PAPR et une métrique cubique plus élevés qu'un seul de ces signaux.

---

Une métrique cubique plus élevée nécessite de diminuer la puissance d'émission afin de rester dans la plage d'amplification linéaire de l'amplificateur de puissance, ce qui se traduit généralement par une réduction de l'efficacité de ce dernier (mesurée par le rapport entre l'énergie transmise et l'énergie dissipée). Une diminution de la puissance d'émission pour un amplificateur donné entraîne une réduction de la couverture et n'est donc pas souhaitable. Alternativement, augmenter la puissance crête de l'amplificateur afin d'étendre sa plage d'amplification linéaire augmente son coût et sa consommation d'énergie. Le problème d'une métrique cubique élevée se pose principalement au niveau de l'émetteur de l'UE, qui est soumis à des contraintes de coût et de consommation énergétique plus fortes que la station de base.

# L'OFDMA

En OFDM, la granularité fréquentielle fournie par le découpage de la bande du système en sous-porteuses permet de multiplexer aisément différents utilisateurs, ou différents canaux, en leur allouant des sous-porteuses différentes. L'accès multiple selon ce principe est appelé OFDMA

(*Orthogonal Frequency Division Multiple Access*) et est employé dans la liaison descendante du LTE. La figure suivante illustre le principe de l'OFDMA.

Figure 6-6
*Partage de la bande du système entre plusieurs UE en OFDMA*

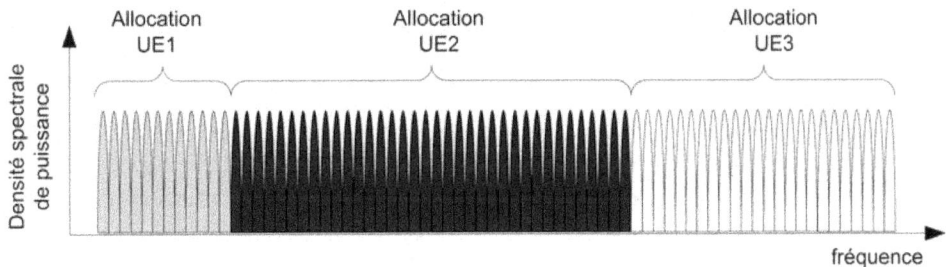

En particulier, l'OFDMA permet de dimensionner le nombre de sous-porteuses allouées à un UE en fonction de ses besoins en débit. Par exemple, un UE effectuant un appel voix, qui ne nécessite qu'un faible débit, se verra allouer un nombre de sous-porteuses bien inférieur à un UE téléchargeant un fichier volumineux.

La figure précédente représente des allocations dites *localisées*, où les sous-porteuses allouées à un UE donné sont contiguës. Ce type d'allocation est adapté au scheduling adaptatif en fréquence, où l'on souhaite viser une sous-bande particulière car l'UE y connaît de bonnes conditions de canal. Alternativement, lorsque l'émetteur ne dispose pas d'une connaissance suffisamment précise des conditions de canal d'un UE dans les différentes sous-bandes du système, on a généralement recours à une allocation *distribuée*. Ce type d'allocation répartit les sous-porteuses allouées à un UE sur la bande du système (par groupes de sous-porteuses en LTE) afin de bénéficier de la diversité en fréquence. Ces deux types d'allocation en fréquence sont représentés sur la figure suivante. Les types d'allocation de ressources définis en LTE seront décrits au chapitre 10.

Figure 6-7
*Allocations localisées et distribuées en OFDMA*

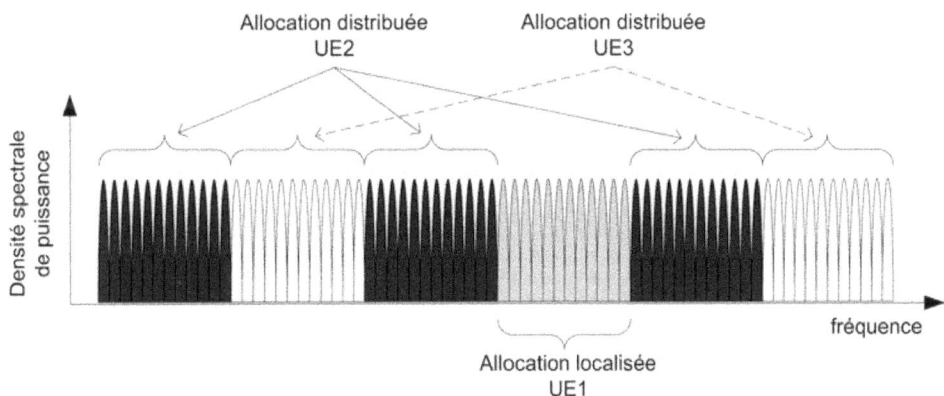

Du fait de l'attribution de sous-porteuses orthogonales et exclusives aux UE d'une même cellule, l'OFDMA ne présente pas d'interférence intracellulaire. Ceci constitue une différence majeure avec l'UMTS/HSPA, où l'interférence intracellulaire est inhérente au système en raison de l'accès multiple à répartition par codes. Le seul cas où l'interférence intracellulaire peut apparaître en OFDMA est l'emploi du MIMO multi-utilisateur, où une sous-porteuse est allouée simultanément à plus d'un utilisateur (voir le chapitre 5). À récepteurs de complexité équivalente, typiquement basés sur un égaliseur linéaire, l'OFDMA offre ainsi une meilleure qualité de canal et donc de meilleurs débits. On notera qu'une meilleure robustesse vis-à-vis de l'interférence peut être obtenue en UMTS/HSPA au prix de récepteurs plus complexes, par exemple des récepteurs de type Turbo-SIC [Visoz *et al.*, 2007].

L'OFDMA permet enfin de coordonner l'interférence intercellulaire, en créant des ressources protégées de l'interférence via une puissance d'émission réduite ou accrue sur certaines ressources, de manière coordonnée avec les cellules voisines. La coordination d'interférence intercellulaire sera décrite au chapitre 10.

# Le SC-FDMA

Le SC-FDMA est une variante de l'OFDM utilisée dans la voie montante du LTE pour réduire la métrique cubique et les inconvénients associés pour les terminaux décrits à la section « Le PAPR et la métrique cubique » p. 154, tout en conservant une bonne partie des avantages de l'OFDM.

## La modulation SC-FDMA

Le SC-FDMA peut être mis en œuvre à l'aide d'un modulateur OFDM auquel on ajoute un précodage des symboles à transmettre par une DFT, entre la conversion série-parallèle et l'opération d'IFFT. C'est de cette manière qu'est spécifié le SC-FDMA en LTE [3GPP 36.211, section 5.3.3]. Le principe d'un tel modulateur est décrit à la figure suivante. De manière similaire à l'OFDM, le signal dans le domaine temporel $\{d_0,...,d_{N-1}\}$ correspondant au bloc de symboles de modulations d'entrée $\{a_n\}$ est appelé un *symbole SC-FDMA*.

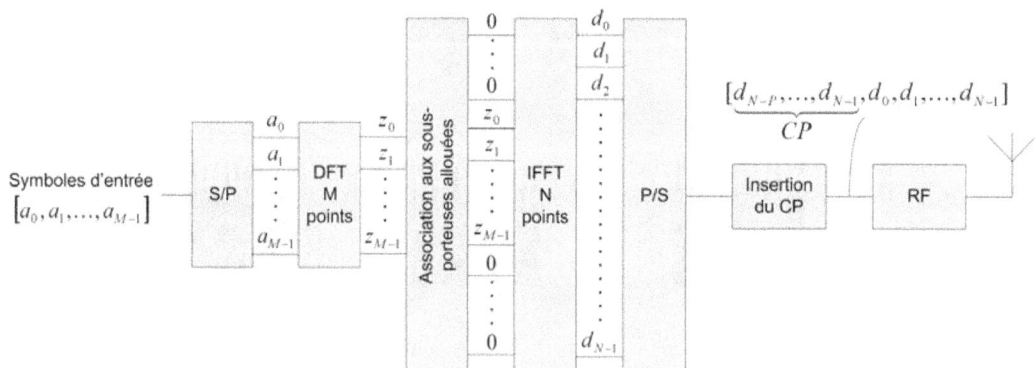

Figure 6-8
*Schéma de principe d'un modulateur SC-FDMA*

On remarque qu'un symbole émis sur une sous-porteuse est maintenant une combinaison linéaire des symboles modulés du bloc d'entrée. Par ailleurs, les sous-porteuses allouées à un UE donné ont la contrainte d'être toutes contiguës. Le précodage DFT et la contrainte de contiguïté ont pour effet de restaurer la propriété de transmission monoporteuse. On peut s'en convaincre aisément dans le cas où la DFT serait effectuée sur toute la bande du système ; dans ce cas, la cascade des opérations de DFT puis d'IFFT est équivalente à l'identité. Dans le cas d'une largeur de bande de DFT plus petite que celle du système, le SC-FDMA crée une transmission monoporteuse occupant le bloc de ressources alloué, comme illustré à la figure ci-dessous. On appelle ainsi cette variante de l'OFDM le FDMA monoporteuse ou SC-FDMA (pour *Single Carrier-FDMA*), ou encore le *DFT-Spread OFDM* qui signifie littéralement *OFDM étalée par DFT*. Dans le cas où la taille du bloc d'entrée (*M*) est inférieure à celle du bloc de sortie (*N*), un symbole transmis à un instant donné n'est cependant plus nécessairement égal à l'un des symboles d'entrée : en effet, on montre que sur le bloc de *N* symboles de sortie, *N-M* symboles sont alors une combinaison linéaire de l'ensemble des symboles du bloc d'entrée [Myung *et al.*, 2006].

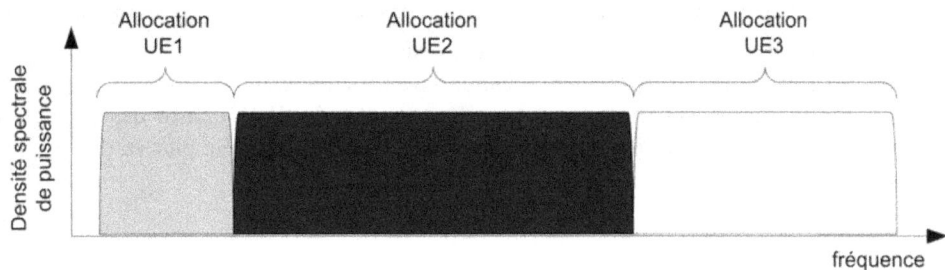

Figure 6-9
*Partage de
la bande
du système
entre plusieurs
UE en SC-FDMA*

## Propriétés et spécificités du SC-FDMA

Étant donné que dans le cas général un UE ne transmet pas sur l'ensemble de la bande du système en voie montante, un symbole transmis dans le domaine temporel est, la plupart du temps, une combinaison linéaire des symboles du bloc d'entrée. De ce fait, la métrique cubique du SC-FDMA n'est pas identique à celle d'une modulation monoporteuse conventionnelle, mais est située entre cette dernière et la métrique cubique de l'OFDM [Myung *et al.*, 2006]. Cette réduction de métrique cubique permet néanmoins d'améliorer l'efficacité énergétique de l'amplificateur de puissance et de réduire son coût par rapport à l'emploi de l'OFDM.

En revanche, le SC-FDMA conserve la plupart des propriétés utiles de l'OFDM :

- possibilité d'effectuer du scheduling adaptatif en fréquence, puisque la transmission peut être localisée sur les sous-porteuses où l'UE bénéficie d'une bonne qualité de canal ; la flexibilité d'allocation de ressources est cependant réduite, puisque les sous-porteuses ont la contrainte d'être contiguës ;
- facilité de l'égalisation dans le domaine fréquentiel, grâce au préfixe cyclique et au traitement par sous-porteuse réduit à une multiplication complexe ;
- agilité de l'application à différentes largeurs de bande ;
- possibilité d'adresser des allocations de ressources de tailles variables ;
- possibilité de multiplexage en fréquence de plusieurs UE.

Une différence importante par rapport à l'OFDM est que, la transmission SC-FDMA étant par essence monoporteuse, un symbole modulé subit la sélectivité en fréquence. L'égalisation en SC-FDMA joue donc un rôle important dans les performances de démodulation, tandis qu'en OFDM elle a essentiellement pour rôle d'assurer la combinaison cohérente du signal sur chaque sous-porteuse, la compensation de la sélectivité en fréquence sur l'ensemble de la bande de transmission n'étant pas indispensable.

On notera que l'utilisation du SC-FDMA sur la voie descendante n'est pas intéressante, car la transmission vers deux utilisateurs sur des sous-porteuses non contiguës, impérative pour profiter du scheduling adaptatif en fréquence, détruirait la propriété de transmission monoporteuse.

En voie montante, il est nécessaire que les signaux émis par les différents UE d'une même cellule soient reçus à l'eNodeB dans une fenêtre temporelle inférieure à la largeur du préfixe cyclique, afin de maintenir l'orthogonalité entre leurs sous-porteuses et de pouvoir les démoduler à l'aide d'une même FFT. Afin d'assurer cette synchronisation temporelle, l'eNodeB indique à chaque UE avec quelle avance il doit démarrer sa transmission par rapport à la fenêtre de réception. Cette procédure est appelée l'*avance de temps* (*timing advance* en anglais). L'eNodeB estime ainsi régulièrement l'instant de réception des sous-trames montantes de l'UE à partir des signaux reçus et signale à l'UE les corrections à apporter. L'avance de temps sera décrite plus en détail au chapitre 14.

# Numérologie

En LTE, les paramètres basiques de l'OFDM et du SC-FDMA sont identiques et récapitulés dans le tableau suivant. Ces paramètres sont souvent appelés *numérologie* en référence (humoristique) à leur ressemblance avec des pratiques divinatoires. Nous discutons ci-après les principaux.

**Paramètres OFDM et SC-FDMA du LTE**

| Paramètre | Largeur de bande du canal (MHz) | | | | | |
|---|---|---|---|---|---|---|
| | 1,4 | 3 | 5 | 10 | 15 | 20 |
| Espacement entre sous-porteuses $\Delta f$ | 15 kHz | | | | | |
| Fréquence d'échantillonnage (MHz) (non spécifiée) | 1,92 | 3,84 | 7,68 | 15,36 | 23,04 | 30,72 |
| Taille de FFT/IFFT (non spécifiée) | 128 | 256 | 512 | 1 024 | 1 536 | 2 048 |
| Nombre de sous-porteuses utiles (excluant DC pour OFDM) | 72 | 180 | 300 | 600 | 900 | 1 200 |
| Durée du CP | CP normal ($\Delta f$=15 kHz) :<br>  5,21 µs pour le symbole 0<br>  4,69 µs pour les symboles 1 à 6<br>CP étendu ($\Delta f$=15 kHz) : 16,67 µs | | | | | |
| Durée de la partie utile d'un symbole OFDM/SC-FDMA | 66,67 µs | | | | | |
| Nombre de symboles OFDM/SC-FDMA par slot de 0,5 ms (avec CP) | CP normal : 7<br>CP étendu ($\Delta f$=15 kHz) : 6 | | | | | |
| Largeur de bande du système (PRB) | 6 | 15 | 25 | 50 | 75 | 100 |

L'espacement entre porteuses réalise un compromis entre l'efficacité spectrale et la robustesse à l'effet Doppler, autorisant donc de hautes vitesses à l'UE. L'espacement de base de 15 kHz permet d'opérer jusqu'à une vitesse de l'UE de 350 km/h (500 km/h pour des bandes basses) tout en minimisant les pertes de performance par rapport à des vitesses plus modestes (30 km/h), conformément au cahier des charges du LTE (voir le chapitre 1).

La taille du préfixe cyclique représente un compromis entre l'efficacité spectrale et la robustesse à la dispersion des retards du canal de transmission. La largeur du CP a donc été établie afin d'absorber les retards des canaux de transmission typiques en environnement radio mobiles. Deux types de CP ont été définis : un CP court pour un mode d'opération point à point typique (de 5,21 µs pour le premier symbole et 4,69 µs pour les suivants) et un CP étendu (de 16,67 µs) pour de très grandes cellules, ou le mode de diffusion (point à multipoints) MBMS avec combinaison du signal reçu de plusieurs eNodeB par l'UE (appelé MBSFN, pour *Multicast Broadcast Single Frequency Network*), qui supporte donc des retards du canal plus importants.

On notera qu'une troisième valeur (33,33 µs) est spécifiée au niveau de la couche physique pour permettre le MBSFN sur une porteuse dédiée sur des grandes cellules. Cette valeur de PC est associée à un espacement entre porteuses plus faible (de 7,5 kHz) afin de compenser la perte d'efficacité spectrale due au plus grand PC, mais au prix d'une robustesse au Doppler plus faible. Néanmoins, le MBSFN n'étant pas fonctionnel en Release 8, nous ne considérerons pas ces paramètres dans le reste de l'ouvrage.

La durée de la partie utile du symbole OFDM est fixée à 66,67 µs quelle que soit la durée du CP, ce qui conduit à adapter le nombre de symboles OFDM par sous-trame en fonction de la largeur du CP.

La taille de la FFT et la fréquence d'échantillonnage du signal découlent directement, pour une largeur de bande donnée, du nombre de sous-porteuses et, donc, de l'espacement entre porteuses. Le tableau précédent donne des valeurs adaptées de la taille de FFT et de la fréquence d'échantillonnage pour les différentes largeurs de bande possibles. On notera que le LTE a été conçu pour demander des fréquences d'échantillonnage multiples ou fractionnaires de la fréquence de 3,84 MHz utilisée en UMTS, afin de faciliter l'implémentation d'équipements mettant en œuvre les deux technologies.

La sous-porteuse centrale, appelée *sous-porteuse continue* ou DC, n'est pas transmise en OFDM (voie descendante) car la composante continue résultante en bande de base peut poser des problèmes de bruit de quantification du signal. On notera que la numérotation des sous-porteuses en voie descendante ne porte que sur les sous-porteuses utiles. La sous-porteuse DC est cependant utilisée pour la transmission des données en SC-FDMA.

Nous avons vu au chapitre 3 que, du fait du choix de l'OFDMA et du SC-FDMA comme modes d'accès multiple, les ressources radio en voie descendante et voie montante se présentent comme une grille temps-fréquence divisée en blocs de ressources élémentaires appelés PRB (*Physical Resource Blocks*). Un PRB comprend 7 ou 6 symboles OFDM/SC-FDMA en temps (respectivement pour un préfixe cyclique normal ou étendu). La largeur de bande d'un PRB est de 180 KHz, ce qui correspond à 12 sous-porteuses pour un espacement interporteuse de 15 KHz. Le nombre de PRB dans la dimension fréquentielle en fonction de la largeur de bande du canal est rappelé dans le tableau précédent.

# Références

| | |
|---|---|
| [3GPP 25.201, 2008] | Spécification technique 3GPP TS 25.201, *Physical layer - General description*, v8.1.0, mai 2008. |
| [Golub, Van Loan, 1996] | G. H. Golub, C. F. Van Loan, *Matrix Computations*, 3ᵉ édition, The Johns Hopkins University Press, 1996. |
| [Li, Stüber, 2006] | Y. G. Li, G. L. Stüber, *Orthogonal Frequency Division Multiplexing for Wireless Communications*, Springer, 2006. |
| [Montojo, Milstein, 2009] | J. I. Montojo, L. B. Milstein, *Effects of Imperfections on the Performance of OFDM Systems*, IEEE Transactions On Communications, juillet 2009. |
| [Motorola, 2004] | Motorola, *Comparison of PAR and Cubic Metric for Power De-rating*, Contribution R1-040642, 3GPP TSG RAN WG1 #37, mai 2004. |
| [Myung *et al.*, 2006] | H. G. Myung, J. Lim, D. J. Goodman, *Single Carrier FDMA for Uplink Wireless Transmission*, IEEE Vehicular Technology Magazine, septembre 2006. |
| [Proakis, 2000] | J. G. Proakis, *Digital Communications*, Mc Graw Hill, Troisième édition, 2000. |
| [Tse, Viswanath, 2005] | D. Tse and P. Viswanath, *Fundamentals of Wireless Communication*, Cambridge University Press, 2005. |
| [Visoz *et al.*, 2007] | R. Visoz, A. O. Berthet, N. Gresset, *Advanced Transceiver Architectures for Downlink MIMO CDMA Evolution*, IEEE Transactions on Wireless Communications, août 2007. |

# 7

# Signaux de référence

**Sommaire :** *Signaux de référence en voie descendante – Signaux de référence en voie montante – Contraintes de conception*

Les signaux de référence sont une composante clé de la performance d'un système radio mobile. Leur conception est étroitement liée au MIMO ainsi qu'au schéma de modulation multiporteuse. Ce chapitre présente les signaux de référence normalisés en LTE pour les voies descendante et montante.

Les signaux de référence (RS, pour *Reference Signals*), aussi appelés *pilotes*, sont des signaux connus à l'avance du récepteur qui permettent à l'UE d'estimer son canal et, plus généralement, d'effectuer les différentes mesures définies au niveau de la couche physique. Parmi ces dernières, on distingue en particulier la puissance reçue sur les signaux de référence (RSRP, pour *Reference Signals Received Power*) et la qualité du signal reçu sur les signaux de référence (RSRQ, pour *Reference Signals Received Quality*), dont la définition est donnée dans [3GPP 36.214, 2009].

---

**PRÉCISION Principe de l'estimation de canal**

Supposons qu'une seule antenne d'émission est active pour transmettre un élément de ressource $k$ portant un signal de référence. Nous avons vu à la section « Représentation mathématique du signal » du chapitre 3, p. 71, que le signal reçu sur cet élément de ressource peut s'écrire comme suit, où l'indice $k$ indique la dépendance à l'élément de ressource $k$ et les autres notations sont celles du chapitre 3 :

$$\mathbf{r}_k = \sqrt{P}\mathbf{h}_k a_k + \mathbf{z}_k$$

Si $a_k$ est un symbole de référence, *donc connu* du récepteur, ce dernier est en mesure d'estimer le canal en appliquant la relation suivante, où nous supposons que le symbole $a_k$ est de module unité :

$$\hat{\mathbf{h}}_k = \mathbf{r}_k a_k^* = \sqrt{P}\mathbf{h}_k + \mathbf{z}_k a_k^*$$

.../...

---

Le canal estimé s'exprime donc comme la somme du vrai canal (affecté d'un terme d'amplitude dépendant de la puissance d'émission) et d'un terme d'interférence. Afin de réduire ce terme d'interférence, on moyenne généralement le canal estimé sur plusieurs éléments de ressource portant des signaux de référence, ce qui revient à effectuer des corrélations du signal reçu avec la séquence de référence :

$$\overline{\hat{\mathbf{h}}} = \frac{1}{K}\sum_{k=0}^{K-1}\hat{\mathbf{h}}_k$$

$$= \frac{1}{K}\sum_{k=0}^{K-1}\mathbf{r}_k a_k^*$$

$$= \sqrt{P}\overline{\mathbf{h}} + \frac{1}{K}\sum_{k=0}^{K-1}\mathbf{z}_k a_k^* \quad \text{où} \quad \overline{\mathbf{h}} = \frac{1}{K}\sum_{k=0}^{K-1}\mathbf{h}_k$$

Si les éléments de la séquence $\{z_k\}$ sont indépendants entre eux, indépendants de la séquence de référence et de moyenne nulle (ce qui est généralement le cas), le terme d'interférence de l'expression précédente tend vers zéro lorsque $K$ augmente, et le canal estimé tend vers la moyenne $\overline{\mathbf{h}}$ des vrais canaux sur les éléments de ressource considérés. On comprend que pour que l'estimation du canal soit précise, ce dernier doit rester approximativement constant sur les éléments de ressource entrant dans son calcul. Cette contrainte implique que la densité des éléments de ressource dédiés aux signaux de référence soit établie en rapport avec le temps et la bande de cohérence du canal dans les environnements de propagation visés.

Nous invitons le lecteur à se reporter à [Li, Stüber, 2006] pour plus de détails sur les techniques d'estimation de canal en OFDM.

La connaissance du canal sert deux buts principaux. Tout d'abord, elle est indispensable à la construction du récepteur qui, d'une part, pratique la démodulation cohérente du signal en compensant les déphasages introduits par le canal de propagation et, d'autre part, met en œuvre des traitements de réduction de l'interférence comme l'IRC et le MMSE-SIC présentés au chapitre 5. Par ailleurs, la connaissance du canal permet à l'UE de calculer les informations à retourner au réseau (PMI, RI, CQI), qui jouent un rôle clé dans les mécanismes de scheduling et d'adaptation de lien. Contrairement à la démodulation, pour laquelle les signaux de référence doivent uniquement être présents dans les blocs de ressources effectivement alloués, le retour d'information requiert la présence des signaux de référence également sur des ressources non allouées, afin de couvrir toute la bande du système avec une périodicité temporelle régulière.

Les signaux de référence ne portent pas d'information et occupent des éléments de ressource qu'il n'est pas possible de réutiliser pour transmettre des données. Leur définition doit ainsi répondre à un compromis entre les performances qu'ils apportent et la réduction du nombre de ressources utiles qu'ils entraînent.

La conception des signaux de référence est donc un facteur primordial des performances d'un système. Les sections suivantes décrivent comment sont normalisés les signaux de référence du LTE, d'abord pour la voie descendante, puis pour la voie montante.

# Signaux de référence en voie descendante

## Les différents types de signaux

Il existe trois types de signaux de référence en voie descendante, dont les caractéristiques principales sont résumées dans le tableau suivant.

Il est important de noter qu'un signal de référence en voie descendante identifie une antenne de l'eNodeB pour l'UE. Or, plusieurs antennes physiques peuvent participer à l'émission d'un seul signal de référence, l'UE n'en décelant alors qu'une seule. C'est la raison pour laquelle le 3GPP a introduit la notion déjà rencontrée de *port d'antenne*, où un port est associé à un signal de référence, et inversement. Un port d'antenne peut ainsi être vu comme une antenne *logique*, le signal associé pouvant en réalité être émis de plusieurs antennes physiques, de manière transparente pour l'UE.

**Types de signaux de référence**

| Type de RS | Usage | Précodés | Nombre de ports d'antenne (ports) |
|---|---|---|---|
| Spécifiques à la cellule (CRS) | Démodulation du PDSCH pour tous les modes de transmission, excepté le mode 7 | non | 4 (ports 0, 1, 2, 3) |
| | Démodulation des canaux communs (ex. BCH, PDCCH) | | |
| | Mesures sur les cellules voisines ou en interfréquence (par exemple pour déterminer la cellule la plus appropriée pour un handover) | | |
| | Acquisition de l'information sur le canal qui est ensuite retournée à l'eNodeB | | |
| | Assistance à l'acquisition et au suivi de la synchronisation en temps et fréquence (non spécifié) | | |
| | Éventuellement, vérification de l'identifiant de la cellule lors de la procédure d'identification (non spécifié) | | |
| Spécifiques à un UE | Démodulation du PDSCH dans le cas du mode de transmission 7 | Oui, comme le PDSCH | 1 (port 5) |
| MBSFN | Démodulation du PMCH (MBSFN) et défini uniquement pour le préfixe cyclique étendu | Non | 1 (port 4) |

Les signaux de référence MBSFN sont utilisés pour la démodulation du PMCH (*Physical Multicast CHannel*) utilisé pour le MBSFN ; nous ne décrirons pas ces signaux, car le MBSFN ne peut être mis en œuvre dans la Release 8.

Les signaux de référence spécifiques à la cellule sont les signaux de base en LTE et remplissent de multiples fonctions, comme détaillé dans le tableau précédent. On peut définir un, deux ou quatre port(s) d'antenne pour les CRS, tandis que les autres signaux de référence correspondent à un port d'antenne unique. Ainsi, seuls les CRS permettent de mettre en œuvre le multiplexage spatial, les signaux de référence spécifiques à un UE ou pour le MBSFN n'autorisant la transmission que d'une seule couche spatiale. Comme les CRS ne sont pas précodés, ils sont également les seuls à permettre la diversité de transmission par SFBC ou FSTD. Les CRS sont transmis à chaque sous-trame, sur toute la bande du système, quelle que soit la charge du réseau. Grâce à cette caractéristique, il est possible de les utiliser pour assister la synchronisation en temps et en fréquence sans attendre les sous-trames qui portent les signaux de synchronisation (par exemple, à la transition entre les modes veille et connecté). En outre, les CRS sont typiquement mis à profit pour maintenir la synchronisation lorsque l'UE est en mode connecté. En contrepartie de cette présence permanente, les CRS provoquent de l'interférence intercellulaire et limitent la durée des phases où l'eNodeB peut se mettre en microsommeil afin d'économiser de l'énergie. Cet inconvénient est en partie résolu en Release 10 (voir le chapitre 23).

Un signal de référence spécifique à un UE est, comme son nom l'indique, propre à un UE particulier. En particulier, il subit le même précodage que les données destinées à l'UE visé. Ce type de signal de référence est particulièrement destiné à la mise en œuvre du beamforming non basé sur l'usage d'un dictionnaire, où les coefficients de précodage ne sont pas contraints d'appartenir à un dictionnaire prédéfini. Si dans l'absolu il est possible d'utiliser ces signaux de référence en mode FDD, ils sont plus particulièrement assignés au mode TDD, où la propriété de réciprocité du canal permet à l'eNodeB d'acquérir une information précise sur le canal de l'UE (voir le chapitre 5) à partir des signaux de référence émis par l'UE en voie montante. En outre, le précodage des signaux de référence spécifiques à un UE autorise la mise en œuvre du beamforming pour n'importe quel nombre d'antennes physiques à l'eNodeB (par exemple, huit) sans augmenter la perte d'efficacité spectrale du lien descendant. En contraste, pour les CRS, le nombre de ports d'antenne est limité à quatre, et la perte d'efficacité spectrale augmente avec le nombre de ports.

## Conception des signaux de référence

Les éléments de ressource occupés par les signaux de référence sont définis par un *motif* appliqué de manière identique à chaque sous-trame, à un décalage en fréquence près, spécifique à la cellule. La figure suivante décrit le motif des CRS pour le cas de un, deux et quatre port(s) d'antenne, ainsi que le motif des RS spécifiques à l'UE, pour le CP normal. Il existe des motifs différents pour le cas du préfixe cyclique étendu. L'ensemble des motifs normalisés est donné dans [3GPP 36.211, 2009, section 6.10].

Figure 7-1
*Motif des éléments de ressource occupés par les CRS et les RS spécifiques à l'UE (pour le CP normal)*

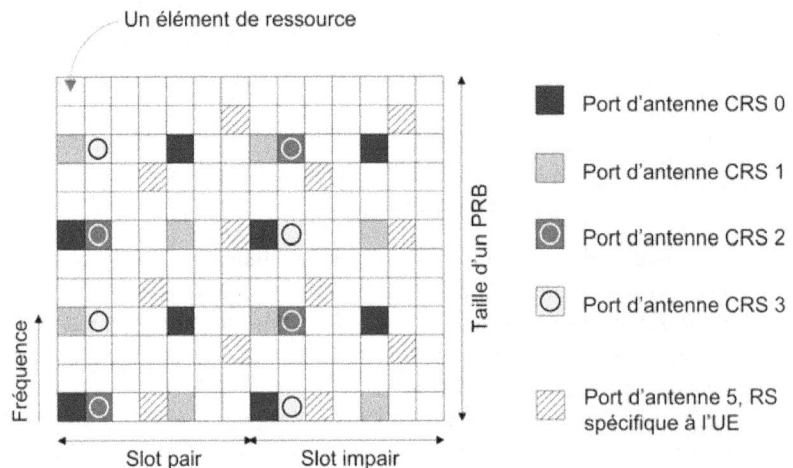

La séparation dans le domaine temporel des éléments de ressource occupés par un signal de référence conditionne la capacité à poursuivre les variations temporelles du canal, tandis que leur séparation dans le domaine fréquentiel détermine la sélectivité en fréquence de l'estimation du canal. Enfin, la densité des éléments de ressource dédiés aux signaux de référence affecte la précision de l'estimation, comme indiqué en introduction de ce chapitre. Cependant, les ressources utilisées pour les signaux de référence ne peuvent pas être utilisées pour transmettre des données, ce qui représente une perte d'efficacité spectrale pour le système. Le motif d'un signal de référence doit donc réaliser un compromis entre la précision de l'estimation du canal et la perte de ressources pour la transmission de données.

Le motif normalisé est optimisé pour une vitesse de 120 km/h et reste fonctionnel pour de très hautes vitesses (par exemple, 350 km/h) [Motorola, 2007] tout en permettant de suivre les variations du canal en fréquence pour la majeure partie des environnement de propagation attendus (par exemple, urbain, rural). La densité de CRS dans la dimension temporelle, et donc la capacité de poursuite des variations du canal, sont moindres pour quatre ports d'antenne que pour deux ports. En effet, quatre antennes sont mieux adaptées aux environnements de faible mobilité, plus favorables au SU-MIMO en raison de la meilleure précision de l'information disponible à l'eNodeB sur le canal de l'UE (voir le chapitre 5). Le taux de perte de ressources (*overhead* en anglais) dû aux CRS est de 9,5 % et 14,3 % pour le CP normal, respectivement pour deux et quatre ports d'antenne.

Pour une transmission MIMO basée sur des CRS, le récepteur doit estimer un canal par antenne d'émission. Il existe dans ce cas un motif par port d'antenne, la transmission de données sur un port étant interdite sur les éléments de ressource occupés par les CRS d'un autre port afin d'éviter l'interférence sur les CRS, comme illustré à la figure suivante.

Figure 7-2

*Disponibilité des éléments de ressource dans le cas de deux ports d'antenne CRS*

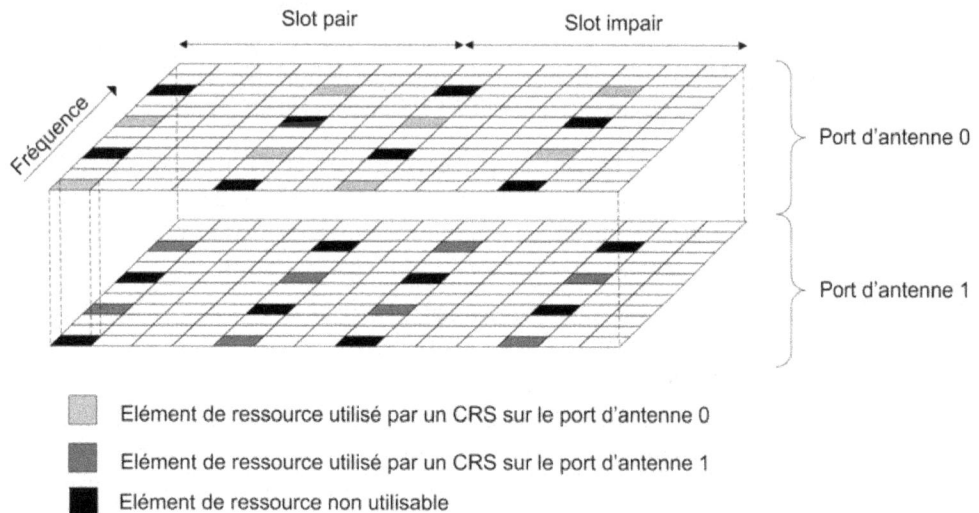

Slot pair | Slot impair

Fréquence

Port d'antenne 0

Port d'antenne 1

Elément de ressource utilisé par un CRS sur le port d'antenne 0

Elément de ressource utilisé par un CRS sur le port d'antenne 1

Elément de ressource non utilisable

Chaque signal de référence est formé d'une séquence de symboles QPSK construite à partir d'une séquence pseudo-aléatoire commune à tous les types de signaux de référence (rappelons que les signaux de référence ne portent aucune information). Cette séquence pseudo-aléatoire est une séquence *de Gold*, spécifiée dans [3GPP 36.211, 2009, section 7.2]. Le générateur de la séquence pseudo-aléatoire est initialisé à chaque symbole OFDM de manière spécifique à chaque type de signal de référence et en fonction notamment du numéro du slot, du numéro du symbole OFDM, de l'identifiant de la cellule PCI (*Physical Cell Identifier*) et de l'identifiant RNTI (*Radio Network Temporary Identifier*) de l'UE (pour les signaux de référence spécifiques à un UE uniquement). Les séquences obtenues possèdent une faible auto et intercorrélation, ce qui permet respectivement une estimation de canal précise et une bonne robustesse à l'interférence entre signaux de référence, par exemple dans le cas de cellules voisines synchronisées en temps et utilisant les mêmes ressources pour la transmission des CRS. Plus généralement, ces séquences assurent une faible intercorrélation avec d'autres séquences *ressemblant* à des séquences pseudo-aléatoires, telles que les séquences de symboles modulés portées par les PDSCH d'autres cellules.

Pour les CRS, les séquences sont définies pour la largeur de bande maximale du système LTE. Pour une largeur de bande donnée, seule la portion de séquence correspondante est transmise, de sorte qu'un UE n'a pas besoin de connaître la largeur de bande de la porteuse pour savoir quelle séquence est employée sur des ressources données. Cette propriété est nécessaire en particulier afin que l'UE puisse démoduler le BCH, qui porte l'information sur la largeur de bande de la porteuse.

## Décalage en fréquence et planification des CRS

Les CRS doivent être différenciables d'une cellule à l'autre ; pour ce faire, la séquence de symboles QPSK qui les compose est spécifique à chaque cellule. Par ailleurs, comme une bonne réception des signaux de référence conditionne la performance du système, des précautions particulières ont été prises afin de limiter l'interférence entre CRS de cellules différentes.

Ainsi, il est possible de décaler en fréquence le motif de CRS comme décrit sur la figure suivante, de sorte que trois cellules voisines (six si le réseau ne possède qu'une seule antenne d'émission) puissent être configurées pour que leurs CRS n'interfèrent pas entre eux. Dans ce cas, les CRS sont interférés par des données, ce qui présente plusieurs avantages.

• Lorsque peu de PRB sont utilisés dans les cellules voisines, c'est-à-dire à faible charge du réseau, les CRS ne subissent pas d'interférence, ce qui est bénéfique pour la qualité des mesures ou estimations qui les exploitent.

• Quelle que soit la charge du réseau, la puissance des CRS peut alors être augmentée par rapport à celle des signaux de données (cette opération est appelée *power boosting* en anglais) afin d'améliorer la qualité de la réception des CRS et, donc, des opérations associées. En effet, si les CRS de cellules voisines occupent les mêmes ressources, le power boosting n'améliore pas le rapport signal sur interférence et bruit (SINR) des CRS. On notera que l'interférence supplémentaire sur les données créée par le power boosting n'est pas dramatique, car les données bénéficient de la protection apportée par le codage de canal.

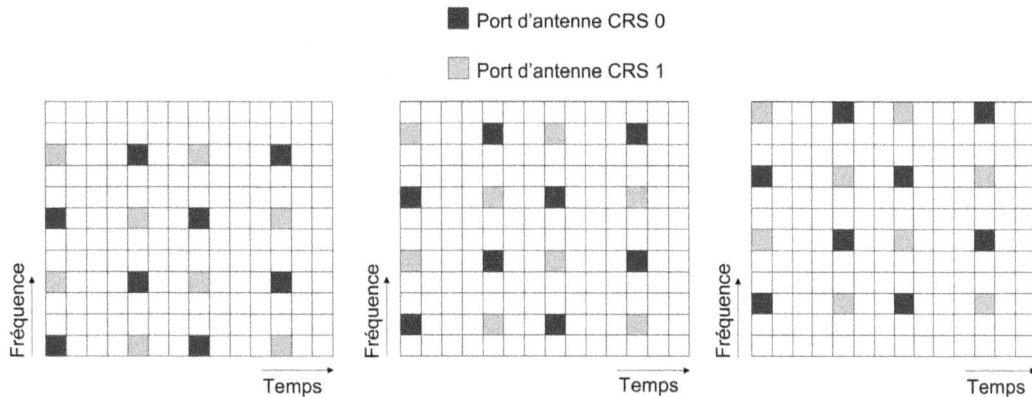

Figure 7-3
*Décalages en fréquence disponibles pour le motif de CRS (pour deux ports d'antenne)*

Ces dispositions sont particulièrement utiles lorsque les cellules sont synchronisées en temps. En effet, dans le cas contraire, des CRS de même décalage fréquentiel peuvent ne pas interférer entre eux, par exemple si les sous-trames de deux cellules mettant en œuvre deux ports CRS sont décalées d'un symbole OFDM ou deux. Puisque trois décalages en fréquence sont possibles, il apparaît ainsi judicieux de les appliquer à trois secteurs contrôlés par un même site, qui sont généralement synchronisés en temps. Comme le décalage en fréquence est fixé par l'identifiant PCI de la cellule modulo 6, l'allocation des PCI doit être planifiée de telle sorte que :

- des cellules (secteurs) contrôlées par un même site n'utilisent pas le même décalage en fréquence ;
- des cellules utilisant le même décalage en fréquence soient autant que possible éloignées les unes des autres.

De plus, deux cellules utilisant le même PCI doivent être suffisamment éloignées afin d'éviter les collisions de séquence CRS. Notons que cette dernière contrainte est par ailleurs obligatoire pour que les UE identifient sans ambiguïté les cellules.

# Signaux de référence en voie montante

Deux types de signaux de référence sont définis pour la voie montante : ceux pour la démodulation, appelés *Demodulation Reference Signals* (DMRS), et ceux pour acquérir l'information sur le canal, appelés signaux de référence de sonde ou *Sounding Reference Signals* (SRS).

## Signaux de référence pour la démodulation (DMRS)

Les DMRS sont transmis uniquement sur les ressources allouées à l'UE (pour le PUSCH ou le PUCCH), en vue de permettre une démodulation cohérente par l'eNodeB.

Comme en voie descendante, les séquences employées pour les DMRS doivent avoir de bonnes propriétés d'auto et d'intercorrélation afin de favoriser une bonne qualité d'estimation du canal, tout en distinguant des UE qui utiliseraient les mêmes ressources, soit dans la même cellule, soit dans des cellules voisines.

Les séquences employées en voie montante sont dites CAZAC (pour *Constant Amplitude Zero Auto-Correlation*) et sont basées sur des séquences dites *de Zadoff-Chu*. Ces dernières jouent un rôle clé dans la voie montante du LTE, aussi les décrivons-nous en détail dans ce qui suit.

### Les séquences de Zadoff-Chu

Les séquences de Zadoff-Chu utilisées en LTE sont définies par la formule suivante, où $q$ et $N$ sont des nombres premiers entre eux :

$$z_n^{(q)} = e^{-j\frac{\pi q n(n+1)}{N}} , \quad 0 \leq n \leq N-1$$

Le nombre $q$ est appelé l'*index* de la séquence. Les séquences de Zadoff-Chu ont les propriétés suivantes [Popovic, 1992].

- Leur amplitude est constante.
- Elles possèdent une autocorrélation circulaire nulle.
- Si $N$ est un nombre premier, l'intercorrélation circulaire entre deux séquences d'index différents est constante et faible, égale à $1/\sqrt{N}$ en valeur normalisée, où $N$ est la longueur des séquences.

Par commodité, nous nous référerons dans le reste de cet ouvrage à deux séquences de Zadoff-Chu d'index différents simplement comme à deux séquences différentes.

L'autocorrélation circulaire nulle signifie que la corrélation d'une séquence avec sa version décalée cycliquement d'un échantillon ou plusieurs est nulle. La figure suivante rappelle ce qu'on entend par décalage cyclique d'une séquence.

Figure 7-4
*Décalages cycliques*
*d'une séquence*

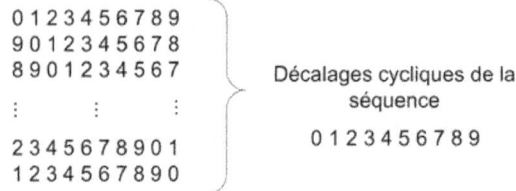

```
0 1 2 3 4 5 6 7 8 9
9 0 1 2 3 4 5 6 7 8
8 9 0 1 2 3 4 5 6 7
    ⋮       ⋮       ⋮
2 3 4 5 6 7 8 9 0 1
1 2 3 4 5 6 7 8 9 0
```

Décalages cycliques de la séquence

0 1 2 3 4 5 6 7 8 9

En d'autres termes, une séquence de Zadoff-Chu vérifie la relation suivante, où $\alpha$ est un décalage entier, *mod* désigne l'opération modulo et l'indice * dénote la conjugaison complexe :

$$\frac{1}{N}\sum_{n=0}^{N-1} z_n^{(q)} z_{(n+\alpha)\bmod N}^{(q)*} = \begin{cases} 1 \text{ si } \alpha = 0 \\ 0 \text{ si } \alpha \neq 0 \end{cases}$$

Dans le domaine temporel, la propriété d'autocorrélation circulaire nulle permet de séparer les différents trajets multiples du canal, comme illustré à la figure suivante. Dans cette figure, $h_j^{(n)}$ est le coefficient du trajet $j$ du canal de l'UE $n$.

De même, les signaux de référence de différents UE d'une même cellule peuvent être séparés en leur allouant une même séquence avec différents décalages cycliques, à condition que l'écart entre les décalages soit plus grand que la dispersion des retards du canal. La figure suivante représente également cet usage des séquences de Zadoff-Chu : l'UE 2 utilise une version décalée cycliquement de la séquence de l'UE 1, avec un décalage supérieur à la dispersion des retards du canal.

L'utilisation de décalages cycliques d'une même séquence crée une *zone de corrélation nulle* de la séquence de Zadoff-Chu, de largeur $N_{CS}$-1 échantillons, où $N_{CS}$ est l'écart entre deux décalages cycliques consécutifs. En effet, si un trajet du canal d'énergie significative arrive avec un retard égal où supérieur à $N_{CS}$ échantillons, il sera interprété par le récepteur comme un trajet de l'UE utilisant le décalage cyclique suivant, ce qui créera de l'interférence pour l'estimation de canal de cet UE. Les décalages cycliques doivent donc être attribués avec soin.

L'autocorrélation circulaire nulle est ainsi une propriété fondamentale pour la conception de la voie montante du LTE. On notera que la présence du préfixe cyclique lors de la transmission SC-FDMA (voir le chapitre 6) assure que la corrélation mise en œuvre au récepteur est circulaire en présence de trajets multiples.

L'intercorrélation circulaire entre deux séquences de Zadoff-Chu s'écrit :

$$\frac{1}{N} \sum_{n=0}^{N-1} z_n^{(q)} z_{(n+\alpha) \bmod N}^{(p)*} = \frac{1}{\sqrt{N}} \text{ pour } q \neq p \text{ et tout } \alpha$$

Une faible intercorrélation circulaire entre deux séquences de même longueur assure une bonne estimation du canal en présence d'interférence d'UE d'autres cellules. Notons que cette faible intercorrélation n'est *garantie* que si $N$ est un nombre premier, ce qui, comme nous allons le voir, n'est pas le cas en LTE.

La DFT d'une séquence de Zadoff-Chu étant elle-même une séquence de Zadoff-Chu, la séquence composant le signal de référence peut être créée directement dans le domaine fréquentiel, sans opération de précodage DFT. Dans le domaine fréquentiel, le décalage cyclique devient une rampe de phase, c'est-à-dire une multiplication de chaque échantillon de la séquence par $e^{j\alpha n}$, où $\alpha$ caractérise le décalage cyclique (temporel) et $n$ est le numéro de la sous-porteuse. C'est de cette manière qu'est décrite la génération de la séquence de Zadoff-Chu dans les spécifications [3GPP 36.211, 2009, section 5.5.1].

Figure 7-5
*Exploitation de l'autocorrélation circulaire nulle pour l'estimation de canal en SC-FDMA*

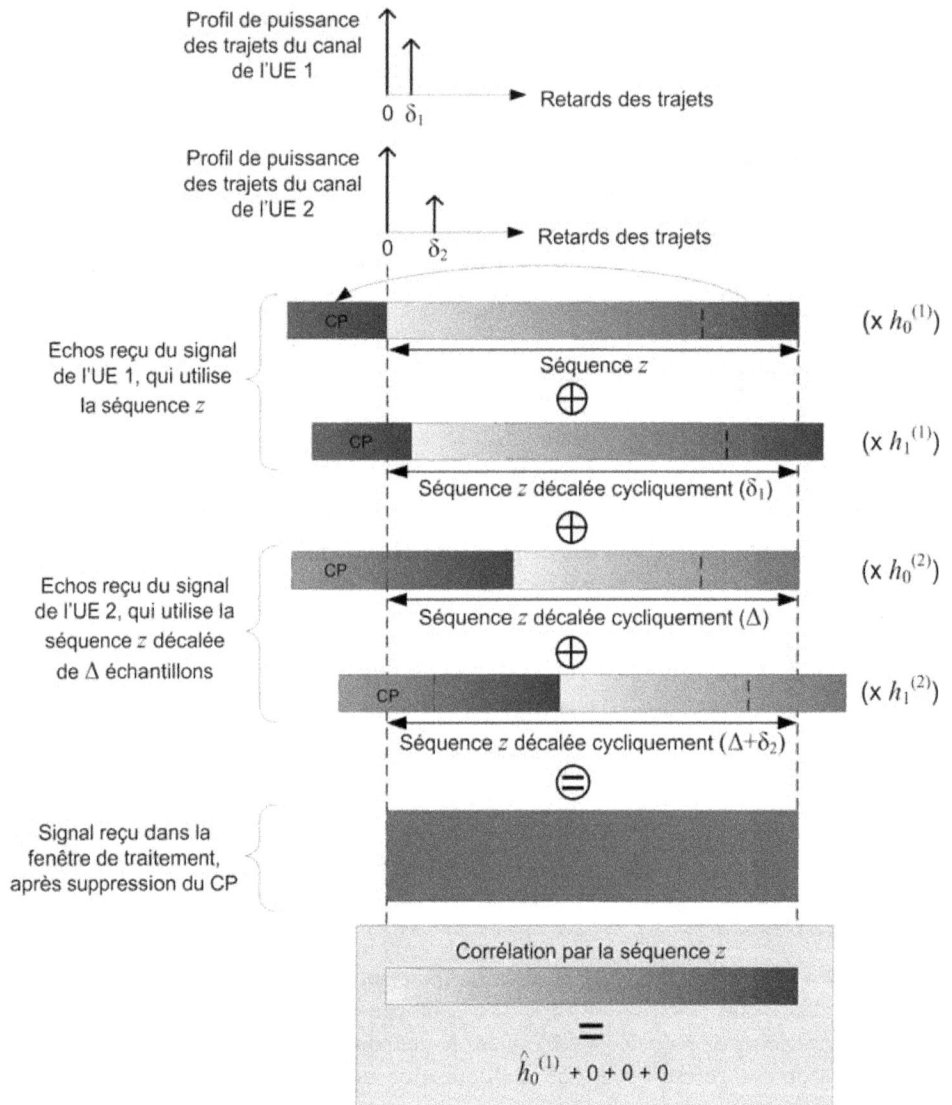

## Séquences DMRS et attribution aux cellules

Les séquences DMRS sont construites à partir de celles de Zadoff-Chu (sauf lorsqu'elles sont courtes, comme nous allons le voir). La transmission d'une séquence occupe la largeur d'un symbole SC-FDMA en temps et les ressources en fréquence (PRB) allouées à l'UE pour le canal à transmettre (PUSCH ou PUCCH).

Nous avons vu que pour leur assurer une intercorrélation faible, la longueur des séquences de Zadoff-Chu doit être un nombre premier. Pour obtenir des séquences DMRS de longueur adaptée à n'importe quelle allocation de ressources, les séquences de Zadoff-Chu sont calculées avec une longueur égale au plus grand nombre premier $N$ inférieur à la longueur de séquence DMRS désirée. Une séquence DMRS de longueur $L$ est ensuite obtenue en étendant cycliquement la séquence de Zadoff-Chu de $L$-$N$ éléments, c'est-à-dire en répétant à la suite de la séquence initiale ses $L$-$N$ premiers éléments. En effet, l'extension cyclique d'une séquence de Zadoff-Chu dans le domaine fréquentiel ne modifie pas sa propriété d'autocorrélation circulaire nulle dans le domaine temporel. En revanche, l'extension cyclique affecte la métrique cubique de la séquence (les éléments temporels ne sont plus de même module) ainsi que l'intercorrélation entre deux séquences de même longueur (qui n'est plus une constante). Une séquence de Zadoff-Chu ainsi étendue est appelée une *séquence de base*. Dans ce qui suit, nous exprimons la longueur des séquences de base en PRB ; un PRB comportant 12 sous-porteuses dans la dimension fréquentielle, il suffit de multiplier par 12 cette longueur afin d'obtenir la longueur de la séquence en nombre d'éléments.

Il existe 30 *groupes de séquences de base*. Un groupe de séquences est destiné à être alloué à une cellule. Chaque groupe contient une séquence de base pour chaque longueur de séquence comprise entre 1 et 5 PRB, et deux séquences de base pour chaque longueur de séquence possible supérieure ou égale à 6 PRB. Une faible intercorrélation doit être maintenue entre les séquences de groupes différents, même si ces dernières sont de longueurs différentes, c'est-à-dire correspondant à des allocations de ressources de tailles différentes. En effet, des UE appartenant à des cellules différentes n'ont aucune raison d'avoir des allocations de ressources identiques. Notons que l'intercorrélation entre deux séquences de base données (de longueurs identiques ou différentes) varie avec le décalage cyclique. Si elle reste en moyenne faible, certains décalages cycliques (surtout pour les séquences courtes) peuvent donner des intercorrélations normalisées très fortes (0,9), quoiqu'avec une probabilité faible [LG Electronics, 2007]. Les groupes de séquences ont ainsi été constitués de manière à minimiser la corrélation crête entre deux séquences de longueurs différentes appartenant à des groupes différents [Huawei *et al.*, 2008, et les références qui y sont indiquées]. Pour ce faire, les séquences ayant la plus forte intercorrélation crête ont été regroupées au sein d'un même groupe, réduisant ainsi significativement la corrélation crête entre deux séquences de groupes différents. En effet, des séquences de longueur différente au sein d'un même groupe sont, à l'exception du MU-MIMO, utilisées sur des sous-bandes différentes et ne s'interfèrent pas. Il s'ensuit en revanche que les séquences appartenant à un même groupe sont potentiellement fortement corrélées.

Pour les séquences de longueur de 1 ou 2 PRB, il existe trop peu de séquences de Zadoff-Chu bénéficiant d'une faible métrique cubique (pour ne pas affecter la couverture) et d'une faible intercorrélation pour former 30 groupes [Panasonic *et al.*, 2007]. La métrique cubique est un paramètre de conception particulièrement important pour ces séquences, car les UE limités en puissance transmettent sur un faible nombre de PRB (typiquement entre 1 et 3). Les séquences normalisées pour ces faibles longueurs ont par conséquent été recherchées par ordinateur de façon à satisfaire les contraintes suivantes : métrique cubique inférieure ou égale à celle de la QPSK et intercorrélations moyennes similaires à celles des séquences de Zadoff-Chu. Ces séquences sont formées de symboles QPSK et sont décrites dans [3GPP 36.211, 2009, section 5.5.1.2].

L'attribution des séquences aux différentes cellules peut s'effectuer par deux moyens.

- La planification de réseau : le groupe de séquences utilisé par une cellule est fixé à une valeur constante parmi 30 en fonction de l'identifiant PCI de la cellule.

- Le *saut de groupe* (*group hopping*, en anglais) : le groupe de séquences utilisé par une cellule donnée varie à chaque slot en fonction d'un motif pseudo-aléatoire.

Dans le cas de la planification de réseau, il revient à l'opérateur de choisir les identifiants PCI des cellules de sorte que deux cellules interférentes n'utilisent pas le même groupe de séquences.

Le saut de groupe réduit le besoin de planifier le réseau, en empêchant que deux cellules voisines utilisent le même groupe de séquences de manière permanente. Ainsi, si par malchance deux cellules interférentes utilisent le même groupe à un slot donné, ce qui peut engendrer une interférence intercellulaire dommageable pour la qualité de l'estimation de canal, au moins cette situation est-elle limitée à un slot. On pourra ainsi utiliser la planification à l'intérieur d'un ensemble de cellules déployées par l'opérateur et utiliser le saut de groupe de séquences pour rendre aléatoire les collisions avec des cellules déployées de manière non coordonnées (par exemple, des cellules femto déployées par l'abonné).

Lorsque le saut de groupe est employé, le groupe de séquences à utiliser à chaque slot est défini de manière spécifique à la cellule par un motif de saut de groupe (qui dépend du numéro du slot) et une constante fixée par la planification appelée *décalage de séquence* dans la norme (à ne pas confondre avec le décalage cyclique). Ce décalage de séquence est simplement le numéro du groupe lorsque le saut de groupe est désactivé. Il existe 17 motifs de saut et 30 valeurs de décalage de séquence, dont la combinaison donne 504 couples motif/décalage différents, soit autant que d'identifiants PCI. Le saut de groupe peut être activé ou désactivé par RRC, tandis que le décalage de séquence est toujours présent.

### Application aux DMRS pour le PUSCH et le PUCCH

Le PUSCH et le PUCCH utilisent tous deux les DMRS basés sur les séquences de Zadoff-Chu pour assurer la démodulation cohérente par l'eNodeB. Le multiplexage de plusieurs UE grâce au décalage cyclique varie cependant en fonction du canal considéré :

- Pour le PUSCH, un PRB dans une sous-trame est alloué à un seul UE par cellule, sauf dans le cas du MU-MIMO où plusieurs UE (typiquement 2) sont servis dans le même PRB. Les décalages cycliques peuvent donc servir à séparer les DMRS d'UE d'une même cellule appariés pour le MU-MIMO. En outre, nous verrons qu'il est possible de faire en sorte que des cellules voisines utilisent la même séquence : dans ce cas, les décalages cycliques servent également à séparer les DMRS d'UE de cellules différentes.

- Pour le PUCCH, le décalage cyclique sert uniquement à multiplexer sur les mêmes ressources les DMRS des UE de la cellule, ces derniers utilisant obligatoirement une séquence de Zadoff-Chu propre à la cellule.

Les PUSCH et PUCCH ont le même motif de saut de groupe, défini par une séquence pseudo-aléatoire de Gold, dont le générateur est réinitialisé à chaque trame radio en fonction de l'identifiant PCI de la cellule. En revanche, PUSCH et PUCCH peuvent avoir des décalages de séquence différents.

- Le décalage pour le PUCCH est déterminé par le PCI.

- Le décalage pour le PUSCH se déduit de celui du PUCCH en y ajoutant un décalage supplémentaire éventuel configuré par RRC.

Ce décalage supplémentaire permet de faire en sorte que les DMRS des PUSCH de cellules contrôlées par le même eNodeB utilisent le même groupe à chaque slot (à condition que ces cellules aient le même motif de saut de groupe, ou que celui-ci soit désactivé). Dans ce cas en effet, les DMRS d'UE de cellules voisines recevant les mêmes allocations sur le PUSCH peuvent utiliser la même séquence de base en étant séparés par des décalages cycliques différents, leur assurant ainsi l'orthogonalité.

Pour le PUSCH, dans le cas de la planification de réseau, il est possible d'apporter un peu de caractère aléatoire à l'interférence intercellulaire à l'intérieur d'une même sous-trame en mettant en œuvre un saut de séquence à l'intérieur de chaque groupe (pour les groupes qui comportent deux séquences de chaque longueur). La séquence à utiliser à chaque slot est alors déterminée en fonction d'une séquence pseudo-aléatoire de Gold, dont le générateur est initialisé à chaque trame radio en fonction du PCI et du décalage de séquence associé au PUSCH. Le saut de séquence est configuré par RRC et est uniquement possible si le saut de groupe est désactivé.

Dans le cas du MU-MIMO, assurer l'orthogonalité entre les UE appariés requiert de leur allouer le même nombre de ressources et de les séparer par des décalages cycliques différents. Une alternative peut consister à déterminer pour chaque combinaison de séquences à l'intérieur d'un même groupe quels sont les décalages cycliques qui résultent en une intercorrélation faible, puis à allouer ces décalages cycliques aux UE appariés ; cette alternative est cependant extrêmement complexe à mettre en œuvre, notamment en raison du saut de groupe et de décalage cyclique entre deux slots d'une même sous-trame, qui sont appliqués au PUSCH comme nous allons le voir.

Sur le PUSCH, les DMRS occupent toutes les sous-porteuses allouées à l'utilisateur, sur le quatrième symbole temporel de chaque slot pour le préfixe cyclique normal, et sur le troisième pour le préfixe cyclique étendu, comme décrit à la figure suivante. Les éléments de ressource occupés par les DMRS représentent ainsi respectivement 14,3 % et 16,7 % de chaque PRB alloué pour les préfixes cycliques normal et étendu. Nous utiliserons dans la suite le terme *symbole DMRS* pour désigner un symbole temporel portant les DMRS. On constate que ces symboles sont régulièrement espacés si l'on considère plusieurs sous-trames, optimisant ainsi l'interpolation des estimations du canal afin de poursuivre ses variations dans le temps. La séquence de base ainsi que le décalage cyclique utilisés pour un UE donné varient à chaque slot.

Pour les DMRS sur le PUSCH, le décalage cyclique peut prendre 12 valeurs et est déterminé à la fois par un paramètre signalé par les couches supérieures et par un terme signalé dans le format DCI 0 du bloc de transport associé au PUSCH (afin de permettre le MU-MIMO). De plus, le décalage cyclique varie à chaque slot en fonction d'une séquence pseudo-aléatoire de Gold initialisée à chaque trame radio en fonction de l'identifiant PCI de la cellule et du décalage de séquence associé au PUSCH. Ce saut de décalage cyclique, comme le saut de séquence et de groupe de séquences, donne un caractère aléatoire à l'interférence, afin d'éviter qu'une configuration de DMRS conduisant à une réduction de performances pour un UE particulier se prolonge dans le temps.

Pour le PUCCH, les DMRS sont également transmis uniquement sur les sous-porteuses associées. Le PUCCH utilise donc toujours des séquences de base de longueur 1 PRB. Le nombre de symboles DMRS par slot dépend du format du PUCCH comme décrit dans le tableau suivant. Ces choix ont été effectués sur la base de résultats de simulation comparant les performances de démodulation pour différentes alternatives [Qualcomm, 2007]. Les mécanismes destinés à rendre aléatoire l'interférence sur les données du PUCCH s'appliquent aussi à ses DMRS ; nous décrivons brièvement ces méca-nismes ci-après, et invitons le lecteur à se reporter au chapitre 9 pour plus de détails. La même séquence de base est utilisée pour tous les symboles d'un même slot pour une cellule donnée, mais varie potentiellement à chaque slot en fonction du saut de groupe ou du saut de séquence intragroupe s'ils sont configurés. Les DMRS des PUCCH de différents UE sont multiplexés par des décalages cycliques différents et, dans le cas du PUCCH de format 1/1a/1b uniquement, par une séquence ortho-gonale appliquée dans le domaine temporel aux symboles DMRS d'un même slot. L'expression du décalage cyclique associé au DMRS dépend du format du PUCCH ; il varie à chaque slot et chaque symbole temporel, de manière spécifique à la cellule et à l'UE (son expression exacte est donnée dans [3GPP 36.211, 2009, section 5.5.2.2]). De même, la séquence orthogonale est redistribuée à chaque slot entre deux valeurs spécifiques à l'UE pour les formats de PUCCH 1/1a/1b. Notons enfin que pour les formats de PUCCH 2a et 2b, la séquence correspondant au deuxième symbole DMRS de chaque slot est de plus multipliée par un symbole de modulation (voir le chapitre 9).

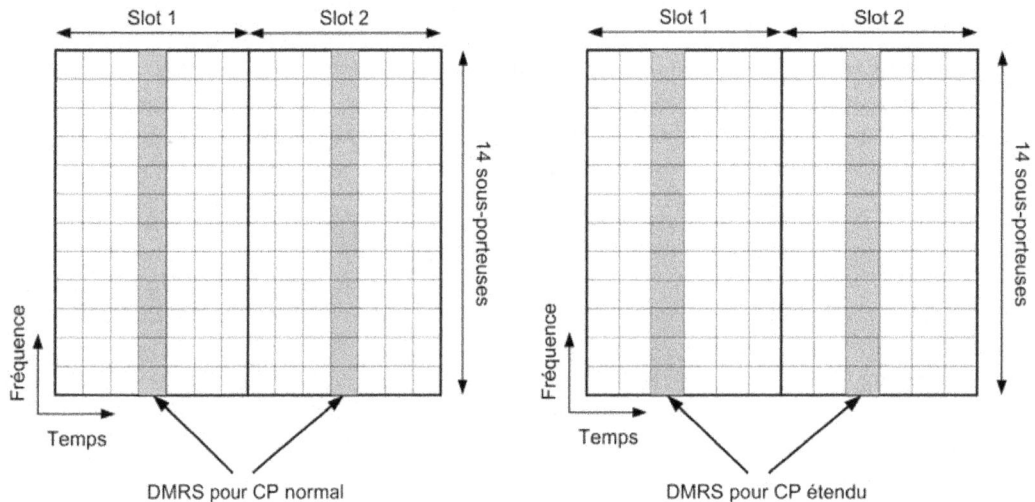

Figure 7-6
*Position des DMRS sur le PUSCH dans une sous-trame, pour le CP normal et le CP étendu*

**Nombre et indice des symboles DMRS pour le PUCCH dans un slot**

| Format du PUCCH | Nombre de symboles DMRS (indices) [taux de ressources occupées] | |
|---|---|---|
| | CP normal | CP étendu |
| 1, 1a, 1b | 3 (2, 3, 4) [42,9 %] | 2 (2, 3) [33,3 %] |
| 2 | 2 (1, 5) [28,6 %] | 1 (3) [16,7 %] |
| 2a, 2b | 2 (1, 5) [28,6 %] | N/A |

# Les signaux de référence de sonde (SRS)

Les SRS sont transmis indépendamment de toute transmission de donnée ou de contrôle. Ils servent notamment à l'eNodeB pour déterminer la qualité du canal montant sur les différentes ressources, y compris par sous-bande pour le scheduling sélectif en fréquence, ainsi que l'adaptation de lien. En TDD, ils permettent en outre à l'eNodeB d'estimer le canal descendant via la propriété de réciprocité du canal (voir le chapitre 3). Les SRS sont enfin utilisés par l'eNodeB pour maintenir la synchronisation des UE en temps.

## Caractéristiques principales

Les SRS sont toujours transmis dans le dernier symbole temporel de la sous-trame (sauf pour les sous-trames spéciales), comme décrit sur la figure suivante.

Figure 7-7
*Localisation des SRS dans une sous-trame normale, sur un PRB en fréquence*

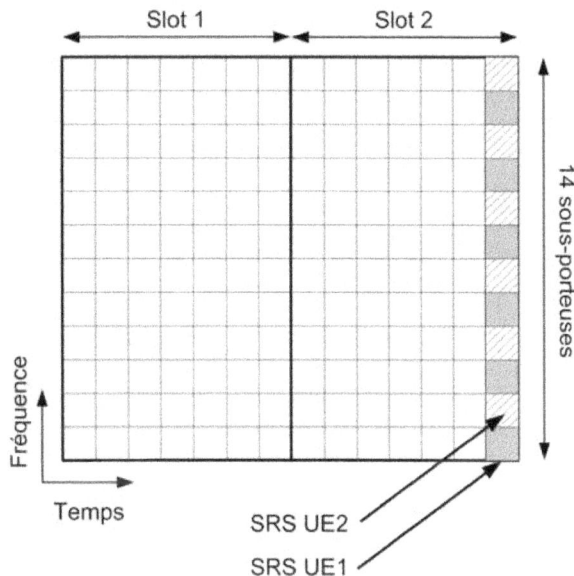

La localisation en fréquence des SRS forme un *peigne*, où seulement une sous-porteuse sur deux est utilisée, comme illustré à la figure précédente. Les SRS, contrairement aux autres signaux sur la voie montante, n'utilisent donc pas rigoureusement le SC-FDMA, mais suivent un schéma de transmission appelé IFDMA (*Interleaved Frequency Division Multiple Access*). L'IFDMA offre le même PAPR qu'une transmission monoporteuse conventionnelle [Myung *et al.*, 2006], ce qui fournit un gain de couverture par rapport au SC-FDMA, puisque l'amplificateur de puissance peut opérer à une puissance moyenne plus élevée (voir le chapitre 6). Ce gain est bénéfique pour une bonne réception à l'eNodeB des SRS émis par des UE en bordure de cellule. De plus, la transmission en peigne permet d'économiser la puissance d'émission par rapport à une transmission sur l'ensemble de la bande, mais aussi d'entrelacer les SRS de plusieurs UE. La largeur de bande occupée par les SRS est configurable, comme nous le verrons à la section suivante.

Les SRS utilisent des séquences de Zadoff-Chu, comme les DMRS. La séquence de base utilisée est la même que pour le PUCCH et dépend des sauts de groupe et sauts de séquence éventuels, s'ils sont configurés sur la cellule.

Nous verrons que l'eNodeB multiplexe les SRS des différents UE en leur allouant des ressources différentes en termes de :

- sous-trames ;
- peignes en fréquence ;
- PRB ;
- décalages cycliques.

La puissance d'émission des SRS est contrôlée par l'eNodeB pour assurer une bonne estimation du canal, tout en limitant l'interférence intercellulaire (voir le chapitre 10).

Lorsque la sélection d'antenne est activée pour les UE qui en sont capables (voir le chapitre 5), les SRS sont transmis alternativement sur l'une ou l'autre antenne, selon un motif décrit dans [3GPP 36.213, 2009, section 8.2].

En outre, les SRS supportent une transmission par saut de fréquence, que nous décrivons dans la section suivante.

### Configurations des SRS en fréquence

Au niveau système, la largeur de bande utilisable pour les SRS est diffusée sur le BCH et est allouée de manière symétrique sur la bande du système. Celle-ci peut en effet être plus petite que la largeur de bande du système afin que l'UE fasse l'économie de transmettre les SRS sur les ressources utilisées pour le PUCCH, qui ne nécessite ni scheduling, ni adaptation de lien.

Pour un UE limité en puissance (par exemple, parce qu'il se trouve en bordure de cellule), il est avantageux de concentrer la puissance d'émission sur une bande réduite, afin d'améliorer la réception des SRS à l'eNodeB. En outre, transmettre les SRS sur une bande réduite permet de multiplexer un plus grand nombre d'UE en fréquence.

La largeur de bande de transmission des SRS (en nombre de PRB) est ainsi configurable de manière spécifique à l'UE au moyen de tables données dans [3GPP 36.211, section 5.5.3.2] et de paramètres signalés par RRC. Plus précisément, le paramètre spécifique à la cellule *srs-BandwidthConfig* détermine quatre valeurs possibles pour chaque largeur de bande du système, la valeur à utiliser pour un UE donné étant déterminée par le paramètre spécifique à l'UE *srs-Bandwidth*.

La partie de la bande utilisée lors d'une occasion de transmission de SRS peut varier à chaque transmission via un saut de fréquence, afin de couvrir une bande plus large, voire toute la bande autorisée pour les SRS via plusieurs transmissions successives. La largeur de bande sur laquelle s'effectue le saut de fréquence est configurée par RRC, selon l'une des quatre largeurs de bande de transmission de SRS spécifiques à la cellule [NTT DoCoMo, Panasonic, 2008]. Si la largeur de bande configurée pour le saut de fréquence n'est pas supérieure à celle occupée par les SRS, le saut n'est pas activé. Le motif de saut est prédéterminé de façon à maximiser la diversité en fréquence entre deux transmissions successives [Nokia Siemens Networks, Nokia, 2008]. La position de la bande de transmission des SRS est fixée par un paramètre RRC spécifique à l'UE, qui impose le PRB de départ dans le cas de saut de fréquence [Nokia Siemens Networks, Nokia, 2008-2].

## Configuration des SRS en temps

Le décalage cyclique de la séquence de Zadoff-Chu est configuré pour chaque UE par les couches supérieures parmi 8 valeurs possibles, ce qui permet de multiplexer jusqu'à 8 UE sur les mêmes ressources.

Les sous-trames éligibles pour la transmission de SRS sont configurées selon des motifs périodiques spécifiques à la cellule. La longueur d'un motif est de 1, 2, 5 ou 10 sous-trames. Le nombre de sous-trames éligibles par motif est variable en fonction du motif. En FDD, il existe notamment un motif ne contenant qu'une seule sous-trame éligible pour chaque longueur de motif ; la position de cette sous-trame dans le motif peut être décalée de manière spécifique à la cellule de façon à multiplexer en temps les transmissions de SRS d'UE appartenant à des cellules différentes. Le détail des différents motifs possibles est donné dans [3GPP 36.211, 2009, section 5.5.3.3]. En TDD, les SRS ne sont transmis que dans les sous-trames en voie montante et les UpPTS.

La configuration des paramètres de transmission des SRS est spécifique à chaque UE. La transmission de SRS peut être unique (c'est-à-dire effectuée sur une seule sous-trame), ou être périodique pendant une durée indéterminée, jusqu'à ce que l'UE reçoive un ordre de désactivation de la part de l'eNodeB. La périodicité temporelle de transmission des SRS est configurable de manière semistatique spécifique à chaque UE, dans les sous-trames éligibles mentionnées précédemment. En d'autres termes, l'UE ne transmet pas nécessairement de SRS dans chaque sous-trame éligible. Les périodicités possibles sont 2, 5, 10, 20, 40, 80, 160 et 320 millisecondes. Un décalage indiquant la sous-trame initiale est signalé avec la périodicité, ce qui permet de multiplexer temporellement plusieurs UE d'une même cellule dans les sous-trames éligibles. La figure suivante illustre le multiplexage des SRS périodiques de plusieurs UE d'une même cellule dans le domaine temporel : deux groupes d'UE (les UE 1 et 2 d'une part, et les UE 3 et 4 d'autre part) transmettent leurs SRS avec une périodicité respectivement de 5 et 10 ms.

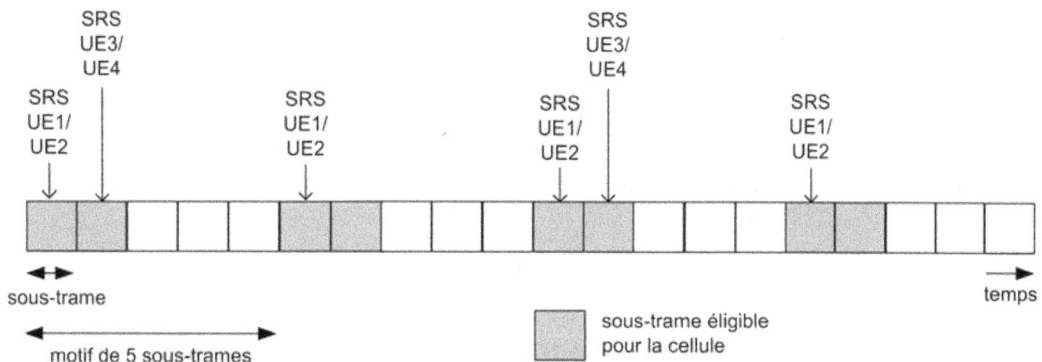

Figure 7-8
*Multiplexage des SRS d'UE d'une même cellule dans le domaine temporel*

Pour résumer, les paramètres relatifs à la transmission des SRS spécifiques à chaque UE sont :

- dans le domaine temporel : la durée de la transmission (simple ou indéfinie jusqu'à désactivation), la périodicité et le décalage de sous-trame ;
- dans le domaine fréquentiel : le peigne à utiliser (deux possibilités), la largeur de bande de la transmission de SRS, l'activation du saut de fréquence et la largeur de bande sur laquelle il s'opère, ainsi que le PRB de départ de la transmission ;
- dans le domaine séquentiel : le décalage cyclique (huit possibilités).

### Restrictions sur la transmission de SRS

Il existe des restrictions sur la transmission d'un SRS, lorsque cette dernière coïncide avec la transmission de certains canaux physiques. En particulier, l'UE ne doit pas transmettre de SRS :

- sur une sous-trame où un PUCCH de format 2/2a/2b est transmis ;
- sur un champ UpPTS en TDD, lorsque la transmission de SRS recouvre la région de PRACH pour le format de préambule 4 (voir le chapitre 13) ;
- sur une sous-trame où est prévue une transmission de PUSCH allouée en réponse à une demande d'accès aléatoire (le *Message3*, voir le chapitre 14), ou une retransmission associée à une procédure d'accès aléatoire basée sur la résolution de collision.

La possibilité de transmettre des acquittements d'HARQ et/ou une requête de scheduling (SR, voir le chapitre 12) sur le PUCCH (formats 1/1a/1b), ainsi que des SRS dans la même sous-trame, est signalée par la couche RRC. Dans le cas où la transmission simultanée est autorisée, alors la transmission de ACK/NACK et SR s'effectue par le format de PUCCH réduit, où le dernier symbole SC-FDMA du PUCCH de la sous-trame n'est pas transmis. Ce format réduit doit alors être utilisé sur toute sous-trame SRS spécifique à la cellule, même si l'UE ne transmet pas de SRS sur cette sous-trame. Si la transmission simultanée n'est pas autorisée, le SRS n'est pas transmis.

Enfin, on notera que l'UE ne doit pas transmettre de PUSCH sur les éléments de ressource réservés sur la cellule pour des transmissions potentielles de SRS.

# Références

[3GPP 36.211, 2009]      Spécification technique 3GPP TS 36.211, *E-UTRA, Physical channels and modulation*, v8.9.0, décembre 2009.

[3GPP 36.213, 2009]      Spécification technique 3GPP TS 36.213, *E-UTRA, Physical layer procedures*, v8.8.0, septembre 2009.

[3GPP 36.214, 2009]      Spécification technique 3GPP TS 36.214, *E-UTRA, Physical layer - Measurements*, v8.7.0, septembre 2009.

[Huawei *et al.*, 2008]      Huawei, LG Electronics, NTT DoCoMo, Panasonic, *Way Forward on the Sequence Grouping for UL DM RS*, Contribution R1-080576, 3GPP TSG RAN WG1 #51bis, janvier 2008.

| | |
|---|---|
| [LG Electronics, 2007] | LG Electronics, *Binding method for UL RS sequence with different lengths*, Contribution R1-075048, 3GPP TSG RAN WG1 #51, novembre 2007. |
| [Li, Stüber, 2006] | Y. G. Li, G. L. Stüber, *Orthogonal Frequency Division Multiplexing for Wireless Communications*, Springer, 2006. |
| [Motorola, 2007] | Motorola, *Four Transmit Antenna Downlink RS Formats for EUTRA*, Contribution R1-070147, 3GPP TSG RAN WG1 #47bis, janvier 2007. |
| [Myung *et al.*, 2006] | H. G. Myung, J. Lim, D. J. Goodman, *Single Carrier FDMA for Uplink Wireless Transmission*, IEEE Vehicular Technology Magazine, septembre 2006. |
| [Nokia Siemens Networks, Nokia, 2008] | Nokia Siemens Networks, Nokia, *Frequency hopping arrangement for SRS*, Contribution R1-081864, 3GPP TSG RAN WG1 #53, mai 2008. |
| [Nokia Siemens Networks, Nokia, 2008-2] | Nokia Siemens Networks, Nokia, *On SRS frequency position definition*, Contribution R1-082591, 3GPP TSG RAN WG1 #53bis, juillet 2008. |
| [NTT DoCoMo, Panasonic, 2008] | NTT DoCoMo, Panasonic, *Signalling for SRS Hopping Bandwidth*, Contribution R1-082570, 3GPP TSG RAN WG1 #53bis, juillet 2008. |
| [Panasonic *et al.*, 2007] | Panasonic, NTT DoCoMo, *Reference signal generation method for E-UTRA uplink*, Contribution R1-073626, 3GPP TSG RAN WG1 #50, août 2007. |
| [Popovic, 1992] | B. M. Popovic, *Generalized chirp-like polyphase sequences with optimum correlation properties*, IEEE Transactions on Information Theory, juillet 1992. |
| [Qualcomm, 2007] | Qualcomm, *RS structure for UL ACK transmission*, Contribution R1-072747, 3GPP TSG RAN WG1 #49bis, juin 2007. |

# 8

# Format des canaux physiques en voie descendante

**Sommaire :** *Formats des canaux PDSCH, PBCH, PDCCH, PCFICH et PHICH – Modulation et position dans le plan temps-fréquence des canaux – Définition de la région de contrôle, des REG et CCE – Schémas MIMO pris en charge*

Ce chapitre donne la « carte d'identité » des canaux physiques en voie descendante. L'usage de chaque canal est brièvement rappelé, puis ses caractéristiques de transmission sont détaillées.

Les canaux physiques portent les données utilisateur ainsi que les informations de contrôle nécessaires au fonctionnement de la couche physique. Ce chapitre décrit la manière dont sont transmis les différents canaux physiques en voie descendante et détaille pour chaque canal les caractéristiques suivantes :

- schémas de codage et modulation ;
- modes de multiplexage éventuels, lorsque plusieurs canaux utilisent les mêmes ressources ;
- schémas MIMO possibles ;
- position dans la sous-trame.

Ce chapitre s'appuie principalement sur les spécifications [3GPP 36.211, 2009] et [3GPP 36.212, 2009]. Les canaux physiques pour la voie montante feront l'objet du chapitre 9.

La première section décrit succinctement le format du canal de données PDSCH. La deuxième section s'attache au canal de diffusion PBCH. Enfin, les trois dernières sections détaillent respectivement les formats des canaux de contrôle PDCCH, PCFICH et PHICH. Ces derniers sont construits sur des bases similaires (CCE, REG, distribution des ressources), expliquées à la section « Canal de contrôle en voie descendante (PDCCH) », p. 184.

# Canal de données en voie descendante (PDSCH)

Le canal physique PDSCH (*Physical Downlink Shared CHannel*) porte les données des canaux de transport DL-SCH et PCH (*Paging CHannel*). Un PDSCH est transmis sur une sous-trame dans le domaine temporel et sur un certain nombre de PRB dans le domaine fréquentiel, ce nombre étant identique sur chaque slot. La sous-trame et les PRB utilisés sont décidés par le scheduler (voir le chapitre 10).

Les opérations relatives au PDSCH seront décrites en détail dans les autres chapitres de cet ouvrage, aussi nous contentons-nous ici d'en rappeler les principales caractéristiques. Le lecteur est invité à se reporter aux chapitres indiqués ci-après pour plus de détails sur le PDSCH.

La figure suivante rappelle les grandes étapes de la transmission d'un PDSCH. Notons que ces grandes étapes se retrouvent dans la transmission des autres canaux en voie descendante ; cependant, le détail de chaque étape est spécifique à chaque canal et des étapes supplémentaires sont mises en jeu pour certains canaux.

Figure 8-1
*Grandes étapes de l'émission d'un PDSCH*

Les opérations de codage de canal suivantes sont effectuées comme décrit au chapitre 4 :

- addition d'un CRC de 24 bits à la suite des bits du bloc de transport à transmettre ;
- segmentation si nécessaire et addition d'un nouveau CRC de 24 bits à la suite de chaque bloc segmenté ;
- codage par le turbo-code ;
- adaptation de débit en fonction du MCS choisi ;
- concaténation des blocs codés correspondant aux différents blocs segmentés.

Le PDSCH accepte les modulations QPSK, 16QAM et 64QAM.

Les schémas MIMO possibles dépendent du mode de transmission dans lequel est configuré l'UE, comme décrit au chapitre 5. Dans les PRB où les signaux de référence spécifiques à l'UE ne sont pas transmis, le PDSCH doit être transmis sur les mêmes ports d'antenne que le PBCH, c'est-à-dire les ports {0}, {0, 1} ou {0, 1, 2, 3} (voir le chapitre 7). Dans les PRB où des signaux de référence spécifiques à l'UE sont transmis, le PDSCH doit être transmis sur le port d'antenne {5}.

Le PDSCH est transmis sur les ressources non utilisées par la région de contrôle (définie à la section éponyme, p. 185), les signaux de référence et les autres canaux et signaux physiques. Les types d'allocation de ressources pouvant être appliqués au PDSCH seront décrits au chapitre 10.

# Canal de diffusion (PBCH)

Le PBCH (*Physical Broadcast CHannel*) porte les informations sur le système destinées à être diffusées à l'ensemble des UE de la cellule, telles que la largeur de bande du système et le nombre d'antennes de l'eNodeB. Ces informations sont encapsulées au niveau de la couche RRC dans le bloc d'Informations Système MIB (*Master Information Block*, voir le chapitre 3), dont les informations sont rafraîchies au plus une fois toutes les 40 ms.

## Codage de canal et modulation

Le bloc de transport du BCH porte 24 bits d'information et est reçu par la couche physique au plus une fois toutes les 40 ms. Tant que les informations du MIB ne changent pas, le même bloc de transport est transmis.

Un CRC de 16 bits est ajouté à la suite des bits d'information pour assurer la détection d'erreur. La séquence binaire du CRC est embrouillée bit à bit par un masque codant le nombre d'antennes d'émission de l'eNodeB. En réception, l'UE doit donc tenter de décoder le CRC pour chaque séquence de masque possible (au nombre de 3) afin d'identifier la configuration d'antennes de l'eNodeB.

La séquence résultante est ensuite encodée par le code convolutif de rendement 1/3 décrit au chapitre 4. L'adaptation de débit en sortie du codeur répète les bits codés pour atteindre une longueur de séquence de bits codés de 1 920 pour le CP normal et de 1 728 pour le CP étendu, ce qui correspond à un rendement de codage effectif d'environ 1/45. L'information portée par le BCH est en effet cruciale pour le bon fonctionnement de la cellule et doit être extrêmement bien protégée.

Cette séquence peut également être vue comme la concaténation de quatre blocs codés de 480 (pour le CP normal) et 432 (pour le CP étendu) bits codés chacun, chaque bloc portant l'intégralité de l'information du BCH et étant décodable individuellement. Ces tailles correspondent à un rendement de codage effectif pour chaque bloc respectivement de 1/12 et environ 1/11. Chaque bloc codé apporte donc toujours une forte protection à l'information du BCH, mais réduite par rapport à la séquence de quatre blocs prise dans son ensemble.

Les bits codés sont ensuite embrouillés par une séquence pseudo-aléatoire spécifique à la cellule puis modulés en QPSK.

Le PBCH autorise la diversité de transmission lorsque plusieurs ports d'antenne sont configurés pour les CRS.

## Position dans la sous-trame

Le PBCH occupe une largeur de 6 PRB au centre de la bande. Il est transmis sur 4 trames radio consécutives, chacune portant l'un des 4 blocs codés. Un bloc codé occupe les 4 premiers symboles OFDM du second slot de la première sous-trame de chaque trame radio, comme illustré à la figure suivante.

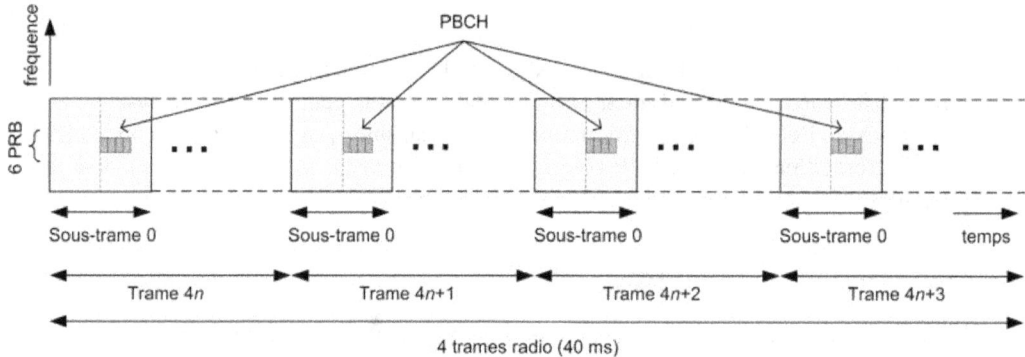

Figure 8-2
*Placement du PBCH dans la trame radio*

Un UE dont les conditions radio le permettent peut ainsi détecter le PBCH à l'aide d'un seul des blocs codés, ce qui réduit la latence d'acquisition du MIB à 10 ms. Ceci est particulièrement bénéfique pour un UE arrivant dans la cellule, suite à un handover ou à son allumage par l'utilisateur, afin de réduire le temps d'accès à la cellule. Un UE dans de plus mauvaises conditions radio pourra combiner plusieurs blocs codés pour décoder le PBCH, au prix d'une latence d'acquisition du MIB plus élevée.

Notons que la séparation dans le temps de la transmission des blocs codés fournit une importante diversité temporelle, qui aide encore à protéger l'information portée par le BCH dans le cas où l'UE combine plusieurs blocs codés pour détecter le PBCH.

# Canal de contrôle en voie descendante (PDCCH)

Le PDCCH (*Physical Downlink Control CHannel*) porte les informations de contrôle à destination d'un UE, notamment les allocations de ressources pour la voie montante (sur le PUSCH) et pour la voie descendante (sur le PDSCH), ainsi que les commandes de contrôle de puissance pour la voie montante. Il est transmis à chaque sous-trame de la voie descendante, ainsi que dans le champ DwPTS en mode TDD.

L'information portée par un PDCCH est codée selon un *format de DCI* (*Downlink Control Information*), comme décrit au chapitre 12. Un PDCCH peut être destiné à un UE particulier ou à plusieurs UE, en fonction du type d'information portée. L'adressage d'un PDCCH à son ou ses UE destinataire(s) sera décrit en détail au chapitre 12. Il s'effectue au moyen d'un identifiant appelé *identifiant RNTI*, spécifique à un UE ou à un groupe d'UE, via le codage de canal comme décrit à la section « Codage de canal », p. 185.

## Formats de PDCCH

Il existe quatre formats de PDCCH, numérotés de 0 à 3. Chaque format est associé à un certain nombre de ressources occupées et donc à un taux de codage de canal effectif du PDCCH. En effet, le nombre de bits d'information porté par un PDCCH est indépendant du format de PDCCH et ne dépend que du format de DCI.

Les ressources occupées par les canaux de contrôle sont exprimées en termes de *Control Channel Elements* ou CCE, un CCE étant formé de 9 *Ressource Element Groups* ou REG. Les CCE et REG seront définis à la section « REG et CCE », p. 186. Le tableau qui suit donne la taille des différents formats du PDCCH en nombre de REG, de CCE et de bits codés.

**Formats du PDCCH**

| Format du PDCCH | Nombre de CCE | Nombre de REG | Nombre de bits codés du PDCCH |
|---|---|---|---|
| 0 | 1 | 9 | 72 |
| 1 | 2 | 18 | 144 |
| 2 | 4 | 36 | 288 |
| 3 | 8 | 72 | 576 |

Pour un même format de DCI, c'est-à-dire un même nombre de bits d'information, le format 0 est le moins protégé et le format 3, le plus protégé. On utilisera ainsi le format 0 pour des UE dans de bonnes conditions radio, tandis que le format 3 sera réservé aux UE en limite de couverture. Il est naturellement nécessaire d'utiliser le format le plus faible permettant une bonne réception du PDCCH, en raison de la consommation de ressources croissante avec le numéro du format.

## Codage de canal

Un CRC de 16 bits est ajouté à la suite de la séquence de bits portant le format de DCI. Le CRC est ensuite embrouillé bit à bit par l'identifiant RNTI de l'UE ou du groupe d'UE visé. Lorsque la sélection d'antenne en voie montante est configurée (voir le chapitre 5) et que le PDCCH porte une allocation de ressources pour la voie montante, le CRC est également embrouillé par un masque de 16 bits indiquant quelle antenne l'UE doit utiliser en émission. La séquence de bits résultante est encodée par le code convolutif décrit au chapitre 4, puis le débit est adapté de la manière associée. La procédure de décodage du PDCCH sera décrite au chapitre 12.

## Position dans la sous-trame

### Définition de la région de contrôle

Le PDCCH est toujours transmis sur les premiers symboles OFDM de la sous-trame, ce qu'on appelle la *région de contrôle* de la sous-trame. Pour les largeurs de bande supérieures à 10 PRB, la région de contrôle peut occuper 1, 2 ou 3 symbole(s) OFDM. La largeur de la région de contrôle conditionne le nombre de PDCCH pouvant être multiplexés et donc le nombre d'UE pouvant être servis dans une sous-trame.

Pour les petites largeurs de bande (inférieures ou égales à 10 PRB), la région de contrôle peut occuper 2, 3 ou 4 symboles OFDM, soit un symbole OFDM de plus que pour les largeurs de bande supérieures afin de compenser le faible nombre d'éléments de ressource disponibles pour l'information de contrôle dans un symbole OFDM.

En TDD, la région de contrôle des sous-trames 1 et 6 ne peut occuper que 1 ou 2 symbole(s) OFDM pour les bandes plus larges que 10 PRB et uniquement 2 symboles OFDM pour les bandes de largeur inférieure ou égale à 10 PRB. Ces sous-trames correspondent en effet dans la plupart des configurations TDD voie montante/voie descendante au champ DwPTS, dont le nombre de symboles OFDM est réduit par rapport à une sous-trame normale.

C'est également dans la région de contrôle que sont transmis les canaux de contrôle PCFICH et PHICH. Notons que l'attribution des ressources de la région de contrôle s'effectue d'abord pour le PCFICH, puis pour le PHICH et enfin pour le PDCCH.

## REG et CCE

Pour les besoins de la transmission des canaux de contrôle, un type spécifique de bloc de ressources est défini, appelé *groupe d'éléments de ressource* (REG, pour *Resource Element Group*). Un REG porte 4 symboles modulés et occupe 6 ou 4 éléments de ressource (RE) consécutifs en fréquence au sein d'un même symbole OFDM. Le nombre de RE d'un REG dépend de la présence (6 RE) ou non (4 RE) de CRS dans ce symbole OFDM, les symboles modulés n'occupant toujours que 4 RE d'un REG. Seule la région de contrôle d'une sous-trame en voie descendante peut porter des REG ; ces derniers ne sont donc définis que pour les quatre premiers symboles OFDM d'une sous-trame. La figure suivante illustre la taille des REG pour le CP normal et 2 ports CRS. Le nombre de REG par symbole OFDM d'un PRB dépend du nombre de CRS dans ce symbole. Ainsi, dans le cas de 4 ports CRS, le deuxième symbole OFDM porte 2 REG de 6 RE chacun ; pour un CP étendu, le quatrième symbole OFDM porte 2 REG de 6 RE chacun.

Figure 8-3
*Définition des REG, pour un CP normal et 2 ports CRS. Le chiffre indique le nombre de RE du REG.*

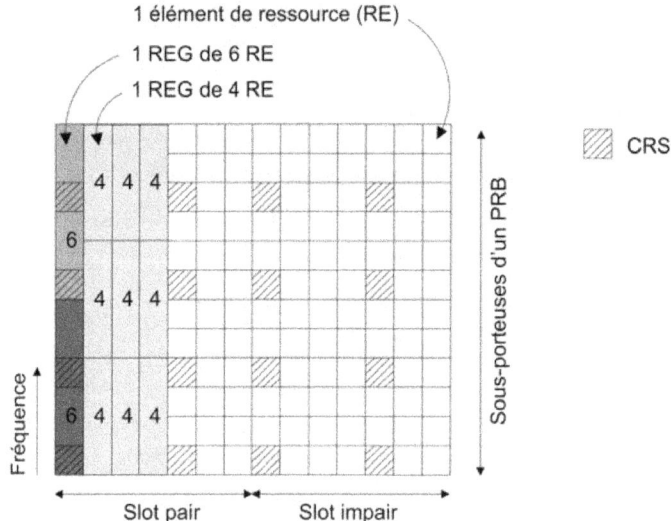

Les REG disponibles pour la transmission du PDCCH sont ceux qui ne sont pas déjà utilisés pour le PCFICH ou le PHICH (voir plus loin).

Un autre type d'ensemble de ressources est également introduit spécifiquement pour la transmission du PDCCH : l'*élément de canal de contrôle* (CCE, pour *Control Channel Element*), formé de

9 REG. La position d'un CCE dans une sous-trame est illustrée à la figure suivante. En particulier, on notera qu'un CCE n'est pas nécessairement formé de REG contigus.

Un PDCCH est transmis sur un CCE ou une agrégation de plusieurs CCE consécutifs.

## Transmission du PDCCH

Les bits de l'ensemble des PDCCH transmis dans une sous-trame sont concaténés en série, PDCCH après PDCCH, éventuellement séparés d'éléments vides (notés *<NIL>* dans les spécifications) afin de transmettre un PDCCH donné sur des CCE spécifiques. Les bits ainsi concaténés sont embrouillés par une séquence spécifique à la cellule. Un CCE étant formé de 72 bits (9 REG, donc 36 symboles QPSK), le CCE d'indice $n$ est formé des bits résultants $b(72n)$, $b(72n+1)$, ..., $b(72n+71)$. Les bits embrouillés sont modulés en QPSK.

La séquence de symboles modulés des PDCCH à transmettre sur une sous-trame est décomposée en quadruplets, soit en ensembles de 4 symboles consécutifs. Ces quadruplets sont ensuite entrelacés par un entrelaceur similaire à celui utilisé en sortie du codeur convolutif (voir le chapitre 4), qui manipule des quadruplets de symboles au lieu de bits. Puis les quadruplets entrelacés sont décalés cycliquement d'un décalage égal à l'identifiant de la cellule (PCI), ce qui revient à pratiquer un entrelacement spécifique à la cellule. Les quadruplets ainsi ordonnés sont finalement assignés aux REG disponibles en partant du bas de la bande, dans l'ordre croissant des symboles OFDM avant de faire varier la dimension fréquentielle.

L'entrelacement a pour effet de distribuer les ressources occupées par un PDCCH sur la région de contrôle, en temps et en fréquence, comme illustré à la figure suivante. Cette distribution spécifique à la cellule fournit de la diversité en fréquence et assure également qu'un PDCCH subisse des conditions d'interférence intercellulaire variées lorsque les cellules voisines sont synchronisées en temps. En effet, un PDCCH est alors typiquement interféré par plusieurs canaux de contrôle (du même type ou de types différents) d'une cellule donnée, potentiellement de puissances différentes. En particulier, la probabilité d'une forte interférence sur l'ensemble des REG du PDCCH est réduite dans le cas où un PDCCH de forte puissance est transmis par une cellule voisine (voir plus loin). De plus, la probabilité que les REG d'un PDCCH soient utilisés par une cellule voisine est réduite dans le cas particulier où cette dernière est faiblement chargée, ce qui diminue l'interférence intercellulaire.

Le principe d'une distribution des ressources sur la région de contrôle d'une manière spécifique à la cellule est également appliqué pour les autres canaux de contrôle en voie descendante (PCFICH, PHICH), pour les mêmes raisons (voir les sections « Position dans la sous-trame », p. 189 et p. 191).

Le PDCCH doit être transmis sur les mêmes ports d'antenne que le PBCH, à l'aide de la diversité de transmission si plusieurs ports CRS sont configurés.

Le PDCCH, comme les autres canaux de contrôle en voie descendante, peut être contrôlé en puissance afin de satisfaire une contrainte de couverture donnée. L'augmentation de la puissance du PDCCH d'un UE particulier peut s'effectuer en empruntant de la puissance aux PCFICH et PHICH ou aux autres PDCCH, et/ou en contrôlant le nombre de CCE alloués à l'ensemble des PDCCH (moins le nombre de CCE utilisés est élevé, plus la puissance avec laquelle chaque CCE peut être transmis est importante).

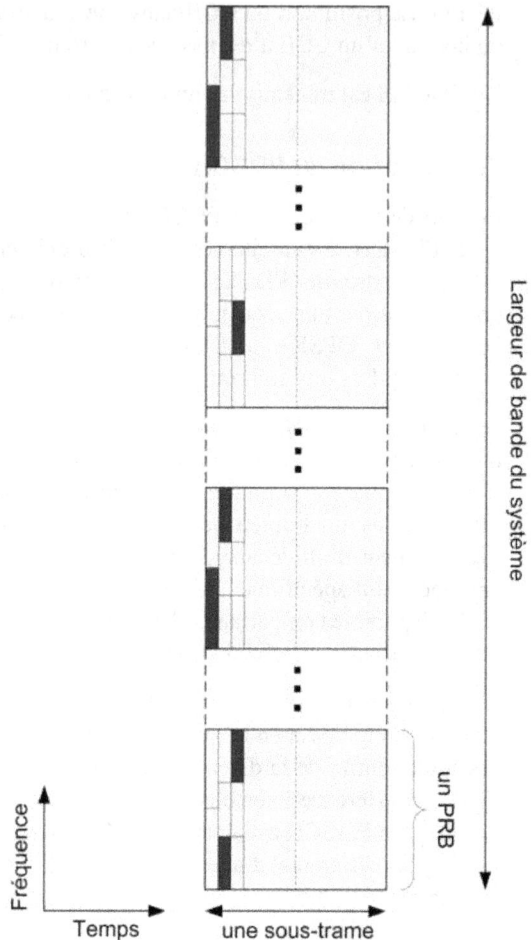

Figure 8-4

Figure 8-4
*Exemple de position des REG formant un CCE alloué
à la transmission d'un seul PDCCH, pour une région
de contrôle de 3 symboles OFDM*

# Canal indicateur du format de contrôle (PCFICH)

Le PCFICH (*Physical Control Format Indicator CHannel*) porte l'indicateur de format de contrôle (CFI), qui indique à chaque sous-trame descendante (ainsi que dans le champ DwPTS en mode TDD) la taille de la région de contrôle de cette sous-trame, exprimée en nombre de symboles OFDM.

Le CFI peut prendre les valeurs 1, 2 ou 3. Pour les largeurs de bande supérieures à 10 PRB, la taille de la région de contrôle est donnée par la valeur du CFI. Pour les largeurs de bande inférieures ou égale à 10 PRB, la taille de la région de contrôle est donnée par CFI+1 et peut donc prendre les valeurs 2, 3 ou 4 [3GPP 36.212, 2009, section 6.7].

## Codage de canal, modulation et schéma MIMO

Chaque valeur de CFI est codée par une séquence binaire de longueur 32 [3GPP 36.212, 2009, section 5.3.4], ce qui conduit à un rendement de codage de 1/16 et donc à une forte protection. Les bits résultants sont embrouillés par une séquence spécifique à la cellule, puis modulés en QPSK pour donner 16 symboles modulés.

Le PCFICH est comme le PDCCH transmis sur les mêmes ports d'antenne que ceux utilisés pour le PBCH, à l'aide de la diversité de transmission lorsque plusieurs ports d'antenne sont configurés pour les CRS.

## Position dans la sous-trame

La position du PCFICH dans la sous-trame est représentée à la figure suivante.

Figure 8-5
*Exemple de position du PCFICH dans la sous-trame*

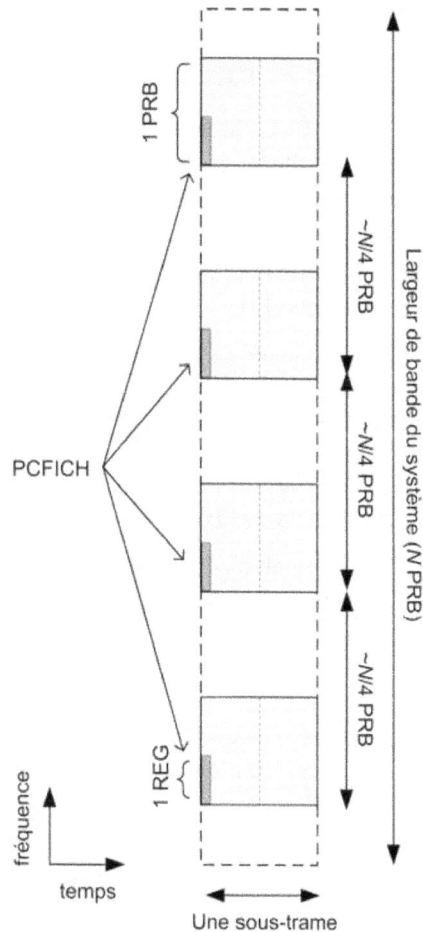

Le PCFICH est transmis dans le premier symbole OFDM de la sous-trame, en 4 blocs de 4 symboles QPSK. Chaque bloc de 4 symboles est transmis sur un REG, les 4 REG d'un PCFICH étant régulièrement espacés sur la bande du système afin de fournir de la diversité fréquentielle. La position du REG initial du PCFICH dans la bande (PRB et REG du PRB) est fixée d'après l'identifiant de la cellule [3GPP 36.211, section 6.7.4]. Ainsi, les PCFICH de cellules voisines occupent des REG différents. Ceci permet de rendre aléatoire l'interférence intercellulaire sur le PCFICH, comme pour le PDCCH (voir la section « Transmission du PDCCH », p. 187).

# Canal indicateur d'HARQ (PHICH)

Le PHICH (*Physical HARQ Indicator CHannel*) indique à l'UE, de manière dynamique, les ACK/NACK relatifs aux blocs de transport transmis sur la voie montante. Un PHICH est confiné à la région de contrôle d'une sous-trame.

## Multiplexage des PHICH de plusieurs UE

Des PHICH d'UE différents peuvent être multiplexés sur les mêmes éléments de ressource, formant ce qu'on appelle un *groupe de PHICH*. La séparation des PHICH au sein d'un groupe s'effectue par des codes orthogonaux.

L'attribution d'une ressource PHICH à un UE donné consiste ainsi en un groupe de PHICH et un numéro de PHICH à l'intérieur du groupe, ce numéro déterminant le code orthogonal à utiliser (voir aussi le chapitre 12).

En FDD, le nombre de groupes de PHICH (et donc le nombre de ressources allouées à la transmission du PHICH) est constant à chaque sous-trame et est décidé de manière propre à la cellule. Ainsi, pour une bande de 10 MHz en FDD, les ressources réservées à la transmission du PHICH dans une sous-trame peuvent représenter 6, 12, 21 ou 39 REG, ces nombres pouvant être lus comme le pourcentage de la largeur de bande occupée si le PHICH est transmis dans le premier symbole OFDM (ce qui est le cas du PHICH de durée normale, qui sera introduit plus loin).

En TDD, le nombre de groupes de PHICH par sous-trame peut varier en fonction de la configuration voie montante/voie descendante et de l'indice de la sous-trame [3GPP 36.211, section 6.9].

## Codage de canal, modulation et étalement

Un acquittement est codé par une séquence de 3 bits, tous à « 1 » pour un ACK et tous à « 0 » pour un NACK. Les bits d'un PHICH sont modulés en BPSK.

Les symboles obtenus sont ensuite étalés par le code orthogonal déjà mentionné, de longueur (ou *facteur d'étalement*, SF) SF=4 pour le CP normal et SF=2 pour le CP étendu. Le facteur d'étalement réduit pour le CP étendu est motivé par une sélectivité en fréquence attendue plus importante dans les environnements où il est employé, qui dégraderait l'orthogonalité entre les PHICH d'UE différents pour un facteur d'étalement SF=4. Huit codes sont disponibles pour SF=4 et quatre codes pour SF=2. La moitié de ces codes comporte un déphasage de $\pi/2$, transformant ainsi potentiellement la constellation des symboles portant le PHICH en QPSK. Un groupe de PHICH peut ainsi contenir jusqu'à 8 PHICH pour le CP normal et jusqu'à 4 PHICH pour le CP étendu. La séquence de symboles résultant de l'étalement (de longueur 3×SF) est ensuite embrouillée par une séquence pseudo-aléatoire d'éléments {±1} spécifique à la cellule.

Comme pour le PDCCH, la puissance du PHICH peut être réglée individuellement pour chaque UE.

La séquence transmise pour un groupe de PHICH est la somme des séquences des PHICH de ce groupe. En réception, après désembrouillage de la séquence reçue correspondant au groupe, l'UE récupère son PHICH en corrélant cette séquence avec son code orthogonal. En effet, cette opération annule totalement la contribution des autres PHICH du groupe (à condition qu'il n'y ait pas d'interférence entre sous-porteuses).

Dans le cas du CP étendu, la taille de la séquence obtenue pour un groupe de PHICH (6 éléments) doit être alignée avec la taille d'un groupe de 3 REG (12 RE). Ceci est effectué en insérant des paires de zéros entre chaque paire de symboles consécutifs, une paire de zéros supplémentaire étant ajoutée à la fin de la séquence pour les groupes de PHICH de numéro pair, et au début de la séquence pour les groupes de numéro impair. Ainsi, la position des éléments non nuls d'un groupe de numéro pair correspond à la position de zéros d'un groupe de numéro impair, et vice-versa. Ceci permet de multiplexer deux groupes de PHICH sur le même ensemble de 3 REG pour le CP étendu, en additionnant leurs séquences de symboles respectives.

Dans le cas du CP normal, chaque groupe de PHICH occupe des ressources exclusives.

## Position dans la sous-trame

Chaque groupe de PHICH est transmis sur trois REG non attribués au PCFICH et régulièrement espacés sur la largeur de bande du système, afin de bénéficier de la diversité en fréquence. La position du REG de départ est fixée en fonction de l'identifiant de la cellule, de manière à rendre l'interférence intercellulaire sur le PHICH aléatoire, comme pour le PDCCH et le PCFICH. Le numéro du groupe de PHICH détermine les ressources qu'il occupe à partir de ce REG de départ.

Il existe deux durées de PHICH, la configuration selon l'une ou l'autre étant décidée par les couches supérieures. Les PHICH de durée normale sont transmis sur le premier symbole OFDM de la sous-trame, tandis que les PHICH de durée étendue sont transmis sur tous les symboles OFDM de la région de contrôle (les trois premiers lorsque la région de contrôle en comporte quatre), comme illustré à la figure suivante. Notons que seuls les PRB utilisés pour la transmission du PHICH sont représentés sur cette figure ; en particulier, dans le cas (a), les REG du premier symbole OFDM des autres PRB peuvent être utilisés pour la transmission du PCFICH et du PDCCH.

Transmettre le PHICH sur plusieurs symboles OFDM au lieu d'un seul offre plus de flexibilité dans la répartition de la puissance d'émission entre différents canaux. En effet, à nombre total de canaux de contrôle par sous-trame constant, un plus grand nombre de canaux différents est transmis sur un symbole OFDM, ce qui augmente les possibilités d'emprunt de puissance à des UE en meilleure condition radio afin d'augmenter la puissance destinée à un UE en bordure de cellule.

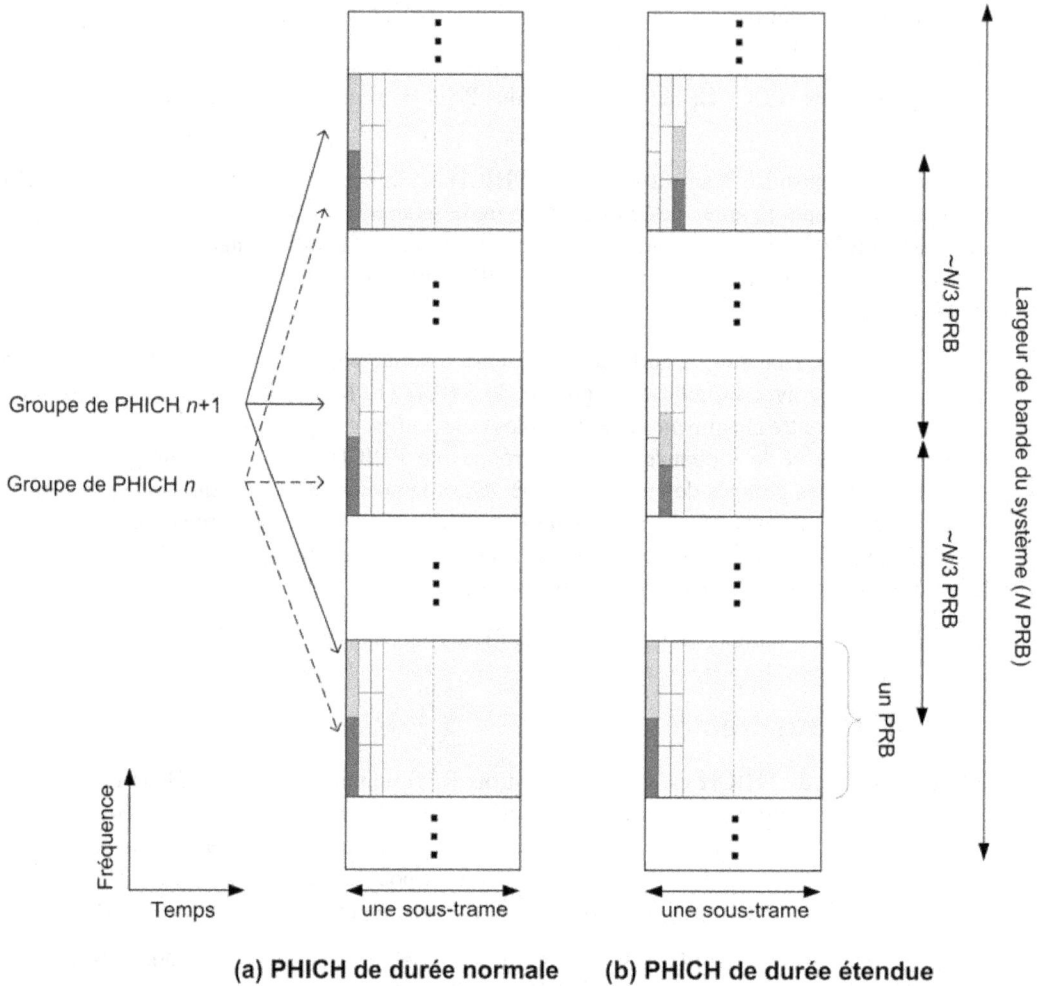

Figure 8-6
*Exemple de position de groupes de PHICH dans la sous-trame, pour le CP normal et une région de contrôle de 3 symboles OFDM*

Comme représenté sur la figure, des groupes de PHICH de numéros consécutifs occupent des REG consécutifs en fréquence (sauf dans le cas du PHICH de durée étendue pour certaines sous-trames en TDD, ou si les REG déjà occupés par le PCFICH l'empêchent). Deux groupes de PHICH de numéros consécutifs peuvent occuper les mêmes REG dans le cas du CP étendu, comme indiqué précédemment.

## Schéma MIMO

Comme les autres canaux de contrôle, le PHICH est transmis à l'aide de la diversité de transmission si plusieurs ports d'antenne sont configurés, les ports utilisés étant obligatoirement les mêmes que ceux utilisés pour le PBCH. Notons que pour 4 ports d'antenne, un schéma de diversité de transmission modifié par rapport à celui présenté au chapitre 5 est utilisé [3GPP 36.211, section 6.9.2].

# Références

[3GPP 36.211, 2009] Spécification technique 3GPP TS 36.211, *E-UTRA, Physical channels and modulation*, v8.9.0, décembre 2009.

[3GPP 36.212, 2009] Spécification technique 3GPP TS 36.212, *E-UTRA, Multiplexing and channel coding*, v8.8.0, décembre 2009.

# 9

# Format des canaux physiques en voie montante

**Sommaire :** *Format du PUSCH – Multiplexage des données et des informations de contrôle sur le PUSCH – Formats du PUCCH – Modulation, multiplexage et position dans le plan temps-fréquence des canaux*

Nous allons ici donner la « carte d'identité » des canaux physiques en voie montante. L'usage de chaque canal est brièvement rappelé, puis ses caractéristiques de transmission sont détaillées.

Ce chapitre constitue le jumeau du précédent et décrit la manière dont sont transmis les différents canaux physiques, cette fois en voie montante. Les caractéristiques suivantes sont détaillées pour chaque canal physique :

- schémas de codage et de modulation ;
- modes de multiplexage éventuels, lorsque plusieurs canaux utilisent les mêmes ressources ;
- position des ressources en fréquence dans la sous-trame.

Cette description s'appuie principalement sur les spécifications [3GPP 36.211, 2009] et [3GPP 36.212, 2009]. Elle fait appel aux notions de codage de canal exposées au chapitre 4. En outre, les connaissances sur les séquences de Zadoff-Chu présentées au chapitre 7 sont utiles à la compréhension de la mise en œuvre du PUCCH.

Le chapitre est divisé en deux grandes parties : la première section est consacrée au PUSCH, tandis que la seconde section est dédiée au PUCCH.

# Canal de données en voie montante (PUSCH)

Le canal physique partagé en voie montante PUSCH (*Physical Uplink Shared CHannel*) porte les données du canal de transport UL-SCH. Un PUSCH est confiné à une sous-trame dans le domaine temporel et à un certain nombre de PRB (identique dans chaque slot) dans la dimension fréquentielle, l'attribution de ces ressources à un UE étant décidée par le scheduler (voir le chapitre 10). Notons qu'un UE ne peut transmettre plus d'un PUSCH simultanément.

Lorsque des informations de contrôle doivent être transmises dans une sous-trame où une transmission de PUSCH est prévue, celles-ci sont également transmises sur le PUSCH, multiplexées avec les données UL-SCH. Les données de contrôle peuvent être :

- des informations sur l'état du canal (CQI, PMI, RI) ;
- des acquittements d'HARQ pour les blocs de transport reçus en voie descendante.

Elles peuvent résulter d'une transmission prévue initialement sur le PUCCH ou d'une demande de retour de CQI/PMI apériodique par l'eNodeB (voir le chapitre 12). Il est également possible que le PUSCH ne porte que des données de contrôle, si un retour de CQI/PMI apériodique est demandé par l'eNodeB alors que l'UE n'a pas de données UL-SCH à transmettre.

La figure suivante résume les grandes étapes du traitement d'émission du PUSCH d'un UE.

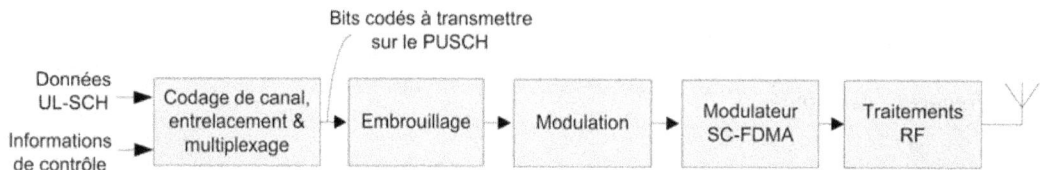

Figure 9-1
*Principaux traitements d'émission du PUSCH d'un UE*

Ces étapes sont détaillées dans les sections suivantes, à l'exception des traitements radiofréquence (RF), qui sont normalisés via des critères de performances minimales [3GPP 36.101, 2009].

## Codage de canal, multiplexage et entrelacement

Le codage de canal s'effectue séparément pour les données UL-SCH et pour les informations d'ACK/NACK, RI et CQI/PMI, chaque type d'information de contrôle étant codé indépendamment. Les différents types de bits codés sont ensuite multiplexés et entrelacés avant la modulation. En effet, il est important de noter que tous les types d'information transportés sur le PUSCH utilisent la même modulation (QPSK, 16QAM ou 64QAM). L'agencement de ces différentes opérations est illustré à la figure 9-2.

Le codage de canal est décrit à la section ci-après pour l'UL-SCH, puis à la section suivante pour les informations de contrôle. Enfin, la dernière section, p. 199, présente comment les bits codés résultants sont multiplexés et entrelacés.

Figure 9-2
*Codage, multiplexage et entrelacement des données UL-SCH et des informations de contrôle sur le PUSCH*

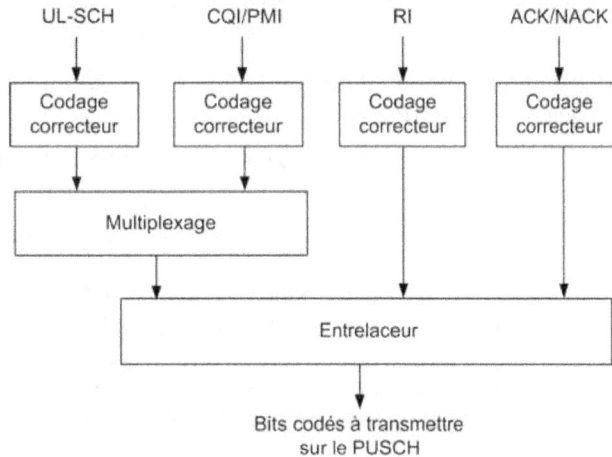

## Codage de canal pour les données UL-SCH

Le codage de canal pour les données UL-SCH est basé sur le turbo-code (voir le chapitre 4). Vingt-neuf schémas de modulation et codage (MCS) sont disponibles pour chaque taille d'allocation de ressources en fréquence et correspondent chacun à une modulation et une taille de bloc de transport en nombre de bits d'information. On rappelle que le rapport entre le nombre de bits d'information et le nombre de bits codés effectivement transmis définit le rendement du codage, qui caractérise la protection contre les erreurs apportée par le codage de canal. Les modulations QPSK, 16QAM, et 64QAM peuvent être utilisées sur le PUSCH. Le MCS est indiqué via le PDCCH, tandis que la version de redondance à transmettre est signalée par le PDCCH dans le cas d'une retransmission adaptative et est déterminée par l'UE selon une règle prédéfinie pour une retransmission non adaptative (voir le chapitre 11).

## Codage de canal pour les informations de contrôle

Lorsque des informations de contrôle sont multiplexées avec des données UL-SCH, le nombre de symboles de modulation pour la transmission de chaque type d'information de contrôle (ACK/NACK, RI ou CQI/PMI) est calculé par l'UE selon une formule de la forme :

$$Q' = \min\left(\left\lceil \frac{O_{bits}^{type}}{O_{bits}^{UL-SCH}} \cdot N_{symboles}^{PUSCH} \cdot \beta^{type} \right\rceil, N_{symboles}^{\max,type}\right)$$

Les termes de cette formule sont définis comme suit :

- $O_{bits}^{UL-SCH}$ et $O_{bits}^{type}$ représentent le nombre de bits d'information respectivement pour le canal UL-SCH et l'information de contrôle de type *type* (CQI/PMI, RI ou ACK/NACK). Dans le cas du CQI/PMI, ce nombre inclut aussi le nombre de bits de CRC.

- $N_{symboles}^{PUSCH}$ est le nombre total de symboles de modulation disponibles dans l'allocation du PUSCH signalée sur le PDCCH pour la transmission initiale. Ce nombre est fonction de la largeur de bande allouée au PUSCH, ainsi que du nombre de symboles SC-FDMA par sous-trame disponibles pour le PUSCH (une fois enlevés les SRS éventuels et les DMRS).

- $\beta^{type}$ est un facteur multiplicatif distinct pour chaque type d'information, signalé par les couches supérieures [3GPP 36.212, 2009].

- $N_{symboles}^{max,type}$ est le nombre maximal de symboles de modulation pouvant être alloués au type d'information de contrôle *type* pour l'allocation du PUSCH dans la sous-trame courante.

- $\lceil x \rceil$ désigne $x$ si $x$ est un entier, ou l'entier immédiatement supérieur sinon.

Dans le cas d'un facteur $\beta^{type}$ égal à 1, cette formule revient à appliquer à l'information de contrôle considérée le rendement de codage qui serait appliqué aux données UL-SCH *si aucune information de contrôle n'était transmise*. Le facteur $\beta^{type}$, signalé de manière semi-statique, permet d'ajuster la robustesse du codage pour chaque type d'information de contrôle, afin de tenir compte de ses schéma de codage et taux d'erreur cible spécifiques.

Lorsqu'un retour de CQI/PMI apériodique est déclenché par l'eNodeB (voir le chapitre 12) et que l'UE n'a pas d'information UL-SCH à transmettre, seules des informations de contrôle sont transmises. Une formule similaire est alors utilisée, où le rendement de codage des informations de CQI/PMI est pris comme référence en remplacement du rendement des données UL-SCH. Le rendement de codage des informations de CQI/PMI est alors déduit du nombre de bits d'information à retourner, fonction du type de retour (voir le chapitre 12) ainsi que de la taille de l'allocation de ressources pour le PUSCH.

Les transmissions des ACK/NACK et du RI peuvent chacune occuper au plus un nombre de symboles de modulation correspondant à quatre symboles SC-FDMA sur toute la largeur de bande allouée à l'UE pour le PUSCH. Le nombre de symboles pour la transmission des CQI n'est limité que par celui correspondant à l'allocation du PUSCH, diminué de celui pour la transmission du RI. Les bits codés UL-SCH occupent les symboles restant dans la bande allouée, une fois enlevés ceux occupés par les CQI/PMI, le RI, les DMRS et les SRS éventuels. Notons que les ACK/NACK ne sont pas pris en compte dans le calcul du nombre de symboles disponibles pour le UL-SCH, car les symboles portant les ACK/NACK se substituent à certains symboles occupés par le UL-SCH (et éventuellement les CQI/PMI), comme nous le verrons plus loin.

Puisque les symboles de contrôle diminuent le nombre de symboles disponibles pour la transmission du UL-SCH, le rendement de codage effectif de ce dernier augmente par rapport au cas où il serait seul transmis pour un MCS donné. Il appartient donc au scheduler d'allouer un MCS ainsi qu'un nombre de PRB appropriés afin que chaque type d'information soit décodé avec le taux d'erreur cible désiré. Dans le cas d'une transmission sans données UL-SCH, le scheduler doit jouer sur le nombre de PRB alloués afin d'atteindre le même objectif.

Le type de codage utilisé pour chaque type d'information de contrôle est donné dans le tableau qui suit. Ces schémas de codage sont décrits au chapitre 4.

Pour chaque type d'information de contrôle et de codage, une adaptation de débit spécifique est effectuée afin de satisfaire le nombre de symboles calculé pour la transmission de cette information [3GPP 36.212, 2009, sections 5.2.2 et 5.2.4].

**Schémas de codage pour les informations de contrôle sur le PUSCH**

| Type d'information | Nombre de bits d'information | Type de codage |
|---|---|---|
| ACK/NACK | 1 ou 2 | Symboles extrêmes de la modulation du PUSCH |
| | > 2 (pour le multiplexage d'ACK/NACK en TDD) | Code de Reed Muller (32, O) |
| RI | 1 ou 2 | Symboles extrêmes de la modulation du PUSCH |
| CQI/PMI | ≤ 11 | Code de Reed Muller (32, O) |
| | > 11 | Code convolutif, après attachement d'un CRC de 8 bits |

## Multiplexage et entrelacement des données et du contrôle

Les bits codés correspondant aux données et aux informations de contrôle sont ensuite multiplexés et entrelacés. Ces opérations sont effectuées de manière à assigner les bits codés aux symboles modulés en entrée de la DFT du modulateur SC-FDMA, comme décrit de manière matricielle à la figure suivante. Notons qu'à ce stade, l'opération de modulation n'est pas encore effectuée, de sorte que chaque élément de la matrice (un carré élémentaire sur la figure) est un vecteur qui porte les bits codés composant le futur symbole modulé.

Les symboles codant des RI et ACK/NACK sont portés par des symboles SC-FDMA (colonnes de la matrice) spécifiques et sont rangés ligne par ligne en partant du bas de la matrice, dans l'ordre des colonnes indiqué sur la figure. Les symboles portant des CQI/PMI, puis ceux portant les données UL-SCH, sont rangés ligne par ligne, de gauche à droite, en partant du haut de la matrice. L'ordre de remplissage des différents types de données s'effectue comme suit : (1) RI, (2) CQI/PMI, (3) UL-SCH, (4) ACK/NACK. À la différence des autres types d'information de contrôle, les ACK/NACK se substituent aux données UL-SCH (et éventuellement de CQI/PMI) ayant été précédemment assignées sur leurs éléments de la matrice. Ces dernières ne sont alors pas transmises ; ici encore, il appartient au scheduler de faire en sorte que le MCS des données affectées soit suffisamment robuste pour que cette opération ne nuise pas à leur bon décodage.

Pour obtenir la séquence de bits codés multiplexés et embrouillés, la matrice est lue colonne par colonne, du haut vers le bas.

Cet entrelacement possède les propriétés suivantes.

• Les informations de contrôle et de données occupent des symboles modulés différents.

• Les symboles modulés d'ACK/NACK et de RI sont présents sur les deux slots afin de bénéficier d'une diversité fréquentielle lorsque le saut de fréquence pour le PUSCH est activé entre deux slots (voir le chapitre 10).

• Les symboles modulés d'ACK/NACK sont positionnés dans les symboles SC-FDMA adjacents aux symboles DMRS. De ce fait, leur démodulation bénéficie de la meilleure estimation de canal possible en cas de variations temporelles du canal au cours du slot (pour les hautes vitesses de l'UE).

Lorsque seules des informations de contrôle sont transmises (pas de données UL-SCH), les diverses opérations relatives au multiplexage et à l'entrelacement s'effectuent de la même manière.

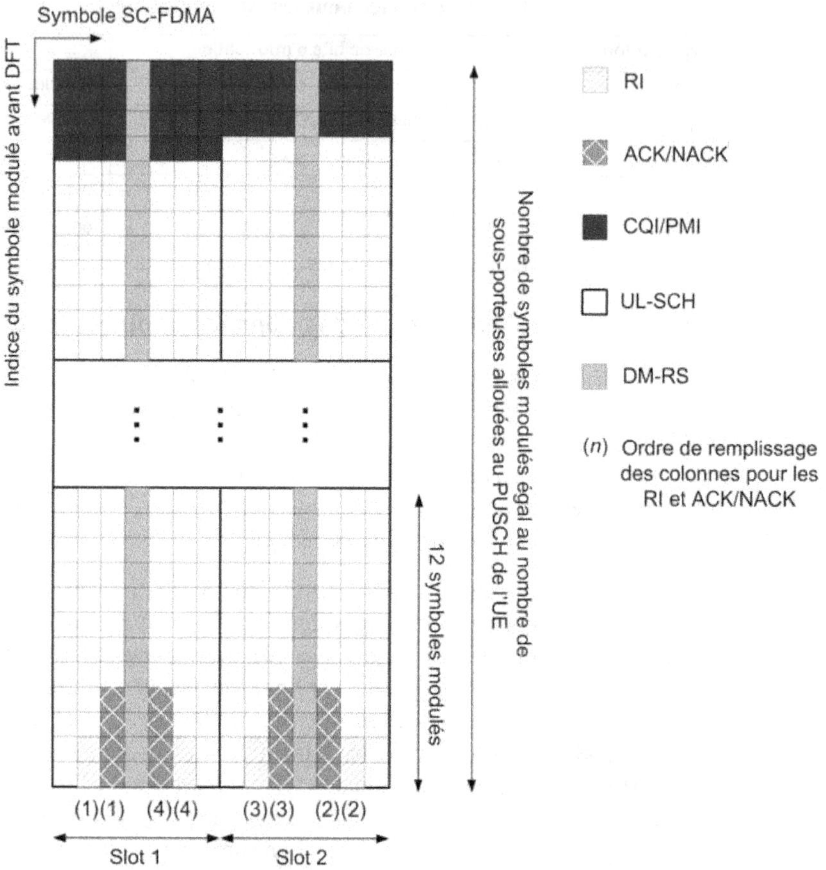

Figure 9-3

*Multiplexage et entrelacement des symboles de contrôle et de données sur le PUSCH avant DFT (pour le CP normal)*

## Embrouillage, modulation et schémas MIMO

Les bits entrelacés sont embrouillés par une séquence pseudo-aléatoire spécifique à l'UE avant modulation, comme décrit au chapitre 4. La séquence d'embrouillage est réinitialisée à chaque sous-trame en fonction de l'identifiant de l'UE (RNTI, voir le chapitre 10), du numéro du slot dans la trame radio et de l'identifiant de la cellule.

Les transmissions à antennes multiples ne sont pas possibles en voie montante en Release 8 et les seuls schémas MIMO permis sur le PUSCH sont la sélection d'antenne d'émission et le MU-MIMO (voir le chapitre 5).

## Modulation SC-FDMA et position dans la sous-trame

Le PUSCH, comme le PUCCH, utilise la modulation SC-FDMA, dont les étapes sont détaillées à la figure suivante. On se reportera au chapitre 6 pour le principe de la modulation SC-FDMA.

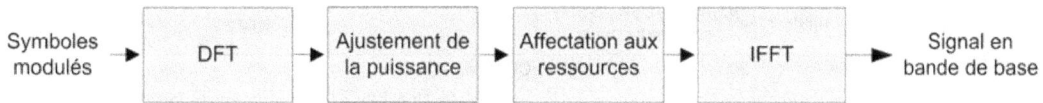

Figure 9-4
*Étapes de la modulation SC-FDMA*

Les échantillons complexes obtenus en sortie de la DFT (appelée *transform precoding* dans les spécifications) sont multipliés par un facteur de mise à l'échelle afin de satisfaire la puissance définie par le contrôle de puissance (voir le chapitre 10). Les échantillons résultants sont alors affectés aux sous-porteuses allouées à l'UE. L'opération d'IFFT produit finalement le signal temporel en bande de base, destiné à être traité par l'étage radiofréquence avant émission.

Le PUSCH est transmis sur les ressources qui ne sont pas occupées par le PUCCH, ni par les signaux de référence (DMRS, SRS). Les ressources à utiliser sont indiquées dans l'allocation pour la voie montante signalée sur le PDCCH. Le chapitre 10 décrira les types d'allocation de ressources pris en charge pour le PUSCH, notamment le saut de fréquence.

# Canal de contrôle en voie montante (PUCCH)

Le canal physique de contrôle en voie montante PUCCH (*Physical Uplink Control CHannel*) porte les informations de contrôle sur la voie montante pour un UE, ce dernier ne pouvant transmettre qu'un seul PUCCH dans une sous-trame donnée. Les informations de contrôle portées par le PUCCH sont :
- les informations sur l'état du canal CQI, PMI, RI, lorsqu'elles sont retournées périodiquement ;
- les requêtes de scheduling ;
- les acquittements d'HARQ pour les blocs de transport reçus en voie descendante.

Ces informations de contrôle, ainsi que leur procédure de retour sur le PUCCH, seront détaillées au chapitre 12. Lorsqu'un PUSCH est alloué à l'UE sur une sous-trame où une transmission de PUCCH est prévue, les informations de contrôle associées sont transmises sur le PUSCH comme décrit à la section précédente.

## Vue d'ensemble des formats de PUCCH

Il existe plusieurs formats de PUCCH, qui diffèrent par le type d'information qu'ils portent et leur charge utile. Le tableau qui suit récapitule les différents formats ainsi que leurs principales caractéristiques.

**Formats de PUCCH**

| Format de PUCCH | Modulation | Nombre de bits codés par sous-trame | Usage |
|---|---|---|---|
| 1 | ON/OFF | N/A | Requête de scheduling (SR) |
| 1a | BPSK | 1 | ACK/NACK pour un seul bloc de transport, avec ou sans SR |
| 1b | QPSK | 2 | ACK/NACK pour deux blocs de transport (SU-MIMO), avec ou sans SR |
| | | | .../... |

| Format de PUCCH | Modulation | Nombre de bits codés par sous-trame | Usage |
|---|---|---|---|
| 2 | QPSK | 20 | CQI/PMI ou RI<br>CQI/PMI ou RI + 1 ou 2 bits d'ACK/NACK, possible uniquement avec un CP étendu |
| 2a | QPSK+BPSK | 21 | CQI/PMI ou RI + 1 bit d'ACK/NACK, possible uniquement avec un CP normal |
| 2b | QPSK+QPSK | 22 | CQI/PMI ou RI + 2 bits d'ACK/NACK, possible uniquement avec un CP normal |

Les formats 1, 1a et 1b sont dédiés au retour des ACK/NACK et/ou des requêtes de scheduling, tandis que les formats 2, 2a et 2b visent principalement à remonter les CQI/PMI/RI. Les formats 2a et 2b permettent de remonter des ACK/NACK en plus des CQI/PMI/RI, si l'UE y est autorisé par configuration. Ainsi, le choix du format à utiliser par l'UE est déterminé par le type d'information de contrôle qu'il doit transmettre, le nombre de blocs de transport transmis (pour le nombre de bits d'ACK/NACK), le type de préfixe cyclique ainsi que la configuration de l'UE.

Nous verrons que le PUCCH d'un UE est toujours transmis sur deux PRB d'une sous-trame et occupe un PRB par slot. Pour chaque format, les PUCCH de plusieurs UE peuvent être multiplexés sur un même PRB.

Les formats de PUCCH de type 1 et de type 2 sont respectivement décrits en détail aux sections suivantes. Pour chaque format, nous présentons les traitements effectués à l'émission, puis nous indiquons sa capacité de multiplexage, c'est-à-dire le nombre d'UE différents qui peuvent transmettre un PUCCH de ce format sur un même PRB. La section du même nom, p. 207, détaille les ressources utilisées par le PUCCH.

## Formats de PUCCH 1, 1a, 1b

### Codage de canal et modulation

La figure 9-5 décrit le modulateur pour les formats de PUCCH 1/1a/1b. Le traitement des symboles modulés est uniquement représenté pour le premier slot d'une sous-trame, car il est identique sur le second slot.

Le modulateur des formats 1/1a/1b, comme celui des formats 2/2a/2b, repose sur une séquence de base spécifique à la cellule, construite à partir d'une séquence de Zadoff-Chu. La séquence de base utilisée par une cellule pour le PUCCH est la même que celle utilisée pour les signaux de référence. Nous invitons donc le lecteur à se reporter au chapitre 7 pour une description détaillée des séquences de base, des séquences de Zadoff-Chu et de leurs propriétés.

La séquence de base pour la cellule considérée et sur le slot considéré est notée ZC sur la figure. En assignant des décalages cycliques distincts d'une même séquence de base aux PUCCH d'UE d'une même cellule, l'eNodeB peut les multiplexer de manière orthogonale sur les mêmes ressources temps-fréquence. Comme la séquence utilisée est de longueur 12, un PRB peut accepter jusqu'à 12 décalages cycliques, soit 12 PUCCH. Le décalage cyclique de chaque PUCCH varie à chaque symbole

SC-FDMA selon un motif pseudo-aléatoire spécifique à la cellule (voir le chapitre 7). Ceci est réalisé afin de rendre aléatoire l'interférence intercellulaire, c'est-à-dire de diluer sur une sous-trame l'effet d'une interférence particulièrement forte subie sur un symbole SC-FDMA donné. Une telle interférence peut être provoquée par l'utilisation par un fort interféreur d'une séquence possédant une inter-corrélation particulièrement élevée avec la séquence de l'UE démodulé. Le décalage cyclique pour le symbole $n$ (réalisé dans le domaine fréquentiel par une rampe de phase) est noté $CS(n)$ sur la figure. De plus, rappelons que, toujours dans le but de rendre l'interférence intercellulaire aléatoire, la séquence de base utilisée par la cellule peut être configurée pour varier à chaque slot.

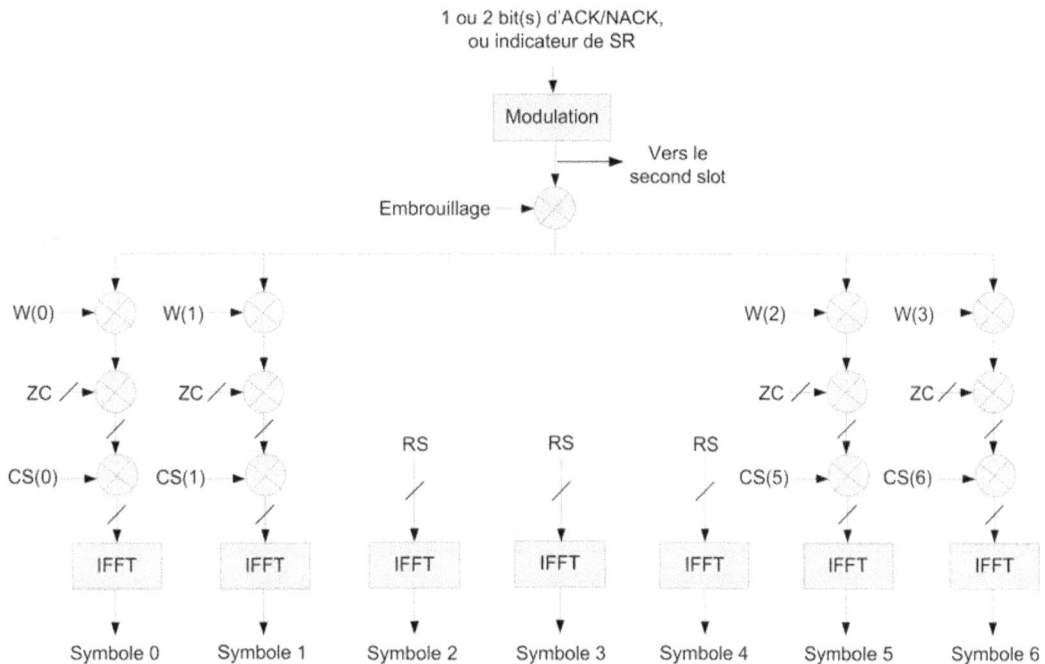

Figure 9-5
*Modulateur du PUCCH de format 1/1a/1b, pour le CP normal*

Le codage de canal utilisé pour le PUCCH de format 1/1a/1b est un codage à répétition : le symbole portant le ou les bit(s) d'information est répété sur chaque symbole SC-FDMA de la sous-trame. Cette répétition est assurée par un code orthogonal afin de permettre de multiplexer les PUCCH de plusieurs UE sur les mêmes PRB, selon un schéma d'accès multiple par les codes (CDMA, pour *Code Division Multiple Access*). L'élément $n$ du code orthogonal associé est noté $w(n)$ sur la figure. Le code est appliqué par slot et peut être un code de Walsh-Hadamard de longueur 4 ou une séquence DFT de longueur 3 (pour le format de PUCCH raccourci présenté plus loin) [3GPP 36.211, 2009, section 5.4.1]. Il existe trois séquences orthogonales pour chaque type de code, la séquence appliquée variant à chaque slot afin de rendre aléatoire l'interférence intracellulaire. Cette dernière peut apparaître en cas de forte vitesse d'un UE de la cellule, une variation du canal au cours du slot remettant en cause l'orthogonalité des UE utilisant le même décalage cyclique.

Certaines combinaisons de décalage cyclique et de code orthogonal présentent des sensibilités différentes à l'interférence. Des UE d'une même cellule utilisant des décalages cycliques proches pourront ainsi expérimenter une interférence intracellulaire dans le cas où la dispersion des retards du canal, couplée à une différence de temps d'arrivée des signaux de ces UE au récepteur, compense l'écart entre leurs décalages cycliques. En revanche, des décalages cycliques éloignés réduiront ce risque. De même, toutes les paires de codes orthogonaux ne conduisent pas au même niveau d'interférence entre codes en présence de fortes vitesses [Samsung, 2007]. Pour éviter qu'un UE ne soit constamment défavorisé par une combinaison de paramètres sensible à l'interférence intracellulaire, une procédure de redistribution (*remapping* en anglais) des décalages cycliques et des codes orthogonaux entre UE d'une même cellule est mise en œuvre à chaque slot. Cette redistribution s'effectue entre deux valeurs fixes pour chaque paramètre.

Le tableau suivant résume les différents mécanismes mis en œuvre pour rendre l'interférence aléatoire sur les PUCCH de format 1/1a/1b.

**Mécanismes pour rendre aléatoire l'interférence sur les PUCCH de format 1/1a/1b**

| Caractéristique | Mécanisme | Présence | Interférence visée |
|---|---|---|---|
| Séquence de base spécifique à la cellule | Saut de groupe de séquences ou saut de séquence intra-groupe (voir le chapitre 7) | Configurable | Interférence intercellulaire |
| Décalage cyclique de la séquence de base spécifique à la cellule | Saut par slot et par symbole SC-FDMA | Permanent | Interférence intercellulaire |
| Décalage cyclique additionnel spécifique à l'UE | Redistribution à chaque slot entre deux valeurs fixes | Permanent | Interférence intracellulaire créée par la dispersion des retards du canal et un défaut de synchronisation des UE |
| Code orthogonal | Redistribution à chaque slot entre deux valeurs fixes | Permanent | Interférence intracellulaire créée par une forte vitesse |

Le multiplexage de plusieurs PUCCH de format 1/1a/1b sur un PRB donné est ainsi assuré à la fois par la séquence de base et par le code orthogonal.

La notation RS sur la figure désigne les séquences utilisées pour les signaux de référence DMRS sur ce slot. Pour le CP normal, les trois symboles temporels au centre de chaque slot sont occupés par des signaux de référence DMRS pour la démodulation du PUCCH. Pour le CP étendu, seulement deux symboles DMRS sont présents. Les séquences DMRS varient également à chaque symbole, comme décrit au chapitre 7. Les paramètres des séquences DMRS (décalage cyclique et séquence orthogonale) dépendent, comme les séquences utilisées pour la modulation, des ressources allouées au PUCCH (voir la section correspondante p. 207).

Pour le format de PUCCH 1 (destiné à transmettre une SR), l'information est portée par la présence ou l'absence de PUCCH de la part de l'UE (modulation ON/OFF). Dans ce cas, le symbole transmis est fixé à 1. Le détecteur fonctionne alors en comparant à un seuil la puissance reçue sur les ressources PUCCH allouées à la transmission de la SR.

Pour les formats de PUCCH 1a et 1b, respectivement un et deux bits sont transmis, portant l'information sur les ACK/NACK. Ces formats gèrent également la transmission simultanée d'une requête de scheduling. L'information sur la SR est alors portée par les ressources utilisées pour transmettre les ACK/NACK : si l'UE envoie une SR, il transmet les ACK/NACK sur les ressources PUCCH allouées à la transmission des SR ; sinon, les ressources prévues pour la transmission des ACK/NACK sont utilisées.

Le symbole complexe résultant de la modulation (ON/OFF, BPSK, QPSK selon le format employé) est embrouillé par un facteur 1 ou $e^{j\pi/2}$, ce qui permet à l'eNodeB de déterminer si le signal reçu est de l'interférence due au décalage cyclique adjacent (utilisé potentiellement par un autre PUCCH de la cellule), ou le signal effectivement désiré [Panasonic, NTT DoCoMo, 2008]. Le symbole embrouillé est ensuite étalé par le code orthogonal. Chaque symbole résultant de l'étalement module alors la séquence de base, affectée d'un décalage cyclique spécifique au symbole SC-FDMA et au slot. Après avoir été associée aux sous-porteuses assignées, la séquence résultante est envoyée au bloc IFFT pour créer le symbole SC-FDMA correspondant.

Il existe également un format de PUCCH 1/1a/1b dit *raccourci*, où le dernier symbole SC-FDMA du second slot n'est pas transmis. Un code orthogonal de longueur 3, basé sur une séquence DFT, est alors utilisé pour le second slot. L'UE doit utiliser le format de PUCCH raccourci pour chaque sous-trame configurée par la cellule pour la transmission de SRS (transmis dans le dernier symbole de la trame, voir le chapitre 7), même s'il ne transmet pas de SRS dans cette sous-trame, afin de ne pas créer d'interférence sur les SRS transmis par d'autres UE.

## Capacité de multiplexage

La capacité de multiplexage sur le PUCCH pour les formats 1/1a/1b est contrôlée par :

- le CP, qui détermine le nombre de codes (trois séquences orthogonales sont possibles pour le CP normal et deux pour le CP étendu) ;
- le paramètre $\Delta_{\text{shift}}^{\text{PUCCH}}$, qui définit la différence entre deux décalages cycliques consécutifs pour des ressources utilisant le même code orthogonal.

Le paramètre $\Delta_{\text{shift}}^{\text{PUCCH}}$ est signalé par le protocole RRC et peut être réglé en fonction de la dispersion des retards du canal et de la capacité de multiplexage désirée pour le PUCCH. Ainsi, la capacité de multiplexage par PRB du PUCCH de format 1/1a/1b est donnée par :

$$C_{\text{MUX}}^{\text{PUCCH A/N}} = N_{oc} \times 12 / \Delta_{\text{shift}}^{\text{PUCCH}}$$

où $N_{oc}$ est le nombre de séquences orthogonales possibles en fonction de la valeur du CP. Par exemple, les configurations suivantes sont possibles pour le CP normal [Samsung *et al.*, 2008] :

- $\Delta_{\text{shift}}^{\text{PUCCH}} = 1$ : 36 ressources ACK/NACK par PRB : pour les déploiements urbains où la dispersion des retards des canaux est faible et où une capacité de multiplexage maximale est nécessaire ;
- $\Delta_{\text{shift}}^{\text{PUCCH}} = 2$ : 18 ressources ACK/NACK par PRB : adaptée à la plupart des déploiements urbains ;
- $\Delta_{\text{shift}}^{\text{PUCCH}} = 3$ : 12 ressources ACK/NACK par PRB : pour les cellules où la dispersion des retards des canaux est élevée mais où le CP normal est utilisé.

## Formats de PUCCH 2, 2a, 2b

### Codage de canal et modulation

La figure suivante représente le modulateur du PUCCH pour les formats 2/2a/2b pour le premier slot, pour un CP normal. Les traitements effectués pour le second slot sont similaires, les opérations de codage, embrouillage et modulation étant communes aux deux slots. Les notations sont identiques à celles de la figure précédente ; $d(n)$ est le symbole modulé d'indice $n$.

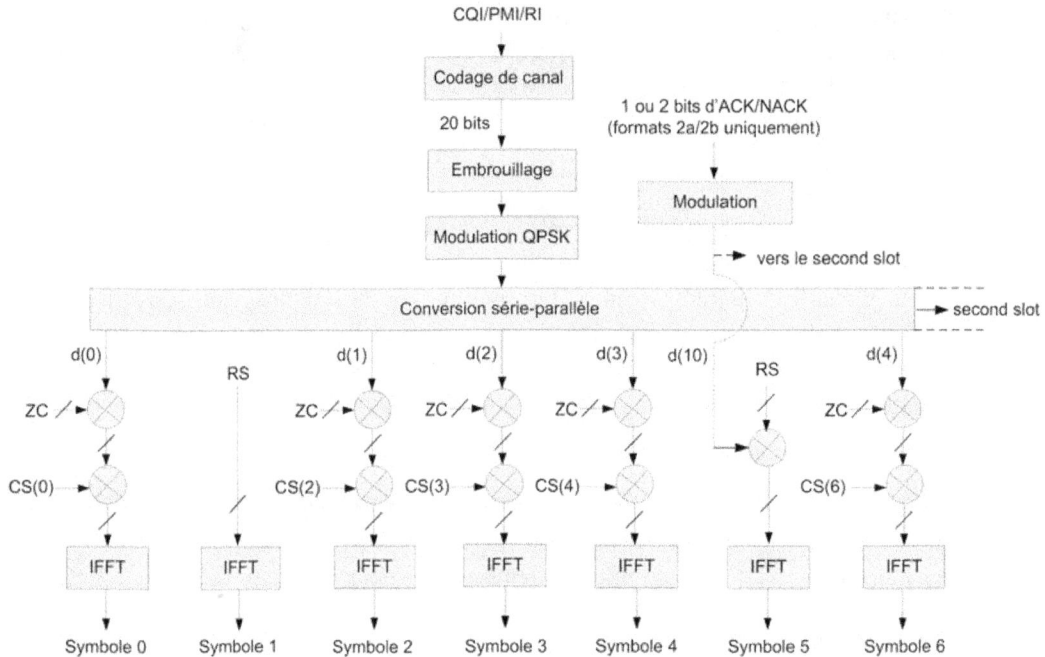

Figure 9-6
*Modulateur pour les formats PUCCH 2/2a/2b, pour le CP normal*

Les bits d'information portant les CQI/PMI/RI sont encodés sur 20 bits après codage de canal par un code de Reed-Muller (20, $A$), où $A$ est le nombre de bits d'information en entrée du codeur. Les bits codés sont ensuite embrouillés par une séquence pseudo-aléatoire spécifique à l'UE. Les bits résultants sont modulés pour donner une séquence de symboles QPSK $\{d(0), d(1), ..., d(9)\}$. Chaque symbole modulé est porté par un symbole SC-FDMA spécifique. Pour ce faire, le symbole $d(n)$ module une séquence de base affectée d'un décalage cyclique différent à chaque symbole SC-FDMA. Puis, après association aux sous-porteuses affectées, la séquence résultante est envoyée au bloc IFFT afin de produire le symbole SC-FDMA correspondant.

Les mécanismes de saut et de redistribution de paramètres pour rendre l'interférence aléatoire présentés pour les PUCCH de format 1/1a/1b s'appliquent également aux PUCCH de format 2/2a/2b, sauf en ce qui concerne le code orthogonal, non défini pour ces formats.

Deux symboles temporels sont occupés par des DMRS dans le cas du CP normal, un seul symbole DMRS étant présent dans le cas du CP étendu.

Les formats de PUCCH 2, 2a, 2b peuvent également porter des ACK/NACK, lorsque l'UE est configuré pour cela par le protocole RRC. Dans le cas du format 2, les bits d'ACK/NACK sont encodés conjointement avec les bits de CQI/PMI/RI par un code de Reed-Muller (20, $B$), où $B$ est la somme de $A$ et du nombre de bits d'ACK/NACK. Dans le cas des formats 2a et 2b, possibles uniquement avec un CP normal, un onzième symbole de modulation est créé à partir des bits d'ACK/NACK (au nombre de 1 et 2 pour les formats 2a et 2b respectivement) qui module la séquence de base du second symbole DMRS sur chacun des deux slots.

### Capacité de multiplexage

Comme les formats 2/2a/2b n'utilisent pas de code orthogonal, leur capacité de multiplexage par PRB est uniquement assurée par les décalages cycliques des séquences de base. De plus, comme ils ne supportent pas d'écart variable $\Delta_{shift}^{PUCCH}$ entre les décalages cycliques, leur capacité de multiplexage par PRB est toujours égale à :

$$C_{MUX}^{PUCCH\ CQI/PMI/RI} = 12$$

On notera que contrairement au format 1/1a/1b, un UE ne peut pas transmettre de SRS dans la même sous-trame qu'un PUCCH de format 2/2a/2b. Dans le cas où ces deux transmissions sont prévues dans une même sous-trame, le SRS n'est pas transmis.

## Ressources utilisées par le PUCCH

Les sous-trames utilisées pour la transmission du PUCCH dépendent du type d'information transmise : une transmission d'ACK/NACK selon les formats 1/1a/1b fait suite à la transmission d'un PDSCH, tandis que la transmission de CQI/PMI/RI est périodique. La manière dont ces ressources temporelles sont allouées en fonction du type de transmission sera décrite au chapitre 12. Dans cette section, nous nous attachons aux ressources utilisées pour la transmission du PUCCH dans une sous-trame donnée.

Les ressources affectées à un UE pour le PUCCH sur un slot sont déterminées par les paramètres suivants :

- un PRB ;
- un décalage cyclique fixe par rapport à celui spécifique à la cellule ;
- une séquence orthogonale (pour les formats 1/1a/1b uniquement).

Ces trois grandeurs sont identifiées à l'aide des paramètres suivants.

- $n_{PUCCH}^{(1)}$ identifie de manière unique les ressources d'un PUCCH de format 1/1a/1b (décalage cyclique, séquence orthogonale et PRB à utiliser pour la transmission, voir [3GPP 36.211, 2009, sections 5.4.1 et 5.4.3] pour les formules par lesquelles cette identification est effectuée). $n_{PUCCH}^{(1)}$ est calculé par l'UE en fonction du paramètre $N_{PUCCH}^{(1)}$, configuré par RRC, et des

ressources utilisées pour la transmission du PDCCH allouant le PDSCH pour lequel un acquittement est retourné.

- $n_{\text{PUCCH}}^{(2)}$ identifie de manière unique les ressources d'un PUCCH de format 2/2a/2b (décalage cyclique et PRB à utiliser pour la transmission, voir [3GPP 36.211, 2009, sections 5.4.2 et 5.4.3]). $n_{\text{PUCCH}}^{(2)}$ est signalé par RRC.

Un canal PUCCH alloué à un UE utilise un PRB dans chacun des deux slots d'une sous-trame, ces deux PRB se situant aux extrémités opposées de la bande du système, comme décrit à la figure ci-dessous. Ce choix est motivé par les considérations suivantes.

- La diversité fréquentielle est maximisée.

- La propriété de transmission monoporteuse est conservée.

- La couverture du PUCCH est maximisée, puisque l'UE concentre alors sa puissance d'émission sur la largeur de bande d'un seul PRB.

- La partie centrale de la bande du système peut être allouée au PUSCH, éventuellement à un seul UE dans son intégralité. En effet, si le PUCCH était alloué, par exemple, au centre de la bande, la propriété de transmission monoporteuse imposerait qu'un PUSCH n'utilise que la moitié de la largeur de bande.

- L'affectation des extrémités de la bande au PUCCH réduit naturellement la largeur de bande des émissions du PUSCH en dehors de la bande du canal assigné. Ces émissions hors-bande sont inhérentes à la modulation et aux non-linéarités de l'amplificateur de puissance [3GPP 36.101, 2009]. Comme elles augmentent avec la largeur de bande de la transmission, elles sont essentiel-lement le fait du PUSCH.

Le PRB occupé à chaque slot par un PUCCH donné est repéré par une certaine valeur de la variable $m$ comme illustré à la figure 9-7, $m$ dépendant des indices $n_{\text{PUCCH}}^{(1)}$ et $n_{\text{PUCCH}}^{(2)}$, respective-ment pour les PUCCH de format 1/1a/1b et 2/2a/2b. Sur cette figure, $N_{\text{PRB}}$ est le nombre de PRB de la bande du système.

Les ressources fréquentielles à utiliser pour les formats 1/1a/1b et 2/2a/2b sont séparées, à l'excep-tion d'une largeur de bande mixte correspondant à un PRB, si elle est présente, où les formats 1/1a/1b et 2/2a/2b peuvent coexister. Les PUCCH de format 2/2a/2b occupent les PRB à l'extrémité de la bande, tandis que les PUCCH de format 1/1a/1b occupent les PRB intérieurs de la zone dédiée au PUCCH. Les ressources allouées à chaque format de PUCCH sont configurées par les paramètres suivants, signalés par le protocole RRC.

- $N_{\text{RB}}^{(2)}$ indique la largeur de bande disponible pour les formats de PUCCH 2/2a/2b à chaque slot, exprimée en nombre de PRB. $N_{\text{RB}}^{(2)}$ est compris entre 0 et 98.

- $N_{\text{cs}}^{(1)}$ indique le nombre de décalages cycliques utilisé par les formats de PUCCH 1/1a/1b dans un PRB portant à la fois des formats 1/1a/1b et des formats 2/2a/2b. $N_{\text{cs}}^{(1)}$ est un entier multiple de $\Delta_{\text{shift}}^{\text{PUCCH}}$ compris entre 0 et 7, $\Delta_{\text{shift}}^{\text{PUCCH}}$ étant indiqué par RRC. Ces ressources mixtes n'exis-tent pas si $N_{\text{cs}}^{(1)}$ est nul.

Pouvoir multiplexer les formats 1/1a/1b et 2/2a/2b dans un même PRB est particulièrement utile pour les faibles largeurs de bande (par exemple, 1,4 MHz), où allouer des ressources séparées aux

UE transmettant des ACK/NACK et à ceux transmettant des CQI/PMI/RI représenterait une consommation de ressources trop importante. Notons que dans ces ressources mixtes, les décalages cycliques alloués aux formats 1/1a/1b (respectivement 2/2a/2b) sont consécutifs et séparés des décalages cycliques alloués aux formats 2/2a/2b par un décalage cyclique de garde [Nokia Siemens Networks *et al.*, 2008]. Ce dernier améliore l'orthogonalité entre les deux types de formats au prix d'une réduction de la capacité de multiplexage. L'orthogonalité est nécessaire car les deux formats de PUCCH ont des SINR d'opération différents et ainsi des puissances d'émission potentiellement différentes. Si l'orthogonalité n'est pas parfaite (par exemple, si la dispersion des retards du canal d'un UE est plus étendue que l'écart entre deux décalages cycliques), l'un des formats de PUCCH pourrait interférer sur l'autre significativement.

**Figure 9-7**
*PRB occupés par le PUCCH.*
*Un PUCCH occupe les PRB*
*identifiés par la même valeur de m.*

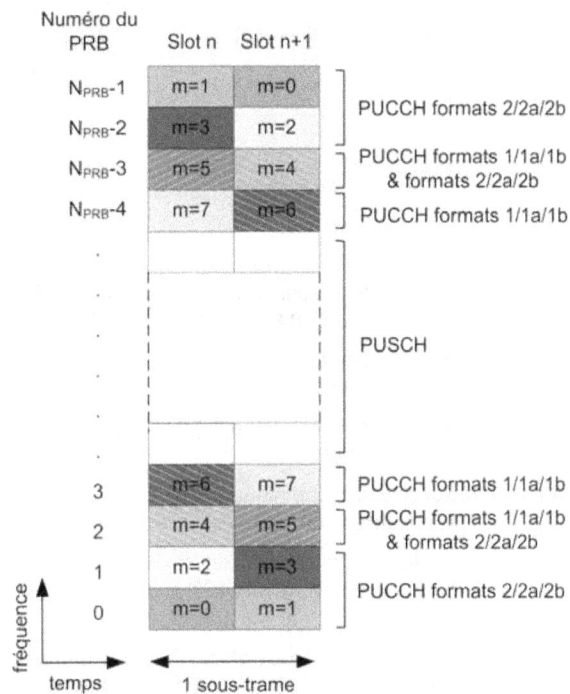

Notons enfin que le réglage de la taille de la zone de PUCCH via le paramètre $N_{\text{RB}}^{(2)}$ permet à l'eNodeB de contrôler la largeur de bande du système effective en voie montante. Celle-ci peut ainsi être dimensionnée selon une largeur arbitraire (par exemple, 8 MHz), éventuellement de manière asymétrique, comme représenté à la figure suivante. En effet, l'eNodeB peut réserver plus de PRB pour la transmission du PUCCH qu'il n'en utilise réellement. De plus, il contrôle la bande utilisée par les SRS, comme l'allocation des PRB pour la transmission du PUSCH. En particulier, rien n'empêche ces derniers d'être alloués dans la zone du PUCCH. Cette fonctionnalité, appelée *surprovision du PUCCH* (*PUCCH over-provisioning*, en anglais), peut notamment être mise à profit pour protéger un autre système opérant sur une bande proche de la bande montante du LTE en FDD, avec lequel se posent des problèmes de coexistence.

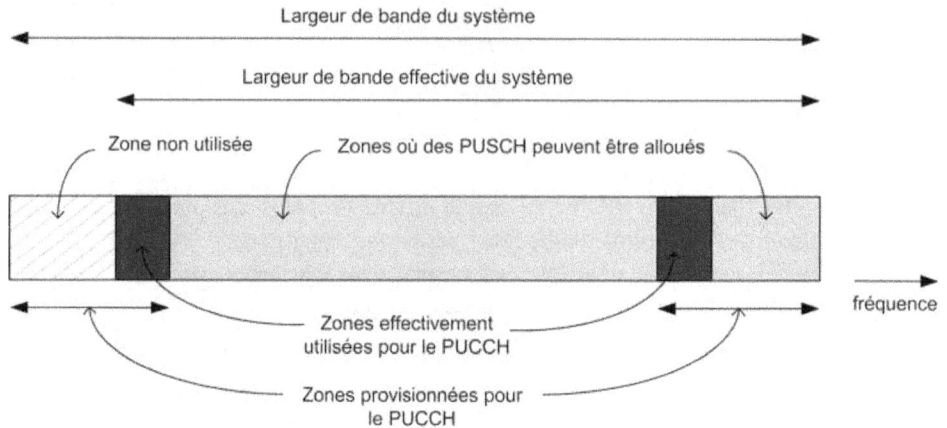

Figure 9-8
*Surprovision du PUCCH pour créer une bande de garde sur la bande montante en FDD*

# Références

[3GPP 36.101, 2009] Spécification technique 3GPP TS 36.101, *E-UTRA, User Equipment (UE) radio transmission and reception*, v8.8.0, décembre 2009.

[3GPP 36.211, 2009] Spécification technique 3GPP TS 36.211, *E-UTRA, Physical channels and modulation*, v8.9.0, décembre 2009.

[3GPP 36.212, 2009] Spécification technique 3GPP TS 36.212, *E-UTRA, Multiplexing and channel coding*, v8.8.0, décembre 2009.

[3GPP 36.213, 2009] Spécification technique 3GPP TS 36.213, *E-UTRA, Physical layer procedures*, v8.8.0, septembre 2009.

[Nokia Siemens Networks *et al.*, 2008] Nokia Siemens Networks, Nokia, Texas Instruments, *ACK/NACK channelization for PRBs containing both ACK/NACK and CQI*, Contribution R1-080931, 3GPP TSG RAN WG1 #52, février 2008.

[Panasonic, NTT DoCoMo, 2008] Panasonic, NTT DoCoMo, *Necessity of the scrambling for ACK/NACK on PUCCH*, Contribution R1-082403, 3GPP TSG RAN WG1 #54, juillet 2008.

[Samsung, 2007] Samsung, *Selection of Orthogonal Cover Walsh Codes for High Speed UL ACK*, Contribution R1-074091, 3GPP TSG RAN WG1 #50bis, octobre 2007.

[Samsung *et al.*, 2008] Samsung, Nokia, Nokia Siemens Networks, Panasonic, TI, *Joint proposal on uplink ACK/NACK channelization*, Contribution R1-080035, 3GPP TSG RAN WG1 #51bis, janvier 2008.

# 10

# Allocation de ressources

**Sommaire :** *Principe du scheduling – Informations normalisées pour mettre en œuvre le scheduling – Scheduling dynamique et semi-persistant – Types d'allocation de ressources en fréquence – Coordination d'interférence intercellulaire (ICIC) – Contrôle de puissance*

L'allocation de ressources ou scheduling vise à partager des ressources radio communes entre les UE. Elle forme donc une fonctionnalité clé de l'interface radio pour les performances du système et le maintien de la qualité de service envers l'utilisateur. Ce chapitre décrit le principe du scheduling, ainsi que la manière dont il est traité en LTE. Les fonctions étroitement associées au scheduling sont également décrites dans ce chapitre : la coordination d'interférence et le contrôle de puissance.

## Rôle du scheduling et principes généraux

La transmission de données en LTE, comme en EDGE et en HSPA, repose sur des canaux partagés dont l'accès est géré dynamiquement en fonction de paramètres de qualité de service (QoS) et typiquement en fonction de la qualité de canal perçue par l'UE. L'accès au canal est déterminé par le scheduler, aussi parfois appelé *ordonnanceur* en français, dont la tâche est de décider des paramètres suivants.

- Quels UE servir à chaque TTI ? Cette fonctionnalité est illustrée à la figure suivante.

- Quelles ressources en fréquence (PRB) allouer à chaque UE servi (nombre de PRB et positions) ?

- Quel traitement spatial appliquer pour un UE donné dans le cadre du MIMO, en particulier combien de couches spatiales utiliser ?

- Quelle puissance appliquer, principalement en voie montante ?

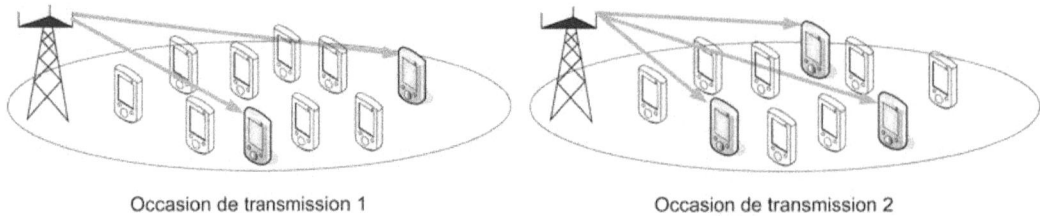

Occasion de transmission 1          Occasion de transmission 2

**Figure 10-1**
*Sélection par le scheduler des UE à servir, ici en voie descendante*

La fonction de scheduling est hébergée par la couche MAC de l'eNodeB, mais s'appuie sur les mesures effectuées par la couche physique des UE (respectivement de l'eNodeB) pour optimiser l'allocation des ressources en voie descendante (respectivement en voie montante). Le scheduling entre ainsi dans la classe des fonctions conçues selon une optimisation intercouches (ici entre la couche physique et la couche MAC), dont l'exploitation est l'une des caractéristiques fortes des systèmes de communication modernes et en particulier du LTE.

Le scheduler est amené à exploiter les trois dimensions temporelle, fréquentielle et spatiale, que nous décrivons maintenant.

## Dimension temporelle

Les données sont transmises sur des canaux partagés entre les UE du système. La raison de ce choix est double. D'une part, les besoins en ressources radio des UE peuvent varier considérablement au cours du temps en fonction du type de service requis. Au cours d'un appel voix par exemple, les périodes de silence sont nombreuses ; or pendant ces périodes, aucune donnée n'est transmise. Réserver des ressources radio pour la durée d'un appel voix revient ainsi à les gaspiller pour le système, puisqu'elles pourraient être allouées à un autre UE pendant les périodes de silence. Il est donc plus efficace pour le système de mutualiser les ressources radio en canaux partagés et de les allouer aux UE en fonction de leurs besoins instantanés.

L'autre avantage d'un accès partagé est le gain de *diversité multi-utilisateur*. Cette diversité exploite les variations rapides (*fast fading*) du canal de transmission afin de servir les UE lorsque celui-ci est dans un état favorable, typiquement un état d'évanouissement constructif. Or, les canaux de transmission d'UE différents sont affectés de manière indépendante par les évanouissements rapides. Ainsi, plus le nombre d'UE actifs est élevé et plus la probabilité que le canal de l'un d'eux soit en état d'évanouissement constructif à un instant donné est importante. Avec un grand nombre d'UE actifs simultanés, les UE servis peuvent généralement l'être avec une qualité de canal meilleure que la moyenne, bénéficiant ainsi d'un débit plus important sur les ressources allouées. Pour le système, il s'ensuit un débit total plus élevé, puisque chaque ressource allouée porte une plus grande quantité de données.

Le scheduling pouvant exploiter les variations rapides du canal est dit *dynamique*. Pour ce faire, les ressources temporelles allouées doivent être très brèves. En LTE, la granularité de l'allocation de ressources en temps, ou TTI, est d'une sous-trame, soit 1 milliseconde. En d'autres termes, le scheduler est libre de choisir les UE à servir ainsi que leur allocation de PRB à chaque sous-trame.

Afin que le scheduling puisse suivre les évanouissements rapides du canal, l'eNodeB doit disposer d'une information sur la qualité du canal de l'UE, qui permette d'estimer le débit que celui-ci peut atteindre dans les conditions radio qu'il rencontre. Cette information s'obtient au moyen du retour par l'UE d'un CQI, présenté au chapitre 4. Nous reviendrons sur les indicateurs nécessaires à la mise en œuvre du scheduling dans la section « Entrées du scheduler remontées par l'UE », p. 217.

## Dimension fréquentielle

Nous avons vu au chapitre 3 que les ressources radio se présentent comme une grille temps-fréquence divisée en un certain nombre de blocs de ressources élémentaires appelés PRB, leur nombre dans la dimension fréquentielle dépendant de la largeur de bande du système. Rappelons qu'un PRB a pour dimensions 180 kHz en fréquence et 0,5 ms en temps. Les PRB en LTE sont toujours alloués par paire, un PRB de la paire étant alloué sur chaque slot de 0,5 ms d'une sous-trame (voir la section correspondante pour les différents types d'allocations en fréquence, p. 226). Cette possibilité d'allouer des ressources spécifiques en fréquence est propre aux systèmes OFDM.

Par rapport aux systèmes EDGE et HSPA, le LTE introduit ainsi une dimension supplémentaire à exploiter par le scheduler : la dimension fréquentielle. Tout comme l'adaptation aux évolutions du canal dans la dimension temporelle, le scheduler peut tirer parti des variations du canal dans la dimension fréquentielle, en allouant à chaque utilisateur des PRB bénéficiant de conditions radio favorables. On parle alors de scheduling *adaptatif en fréquence*, ou encore *sélectif en fréquence*. La figure 10-2 illustre le principe du scheduling adaptatif dans les dimensions temporelle et fréquentielle (de manière idéaliste, car elle suppose que le scheduler possède une information parfaite sur les canaux des UE et qu'il n'y ait pas de délai entre l'acquisition de cette information et la transmission sur les ressources allouées, ce qui n'est évidemment pas le cas en pratique). Le critère d'allocation de ressources illustré ici consiste à attribuer chaque PRB à l'UE qui en tire le meilleur parti. Nous verrons à la section « Stratégies de scheduling » (p. 215), que ce critère, appelé max-CQI, n'est pas recommandé en pratique.

Le scheduling adaptatif en fréquence implique que l'UE retourne une information sur la qualité du canal dans la dimension fréquentielle. Cette information prend la forme d'un CQI par sous-bande. La granularité de ces sous-bandes et les différents modes de retour seront décrits au chapitre 12.

En raison de la variation de la réponse en fréquence du canal au cours du temps, le scheduling adaptatif en fréquence est nécessairement dynamique.

La dimension fréquentielle permet en outre de coordonner l'interférence entre cellules voisines. Ces techniques, appelées ICIC (pour *Inter-Cell Interference Coordination*) seront décrites à la section « Coordination d'interférence intercellulaire (ICIC) », p. 233.

L'allocation en fréquence peut également influer sur la densité spectrale de la puissance (DSP) d'émission. En voie descendante, la DSP varie en fonction de la région de la bande du système dans laquelle est servi l'UE, lorsque des techniques d'ICIC sont appliquées. En voie montante, il existe un lien étroit entre le débit de l'UE, sa puissance d'émission et le nombre de PRB qui lui sont alloués. En effet, la puissance d'émission de l'UE est répartie sur les PRB utilisés, contrairement à la voie descendante où l'eNodeB n'est pas limité en puissance. Ainsi, en voie montante, un UE en limite de couverture a intérêt à ce que sa puissance d'émission soit concentrée sur un nombre réduit de PRB afin de maximiser sa DSP sur les ressources allouées. La puissance d'émission est déterminée par le contrôle de puissance (voir la section associée, p. 239).

Figure 10-2
*Principe du scheduling adaptatif en temps et en fréquence*

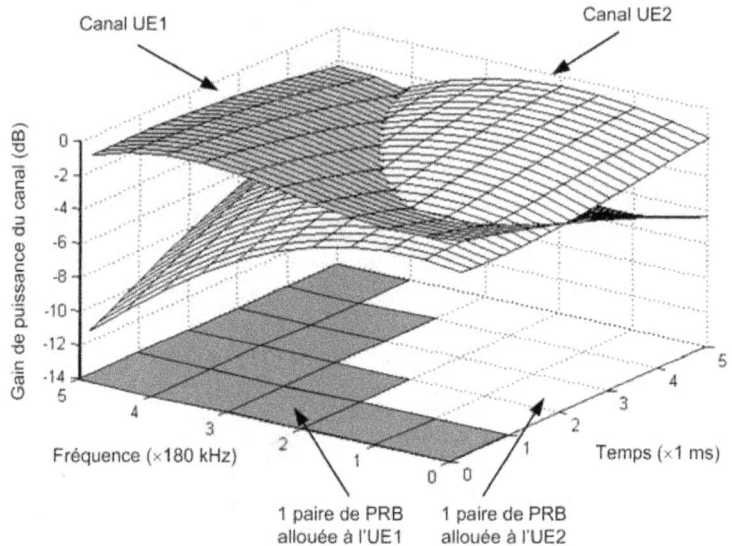

## Dimension spatiale

La gestion des transmissions MIMO (voir le chapitre 5) impose au scheduler de prendre en compte une dimension supplémentaire : la dimension spatiale. Celle-ci entre en jeu en émission via l'opération de précodage spatial, qui donne une propriété spatiale à la transmission (par exemple, en formant un faisceau pointant vers une direction privilégiée). En réception, les antennes multiples révèlent également des propriétés spatiales des signaux, par exemple leurs directions d'arrivée. La dimension spatiale permet notamment de transmettre plusieurs flux d'information, ou couches spatiales, sur les mêmes ressources temps-fréquence, mais aussi d'accroître la robustesse de la transmission lorsqu'une seule couche spatiale est transmise. Plusieurs techniques MIMO sont ainsi disponibles pour les canaux de données, dont le choix incombe au scheduler en fonction des conditions radio (voir le chapitre 5, section « Scénarios d'application des techniques MIMO », p. 130).

Rappelons qu'en MIMO mono-utilisateur (SU-MIMO), une ou plusieurs couches spatiales sont transmises à un même utilisateur sur les mêmes ressources temps-fréquence (uniquement en voie descendante en Release 8). En MIMO multi-utilisateur (MU-MIMO), plusieurs UE sont servis sur les mêmes ressources temps-fréquence (possible en voie montante et en voie descendante dès la Release 8). La décision d'utiliser l'un ou l'autre de ces modes est prise par le scheduler.

Si le nombre maximal de couches en SU-MIMO est déterminé pour chaque UE par le nombre de ports d'antenne configurés par l'eNodeB ainsi que par le nombre d'antennes de réception de l'UE, le nombre de couches pouvant être effectivement transmises vers un UE varie au cours du temps en fonction de son canal. Le scheduler a donc la responsabilité de choisir pour chaque UE servi le nombre de couches à transmettre, ainsi que le précodage associé.

En MU-MIMO, deux couches (une par UE) sont possibles au maximum en LTE Release 8 en voie descendante. En voie montante, le nombre d'UE pouvant être multiplexés n'est pas contraint par les spécifications, mais est également généralement limité à deux en pratique en Release 8. La performance du MU-MIMO dépend sensiblement du choix des UE appariés sur les mêmes ressources, car leurs signaux s'interfèrent. Aussi les UE appariés doivent-ils être choisis de manière à ce que leurs canaux de transmission permettent de les séparer spatialement (par exemple en leur allouant des faisceaux pointant dans des directions bien différentes). Le choix des UE appariés est également sous la responsabilité du scheduler.

La prise en compte de la dimension spatiale par le scheduler en voie descendante s'appuie sur le retour par l'UE de l'indicateur RI, qui signale le nombre de couches que peut recevoir l'UE en SU-MIMO, complété éventuellement par un PMI qui indique les coefficients de précodage maximisant la performance de l'UE.

En voie montante, l'eNodeB peut acquérir l'information sur le canal de l'UE à partir de ses signaux de référence SRS (voir le chapitre 7).

Sur les deux voies, la qualité du canal de l'UE, sa vitesse et le nombre d'UE à servir entrent également en jeu, pour le choix de la technique MIMO à utiliser.

## Stratégies de scheduling

L'algorithme de scheduling proprement dit n'est pas normalisé car il ne requiert pas d'interfonctionnement avec d'autres équipements et fait donc l'objet d'une implémentation propriétaire. Il vise cependant généralement à maximiser un critère de performance, sous un certain nombre de contraintes. Ce critère peut être, par exemple, la capacité de la cellule, éventuellement sous la contrainte d'une latence et/ou d'un débit garanti à un (ou plusieurs) UE en fonction du ou des service(s) requis.

Avant de poursuivre, il est utile d'introduire une notion fondamentale pour évaluer l'intérêt pratique d'un scheduler : l'*équité* (ou *fairness* en anglais). L'équité traduit la capacité d'un scheduler à servir les différents UE du système dans des propensions semblables, c'est-à-dire à ne pas favoriser certains UE au détriment des autres. En effet, un scheduler se doit de servir le plus grand nombre d'UE possible. Néanmoins, l'égalité absolue (c'est-à-dire offrir le même débit à tous les UE) n'est pas forcément souhaitable du point de vue de l'efficacité du système, puisqu'il peut être plus avantageux de tirer parti des bonnes conditions radio de certains UE pour leur transmettre les données demandées dans un temps court et ainsi libérer des ressources afin de les mettre plus rapidement à disposition d'autres UE.

Nous rappelons dans ce qui suit trois algorithmes de référence ; il en existe bien d'autres.

- Le scheduler *Round Robin* alloue des ressources aux UE à tour de rôle, indépendamment de leurs conditions radio. Ce scheduler est le plus équitable, mais est peu efficace en termes de débit total du système, puisqu'il ne tire pas parti des conditions radio.

- Le scheduler *Max-CQI* alloue des ressources aux UE qui bénéficient des meilleures conditions radio. Ce scheduler maximise le débit total du système mais n'est pas équitable, puisque les UE en mauvaise condition radio, en particulier ceux situés en bordure de cellule, ne sont jamais servis. Pour cette raison, le critère max-CQI ne présente pas d'intérêt pratique s'il est utilisé seul. En revanche, si un autre critère est utilisé pour choisir les UE à servir dans le domaine temporel, le critère max-CQI peut être utilisé dans le domaine fréquentiel pour attribuer chaque PRB à l'UE qui en tirera le meilleur parti (par exemple sous la contrainte d'un nombre donné de PRB par UE).

- Le scheduler *Proportional Fair* alloue des ressources aux UE qui maximisent une métrique du type *débit instantané atteignable à l'instant courant par l'UE divisé par son débit moyen*. Ce scheduler réalise un compromis entre les deux schedulers précédents, puisqu'il tient compte à la fois des conditions radio (à débits moyens similaires, l'UE avec la meilleure qualité de canal instantanée sera sélectionné en priorité), mais aussi de l'équité entre les UE (à qualités instantanées du canal similaires, l'UE ayant reçu le débit le plus faible jusque-là sera sélectionné en priorité).

Le nombre d'UE à servir dans un TTI donné est décidé par le scheduler. Si plusieurs UE sont en compétition pour l'accès à la ressource, un compromis doit être trouvé entre le nombre d'UE à servir simultanément (plus ce nombre est élevé et meilleure est la diversité multi-utilisateur), la charge de signalisation des allocations de ressources (qui augmente avec le nombre d'UE) et la consommation d'énergie de l'UE (qui est d'autant plus importante que la transmission est longue).

Les algorithmes de scheduling peuvent être paramétrés pour offrir (voire garantir) un débit minimal en bordure de cellule, ou plus généralement pour fournir un compromis entre la capacité de la cellule et l'équité entre utilisateurs. Les algorithmes de scheduling doivent également intégrer différentes gestions de priorités, par exemple entre :

- services à débit ou latence garantis (voix, streaming) et services *best effort* (FTP, HTTP), et plus généralement entre des radio bearers associés à des QCI différents (voir le chapitre 17) ;

- transmissions initiales et retransmissions HARQ ;

- services d'urgence et services aux abonnés ;

- satisfaire les requêtes de la cellule dont ils ont la charge et des requêtes d'autres cellules liées à la coordination d'interférence entre cellules voisines.

## Entrées et sorties du scheduler

Si l'algorithme de scheduling n'est pas normalisé, en revanche certaines de ses entrées le sont. Ces dernières peuvent être classées selon la manière dont elles sont acquises par le scheduler :

- par des remontées de l'UE ;

- reçues des eNodeB voisins (pour l'ICIC).

De même, les mécanismes de signalisation informant les UE des décisions prises par le scheduler sont également normalisés. La figure suivante résume les entrées et sorties normalisées du scheduler.

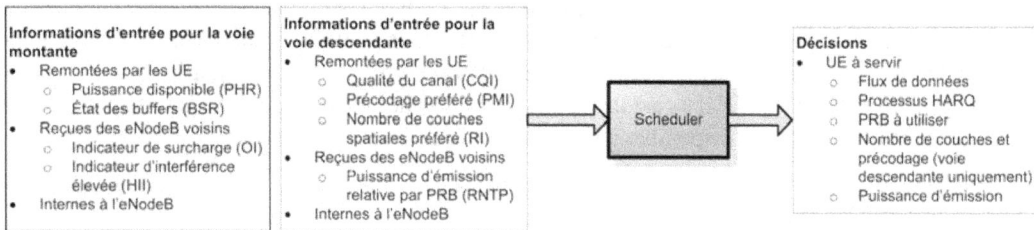

Figure 10-3
*Entrées et sorties types du scheduler en LTE*

Les entrées du scheduler remontées par l'UE ainsi que les procédures normalisées associées seront discutées en détail à la section suivante. Les informations reçues des autres eNodeB seront détaillées à la section « Coordination d'interférence intercellulaire (ICIC) » (p. 233), qui présente les techniques d'ICIC.

D'autres informations nécessaires au scheduler sont implicitement disponibles à la station de base et ne sont donc pas toutes normalisées. Nous listons ci-après les principales, sans prétendre à l'exhaustivité. On trouve notamment dans cette catégorie les informations suivantes pour chaque UE :

• la catégorie de l'UE : de cette catégorie dépend le débit maximal que l'UE peut recevoir ou transmettre dans un même TTI, le nombre maximal de couches spatiales supportées sur la voie descendante, la prise en charge de la modulation 64QAM sur la voie montante ou encore la taille totale de la mémoire tampon (buffers) RLC (pour l'ensemble des radio bearers) ;

• les caractéristiques des radio bearers de l'UE (GBR ou MBR, priorités) : l'eNodeB doit ainsi privilégier l'atteinte du débit garanti GBR (*Guaranteed Bit Rate*) pour les bearers concernés, devant la réalisation du MBR (*Maximum Bit Rate*) pour les bearers à débit non garanti ;

• l'état d'avancement de la transmission des données (état des buffers, besoin de retransmissions) ;

• les intervalles de mesure : l'eNodeB ne doit pas transmettre de données à l'UE pendant les intervalles de mesures (*gaps*) qui peuvent être aménagés pour permettre à l'UE de réaliser des mesures interfréquences ou intersystèmes ;

• l'état des ressources physiques disponibles.

Les sorties de scheduler, c'est-à-dire les décisions d'allocation de ressources, sont communiquées à l'UE via le PDCCH. Les différents types d'allocations de ressources selon la dimension temporelle et la dimension fréquentielle seront décrits aux sections « Types d'allocation de ressources en temps » (p. 222) et « Types d'allocation de ressources en fréquence » (p. 226) respectivement.

## Entrées du scheduler remontées par l'UE

Pour remplir sa mission, le scheduler doit disposer d'informations spécifiques à l'émetteur et au récepteur, comme la qualité du canal vue par le récepteur et l'état des buffers à l'émetteur. L'eNodeB possède certaines de ces informations suivant qu'il constitue l'émetteur ou le récepteur.

Les autres informations doivent être retournées par l'UE et sont donc normalisées. Par exemple, les paramètres du canal nécessaires au scheduling doivent être remontés par l'UE pour la voie descendante, mais sont directement mesurés par l'eNodeB en voie montante, à partir des signaux de référence SRS émis par l'UE. Il en est de même pour l'état des buffers, qui est remonté par l'UE pour la voie montante, mais est disponible à l'eNodeB pour la voie descendante.

On distingue deux types d'informations remontées par l'UE : celles relatives à la couche physique et celles relatives aux autres couches. Parmi les premières se trouvent :

• les informations sur l'état du canal pour le scheduling en voie descendante, qui comprennent l'indicateur de qualité de canal CQI, l'indicateur de rang RI et l'indicateur de matrice de précodage préférée PMI, les deux derniers étant spécifiques à la mise en œuvre du MIMO ;

• la réserve de puissance disponible au niveau de l'UE pour une transmission en voie montante (PHR, pour *Power Headroom Report*).

La seconde catégorie d'informations remontées est associée à la métrique suivante :

• le rapport sur l'état des buffers de l'UE (*Buffer Status Report* ou BSR), pour le scheduling de la voie montante.

Dans ce qui suit, nous détaillons ces informations ainsi que la manière dont elles sont utilisées par le scheduler et, le cas échéant, les procédures normalisées afin de les fournir au scheduler.

## Informations sur l'état du canal (CQI, RI et PMI)

Les CQI, RI et PMI constituent des indicateurs sur l'état du canal mesuré par l'UE en voie descendante. Ces indicateurs sont déterminés par l'UE et retournés à l'eNodeB afin de permettre le scheduling pour la voie descendante.

Les CQI et RI/PMI sont décrits de manière détaillée aux chapitres 4 et 5 respectivement. Leurs modes de retour par l'UE font intervenir une signalisation spécifique de la couche physique détaillée au chapitre 12. Nous résumons ici l'utilisation qui est faite par le scheduler de ces indicateurs.

Le CQI correspond à un engagement de l'UE sur le débit qu'il estime être capable de recevoir dans les conditions radios actuelles. Le LTE offre plusieurs modes possibles pour retourner le CQI :

• un CQI large bande, qui traduit la qualité moyenne du canal sur toute la bande du système et peut être utilisé pour mettre en œuvre un scheduling tirant parti uniquement des variations temporelles du canal ;

• un CQI par sous-bande, pour plusieurs sous-bandes, dont l'ensemble permet de mettre en œuvre le scheduling adaptatif en fréquence.

Le CQI est utilisé pour déterminer quels UE servir à un instant donné et quels PRB allouer à l'UE lorsque l'allocation de ressources est adaptative en fréquence. Il est notamment utilisé pour calculer la métrique du scheduler Proportional Fair.

Les indicateurs RI et PMI sont utilisés par le scheduler pour déterminer les paramètres MIMO de la transmission vers un UE. Le RI indique le nombre maximal de couches spatiales toléré par l'UE et donc si l'UE peut recevoir plusieurs couches ou non. Une seule valeur de RI est remontée pour toute la bande.

Pour les modes de transmission en boucle fermée, un PMI est de plus remonté par l'UE afin d'assister le scheduler dans le choix des coefficients de précodage à utiliser, pour le SU-MIMO et le MU-MIMO. Le PMI renvoie l'indice de l'entrée préférée du dictionnaire de précodage, qui peut être par exemple déterminée comme la matrice de précodage qui maximise le débit de l'UE. En MU-MIMO, le PMI sert au scheduler pour identifier des UE pouvant être servis sur les mêmes ressources tout en s'interférant de manière réduite, par exemple car ils demandent à être servis dans des faisceaux pointant dans des directions éloignées. Une valeur de PMI peut être retournée pour la totalité de la largeur de bande du système, ou une valeur peut être retournée par sous-bande.

Pour les systèmes TDD, un PMI n'est pas nécessaire car l'eNodeB est en mesure d'estimer le canal expérimenté par l'UE en voie descendante grâce à la propriété de réciprocité du canal (voir le chapitre 5). Le scheduler utilise alors directement les mesures de l'eNodeB.

Il est important de noter que les valeurs de CQI, RI et PMI remontées par l'UE n'ont qu'une valeur indicative afin d'assister le scheduler dans ses choix, celui-ci restant maître de ses décisions quant aux MCS, nombre de couches et coefficients de précodage spatial à appliquer.

## Power Headroom Report

La réserve de puissance (*Power Headroom*) dont dispose l'UE pour émettre des données en voie montante est mesurée par la différence entre la puissance d'émission maximale de l'UE et celle qu'il estime nécessaire pour réaliser la prochaine transmission, comme illustré à la figure suivante. Cet écart est régulièrement mesuré par l'UE et est remonté à l'eNodeB dans le rapport de réserve de puissance ou PHR (pour *Power Headroom Report*).

Figure 10-4
*Notion de Power Headroom*

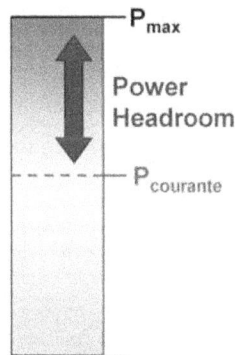

L'UE détermine la puissance nécessaire pour transmettre des données en fonction de ses conditions radio, éventuellement assisté par des commandes de contrôle de puissance dynamiques transmises par l'eNodeB (voir la section « Contrôle de puissance », p. 239). Avant d'utiliser les ressources allouées pour une transmission, l'UE détermine si un PHR doit être transmis à l'eNodeB. Celui-ci peut être déclenché par deux critères :

- une modification importante de l'atténuation du canal montant, estimée par l'UE d'après le canal descendant (l'atténuation a augmenté de plus d'un seuil prédéfini, par exemple 3 dB) ;
- l'expiration de la temporisation d'envoi périodique du PHR (par exemple le dernier PHR a été transmis depuis plus de 500 ms).

Cette temporisation et ce seuil en dB sont configurés par la couche RRC.

Le PHR est envoyé par l'UE sous la forme d'un élément de contrôle MAC, qui peut être multiplexé avec d'autres éléments de contrôle ou des blocs de données lors de la transmission de la PDU MAC.

## Buffer Status Report

L'UE peut en outre, dans certaines conditions, fournir des informations plus ou moins précises à l'eNodeB sur l'état de ses buffers. Il transmet pour cela l'indicateur *Buffer Status Report* (BSR). Les données transmises dans cet indicateur peuvent être utilisées par le scheduler dans l'organisation des allocations de ressources. En particulier, l'eNodeB peut, à partir du BSR, estimer au fil du temps le remplissage des buffers de l'UE en fonction des allocations de ressources effectuées depuis la remontée du BSR.

Plusieurs types de BSR sont définis dans les spécifications, associés à des critères de déclenchement différents au sein de l'UE : le BSR régulier, le BSR périodique et le BSR de remplissage (ou *padding BSR*).

Un BSR de type régulier est déclenché notamment lorsque :

- l'UE n'avait aucune donnée à transmettre, mais des données sont désormais disponibles au niveau des couches RLC et/ou PDCP pour transmission par l'UE ;
- des données de priorité supérieure à celles déjà présentes dans les buffers deviennent disponibles pour transmission au niveau des couches RLC et/ou PDCP ;
- la temporisation d'envoi du BSR régulier a expiré et des données sont toujours disponibles pour transmission.

Le BSR régulier traduit donc un changement majeur dans l'état des buffers du mobile, ou agit comme un rappel auprès de l'eNodeB, indiquant que des données sont toujours en attente de transmission.

Le BSR périodique est déclenché de la façon suivante : à chaque fois qu'un BSR est transmis par l'UE (quel que soit son type), une temporisation est démarrée qui, à son expiration, déclenche un nouveau BSR. Ce type de BSR est utilisé typiquement en situation de trafic établi, pour rafraîchir la connaissance qu'a l'eNodeB de l'état des buffers en l'absence de modification notable qui pourrait déclencher un BSR régulier.

Le BSR de remplissage, enfin, est opportuniste : lorsque certains bits d'une unité de données MAC sont inutilisés, l'UE profite de ces ressources libres pour transmettre un BSR.

L'UE transmet le BSR dans un élément de contrôle MAC spécifique, dès qu'il obtient de l'eNodeB une allocation de ressources. Cependant, le BSR régulier autorise l'UE à réclamer à l'eNodeB des ressources pour l'envoyer, si celles-ci ne sont pas déjà disponibles. Cela est réalisé via l'émission d'une requête appelée *requête de scheduling* (*Scheduling Request*, SR), transmise sur le canal montant PUCCH. Ce mécanisme assure la transmission du BSR régulier, pourvu que l'eNodeB soit capable d'allouer ensuite les ressources nécessaires. La requête de scheduling est utilisée de façon générale par l'UE lorsqu'il a un canal PUCCH configuré et qu'il souhaite obtenir de l'eNodeB une allocation sur la voie montante.

---

**NOTE Radio bearer, canal logique et BSR**

L'UE associe un buffer à chacun des radio bearers établis avec l'eNodeB. Ces radio bearers sont définis, entre autres, par des caractéristiques de Qualité de Service (QoS) associées notamment à des contraintes de délais, débit et fiabilité. Lors de l'établissement d'un radio bearer, un canal logique est configuré par la couche RRC entre l'UE et l'eNodeB, et est associé à l'un des quatre groupes de canaux logiques (LCG, pour *Logical Channel Group*) en fonction de ses caractéristiques de QoS : le groupe LCG 0 est le groupe de priorité plus élevée, le groupe LCG 3 possède la priorité la plus faible. Un BSR est toujours relatif à au moins l'un de ces groupes.

---

Le BSR peut être exhaustif, c'est-à-dire informer de l'état des buffers pour les quatre groupes de canaux logiques configurés, ou bien réduit. Dans ce dernier cas, seul l'état d'un buffer est indiqué, pour le groupe de canaux logiques prioritaire parmi ceux ayant des données à transmettre. Le choix entre ces deux formats est fait par l'UE, en fonction :

- de l'espace disponible dans la PDU, dans le cas du BSR de remplissage ;
- du nombre de groupes ayant des données disponibles pour transmission au moment de l'envoi du BSR.

La figure suivante illustre un exemple de déclenchement de BSR.

1. Le buffer de l'UE, initialement vide, reçoit de nouvelles données pour transmission, ce qui déclenche un BSR régulier. Le buffer représenté sur la figure est associé au groupe de canaux logiques LCG 0 (plus haute priorité). Nous supposerons que c'est le seul groupe ayant des données à transmettre.

2. L'UE n'ayant pas de ressources allouées sur la voie montante pour envoyer ce BSR, il envoie une requête de scheduling (SR) sur le PUCCH, à laquelle l'eNodeB répond par une allocation sur le PUSCH, signalée par un PDCCH portant le C-RNTI (*Cell-Radio Network Temporary Identifier*) de l'UE.

3. L'UE transmet alors en priorité son BSR régulier sur les ressources PUSCH allouées.

4. Cet envoi démarre la temporisation du BSR périodique. Pendant cette période, l'UE reçoit de nouvelles allocations.

5. La dernière allocation est de taille supérieure à celle de la première SDU MAC stockée dans le buffer LCG 0. Elle permet donc bien à l'UE d'insérer cette SDU dans une nouvelle PDU MAC, mais pas la SDU suivante. En revanche, cet espace autorise l'ajout d'un BSR de remplissage.

Ce BSR indique donc à l'eNodeB que le buffer du groupe LCG 0 contient des données (nombre d'octets).

6. La temporisation expire, ce qui déclenche l'envoi d'un BSR périodique. L'UE n'a pas encore de ressources pour le transmettre à l'eNodeB. De nouvelles SDU MAC arrivent alors pour transmission dans le buffer du groupe LCG 0.

7. L'UE reçoit une nouvelle allocation pour la voie montante, suite à l'envoi du BSR de remplissage. Il transmet alors son BSR périodique, de façon prioritaire aux données en attente. Si l'allocation le permet, des données peuvent être transmises avec le BSR. En fonction de la valeur communiquée dans le BSR et de la taille de l'allocation qui vient d'être réalisée, l'eNodeB peut déduire le volume de données restant à transmettre par l'UE, et prévoir ainsi des allocations adaptées.

**Figure 10-5**
*Exemple de remontée du BSR*

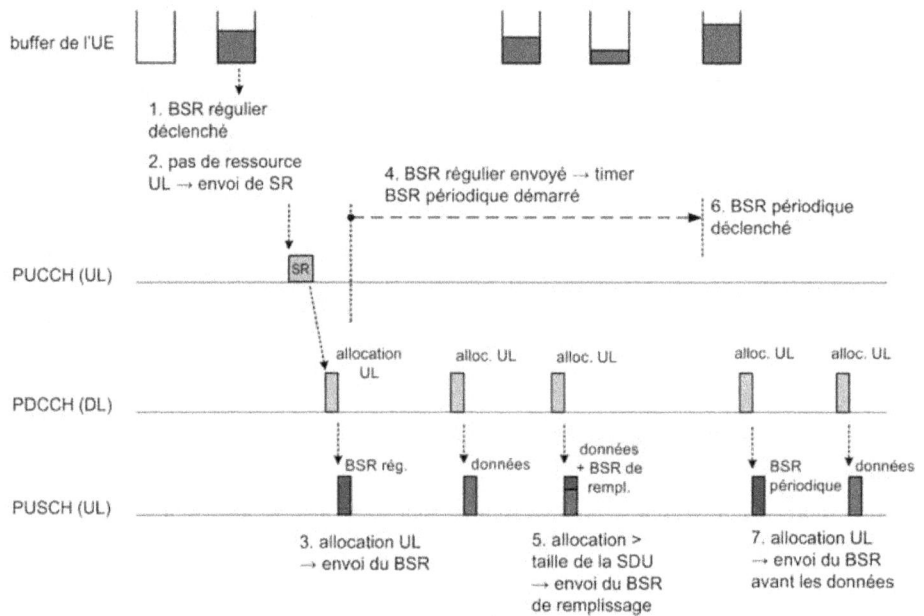

# Types d'allocation de ressources en temps

Deux grands types de scheduling sont disponibles en LTE : le scheduling dynamique, qui se subdivise en scheduling adaptatif en fréquence et scheduling non adaptatif, et le scheduling semi-persistant.

## Scheduling dynamique

Le scheduler dynamique prend ses décisions à chaque milliseconde en LTE, en fonction des informations d'entrée décrites à la section « Entrées et sorties du scheduler », p. 216. Il peut ainsi tirer parti de la connaissance de la qualité de canal (quasi-) instantanée des UE, afin d'optimiser les débits utilisateur ainsi que le débit total de la cellule.

En plus de l'adaptation dans le domaine temporel, nous avons vu que le scheduling dynamique peut être adaptatif en fréquence pour une efficacité maximale. Pour la voie descendante, un CQI par sous-bande doit alors être retourné par l'UE. En raison de la pénalité sur la capacité en voie montante que représente pour le système la remontée des CQI par sous-bande, le scheduling adaptatif en fréquence est généralement utilisé en voie descendante pour les services demandant un débit élevé.

Pour être efficaces, les décisions prises par le scheduler sur la base des informations sur l'état du canal de l'UE doivent être toujours valides au moment où la transmission s'effectue. En effet, les informations sur l'état du canal sont naturellement sensibles à la variation du canal dans le temps. L'efficacité du scheduling dynamique (à plus forte raison lorsqu'il est adaptatif en fréquence) dépend ainsi de la vitesse de l'UE. Pour cette raison, les stratégies de scheduling exploitant les informations instantanées sur l'état du canal sont restreintes aux vitesses faibles à moyennes de l'UE (typiquement jusqu'à 30 km/h). Il en est ainsi pour le scheduling adaptatif en fréquence, comme pour les modes MIMO en boucle fermée.

Pour les hautes vitesses, il est recommandé de filtrer les informations sur la qualité du canal (CQI pour la voie descendante) au cours du temps, de manière à se baser sur des informations moyennes plutôt que des informations instantanées sujettes à imprécision. En voie descendante, il est de plus recommandé dans ces conditions de distribuer les ressources allouées en fréquence sur la bande du système afin de maximiser la diversité en fréquence. Notons que cette allocation distribuée est également appropriée lorsqu'aucune information fréquentielle sur la qualité du canal n'est disponible. Enfin, pour les hautes vitesses de l'UE, il est préférable de mettre en œuvre des schémas MIMO en boucle ouverte, qui ne s'appuient pas sur un PMI, lui aussi sensible aux variations temporelles du canal.

L'allocation de ressources est signalée dans le PDCCH et est valide en voie descendante pour la sous-trame qui porte le PDCCH pour une allocation dynamique. En voie montante, le numéro de la sous-trame pour laquelle l'allocation dynamique est valide est fixé par une règle normalisée. Une allocation dynamique signalée à la sous-trame *n* est valide pour la sous-trame montante *n*+4 en FDD. En TDD, le délai entre la réception du PDCCH et la transmission n'est pas fixe, mais dépend de la configuration voie montante/voie descendante.

La signalisation des décisions d'allocation de ressources sera décrite en détail au chapitre 12.

## Scheduling semi-persistant

Contrairement au scheduling dynamique, le scheduling semi-persistant (abrégé en SPS, pour *Semi-Persistent Scheduling*) préréserve des PRB pour une durée donnée, avec une période prédéfinie entre chaque allocation. Ce mode d'allocation est adapté à des flux réguliers, dont les unités de données sont produites et émises périodiquement : voix et visiophonie, par exemple. En effet, d'une part les besoins en ressources de ces services sont prévisibles, d'autre part la surcharge de signalisation induite par la transmission des allocations de ressources en scheduling dynamique serait trop importante par rapport au petit volume de données porté par chaque transmission. En revanche, dans le cas d'un trafic intermittent, avec des unités de données de taille variable, ce mécanisme semi-persistant conduirait à un délai de transmission plus long (les données n'étant transmises que lors des allocations périodiques) et à une transmission inefficace (des unités pouvant être de taille très inférieure à l'allocation préétablie). Pour limiter ces effets, il serait alors nécessaire de procéder à des allocations dynamiques entre deux allocations périodiques, ce qui réduit l'intérêt de l'utilisation de ce mécanisme semi-persistant.

Dans le cas d'une allocation de ressources semi-persistante, seules l'activation, la relâche et les éventuelles retransmissions sont signalées sur le PDCCH. Les transmissions initiales sont effectuées sur les ressources préréservées, sans aucune signalisation additionnelle sur le PDCCH. Il faut bien comprendre que l'allocation semi-persistante ne vise pas une économie de traitement par l'UE. En effet, celui-ci doit toujours tenter de décoder le PDCCH à chaque sous-trame, pour le cas où des informations lui seraient transmises via une allocation dynamique : retransmissions, relâche de l'allocation, ou données liées à un flux moins régulier (par exemple, navigation sur Internet pendant un appel voix). L'intérêt de ce mécanisme réside essentiellement dans la diminution de la signalisation associée à l'allocation de ressources. Ceci permet de libérer des ressources du PDCCH et donc une plus grande capacité, puisque les ressources ainsi libérées peuvent être allouées aux PDCCH d'autres UE. Ce gain de capacité est particulièrement important pour le nombre d'appels voix simultanés pouvant être écoulés par la cellule. En effet, les allocations de PDSCH et de PUSCH pour un paquet VoIP occupent typiquement très peu de PRB en fréquence, de sorte que le PDCCH serait le facteur limitant la capacité d'appels voix si toutes ces allocations devaient être signalées dynamiquement.

Nous décrivons dans ce qui suit comment une allocation semi-persistante est mise en œuvre, ce qui implique les opérations de :

- configuration : pour indiquer les paramètres de l'allocation à l'UE ;
- activation : pour indiquer qu'une transmission est déclenchée, suivant l'allocation semi-persistante précédemment configurée ;
- relâche : pour signaler la fin de l'allocation semi-persistante. L'UE doit alors relâcher les ressources pour qu'elles puissent être réallouées à un autre UE.

### Configuration d'une allocation semi-persistante

Une allocation semi-persistante est configurée par l'eNodeB au moyen de la signalisation RRC. Les informations suivantes sont notamment indiquées à l'UE :

- le SPS-RNTI (*Semi-Persistent Scheduling RNTI*), attribué à l'UE pour cette allocation et qui sera ensuite utilisé sur le PDCCH pour activer et relâcher l'allocation semi-persistante, et réaliser les éventuelles retransmissions entre deux transmissions périodiques (voir le chapitre 12) ;
- la période de récurrence de l'allocation, c'est-à-dire l'intervalle de temps entre deux transmissions de données ;
- le nombre de processus HARQ utilisés pour le traitement de ces transmissions par l'UE (pour la voie descendante uniquement).

La période de récurrence de l'allocation est intimement liée au rythme auquel l'application fournit les blocs de données. Le nombre de processus HARQ dépend essentiellement de cette période de récurrence.

Cette configuration n'est effective que lorsque l'allocation semi-persistante est activée. Après la relâche de l'allocation semi-persistante, cette configuration est conservée en mémoire par l'UE jusqu'à ce qu'une autre configuration lui soit signalée, ou que la connexion RRC soit relâchée.

L'allocation semi-persistante peut être configurée indépendamment en voie montante et en voie descendante, le SPS-RNTI étant commun aux deux voies.

### Activation d'une allocation semi-persistante

L'activation d'une allocation SPS s'effectue par un PDCCH dont le CRC est embrouillé par le SPS-RNTI précédemment alloué à l'UE. Afin de valider que le PDCCH porte bien une activation d'allocation SPS, plusieurs champs du format de DCI porté par le PDCCH doivent être fixés à des valeurs prédéfinies comme indiqué dans [3GPP 36.213, 2009, section 9.2]. En particulier, le paramètre HARQ indiquant la transmission de nouvelles données (NDI, pour *New Data Indicator*, voir le chapitre 11) doit être positionné à 0. Si ce n'est pas le cas, l'UE doit considérer le PDCCH comme non valide.

Les informations suivantes sont signalées dans le PDCCH :

• les ressources allouées en fréquence de façon semi-persistante, c'est-à-dire les PRB à utiliser ;

• le schéma de modulation et codage (MCS, voir le chapitre 4) de la transmission, qui reste fixe tout au long de l'allocation semi-persistante.

À chaque nouvelle occurrence de l'allocation, l'UE décode le PDCCH de la sous-trame associée. Si aucun PDCCH ne porte son C-RNTI, cette occurrence est bien utilisée pour la transmission semi-persistante et, dans ce cas, il décode ou transmet les données suivant le schéma d'allocation indiqué lors de l'activation. En revanche, si un PDCCH portant le C-RNTI de l'UE est présent, l'UE décode les ressources allouées dynamiquement par le PDCCH. L'allocation dynamique peut donc « écraser » ponctuellement une occurrence de l'allocation semi-persistante. En effet, l'UE ne peut pas recevoir dans le même TTI une allocation semi-persistante et une allocation dynamique.

Il faut noter que cette allocation semi-persistante ne peut être utilisée que pour des transmissions initiales. Les retransmissions sont réalisées via une allocation dynamique, indiquée par un PDCCH portant le SPS-RNTI et le NDI à 1 ou par le PHICH (voir le chapitre 11).

La figure suivante illustre le cas d'un UE ayant reçu la configuration d'une allocation SPS pour la voie descendante dans un message RRC. Cette configuration est typiquement réalisée via la procédure *RRC Connection Reconfiguration*, par exemple lors de l'établissement d'un bearer EPS pour un appel VoIP. La période de l'allocation est ici fixée à 20 ms (rythme de création des paquets par le codec voix) et un SPS-RNTI est attribué à l'UE. L'activation SPS est effectuée sur le TTI 0, pris comme référence temporelle ici, sur lequel l'UE reçoit la première PDU MAC associée à cette allocation (PDU 1). Au TTI 20, l'UE reçoit la seconde PDU, sans signalisation sur le PDCCH. Au TTI 25, l'UE reçoit une allocation dynamique, signalée par un PDCCH portant son C-RNTI. Cette allocation est destinée ici à lui transmettre une PDU de grande taille associée à un autre radio bearer, par exemple liée à la navigation de l'utilisateur sur Internet pendant son appel voix. Une allocation dynamique serait également déclenchée si la PDU 2 devait être retransmise, mais elle serait alors signalée à l'aide du SPS-RNTI.

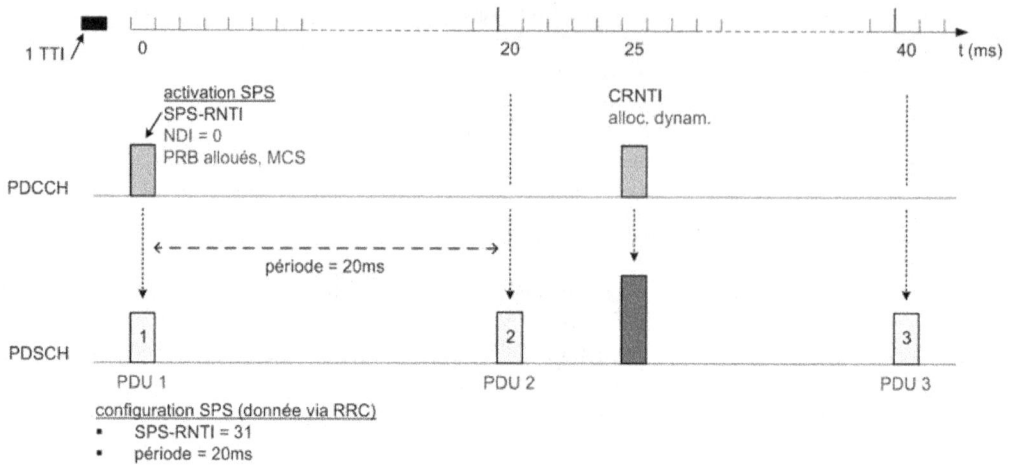

*Exemple d'activation d'allocation SPS, avec une allocation dynamique survenant dans la seconde période SPS*

### Relâche de l'allocation semi-persistante

La relâche de l'allocation de ressources est effectuée par l'eNodeB par l'intermédiaire d'un PDCCH dont le CRC est embrouillé par le SPS-RNTI de l'UE et qui porte le NDI à 0. L'indication de relâche est codée en fixant à des valeurs prédéfinies différents champs du format de DCI porté par le PDCCH [3GPP 36.213, 2009, section 9.2]. Comme pour l'activation, le PDCCH est considéré comme non valide si ces champs ne correspondent pas aux valeurs prédéfinies.

Si le PDCCH est validé, l'UE renvoie alors un acquittement à l'eNodeB pour confirmer cette relâche.

L'UE doit, par ailleurs, relâcher l'allocation SPS pour la voie montante s'il ne transmet pas de données pendant *N* occurrences consécutives de l'allocation SPS. Ce nombre *N*, compris entre 2 et 8, est configuré par RRC lors de la configuration de l'allocation SPS.

## Types d'allocation de ressources en fréquence

Il existe plusieurs types d'allocations en fréquence, qui diffèrent par les allocations qu'ils autorisent et par la manière de les signaler. L'allocation de ressources s'effectue toujours par *paire de PRB*, un PRB de la paire étant alloué sur chaque slot d'une sous-trame où l'UE est servi. L'allocation signalée sur le PDCCH porte ainsi toujours sur les deux slots de la sous-trame visée. Un seul index des PRB alloués est signalé pour les deux slots, mais les PRB alloués peuvent être identiques sur les deux slots, ou varier entre les deux selon des règles normalisées fonction du type d'allocation.

Nous décrivons tout d'abord les types d'allocation en voie descendante, puis le type d'allocation pour la voie montante.

# En voie descendante

Trois types d'allocation sont possibles en voie descendante, chacun étant associé à une manière de positionner les PRB assignés dans la grille d'allocation temps-fréquence et de signaler l'allocation résultante. Les différents types d'allocation sont illustrés sur la figure suivante et décrits dans le reste de cette section.

Figure 10-7

*Exemples d'allocations de ressources pour une bande de 5 MHz, pour les différents types d'allocation en voie descendante*

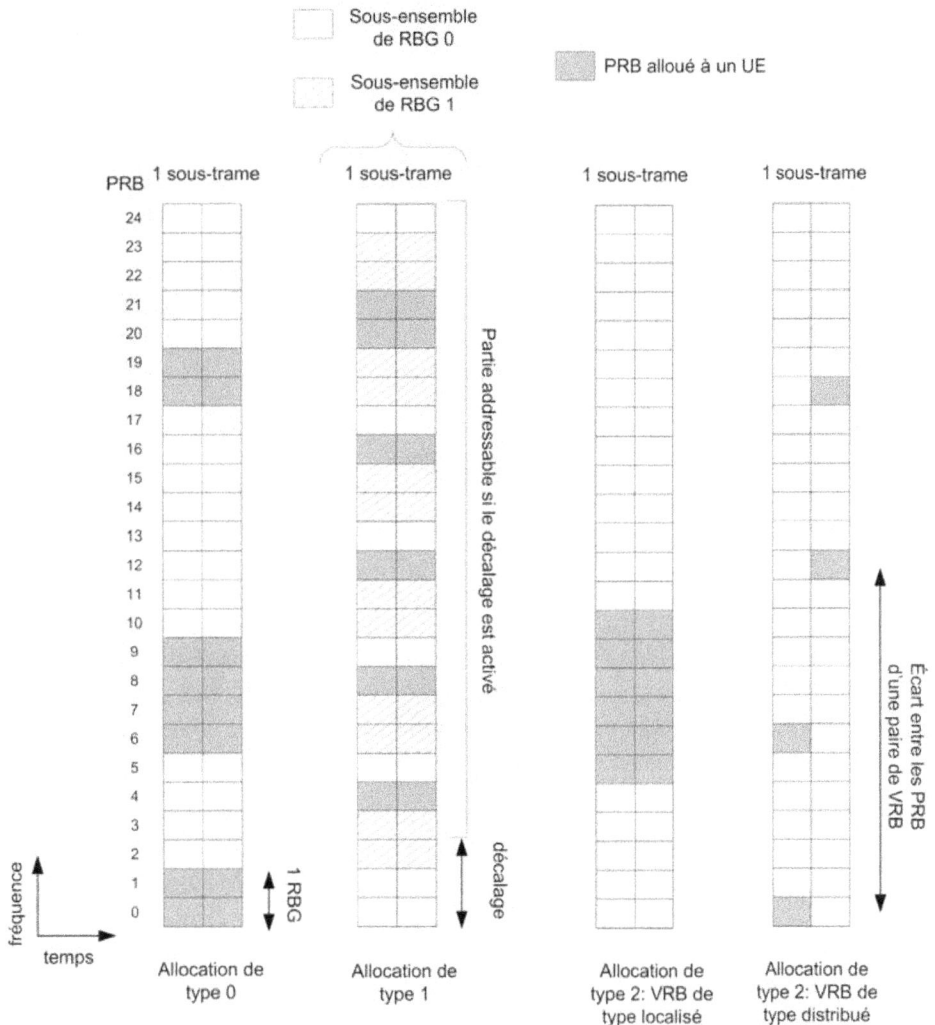

## L'allocation de type 0

Le type 0 alloue des groupes (éventuellement disjoints) de PRB consécutifs en fréquence. Les PRB alloués sur les deux slots sont identiques. Un groupe de PRB consécutifs en fréquence est appelé *groupe de blocs de ressources* (RBG, pour *Resource Block Group*). La taille des RBG en nombre de PRB en fréquence dépend de la largeur de bande du système, comme décrit au tableau qui suit.

**Taille des RBG en fréquence
en fonction de la largeur de bande du système**

| Largeur de bande du système (du canal) | Taille des RBG |
|---|---|
| 6 PRB (1,4 MHz) | 1 PRB |
| 15 PRB (3 MHz)<br>25 PRB (5 MHz) | 2 PRB |
| 50 PRB (10 MHz) | 3 PRB |
| 75 PRB (15 MHz)<br>100 PRB (20 MHz) | 4 PRB |

Les RBG alloués à l'UE sont signalés par un message où chaque bit représente un RBG : si le bit vaut 1, le RBG correspondant est alloué à l'UE. Prenons l'exemple d'une largeur de bande de 1,4 MHz (6 PRB) : le message « 101000 » signifie que les premier et troisième RBG de la bande sont alloués à l'UE. Un tel message est appelé *bitmap* dans les spécifications.

L'allocation de type 0 est donc adaptée au scheduling adaptatif en fréquence, particulièrement pour des mots de code de taille moyenne à grande.

### L'allocation de type 1

Le type 1 alloue des PRB particuliers parmi un sous-ensemble de RBG régulièrement répartis sur la bande du système. Les PRB sur les deux slots sont identiques, aussi l'information d'allocation ne porte-t-elle que sur la dimension fréquentielle. Un sous-ensemble comprend un RBG tous les $P$ RBG, où $P$ est la taille des RBG donnée au tableau précédent en fonction de la largeur de bande du système. Il existe ainsi $P$ sous-ensembles possibles, en fonction du RBG de départ. Les sous-ensembles de RBG pour une bande de 5 MHz sont illustrés à la figure précédente.

L'information d'allocation de ressources se compose alors comme suit : l'indication du sous-ensemble de RBG ($P$ possibilités), un bit qui indique un décalage éventuel du domaine de l'allocation de ressources à l'intérieur d'un sous-ensemble, et enfin une bitmap où chaque bit est associé à l'un des PRB du sous-ensemble de RBG sélectionné. Le décalage est nécessaire afin d'indiquer si la partie adressable du sous-ensemble de RBG se situe vers le bas ou le haut de la bande, dans le cas où le nombre de bits disponibles dans la bitmap est insuffisant pour adresser tous les PRB d'un sous-ensemble.

Le type 1 est bien adapté à une allocation distribuée sur la bande du système. Notons qu'il n'est pas possible d'allouer l'ensemble de la bande à un UE avec ce type d'allocation.

Les allocations de type 0 et 1 sont réservées aux formats de DCI 1, 2, 2A et sont codées sur le même nombre de bits. Un bit dans le PDCCH indique quel type d'allocation est effectivement utilisé.

### L'allocation de type 2

Le type 2 alloue un ensemble de *blocs de ressources virtuels* ou VRB (pour *Virtual Resource Block*). Un VRB possède les mêmes dimensions qu'un PRB. Les VRB sont dits *virtuels* car ils ne forment qu'une représentation des PRB effectivement alloués. En effet, des VRB alloués de manière contiguë peuvent correspondre à des PRB effectivement contigus et localisés en fréquence (on parle alors de VRB de type localisé), ou à des PRB distribués sur la bande du système (on parle alors de VRB de type distribué).

Une allocation de type 2 indique toujours un bloc de ressources de départ et un nombre de blocs de ressources virtuellement contigus, ces deux informations étant encodées conjointement en une unique valeur appelée *valeur d'indication de ressources* ou RIV (pour *Resource Indication Value*).

Les VRB de type localisé correspondent directement aux PRB.

Les VRB de type distribué sont alloués de telle sorte que les deux PRB d'une paire de VRB, c'est-à-dire correspondant à deux slots d'une même sous-trame, soient séparés d'un écart égal approximativement à la moitié de la largeur de bande du système. On parle alors de *saut de fréquence* (*frequency hopping* en anglais) entre les deux slots. Les valeurs exactes d'écart en fréquence sont spécifiées dans [3GPP 36.211, 2009, section 6.2.3.2]. Pour les largeurs de bande supérieures à 10 MHz, il existe une deuxième valeur d'écart en fréquence inférieure ou égale au quart de la largeur de bande du système. La motivation pour ce deuxième écart est de n'utiliser qu'une partie (environ la moitié) de la largeur de bande du système pour les allocations distribuées et de conserver l'autre partie pour des allocations localisées [Panasonic, 2008]. De plus, cet écart réduit peut être utile lorsque la coordination d'interférence est utilisée afin que la transmission reste dans une sous-bande associée à une restriction de puissance d'émission donnée (voir la section « Coordination d'interférence intercellulaire (ICIC) », p. 233). Le type d'écart à utiliser (le premier ou le deuxième) est signalé par un bit dans l'allocation de ressources. En outre, les VRB de type distribué virtuellement consécutifs pour un slot donné correspondent à des PRB distribués sur la bande du système, via un entrelacement des numéros de VRB avant de les faire correspondre aux PRB [3GPP 36.211, 2009, section 6.2.3.2]. Prenons l'exemple d'une bande de 5 MHz, soit 25 PRB. L'entrelacement modifie la correspondance entre VRB et PRB comme indiqué à la figure 10-8 (seul le premier slot est représenté, le deuxième s'en déduisant via l'écart déjà mentionné). Ainsi, on voit que les PRB effectivement alloués sont distribués sur toute la bande, bien que les numéros de VRB alloués soient consécutifs. L'écart entre deux PRB correspondant à des VRB consécutifs est environ égal à un quart de la largeur de bande du système. Lorsque plus de 4 VRB sont alloués, le cinquième PRB est contigu au premier alloué. Notons que le dernier PRB n'est dans cet exemple pas adressable par l'allocation de type 2 distribuée. Ce principe s'applique quelle que soit la largeur de bande ; plus de détails sur l'allocation des VRB peuvent être trouvés dans [Panasonic, 2008].

Lorsque la distribution en fréquence sur un slot est combinée avec le saut de fréquence entre deux slots, on voit à la figure de la section « En voie descendante » (p. 227) que 4 PRB répartis sur la largeur de la bande sont utilisés lorsque 2 paires de VRB sont allouées, ce qui maximise la diversité fréquentielle pour des allocations de petite taille.

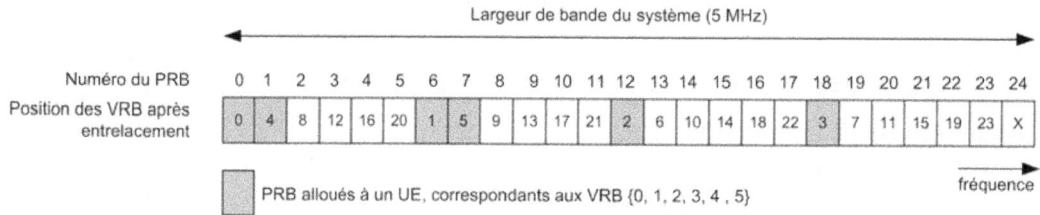

Figure 10-8
*Exemple d'allocation de type 2 sur un slot*

Le type 2 peut donc gérer des allocations localisées comme des allocations distribuées, cette dernière étant particulièrement optimisée pour des mots de code de petite taille. L'allocation de type 2 est uniquement applicable aux formats de DCI 1A, 1B, 1C et 1D. Pour les formats de DCI 1A, 1B ou 1D, un bit supplémentaire indique si les VRB sont de type localisé ou distribué, tandis que pour le format 1C les VRB sont toujours de type distribué.

Les allocations de ressources sont signalées à l'UE dans le PDCCH, comme décrit au chapitre 12.

## En voie montante

En voie montante, seul un ensemble de VRB de type contigu peut être alloué, de manière similaire à l'allocation de type 2 pour la voie descendante. En effet, la voie montante se doit de respecter la propriété de transmission monoporteuse (voir le chapitre 6), ce qui implique que les ressources d'un UE soient contiguës en fréquence. Une valeur d'indication de ressources (RIV) correspondant à un PRB de départ et un nombre de PRB alloués de manière contiguë est signalée dans le format de DCI 0.

Afin de fournir de la diversité en fréquence et de moyenner l'interférence intercellulaire, ce qui est particulièrement bénéfique pour les paquets de petite taille (par exemple pour la VoIP) et les UE en forte mobilité, la transmission du PUSCH supporte un saut de fréquence similaire à celui des VRB de type distribué de l'allocation de type 2 en voie descendante. Le saut de fréquence consiste à faire varier les PRB utilisés pour la transmission du PUSCH à chaque slot, comme illustré à la figure suivante. La mise en œuvre ou non du saut de fréquence est spécifique à chaque UE et peut être activée pour les allocations de ressources dynamiques ou semi-persistantes et les allocations relatives à la transmission du *Message3* de la procédure d'accès aléatoire.

La mise en œuvre du saut de fréquence pour le PUSCH est activée par un bit dans le PDCCH. Dans le cas contraire, le saut de fréquence n'est pas employé.

Deux modes de saut de fréquence sont définis : d'une part le saut intra- et inter-sous-trame et, d'autre part, le saut inter-sous-trame uniquement. Le saut intra-sous-trame apporte de la diversité au sein d'un mot de code, puisque ce dernier est transmis sur deux régions de la bande du système. Le saut inter-sous-trame fournit de la diversité aux retransmissions non adaptatives d'un même bloc de transport, en les positionnant sur différentes régions de la bande. La configuration dans l'un ou l'autre mode de saut est semi-statique (signalée par RRC) et spécifique à la cellule.

*Exemples de sauts de fréquence
du PUSCH de type 1 et type 2,
pour une bande de 5 MHz (25 PRB)*

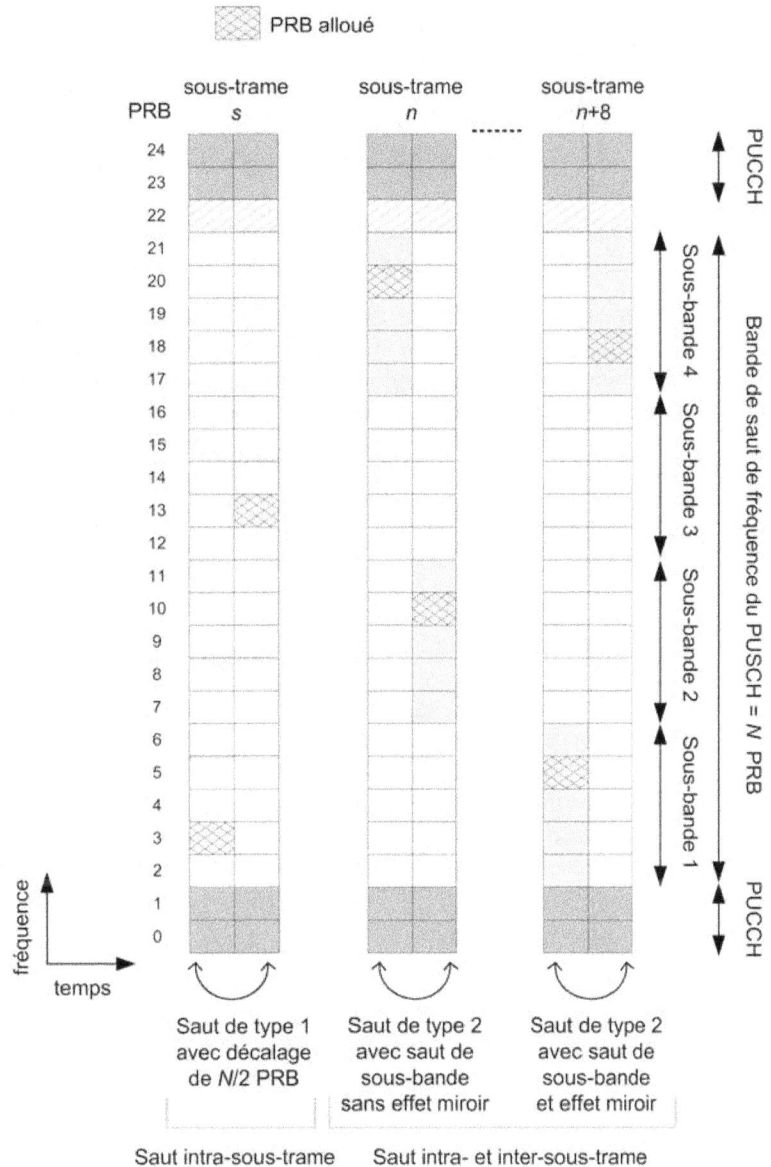

## Saut de fréquence intra- et inter-sous-trame

Les types suivants de saut de fréquence sont définis :

- le saut par décalage fixe en fréquence dit *de type 1* ;
- le saut par motif de saut prédéfini, dit *de type 2*.

Dans le cas du saut de fréquence de type 1, les PRB à utiliser au premier slot de la trame sont donnés par l'allocation de ressources, tandis que les PRB à utiliser au second slot s'obtiennent à partir de ceux du premier slot par un décalage fixe en fréquence indiqué dans le PDCCH [3GPP 36.213, 2009, section 8.4]. Ce décalage est égal à :

- la moitié de la bande occupée par le PUSCH pour une bande totale du système inférieure à 10 MHz ;

- soit la moitié, soit plus ou moins le quart de la bande occupée par le PUSCH lorsque la bande totale du système est supérieure ou égale à 10 MHz.

Un décalage de la moitié de la bande du PUSCH fournit une grande diversité, tandis qu'un décalage d'un quart de bande apporte un gain de diversité tout en maintenant l'allocation de ressources dans une partie donnée de la bande. Cette dernière propriété permet, comme dans l'allocation de type 2, de réserver une partie de la bande du système pour des transmissions localisées et/ou de faciliter la coordination d'interférence. Un exemple de saut de fréquence de type 1 est donné à la figure précédente.

Dans le cas du motif de type 2, les PRB à utiliser dans un slot particulier sont donnés par la combinaison de l'allocation de ressources et d'un motif de saut prédéfini spécifique à la cellule [3GPP 36.211, 2009, section 5.3.4]. La bande du système est dans ce cas divisée en $M$ sous-bandes, où $M$ est signalé par RRC et peut prendre les valeurs 1, 2, 3 ou 4. Le nombre maximal de PRB pouvant être alloué à un UE utilisant le saut de fréquence est alors donné par $N/M$, où $N$ est le nombre total de PRB utilisés par la cellule pour la transmission du PUSCH.

Deux mécanismes sont utilisés pour mettre en œuvre le saut de fréquence avec motif prédéfini : le saut de sous-bande et l'effet miroir, illustrés à la figure précédente. Dans le saut de sous-bande, la position des ressources allouées saute de sous-bande en sous-bande à chaque slot selon un motif prédéfini, la position des ressources restant fixe par rapport à la sous-bande. L'effet miroir consiste à utiliser les PRB symétriques à ceux indiqués, par rapport au centre de la sous-bande. L'application de l'effet miroir (ON/OFF) s'effectue selon un motif prédéfini indépendant du motif utilisé pour le saut de sous-bande.

Lorsqu'une seule sous-bande est configurée (qui est alors égale à la bande totale du PUSCH), le motif de saut prédéfini ne met en jeu que l'effet miroir. On notera que dans ce cas les UE qui se voient allouer des ressources au milieu de la bande bénéficient de peu de diversité. Le scheduler peut alors prioriser l'allocation des ressources situées aux extrémités de la bande pour les UE utilisant le saut de fréquence. Lorsque plusieurs sous-bandes sont configurées, le motif de saut est basé à la fois sur le saut entre sous-bandes et l'effet miroir.

Le saut de type 2 est particulièrement adapté aux allocations de ressources semi-persistantes, qui ne sont indiquées sur le PDCCH qu'au début de la transmission.

On notera que les formules donnant les ressources à utiliser en présence de saut de fréquence dans [3GPP 36.211, 2009, section 5.3.4] et [3GPP 36.213, 2009, section 8.4] ne travaillent que sur la bande occupée par le PUSCH. Afin que l'UE puisse tenir compte du nombre de PRB réservés pour le PUCCH dans le calcul de son allocation, celui-ci lui est signalé par les couches supérieures sous la forme du paramètre *pusch-HoppingOffset*.

Le nombre de sous-bandes est signalé par les couches supérieures. Le type de saut à utiliser (type 1 ou type 2) est signalé dans le PDCCH, par 1 bit pour une bande du système inférieure à 10 MHz et 2 bits sinon.

Les bits signalant le type de saut sont prélevés sur ceux donnant l'allocation de ressources, ce qui a pour effet de réduire le nombre de PRB consécutifs en fréquence pouvant être alloués à l'UE en présence de saut de fréquence, à 10, 10 et 20 PRB consécutifs respectivement pour 5, 10 et 20 MHz de bande totale. Le saut de type 2 ajoute la contrainte supplémentaire que le nombre de PRB consécutifs maximal soit limité à la taille d'une sous-bande. La réduction de la taille d'allocation de ressources en présence de saut de fréquence est justifiée par le fait que la diversité en fréquence est surtout profitable aux petites allocations.

### Saut de fréquence inter-sous-trame

Le mode de saut de fréquence inter-sous-trame uniquement utilise également les types de saut 1 et 2, mais se différencie du mode intra et inter-sous-trame de la manière suivante.

Dans le cas du saut de fréquence de type 1, l'allocation correspondant au premier slot est utilisée pour les numéros de (re)transmission pairs du bloc de transport correspondant, tandis que l'allocation pour le second slot est utilisée pour les numéros de retransmission impairs.

De même, dans le cas du saut de fréquence de type 2 où une seule sous-bande est configurée, l'effet miroir est appliqué uniquement aux numéros de retransmission impairs du bloc de transport transmis. Dans le cas du saut de fréquence de type 2 où plusieurs sous-bandes sont configurées, le saut s'effectue de la même façon que dans le cas intra- et inter-sous-trame, si ce n'est que le motif de saut s'applique à chaque sous-trame et non plus à chaque slot.

Ces mécanismes ont pour but de fournir de la diversité en fréquence dans le cas des retransmissions d'HARQ non adaptatives (voir le chapitre 11), pour lesquelles les ressources allouées pour la transmission initiale seraient sinon réutilisées.

# Coordination d'interférence intercellulaire (ICIC)

L'interférence intercellulaire est l'un des principaux facteurs limitant la capacité des réseaux mobiles. En GSM, il est courant d'employer un motif de réutilisation de fréquences de telle sorte que des cellules voisines n'utilisent pas les mêmes fréquences, réduisant ainsi l'interférence entre cellules. En UMTS et HSPA, chaque cellule réutilise l'ensemble de la bande de fréquences disponible, les cellules et UE étant séparés par des codes robustes vis-à-vis de l'interférence. On parle alors d'un motif de réutilisation de fréquences unité. En LTE, un déploiement typique s'effectue également selon un motif de réutilisation de fréquences unité. La dimension fréquentielle de l'allocation de ressources en LTE permet cependant de mettre en œuvre des mécanismes de coordination d'interférence intercellulaire, qui offrent une gestion des ressources plus efficace que la simple réutilisation de fréquences. Cette fonctionnalité est couramment appelée ICIC en LTE, pour *Inter-Cell Interference Coordination*.

Nous présentons dans ce qui suit les grandes familles de techniques d'ICIC, ainsi que les mécanismes normalisés en LTE pour permettre l'échange d'informations de coordination entre eNodeB voisins.

## ICIC en voie descendante

### Principe

Le principe général de l'ICIC est de protéger certaines ressources temps-fréquence de l'interférence intercellulaire, en appliquant des restrictions sur la puissance d'émission sur ces ressources de manière coordonnée avec les cellules voisines. Ces ressources protégées sont destinées à être allouées aux UE sévèrement affectés par l'interférence intercellulaire, typiquement ceux situés en bordure de cellule. Par contraste, les ressources non protégées sont allouées aux UE souffrant peu de l'interférence intercellulaire, typiquement les UE situés dans la partie intérieure de la cellule. En effet, ces derniers reçoivent une puissance importante de leur cellule serveuse, tandis que la puissance reçue des cellules voisines est réduite du fait des pertes de propagation liées à la distance des antennes associées. Ces UE sont donc naturellement protégés de l'interférence intercellulaire.

Les ressources protégées peuvent être créées ou mises à jour au cours du temps afin de s'adapter aux variations du trafic et des conditions radio des UE au sein d'un groupe de cellules. La réactivité de cette reconfiguration est conditionnée par la latence avec laquelle les messages de coordination sont échangés entre cellules voisines. On distingue ainsi trois grands niveaux de coordination.

• La coordination *statique* : les ressources protégées restent fixes au cours du temps, ou varient avec une périodicité très longue (de l'ordre de la journée).

• La coordination *semi-statique* : des messages de coordination peuvent être échangés avec une latence de l'ordre de la dizaine ou de la centaine de millisecondes. Cette coordination permet de s'adapter aux conditions du trafic, mais pas de suivre les variations du canal radio.

• La coordination *dynamique* : les messages de coordination sont échangés avec une latence de l'ordre de la milliseconde. Cette coordination peut suivre les variations du canal radio.

Que ces ressources protégées soient créées de manière statique, semi-statique ou dynamique, il est de la responsabilité du scheduler de les allouer aux UE qui en ont effectivement besoin. L'ICIC est donc intimement liée au scheduling.

Il existe deux grandes familles de techniques d'ICIC :

• la réutilisation fractionnaire de fréquences, souvent abrégé en FFR (pour *Fractional Frequency Reuse*) ;

• la réutilisation souple de ressources, aussi appelée *Soft Reuse*.

La figure suivante décrit des exemples de configuration de la puissance d'émission en fonction de la fréquence pour ces deux familles de techniques. Dans chaque cas, la bande du système est découpée en sous-bandes, chacune d'entre elles pouvant être classifiée en sous-bande *protégée* ou *non protégée*.

Dans le cas du FFR, une sous-bande protégée est créée en interdisant aux cellules voisines de l'utiliser pour servir leurs UE. On constate d'après la figure qu'un tel schéma demande effectivement une coordination entre les cellules voisines afin de s'accorder sur la taille et la position des sous-bandes. Puisqu'un UE servi dans une sous-bande protégée en FFR ne subit pas d'interférence intercellulaire de la part des cellules voisines, ce schéma d'ICIC est très efficace pour améliorer les débits en bordure de cellule. En revanche, ce gain se paie par une réduction de la capacité du système, puisque la largeur de bande disponible pour chaque cellule est réduite par rapport à la largeur de bande du système. Le FFR est donc un schéma bien adapté à une faible charge du système, où la capacité n'est pas un facteur déterminant pour la performance. On notera que la taille de la sous-bande protégée peut être adaptée en fonction de la charge du système et du nombre de ressources nécessaires aux UE à protéger.

Dans le cas de la réutilisation souple de ressources, les ressources protégées sont créées en leur assignant une puissance supérieure à celle des autres ressources. Cela peut s'effectuer comme décrit sur la figure suivante, ou en définissant dans chaque cellule une sous-bande contrainte à une puissance réduite, où les cellules voisines servent leurs UE lourdement interférés par cette cellule [Gerlach *et al.*, 2010]. Par rapport au FFR, la réutilisation souple de ressources offre donc une protection moindre vis-à-vis de l'interférence puisque les cellules voisines sont autorisées à transmettre sur les ressources protégées. En revanche, chaque cellule peut utiliser l'ensemble de la bande du système. Les simulations montrent que ce type de schéma offre des gains de débit pour les UE en bordure de cellule (éventuellement au prix de légères pertes sur le débit total du réseau), principalement dans le cas où des cellules voisines expérimentent des niveaux de charge différents [Nokia, Nokia Siemens Networks, 2007], ainsi que des gains de débit cellulaire lorsque le scheduler garantit un débit minimal à chaque UE [Gerlach *et al.*, 2010].

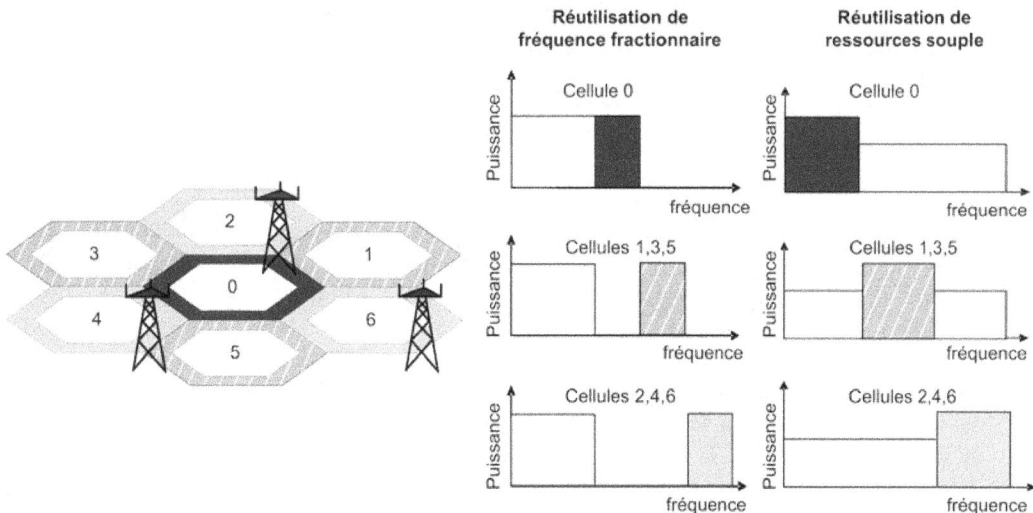

Figure 10-10
*Exemples d'allocation en puissance en fonction de la fréquence pour l'ICIC*

Notons que des approches alternatives à l'ICIC sont également possibles pour réduire l'effet de l'interférence intercellulaire. En particulier, le scheduling peut être implémenté de façon à améliorer le débit pour les UE en bordure de cellule au prix d'une perte de débit total, comme décrit dans [Nokia, Nokia Siemens Networks, 2007].

### L'ICIC en voie descendante en LTE

En voie descendante, l'ICIC ne s'applique qu'au PDSCH. En particulier, les signaux de référence CRS conservent une puissance constante sur toute la bande du système. Ceci pose des contraintes sur le calcul du CQI et la démodulation des modulations d'ordre élevé, qui s'appuient sur la connaissance du rapport entre la puissance du PDSCH et la puissance des CRS. Ces contraintes seront discutées à la section « Calcul du CQI et démodulation en présence d'ICIC », p. 237.

L'ICIC peut être mise en œuvre de manière statique, c'est-à-dire en maintenant les partitions en sous-bandes et les réglages de puissance d'émission constants au cours d'une longue période. Ces paramètres sont alors typiquement configurés par l'opérateur, via la fonctionnalité d'opération et maintenance.

Il est cependant plus profitable d'adapter la configuration des schémas d'ICIC en fonction des variations du trafic. Pour ce faire, le LTE offre la possibilité d'échanger des indicateurs dédiés à l'ICIC entre eNodeB voisins, via l'interface X2. Notons que ces échanges normalisés sur l'interface X2 autorisent la coordination entre des eNodeB de constructeurs différents, ce qui est nécessaire lorsqu'un opérateur fait appel à des fournisseurs distincts pour son réseau macro et, par exemple, des stations de base de plus faible puissance (par exemple, de type micro ou pico). La réactivité de la mise à jour des paramètres d'ICIC en fonction de l'évolution des conditions de trafic est liée à la latence sur l'interface X2. Cette dernière dépend de la technologie de transport utilisée, ainsi que de l'architecture du réseau *backhaul* [Orange, Telefónica, 2011], mais est évaluée typiquement à 10 ms pour les messages du plan de contrôle [3GPP RAN WG3, 2007]. Nous verrons cependant que les indicateurs dédiés à l'ICIC sont au mieux échangés toutes les 200 ms en voie descendante (toutes les 20 ms en voie montante), ce qui limite l'ICIC s'appuyant sur l'interface X2 à une coordination semi-statique.

Un indicateur appelé RNTP (pour *Relative Narrowband Tx Power*) peut être transmis sur l'interface X2 par un eNodeB vers un voisin. Cet indicateur permet de mettre en œuvre un scheduling coordonné entre eNodeB voisins en vue de réduire l'interférence sur la voie descendante. Le RNTP autorise de plus la mise en œuvre d'une coordination semi-statique des restrictions de puissance par PRB, lorsqu'une telle coordination d'interférence est implémentée par les eNodeB. Cet indicateur contient notamment une bitmap, qui indique pour chaque PRB de la bande du système une valeur 0 ou 1 : la valeur 0 indique que la puissance d'émission sur le PDSCH n'excèdera pas un seuil, appelé *seuil RNTP*, tandis que la valeur 1 indique qu'aucune promesse n'est faite sur la puissance d'émission [3GPP 36.213, 2009, section 5.2.1]. Cet indicateur n'est envoyé que lorsque la puissance d'émission dépasse un certain seuil, la période d'émission du RNTP ne devant pas être inférieure à 200 ms. La valeur du seuil RNTP ainsi que d'autres informations nécessaires à un eNodeB voisin pour mettre en œuvre un scheduling limitant l'interférence sont aussi contenues dans l'indicateur RNTP [3GPP 36.423, 2009]. Le RNTP ne décrivant que le PDSCH, il ne permet pas de coordonner la puissance d'émission des canaux de contrôle comme le PDCCH.

Il est important de noter que ces mécanismes de signalisation sur X2 visent à coordonner des cellules contrôlées par des eNodeB différents. En effet, la coordination de cellules contrôlées par un même eNodeB s'effectue naturellement sans échange avec les eNodeB voisins. De ce fait, une information complète sur les allocations de ressources prévues dans ces cellules au cours des prochains TTI est disponible au niveau du scheduler, cette disponibilité étant immédiate puisque non soumise à la latence de l'interface X2. Un scheduling dynamiquement coordonné entre cellules voisines peut alors être mis en œuvre, par opposition à la coordination semi-statique imposée par les échanges sur l'interface X2. Un tel scheduling évite par exemple de réutiliser dans une cellule des ressources temps-fréquence attribuées dans une cellule voisine à un UE localisé à la bordure entre ces deux cellules, mais n'applique cette restriction que lorsque des UE effectivement localisés dans cette région demandant à être servis, ce qui est plus efficace que de restreindre l'accès à ces ressources de manière semi-statique.

### Calcul du CQI et démodulation en présence d'ICIC

Le CQI est calculé par l'UE à partir des signaux de référence CRS. Or ces derniers sont transmis avec une puissance constante sur la bande du système. De ce fait, le calcul du CQI par l'UE ne tient pas compte des adaptations de puissance dues à l'ICIC. Afin d'évaluer la qualité de canal que l'UE percevra effectivement sur ces ressources, l'eNodeB doit par conséquent ajuster le CQI reçu de l'UE en fonction de la variation de puissance appliquée au PDSCH sur les ressources allouées. Alternativement, l'eNodeB peut configurer le rapport entre l'EPRE des CRS et l'EPRE du PDSCH (défini à la section « Contrôle de puissance », p. 239) en fonction de la puissance de la sous-bande dans laquelle il a l'intention de servir l'UE, de sorte que ce dernier retourne directement un CQI représentatif de sa performance future. Dans ce cas néanmoins, le CQI ne sera précis que pour les sous-bandes transmises avec la puissance correspondant au rapport d'EPRE configuré, et l'eNodeB devra employer un mécanisme de compensation pour déduire le CQI sur les autres sous-bandes. Quelle que soit la méthode employée, le retour d'un CQI par sous-bande est avantageux afin de tenir compte des restrictions de puissance mises en œuvre par les eNodeB voisins.

La connaissance de la puissance du PDSCH est également nécessaire à l'UE pour la démodulation des modulations d'ordre élevé, comme la 16QAM et la 64QAM (voir aussi la section « En voie descendante », p. 240). Dans le cas de l'ICIC, l'eNodeB doit donc, en principe, signaler à l'UE la valeur du rapport d'EPRE relatif à la sous-bande où l'UE sera servi. La signalisation par RRC de ce rapport contraint le scheduler à servir l'UE sur une même sous-bande pendant une période de temps relativement longue, ce qui limite la flexibilité de l'allocation de ressources. Une parade à cette contrainte est de servir l'UE avec la modulation QPSK sur les sous-bandes ne correspondant pas au rapport d'EPRE signalé, puisque sa démodulation ne nécessite pas la connaissance de la puissance du PDSCH.

Le choix de la stratégie à adopter sur ces aspects est laissé à l'implémentation des eNodeB.

## ICIC en voie montante

En voie montante, un UE en bordure de cellule émet typiquement avec une puissance plus importante qu'un UE au centre de la cellule, tout en étant de fait plus proche des cellules voisines. Lorsqu'une cellule sert un UE en bordure de cellule, il est ainsi bénéfique pour une cellule interférée par cet UE d'allouer d'autres ressources aux UE qu'elle souhaite servir, si sa charge le permet. Dans le cas où la cellule victime est fortement chargée, il est préférable d'allouer les ressources subissant l'interférence à un UE proche de l'eNodeB, d'une part pour assurer qu'il dispose d'une puissance d'émission suffisante pour que sa transmission soit protégée de l'interférence (une augmentation de puissance peut éventuellement être demandée via les commandes de contrôle de puissance), et d'autre part pour limiter l'interférence causée à la cellule voisine. Comme pour la voie descendante, la coordination d'interférence en voie montante est avant tout une affaire de scheduling et d'allocation de puissance.

Les techniques de FFR et de réutilisation souple de ressources décrites pour la voie descendante s'appliquent également en voie montante, à la différence près que le contrôle de puissance y joue un rôle clé pour gérer l'interférence intercellulaire.

En particulier, la réutilisation souple de ressources peut être appliquée en servant toujours les UE en bordure de cellule sur les mêmes ressources, le contrôle de puissance se chargeant d'assigner à l'UE une puissance d'émission adaptée. Alternativement, les commandes de contrôle de puissance ou des paramètres de contrôle de puissance adaptés peuvent être utilisés pour ajuster la puissance d'émission des UE en réaction aux indicateurs d'interférence reçus de la part de cellules voisines, que nous allons décrire à présent.

En voie montante, la coordination d'interférence semi-statique est assistée par l'échange entre eNodeB des deux indications suivantes, via l'interface X2 [3GPP 36.423, 2009].

- L'*indication de surcharge* (OI, pour *Overload Indication*) est envoyée par un eNodeB à ses voisins lorsqu'il reçoit trop d'interférences sur certains PRB. Une valeur de OI est envoyée pour chaque PRB d'une cellule, qui indique un niveau d'interférence parmi trois possibles (faible, moyen et fort). Les eNodeB qui reçoivent ce message sont censés appliquer des restrictions sur la puissance d'émission des UE servis dans les PRB subissant une forte interférence ; cependant, la norme ne donne pas de caractère obligatoire à cette action. Cette approche est dite *réactive* car elle est activée une fois que le problème apparaît. On notera que l'OI est mise à jour au mieux toutes les 20 millisecondes.

- L'*indication de forte interférence* (HII, pour *High Interference Indication*) est envoyée par un eNodeB à ses voisins pour leur indiquer sa sensibilité à l'interférence sur une cellule donnée. Un bit est envoyé par PRB, où la valeur 1 indique une grande sensibilité à l'interférence et la valeur 0 une faible sensibilité. Un eNodeB voisin considérera que les PRB signalés comme peu sensibles à l'interférence sont susceptibles d'être alloués à ses UE proches de la cellule objet du HII. À l'inverse, les PRB indiqués comme sensibles devront être évités par les voisins pour le scheduling d'UE susceptibles d'interférer cette cellule. On notera qu'ici encore, la norme n'impose aucune obligation de réaction à la réception d'une HII. Cette approche est dite *proactive*, car elle anticipe le problème afin de favoriser la recherche d'une solution avant que celui-ci ne se pose. La HII peut être mise à jour au mieux toutes les 20 millisecondes.

Comme en voie descendante, l'ICIC en voie montante peut être mise en œuvre de manière dynamique entre des cellules contrôlées par un même eNodeB.

# Contrôle de puissance

## En voie montante

Le contrôle de puissance joue un rôle crucial en voie montante, où il a pour but d'assurer une bonne réception des signaux émis par l'UE à l'eNodeB, tout en limitant l'interférence créée pour les autres UE du réseau. En effet, si l'émission d'un UE au maximum de sa puissance maximise son débit, elle maximise également la gêne occasionnée aux UE des cellules voisines, ce qui est dommageable pour la qualité de service globale sur le réseau. Il existe ainsi plusieurs mécanismes de contrôle de puissance normalisés en LTE, dont le fonctionnement global est régi par une formule décrite à la section suivante. Le contrôle de puissance opère indépendamment sur les différents canaux et signaux émis en voie montante.

### Contrôle de puissance sur le PUSCH

Le contrôle de puissance sur le PUSCH est décrit par la formule suivante dans [3GPP 36.213, 2009, section 5.1], qui exprime en dBm la puissance moyenne d'un symbole SC-FDMA dans lequel le PUSCH est transmis :

$$P_{\text{PUSCH}}(i) = \min\{P_{\text{CMAX}}, 10\log_{10}(M_{\text{PUSCH}}(i)) + P_{\text{O\_PUSCH}}(j) + \alpha(j) \cdot PL + \Delta_{\text{TF}}(i) + f(i)\}$$

Dans cette formule,

- $P_{\text{PUSCH}}(i)$ représente la puissance d'émission sur le PUSCH à la sous-trame $i$.
- $P_{\text{CMAX}}$ représente la puissance maximale configurée de l'UE.
- $M_{\text{PUSCH}}(i)$ représente la largeur de bande (en nombre de PRB) allouée à l'UE à la sous-trame $i$.
- $P_{\text{O\_PUSCH}}(j)$ est un décalage en puissance qui dépend de paramètres spécifiques à la cellule et de paramètres spécifiques à l'UE signalés par l'eNodeB, ainsi que du type de scheduling (semi-persistant, dynamique, accès aléatoire) identifié par l'indice $j$.
- $\alpha(j)$ est un paramètre spécifique à la cellule, également signalé par les couches supérieures, qui peut prendre les valeurs $\{0, 0.4, 0.5, 0.6, 0.7, 0.8, 0.9, 1\}$.
- $PL$ représente les pertes de propagation (*Path Loss*), estimées par l'UE sur la voie descendante.
- $\Delta_{\text{TF}}(i)$ est un paramètre qui augmente avec le MCS, si l'utilisation de ce paramètre est configurée par la couche RRC. Dans ce cas, moins les bits d'information sont protégés et plus la puissance d'émission augmente.
- $f(i)$ représente une correction de puissance adaptative en boucle fermée, qui dépend de commandes signalées par l'eNodeB.

On peut ainsi distinguer deux grands modes possibles de contrôle de puissance :

- un contrôle de puissance en boucle ouverte ;
- un contrôle de puissance en boucle fermée.

En boucle ouverte, aucune correction adaptative n'est apportée par l'eNodeB (c'est-à-dire que $f(i) = 0$). Dans ce cas l'UE détermine sa puissance d'émission uniquement en fonction des paramètres de sa transmission et de ses pertes de propagation (*PL*) estimées, de manière à compenser ces dernières. La compensation des pertes de propagation peut être totale (si $\alpha = 1$) ou fractionnaire (si $\alpha < 1$) ; dans ce dernier cas, on parle de contrôle de puissance fractionnaire. Celui-ci a pour but de limiter l'interférence créée pour les cellules voisines. Ainsi, l'opérateur doit fixer la valeur de $\alpha$ de manière à établir un compromis entre le débit des UE en bordure de cellule et le débit total sur le réseau.

Dans le mode en boucle fermée, l'eNodeB peut, de plus, affiner la puissance émise par l'UE en lui signalant d'augmenter ou de diminuer sa puissance d'émission par l'intermédiaire de commandes dites TPC (pour *Transmit Power Control*) successives. Le contrôle de puissance en boucle fermée s'ajoute au fonctionnement en boucle ouverte et corrige les réglages de contrôle de puissance décidés de manière autonome par l'UE. Ces corrections s'appliquent, par exemple, pour compenser des mesures erronées de pertes de propagation, ou pour adapter la puissance d'émission en fonction d'un mécanisme d'ICIC. Les commandes TPC pour le PUSCH sont signalées conjointement avec une allocation de ressources dans un PDCCH avec format de DCI 0, ou sont encodées avec les commandes TPC d'autres UE dans un PDCCH avec format de DCI 3/3A. On notera que suivant la configuration de l'UE, ou la manière dont le TPC est signalé, le terme $f(i)$ représente soit la commande TPC absolue, soit une accumulation des commandes TPC reçues.

### Contrôle de puissance sur le PUCCH

Le contrôle de puissance sur le PUCCH est donné par une formule similaire à celle du PUSCH, à la différence principale que le contrôle de puissance fractionnaire n'est pas possible (en d'autres termes, $\alpha = 1$ en permanence).

Pour le PUCCH aussi, les contrôles de puissance en boucle ouverte et en boucle fermée sont possibles, les commandes de contrôle de puissance en boucle fermée étant indépendantes de celles du PUSCH.

### Contrôle de puissance sur les SRS

Le contrôle de puissance pour les SRS est donné par une formule proche de celle du PUSCH, un décalage de puissance spécifique aux SRS étant appliqué.

La valeur du paramètre de contrôle de puissance fractionnaire ($\alpha$) et les valeurs des commandes de contrôle de puissance sont identiques à celles appliquées au PUSCH.

## En voie descendante

Sur la voie descendante, le contrôle de puissance joue un rôle moins critique qu'en voie montante. En effet, un mode d'opération typique du réseau est de transmettre à puissance maximale en voie descendante, en s'appuyant sur l'adaptation de lien pour maximiser le débit en fonction de la qualité du signal reçu (voir le chapitre 4). Néanmoins, il peut être nécessaire de modifier l'allocation de puissance du PDSCH dans certains cas, par exemple :

- en fonction du mode de transmission MIMO : en MU-MIMO, la puissance disponible est partagée entre les deux UE servis simultanément ;

- en fonction du service : les allocations semi-statiques (par exemple pour la VoIP) étant associées à un MCS fixe pendant de longues périodes, il peut être nécessaire de contrôler le PDSCH en puissance en fonction des remontées de CQI afin d'assurer la qualité du service ;

- pour la coordination d'interférence, comme décrit à la section « Coordination d'interférence intercellulaire (ICIC) » (p. 233).

Ainsi, l'eNodeB a la possibilité d'ajuster individuellement la puissance allouée au PDSCH de chaque UE.

L'adaptation de la puissance du PDSCH due au MU-MIMO (0 ou -3 dB, suivant qu'un ou deux UE sont multiplexés) est signalée de manière dynamique dans le PDCCH.

La connaissance de la puissance qui serait reçue pour le PDSCH en l'absence de transmission est importante pour déterminer le CQI. Afin de permettre à l'UE de définir cette information, l'eNodeB lui indique le rapport entre l'énergie émise par élément de ressource (EPRE, pour *Energy Per Resource Element*) pour les CRS et l'EPRE pour le PDSCH. Ce rapport est spécifique à l'UE et est signalé de manière semi-statique par le protocole RRC. Plus précisément, la valeur signalée vaut pour les symboles OFDM où les CRS sont absents, la valeur pour les autres symboles s'en déduisant selon une règle normalisée [3GPP 36.213, 2009, section 5.2]. L'EPRE exclut l'énergie utilisée pour la transmission du préfixe cyclique et est moyennée sur l'ensemble des points de la constellation de la modulation considérée. À partir de la mesure de la puissance des CRS en réception, l'UE déduit quelle puissance serait reçue du PDSCH avant que celui-ci soit effectivement émis. Notons qu'une seule valeur de rapport d'EPRE est signalée pour l'ensemble de la bande, même si la puissance d'émission varie sur la bande, ce qui est notamment le cas de l'ICIC. Le calcul du CQI en présence d'ICIC est discuté à la section correspondante (p. 237).

La signalisation par l'eNodeB du rapport entre l'EPRE des CRS et l'EPRE du PDSCH assiste également l'UE dans son estimation de la puissance du PDSCH, dont une connaissance précise est indispensable à l'opération de démodulation lorsque des modulations d'ordre élevé sont utilisées (16QAM et 64QAM). Même si ce rapport peut être estimé par l'UE pour la démodulation, au prix d'une dégradation de performance tolérable [Qualcomm, 2008], la norme garantit à l'UE qu'il peut s'appuyer sur le rapport d'EPRE signalé. Comme pour le calcul du CQI, des précautions particulières doivent donc être prises pour la démodulation en présence d'ICIC ; elles sont discutées à la section correspondante (p. 237).

Notons enfin que la puissance émise sur les CRS (spécifique à la cellule) est également signalée à l'UE (par le paramètre *Reference-signal-power*), ce qui lui permet, à partir de la mesure de puissance reçue des CRS, d'estimer ses pertes de propagation.

L'allocation de puissance aux canaux de contrôle (comme le PDCCH) est effectuée individuellement par canal afin de garantir une bonne réception de ces canaux cruciaux pour le bon fonctionnement du système. En particulier, la puissance du PDCCH d'un UE donné peut être ajustée individuellement. La puissance des canaux de contrôle n'est pas signalée à l'UE. En effet, l'UE ne calcule pas de CQI pour ces canaux et la modulation QPSK qu'ils utilisent ne nécessite pas d'estimer précisément leur puissance.

Enfin, notons que la transmission des signaux de référence CRS avec une puissance plus élevée que celle du PDSCH (ce qu'on appelle le *power boosting*, voir le chapitre 7) s'effectue au détriment de la puissance du PDSCH, qui est donc réduite sur les symboles OFDM portant des CRS.

# Références

[3GPP 36.211, 2009] Spécification technique 3GPP TS 36.211, *E-UTRA, Physical channels and modulation*, v8.9.0, décembre 2009.

[3GPP 36.213, 2009] Spécification technique 3GPP TS 36.213, *E-UTRA, Physical layer procedures*, v8.8.0, septembre 2009.

[3GPP TS 36.321] Spécification technique 3GPP TS 36.321, *E-UTRA, Medium Access Control (MAC) protocol specification*, v8.12.0, mars 2012.

[3GPP 36.423, 2009] Spécification technique 3GPP TS 36.423, *E-UTRAN, X2 Application Protocol (X2AP)*, v8.8.0, décembre 2009.

[3GPP RAN WG3, 2007] 3GPP TSG RAN WG3, *Reply LS to R3-070527/R1-071242 on Backhaul (X2 interface) Delay*, Liaison R1-071804, 3GPP TSG RAN WG1 #48bis, mars 2007.

[Gerlach *et al.*, 2010] C. Gerlach, I. Karla, A. Weber, L. Ewe, H. Bakker, E. Kuehn, A. Rao, *ICIC in DL and UL With Network Distributed and Self-Organized Resource Assignment Algorithms in LTE*, Bell Labs Technical Journal 15(3), pp. 43-62, 2010.

[Nokia, Nokia Siemens Networks, 2007] Nokia, Nokia Siemens Networks, *Downlink interference coordination*, Contribution R1-072974, 3GPP TSG RAN WG1 #49bis, juin 2007.

[Orange, Telefónica, 2011] Orange, Telefónica, *Backhaul modelling for CoMP*, Contribution R1-111174, 3GPP TSG RAN WG1 #64, février 2011.

[Panasonic, 2008] Panasonic, *Gap and index interleaver design for DVRB mapping*, Contribution R1-081197, 3GPP TSG RAN WG1 #52bis, avril 2008.

[Qualcomm, 2008] Qualcomm, *On the Signalling of Data/RS Power Ratio for PDSCH with 16QAM*, Contribution R1-080490, 3GPP TSG RAN WG1 #51bis, janvier 2008.

# 11

# HARQ

**Sommaire :** *Principe de l'HARQ – Définition des processus et acquittements HARQ – Traitements en émission et réception – Retransmissions adaptative et non adaptative – Procédures HARQ en voies montante et descendante*

Ce chapitre décrit le principe de la fonctionnalité HARQ, ainsi que les procédures associées normalisées en LTE.

L'HARQ, pour *Hybrid Automatic Repeat reQuest,* est un mécanisme de retransmission des blocs de transport reçus de manière erronée.

Les mécanismes de retransmission (dénommés ARQ) sont indispensables dans les systèmes de communication de données par paquets où une transmission sans erreur est nécessaire. Si un bloc de transport est reçu avec des erreurs malgré la protection apportée par le codage de canal, il est retransmis. Les perturbations affectant le signal (l'interférence et le bruit) n'étant jamais rigoureusement identiques aux conditions de la transmission originale, la retransmission a de bonnes chances d'être décodée sans erreur si le schéma de modulation et codage (MCS) est adapté au canal. Des mécanismes de retransmission ARQ sont ainsi mis en œuvre au niveau de la couche RLC du LTE, ainsi que dans le protocole de transport TCP, lorsqu'il est utilisé. Ces retransmissions décidées par les couches hautes sont cependant associées à une latence importante et doivent donc être minimisées.

L'HARQ est un mécanisme de retransmission dit *hybride*, car la retransmission est combinée à l'opération de décodage de canal pour une plus grande efficacité, comme nous allons le voir dans ce chapitre. L'HARQ est une fonction conjointement optimisée entre la couche MAC, qui gère les retransmissions, et la couche physique qui assure les opérations de codage/décodage de canal. Le contrôle de l'HARQ par les couches basses du système assure une réaction rapide aux erreurs de transmission et réduit ainsi à son minimum la latence de délivrance des données.

En LTE, l'HARQ est utilisé pour tous les types de trafic de données du plan usager (VoIP, navigation sur Internet ou jeu en ligne) et sa configuration est commune à l'ensemble des bearers actifs d'un même UE.

La première section expose le principe de l'HARQ, la section suivante donne une vue d'ensemble de sa mise en œuvre en LTE, puis les deux dernières sections détaillent les procédures HARQ, respectivement en voie descendante et en voie montante.

# Principe de l'HARQ

L'HARQ se distingue d'une simple retransmission par le fait que le mot de code d'un bloc de transport reçu de manière erronée n'est pas supprimé des buffers du récepteur, mais est conservé afin d'être combiné avec le mot de code retransmis pour ce bloc. Les retransmissions viennent alors compléter la transmission originale, celle-ci n'étant pas perdue.

Il existe deux grands types de combinaisons HARQ, qui déterminent la stratégie d'émission : la combinaison de Chase (ou CC, pour *Chase Combining*) et la redondance incrémentale (IR, pour *Incremental Redundancy*). Leurs principes sont représentés schématiquement sur la figure suivante.

Figure 11-1
*Principes de la Combinaison de Chase et de la Redondance Incrémentale*

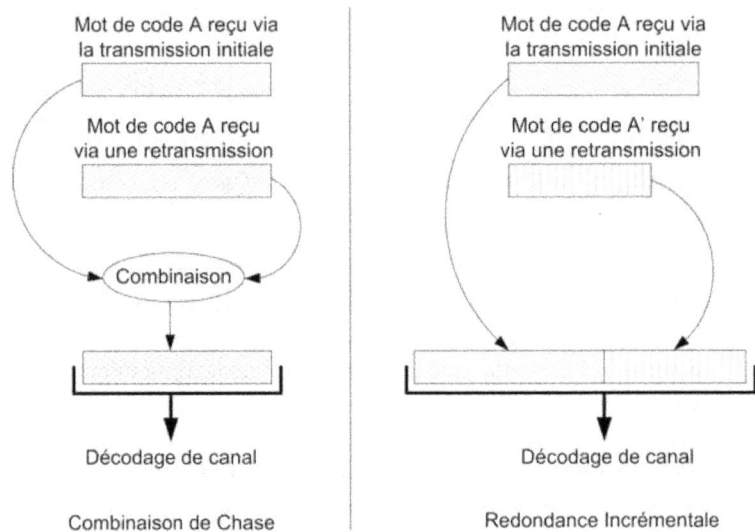

Par la combinaison de Chase, le même mot de code est retransmis et est combiné linéairement avec sa version précédemment reçue. La combinaison peut s'effectuer de deux façons : au niveau symbole en additionnant les symboles souples estimés, pondérés par leur SINR, ou au niveau des bits codés en additionnant les logarithmes de rapports de vraisemblance. Le mot de code résultant de la combinaison est ensuite décodé. Par la combinaison de Chase, les retransmissions peuvent ainsi être vues comme ajustant itérativement le rendement d'un codage du canal résultant du codage initial et de la répétition des mots de code, en fonction de la qualité du canal effectivement perçue par l'UE. Cette adaptation est particulièrement bénéfique lorsque la qualité du canal varie dans le temps de manière difficile à prévoir, par exemple à cause de la fluctuation de l'interférence due au scheduling dynamique.

Dans le cas de la redondance incrémentale, une information redondante supplémentaire est transmise afin d'aider le décodage. Cette information supplémentaire est typiquement constituée (au moins en partie) de bits de parité non encore transmis, ce qui revient à réduire le rendement effectif du code au fil des retransmissions. Le décodeur opère alors sur la séquence formée des bits reçus au cours des (re)transmissions successives. L'IR adapte ainsi itérativement le rendement du code effectivement utilisé (par exemple, un turbo-code en LTE), en fonction du canal. En comparaison avec la combinaison de Chase, une retransmission en IR apporte donc le gain de performances du code employé par rapport à un codage à répétition. Un autre avantage de l'IR est que le nombre de bits de parité émis à chaque retransmission n'est pas contraint à être égal à celui de la transmission initiale. L'émetteur peut ainsi ajuster finement la quantité de redondance nécessaire en fonction de sa connaissance du canal.

Lorsqu'une retransmission porte uniquement des bits codés nouveaux, on parle d'IR *totale*. L'IR *partielle* est également possible, où une retransmission est formée en partie de nouveaux bits et en partie de bits déjà transmis. Ces derniers sont alors combinés avec leurs versions déjà présentes dans le buffer selon la combinaison de Chase. On pourra se reporter au livre [Lin, Costello, 2004] pour une présentation détaillée des mécanismes HARQ.

Par son adaptation du rendement de codage aux conditions radio, l'HARQ améliore l'efficacité spectrale. En effet, les transmissions initiales peuvent être effectuées selon un schéma de codage moins protégé, une redondance supplémentaire n'étant ajoutée que si les conditions radio le nécessitent. Par contraste, un schéma sans HARQ doit mettre en œuvre un rendement du code satisfaisant impérativement le BLER cible en toute circonstance, donc nécessairement plus faible, même lorsqu'une protection moindre serait suffisante. La figure suivante illustre ce gain, en comparant la durée de transmission de dix blocs de transport selon deux schémas de transmission visant tous deux un même BLER résiduel : l'un sans HARQ (le schéma 1) avec un rendement de code $R_1$, et l'autre avec HARQ (le schéma 2), de rendement de code $R_2$ pour les transmissions initiales. Le bloc de transport 2 subit une forte interférence et ne peut être décodé par le schéma 2, tandis qu'au même moment la protection plus forte du schéma 1 lui permet de résister à cette perturbation. Le bloc 2 doit donc être retransmis pour le schéma 2. Néanmoins, on constate que malgré la retransmission, le schéma 2 transmet les dix blocs de transport sans erreur plus rapidement que le schéma 1.

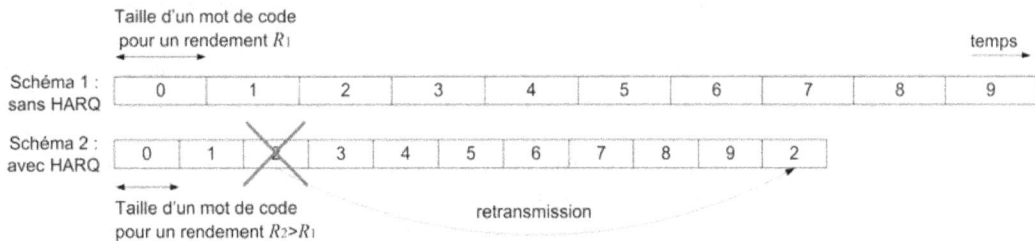

Figure 11-2
*Gain d'efficacité spectrale grâce aux retransmissions*

En autorisant un taux de perte lors des transmissions initiales, l'HARQ réduit le nombre de ressources occupées par la transmission d'un bloc de transport pour un même taux d'erreur résiduel, et améliore donc l'efficacité spectrale du système. À condition que la latence des retransmissions soit faible, ce gain d'efficacité spectrale se traduit en gain de débit pour l'utilisateur. Une comparaison des performances des différents types de combinaison HARQ peut être trouvée dans [Kian Chung Beh, 2007], qui montre notamment que la redondance incrémentale est la plus efficace des combinaisons.

Outre un gain d'efficacité spectrale, les retransmissions HARQ apportent de la diversité temporelle en présence de canaux à évanouissement rapides. Elles peuvent, de plus, corriger les effets d'un pic d'interférence inattendu lors de la transmission initiale. Enfin, chaque retransmission augmente l'énergie émise par bit du bloc de transport, qui est un paramètre clé de la couverture pour les réseaux mobiles. On peut ainsi également voir l'HARQ comme un mécanisme d'adaptation de l'énergie de la transmission en fonction des besoins.

Les retransmissions augmentent cependant la latence de la transmission, aussi la manière de les mettre en œuvre constitue-t-elle un aspect clé de la performance du système. De plus, un mécanisme de retour d'information doit être présent afin que le récepteur indique des acquittements à l'émetteur pour chaque bloc transmis. Ces mécanismes, bien que non spécifiques au LTE, sont décrits par commodité dans le cadre du LTE à la section « Mécanismes stop-and-wait et N stop-and-wait », p. 248.

# L'HARQ en LTE

L'HARQ en LTE est basé sur l'IR, en raison de ses performances supérieures à la combinaison de Chase. Cette dernière est cependant possible dans le cadre de l'IR, comme nous allons le voir à la section suivante.

## Lien avec le codage de canal à l'émetteur

Le codage de canal en LTE a été conçu pour permettre la redondance incrémentale. Au moment de l'encodage du bloc de transport pour la transmission initiale, les bits systématiques (c'est-à-dire les bits de sortie du turbo-codeur égaux à l'entrée du codeur) ainsi que les bits de parité (ajoutés par l'encodage) d'un bloc codé sont entrelacés séparément et placés dans des régions contiguës d'un buffer circulaire comme décrit au chapitre 4. Différentes séquences possibles de bits codés peuvent ainsi être fournies en commençant la lecture du buffer à une position déterminée. Ces séquences sont appelées *versions de redondance* (RV, pour *Redundancy Version*) et sont au nombre de quatre (RV0, RV1, RV2 et RV3). Elles incluent soit des bits systématiques et de parité, soit exclusivement des bits de parité. On notera que des versions de redondance consécutives se recouvrent partiellement, la taille du recouvrement dépendant du rendement du codage effectif de la (re)transmission (déterminé par la taille du bloc de transport, la modulation et le nombre de ressources allouées).

La mise en œuvre de l'IR est illustrée à la figure suivante : chaque retransmission fait appel à une version de redondance différente, chacune apportant des bits de parité non transmis jusqu'alors (dans cet exemple, la RV3 n'est pas utilisée).

Figure 11-3

*Exemple de versions de redondance
transmises successivement dans le cadre
de l'IR*

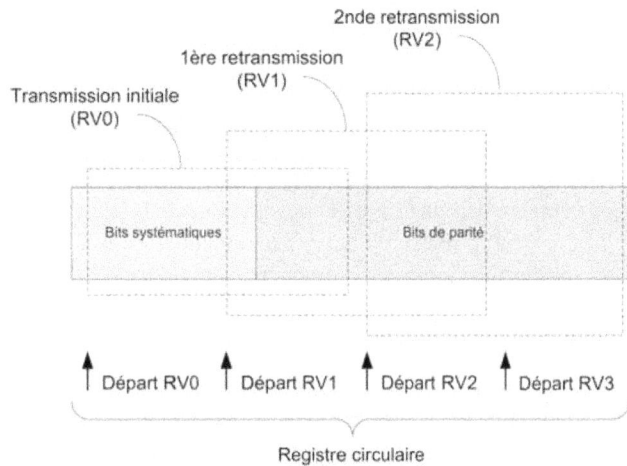

Si l'IR constitue le schéma d'HARQ de base en LTE, la combinaison de Chase est également possible comme un cas particulier de l'IR où la version de redondance initiale est retransmise. L'IR partielle est employée lorsque des versions de redondance successives se recouvrent partiellement.

## Lien avec l'allocation de ressources

La retransmission d'un bloc de transport peut être effectuée de deux façons en LTE.

- Selon l'allocation de ressources de la transmission initiale, sans signalisation préalable. Les PRB utilisés sont alors identiques à ceux de la transmission initiale, ou varient selon un saut de fréquence prédéfini (voir le chapitre 10). Le MCS de la transmission initiale est réutilisé, la version de redondance à transmettre étant déterminée selon un ordre prédéfini fonction du numéro de la retransmission. On parle dans ce cas de retransmission *non adaptative*.

- Sur des ressources allouées explicitement par l'eNodeB (via le PDCCH) et selon un MCS et/ou une version de redondance différent(s) des transmissions précédentes, suivant le schéma demandé par l'eNodeB. Ce mode de retransmission est de ce fait dit *adaptatif*.

En particulier, les retransmissions adaptatives offrent ainsi les possibilités suivantes.

- L'IR peut être totale ou partielle en fonction des versions de redondance transmises (voir la figure précédente).

- Le nombre de bits codés transmis peut varier entre deux retransmissions (via le MCS).

- La combinaison de Chase peut être mise en œuvre en retransmettant la version de redondance initiale.

La retransmission adaptative ajuste les paramètres de transmission en fonction des changements des conditions radio entre deux transmissions, favorisant ainsi le décodage du bloc. De plus, elle permet de conserver un scheduling adaptatif en fréquence lors des retransmissions. Cependant, elle s'effectue au prix d'une signalisation plus importante puisque les paramètres de la retransmission doivent être indiqués sur le PDCCH. Il existe donc un compromis entre l'efficacité de la transmission (via le nombre de retransmissions) et la charge de signalisation.

Les retransmissions adaptatives sont mises en œuvre aussi bien en voie descendante qu'en voie montante ; les retransmissions non adaptatives ne sont applicables qu'en voie montante.

Dans les deux modes, l'eNodeB peut adopter une stratégie plus ou moins agressive quant au nombre de bits de parité transmis lors de la transmission initiale et des retransmissions afin de minimiser le nombre de ressources occupées, la contrepartie à payer étant un plus grand nombre de retransmissions en cas de mauvais réglage, et donc une latence plus élevée.

## Acquittements et processus HARQ

### Mécanismes stop-and-wait et N stop-and-wait

Lorsqu'une erreur au moins est détectée sur un bloc de transport reçu, via la vérification de CRC (voir le chapitre 4), la couche physique du récepteur demande la transmission d'un indicateur d'erreur, ou *acquittement négatif* (NACK), vers l'émetteur. De même, lorsqu'un bloc de transport est reçu correctement, le récepteur envoie un *acquittement positif* (ACK) à l'émetteur pour signaler qu'un nouveau bloc de transport peut être transmis. Ce mécanisme est appelé *stop-and-wait* (arrêter et attendre), car l'émetteur attend d'avoir reçu un acquittement pour transmettre un nouveau bloc de transport, ou retransmettre le bloc de transport précédent. L'entité responsable d'un processus stop-and-wait, c'est-à-dire de la transmission et des retransmissions éventuelles des blocs dans un buffer donné, est appelée *processus HARQ*.

L'activité d'un processus HARQ est illustrée à la figure suivante dans le cas de la liaison descendante du LTE. Dans cet exemple, le bloc de transport TB1 est reçu de manière erronée et est retransmis, la retransmission étant reçue avec succès.

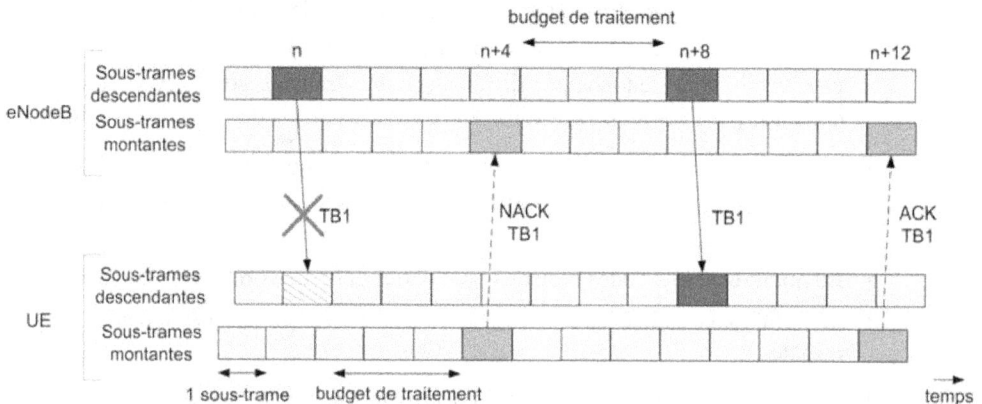

Figure 11-4
*Illustration du mécanisme stop-and-wait, dans la liaison descendante du LTE FDD*

Il existe un délai de traitement entre la réception d'un bloc de transport et la transmission de l'acquittement correspondant, pendant lequel le récepteur doit effectuer la démodulation et le décodage du bloc, créer l'acquittement et préparer son émission (codage et modulation, auxquels s'ajoutent le scheduling et le multiplexage dans le cas de l'eNodeB). En LTE, un budget de temps de 3 ms est alloué pour effectuer ces tâches, ce budget incluant l'avance de temps nécessaire lorsque l'UE transmet des acquittements en voie montante. Un délai de traitement similaire existe entre la réception de l'acquittement et la préparation de la retransmission éventuelle, au niveau de l'émetteur du bloc de transport.

Aussi, le temps d'inactivité de l'émetteur entre la transmission initiale et une retransmission est de plusieurs millisecondes. Afin que cette inactivité ne pénalise pas le débit, plusieurs processus HARQ opèrent simultanément. Ce mécanisme est appelé *N stop-and-wait*. La figure suivante illustre ce mécanisme en reprenant le même exemple, mais cette fois avec 8 processus HARQ : le bloc de transport TB1 transmis via le premier processus HARQ n'est pas convenablement décodé et doit être retransmis, tandis que tous les blocs transmis via les autres processus HARQ sont convenablement décodés dès leur transmission initiale.

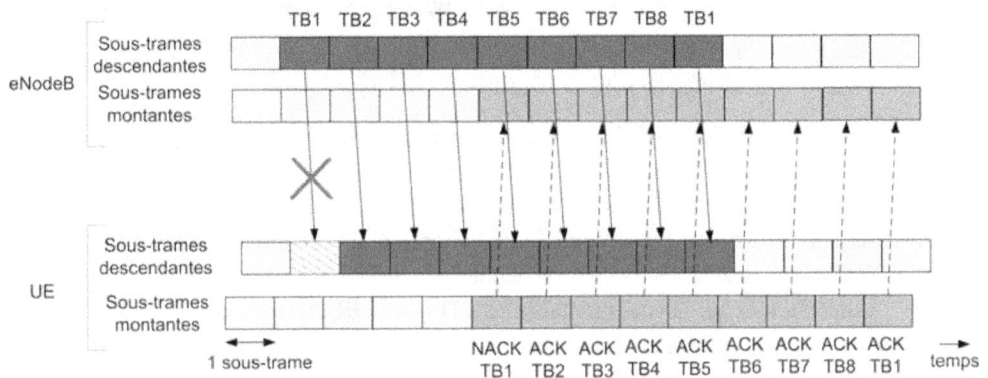

Figure 11-5
*Illustration du mécanisme N stop-and-wait, dans la liaison descendante du LTE FDD*

En LTE FDD, il existe 8 processus HARQ par UE en voie montante, tandis qu'en voie descendante l'UE en supporte jusqu'à 8. En TDD, le nombre de processus HARQ en voie montante et en voie descendante dépend de la configuration voie montante/voie descendante [3GPP 36.213, 2009, sections 7 et 8]. En MIMO, l'eNodeB peut transmettre deux blocs de transport vers un même UE sur un TTI. Dans ce cas, le même processus HARQ gère la transmission de ces deux blocs de transport.

## HARQ synchrone et asynchrone

Lorsqu'un processus HARQ est contraint d'opérer sur des TTI prédéterminés pour ses (re)transmissions, on parle d'HARQ *synchrone*. Au contraire, lorsqu'un processus HARQ peut opérer sur n'importe quel TTI, l'HARQ est dit *asynchrone*. L'HARQ synchrone dispense de signaler le numéro du processus HARQ associé à la transmission initiale comme aux retransmissions, ce qui est plus efficace spectralement, mais réduit la flexibilité de l'allocation de ressources. En LTE, l'HARQ est synchrone en voie montante et asynchrone en voie descendante pour les allocations dynamiques. Pour les allocations semi-persistantes en voie descendante, les transmissions initiales sont contraintes à des TTI prédéterminés, mais les retransmissions peuvent s'effectuer sur n'importe quel TTI.

## Signalisation des acquittements

Les ACK/NACK sont signalés sur les canaux physiques suivants :

- pour une transmission en voie descendante : sur le PUCCH, ou le PUSCH lorsqu'une transmission de données UL-SCH est allouée sur une occasion de transmission du PUCCH ;

- pour une transmission en voie montante : sur le canal dédié aux acquittements PHICH (cas des retransmissions non adaptatives, ou implicitement par l'allocation d'une retransmission sur le PDCCH (pour les retransmissions adaptatives).

Les règles temporelles liées à la signalisation des ACK/NACK pour un processus HARQ sont décrites à la section suivante. Les détails de leur signalisation seront présentés au chapitre 12.

## Règles temporelles d'un processus HARQ en LTE

Les ACK/NACK en LTE sont toujours transmis avec un délai fixé par la norme suite à la réception du bloc de transport associé. En FDD, l'UE doit transmettre au TTI $n$ les acquittements correspondant à une transmission sur le PDSCH reçue au TTI $n$-4. En TDD, le TTI de transmission des acquittements par l'UE dépend de la configuration voie montante/voie descendante [3GPP 36.213, 2009, section 7.3]. De même, un acquittement reçu par l'UE au TTI $n$ correspond à une transmission effectuée sur la voie montante au TTI $n$-4 en FDD, tandis qu'en TDD, ce TTI est déterminé en fonction de la configuration voie montante/voie descendante [3GPP 36.213, 2009, sections 8 et 8.3]. Grâce à cette règle, le processus HARQ auquel se réfère l'acquittement est identifié sans avoir à signaler explicitement son numéro.

Le TTI devant être utilisé pour une retransmission suite à la réception d'un NACK dépend du caractère synchrone/asynchrone de l'HARQ, et donc du sens de la transmission. En voie descendante, l'eNodeB est libre de décider du TTI de la retransmission. En voie montante, la retransmission doit intervenir sur le processus HARQ responsable de la transmission initiale : le TTI utilisé est donc déterminé par celui associé au processus. En FDD, la retransmission en voie montante s'effectue au TTI $n$+4 pour un NACK reçu au TTI $n$, ce qui correspond au TTI $m$+8 si $m$ est l'indice du TTI de la transmission précédente. En TDD, le TTI de la retransmission dépend de la configuration voie montante/voie descendante [3GPP 36.213, 2009, section 8].

La figure qui suit illustre la relation temporelle entre transmission, acquittement et retransmission dans la voie montante du LTE FDD, tandis que la figure du début de la section « Mécanismes stop-and-wait et N stop-and-wait » (p. 248) montre un exemple typique de cette relation temporelle pour la voie descendante du LTE FDD.

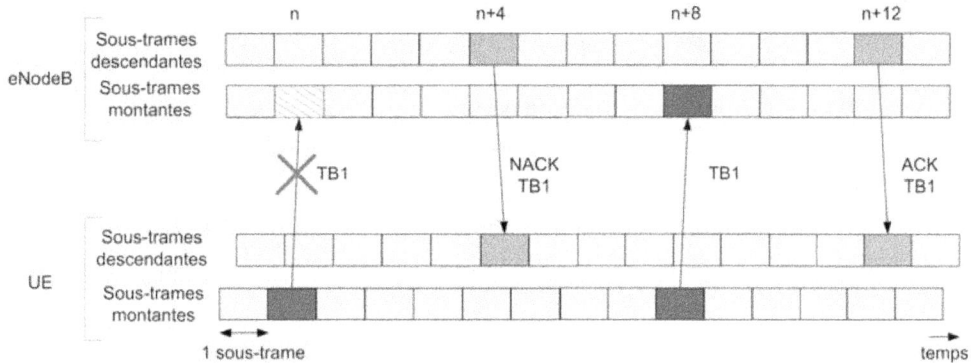

Figure 11-6
*Relation temporelle entre (re)transmissions et acquittements, en voie montante du LTE FDD*

## L'HARQ comme moyen d'extension de couverture

Afin d'augmenter la couverture en voie montante, naturellement moins élevée qu'en voie descendante du fait de la puissance d'émission limitée d'un terminal mobile, il existe en LTE un schéma de transmission qui tire parti de l'accroissement d'énergie par bit fourni par l'HARQ. Ce schéma est appelé *empaquetage de TTI* (en anglais, *TTI bundling*) ou empaquetage de sous-trames (*subframe bundling*).

Ce mécanisme consiste à transmettre dans des TTI consécutifs les quatre versions de redondance disponibles pour un même processus HARQ. Ceci revient à transmettre trois retransmissions à la suite de la transmission initiale, sans attendre de recevoir les acquittements de l'eNodeB. Un seul ACK/NACK est ensuite transmis par l'eNodeB pour l'ensemble du paquet, son instant de transmission étant déterminé relativement au dernier TTI du paquet. Si l'acquittement est négatif, c'est tout le paquet qui doit être retransmis. Le principe de l'empaquetage de TTI est illustré à la figure suivante dans le cas du FDD.

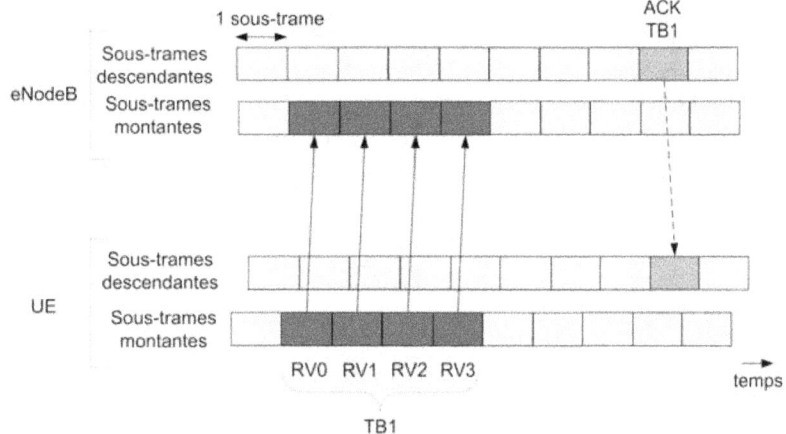

Figure 11-7
*Principe de l'empaquetage de TTI (TTI bundling), cas du FDD*

En FDD et pour un acquittement reçu au TTI *n*, la retransmission d'un paquet s'effectue à partir du TTI *n*+4 pour une retransmission adaptative (indiquée sur le PDCCH) et à partir du TTI *n*+9 pour une retransmission non adaptative (indiquée sur le PHICH). Dans ces deux cas, le paquet est retransmis au TTI *m*+16 si *m* est l'indice du premier TTI utilisé pour la transmission précédente. Le nombre de processus HARQ est ainsi réduit à quatre en FDD lorsque l'empaquetage de TTI est configuré.

En TDD, le nombre de processus HARQ ainsi que les relations temporelles entre acquittement et retransmission dépendent de la configuration voie montante/voie descendante.

Notons que l'empaquetage de TTI n'est possible que pour la voie montante (pour le UL-SCH).

# Procédure HARQ en voie descendante

## Informations HARQ signalées par l'eNodeB

Les informations relatives à un processus HARQ sont signalées sur le PDCCH portant l'allocation des ressources pour ce processus. Ces informations incluent les paramètres suivants :

- l'indicateur de données nouvelles, ou *New Data Indicator* (NDI), qui différencie une transmission initiale d'un bloc de transport d'une retransmission ;
- le processus HARQ auquel le bloc est associé, pour son traitement au sein de l'entité HARQ de l'UE ;
- la taille du bloc de transport ;
- le MCS ;
- la version de redondance utilisée pour le codage par l'eNodeB du bloc de transport.

Ces informations sont alors délivrées à l'entité HARQ, pour le décodage du bloc de transport dont l'allocation de ressources est signalée dans ce PDCCH.

Le numéro du processus HARQ est indiqué explicitement sur le PDCCH lorsque l'allocation de ressources est dynamique (voir le chapitre 10). Si la transmission est réalisée suivant une allocation semi-persistante (SPS), l'UE calcule le numéro du processus HARQ en fonction du numéro du TTI et de la période de récurrence de l'allocation SPS, suivant une formule spécifiée dans [3GPP 36.321, 2009]. Notons que les retransmissions des blocs initialement transmis selon une allocation semi-persistante sont toujours dynamiques et impliquent donc de signaler le numéro du processus HARQ sur le PDCCH.

## Procédure de réception HARQ par l'UE

Lorsque l'entité HARQ de la couche MAC de l'UE reçoit un bloc de transport, elle le délivre au processus HARQ auquel il est destiné. Ce processus HARQ est indiqué par l'eNodeB (allocation dynamique) ou déduit par l'UE du TTI dans lequel ce bloc est reçu (allocation semi-persistante). Le processus HARQ doit en premier lieu déterminer s'il s'agit d'une première transmission de ce bloc, ou d'une retransmission.

Dans le cas d'un bloc transmis initialement à l'aide d'une allocation dynamique (signalée par l'identifiant C-RNTI sur le PDCCH), l'UE détermine qu'il s'agit d'une retransmission si la valeur du paramètre NDI reçu avec le bloc est identique à la dernière valeur enregistrée pour ce processus HARQ. Si, au contraire, la valeur du NDI a changé (par exemple, est passée de 0 à 1) pour ce processus, le processus HARQ considère qu'il s'agit d'un nouveau bloc.

Si le bloc a été précédemment envoyé à l'UE via une allocation semi-persistante, l'UE reconnaît la retransmission au fait qu'elle est signalée par son indicateur SPS-RNTI sur le PDCCH, avec le NDI à 1. Le processus HARQ indiqué sur le PDCCH permet à l'UE de déterminer à quelle transmission initiale cette retransmission est associée. Cette différence d'utilisation du NDI avec le cas d'une retransmission via C-RNTI tient au fait que le couple {SPS-RNTI, NDI=0} est réservé à l'activation et à la relâche de l'allocation SPS (voir le chapitre 10).

On notera qu'une retransmission dans le sens descendant est toujours effectuée à l'aide d'une allocation dynamique (via C-RNTI ou SPS-RNTI), que la transmission initiale soit réalisée de façon dynamique ou semi-persistante.

Si l'UE détermine qu'il s'agit d'un nouveau bloc, les données présentes dans le buffer sont remplacées par le nouveau bloc. Dans le cas d'une retransmission, le bloc est combiné avec les données déjà présentes (issues de transmissions précédentes du même bloc). Dans les deux cas, l'UE essaie de décoder les données du buffer. S'il y parvient, l'unité de données MAC (PDU) est analysée : l'en-tête est interprété et les différents éléments de cette PDU sont, selon leur type, transmis à la couche RLC (cas, par exemple, des données du plan usager ou d'une signalisation RRC), ou conservés et interprétés par la couche MAC (cas d'une commande de l'eNodeB pour activer le mode DRX). Par ailleurs, l'UE envoie un acquittement positif à l'eNodeB pour lui signaler qu'une retransmission n'est pas nécessaire. Si le décodage échoue, l'UE transmet à l'eNodeB un acquittement négatif.

Dans certains cas cependant, aucun acquittement n'est délivré par l'UE. C'est notamment le cas lors du décodage des informations de la cellule, diffusées via le BCH à l'ensemble des mobiles. D'une part, cela conduirait à une charge de signalisation inacceptable sur la cellule ; d'autre part, ces informations sont transmises avec une forte protection, de sorte que la probabilité de mal décoder le BCH est très faible. Enfin, les données du BCH sont répétées périodiquement, permettant aux UE de les décoder en combinant ces répétitions (voir le chapitre 8).

La figure 11-8 illustre le traitement HARQ sur la voie descendante pour un UE ayant une allocation SPS active, pour un appel VoIP par exemple, et qui reçoit par ailleurs des données via des allocations dynamiques (par exemple, pour la signalisation IMS ou la réception d'une photo).

- Au TTI 0, l'UE reçoit un bloc sur l'allocation SPS, traité par le processus HARQ 1. L'entité HARQ ne parvient pas à décoder correctement le bloc et retourne un NACK à l'eNodeB sur le PUCCH.

- L'eNodeB retransmet le bloc via une allocation dynamique, signalée par le SPS-RNTI de l'UE sur le PDCCH. Cette allocation indique le processus HARQ 1, le NDI à 1 et la version de redondance RV1.

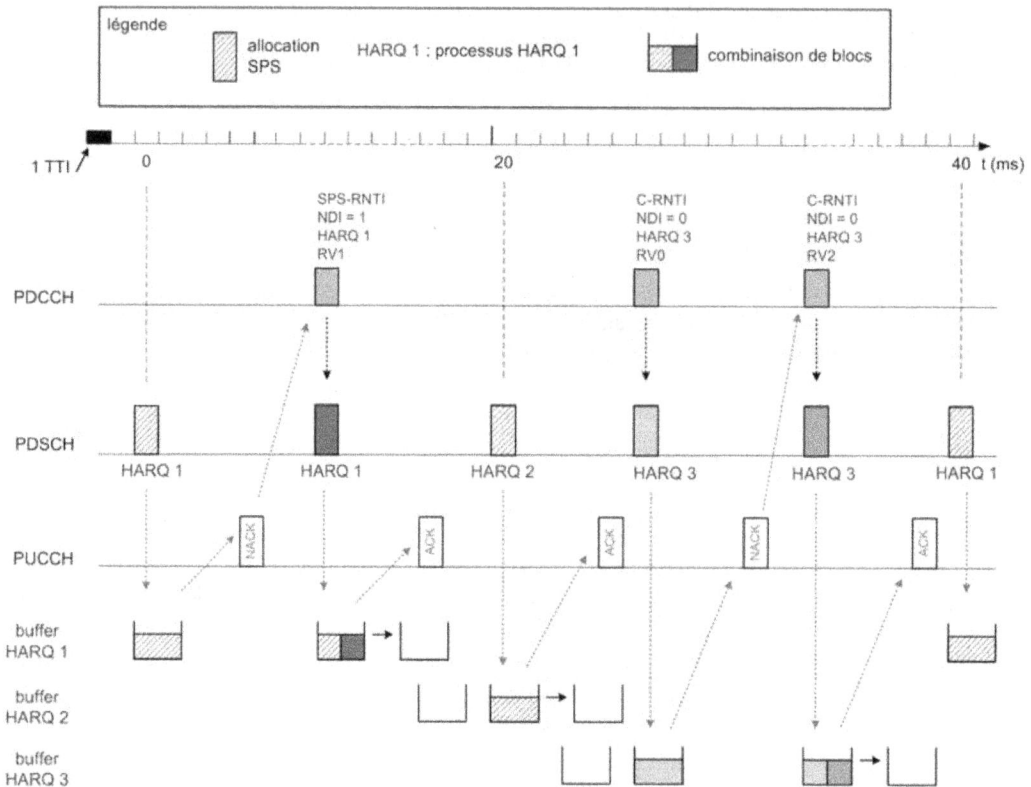

Figure 11-8

*Retransmissions et processus HARQ en voie descendante*

- L'UE détermine donc qu'il s'agit d'une retransmission (NDI=1 et SPS-RNTI) du bloc précédemment reçu sur l'allocation SPS (HARQ 1). Il combine le bloc transmis sur le PDSCH avec le bloc précédent, conservé dans le buffer du processus HARQ 1. Il parvient alors à décoder le bloc, le délivre à l'entité en charge de son interprétation au sein de la couche MAC et transmet un acquittement positif (ACK). Le buffer du processus HARQ 1 est maintenant vide et peut traiter une nouvelle transmission.

- Un second bloc est reçu sur l'allocation SPS, 20 ms plus tard (période de récurrence SPS ici). Ce TTI est associé au processus HARQ 2. L'UE décode le bloc avec succès et transmet un ACK. Le buffer de ce processus est donc à nouveau vide.

- Ayant reçu un bloc de données qui n'est pas destiné à l'allocation SPS, l'eNodeB signale sur le PDCCH une allocation dynamique, avec le C-RNTI de l'UE et le processus HARQ 3. Nous supposerons ici que la précédente allocation pour ce processus HARQ indiquait NDI=1. L'UE détermine donc que le NDI a changé de valeur : il s'agit d'une transmission initiale et non d'une retransmission. Si un bloc était encore présent dans le buffer de ce processus, l'UE le remplace par le nouveau bloc. L'UE ne parvient cependant pas à décoder le bloc et retourne un NACK à l'eNodeB, pour qu'il le retransmette.

• L'eNodeB signale sur le PDCCH une retransmission pour le C-RNTI de l'UE : le processus indiqué est HARQ 3 et le NDI est à 0, donc la même valeur que pour la transmission précédente pour ce processus. L'UE combine alors ce bloc avec le précédent. Si cette combinaison permet un décodage sans erreur, l'UE transmet un ACK. Dans le cas contraire, il transmet un nouveau NACK. L'eNodeB pourra ainsi retransmettre le bloc erroné jusqu'à atteindre le nombre maximal de retransmissions configuré par l'opérateur.

# Procédure HARQ en voie montante

## Spécificités de l'HARQ en voie montante

Contrairement à la voie descendante, la retransmission sur la voie montante est effectuée de façon synchrone : l'UE réémet nécessairement le bloc sur un TTI associé au processus HARQ qui a traité la transmission initiale. Cela signifie que l'eNodeB doit prévoir son allocation au bon moment, pour que celle-ci concerne bien le processus HARQ responsable de ce bloc de transport. Cela constitue donc une différence majeure avec les retransmissions sur la voie descendante, réalisées de façon asynchrone. Ce choix se justifie par la volonté de limiter la charge de signalisation, qui en voie montante se traduit par une réduction de la puissance dédiée aux données et par conséquent une réduction de la couverture pour les UE limités en puissance.

La voie montante gère les retransmissions non adaptatives et adaptatives, présentées à la section « Lien avec l'allocation de ressources », p. 247.

La retransmission non adaptative constitue également une différence majeure avec le cas de la voie descendante, où la retransmission est toujours explicitement signalée par l'eNodeB. Dans le cas de la retransmission non adaptative, l'UE change de version de redondance de façon autonome, selon l'ordre suivant normalisé {RV0, RV2, RV3, RV1, RV0, etc.} ; ainsi, l'eNodeB sait quel traitement appliquer au bloc, en fonction du nombre de transmissions déjà réalisées pour ce bloc de transport. La retransmission non adaptative ne nécessite pas la transmission d'un PDCCH, ce qui réduit considérablement la charge de signalisation sur la voie descendante et augmente ainsi la capacité du PDCCH. Cet aspect conditionne notamment le nombre d'appels VoIP pouvant être écoulés par la cellule, pour lesquels le nombre de retransmissions est attendu comme important [Qualcomm, 2007]. Bien qu'une nouvelle allocation de ressources ne soit pas signalée pour les retransmissions non adaptatives, rappelons qu'il est possible d'offrir de la diversité fréquentielle au cours des retransmissions successives, via le saut de fréquence du PUSCH exposé au chapitre 9.

La retransmission synchrone et non adaptative implique que les ressources qui vont être utilisées pour la retransmission ne soient pas déjà allouées à un autre UE (par exemple, via une allocation semi-persistante). Cette disponibilité des ressources peut être assurée par le scheduler de l'eNodeB, en n'allouant pas de transmission initiale pouvant donner lieu à une retransmission non adaptative sur des ressources préréservées. S'il n'est pas possible d'appliquer une telle restriction (par exemple, si le système est chargé), l'eNodeB peut toutefois utiliser une retransmission adaptative et allouer ainsi d'autres ressources à l'UE pour une retransmission éventuelle.

La retransmission adaptative permet comme en voie descendante d'adapter les ressources en fréquence aux évolutions du canal, mais aussi, comme nous l'avons vu, de conserver une flexibilité du scheduling suffisante pour résoudre les collisions entre des allocations de ressources dynamiques et semi-persistantes. Cette flexibilité est particulièrement nécessaire en raison du caractère synchrone des retransmissions en voie montante. Le MCS utilisé pour une retransmission adaptative en voie montante peut être différent de celui de la transmission initiale, mais alors seule la version de redondance 0 peut être transmise. En effet, les autres versions de redondance ne peuvent être demandées par l'eNodeB que sous la contrainte que le MCS de la transmission initiale soit réutilisé. Cette restriction permet d'encoder l'information sur la version de redondance conjointement avec le MCS, ce qui réduit la charge de signalisation sur la voie descendante [3GPP 36.213, 2009, section 8.6.1].

## Informations HARQ signalées par l'eNodeB

Dans le cas d'une transmission initiale ou d'une retransmission adaptative, les informations HARQ sont signalées sur le PDCCH portant l'allocation des ressources pour le processus HARQ associé au TTI courant. Ces informations incluent les paramètres suivants :

- l'indicateur de données nouvelles (NDI) ;
- la taille du bloc de transport ;
- le MCS et la version de redondance à utiliser pour le codage du bloc de transport par l'UE.

La principale différence avec la voie descendante réside donc dans le fait que l'eNodeB ne désigne plus de façon explicite le processus HARQ responsable du traitement du bloc à émettre (et de ses retransmissions éventuelles) : ce choix est directement lié au TTI dans lequel l'allocation a lieu. En effet, à chaque TTI, l'UE détermine le processus HARQ associé, qui traitera la transmission ou la retransmission éventuelle. Le nombre de processus HARQ étant fixé à 8 sur la voie montante, un processus HARQ est donc utilisé de façon périodique.

## Procédure de retransmission au niveau de l'UE

À un TTI donné, l'UE procède à l'envoi d'un nouveau bloc par un processus HARQ :

- s'il a reçu pour ce TTI une allocation dynamique via un PDCCH avec l'identifiant C-RNTI et un NDI différent de la valeur précédemment reçue pour ce même processus HARQ ;
- ou si le TTI courant correspond à une occurrence d'une allocation semi-persistante.

À un TTI donné, l'UE effectue une retransmission du bloc présent dans le buffer du processus HARQ associé au TTI courant :

- si l'UE a reçu un acquittement négatif (NACK) sur le PHICH de la part de l'eNodeB pour ce bloc et si le TTI courant correspond à la première occasion de retransmission pour ce processus HARQ ; l'UE effectue alors une retransmission non adaptative (pas d'allocation indiquée par le PDCCH) ;

- ou si l'UE a reçu une allocation signalée avec l'identifiant C-RNTI et si la valeur du paramètre NDI est identique à celle précédemment reçue pour ce processus HARQ ; l'UE effectue alors une retransmission adaptative ;

- ou encore si l'UE a reçu une allocation signalée avec l'identifiant SPS-RNTI, avec un NDI à 0 ; l'UE effectue alors une retransmission adaptative.

Ainsi, les ressources allouées de façon semi-persistante sont utilisées pour des transmissions initiales, comme pour le sens descendant. De même, la signalisation explicite des retransmissions (adaptatives) ou des transmissions initiales via le PDCCH suit un schéma similaire au sens descendant. En revanche, on voit que la réception par l'UE d'un acquittement négatif (NACK) suffit à déclencher une retransmission à la prochaine occasion de transmission du processus HARQ concerné.

Lorsqu'un acquittement positif a été reçu par l'UE pour un bloc $N$, l'UE ne supprime pas ce bloc avant la transmission du prochain bloc ($N+1$) par le même processus HARQ. Ainsi, il sera capable de le renvoyer si l'eNodeB le lui demande avant la transmission du bloc $N+1$. Cela peut se produire dans le cas où l'acquittement négatif NACK envoyé par l'eNodeB a été corrompu lors de la transmission et décodé par l'UE comme un acquittement positif ACK. La retransmission éventuelle du bloc ne se fera alors que par une demande explicite de l'eNodeB (via le PDCCH).

Puisqu'elles peuvent ne pas être commandées directement par l'eNodeB (cas d'une transmission semi-persistante), les transmissions sur la voie montante ou les acquittements associés peuvent entrer en collision avec des intervalles de mesure (appelés *measurement gaps* dans les spécifications 3GPP). En effet, ces intervalles sont programmés par l'eNodeB, avec une période de récurrence, par exemple pour que l'UE effectue des mesures sur une autre fréquence LTE, ou sur un autre système (UMTS, GSM, CDMA2000).

Deux types de collision peuvent ainsi se produire.

- Un acquittement d'un bloc émis sur la voie montante est attendu dans un TTI où un intervalle de mesure est programmé : dans ce cas, l'UE doit considérer qu'il a reçu cet acquittement. Si l'eNodeB n'a en fait pas pu décoder ce bloc, il devra demander sa retransmission via le PDCCH (retransmission adaptative).

- Une transmission ou une retransmission doit avoir lieu sur la voie montante pendant un intervalle de mesure : l'UE annule alors cet envoi et procède à une retransmission après l'intervalle de mesure, sur les mêmes ressources (retransmission non adaptative).

Pour limiter l'émission répétée d'un même bloc, l'eNodeB configure via la signalisation RRC le nombre maximal de retransmissions HARQ que peut effectuer l'UE. Si ce seuil est atteint, l'UE supprime le bloc du buffer associé au processus HARQ qui traite ce bloc. Dans le sens descendant au contraire, le seuil n'est pas indiqué par la signalisation et l'eNodeB peut effectuer autant de retransmissions qu'il le souhaite ; un nombre maximal de retransmissions est cependant généralement également fixé. On notera que, pour la voie descendante comme pour la voie montante, si le bloc HARQ n'est toujours pas correctement reçu après le nombre maximal de retransmissions, une retransmission ARQ du bloc sera éventuellement demandée par la couche RLC.

Le tableau suivant résume le comportement attendu de l'UE en fonction de l'acquittement reçu de l'eNodeB sur le PHICH et de l'indication fournie sur le PDCCH.

**Comportement attendu de l'UE en fonction de l'acquittement et du PDCCH reçus**

| Acquittement reçu par l'UE sur le PHICH | Indication reçue par l'UE sur le PDCCH | Comportement de l'UE |
|---|---|---|
| ACK ou NACK | Nouvelle transmission | Nouvelle transmission suivant les informations du PDCCH |
| ACK ou NACK | Retransmission | Retransmission suivant les informations du PDCCH (retransmission adaptative) |
| ACK | (aucun PDCCH reçu) | Pas de retransmission, mais le bloc est conservé dans le buffer afin d'être retransmis si besoin, à la demande de l'eNodeB. Dans ce cas, la retransmission est nécessairement adaptative. |
| NACK ou absence d'acquittement | (aucun PDCCH reçu) | Retransmission non adaptative |

La figure suivante reprend l'exemple de la section « Procédure de réception HARQ par l'UE » (p. 252), cette fois pour illustrer le traitement HARQ sur la voie montante : un UE a une allocation SPS active pour un appel VoIP, et a par ailleurs besoin de transmettre des données via des allocations dynamiques (navigation sur Internet).

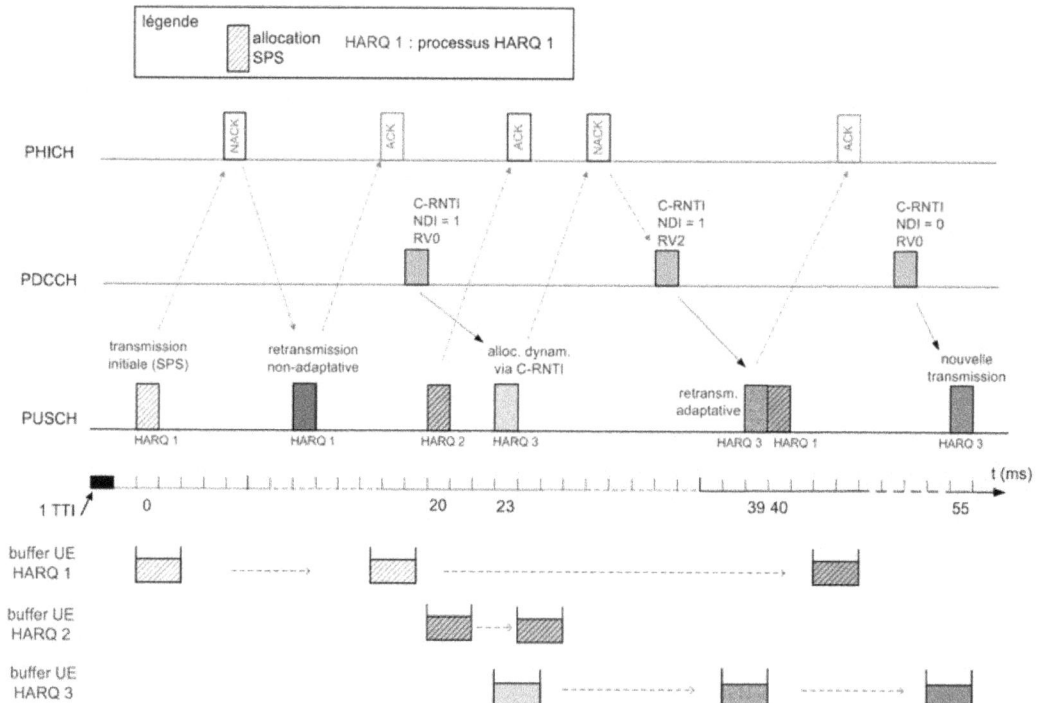

Figure 11-9
*Retransmissions et processus HARQ en voie montante*

- Au TTI 0, l'UE transmet un bloc sur l'allocation SPS (transmission initiale), traité par le processus HARQ 1. L'entité HARQ de l'eNodeB ne parvient pas à décoder correctement le bloc et retourne un NACK à l'UE sur le PHICH.

- L'UE retransmet le bloc sur le prochain TTI associé au processus HARQ 1, à l'aide d'une retransmission non adaptative, n'ayant pas reçu d'allocation dynamique pour ce TTI.

- L'eNodeB transmet un ACK à l'UE, qui conserve néanmoins le bloc dans le buffer du processus HARQ 1 pour une éventuelle retransmission à la demande de l'eNodeB. Lorsqu'un nouveau bloc devra être transmis sur ce processus, l'UE remplacera le bloc présent dans le buffer avec le nouveau bloc. Cela signifie que l'eNodeB dispose d'un intervalle de temps égal au temps restant avant la prochaine transmission initiale SPS sur le processus HARQ 1 pour demander une retransmission éventuelle du bloc.

- Au TTI 19, l'UE reçoit un PDCCH embrouillé avec son C-RNTI : il s'agit donc d'une allocation dynamique pour le TTI $n+4$, soit le TTI 23. L'UE détermine que ce TTI est associé au processus HARQ 3. Nous supposerons ici que le NDI reçu lors de la transmission précédente pour ce processus HARQ était égal à 0. Le NDI étant maintenant égal à 1, il s'agit d'une transmission initiale d'un nouveau bloc. L'entité HARQ de l'UE écrase donc le bloc présent dans le buffer de ce processus avec le nouveau bloc à transmettre.

- Au TTI 20, l'UE transmet un nouveau bloc sur l'allocation SPS. Il reçoit un ACK sur le PHICH au TTI 24  (20 + 4).

- Au TTI 23, l'UE transmet le nouveau bloc associé au processus HARQ 3. L'entité HARQ de l'eNodeB ne parvenant pas à décoder correctement ce bloc, l'eNodeB retourne un NACK à l'UE sur le PHICH.

- Au TTI 35, l'eNodeB signale à l'UE une allocation dynamique sur le PDCCH pour le TTI 39 (35 + 4).

- L'UE détermine que le TTI est associé au processus HARQ 3. Par ailleurs, le NDI étant toujours à 1, l'UE en déduit qu'il s'agit d'une retransmission (adaptative) du bloc précédemment reçu. L'allocation indique en outre que le bloc doit être codé avec la version de redondance RV2. L'UE transmet alors le bloc correspondant. L'eNodeB combine ce bloc avec les deux blocs précédemment reçus, puis tente de décoder le bloc résultant. L'opération étant positive, l'eNodeB retourne un ACK à l'UE.

- Au TTI 40, l'UE transmet sur l'allocation SPS un nouveau bloc.

- Au TTI 51, l'UE reçoit une nouvelle allocation sur le PDCCH, pour une transmission initiale (indiquée par le NDI modifié, à 0 maintenant) au TTI 55. Il détermine à partir du TTI que cette allocation est associée au processus HARQ 3. Il remplace alors dans le buffer HARQ 3 le bloc déjà transmis et acquitté, par un nouveau bloc disponible pour transmission sur la voie montante.

- Au TTI 55, l'UE transmet ce bloc sur le PUSCH.

# Références

[3GPP 36.213, 2009]   Spécification technique 3GPP TS 36.213, *E-UTRA, Physical layer procedures*, v8.8.0, septembre 2009.

[3GPP 36.321, 2009]   Spécification technique 3GPP TS 36.321, *E-UTRA, Medium Access Control (MAC) protocol specification*, v8.7.0, septembre 2009.

[Kian Chung Beh, 2007]   Kian Chung Beh, Angela Doufexi, Simon Armour, *Performance Evaluation of Hybrid ARQ Schemes of 3GPP LTE OFDMA System*, IEEE International Symposium on Personal, Indoor and Mobile Radio Communications (PIMRC 2007), 2007.

[Lin, Costello, 2004]   S. Lin, D. J. Costello, *Error Control Coding*, 2nde édition, Prentice Hall, 2004.

[Qualcomm, 2007]   Qualcomm, *Impact of HARQ Termination Statistics on UL VoIP Capacity*, Contribution R2-071994, 3GPP TSG RAN WG2 #58, mai 2007.

# 12

# Signalisation de contrôle PHY-MAC

**Sommaire :** *Signalisation des allocations de ressources – Formats de DCI, identifiants RNTI et décodage du PDCCH – Transmission des acquittements d'HARQ (ACK/NACK) – Transmission des requêtes de scheduling (SR) – Retour d'information sur l'état du canal (CQI, PMI, RI) – Retour d'information de contrôle sur le PUSCH*

Ce chapitre décrit la manière dont sont transmises les informations nécessaires à l'étroite coopération entre la couche physique et la couche MAC, notamment pour signaler les allocations de ressources, transmettre les acquittements d'HARQ et retourner les informations sur l'état du canal.

L'optimisation de l'interfonctionnement entre la couche physique et la couche MAC, qui est l'une des clés de l'interface radio du LTE, repose sur l'échange dynamique d'informations de contrôle entre l'eNodeB et l'UE. Cet échange dynamique assure la réactivité du système, notamment des mécanismes liés à la connaissance de l'état du canal (remontées d'informations, affectation de ressources) et à la latence des transmissions de données (acquittements). Les informations échangées ainsi que le canal physique qui les porte sont récapitulés ci-après :

- informations d'allocation de ressources dynamique, pour les voies montante et descendante (PDCCH) ;
- informations sur la modulation et le codage utilisés par l'eNodeB en voie descendante ou à utiliser par l'UE en voie montante pour une transmission de données (PDCCH) ;
- acquittements d'HARQ (ACK/NACK) pour la voie montante (PDCCH, PHICH) et la voie descendante (PUCCH, PUSCH) ;
- retour d'informations de contrôle (CQI, PMI, RI) pour l'adaptation de lien et le MIMO en voie descendante (PUCCH, PUSCH), requête de transmission apériodique de CQI (PDCCH) ;

- informations pour l'accès aléatoire déclenché par l'eNodeB (PDCCH) ;
- commandes de contrôle de puissance (PDCCH).

Ce chapitre décrit comment les informations de signalisation sont échangées sur le PDCCH, le PHICH, le PUCCH et le PUSCH. Il s'attache à décrire le contenu de ces canaux, c'est-à-dire les informations échangées et leur périodicité, tandis que les formats de ces canaux physiques (modulation, codage) sont détaillés aux chapitres 8 et 9.

# Allocation de ressources et transmission de données

## Rôle du PDCCH

Pour chaque bloc de transport transmis en voie descendante, il est nécessaire d'indiquer à l'UE :
- la position des PRB utilisés pour la transmission ;
- le type de précodage utilisé (PMI et nombre de couches) ;
- le schéma de modulation et de codage (MCS) utilisé ;
- l'adaptation de la puissance d'émission dans le cas du MU-MIMO, fonction du nombre d'UE effectivement servis ;
- les informations nécessaires à la combinaison HARQ : numéro du processus HARQ, indicateur de transmission initiale/retransmission et version de redondance.

Pour une transmission en voie montante, l'eNodeB doit signaler à l'UE :
- la position des PRB à utiliser pour la transmission ;
- le MCS et la version de redondance à utiliser (encodés conjointement) ;
- l'indicateur de transmission initiale ou de retransmission ;
- le décalage cyclique à utiliser pour les DMRS.

Ces informations sont susceptibles de changer à chaque TTI et sont donc transmises de manière dynamique via le PDCCH. En voie descendante, les informations signalées sur un PDCCH sont valides uniquement pour un PDSCH transmis sur la même sous-trame dans le cas du scheduling dynamique, et pour les PDSCH activés par ce PDCCH dans le cas du scheduling semi-persistant. En voie montante, un PDCCH à la sous-trame $n$ affecte des ressources pour un PUSCH transmis sur la sous-trame $n+4$ en FDD. Lorsque l'empaquetage de TTI est configuré (voir le chapitre 11), alors la relation ci-dessus définit l'occasion de transmission de la première sous-trame du paquet. La figure 12-1 illustre la relation d'association entre le PDCCH et les PDSCH et PUSCH en FDD.

En TDD, la sous-trame montante à laquelle s'appliquent les informations du PDCCH dépend de la configuration voie montante/voie descendante, et éventuellement d'un index signalé dans le PDCCH (pour la configuration voie montante/voie descendante 0 uniquement) [3GPP 36.213, 2009, section 8]. Pour le cas unique de la configuration voie montante/voie descendante 0, caractérisée par seulement deux sous-trames normales descendantes, un PDCCH peut allouer une transmission de PUSCH dans deux sous-trames montantes. La figure 12-2 illustre la relation d'association entre le PDCCH et les PDSCH et PUSCH en FDD, pour la configuration voie montante/voie descendante 1.

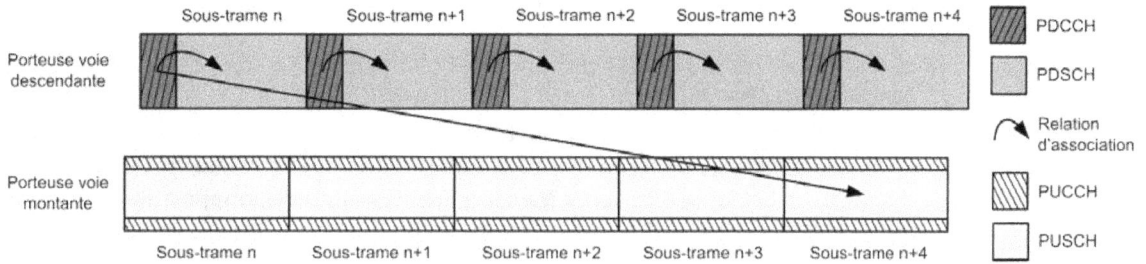

Figure 12-1
*Relation d'association entre PDCCH, PDSCH et PUSCH en FDD*

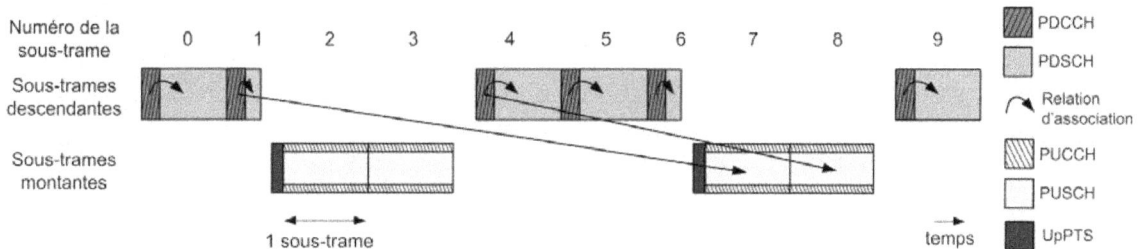

Figure 12-2
*Relation d'association entre PDCCH, PDSCH et PUSCH en TDD*

En outre, le PDCCH porte également des corrections dynamiques de contrôle de puissance pour le PUCCH et le PUSCH (voir le chapitre 10), ainsi que des informations pour l'accès aléatoire lorsque celui est déclenché par l'eNodeB (voir le chapitre 14).

Un PDCCH porte une allocation dédiée à un seul UE, notamment pour les données de service, ou commune aux UE de la cellule dans le cas de la transmission d'informations de contrôle (par exemple, des Informations Système). Plusieurs PDCCH peuvent être transmis par sous-trame si plusieurs UE sont servis, ou si plusieurs PDCCH sont destinés à un même UE. Ce dernier cas est utilisé par exemple pour signaler une allocation en voie montante et une allocation en voie descendante, ou une allocation dynamique et une commande de contrôle de puissance en voie montante via le format de DCI 3/3A. En revanche, un UE ne peut pas recevoir plus d'une allocation de ressources dédiée visant une sous-trame donnée et une voie donnée. Les combinaisons de PDCCH autorisées pour un UE dans une sous-trame sont décrites dans [3GPP 36.302, 2009, section 8.2].

La capacité du PDCCH, c'est-à-dire le nombre de PDCCH pouvant être émis par sous-trame, conditionne le nombre d'UE susceptibles d'être servis et donc la capacité du système. La capacité du PDDCH est déterminée par le nombre de symboles OFDM de la région de contrôle (voir le chapitre 8) et la largeur de bande du système.

## Formats de DCI

Les informations portées par le PDCCH sont encodées selon un certain format, appelé format de DCI (pour *Downlink Control Information*). Il existe 10 formats de DCI, chacun étant destiné à porter un type donné d'informations. Par exemple, le format de DCI 0 porte les informations de contrôle pour la voie montante, les formats de DCI 3 et 3A portent les commandes de contrôle de puissance pour la voie montante, et les autres formats portent des informations pour la voie descendante selon différents types d'allocation de données. Le tableau suivant liste les différents formats de DCI disponibles ainsi que leurs conditions d'utilisation et le nombre de bits d'information associé.

**Caractéristiques principales des formats de DCI**

| Index | Usage | Type d'allocation de ressources pour le PDSCH | Nombre de bits d'info. pour FDD, une bande de 10 MHz, et 2 ports d'antenne à l'eNodeB |
|---|---|---|---|
| 0 | Scheduling du PUSCH | N/A | 27 |
| 1 | Scheduling d'un mot de code PDSCH | 0 ou 1 | 31 |
| 1A | Scheduling compact d'un mot de code PDSCH ou bien procédure d'accès aléatoire initiée par un ordre PDCCH | 2 | 27 |
| 1B | Scheduling compact d'un mot de code PDSCH avec information de précodage | 2 | 27 |
| 1C | Scheduling très compact d'un mot de code PDSCH pour les Informations Système, de paging et d'accès aléatoire | 2 | 13 |
| 1D | Scheduling compact d'un mot de code PDSCH avec information de précodage et information d'adaptation de puissance pour le MU-MIMO | 2 | 28 |
| 2 | Scheduling de 1 ou 2 mot(s) de code PDSCH en SU-MIMO boucle fermée | 0 ou 1 | 43 |
| 2A | Scheduling de 1 ou 2 mot(s) de code PDSCH SU-MIMO en boucle ouverte (plus compact que le format 2) | 0 ou 1 | 41 |
| 3 | Commandes de contrôle de puissance (TPC) pour PUCCH et PUSCH avec 2 bits d'ajustement de puissance | N/A | 27 |
| 3A | Commandes de contrôle de puissance (TPC) pour PUCCH et PUSCH avec 1 bit d'ajustement de puissance | N/A | 27 |

À titre d'exemple, le tableau suivant décrit les champs du format de DCI 2, où $N_{RB}^{DL}$ est le nombre de PRB dans la bande et $P$ est la taille des RBG en fonction de la largeur de bande du système (voir le chapitre 10, section « L'allocation de type 0 », p. 227). Le détail des autres formats de DCI est donné dans [3GPP 36.212, 2009, section 5.3.3].

**Détail du format de DCI 2**

| Champ | | Nombre de bits d'information | |
|---|---|---|---|
| | | Générique | Pour FDD, une bande de 10 MHz et 2 ports d'antenne |
| Type d'allocation de ressources (0/1) ; ce champ est absent et le type 0 est supposé si $N_{RB}^{DL} \leq 10$ | | 1 si $N_{RB}^{DL} > 10$, 0 sinon | 1 |
| Affectation des PRB | | $\lceil N_{RB}^{DL} / P \rceil$ | 17 |
| Commande de contrôle de puissance pour le PUCCH | | 2 | 2 |
| Indice d'allocation en voie descendante (DAI, seulement présent en TDD) | | 2 | 0 |
| Numéro du processus HARQ | | 3 (FDD), 4 (TDD) | 3 |
| Indicateur d'échange entre bloc de transport et mot de code (indique l'association entre bloc de transport et mot de code lorsque deux mots de code sont transmis, voir le chapitre 5, section « Mot de code ou bloc de transport ? », p. 133) | | 1 | 1 |
| Pour le bloc de transport 1 | MCS | 5 | 5 |
| | Indicateur de nouvelles données | 1 | 1 |
| | Version de redondance | 2 | 2 |
| Pour le bloc de transport 2 | MCS | 5 | 5 |
| | Indicateur de nouvelles données | 1 | 1 |
| | Version de redondance | 2 | 2 |
| Information de précodage (PMI et nombre de couches) | | 3 pour 2 ports d'antenne à l'eNodeB 6 pour 4 ports d'antenne à l'eNodeB | 3 |
| | | | Total : 43 |

## Adressage du PDCCH et identifiant RNTI

L'indication des destinataires d'un PDCCH s'effectue au moyen d'un identifiant RNTI spécifique à un UE ou à un groupe d'UE. L'identification s'effectue via le codage de canal, en embrouillant le CRC du PDCCH par l'identifiant RNTI associé. Afin de déterminer si un ou plusieurs PDCCH lui sont destinés, l'UE doit tenter de décoder de manière « aveugle » un ensemble de PDCCH candidats. La procédure de décodage du PDCCH sera décrite à la section suivante.

Outre l'identification de l'UE destinataire, l'identifiant RNTI code également la nature des données visées par le format de DCI. Par exemple, l'identifiant RNTI indique à l'UE si une allocation de ressources en voie descendante vise des données de service, des Informations Système, ou encore des informations liées à une procédure d'accès aléatoire. Dans le cas de données de service, l'identifiant RNTI indique si l'allocation de ressources portée par un format de DCI est dynamique ou semi-persistante (par exemple, pour un appel voix). L'identifiant RNTI détermine ainsi l'interprétation des informations portées par le format de DCI, et donc les traitements à mettre en œuvre en émission ou en réception pour l'allocation reçue.

Lors de la recherche de PDCCH qui lui sont attribués, l'UE doit rechercher les formats de DCI selon un ou plusieurs types d'identifiants RNTI. Le type de format de DCI à rechercher pour les allocations de données est déterminé par le mode de transmission MIMO dans lequel est configuré l'UE (voir le chapitre 5 pour une description de ces modes).

L'identifiant RNTI est codé sur 2 octets. Il peut être spécifique à un UE ou commun à l'ensemble des UE de la cellule (voir le tableau suivant). Dans le premier cas, le RNTI peut être signalé à l'UE par un message RRC ou calculé de façon autonome par l'UE (cas du RA-RNTI utilisé pour l'accès aléatoire). Un UE dispose d'un C-RNTI dès lors qu'une connexion RRC est établie entre l'eNodeB et l'UE. L'identifiant C-RNTI est utilisé pour indiquer une allocation de ressources dynamique sur le PDSCH ou le PUSCH. Si l'eNodeB a besoin de transmettre des données à l'UE de façon semi-persistante, il peut en outre allouer à l'UE un identifiant SPS-RNTI afin de lui indiquer ces allocations récurrentes. Pour ces identifiants RNTI, un PDCCH n'est destiné qu'à un seul UE. Par ailleurs, un identifiant SI-RNTI est utilisé pour indiquer la transmission d'informations sur le système, toujours pour l'ensemble des UE de la cellule. D'autres types d'identifiants RNTI sont utilisés en fonction de la nature des informations transmises dans le format de DCI. Les différents types d'identifiants RNTI et leurs caractéristiques sont résumés dans le tableau suivant.

**Types d'identifiants RNTI**

| Type d'identifiant RNTI | Usage | Formats de DCI autorisés |
|---|---|---|
| C-RNTI | Allocation de ressources sur le PDSCH ou sur le PUSCH | Tous sauf 1C et 3/3A |
| SPS-RNTI | Allocation de ressources pour la transmission initiale et les retransmissions dans le cas d'une allocation semi-persistante sur le PDSCH ou sur le PUSCH | Tous sauf 1B, 1C, 1D et 3/3A |
| P-RNTI | Allocation de ressources pour les messages de paging (une seule valeur commune à tous les UE de la cellule ; l'UE détermine ensuite que le paging lui est destiné s'il contient un de ses identifiants NAS) | 1A, 1C |
| RA-RNTI | Utilisé dans la procédure d'accès aléatoire pour la transmission du *Message2* (calculé à partir des ressources utilisées par l'UE pour l'accès aléatoire) | 1A, 1C |
| SI-RNTI | Allocation de ressources pour la transmission des Informations Système diffusées sur la cellule (une seule valeur commune à tous les UE de la cellule) | 1A, 1C |

## Procédure de décodage du PDCCH

Le décodage du PDCCH s'effectue de manière aveugle, à chaque sous-trame lorsque l'UE n'est pas en situation de DRX. En effet, l'UE n'est pas informé à l'avance si un PDCCH lui est destiné, ni des ressources qu'il occupe si c'est le cas. Pour savoir si un PDCCH et donc des informations de contrôle lui sont destinés dans une sous-trame descendante, l'UE doit tenter de décoder sur cette sous-trame tous les PDCCH d'un ensemble de PDCCH candidats. Le CRC du PDCCH étant embrouillé par l'identifiant RNTI attribué à l'UE, une vérification de CRC positive après décodage valide que le PDCCH décodé lui est effectivement destiné. La recherche de PDCCH doit s'effectuer pour chaque format deDCI attendu et chaque type d'identifiant RNTI attribué à l'UE.

En fonction de son format, un PDCCH peut être formé par une agrégation de 1, 2, 4 ou 8 CCE (définis au chapitre 8). L'ensemble de PDCCH candidats à surveiller est défini par un *espace de recherche*. Prenons, par exemple, un espace de recherche de 16 CCE : il pourra contenir 2 PDCCH de 8 CCE chacun, ou bien 4 PDCCH de 4 CCE chacun, 8 PDCCH de 2 CCE chacun, ou enfin 16 PDCCH d'un seul CCE chacun.

Il existe un espace de recherche commun à tous les UE, ainsi que des espaces de recherche spécifiques à chaque UE. L'espace de recherche commun est utilisé pour transmettre des informations communes aux UE de la cellule, comme des Informations Système (SIB), des messages de paging, des réponses aux demandes d'accès aléatoire ou des commandes de contrôle de puissance. Il peut également servir comme solution de repli pour une allocation dynamique, si un UE ne peut recevoir de PDCCH via son espace de recherche spécifique car il est saturé par d'autres UE. Dans ce cas, le schéma MIMO est restreint à la diversité de transmission. L'espace de recherche commun ne peut ainsi contenir que des PDCCH selon les formats DCI 0, 1A, 1C et 3/3A. Un espace de recherche spécifique est au contraire utilisé pour transmettre des informations dédiées à un UE. Les formats 0 et 1A peuvent y être présents, ainsi que les formats dédiés aux modes de transmission MIMO : 1, 1B, 1D, 2, 2A. L'UE doit surveiller l'espace de recherche commun, où peuvent se trouver des PDCCH aux niveaux d'agrégation 4 et 8, et un espace de recherche spécifique où chaque niveau d'agrégation (1, 2, 4 et 8) est possible. La liste des espaces de recherche surveillés par un UE est donnée dans le tableau suivant.

**Liste des espaces de recherche de PDCCH pour un UE**

| Espace de recherche | | | Nombre de PDCCH candidats (y/x) |
|---|---|---|---|
| Type | Niveau d'agrégation (x) | Taille en CCE (y) | |
| Spécifique à l'UE | 1 | 6 | 6 |
| | 2 | 12 | 6 |
| | 4 | 8 | 2 |
| | 8 | 16 | 2 |
| Commun | 4 | 16 | 4 |
| | 8 | 16 | 2 |

L'espace de recherche commun démarre au premier CCE de la région de contrôle, tandis que le début d'un espace de recherche spécifique à un UE dépend du numéro du slot dans une trame radio et de l'indicateur RNTI de l'UE [3GPP 36.213, 2009, section 9.1.1]. L'espace de recherche commun et les espaces de recherche spécifiques aux UE peuvent se recouvrir entre eux.

L'avantage du décodage aveugle du PDCCH est qu'il évite de signaler à chaque UE où se trouve son PDCCH et économise ainsi des ressources radio. Cependant, les calculs nécessaires consomment de l'énergie, ce qui affecte l'autonomie de la batterie de l'UE. De plus, la probabilité de détection erronée d'un PDCCH augmente avec le nombre de décodages. Or, une fausse détection d'un PDCCH peut entraîner l'UE à tenter de décoder une transmission inexistante et donc à reporter un NACK non attendu par l'eNodeB, ou bien à transmettre un PUSCH non autorisé, créant ainsi de l'interférence en voie montante ou même accaparant des ressources destinées à un autre UE.

Pour ces raisons, le nombre de décodages aveugles est limité à 44 au maximum. Ce nombre correspond à la recherche des formats DCI 0 et 1A dans les espaces de recherche commun et spécifique, ainsi que des formats 3 et 3A dans l'espace de recherche commun (22 décodages en tout), du format 1C dans l'espace de recherche commun (6 décodages) ainsi que d'un format additionnel (1/1B/1D/2/2A) dans un espace de recherche spécifique (16 décodages).

Les formats de DCI 0, 1A, 3 et 3A ont toujours la même longueur, de sorte que la recherche de ces quatre formats simultanément ne demande pas plus de décodages que si un seul d'entre eux était recherché. La différenciation entre les formats 0 et 1A s'effectue par un bit drapeau dans le format de DCI, tandis que la différenciation entre formats 0/1A et 3/3A s'effectue par le type d'identifiant RNTI utilisé pour embrouiller le CRC. En effet, la vérification du décodage par un CRC embrouillé par différents types d'identifiants RNTI est beaucoup plus simple à réaliser qu'un décodage de canal du PDCCH.

# Acquittements d'HARQ

Le mécanisme HARQ et les grandes lignes de la transmission des acquittements ont été expliqués au chapitre 11. Cette section rentre un peu plus dans les détails de la signalisation des ACK/NACK, en voie montante et en voie descendante.

## Transmission des acquittements en voie montante

### Procédure de transmission

Les ACK/NACK pour les blocs de transport reçus en voie descendante sont transmis sur le PUCCH lorsque l'UE n'a pas de données à transmettre sur le PUSCH, et sur le PUSCH dans le cas contraire. Le format physique de la transmission (modulation et codage) sur ces deux canaux est décrit au chapitre 9.

Rappelons qu'en FDD, l'UE doit transmettre à la sous-trame $n$ les ACK/NACK correspondant à une transmission sur le PDSCH reçue à la sous-trame $n$–4, comme illustré à la figure 12-3 (a).

Afin d'assurer la détection des ACK/NACK lorsqu'un UE est limité en puissance (par exemple lorsqu'il se trouve en limite de couverture), l'eNodeB peut demander à l'UE de répéter chaque ACK/NACK par un facteur 2, 4 ou 6, ce qui est configuré par la signalisation RRC. Dans ce cas, la transmission s'effectue obligatoirement sur le PUCCH dans des sous-trames consécutives à partir de la sous-trame $n$, pour un PDSCH détecté à la sous-trame $n$-4. Aucun autre signal ne doit être transmis par l'UE dans ces sous-trames. La répétition d'ACK/NACK est également représentée sur la figure 12-3 (b).

En TDD, la transmission des ACK/NACK s'effectue selon le même principe, si ce n'est que le décalage entre la sous-trame où le PDSCH est détecté et celle dans laquelle les ACK/NACK sont transmis dépend de la configuration voie montante/voie descendante [3GPP 36.213, 2009, section 7.3]. De même, les sous-trames utilisées pour répéter les ACK/NACK ne sont pas nécessairement consécutives et leur ensemble dépend de la configuration voie montante/voie descendante. Notons que la répétition ne peut être appliquée en TDD que pour *l'empaquetage* (*bundling*) d'ACK/NACK (voir la section suivante).

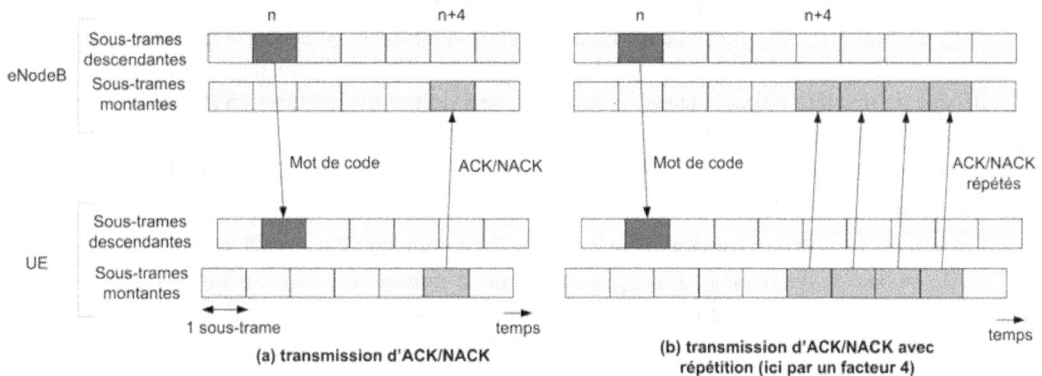

**Figure 12-3**

*Relation temporelle liant la transmission d'un bloc de transport et les remontées d'ACK/NACK associées (cas du FDD)*

## Empaquetage et multiplexage

En TDD, une sous-trame en voie montante peut avoir à convoyer des ACK/NACK pour plus d'une sous-trame en voie descendante, en fonction de la configuration voie montante/voie descendante et du numéro de la sous-trame. La figure suivante illustre ce principe pour la configuration voie montante/voie descendante 1 : la sous-trame montante 2 porte les ACK/NACK pour les sous-trames descendantes 5 et 6.

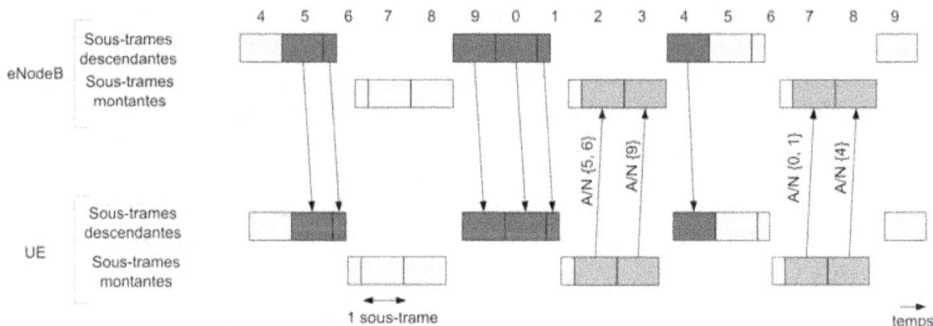

**Figure 12-4**

*Association entre sous-trames montantes et sous-trames descendantes pour la transmission d'ACK/NACK en TDD*

Deux techniques sont possibles pour retourner dans une seule sous-trame montante des ACK/NACK relatifs à plusieurs sous-trames descendantes : l'*empaquetage* et le *multiplexage*. L'UE est configuré par RRC pour employer l'une ou l'autre de ces techniques (pour la configuration voie montante/voie descendante 5, seul l'empaquetage est accepté). La technique sélectionnée est mise en œuvre à la fois pour les retours d'ACK/NACK sur le PUCCH et sur le PUSCH.

Le principe de l'empaquetage est de n'envoyer qu'un seul ACK/NACK (deux pour le MIMO) pour un groupe de sous-trames en voie descendante associées avec une sous-trame en voie montante. Un

ACK est alors transmis pour le mot de code 0 (resp. 1) si tous les blocs de transport transmis sur les mots de code 0 (resp. 1) reçus dans le groupe de sous-trames ont été correctement reçus ; un NACK est transmis pour le mot de code 0 (resp. 1) si au moins un des mots de code 0 (resp. 1) reçus a été décodé de manière erronée. Dans ce cas, l'eNodeB doit retransmettre l'ensemble des blocs de transport transmis via les mots de code 0 (resp. 1), même si certains d'entre eux avaient été correctement reçus. Les ACK/NACK résultant de l'empaquetage sont transmis en utilisant le format de PUCCH 1a (1 bit) ou 1b (2 bits).

Lorsque l'UE utilise l'empaquetage, l'eNodeB lui transmet dans le PDCCH un indicateur appelé DAI (*Downlink Assignment Index*), qui indique le nombre d'allocations de ressources transmises sur les sous-trames pour lesquelles il doit renvoyer des ACK/NACK empaquetés. Dans le cas où le nombre d'allocations effectivement reçues est inférieur à celui signalé, l'UE a manqué une allocation et signale un NACK pour tous les mots de code.

Au contraire, le multiplexage remonte plusieurs (jusqu'à quatre) ACK/NACK sur une seule sous-trame montante, chacun étant associé à une sous-trame descendante. Un format spécifique de transmission sur le PUCCH, appelé *format de PUCCH 1b avec sélection de canal*, est utilisé pour transmettre plus de 2 bits d'information sur un PUCCH de format 1. Lorsque plusieurs mots de code sont transmis au même UE sur une sous-trame descendante (cas du MIMO), un empaquetage *spatial* est appliqué afin de ne produire qu'un seul ACK/NACK pour la sous-trame.

### Ressources à utiliser pour la transmission des acquittements

En FDD, les ressources PUCCH à utiliser pour la transmission des ACK/NACK sont définies par le paramètre $n_{\text{PUCCH}}^{(1)}$ (voir le chapitre 9). Ce paramètre est calculé par l'UE en fonction du paramètre $N_{\text{PUCCH}}^{(1)}$ (configuré par RRC) et du numéro du premier CCE utilisé pour la transmission du PDCCH associé aux ACK/NACK à transmettre. Dans le cas de la répétition des ACK/NACK, seule la première transmission s'effectue selon le paramètre $n_{\text{PUCCH}}^{(1)}$ ainsi déterminé, les autres utilisant une autre valeur spécifique à l'UE et préconfigurée par RRC. Pour une allocation semi-persistante (avec ou sans répétition d'ACK/NACK), l'eNodeB a préalablement indiqué à l'UE la valeur de $n_{\text{PUCCH}}^{(1)}$ à utiliser (parmi quatre valeurs préconfigurées par RRC) ; cette indication est fournie lors de l'activation SPS, dans le champ « commande de contrôle de puissance sur le PUCCH » du format DCI.

L'allocation de ressources PUCCH en TDD s'effectue selon un principe similaire au FDD lorsque l'empaquetage est configuré, ou quand le multiplexage est configuré mais que la sous-trame montante ne porte des ACK/NACK que pour une seule sous-trame descendante. Dans le premier cas, le PDCCH utilisé pour calculer les ressources PUCCH est celui transmis sur la première sous-trame descendante du groupe de sous-trames pour lesquelles les ACK/NACK sont transmis.

En TDD avec multiplexage d'ACK/NACK, ces derniers sont transmis par un procédé dit *de sélection de canal* (*channel selection*), qui consiste à coder la valeur de plusieurs (jusqu'à quatre) ACK/NACK par 2 bits d'information et la ressource $n_{\text{PUCCH}}^{(1)}$ sur laquelle ils sont transmis (via le format de PUCCH 1b). Cette ressource $n_{\text{PUCCH}}^{(1)}$ est sélectionnée parmi un ensemble de candidates, chacune correspondant à l'une des sous-trames descendantes pour laquelle un ACK/NACK est transmis et étant calculée selon un principe similaire au cas du FDD.

La détermination des ressources PUCCH pour la transmission des acquittements d'HARQ est spécifiée dans [3GPP 36.213, 2009, section 10.1].

Lorsque les ACK/NACK sont transmis sur le PUSCH, ils utilisent les ressources allouées au PUSCH, de la manière expliquée au chapitre 9.

## Transmission des acquittements en voie descendante

Deux types de retransmission sont possibles en voie montante, détaillés au chapitre 11 : les retransmissions adaptatives et non adaptatives.

Les demandes de retransmission adaptative sont indiquées via l'indicateur de nouvelle transmission (NDI) présent dans le PDCCH selon un format de DCI 0 : une indication de nouvelle transmission signifie que le bloc de transport précédemment transmis a été bien reçu et constitue donc un ACK implicite, tandis qu'une demande de retransmission constitue un NACK implicite. Les informations du PDCCH, lorsque celui-ci est transmis, se substituent aux ACK/NACK éventuellement reçus par ailleurs. Le PDCCH étant décrit à la première section (p. 262), nous nous concentrons dans ce qui suit sur la transmission des acquittements pour les retransmissions non adaptatives, qui eux sont explicites.

Les acquittements pour une retransmission non adaptative sont transmis sur le canal physique descendant PHICH (*Physical HARQ Indicator CHannel*). Le PHICH permet de multiplexer jusqu'à 8 (resp. 4) ACK/NACK sur 12 (resp. 6) éléments de ressource pour le CP normal (resp. étendu). Il est ainsi bien plus efficace spectralement que le PDCCH et réduit fortement le coût de transmission des acquittements.

Le PHICH suit les relations temporelles entre transmission, acquittement et retransmission définies au chapitre 11 pour les transmissions en voie montante.

Un UE transmet un PHICH sur une *ressource PHICH* qui lui est propre. Celle-ci est définie par un numéro de groupe de PHICH et un numéro de PHICH dans ce groupe. Ces deux indicateurs se déduisent de paramètres de la transmission du PUSCH correspondant (PRB de plus faible indice alloué, décalage cyclique du DMRS associé), ainsi que des paramètres du PHICH configurés par RRC (facteur d'étalement et nombre de groupes de PHICH) [3GPP 36.213, 2009, section 9.1.2]. La mise en forme du PHICH selon la ressource PHICH ainsi déterminée est décrite au chapitre 8.

# Requête de scheduling

Lorsque l'UE a des données à transmettre et qu'il est synchronisé en temps avec l'eNodeB en voie montante, il peut demander une allocation de ressources sur la voie montante via une requête de scheduling (*Scheduling Request*, SR). Cette requête est portée par un bit d'information transmis sur le PUCCH en utilisant une ressource PUCCH $n_{\text{PUCCH}}^{(1)}$ (voir le chapitre 9), une périodicité (de 5 à 80 millisecondes) et une position dans la trame radio configurées par RRC et spécifiques à l'UE. Le réglage de la périodicité des occasions de transmission de la SR représente un compromis entre la latence avec laquelle l'UE pourra demander à recevoir une nouvelle allocation et la consommation de ressources du PUCCH dues à la réservation des ressources associées.

Lorsqu'une SR est transmise seule, le PUCCH de format 1 est utilisé (voir le chapitre 9).

Lorsqu'un ou plusieurs ACK/NACK doivent être transmis dans une sous-trame candidate pour l'envoi d'une SR, l'envoi de la requête est codé par les ressources utilisées. Si une SR doit être transmise, l'UE utilise les ressources affectées à la transmission de SR pour transmettre à la fois la SR et les acquittements. En l'absence de transmission de SR, les ressources allouées à la transmission des ACK/NACK sont utilisées. Le format de PUCCH 1a ou 1b est alors utilisé, en fonction du nombre de bits d'ACK/NACK à transmettre.

# Retour d'informations sur l'état du canal

L'adaptation de lien au niveau de l'eNodeB requiert de la part de l'UE la transmission d'une information sur la qualité de son canal descendant, appelée CQI (voir le chapitre 4). De plus, la mise en œuvre des techniques MIMO demande à l'UE de retourner à l'eNodeB des informations sur son précodeur préféré (PMI) et le rang de son canal (RI). Pour le MIMO en boucle ouverte, seules les informations CQI et RI sont remontées.

## Précision de l'information et charge sur la voie de retour

La performance du traitement effectué à l'émission dépend de la précision des informations retournées par l'UE sur l'état de son canal. Cependant, plus le retour est précis et plus il consomme des ressources radio en voie montante. Plusieurs modes de retour d'information ont donc été définis en fonction de différents compromis entre performance sur la voie descendante et charge sur la voie montante.

La précision sur les informations de retour est déterminée par leur granularité en fréquence. En effet, lorsque le canal de propagation est sélectif en fréquence, les informations de CQI et PMI varient en fonction des PRB considérés, tandis que le rang du canal (RI) est typiquement constant sur la bande. Lorsqu'un seul CQI ou PMI est calculé et retourné pour l'ensemble de la bande du système, on parle d'indicateurs *large bande*. Alternativement, les CQI ou PMI peuvent être calculés et retournés pour des sous-bandes particulières afin de gagner en précision dans le domaine fréquentiel, notamment pour le scheduling adaptatif en fréquence. En LTE, le processus de retour d'informations sur le canal divise la bande du système en sous-bandes. Leur nombre exact dépend de la largeur de bande du système ainsi que du mode de retour, comme nous le verrons plus loin. Notons qu'un CQI large bande est toujours remonté, même dans les modes où un CQI est remonté par sous-bande.

En outre, la précision de l'information sur le canal dépend de la périodicité temporelle du retour des CQI, PMI et, dans une moindre mesure, du RI. En effet, le rang du canal varie typiquement plus lentement que ces autres paramètres car il ne dépend que des angles de départ et d'arrivée des rayons et de la polarisation des antennes. Or, ces paramètres varient bien plus lentement que les phases des rayons, qui engendrent les évanouissements rapides. Par conséquent, le retour d'information doit être adapté à la vitesse de variation du canal afin que les informations remontées soient toujours pertinentes au moment où l'eNodeB les utilise pour transmettre des données à l'UE.

Enfin, la précision du PMI est déterminée par la taille du dictionnaire employé pour le déterminer. Afin de réduire la charge sur la voie montante, le retour de PMI peut être configuré pour ne considérer qu'un sous-ensemble du dictionnaire utilisé par l'eNodeB.

## Retour périodique et retour apériodique

On distingue tout d'abord deux grandes familles de modes de retour :

- le retour périodique, sommaire et économe en ressources radio, configuré selon une périodicité fixée par RRC ;
- le retour apériodique, détaillé et plus coûteux en ressources, déclenché par l'eNodeB.

Le retour périodique est porté par le PUCCH lorsque l'UE n'a pas de données à transmettre, et par le PUSCH lorsqu'une allocation est fournie à l'UE pour la voie montante. Le retour apériodique est lui exclusivement porté par le PUSCH. Il est requis par l'eNodeB via un PDCCH avec format de DCI 0 ou par l'allocation relative à la transmission du *Message3* de la procédure d'accès aléatoire (*Random Access Response Grant*), par l'intermédiaire du champ *CQI request*.

La charge utile possible sur un PUCCH est limitée ; de plus, les ressources PUCCH restreintes ne permettent pas à chaque UE de transmettre un PUCCH à chaque sous-trame. C'est pourquoi les modes de retour possibles sur ce canal n'incluent pas d'information détaillée, mais seulement une information suffisante pour autoriser la transmission.

En revanche, le PUSCH permet de véhiculer beaucoup plus d'information. L'eNodeB peut ainsi déclencher un retour apériodique sur le PUSCH afin d'activer un mode de retour plus précis, par exemple pour mettre en œuvre un scheduling adaptatif en fréquence plus performant. En particulier, les retours d'information sur l'état du canal les plus complets, qui remontent simultanément des CQI ou des PMI pour toutes les sous-bandes du système, ne peuvent être effectués que sur le PUSCH car la quantité de données associée excède la capacité du PUCCH. On notera qu'en raison de la charge plus importante sur la voie de retour, il est préférable de n'utiliser ces modes que pour les UE que l'eNodeB a l'intention de servir à court terme. Le retour apériodique peut également être employé par l'eNodeB pour rafraîchir sa connaissance des conditions de canal large bande d'un UE entre deux occurrences de retour périodique, si celles-ci sont configurées avec une périodicité longue.

Les retours apériodique et périodique sont décrits dans les deux sections suivantes. Notons que le retour périodique est optionnel, de sorte que l'eNodeB peut n'utiliser que le mode de retour apériodique.

Dans le cas où un retour périodique et un retour apériodique sont prévus pour être transmis sur la même sous-trame, l'UE doit transmettre le retour apériodique uniquement.

## Retour apériodique

Le retour apériodique de CQI, PMI et RI sur le PUSCH est déclenché par une commande reçue dans un format de DCI 0, ou par une allocation en réponse à un accès aléatoire. En FDD, le retour s'effectue à la sous-trame montante $n+4$ pour un format de DCI 0 reçu à la sous-trame descendante $n$. En TDD, la sous-trame à utiliser dépend de la configuration voie montante/descendante, suivant des règles similaires à celles de l'allocation du PUSCH en voie montante par le PDCCH (voir la section « Rôle du PDCCH », p. 262). Lorsque la requête de retour apériodique est reçue par l'intermédiaire d'une allocation en réponse à un accès aléatoire, la sous-trame à utiliser est encore différente [3GPP 36.213, 2009, section 7.2.1].

## Modes de retour apériodique

Sur le PUSCH, cinq modes de retour de CQI/PMI/RI sont possibles, en fonction de la granularité en fréquence du retour des CQI et PMI et de la manière dont les sous-bandes sont sélectionnées. Les modes de retour possibles sur le PUSCH sont répertoriés dans le tableau suivant.

**Modes de retour sur le PUSCH**

| | | Type de retour du PMI | | |
|---|---|---|---|---|
| | | Pas de PMI | PMI unique | PMI multiples |
| **Type de retour du CQI sur le PUSCH** | CQI large bande | | | Mode 1-2 |
| | CQI pour les sous-bandes sélectionnées par l'UE | Mode 2-0 | | Mode 2-2 |
| | CQI par sous bande pour toutes les sous-bandes | Mode 3-0 | Mode 3-1 | |

Les modes 3-x permettent le scheduling adaptatif en fréquence. Le mode 3-0 retourne un CQI pour chaque sous-bande du système et aucun PMI. Le mode 3-1 retourne en plus un PMI large bande. Le mode 1-2 est symétrique au mode 3-1, dans le sens où il retourne un CQI large bande et un PMI pour chaque sous-bande du système. Il n'autorise donc pas le scheduling adaptatif en fréquence, mais offre une meilleure résolution en fréquence du PMI. La taille des sous-bandes est donnée au tableau suivant.

**Taille des sous-bandes en fonction de la bande du système pour les modes 1-2, 3-0 et 3-1**

| Largeur de bande du système (PRB) [du canal (MHz)] | Taille des sous-bandes (PRB) | Nombre de sous-bandes |
|---|---|---|
| 6 [1,4 MHz] | N/A | N/A |
| 15 [3 MHz] | 4 | 4 |
| 25 [5 MHz] | 4 | 7 |
| 50 [10 MHz] | 6 | 9 |
| 100 [20 MHz] | 8 | 13 |

Les modes 2-0 et 2-2 réalisent un compromis entre les modes 1-2 et 3-1 en laissant l'UE retourner un CQI et éventuellement un PMI calculés tous deux sur un ensemble réduit de sous-bandes, en plus des CQI et PMI large bande. Contrairement aux modes 3-x, le retour ne s'effectue pas individuellement pour chaque sous-bande du système, mais une seule valeur de CQI/PMI est calculée sur un sous-ensemble d'entre elles. Les sous-bandes considérées sont sélectionnées de manière non normalisée par l'UE comme ses sous-bandes préférées, typiquement celles sur lesquelles il bénéficie de la meilleure qualité de canal. L'UE remonte alors à la fois un CQI large bande et un CQI calculé sur l'ensemble de ses $M$ sous-bandes préférées, où $M$ et la taille des sous-bandes sont donnés au tableau suivant en fonction de la largeur de bande du système. De plus, l'UE doit dans ce cas également retourner l'indice des sous-bandes sélectionnées. Dans le mode 2-2, l'UE remonte en plus un PMI calculé pour l'ensemble des *M* sous-bandes, ainsi qu'un PMI large bande. Dans le mode 2-0, l'UE ne fournit aucun PMI.

**Nombre et taille des sous-bandes en fonction de la bande du système pour les modes 2-0 et 2-2**

| Largeur de bande du système (PRB) [du canal (MHz)] | Taille des sous-bandes (PRB) | Nombre de sous-bandes *M* |
|---|---|---|
| 6 [1,4 MHz] | N/A | N/A |
| 15 [3 MHz] | 2 | 3 |
| 25 [5 MHz] | 2 | 3 |
| 50 [10 MHz] | 3 | 5 |
| 100 [20 MHz] | 4 | 6 |

On voit que ces modes diffèrent par la caractéristique du canal sur laquelle se focalise la précision en fréquence de l'information retournée, pour une charge sur la voie de retour limitée : la qualité du canal (via le CQI), ses propriétés spatiales (via le PMI) ou encore un compromis entre les deux.

### Conditions d'utilisation

Les modes de retour utilisables dépendent du mode de transmission (voir le chapitre 5). Ainsi, lorsque l'UE est configuré selon le mode de transmission 4 ou 6 (SU-MIMO en boucle fermée), seuls les modes 1-2, 2-2 et 3-1 sont autorisés, puisque l'information de PMI est nécessaire. Le mode de transmission 5 (MU-MIMO) n'autorise que le mode 3-1. Tous les autres modes de transmission acceptent uniquement les modes 2-0 et 3-0, puisque le retour d'un PMI n'est alors pas requis. De même, le RI est retourné seulement pour les modes de transmission 3 et 4, c'est-à-dire pour les modes permettant le SU-MIMO avec plus d'une couche spatiale (respectivement en boucle ouverte et boucle fermée).

Pour les modes de retour 1-2, 2-2 et 3-1, qui permettent la mise en œuvre du multiplexage spatial en boucle fermée, un CQI est retourné par mot de code. Pour les autres modes de retour, un CQI est retourné seulement pour le premier mot de code. Ceci n'est pas problématique pour le mode de transmission 3, puisque nous avons vu au chapitre 5 que le multiplexage spatial en boucle ouverte utilise typiquement le même MCS pour deux mots de code.

Le CQI est calculé conditionnellement au RI retourné pour les modes de transmission 3 et 4. En effet, le multiplexage spatial entraîne une interférence entre les couches, qui doit être prise en compte dans le calcul du CQI pour chaque mot de code. Pour les autres modes de transmission, le CQI est calculé conditionnellement à une transmission de rang 1. Notons que pour le mode de transmission 5, cette dernière est bien de rang 1 vers un UE, mais lorsque deux UE sont servis sur les mêmes ressources, la transmission est de rang 2 pour l'eNodeB. Celui-ci doit alors corriger le CQI remonté par un algorithme propriétaire, ce qui peut s'effectuer en prédisant l'interférence qui sera créée au niveau de l'UE par la transmission de rang supérieur, et/ou en adaptant le MCS en fonction des acquittements d'HARQ retournés par l'UE si la transmission dure suffisamment longtemps pour cela.

Les PMI retournés sont calculés conditionnellement au RI uniquement pour le mode de transmission 4. Pour les autres modes, le calcul des PMI s'effectue conditionnellement au rang 1. En effet, pour les modes de transmission 5 et 6, une seule couche spatiale est transmise vers l'UE.

## Retour périodique

Les remontées périodiques, lorsqu'elles sont configurées, s'effectuent par défaut sur le PUCCH. Elles sont cependant transmises sur le PUSCH lorsqu'une transmission sur ce dernier est allouée sur une sous-trame où la remontée périodique doit avoir lieu (voir la section « Retour d'information de contrôle sur le PUSCH », p. 279).

### Modes de retour périodique

Les remontées périodiques sont configurées de manière semi-statique et spécifique à l'UE par RRC. Il existe quatre modes de retour, décrits dans le tableau suivant, qui, comme les modes de retour apériodiques, diffèrent par la précision de l'information sur les CQI et PMI.

**Modes de retour sur le PUCCH**

| | | Mode de retour de PMI | |
|---|---|---|---|
| | | Pas de PMI | PMI unique |
| **Mode de retour du CQI sur le PUCCH** | CQI large bande | Mode 1-0 | Mode 1-1 |
| | CQI pour les sous-bandes sélectionnées par l'UE | Mode 2-0 | Mode 2-1 |

En plus des modes de retour, on distingue quatre types de retour :
- type 1 : CQI pour une sous-bande sélectionnée par l'UE ;
- type 2 : CQI et PMI, tous deux large bande ;
- type 3 : RI (toujours large bande) ;
- type 4 : CQI large bande.

Chaque mode met en œuvre seulement certains types de retour. Par exemple, le mode 1-0 ne fait appel qu'au type de retour 4, éventuellement complété du type de retour 3.

Lorsque des remontées de CQI par sous-bande sont configurées, la bande du système est découpée en *parties de bande*, chacune étant formée de plusieurs sous-bandes consécutives. À chaque occasion de retour de CQI par sous-bande, l'UE sélectionne une sous-bande par partie de bande et renvoie le CQI associé assorti de l'indice de la sous-bande. Cette sous-bande doit être celle où l'UE reçoit la meilleure qualité de canal afin de maximiser l'efficacité de l'allocation de ressources basée sur ce mode de retour. La méthode de sélection de la sous-bande par l'UE est laissée à l'implémentation. Les parties de bande sont examinées séquentiellement, comme décrit à la figure suivante (dans le cas d'une largeur de bande de 10 MHz). Ainsi, l'eNodeB acquiert, après plusieurs retours, une connaissance sélective de la qualité du canal de l'UE sur la largeur de bande du système. Ce mode de retour réalise ainsi un compromis entre la charge de retour et la précision de la connaissance du canal de l'UE, par rapport au cas où l'UE retournerait un CQI pour chaque sous-bande du système. Notons que le retour de CQI par sous-bande est toujours couplé à une remontée périodique d'un CQI large bande (éventuellement accompagné d'un PMI large bande), comme décrit à la section suivante.

Figure 12-5
*Exemple de sélection des sous-bandes pour les modes de retour sur le PUCCH 2.0 et 2.1*

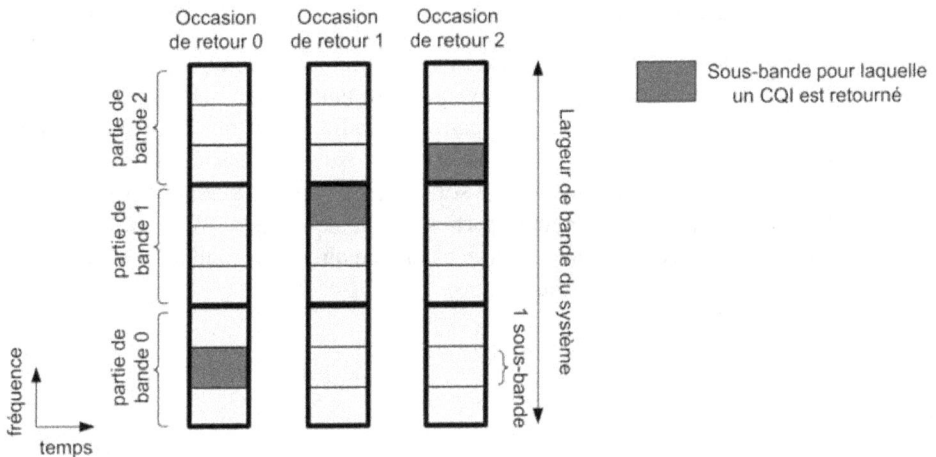

Les tailles des parties de bande et sous-bandes sont données en fonction de la largeur de bande du système dans le tableau suivant.

**Taille des parties de bande et sous-bandes en fonction de la largeur de bande du système**

| Largeur de bande du système (PRB) [du canal (MHz)] | Taille des sous-bandes (PRB) | Nombre de sous-bandes | Nombre de parties de bande |
|---|---|---|---|
| 6 [1,4 MHz] | N/A | N/A | N/A |
| 15 [3 MHz] | 4 | 4 | 2 |
| 25 [5 MHz] | 4 | 7 | 2 |
| 50 [10 MHz] | 6 | 9 | 3 |
| 100 [20 MHz] | 8 | 13 | 4 |

Les conditions d'utilisation des modes de retour périodiques en termes d'application aux modes de transmission, de nombre de CQI remontés et d'hypothèse sur le rang de la transmission sont similaires à celles pour les modes de retour apériodiques.

## Configuration des occasions de transmission sur la voie de retour

Les sous-trames utilisées pour le retour des CQI/PMI et des RI sont configurées via une périodicité et un décalage qui permet de les multiplexer en temps pour un même UE, ainsi que de multiplexer en temps les retours d'UE différents. Ces paramètres sont configurés par RRC et décrits dans [3GPP 36.213, 2009, section 7.2.2]. La périodicité de remontée des CQI/PMI peut aller de 2 à 128 sous-trames, tandis qu'en TDD elle peut aller de 1 à 160 sous-trames mais dépend de la configuration voie montante/voie descendante. La périodicité de remontée du RI (lorsqu'elle est configurée) est un multiple entier (de 1 à 32) de la périodicité de remontée des CQI/PMI large bande. Dans le cas de remontées de CQI par sous-bande, $K$ cycles de remontée pour chaque partie de bande sont effectués entre deux retours de CQI large bande, où $K$ est configuré par RRC. La précision temporelle de l'information retournée augmente naturellement lorsque la périodicité du retour décroît, tout comme la charge de signalisation sur le PUCCH. Le réglage de la périodicité des retours est donc, une fois encore, affaire de compromis.

Un exemple de configuration des modes de retour périodiques des CQI/PMI/RI dans le domaine temporel est illustré à la figure suivante, pour une largeur de bande de 10 MHz. Pour les modes 1-0 et 1-1, le RI est remonté une fois par trame radio, tandis que les CQI/PMI sont remontés toutes les cinq sous-trames. Pour les modes 2-0 et 2-1, les remontées de RI et de CQI/PMI large bande sont respectivement de période 16 et 8 sous-trames ; un cycle complet de remontées de CQI par sous-bande balayant les différentes parties de bande (notées BP 0, BP 1 et BP 2) est effectué entre chaque remontée de CQI/PMI large bande (ce qui correspond à $K$=1), les CQI par sous-bande étant remontés toutes les deux sous-trames.

Figure 12-6
*Exemples de configuration des modes de retour sur le PUCCH*

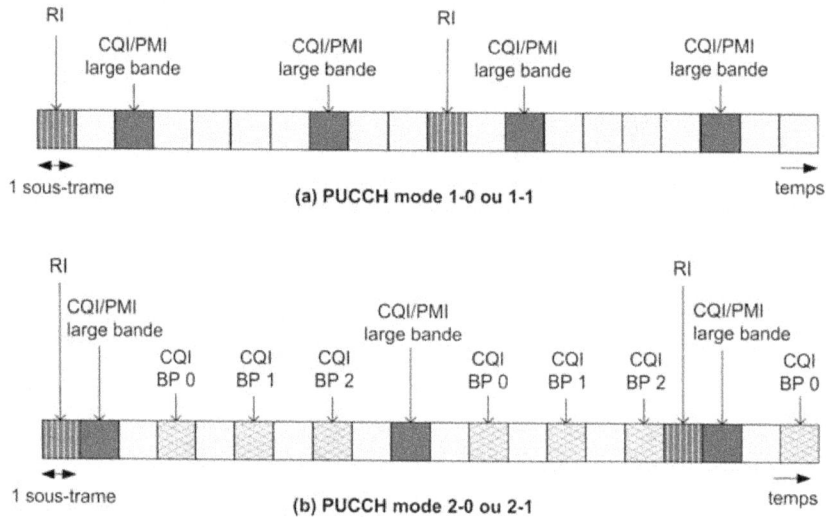

(a) PUCCH mode 1-0 ou 1-1

(b) PUCCH mode 2-0 ou 2-1

Des collisions sont possibles entre différents types de retour et sont résolues par des priorités définies dans [3GPP 36.213, 2009, section 7.2.2] : seul le retour prioritaire est alors transmis, les autres étant abandonnés. En particulier, les règles de priorité suivantes sont définies.

- La transmission du RI est prioritaire sur celle des CQI/PMI.
- La transmission d'ACK/NACK est prioritaire sur les CQI/PMI/RI lorsque leur multiplexage n'est pas configuré.
- La transmission de requête de scheduling est prioritaire sur les CQI/PMI/RI.

Ces règles s'expliquent par le fait que les CQI/PMI sont conditionnés à la valeur de RI remontée pour les modes de transmission 3 et 4. Si le RI avait changé depuis le dernier retour mais n'était pas remonté, les CQI/PMI retournés à sa place ne représenteraient plus correctement le canal. De plus, le RI est typiquement remonté moins souvent que les CQI/PMI, ce qui laisse moins d'opportunités de le mettre à jour.

Par ailleurs, un acquittement non reçu peut entraîner des conséquences fâcheuses sur l'efficacité du système. En effet, l'eNodeB peut alors choisir de retransmettre un bloc de transport qui avait déjà été bien reçu, ce qui consomme de la ressource radio inutilement, ou au contraire ne pas retransmettre un bloc de transport reçu avec erreur, ce qui déclenchera une demande de retransmission par la couche RLC, associée à une forte latence.

Enfin, la requête de scheduling traduit une demande de l'UE, dont la rapidité de traitement par l'eNodeB affecte la latence avec laquelle l'abonné accèdera au service demandé. Elle est donc traitée de manière prioritaire.

Si l'eNodeB souhaite rafraîchir sa connaissance du canal de l'UE suite à un retour périodique non effectué (par exemple, si celui-ci est configuré avec une périodicité longue), il a la possibilité de déclencher un retour apériodique.

## Retour d'informations de contrôle sur le PUSCH

En Release 8, il n'est pas possible de transmettre PUSCH et PUCCH simultanément, afin de maintenir la propriété de transmission monoporteuse.

Aussi, lorsque des informations de contrôle sont à transmettre sur le PUCCH dans une sous-trame où une transmission de PUSCH est prévue, ces informations de contrôle sont transmises sur le PUSCH, multiplexées avec les données UL-SCH avant DFT. Cependant, on distingue les cas suivants où l'information de contrôle n'est pas transmise.

• La transmission du PUSCH est allouée pour l'envoi du *Message3* de la procédure d'accès aléatoire basée sur une résolution de collision (voir le chapitre 14).

• La transmission du PUSCH correspond à une retransmission du *Message3*.

Il est également possible que le PUSCH ne porte que des données de contrôle, si une remontée de CQI/PMI apériodique est demandée par l'eNodeB et si l'UE n'a pas de donnée UL-SCH à transmettre.

Le multiplexage des données UL-SCH et des informations de contrôle est décrit au chapitre 9.

## Références

[3GPP 36.212, 2009] Spécification technique 3GPP TS 36.212, *E-UTRA, Multiplexing and channel coding*, v8.8.0, décembre 2009.

[3GPP 36.213, 2009] Spécification technique 3GPP TS 36.213, *E-UTRA, Physical layer procedures*, v8.8.0, septembre 2009.

[3GPP 36.302, 2009] Spécification technique 3GPP TS 36.302, *E-UTRA, Services provided by the physical layer*, v8.2.0, juin 2009.

# 13

# Aspects physiques
# de la recherche de cellule
# et de l'accès aléatoire

**Sommaire :** *Conception des signaux de synchronisation (PSS, SSS) en voie descendante – Opérations effectuées par l'UE pour la recherche de cellule – Conception du PRACH – Les différents formats de PRACH et leurs domaines d'emploi*

Ce chapitre traite du rôle de la couche physique lors de deux procédures indispensables à l'accès radio : la recherche de cellule et l'accès aléatoire. Ces procédures s'appuient respectivement sur les signaux de synchronisation en voie descendante et le canal PRACH en voie montante.

La recherche de cellule permet à l'UE de détecter la présence d'une cellule et de l'identifier. Cette procédure est appliquée à l'allumage de l'UE et à chaque fois qu'il doit effectuer des mesures sur des cellules voisines, par exemple pour préparer une resélection ou un handover. Pour accéder à une cellule, que ce soit pour s'y connecter ou simplement pour y effectuer des mesures, l'UE en LTE doit plus précisément :

- détecter qu'une cellule est présente sur la fréquence porteuse ;
- acquérir la synchronisation en temps (symbole, trame) et en fréquence avec cette cellule ;
- détecter son identifiant physique (PCI) ;
- détecter la taille du préfixe cyclique (CP) employé par la cellule en voie descendante.

Une fois ces tâches effectuées, l'UE réalise alors des mesures sur les signaux de référence communs (CRS), dans le cas de mesures sur les cellules voisines.

Si l'UE a besoin d'accéder à la cellule pour établir une connexion RRC (hors cas du handover), il doit en outre obtenir une partie des Informations Système de la cellule (MIB, SIB1 et SIB2). Celles-ci lui indiquent notamment la largeur de bande de la cellule, la configuration pour les acquittements d'HARQ en voie descendante, la puissance maximale sur la voie montante, l'état de la cellule (interdite/barrée ou non) et sa nature (cellule ouverte ou CSG). Le reste des Informations Système peut être décodé pendant ou après la procédure d'accès aléatoire.

L'accès aléatoire est une procédure grâce à laquelle l'UE :

• se signale à l'eNodeB, par exemple pour établir une connexion RRC, ou pour demander une allocation de ressources sur la voie montante s'il n'a plus de ressource PUCCH dédiée pour cela ;

• et/ou se synchronise en voie montante avec l'eNodeB, notamment lors de son accès initial ou en cas de perte de la synchronisation.

Les différents cas d'usage de l'accès aléatoire, ainsi que sa procédure du point de vue des couches hautes, seront décrits en détail au chapitre 14.

Ce chapitre décrit comment la couche physique intervient lors de ces deux opérations : la section suivante s'attache à la recherche de cellule, tandis que l'accès aléatoire est décrit à la section « Accès aléatoire », (p. 288).

# Recherche de cellule

Les opérations nécessaires à la recherche de cellule sont basées sur des signaux physiques appelés *signaux de synchronisation*. Il en existe deux types : le signal de synchronisation *primaire* (*Primary Synchronization Signal*, PSS) et le signal de synchronisation *secondaire* (*Secondary Synchronization Signal*, SSS). Ces signaux sont connus de l'UE et possèdent des propriétés temporelles et fréquentielles optimisées pour permettre la synchronisation, qui s'effectue typiquement par des opérations de corrélation.

## Rôle des signaux de synchronisation PSS et SSS

Le PSS est premièrement utilisé pour acquérir la *synchronisation symbole* et la *synchronisation en fréquence* avec l'eNodeB. La synchronisation symbole consiste à repérer le début d'un symbole OFDM. Cette opération est un prérequis indispensable à la démodulation, car elle détermine sur quels échantillons de signal en temps appliquer la FFT. La synchronisation en fréquence compense un décalage entre la fréquence porteuse émise par l'eNodeB et le signal de même fréquence synthétisé localement par l'UE pour les opérations de démodulation. Ce décalage de fréquence est commun en pratique en raison des imperfections des oscillateurs locaux de l'eNodeB et de l'UE, et doit être corrigé par le traitement du signal. La qualité de réalisation de ces deux opérations conditionne les performances de démodulation de l'UE.

Une autre fonction des PSS et SSS est d'identifier le PCI de la cellule. Avant d'aller plus loin, il est utile de décrire la structure des PCI. Il existe 504 PCI uniques, groupés en 168 groupes disjoints de 3 PCI. Le PCI est ainsi défini de manière unique par le numéro du groupe de PCI auquel il appartient (noté $N_{\mathrm{ID}}^{(1)}$, variant de 0 à 167) et par son indice dans ce groupe (noté $N_{\mathrm{ID}}^{(2)}$, variant de 0 à 2), par la relation $N_{\mathrm{ID}}^{\mathrm{cell}} = 3N_{\mathrm{ID}}^{(1)} + N_{\mathrm{ID}}^{(2)}$. La détection du PSS révèle à l'UE le numéro de la cellule à l'intérieur d'un groupe de PCI, tandis que la détection du SSS lui donne le numéro du groupe de PCI. La combinaison de ces deux informations fournit ainsi à l'UE l'identifiant de la cellule PCI. Ayant identifié la cellule, l'UE déduit la séquence pseudo-aléatoire utilisée pour les CRS, qui dépend du PCI. À ce titre, des corrélations sur les CRS peuvent par la suite confirmer la bonne détection de l'identifiant de la cellule.

De plus, grâce aux PSS et SSS, l'UE détecte de manière aveugle la longueur du préfixe cyclique en voie descendante et détermine le mode de duplexage de la porteuse (FDD ou TDD).

Enfin, PSS et SSS sont utilisés par l'UE pour acquérir la synchronisation au niveau sous-trame et trame, c'est-à-dire déterminer respectivement le symbole OFDM de début d'une sous-trame, et le numéro des différentes sous-trames dans la trame. La synchronisation sous-trame alliée à la connaissance de la séquence des CRS autorise l'UE à effectuer des mesures sur la cellule. La synchronisation trame est nécessaire afin de lire le PBCH, toujours transmis dans la sous-trame 0, qui donne les Informations Système essentielles pour se connecter à la cellule.

L'acquisition conjointe de la synchronisation et du PCI à partir des signaux de synchronisation réduit la durée de la procédure de recherche de cellule, en comparaison avec l'UMTS où des corrélations sur les signaux de référence sont indispensables à l'identification du PCI.

Nous allons maintenant voir comment la conception des PSS et SSS leur permet de remplir leurs différentes fonctions.

## Position des signaux dans la sous-trame

Comme l'UE n'a pas connaissance de la largeur de bande de la porteuse au moment de la détection des signaux de synchronisation, ces derniers occupent une largeur de bande fixe centrée sur la fréquence porteuse. Cette largeur de bande est de 63 sous-porteuses (en comptant la sous-porteuse centrale non utilisée, soit 62 sous-porteuses utiles), quelle que soit la largeur de bande de la porteuse. Cette largeur de bande représente un peu moins de 6 PRB, les sous-porteuses de ces PRB non utilisées par les PSS et SSS restant non allouables. Un autre avantage d'utiliser cette largeur de bande réduite est de limiter la complexité du traitement de détection pour l'UE : en effet, si la détection s'effectue dans le domaine fréquentiel, une FFT de taille 64 peut être utilisée. De plus, que la détection s'effectue dans le domaine temporel ou fréquentiel, la fréquence d'échantillonnage nécessaire du signal reçu est plus faible que si toute la bande du système était utilisée.

Le placement des PSS et SSS dans la trame est illustré sur les deux figures suivantes, respectivement pour les modes FDD et TDD (pour une périodicité de basculement voie descendante/montante de 5 ms). En FDD, les PSS sont transmis sur le dernier symbole OFDM des slots 0 et 10. En TDD, ils sont transmis sur le troisième symbole OFDM des sous-trames 1 et 6. Notons que ces symboles se trouvent toujours associés à la voie descendante, quelle que soit la configuration voie montante/voie descendante, car ils appartiennent soit à une sous-trame descendante, soit au champ DwPTS.

Les SSS sont transmis dans l'avant-dernier symbole OFDM des slots 0 et 10 en FDD et dans le dernier symbole OFDM des slots 1 et 11 en TDD (toujours en voie descendante).

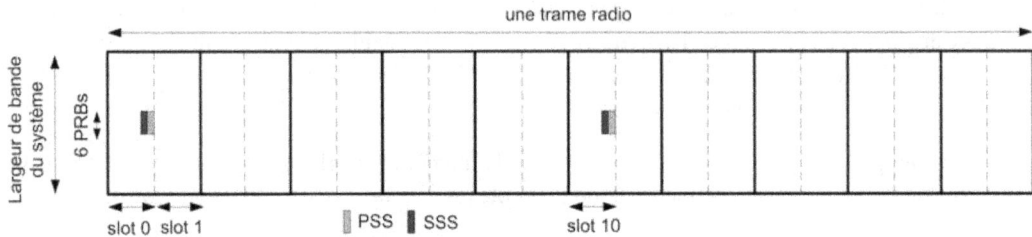

Figure 13-1
*Placement des signaux de synchronisation dans la trame FDD*

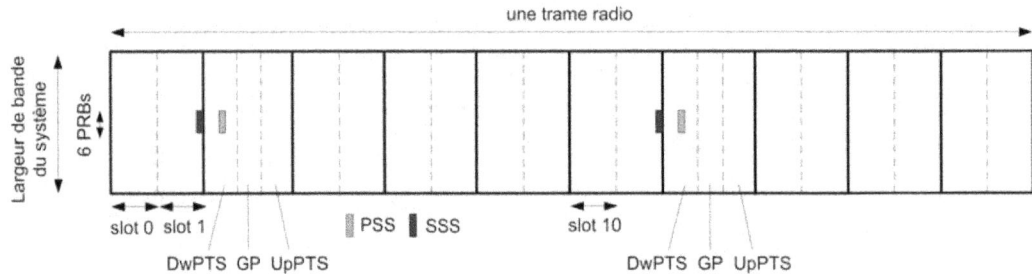

Figure 13-2
*Placement des signaux de synchronisation dans la trame TDD*

La position des PSS et SSS dans la trame offre les propriétés suivantes.

- Leur emplacement, différent dans les modes FDD et TDD, indique à l'UE le mode de duplexage en vigueur sur la cellule.

- Le positionnement du PSS dans le dernier symbole OFDM d'un slot en FDD a pour effet de transmettre le PSS toujours au même instant dans la sous-trame, quelle que soit la longueur du préfixe cyclique. Cette propriété permet à l'UE d'acquérir la synchronisation au niveau sous-trame sans nécessairement connaître la longueur du préfixe cyclique. On notera que cette propriété n'est pas cruciale, car la synchronisation sous-trame n'a pas une grande utilité si la taille du préfixe cyclique n'est pas connue.

- La durée du préfixe cyclique en voie descendante peut être estimée d'après l'espacement temporel entre les PSS et SSS. Dans le cas FDD par exemple, cette durée est donnée par la différence entre le début des séquences PSS et SSS reçues, diminuée de la durée de la séquence SSS ; nous y reviendrons à la section « Séquence et détection du SSS », p. 286. D'autres moyens existent cependant pour estimer la durée du préfixe cyclique sans utiliser la structure des PSS et SSS, par exemple [Xu, Manolakis, 2010].

- Les PSS et SSS étant répétés toutes les 5 ms, une fenêtre d'observation de 5 ms (éventuellement répétée périodiquement afin de moyenner les résultats sur plusieurs fenêtres) est suffisante pour détecter le PCI et acquérir la synchronisation trame. Cette propriété est en particulier un prérequis pour qu'un terminal bi-mode GSM/LTE puisse effectuer des mesures intersystèmes et donc réaliser un handover du GSM vers le LTE. En effet, elle assure que les PSS et SSS soient détectables dans un intervalle de mesure GSM sans dégradation de performance du GSM dans la plupart des configurations de transmission (voir [Siemens, 2007] pour une explication détaillée).

## Séquences employées et détection par l'UE

Les séquences constituant le PSS et le SSS ont été sélectionnées pour leurs bonnes propriétés d'auto et d'intercorrélation. Leur construction est spécifiée dans [3GPP 36.211, 2009, section 6.11].

### Séquence et détection du PSS

La séquence employée pour le PSS est construite à partir d'une séquence de Zadoff-Chu dans le domaine fréquentiel, de longueur 62 (63 en comptant la sous-porteuse DC). Nous invitons le lecteur à se reporter au chapitre 7 pour une description de ces séquences. Notons que la séquence PSS dans le domaine temporel n'est pas une séquence de Zadoff-Chu, car l'un des éléments de la séquence est associé à la sous-porteuse DC, qui n'est pas transmise en voie descendante (voir le chapitre 6).

Il existe trois séquences PSS possibles, une pour chaque indice $N_{\mathrm{ID}}^{(2)}$ de la cellule à l'intérieur d'un groupe de PCI. Ce nombre de séquences réalise un compromis entre le nombre d'hypothèses à tester (trois), donc la complexité de traitement pour l'UE, et la possibilité d'utiliser des séquences PSS différentes par des cellules voisines. En effet, si toutes les cellules utilisaient la même séquence PSS, la séquence reçue d'une cellule voisine proche pourrait être perçue comme un trajet multiple provenant de la cellule souhaitée. Ceci dégraderait notamment l'estimation du canal effectuée à partir du PSS pour la détection cohérente du SSS (voir la section « Aspects MIMO », p. 287). Assurer que des cellules voisines n'utilisent pas le même indice $N_{\mathrm{ID}}^{(2)}$ est donc bénéfique, et demande une planification du réseau. La séquence PSS est répétée à l'identique sur chacun des deux symboles OFDM d'une trame qui portent le PSS.

Le traitement d'acquisition de la synchronisation en temps et fréquence effectué par l'UE à l'aide du PSS, comme le traitement d'acquisition de la valeur du paramètre $N_{\mathrm{ID}}^{(2)}$, sont laissés à l'implémentation. Une méthode possible pour obtenir la synchronisation symbole ainsi que la valeur de $N_{\mathrm{ID}}^{(2)}$ est de corréler dans le domaine temporel le signal reçu avec chacune des trois séquences PSS possibles, pour différents retards. Un pic de corrélation indique alors à la fois le début du symbole et la valeur de $N_{\mathrm{ID}}^{(2)}$. D'autres méthodes combinant détection temporelle et fréquentielle sont également possibles ; le lecteur intéressé pourra se référer par exemple à [Xu, Manolakis, 2010] et [Manolakis *et al.*, 2009] pour une description d'implémentations possibles de la synchronisation en temps et fréquence en LTE.

Les trois séquences PSS ont été choisies de manière à minimiser la complexité du détecteur [Popovic, Berggren, 2008]. La symétrie des séquences dans le domaine fréquentiel autour de la sous-porteuse DC réduit de moitié le nombre de multiplications associées à une corrélation. De plus, deux des séquences sont conjuguées complexes l'une de l'autre, de sorte que la corrélation par l'une permet d'obtenir le résultat de la corrélation par l'autre sans multiplication additionnelle.

### Séquence et détection du SSS

La figure suivante décrit la construction de la séquence du SSS dans le domaine fréquentiel. Cette dernière est de longueur 62 et est formée à partir de l'entrelacement de deux séquences pseudo-aléatoires binaires (*m-séquence*) élémentaires de longueur 31. Chacune de ces séquences élémentaires est définie par un décalage cyclique particulier (notés $m0$ et $m1$) d'une même m-séquence d'origine. La combinaison des décalages ($31 \times 31$ possibilités) dépend de manière unique du groupe de PCI $N_{ID}^{(1)}$. La détection de ces décalages fournit donc le groupe de PCI.

Chacune des deux m-séquences élémentaires est embrouillée par une m-séquence propre (notées $c0$ et $c1$ respectivement) dépendant du numéro de la cellule $N_{ID}^{(2)}$ à l'intérieur d'un groupe de PCI. Celui-ci doit donc avoir été obtenu du PSS avant de pouvoir détecter le SSS.

La seconde séquence élémentaire est de plus embrouillée par une nouvelle m-séquence $z1$ dépendant de $m0$, ce qui améliore la robustesse de la recherche de cellules voisines [R1-074498].

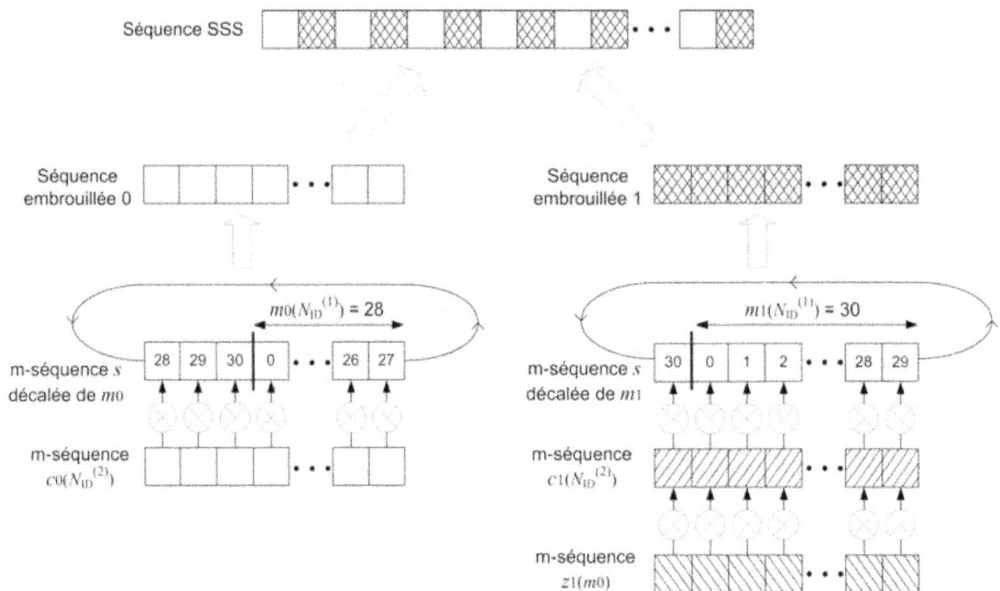

Figure 13-3
*Construction de la séquence SSS*

La construction des séquences SSS est différente entre les sous-trames 0 et 5 de manière à discriminer ces deux sous-trames. Cette différentiation s'obtient en échangeant les valeurs de $m0$ et $m1$ lors de la synthèse de la séquence SSS : dans l'exemple de la figure, cela revient à utiliser {$m0$=30, $m1$=28} pour la sous-trame 0 et {$m0$=28, $m1$=30} pour la sous-trame 5. L'UE peut ainsi identifier le numéro de chaque sous-trame dans la trame radio et acquérir de cette manière la synchronisation au niveau trame.

Les séquences SSS sont réelles dans le domaine fréquentiel, ce qui leur donne une symétrie hermitienne dans le domaine temporel après modulation OFDM (c'est-à-dire que $s(n) = s^*(N-n)$, où $s$ est la séquence SSS dans le domaine temporel et $N$ est sa longueur). Cette propriété peut être exploitée pour acquérir la localisation temporelle du SSS bien que sa séquence ne soit pas connue, au moyen de corrélations du signal reçu avec lui même [Huawei, 2006]. Cette opération est facilitée par la connaissance de la synchronisation du PSS, dont l'écart temporel avec le SSS dépend de la longueur du préfixe cyclique (qui ne peut prendre que deux valeurs). Alternativement, la localisation temporelle du SSS peut être acquise en effectuant la procédure de détection du SSS selon les deux hypothèses possibles quant à la durée du préfixe cyclique, l'hypothèse maximisant la vraisemblance d'une bonne détection étant retenue.

Comme pour le PSS, la détection du SSS est propriétaire. Elle s'effectue typiquement dans le domaine fréquentiel afin de déterminer les valeurs de $m0$ et $m1$. Les opérations suivantes sont alors effectuées après égalisation (éventuellement pour chaque hypothèse de longueur du préfixe cyclique) [Manolakis *et al.*, 2009] :

- désentrelacement des deux séquences embrouillées ;
- désembrouillage de la séquence embrouillée 0, puis corrélation cyclique de la séquence désembrouillée avec la m-séquence s pour trouver $m0$ ;
- désembrouillage de la séquence embrouillée 1, par $z1$ puis par $c1$, puis corrélation cyclique de la séquence ainsi désembrouillée avec la m-séquence s pour trouver $m1$.

Les corrélations cycliques entre m-séquences peuvent s'effectuer avec une complexité réduite à l'aide d'une transformée de Hadamard rapide [Cohn, Lempel, 1977].

## Aspects MIMO

Au moment de la détection des PSS et SSS, l'UE ne connaît pas encore le nombre d'antennes d'émission de l'eNodeB. Les techniques de diversité d'émission normalisées pour les canaux en voie descendante (voir le chapitre 5) ne peuvent donc pas être mises en œuvre, puisqu'elles imposent que l'UE applique en réception un décodage spécifique, qui nécessite de connaître le nombre d'antennes. Cependant, des techniques de diversité à l'émission ne nécessitant pas cette connaissance peuvent être utilisées afin d'améliorer la détection des PSS et SSS. Ces techniques ne sont pas normalisées et doivent être transparentes pour l'UE. En particulier, elles peuvent être différentes des techniques utilisées pour d'autres canaux physiques. Pour cette raison, l'UE ne doit pas utiliser le canal de transmission estimé à partir du PSS ou du SSS pour démoduler d'autres canaux physiques.

En revanche, le PSS peut être utilisé comme signal de référence par l'UE pour estimer le canal et ainsi décoder de manière cohérente le SSS. Ceci est possible à condition que le canal ne varie pas trop entre les symboles OFDM portant le PSS et le SSS. En FDD, PSS et SSS sont placés dans des symboles OFDM adjacents, donc le canal est quasiment identique pour ces deux signaux. En TDD, l'écart de deux symboles OFDM entre PSS et SSS a peu d'effet sur les performances de la détection cohérente [Ericsson, 2008], mais permet de réutiliser le même motif de CRS dans le champ DwPTS que dans les autres sous-trames en voie descendante. Afin d'utiliser le PSS comme signal de référence pour décoder le SSS, ces deux signaux doivent utiliser le ou les même(s) port(s) d'antenne sur une sous-trame en FDD, et une demi-trame en TDD.

## Résumé des opérations effectuées par l'UE

Les opérations de détection des PSS et SSS sont effectuées dans l'ordre (indicatif) suivant.

1. Le PSS est détecté pour acquérir la synchronisation symbole et en fréquence. De plus, l'UE en déduit le numéro de la cellule $N_{ID}^{(2)}$ à l'intérieur d'un groupe de PCI.

2. Le SSS est détecté afin d'acquérir le numéro du groupe de PCI $N_{ID}^{(1)}$. La combinaison de $N_{ID}^{(1)}$ et $N_{ID}^{(2)}$ fournit à l'UE l'identifiant de la cellule PCI.

3. L'intervalle de temps entre PSS et SSS fournit le mode de duplexage de la cellule, ainsi que la durée du préfixe cyclique, si ce dernier n'a pas déjà été estimé par un autre moyen.

4. La synchronisation sous-trame est acquise, de par la position du PSS en FDD, ou du SSS en TDD.

5. La synchronisation au niveau trame est acquise d'après la différence entre les séquences SSS des sous-trames 0 et 5.

6. Éventuellement, les CRS sont utilisés pour vérifier l'identifiant de la cellule.

# Accès aléatoire

Du point de vue de la couche physique, l'accès aléatoire s'effectue par l'intermédiaire du canal physique d'accès aléatoire PRACH (*Physical Random Access CHannel*), que nous décrivons dans cette section.

## Structure du PRACH

Le PRACH est constitué d'un préfixe cyclique (CP), d'une séquence aléatoire appelée *préambule* et d'un *temps de garde* (TG), comme décrit à la figure suivante.

Figure 13-4
*Structure du PRACH*

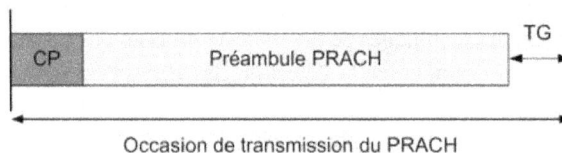

Occasion de transmission du PRACH

Nous appellerons les sous-trames consécutives en voie montante sur lesquelles l'eNodeB attend une transmission de PRACH une *occasion de transmission du PRACH*.

Il est important de noter que la structure du PRACH est très différente des symboles SC-FDMA utilisés pour le PUSCH ou le PUCCH. D'une part, la durée des CP et préambules mis en jeu est bien plus grande, d'autre part, l'espacement entre sous-porteuses est bien plus faible, comme nous le verrons dans la suite. Cette différence est justifiée par les objectifs du PRACH, que nous allons expliquer dans cette section.

## Formats de PRACH

Quatre formats de préambules ont été définis (plus un réservé au TDD), chacun étant associé à une gamme de rayons de cellule. En effet, nous verrons que la longueur du préambule, du CP et du TG déterminent la couverture du PRACH, ainsi que son occupation de ressources temps-fréquence. Ainsi, une couverture élevée du PRACH réduit l'efficacité spectrale du système. Il est donc nécessaire de choisir un format de PRACH adapté à la taille de la cellule. Le tableau suivant décrit les caractéristiques des formats de PRACH normalisés [3GPP 36.211, 2009, section 5.7.1], ainsi que le rayon de cellule maximal théorique autorisé par chacun. Comme nous le verrons dans la suite, ce rayon est fixé d'après des considérations géométriques uniquement. Or, en pratique la portée du PRACH dépend de nombreux paramètres additionnels, notamment l'environnement de propagation (urbain, rural, désert), la bande de fréquence et les conditions d'interférence, qui affectent l'énergie reçue pour chaque format de préambule et sa détectabilité. De ce fait, le rayon de cellule possible en pratique pourra être inférieur.

**Formats de préambule pour le PRACH**

| Format de préambule | Durée d'une occasion de transmission (sous-trames) | Durée du CP (µs) | Durée du préambule (µs) | Durée du temps de garde (µs) | Rayon maximal de cellule |
|---|---|---|---|---|---|
| 0 | 1 | 103 | 800 | 97 | ~14 km |
| 1 | 2 | 684 | 800 | 516 | ~77 km |
| 2 | 2 | 203 | 2x800 | 197 | ~29 km |
| 3 | 3 | 684 | 2x800 | 716 | ~100 km |
| 4 (TDD uniquement) | <1 | 14,6 | 133 | 9,4 | ~1,4 km |

## Ressources utilisées

Le PRACH est multiplexé en temps et en fréquence avec le PUSCH d'autres UE, comme décrit à la figure 13-5. Notons que le préambule n'est pas reçu de manière synchronisée avec les autres symboles SC-FDMA du PUSCH, puisque le PRACH ne peut bénéficier des commandes d'avance de temps. Nous reviendrons en détail sur la synchronisation du PRACH à la section suivante.

Les ressources réservées au PRACH (PRB dans le domaine fréquentiel et sous-trames de l'occasion de transmission dans le domaine temporel) sont allouées de manière semi-statique par la couche MAC et signalées à l'UE. Les différentes allocations possibles dans le domaine temporel sont données dans [3GPP 36.211, 2009, section 5.7], pour les modes FDD et TDD. Pour les formats de préambule 0 à 3, le PRACH peut être alloué n'importe où dans la bande du système ; pour le format 4, les ressources fréquentielles du PRACH sont prédéfinies et placées aux extrémités de la bande. En mode FDD, pour les formats de préambule de 0 à 3, au plus une ressource fréquentielle (de 6 PRB) existe par sous-trame pour l'accès aléatoire. En mode TDD avec les formats de préambule de 0 à 4, plusieurs ressources PRACH peuvent être allouées en fréquence dans une sous-trame montante (ou un champ UpPTS pour le format de préambule 4) en fonction de la configuration voie montante/voie descendante.

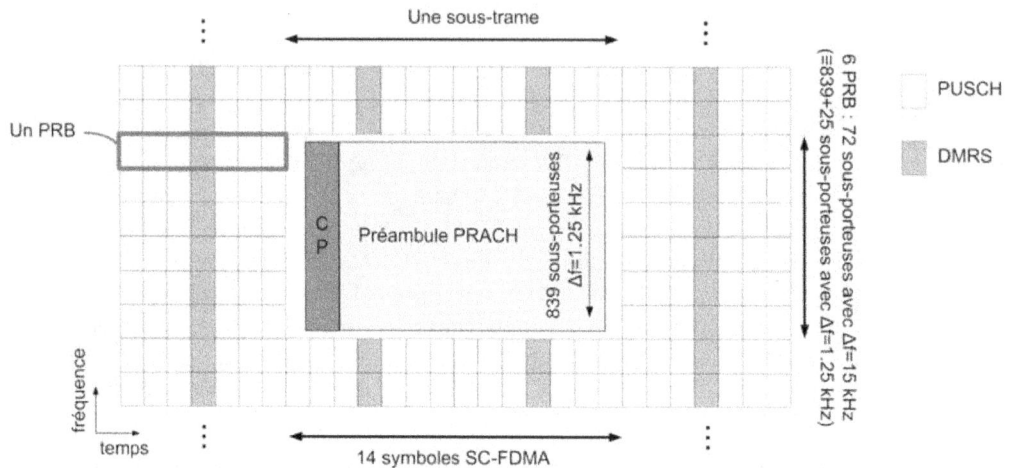

*Figure 13-5*
*Exemple de ressources du PRACH (ici le format 0) et multiplexage avec le PUSCH d'autres UE*

On notera que l'eNodeB peut choisir d'allouer les ressources identifiées pour le PRACH à des transmissions de PUSCH.

## Synchronisation du PRACH

Contrairement au PUSCH où les instants d'émission des UE sont contrôlés de sorte que leurs signaux soient reçus de manière synchronisée à l'eNodeB, l'émission des PRACH des UE d'une cellule n'est pas coordonnée. Cela se traduit à l'eNodeB par la réception de chaque PRACH avec un retard dépendant de la position de l'UE source dans la cellule.

L'eNodeB doit cependant assurer que le PRACH est reçu dans les sous-trames allouées à ses occasions de transmission, afin de ne pas interférer les transmissions synchronisées. En l'absence de synchronisation sur la voie montante, le seul repère de l'UE vis-à-vis de l'opération de l'eNodeB est la voie descendante. C'est pourquoi il est spécifié que le début de la transmission du préambule pour les formats 0-3 doit être aligné avec le début de la sous-trame en voie montante à l'UE, sans avance temporelle. Cette dernière contrainte revient à aligner le début du préambule avec le début d'une sous-trame descendante reçue par l'UE en FDD et à appliquer une légère avance (20,3 µs) en TDD.

Avant d'aller plus loin, il est nécessaire d'introduire le RTD (pour *Round Trip Delay*), qui désigne le délai du trajet aller-retour entre l'eNodeB et un UE. Le RTD maximal dans la suite désignera le RTD associé à un UE situé sur la bordure la plus lointaine de la cellule.

Une sous-trame descendante est reçue à l'UE avec un délai de propagation égal à un demi-RTD par rapport à l'instant de sa transmission par l'eNodeB, comme illustré à la figure suivante. Ceci conduit ainsi l'eNodeB à recevoir le préambule avec un retard égal au RTD par rapport au début de sa plage de réception d'une sous-trame montante, si celle-ci est alignée avec la transmission d'une sous-trame descendante.

Figure 13-6
*RTD et relation temporelle*
*entre émission et réception*
*de l'eNodeB et de l'UE, sous*
*une avance de temps nulle*

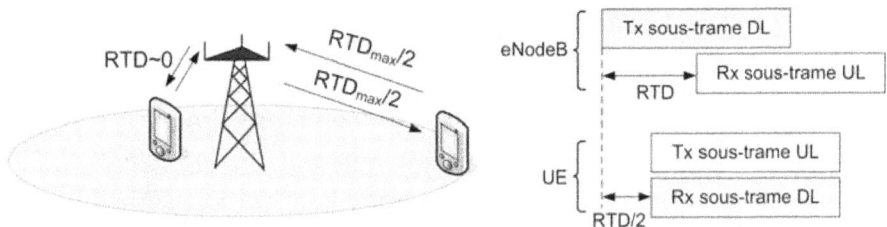

## Conception du PRACH

Nous allons maintenant décrire comment les paramètres des différentes composantes du PRACH ont été décidés. La première section (ci-dessous) s'attache au préfixe cyclique et au temps de garde, la suivante au préambule (p. 292). La troisième section décrit comment est formé l'ensemble de préambules à la disposition d'une cellule (p. 294). La dernière section donne enfin les spécificités du format de PRACH 4, réservé au TDD (p. 295).

### Conception du préfixe cyclique et du temps de garde

Le CP a pour but de faciliter le traitement du PRACH dans le domaine fréquentiel. En outre, le CP fait apparaître le PRACH comme cyclique lorsqu'il est observé sur l'ensemble de sa durée. Cette propriété rend circulaire la corrélation du préambule avec ses répliques ou avec d'autres préambules (voir le chapitre 7), ce qui lui offre de meilleures performances qu'une fonction de corrélation normale en raison des séquences de Zadoff-Chu choisies pour le préambule (voir la section suivante).

Afin de réduire la complexité du récepteur, il est souhaitable que plusieurs PRACH puissent être détectés simultanément par l'eNodeB, dans une même fenêtre de traitement. La figure suivante montre que pour satisfaire cette contrainte, le CP du PRACH doit absorber la dispersion des retards du canal, notée $\Delta$, et le RTD maximal. Comme le RTD maximal dépend du rayon de la cellule, le dimensionnement du CP est directement lié à la taille de cellule visée.

Figure 13-7
*Règle*
*de conception*
*du PRACH*
*pour les formats*
*0 et 2*

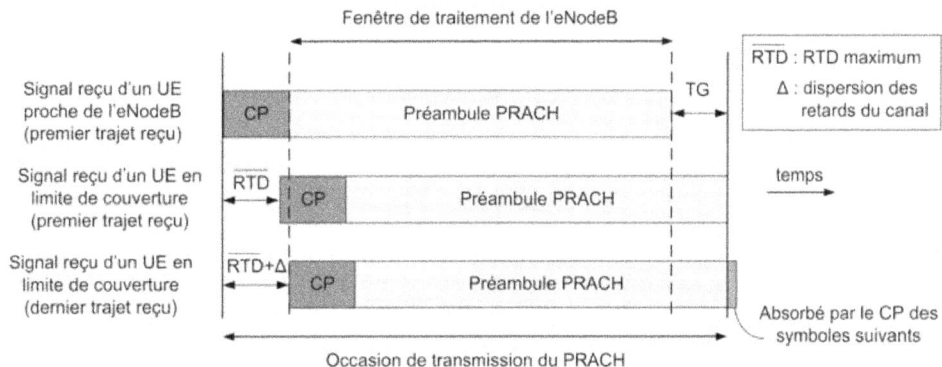

Le temps de garde est nécessaire afin d'isoler la période allouée à l'accès aléatoire des sous-trames synchronisées. Il est dimensionné de telle sorte que la réception du préambule d'un UE situé à l'extrême bordure de la cellule reste dans l'occasion de transmission du PRACH. Le TG dépend donc également du RTD maximal et par conséquent du rayon de la cellule.

Comme le montre la figure précédente, il y a typiquement une dépendance directe entre la taille du CP, la taille du TG, le RTD maximal et la dispersion des retards du canal ($\Delta$), donnée par les égalités suivantes :

- CP = $RTD_{max}$+$\Delta$ ;
- TG = $RTD_{max}$.

Pour les formats de PRACH 0 et 2, le CP et le TG ont été définis selon ces règles de manière à maximiser le rayon de cellule (c'est-à-dire le RTD possible) en supposant une dispersion des retards du canal de 5,21 µs et après avoir fixé la durée du préambule ainsi que la durée de l'occasion de transmission. De manière différente, les CP des formats 1 et 3 ont eux été dimensionnés pour un rayon de cellule de 100 km en supposant une dispersion des retards du canal de 16,67 µs. Pour ces derniers formats, le TG est alors donné par la durée restante de l'occasion de transmission. Le rayon maximal de cellule couvert par les formats 1 et 3 est ainsi dimensionné par la plus petite des valeurs entre le CP et le temps de garde (en l'occurrence le TG pour le format 1 et le CP pour le format 3).

Dans les spécifications, les durées du CP et du TG sont exprimées en nombre de périodes d'échantillonnage minimal ($T_S$=1/30.72 MHz). On notera que les durées normalisées ont été légèrement ajustées de telle sorte que la taille du CP exprimée en fonction de $T_S$ soit divisible par 48, de manière à faciliter l'implémentation du CP [Texas Instruments, 2008].

Notons que l'UE n'a pas besoin de connaître la durée du temps de garde. Ainsi, seules les durées du CP et du préambule sont spécifiées.

## Conception du préambule

Le préambule doit permettre à l'eNodeB d'effectuer les deux opérations suivantes.

- Estimer l'instant d'arrivée des signaux émis par l'UE, afin de lui indiquer quelle avance de temps appliquer à sa transmission. En effet, les signaux des différents UE pour la transmission du PUSCH et du PUCCH doivent être reçus dans la fenêtre de temps de traitement de l'eNodeB correspondant à un symbole SC-FDMA (voir le chapitre 6).
- Distinguer les PRACH d'UE différents, dans le cas où plusieurs UE tentent une procédure d'accès aléatoire sur les mêmes ressources (et choisissent des préambules différents). En effet, l'accès aléatoire s'effectue par essence de manière non coordonnée entre les UE d'une même cellule.

Le premier objectif impose à la séquence utilisée pour le préambule d'avoir une bonne fonction d'autocorrélation. Le second objectif requiert que le préambule puisse être détecté malgré la présence d'interférences créées par d'autres préambules. Ceci demande que les séquences utilisées aient de bonnes propriétés d'intercorrélation. Ces deux contraintes de conception sont similaires à celles des signaux de référence DMRS en voie montante. Aussi, comme pour ces derniers, il a été choisi de former le préambule à partir de séquences de Zadoff-Chu. Nous invitons le lecteur à se reporter au chapitre 7 pour une définition de ces séquences.

Les métriques de performance pour la détection du préambule sont :

- la *probabilité de détection*, qui mesure la probabilité de détecter correctement un préambule transmis et doit donc être élevée ;

- la *probabilité de fausse alarme*, qui mesure la probabilité de détecter qu'un préambule a été transmis alors que ce n'est pas le cas ; cette probabilité doit être la plus faible possible.

La largeur de bande occupée par le préambule conditionne la résolution temporelle permise (donnée approximativement par l'inverse de la largeur de la bande du préambule). Chaque préambule occupe une largeur de bande correspondant à 6 PRB consécutifs (1,08 MHz), ce qui permet une résolution temporelle de l'ordre de la microseconde, soit une fraction du préfixe cyclique d'un symbole SC-FDMA pour le PUSCH ou le PUCCH.

Dans le domaine temporel, un préambule s'étend sur une durée d'une ou plusieurs sous-trame(s) consécutive(s), en fonction du format du PRACH. Alors que le CP et le TG dépendent uniquement du RTD et de la dispersion des retards du canal, le choix de la longueur du préambule se doit de prendre en compte l'énergie reçue à l'eNodeB. Plus l'énergie transmise, et donc la durée du préambule à puissance d'émission constante, est élevée, plus la puissance reçue nécessaire peut être faible pour garantir un même taux de fausse alarme et de bonne détection [Ericsson, 2006-2]. En outre, le rayon maximal de cellule permis par le PRACH doit être en accord avec la couverture du PUSCH. En effet, il est inutile de permettre à un UE d'accéder à une cellule s'il ne peut pas y transmettre des données de trafic avec un débit minimal. On notera que ce débit dépend non seulement de la puissance utile reçue, mais aussi des conditions d'interférence (via le SINR). Ces différents paramètres ont été pris en compte dans la conception des préambules.

La durée de base choisie pour le préambule est de 800 μs. Elle autorise la détection sans ambiguïté du retard d'un UE, quelle que soit sa position dans une cellule très large (100 km de rayon), tout en tenant compte de la dispersion des retards du canal. En outre, des études de bilan de liaison ont montré que cette longueur assure la détection d'un préambule avec des probabilités de fausse alarme et de détection satisfaisantes pour des cellules de 14 km de rayon, voir, par exemple, [Alcatel-Lucent, 2007]. Le préambule de base peut être répété pour les cellules où les pertes de propagation et/ou les conditions d'interférence demandent l'émission de plus d'énergie, conduisant à une durée totale du préambule de 1 600 μs [Motorola, 2007], [Alcatel-Lucent, 2007-2]. Les formats de PRACH 2 et 3 sont construits sur le principe de cette répétition du préambule de base.

On notera que l'utilisation de répéteurs pour étendre la couverture d'une cellule ne requiert pas de répétition du préambule, puisque l'énergie reçue par le répéteur est amplifiée puis retransmise. En revanche, un long temps de garde peut être nécessaire afin d'absorber les longs RTD associés.

La taille de la séquence du préambule détermine l'espacement entre sous-porteuses $\Delta f_{RA} = 1/800$ μs = 1,25 kHz, qui est donc bien plus faible que l'espacement entre sous-porteuses utilisé pour le PUSCH et le PUCCH (15 kHz). Cet espacement entre sous-porteuses conduit à 1,08 MHz / 1,25 kHz = 864 sous-porteuses pour le PRACH. Ces dernières sont décomposées en 839 sous-porteuses portant une séquence de Zadoff-Chu et 25 sous-porteuses nulles réparties de part et

d'autre, comme illustré à la figure de la section « Ressources utilisées », p. 289. Ce choix représente un bon compromis entre le nombre de séquences ZC différentes pouvant être construites
(important pour minimiser la probabilité de collision entre PRACH d'UE différents), les probabilités de détection et de fausse alarme, ainsi que la protection offerte par les sous-porteuses nulles
vis-à-vis d'interférences du PUSCH [Texas Instruments, 2007].

## Formation de l'ensemble de préambules d'une cellule

Lors de l'accès aléatoire avec risque de collision, l'UE choisit de manière aléatoire sa séquence de
préambule parmi un ensemble de 64 séquences propre à la cellule. Les séquences d'un ensemble
sont formées par différentes valeurs de décalage cyclique d'une séquence de Zadoff-Chu, dont
l'indice est diffusé à tous les UE de la cellule dans les Informations Système. Plus d'une séquence
de Zadoff-Chu peut être nécessaire si le nombre de décalages cycliques disponibles dans une
séquence n'est pas suffisant. Les séquences supplémentaires à utiliser alors se déduisent de l'indice
de la séquence signalée, selon un ordre défini dans [3GPP 36.211, 2009, section 5.7.2]. L'ensemble
de séquences à utiliser par chaque cellule requiert une opération de planification du réseau, afin
d'assurer que deux cellules proches n'utilisent pas le même ensemble.

Les différentes séquences disponibles pour l'ensemble des cellules ont été classées en deux
groupes, suivant que leur métrique cubique est inférieure ou non à celle de la QPSK (1,2 dB)
[Texas Instruments *et al.*, 2007]. Le groupe de séquences de métrique cubique faible sera préféra-
blement utilisé par les grandes cellules, afin de maximiser la couverture du PRACH, tandis que
l'autre groupe pourra être utilisé par les petites cellules, où la puissance limitée des UE ne sera pas
un handicap pour que le PRACH soit reçu avec une puissance suffisante à l'eNodeB.

Les valeurs de décalage cyclique utilisées par une cellule sont multiples d'une valeur $N_{CS}$ spécifique à cette cellule. Le paramètre $N_{CS}$ signalé par RRC, détermine la taille de la zone de corrélation nulle de la séquence de Zadoff Chu, égale à $N_{CS}$-1 éléments (voir le chapitre 7). Afin de
maintenir l'orthogonalité entre deux préambules construits à partir d'une même séquence décalée
cycliquement de $N_{CS}$ éléments, la relation suivante doit alors être satisfaite, où $\Delta$ est la dispersion
des retards du canal et $T_e$ est la durée d'un élément de la séquence :

$$N_{CS} > \frac{RTD + \Delta}{T_e}$$

La valeur $N_{CS}$ doit donc être configurée en fonction de la taille de la cellule, plus celle-ci étant large
et plus $N_{CS}$ devant être élevé. En revanche, plus $N_{CS}$ est élevé et plus le nombre de préambules
orthogonaux pouvant être construits à partir d'une même séquence est faible. La valeur de $N_{CS}$
conditionne ainsi le nombre de séquences de Zadoff-Chu nécessaires à la constitution d'un
ensemble de 64 préambules par cellule et, donc, l'orthogonalité entre les préambules d'une même
cellule. En effet, des séquences de Zadoff-Chu différentes ne sont pas orthogonales (même si elles
conservent une intercorrélation faible). Un ensemble de 16 valeurs de $N_{CS}$ a été défini, les valeurs
choisies ayant été déterminées de façon à minimiser l'effet de leur nombre limité sur le nombre de
préambules orthogonaux par cellule pour chaque taille de cellule possible [Huawei, 2007]. On
pourra se reporter à cette dernière référence pour une correspondance indicative entre la valeur de

$N_{CS}$, le rayon de cellule et le nombre de préambules orthogonaux disponibles par cellule. Notons de plus que le facteur de réutilisation des séquences, c'est-à-dire le nombre de cellules qui peuvent utiliser des séquences de Zadoff-Chu différentes, diminue lorsque la valeur de $N_{CS}$ augmente.

Pour les UE en forte mobilité (typiquement 120 km/h pour une porteuse de 2,6 GHz [Texas Instruments, 2006]) le décalage de fréquence dû à l'effet Doppler dégrade la performance de la détection du PRACH, notamment en introduisant de faux pics de corrélation [LG Electronics, 2006]. Ce problème est résolu en imposant des restrictions sur les décalages cycliques pouvant être utilisés par la cellule [Nokia, 2007]. Les spécifications définissent ainsi deux ensembles possibles de décalages cycliques : un ensemble restreint pour les cellules devant servir des UE se déplaçant rapidement (par exemple, couvrant une autoroute) et un ensemble non restreint pour les autres cellules. Cependant, tous les indices de séquences de Zadoff-Chu ne sont pas compatibles avec une valeur de $N_{CS}$ donnée en présence d'UE en forte mobilité [Panasonic, 2007]. Afin de faciliter l'allocation des séquences aux cellules, ces dernières sont rangées par sous-groupes de séquences consécutives tolérant la même valeur de $N_{CS}$ maximale à haute vitesse ou, en d'autres termes, la même taille de cellule maximale [Texas Instruments *et al.*, 2007]. De plus, les séquences d'un sous-groupe sont ordonnées de sorte que des séquences consécutives bénéficient de métriques cubiques similaires.

### Format 4 pour le TDD

Un cinquième format de PRACH, le format 4, aussi appelé *format court*, est défini pour le TDD. Ce format de PRACH est réservé aux cellules de petite taille (< 1,4 km) et est transmis dans le champ UpPTS, lorsqu'il est configuré avec deux symboles SC-FDMA. La longueur de la séquence est égale à celle de deux symboles SC-FDMA sans préfixe cyclique, ce qui entraîne un espacement entre sous-porteuses de 1 / 133 µs = 7,5 kHz. La séquence de Zadoff-Chu est de longueur 139, soit le plus grand nombre premier inférieur à la longueur de séquence maximale pour une bande de 1,08 MHz (144). Nous avons vu en effet au chapitre 7 qu'un nombre premier d'éléments garantit une intercorrélation circulaire faible aux séquences de Zadoff-Chu de même longueur.

Le PRACH de format 4 est transmis à la fin du champ UpPTS (en comptant le TG). Lorsque la longueur totale (CP + préambule + TG) est plus grande que celle du champ UpPTS, le préfixe cyclique est transmis pendant la période de garde précédant ce champ.

En raison du faible rayon de cellule autorisé par le format de PRACH 4, l'écart entre deux décalages cycliques consécutifs peut être réduit par rapport aux autres formats, afin de conserver le maximum de préambules orthogonaux malgré la longueur de séquence plus courte. Ainsi, des valeurs spécifiques de décalage cyclique sont définies pour le format de PRACH 4.

L'espacement entre porteuses de 7,5 kHz, bien plus élevé que pour les formats de PRACH longs, fournit une robustesse suffisante vis-à-vis des hautes vitesses pour qu'il ne soit pas nécessaire de définir des restrictions sur les décalages cycliques pour ces vitesses, contrairement aux autres formats de PRACH.

## Résumé de la procédure physique d'émission du PRACH

La couche physique reçoit les informations suivantes des couches supérieures avant de mettre en œuvre la procédure d'accès aléatoire :

- les paramètres du PRACH (type de préambule, sous-trames éligibles et position en fréquence) ;
- les paramètres nécessaires à la détermination des 64 séquences de l'ensemble de préambules de la cellule : indices des séquences de Zadoff-Chu, nombre de décalages cycliques et type d'ensemble de décalages (restreint ou non).

Lorsqu'une requête de lancer la procédure est reçue de la couche MAC de l'UE, la couche physique reçoit de plus les paramètres suivants, inclus dans la requête :

- l'indice du préambule à utiliser (tiré aléatoirement ou signalé par l'eNodeB) ;
- une puissance de réception cible du préambule à l'eNodeB ;
- un RA-RNTI ;
- la ressource PRACH à utiliser pour la transmission.

La puissance de transmission du préambule est calculée de façon à compenser les pertes de propagation estimées par l'UE sur la voie descendante pour atteindre la puissance de réception cible à l'eNodeB. L'UE émet alors le préambule sur la ressource PRACH indiquée avec la puissance calculée.

Le récepteur de l'eNodeB détecte la transmission d'un préambule conjointement avec le retard associé en corrélant le signal reçu avec les différentes séquences de préambule possibles et pour différents retards. Un exemple d'implémentation de récepteur pour le PRACH, notamment dans le domaine fréquentiel, est décrit dans [Ericsson, 2006].

Le reste de la procédure d'accès aléatoire sera décrit au chapitre 14.

# Références

[3GPP 36.211, 2009] Spécification technique 3GPP TS 36.211, *E-UTRA, Physical channels and modulation*, v8.9.0, décembre 2009.

[Alcatel-Lucent, 2007] Alcatel-Lucent, *Non-synchronized RACH Range Extension*, Contribution R1-072361, 3GPP TSG-RAN WG1 #49, mai 2007.

[Alcatel-Lucent, 2007-2] Alcatel-Lucent, *Link-Budget Balance between RACH and PUSCH*, Contribution R1-072362, 3GPP TSG-RAN WG1 #49, mai 2007.

[Cohn, Lempel, 1977] M. Cohn, A. Lempel, *On Fast M-Sequence Transforms*, IEEE Transactions on Information Theory, janvier 1977.

[Ericsson, 2006] Ericsson, *E-UTRA Random Access Preamble Design*, Contribution R1-060998, 3GPP TSG-RAN WG1 #44bis, mars 2006.

[Ericsson, 2006-2] Ericsson, *E-UTRA Scalability of Random Access Preamble with cyclic prefix*, Contribution R1-062274, 3GPP TSG-RAN WG1 #46, août 2006.

[Huawei, 2006]        Huawei, *Non-hierarchical Cell Search with Symmetric and Periodic SCH Signals*, Contribution R1-062129, 3GPP TSG-RAN WG1 #46, septembre 2006.

[Huawei, 2007]        Huawei, *Multiple values of cyclic shift increment $N_{CS}$*, Contribution R1-072325, 3GPP TSG-RAN WG1 #49, mai 2007.

[Ericsson, 2008]      Ericsson, *On the design of DwPTS*, Contribution R1-080873, 3GPP TSG-RAN WG1 #52, février 2008.

[LG Electronics, 2006]        LG Electronics, *Frequency offset effects on RACH preamble detectors*, Contribution R1-063161, 3GPP TSG-RAN WG1 #47, novembre 2006.

[Manolakis *et al.*, 2009]        K. Manolakis, D. M. Gutierrez Estevez, V. Jungnickel, W. Xu, C. Drewes, *A Closed Concept for Synchronization and Cell Search in 3GPP LTE Systems*, IEEE Wireless Communications and Networking Conference (WCNC), avril 2009.

[Siemens, 2007]       Siemens, *Interworking between LTE and GSM – Monitoring LTE from GSM*, Contribution R1-070081, 3GPP TSG-RAN WG1 #47bis, janvier 2007.

[Motorola, 2007]      Motorola, *Random Access Preamble Structure for Large Cells*, Contribution R1-072135, 3GPP TSG-RAN WG1 #49, mai 2007.

[Nokia, 2007]         Nokia, *Restricted sets of RACH preamble signatures for environments with high Doppler shifts*, Contribution R1-070377, 3GPP TSG-RAN WG1 #47bis, janvier 2007.

[Panasonic, 2007]     Panasonic, *Limitation of RACH sequence allocation for high mobility cell*, Contribution R1-072080, 3GPP TSG-RAN WG1 #49, mai 2007.

[Popovic, Berggren, 2008]        B. M. Popovic, F. Berggren, *Primary Synchronization Signal in E-UTRA*, IEEE International Symposium on Spread Spectrum Techniques and Applications (ISSSTA), août 2008.

[Texas Instruments, 2006]        Texas Instruments, *Non Synchronized Random Access Design for High Doppler Conditions*, Contribution R1-063214, 3GPP TSG-RAN WG1 #47, novembre 2006.

[Texas Instruments, 2007]        Texas Instruments, *Random Access Preamble Sequence Length for E-UTRA*, Contribution R1-072191, 3GPP TSG-RAN WG1 #49, mai 2007.

[Texas Instruments *et al.*, 2007]        Texas Instruments, LG Electronics, Huawei, Alcatel-Lucent, Nokia, Nokia Siemens Networks, Panasonic, NTT DoCoMo, *Way Forward Proposal on PRACH Sequence Ordering*, Contribution R1-074514, 3GPP TSG-RAN WG1 #50bis, octobre 2007.

[Texas Instruments, 2008]        Texas Instruments, *PRACH Cyclic Prefixes Adjustment*, Contribution R1-080200, 3GPP TSG-RAN WG1 #51bis, janvier 2008.

[Xu, Manolakis, 2010]        W. Xu and K. Manolakis, *Robust Synchronization for 3GPP LTE System*, IEEE Global Communications Conference (Globecom 2010), décembre 2010.

# 14

# Le protocole MAC

**Sommaire :** *Le rôle et les fonctions principales du protocole MAC – Comment l'UE informe-t-il l'eNodeB qu'il souhaite établir une connexion RRC ? – Pourquoi la synchronisation en temps est-elle un préalable à l'envoi de données ? – Quel est l'intérêt de la réception discontinue ? Comment ce mode fonctionne-t-il ? – Comment l'UE organise-t-il l'envoi de données, pour des flux de nature différente ?*

Ce chapitre présente les principales fonctions assurées par le protocole MAC (à l'exception toutefois des mécanismes associés à l'allocation de ressources, qui ont été décrits dans le chapitre 10) : procédures d'accès aléatoire, commande de synchronisation en temps, mode DRX et priorisation par l'UE de ses flux sur la voie montante.

Le rôle principal de la couche MAC (*Medium Access Control*) en LTE est le contrôle de l'accès à l'interface radio, sur les voies montante et descendante. S'interfaçant avec la couche RLC et la couche physique, elle assure notamment le multiplexage des canaux logiques de données et de contrôle sur les canaux de transport exposés par la couche physique. Elle assure, en outre, la priorisation des flux montants mais aussi, en coordination avec la couche physique, l'accès initial aux ressources de la cellule et la retransmission des blocs erronés (HARQ).

## Rôle et fonctions du protocole MAC

Les fonctions essentielles assurées par la couche MAC sont les suivantes :

- l'accès aux ressources radio, via notamment l'accès aléatoire et l'allocation des ressources ;
- le multiplexage et le démultiplexage de SDU MAC, issues d'un ou plusieurs canaux logiques, d'un même UE sur un canal de transport (par exemple, des SDU de canaux logiques DTCH et DCCH sur le canal UL-SCH) ;

- la sélection du format de transport adéquat pour la transmission sur ce canal, décrite dans le cadre du chapitre 4 ;
- la remontée d'informations par le terminal à l'eNodeB, lui permettant de réaliser l'allocation de ressources (indications sur la puissance d'émission, sur l'état des buffers), présentée dans le chapitre 10 ;
- la reprise sur erreur grâce au mécanisme de retransmission et de correction (HARQ, voir le chapitre 11) ;
- la gestion des priorités entre les flux d'un même UE.

Il existe deux entités MAC : une dans le terminal, une autre dans l'eNodeB. Les principales fonctions assurées par ces deux entités sont résumées dans le tableau suivant (UL : fonction assurée dans le sens montant, DL : fonction assurée dans le sens descendant). Par exemple, le multiplexage des canaux logiques sur les canaux de transport est assuré par l'UE dans le sens montant et l'UE effectue le démultiplexage dans le sens descendant. C'est le contraire pour l'eNodeB.

**Principales fonctions MAC de l'UE et de l'eNodeB**

| Fonctions MAC | UE | eNodeB |
|---|---|---|
| Accès aux ressources radio | UL | DL |
| Multiplexage | UL | DL |
| Démultiplexage | DL | UL |
| Sélection du format de transport | | UL+DL |
| Remontée d'informations pour l'allocation de ressources | UL | |
| Reprise sur erreur (HARQ) | UL+DL | UL+DL |
| Gestion des priorités entre flux d'un même UE | UL | DL |

La configuration de la couche MAC est réalisée par la couche RRC et permet de définir par exemple les valeurs des temporisations et compteurs, la puissance initiale pour l'accès aléatoire, la fréquence des remontées d'informations pour le scheduling [3GPP TS 36.321].

# Accès aléatoire

## Principe et cas d'utilisation

Lorsqu'un UE est en veille, aucune ressource radio ne lui est dédiée, afin d'allouer les ressources disponibles aux UE connectés. Par conséquent, pour contacter l'eNodeB, l'UE doit utiliser des ressources qui sont accessibles à l'ensemble des UE. Cela impose une méthode limitant les *collisions*, c'est-à-dire l'émission simultanée par deux UE sur les mêmes ressources, et résolvant ces collisions si elles se produisent.

C'est l'objectif de la procédure dite *d'accès aléatoire* (ou *Random Access*). Le terme aléatoire n'est pas anodin, puisque cette procédure repose sur le principe suivant : si deux UE émettent chacun, sur le même intervalle de temps, un nombre pris au hasard dans un jeu prédéfini, le risque pour qu'ils choisissent le même nombre est d'autant plus faible que ce jeu de nombres est grand. Et si ces nombres sont différents, l'eNodeB pourra aisément distinguer les deux émissions l'une de l'autre. Ce principe est également utilisé dans les procédures d'accès aléatoire en GSM et en UMTS, qui suivent un séquencement et une logique similaires.

Le nombre utilisé par l'UE dans cette procédure est le *préambule*. La sélection de ce préambule est réalisée soit par l'UE lui-même (de façon aléatoire dans un jeu déterminé), soit par l'eNodeB via la signalisation RRC et on parle alors de préambule *dédié*.

Dans le premier cas, l'envoi du même préambule au même moment par deux UE différents peut se produire, mais ce phénomène de collision doit être minimisé pour ne pas retarder l'accès du mobile aux ressources radio. Nous verrons que dans le second cas en revanche, aucune collision ne peut avoir lieu et la procédure a de grandes chances de réussir dès le premier essai.

La figure suivante illustre la sélection aléatoire du préambule par deux UE. Une collision a lieu entre les $UE_3$ et $UE_4$, qui choisissent tous les deux le même préambule pour une émission simultanée sur le canal d'accès aléatoire, à $T=T_2$.

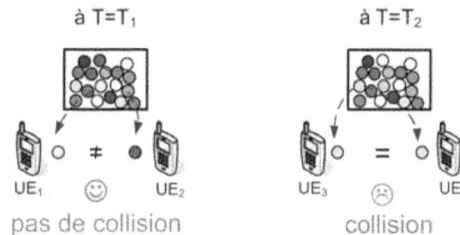

Figure 14-1
*La sélection aléatoire d'un préambule peut être vue comme un tirage aléatoire*

L'UE a recours à la procédure d'accès aléatoire dans les cas suivants.

1. L'UE est en veille (pas de connexion RRC établie) et a besoin d'accéder à la cellule (par exemple un appel est lancé par l'utilisateur). Dans ce cas, la procédure d'accès aléatoire est déclenchée par la couche RRC et permet à l'UE de transmettre le message *RRC Connection Request*, par lequel il demande l'établissement d'une connexion RRC à l'eNodeB. Le préambule est alors tiré de façon aléatoire.

2. L'UE a une connexion RRC active et réalise un handover vers la cellule cible. Dans ce cas, la procédure est également sollicitée par la couche RRC et vise à transmettre le message *RRC Connection Reconfiguration Complete*, qui informe l'eNodeB cible du succès de la procédure de handover pour l'UE (pour le plan de contrôle). Dans ce scénario, le préambule peut être dédié ou déterminé par l'UE de façon aléatoire, suivant le choix de l'eNodeB.

3. L'UE a une connexion RRC active et a besoin de transmettre des données dans le sens montant, mais il ne dispose plus de canal PUCCH pour demander une allocation de ressources à l'eNodeB. Ce cas se produit par exemple lorsque la temporisation de synchronisation (voir la section « Maintien de la synchronisation en temps », p. 308) a expiré. Dans ce cas, la procédure d'accès aléatoire est déclenchée par la couche MAC elle-même et cherche à transmettre une unité de données MAC (PDU), contenant typiquement un rapport d'état sur le remplissage des buffers de l'UE (appelé BSR, voir le chapitre 10). L'UE tire un préambule de façon aléatoire.

4.  L'UE a une connexion RRC active et ne reçoit aucune réponse aux demandes qu'il envoie sur le PUCCH pour obtenir une allocation de ressources. Au bout d'un nombre prédéfini de tentatives, il lance une procédure d'accès aléatoire afin d'obtenir une allocation de la part de l'eNodeB. La procédure est alors déclenchée par la couche MAC et utilise un préambule tiré de façon aléatoire par l'UE.

5.  L'UE a reçu sur le canal de contrôle PDCCH l'ordre de réaliser cette procédure. Dans ce cas, le PDCCH indique à l'UE un préambule dédié, afin de garantir le succès de la procédure. L'eNodeB peut le déclencher lorsqu'il a besoin de transmettre des données à l'UE et détecte que ce dernier n'est plus synchronisé dans le sens montant. En effet, dans cette situation, l'UE ne pourrait alors pas acquitter les données transmises par l'eNodeB.

Cette procédure est donc toujours démarrée par l'UE, mais peut être provoquée par une action du réseau (cas 2, commande de handover envoyée par l'eNodeB source, ou cas 5, ordre sur le PDCCH). Par ailleurs, on voit que l'accès aléatoire peut être déclenché par la couche RRC (cas 1, 2 et 3) ou par la couche MAC elle-même (cas 4 et 5).

La procédure d'accès aléatoire suit les étapes indiquées sur la figure suivante. La sélection du préambule n'est pas indiquée ici, puisqu'elle peut être réalisée par l'UE ou par l'eNodeB suivant le scénario et l'implémentation de l'eNodeB.

**Figure 14-2**
*Étapes de la procédure d'accès aléatoire*

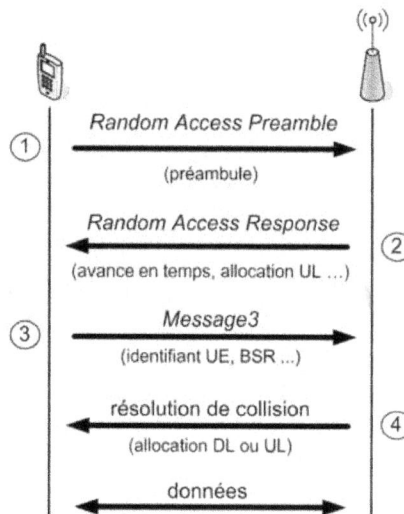

Cet échange montre quatre étapes :

1.  l'émission du préambule par l'UE (*Random Access Preamble*) ;

2.  la réponse de l'eNodeB (*Random Access Response* aussi appelée *Message2*), qui indique l'avance de temps que l'UE doit appliquer, ainsi qu'une allocation de ressources dans le sens montant pour l'envoi du *Message3* ;

3.  l'envoi du *Message3* par l'UE, qui peut être un message RRC ou une unité de données MAC (selon l'événement qui déclenche la procédure), mais inclut nécessairement un identifiant de l'UE ;

4.  la réponse de l'eNodeB au *Message3*, qui permet la résolution d'une collision éventuelle.

Comme nous le verrons dans la suite, la procédure se termine après la seconde étape dans le cas d'un préambule dédié (signalé par l'eNodeB à l'UE), alors que les quatre étapes sont nécessaires si le préambule est choisi de façon aléatoire par l'UE.

## Procédure détaillée

### Initialisation

Avant de lancer la procédure, l'UE doit disposer d'un certain nombre d'éléments qui lui seront nécessaires, parmi lesquels :

- les ressources radio réservées sur la cellule pour les accès aléatoires ;
- le ou les groupe(s) de préambules (il existe 64 préambules au total par cellule, répartis dans un groupe ou deux) ;
- les paramètres caractérisant le cycle de l'accès aléatoire (puissance initiale pour l'envoi du préambule, nombre maximal de transmissions du préambule, pas de puissance appliqué entre deux transmissions…) ;
- la durée de la fenêtre de réception pour la réponse de l'eNodeB à l'accès aléatoire.

L'UE obtient ces paramètres des Informations Système diffusées sur la cellule, ou bien directement de l'eNodeB. Dans le cas d'un handover par exemple, l'eNodeB informe l'UE des paramètres à appliquer dans la cellule cible. Cela évite à l'UE d'avoir à décoder ces informations sur la cellule cible et donc réduit le délai pour exécuter le handover.

### Sélection des ressources et transmission du préambule

#### *Sélection du préambule*

Comme nous l'avons vu à la section « Principe et cas d'utilisation » (p. 300), un préambule dédié peut être alloué par l'eNodeB à l'UE. La réservation d'un préambule pour un UE élimine tout risque de collision et, donc, accélère son accès à la cellule. Cela peut être le cas lors d'un handover, en particulier lorsqu'un des bearers actifs est sensible aux interruptions. Il faut noter que cette allocation n'est possible que pour un UE déjà connecté à l'eNodeB, puisque le préambule est signalé individuellement à l'UE.

---

REMARQUE **Canal dédié en UMTS, préambule dédié en LTE**

En UMTS, l'UE ne peut avoir de préambule dédié pour la procédure d'accès aléatoire. Quand il a une connexion RRC active avec l'UTRAN et que des ressources dédiées lui sont allouées, un canal de contrôle physique dédié (DPCH) est établi sur la voie montante et sur la voie descendante pour gérer la connexion radio entre l'UE et l'eNodeB. Ces canaux sont notamment utilisés pour réaliser le contrôle de puissance. Lors d'un handover, l'UE utilise lors de son accès sur la cellule cible les canaux DPCH établis au préalable par l'UTRAN et il n'a pas besoin de réaliser d'accès aléatoire. En LTE, l'UE n'a pas de canal physique dédié préparé sur la cellule cible. Pour limiter le délai associé à l'accès aléatoire, un préambule dédié peut alors lui être attribué.

Si l'UE n'a pas reçu de préambule dédié, il procède à une sélection aléatoire dans un groupe de préambules. L'eNodeB peut configurer un groupe ou deux, le second groupe étant réservé aux UE qui ont besoin d'émettre un *Message3* de grande taille au cours de la procédure. Ce point est important, car nous verrons que l'eNodeB retourne une allocation à l'UE dans sa réponse. Ainsi, l'envoi par l'UE d'un préambule du second groupe indique à l'eNodeB qu'il doit fournir une allocation suffisante à l'UE pour que ce dernier puisse transmettre son message (message RRC typiquement, *RRC Connection Request* ou *RRC Connection Reconfiguration Complete*).

### *Détermination de la ressource PRACH et de la puissance d'émission*

Pour réaliser l'envoi de son préambule à l'eNodeB, l'UE utilise des ressources physiques dédiées à la procédure d'accès aléatoire : il s'agit du canal PRACH (pour *Physical Random Access Channel*, voir le chapitre 13). Une fois le préambule sélectionné, l'UE détermine ensuite la prochaine occasion possible pour l'envoyer : sous-trame et ressource PRACH dans cette sous-trame. Cette occasion est identifiée à partir des informations reçues de l'eNodeB, via les Informations Système ou la signalisation dédiée (pour le handover par exemple).

L'UE calcule alors la puissance à appliquer pour l'émission du préambule, à partir des paramètres reçus et du nombre d'envois déjà effectués ; il augmente la puissance d'un *pas* à chaque retransmission du préambule :

$$\text{Puissance\_préambule\_N} = \text{puissance\_préambule\_initial} + \text{pas de puissance} \times (N - 1)$$

Ce mécanisme est appelé *power ramping*. Un ajustement de puissance peut également être appliqué à cette formule, en fonction du format de transmission du préambule (plus ou moins étalé dans le temps). Les formats de transmission du préambule ont été décrits au chapitre 13.

Enfin, l'eNodeB peut signaler à l'UE un nombre maximal de transmissions du préambule. Les paramètres utilisés (pas, puissance initiale, nombre maximal d'envois) sont indiqués par l'eNodeB à l'UE dans les Informations Système de la cellule.

### *Réception de la réponse*

Une fois le préambule transmis à t=t0 sur la ressource sélectionnée, l'UE surveille le PDCCH à partir de :

$$t1 = t0 + 3ms$$

et jusqu'à

$$t2 = t1 + \text{fenêtre\_réception}.$$

L'UE considère qu'il a reçu une réponse de l'eNodeB lorsqu'il reçoit un PDCCH dont le CRC est embrouillé avec un identifiant RA-RNTI (voir p. 265) associé à la sous-trame utilisée pour l'envoi du préambule. Ce RA-RNTI est en effet obtenu à partir des indices de la trame f_id et de la sous-trame t_id : t_id + 10 * f_id . Le PDCCH indique une allocation sur le PDSCH. Elle porte le message *MAC Random Access Response*, qui peut contenir des réponses à plusieurs UE. L'UE décode alors ce message MAC et, si celui-ci contient le numéro du préambule que l'UE a utilisé, peut arrêter de surveiller le PDCCH. Ce message lui indique également une commande de synchronisation en temps et l'allocation sur la voie montante. L'UE applique la commande de synchronisation indiquée, l'allocation fournie par l'eNodeB pour l'envoi des données (*Message3*) et l'identifiant temporaire C-RNTI éventuellement affecté par l'eNodeB.

Si, au contraire, aucune des réponses reçues dans la fenêtre de réception n'est associée au RA-RNTI et au préambule utilisé, l'UE considère la tentative infructueuse et réitère la procédure tant que le nombre maximal d'essais n'a pas été atteint. À chaque nouvelle tentative, le compteur est incrémenté et la puissance de transmission du préambule est augmentée d'un pas. Si le nombre maximal de tentatives est atteint, la couche MAC indique à la couche RRC l'échec de la procédure.

La figure suivante illustre le cas d'un UE ayant sélectionné aléatoirement le préambule 58 et qui ne reçoit aucune réponse à son premier envoi. La seconde transmission du préambule est suivie d'une réponse, mais qui n'est pas destinée à cet UE puisque le message MAC transmis sur le PDSCH porte un autre préambule (22). Cela signifie qu'un autre UE a émis le préambule 22 sur la même ressource PRACH, identifiée par le RA-RNTI. Finalement, la troisième tentative est fructueuse : une réponse avec le préambule 58 est reçue, 6 TTI après l'émission du préambule par l'UE.

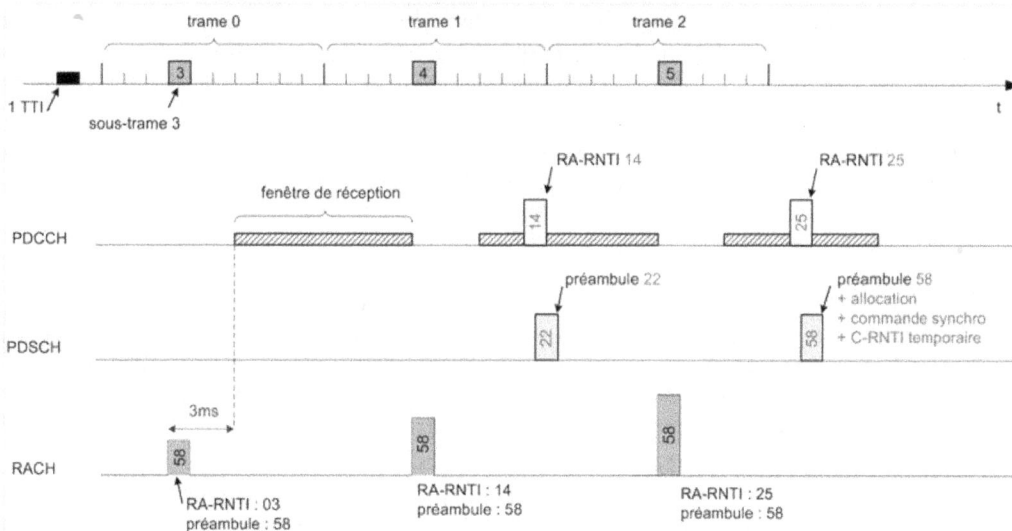

Figure 14-3
*Transmission du préambule sur le canal RACH*

Si le préambule a été alloué par l'eNodeB (préambule dédié), la procédure aboutit dès que la réponse de l'eNodeB est reçue, puisque ce préambule ne peut être utilisé que par cet UE (il ne peut avoir été choisi par un autre UE).

En revanche, lorsqu'il est choisi de façon aléatoire, un même préambule peut être utilisé par deux UE dans la même ressource PRACH (temps - fréquence). Dans ce cas de figure, chacun des deux UE recevant la réponse avec le RA-RNTI et le préambule va penser que cette réponse lui est destinée et utiliser l'allocation indiquée dans la réponse. Le conflit va donc se poursuivre dans la phase suivante (envoi du *Message3*). Pour déterminer si la réponse suivante de l'eNodeB lui est bien destinée, l'UE devra donc procéder à une *résolution de collision*.

### Résolution de collision

Après la réception de la réponse de l'eNodeB (*Random Access Response*), l'UE peut transmettre le *Message3* présent dans son buffer et pour lequel il a lancé la procédure d'accès aléatoire. Comme nous l'avons vu à la section « Principe et cas d'utilisation » (p. 300), ce message peut être de nature différente suivant l'événement ayant déclenché la procédure d'accès aléatoire :

- un message *RRC Connection Request* (cas 1) ;
- un message *RRC Connection Reconfiguration Complete* (cas 2) ;
- une unité de données MAC (pour les autres cas cités).

Dans le premier cas, l'UE ne dispose pas d'identifiant CRNTI sur la cellule, puisqu'il était en mode veille, mais uniquement d'un identifiant temporaire fourni par l'eNodeB dans sa réponse *Random Access Response*. Or, si une collision s'est produite, l'autre UE ayant émis le même préambule au même moment aura également reçu cette réponse et cet identifiant : celui-ci ne peut donc pas être utilisé pour résoudre la collision. Un autre identifiant présent dans le *Message3* va servir pour discriminer les deux UE (identifiant NAS). En effet, dans sa réponse à l'UE (*Message4*), envoyée sur le PDCCH embrouillé avec le CRNTI Temporaire, l'eNodeB va répéter ce même identifiant NAS (dans la partie MAC du bloc). Le second UE est alors capable de détecter à ce stade que ce bloc ne lui est pas destiné et que sa tentative a échoué.

---

**NOTE** **L'identifiant NAS S-TMSI**

Lorsqu'il s'enregistre auprès du réseau, l'UE en reçoit une identité NAS, le S-TMSI, valable au sein de la zone d'enregistrement EPS (Tracking Area). Cette identité, unique dans la zone, est utilisée par l'UE pour s'identifier lors d'un accès ultérieur au réseau. Cet identifiant est intégré par l'UE au corps du *Message3*, pour que l'eNodeB résolve une éventuelle collision (en répétant cet identifiant dans le sens descendant).

Si l'UE ne dispose pas d'un tel identifiant (cas d'erreur ou d'accès initial au réseau), il envoie à la place un nombre choisi de façon aléatoire parmi 240 possibilités. Il est donc théoriquement possible, même si la probabilité est infime, que deux UE qui essaient de s'enregistrer en même temps choisissent le même nombre aléatoire comme identifiant NAS, et également le même préambule pour l'accès aléatoire.

---

Ce scénario est illustré sur la figure suivante, où les deux UE ont émis le préambule 58 sur la même ressource PRACH et ont reçu la réponse de l'eNodeB. Ils émettent donc tous les deux leur *Message3* (*RRC Connection Request* ici) sur l'allocation signalée dans cette réponse. L'$UE_1$ inclut dans son *Message3* l'identifiant NAS S-TMSI qui lui a été précédemment alloué (voir note), tandis que l'$UE_2$, qui ne dispose pas d'un tel identifiant, fournit un nombre tiré aléatoirement. La réponse *Message4* de l'eNodeB répète le S-TMSI (message *RRC Connection Setup* ici), ce qui signifie qu'il répond à l'$UE_1$. Par conséquent, l'$UE_2$ considère la procédure infructueuse, alors que l'$UE_1$ utilise l'allocation ultérieure pour la voie montante, indiquée par le PDCCH, pour acquitter le message RRC de l'eNodeB joint au S-TMSI (envoi du message *RRC Connection Setup Complete*).

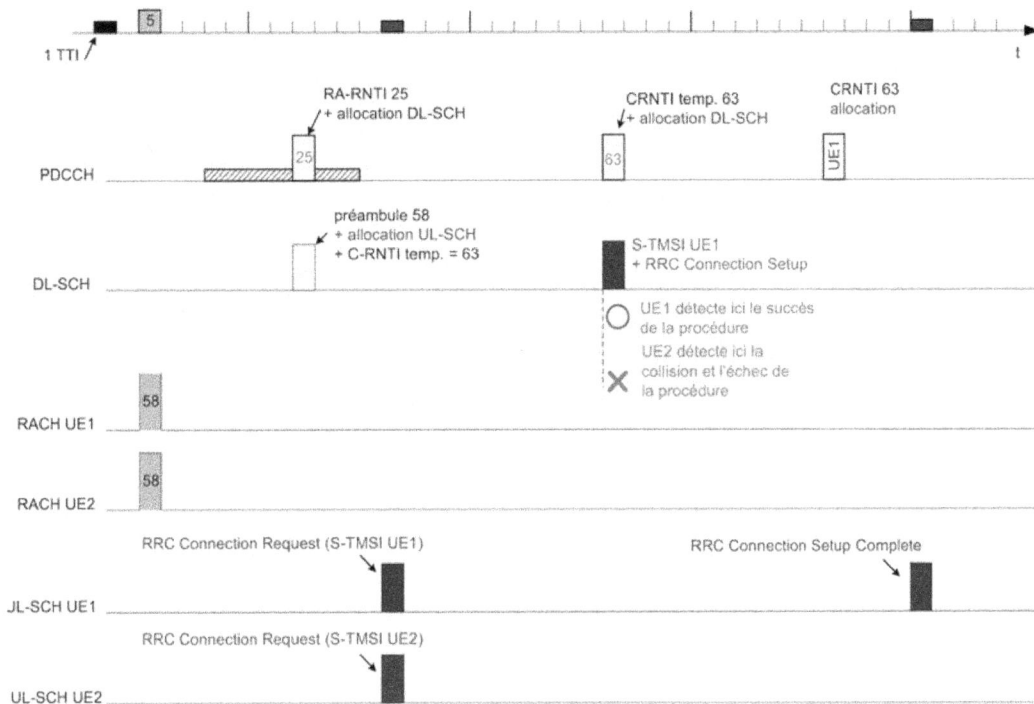

Figure 14-4
*Résolution de collision lors de la procédure d'accès aléatoire*

Le message *RRC Connection Setup* informe l'UE de la configuration à adopter pour la connexion RRC. On notera que l'UE$_1$ considère à partir de cet instant le CRNTI Temporaire comme son nouveau CRNTI ; toute nouvelle allocation de l'eNodeB à l'UE$_1$ dans le sens montant ou descendant sera adressée à ce CRNTI.

Dans les autres cas mentionnés plus haut (2 et 3), l'UE dispose d'un CRNTI valide puisqu'il a une connexion RRC active. Il l'inclut donc dans la partie MAC du bloc portant le *Message3*. En réponse, l'eNodeB retourne une allocation pour le sens montant ou descendant, selon le critère qui a déclenché la procédure d'accès aléatoire (ordre PDCCH de l'eNodeB ou besoin de transmission de l'UE). Cette allocation est portée par un PDCCH dont le CRC est embrouillé par l'identifiant CRNTI (voir le chapitre 12 pour plus de détails). En cas de collision, le second UE ne reçoit donc pas de réponse associée à son CRNTI et, au bout d'un temps prédéfini, il considère que la procédure a échoué.

Dans le cas d'un échec, l'UE procède à une nouvelle tentative d'accès aléatoire, en reprenant la procédure depuis le début, sous réserve qu'il n'ait pas atteint le nombre maximal d'essais : il adopte le même comportement que s'il n'avait pas reçu de réponse correcte à l'envoi du préambule.

# Maintien de la synchronisation en temps

En LTE, comme dans les systèmes GSM/GPRS et UMTS, le maintien de la synchronisation en temps dans le sens montant est nécessaire pour que l'eNodeB puisse recevoir des données émises par l'UE. Dans le système LTE, l'émission des données dans le sens montant doit être réalisée à des instants précis, d'une part pour ne pas perturber la réception des autres UE, du fait du partage des ressources temporelles, et d'autre part pour permettre à l'eNodeB de démoduler les signaux émis par l'ensemble des UE servis sur un même TTI à l'aide d'une même FFT (voir le chapitre 6).

Deux UE respectivement éloigné et proche de la station de base recevront le signal de la voie descendante à des instants différents, du fait du délai de propagation. L'eNodeB doit faire en sorte que leurs émissions sur la voie montante soient reçues de façon synchrone : leurs signaux respectifs doivent être reçus peu ou prou au même moment, c'est-à-dire dans une marge acceptable par l'eNodeB, comme cela est illustré sur le schéma suivant.

Figure 14-5
*Après la commande d'avance de temps, l'eNodeB reçoit les deux signaux au même instant*

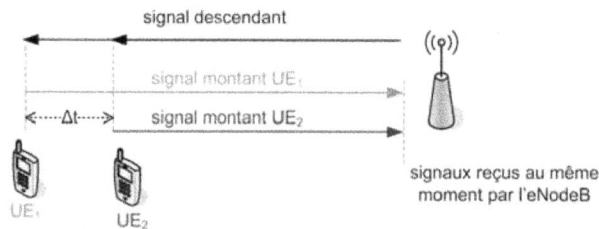

Pour cela, l'eNodeB commandera à l'UE$_1$, le plus éloigné, de commencer l'émission sur le TTI K à

$$T_k - T_{propUE1}$$

alors que l'UE2, plus proche, devra émettre à

$$T_k - T_{propUE2}$$

où Tk désigne le début de réception du TTI K, $T_{propUE1}$ le délai de propagation entre l'UE$_1$ et l'eNodeB, et $T_{propUE2}$ le délai de propagation entre l'UE$_2$ et l'eNodeB. Cet ajustement compense les délais de propagation liés à la distance qui les sépare de la station de base et au chemin emprunté par les signaux (par exemple, réflexions sur des immeubles, vue directe…). L'eNodeB évalue $T_{propUE1}$ et $T_{propUE2}$ à partir du décalage entre l'instant auquel il attend le signal de l'UE et l'instant auquel il reçoit effectivement ce signal.

Cette indication d'avance de temps est donc transmise de l'eNodeB à l'UE, par l'intermédiaire d'une commande du protocole MAC, notamment lors de la procédure d'accès aléatoire, comme présenté dans la séquence suivante.

1. L'UE reçoit, via les Informations Système diffusées par l'eNodeB sur la cellule, la valeur de la temporisation de validité de l'avance de temps. Cette temporisation (appelée par la suite TAT, pour *Time Alignment Timer*) détermine la durée pendant laquelle l'UE doit appliquer la

commande d'avance de temps reçue de l'eNodeB, notamment dans la procédure d'accès aléatoire. Sa valeur est d'au moins 500 ms et peut être infinie (pas d'expiration).

2. L'UE initie une procédure d'accès aléatoire et reçoit de l'eNodeB une commande de synchronisation. Il applique alors cet ajustement lors de l'émission du *Message3*, et déclenche la temporisation TAT. Tant que celle-ci n'a pas expiré, la commande reçue reste valable. L'UE est connecté (état RRC_CONNECTED) et synchronisé avec l'eNodeB.

3. À tout moment, l'eNodeB peut corriger la synchronisation de l'UE en envoyant une nouvelle commande par l'intermédiaire d'un message MAC. Cela est nécessaire du fait du déplacement de l'utilisateur dans la cellule, ou du changement de son environnement radio. L'eNodeB estime l'avance de temps nécessaire en mesurant le décalage entre le début d'un TTI et le moment auquel il reçoit le signal de l'UE pour ce TTI. L'eNodeB peut également indiquer à l'UE une nouvelle valeur de la temporisation TAT dans un message RRC.

4. Pour maintenir la synchronisation de l'UE sur la voie montante, l'eNodeB doit envoyer régulièrement (avant l'expiration de la temporisation TAT) une commande d'avance de temps à l'UE, y compris si l'UE reçoit et/ou envoie des données. Si la temporisation expire, l'UE considère qu'il n'est plus synchronisé. Il vide alors ses buffers HARQ, relâche les ressources PUCCH/SRS et toutes les allocations éventuelles, dans les sens montant et descendant. S'il a besoin de transmettre des données (signalisation ou données du plan usager), il doit alors réaliser une nouvelle procédure d'accès aléatoire. Dans le cas d'un handover, cette désynchronisation survient « naturellement » et l'UE initie une procédure d'accès aléatoire pour se synchroniser sur la nouvelle cellule. Dans les autres cas, cette situation traduit un problème dans la communication entre l'UE et l'eNodeB.

# La réception discontinue ou DRX

## Principe et bénéfice

Le principe de la réception discontinue en mode connecté, que nous appellerons DRX dans cette partie (pour *Discontinuous Reception*, soit *Discontinuous « Rx »*), consiste pour l'UE à ne décoder le canal de contrôle PDCCH que périodiquement et non plus à chaque sous-trame, suivant un schéma défini par l'eNodeB. Celui-ci détermine les paramètres du cycle suivi par l'UE : période du cycle et période d'éveil notamment (ces grandeurs sont explicitées par la suite).

Son usage est limité au mode connecté.

Le mode DRX est illustré à la figure suivante. Il comprend :

• une période d'éveil, pendant laquelle l'UE décode le PDCCH et effectue des mesures sur les cellules voisines ;

• une période de repos, pendant laquelle l'UE n'a pas à décoder le PDCCH ni à faire de mesures.

L'enchaînement de ces deux périodes est appelé *cycle DRX*. L'eNodeB définit via la signalisation RRC la durée de la période d'éveil (entre 1 et 200 ms) et la durée totale du cycle (entre 2 et 640 ms).

Figure 14-6
*Cycle DRX*

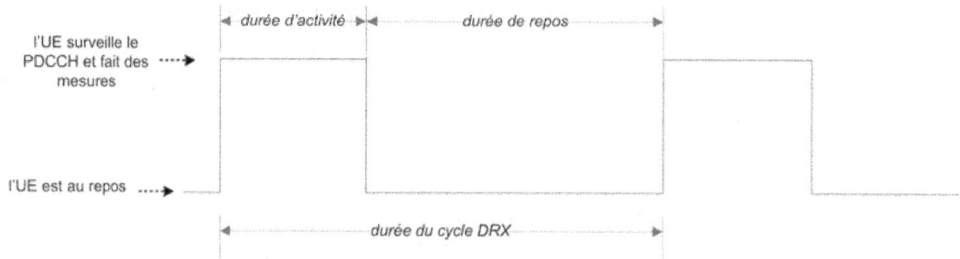

Les valeurs des paramètres du cycle DRX sont configurées en fonction de la fréquence d'arrivée attendue par l'eNodeB des données pour transmission vers l'UE, et du nombre d'UE servis par l'eNodeB. Cependant, nous verrons dans la suite que les durées effectives des périodes d'éveil et de repos dépendent de manière dynamique des allocations décidées par l'eNodeB et des éventuelles retransmissions, et peuvent ainsi varier entre deux cycles DRX consécutifs d'un même UE. En revanche, la durée du cycle DRX ne change pas tant que l'eNodeB n'a pas signalé à l'UE une nouvelle configuration DRX.

Le principal objectif du mode DRX est de réduire la consommation de l'UE, par rapport à la réception continue. En effet, pendant les périodes de repos, l'UE peut se mettre « en sommeil » et éteindre une partie de ses équipements, notamment les chaînes de réception RF. Cependant, cela implique que l'arrivée des données du plan usager dans le sens descendant soit prévisible et suive un schéma périodique. Dans le cas contraire, le mode DRX introduit un délai dans l'émission ou la réception de ces données par l'UE, puisque ce dernier ne peut émettre ou recevoir les données disponibles qu'à la prochaine période d'éveil. Ce délai supplémentaire est donc directement lié à la durée du cycle DRX.

## Procédure en voie descendante

Le mode DRX suit le schéma suivant dans le sens descendant.

1.  L'UE se « réveille » pour décoder le PDCCH. Il reste dans cet état actif pendant une durée définie par la configuration du DRX, indiquée par l'eNodeB.

2.  Si l'UE ne reçoit aucune allocation sur le PDCCH pour une transmission initiale avant la fin de cette période, il retourne à l'état de repos. Il demeure au repos jusqu'à la fin du cycle DRX, puis se réveille à nouveau (étape 1). Dans ce cas, les périodes d'éveil et de repos correspondent strictement aux valeurs issues de la configuration donnée par l'eNodeB.

3.  En revanche, si l'UE reçoit sur le PDCCH une allocation pour une transmission initiale (allocation dynamique), il décode le bloc reçu et déclenche la *temporisation d'inactivité DRX*. Le rôle de cette temporisation est de maintenir l'UE en éveil lorsque l'eNodeB a des données à lui transmettre hors allocation semi-persistante (afflux subit de données). Elle offre ainsi une latitude temporelle à l'eNodeB pour le scheduling des transmissions sur la voie descendante. Sa valeur peut aller de 1 ms à 2,56 s. Elle peut donc être bien supérieure à la période d'éveil configurée. On notera que l'UE doit transmettre l'acquittement d'HARQ (positif ou négatif) du bloc

un certain temps après sa réception (4 ms en FDD), même s'il est passé au repos (typiquement si la temporisation d'inactivité est inférieure à 4 ms en FDD).

- Si aucune nouvelle transmission initiale n'est reçue sur le PDCCH, la temporisation expire et l'UE retourne alors dans l'état de repos. Ainsi, la retransmission d'un bloc ne déclenche pas cette temporisation et ne maintient donc pas l'UE en éveil. La temporisation n'est pas non plus démarrée si l'UE reçoit un bloc de données sur une allocation semi-persistante (cette transmission étant par définition programmée).

- Si, au contraire, une transmission initiale est allouée avant l'expiration de cette temporisation d'inactivité, l'UE la redémarre dès la réception de l'allocation sur le PDCCH et fait de même pour toute transmission ultérieure.

- Lorsque l'UE ne parvient pas à décoder le bloc reçu, il démarre la *temporisation d'aller-retour HARQ* (ou HARQ RTT, pour *HARQ Round Trip Time*), associée au processus HARQ qui a traité le bloc. Sa valeur est fixée par les spécifications 3GPP (8 ms en FDD). Elle représente le délai minimal entre la réception par l'UE de la transmission initiale et la réception de la retransmission. À l'expiration de cette temporisation, l'UE doit retourner à l'état d'éveil pour décoder le PDCCH. Il reste alors en éveil pendant une durée prédéfinie (temporisation de retransmission DRX) afin de recevoir la retransmission, qui n'est pas nécessairement transmise après 8 ms. Cette nouvelle durée d'éveil varie entre 1 et 33 ms selon la configuration. Ce mécanisme évite de reporter la retransmission du bloc au prochain cycle DRX. Lorsque la retransmission est reçue, ou à défaut, que cette période est écoulée, il retourne à l'état de repos. On notera que pendant cette période, seule la retransmission du bloc attendu peut être réalisée.

4. Lorsqu'il retourne à l'état de repos, l'UE reste dans cet état jusqu'à la fin du cycle DRX (s'il n'attend pas de retransmission).

5. À la fin du cycle DRX, si l'UE était dans l'état de repos, il se réveille pour décoder le PDCCH comme dans l'étape initiale.

La période d'éveil configurée par l'eNodeB correspond donc à la durée minimale d'activité de l'UE pendant un cycle DRX, lorsque l'UE ne reçoit aucune allocation sur le PDCCH. La durée maximale d'activité est quant à elle égale à la durée complète du cycle (par exemple, dans le cas d'un afflux subit de données ne permettant pas à l'UE de retourner à l'état de repos).

Il faut également noter que l'eNodeB peut forcer le passage de l'UE en mode de repos, à l'aide d'une commande MAC spécifique. Dans ce cas, l'UE arrête la temporisation de la période d'éveil, ou celle d'inactivité si elle a été déclenchée, et poursuit le cycle DRX en mode de repos.

## Exemple

Dans l'exemple étudié ici pour illustrer l'utilisation du mode DRX, l'UE a un appel voix en cours et une trame de voix est fournie par le codec VoIP toutes les 20 ms. D'autre part, l'utilisateur consulte de façon intermittente des pages web sur son UE. Cet usage web donne lieu à des périodes sans transfert de données, liées à la lecture par l'utilisateur de la dernière page chargée. Nous avons donc ici deux trafics de natures différentes : le premier est caractérisé par une transmission de paquets de taille réduite, sur un rythme stable et prédictible (toutes les 20 ms) et le second, dont le trafic dépend essentiellement du comportement de l'utilisateur, transmet ponctuellement des paquets volumineux lors du téléchargement d'une page, qu'il faut acheminer rapidement pour garantir une bonne expérience de l'utilisateur (notion d'interactivité).

Pour écouler le trafic voix tout en limitant l'utilisation des ressources radio, l'eNodeB fait ici le choix de configurer et activer une allocation semi-persistante à l'UE, avec une période de 20 ms : une transmission sur cette allocation est effectuée toutes les 20 ms, pour chaque paquet de voix reçu par l'eNodeB. D'autre part, le trafic web étant réduit à ce moment, il ordonne à l'UE de basculer en mode DRX, par l'intermédiaire de la commande MAC adéquate, afin de limiter sa consommation. Lorsque des données liées au trafic web arriveront dans le sens descendant (de la S-GW), il pourra les transmettre à l'UE via des allocations dynamiques lorsque celui-ci sera éveillé, voire décider de désactiver le mode DRX (via un message RRC) s'il considère que l'activité du trafic ne justifie plus son utilisation.

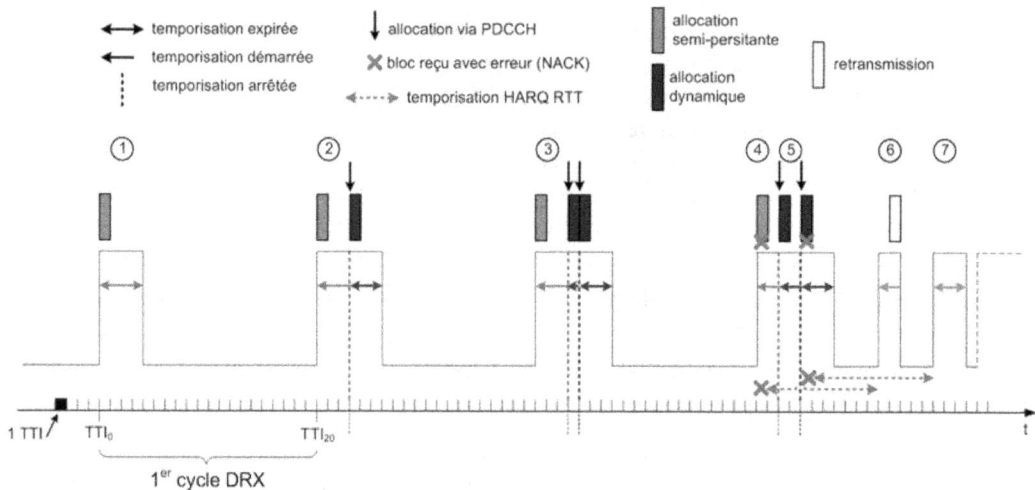

Figure 14-7
*Exemple d'utilisation du DRX*

Au début du scénario décrit sur la figure précédente, l'UE est donc en mode DRX, avec une allocation semi-persistante.

1.  Au TTI $_0$, l'UE reprend le décodage du PDCCH et reçoit dès le premier TTI un bloc transmis sur l'allocation semi-persistante. Cet événement ne déclenche pas la temporisation d'inactivité DRX et l'UE retourne au repos à la fin de la période d'éveil (qui dure dans cet exemple 4 sous-trames, soit 4 ms), n'ayant reçu aucune allocation via le PDCCH. Il demeure dans cet état jusqu'à la fin du premier cycle, soit pendant 16 ms.

2.  Au début du second cycle, l'UE reçoit un nouveau bloc via l'allocation semi-persistante. 3 TTI plus tard (au TTI $_{23}$), le PDCCH signale une allocation dynamique. L'UE arrête alors la temporisation de la période d'éveil et lance la temporisation d'inactivité DRX (qui vaut 3 ms dans cet exemple). L'UE ne recevant aucune autre allocation sur le PDCCH pour une transmission initiale,

il bascule dans l'état de repos à son expiration et y reste jusqu'à la fin du cycle, n'attendant aucune retransmission dans le sens descendant. Cette période de repos dure donc ici 14 ms.

3.  Le troisième cycle DRX débute comme le précédent, mais une seconde allocation dynamique est signalée sur le PDCCH immédiatement après la première, ce qui a pour effet de redémarrer la temporisation d'inactivité DRX. La période de repos sur ce troisième cycle est donc de 13 ms.

4.  Dans le quatrième cycle de cet exemple, le bloc transmis sur l'allocation semi-persistante ne peut être décodé par l'UE, qui retourne donc un acquittement négatif (NACK) à l'eNodeB. Il déclenche alors la temporisation d'aller-retour HARQ pour le processus HARQ qui a traité ce bloc, afin de se réveiller au moment opportun pour décoder le PDCCH et recevoir la retransmission. Une seule valeur de cette temporisation est indiquée par l'eNodeB à l'UE ; elle est donc commune à tous les processus HARQ, même si chaque processus gère sa propre temporisation.

5.  Comme lors des deux cycles précédents, l'UE reçoit une allocation dynamique sur le PDCCH avant la fin de la période d'éveil (ici, 2 ms après le début du cycle). Ce bloc est décodé avec succès par l'UE. Un second bloc est transmis via une allocation dynamique, mais l'UE ne parvient pas à le décoder. Comme pour le bloc reçu sur l'allocation semi-persistante, l'UE renvoie un NACK et démarre la temporisation d'aller-retour HARQ du processus HARQ qui a traité ce bloc. À l'expiration de la temporisation d'inactivité, l'UE retourne au repos, les deux temporisations d'aller-retour étant toujours actives dans notre exemple.

6.  À l'expiration de la temporisation d'aller-retour associée au premier bloc (allocation semi-persistante), l'UE s'éveille, décode le PDCCH et démarre la temporisation de retransmission DRX (ici : 3 sous-trames, soit 3 ms). Le PDCCH n'indique pas de retransmission dans le premier TTI, mais dans le suivant. L'UE reçoit la retransmission, stoppe alors la temporisation et retourne au repos. Il envoie un acquittement positif s'il a pu décoder le bloc.

7.  De façon similaire, l'UE reprend le décodage du PDCCH lorsque la temporisation d'aller-retour associée au second bloc mal reçu expire et démarre à nouveau la temporisation de retransmission DRX. Dans notre exemple, l'UE ne reçoit aucune retransmission avant la fin de cette temporisation et retourne alors au repos. Ce cas se produit par exemple si l'UE ne parvient pas à décoder correctement le PDCCH (et donc ne reçoit pas le bloc retransmis par l'eNodeB), ou, plus rarement, dans le cas où l'acquittement négatif envoyé par l'UE a été corrompu par des interférences et interprété comme un acquittement positif par l'eNodeB.

## Traitement du sens montant

Que se passe-t-il dans le sens montant ? L'effet du DRX sur le sens montant est limité au fait que les allocations dynamiques ne peuvent être reçues par l'UE que lorsqu'il surveille le PDCCH, comme pour le sens descendant, et que l'envoi périodique de CQI est également restreint à cette période d'activité.

En revanche, les opérations HARQ ne sont pas modifiées par le mode DRX et suivent toujours le schéma décrit dans le chapitre 10. Par exemple, si l'UE a reçu un acquittement négatif après une transmission initiale pendant la période d'activité, il procédera à une retransmission du bloc au TTI approprié (le prochain associé au processus HARQ qui a traité ce bloc), même si elle doit avoir lieu pendant la période de repos.

## Cycle long et cycle court

L'eNodeB peut décider de configurer deux cycles DRX différents pour l'UE : un court et un long. Dans ce cas, l'UE bascule d'abord dans le cycle court lorsqu'il passe en mode DRX. Il n'utilise le cycle long que dans le cas où aucune allocation dynamique ne lui est signalée pendant une durée donnée, définie en nombre de cycles DRX courts (entre 1 et 16, soit au plus 10,24 secondes pour un cycle court de 640 ms).

Le cycle court est optionnel : si l'eNodeB ne configure qu'un seul cycle, il s'agit par défaut du DRX long et l'UE passe directement du mode actif à ce cycle long lorsqu'il doit basculer en mode DRX.

Le cycle DRX long peut être utile lorsque l'opérateur souhaite retarder, voire éviter le passage de l'UE en mode veille, tout en limitant sa consommation de batterie : il peut alors préférer faire basculer l'UE dans un mode DRX long, éventuellement aussi long que le mode DRX de veille, mais qui évite à l'UE de rétablir une connexion avec l'eNodeB et avec le réseau cœur. En revanche, ce choix implique le maintien de ressources logiques sur l'eNodeB (contexte de l'UE, CRNTI alloué…) et sur le réseau cœur.

## Mesures en mode DRX

En mode DRX, l'UE réagit moins vite à une dégradation de la qualité du signal reçu. En effet, les exigences de la norme sont relachées en DRX, par rapport au mode actif, pour détecter une dégradation de la qualité de signal au-delà d'un seuil (perte de synchronisation sur la voie descendante) [TS 36.133].

Par exemple, pour un cycle dont la période est de 40 ms, l'UE ne détectera cette perte de synchronisation qu'au bout de 20 cycles, soit 800 ms. Si l'UE n'est pas en mode DRX, cette dégradation sera détectée en 200 ms : dans cet exemple, l'UE est donc quatre fois plus lent en mode DRX pour réagir à un problème sur le lien radio.

# Priorisation des flux montants par l'UE

## Principe

Grâce au mécanisme de priorisation des flux montants, l'UE sert convenablement dans le sens montant plusieurs radio bearers non-GBR (email, navigation, messagerie instantanée…) et évite une situation dans laquelle un seul radio bearer actif de l'UE utilise toutes les allocations de ressources fournies par l'eNodeB, privant ainsi les autres radio bearers de ressources de transmission. Il est réalisé par la couche MAC de l'UE.

L'eNodeB alloue en effet des ressources sur la voie montante à l'UE pour l'ensemble des radio bearers. Cette allocation *globale* est nécessaire puisque l'eNodeB ne connaît pas à chaque instant l'état du buffer de chaque radio bearer. Il ne peut donc allouer des ressources explicitement à un radio bearer de l'UE et ne contrôle, par l'intermédiaire de ces allocations, que le débit total de l'UE sur la voie montante.

Or, même sans nécessiter des contraintes fortes de QoS, ces radio bearers peuvent avoir des besoins assez différents en termes de débit et d'interactivité : par exemple, l'envoi d'un email volumineux peut prendre plusieurs secondes et si l'UE consacre pendant cette durée toutes les allocations reçues à transmettre ces paquets, les autres services à débit non garanti, comme la messagerie instantanée (chat) ou la navigation, peuvent être retardés significativement. D'autre part, si le comportement de l'UE n'est pas du tout spécifié, deux UE pourront avoir un comportement très différent dans ce cas de figure. Pour aider l'UE à déterminer quel flux doit être privilégié pour l'accès aux ressources disponibles, l'eNodeB alloue une priorité à chaque radio bearer non-GBR. Huit niveaux de priorité sont définis, de 0 à 7, la priorité 0 étant la plus élevée. Un débit cible PBR (pour *Prioritised Bit Rate*) est également associé au radio bearer. Le mécanisme de priorisation des flux montants doit permettre à l'UE d'atteindre le débit cible du radio bearer de priorité 0, si les allocations de l'eNodeB l'autorisent, puis d'atteindre, sous la même condition, celui du radio bearer de priorité 1 et ainsi de suite.

On comprend que la définition d'un tel mécanisme peut devenir complexe et des règles strictes peuvent conduire à une utilisation sous-optimale des ressources (notamment par la segmentation excessive des paquets de données).

Lors de la définition du mécanisme de priorisation des flux montants au 3GPP, le choix s'est porté sur l'utilisation du modèle du *panier à jeton*, ou *token bucket* en anglais. Son principe est le suivant : un jeton de n bits est ajouté au panier à chaque TTI (soit K×n bits après K TTI) et lorsqu'un paquet de données de N bits arrive dans le buffer, il peut être transmis si la taille du panier K × n est au moins égale à N, c'est-à-dire si son crédit de transmission est supérieur ou égal à son besoin de transmission. Dans ce cas, le crédit est diminué des N bits utilisés pour l'envoi du paquet. Dans le cas contraire, le crédit n'est pas affecté et le paquet n'est émis que lorsque le panier s'est suffisamment rempli. D'autre part, le panier a une taille définie et refuse tout nouveau jeton lorsqu'il est déjà plein. Ce principe a toutefois été adapté pour la priorisation des flux montants en LTE : un solde négatif est permis pour éviter une segmentation excessive, comme nous le verrons dans la suite.

L'eNodeB attribue une taille de panier à chaque canal logique associé à un radio bearer non-GBR (en plus de la priorité et du débit PBR). Cette taille est exprimée en nombre de TTI et la taille en bits est donc dérivée du produit de cette durée par le débit PBR du canal logique.

À chaque TTI, chaque panier reçoit un jeton dont la taille en bits dépend du PBR. Ce jeton est issu du produit du PBR par la durée du TTI et représente le crédit élémentaire de transmission pour le canal logique. L'état de remplissage $P_i$ du panier i est la somme des jetons présents, mais il ne peut dépasser la taille du panier configurée par l'eNodeB. Cela signifie, en d'autres termes, qu'un canal ne peut accumuler de crédits de transmission que sur une durée limitée.

Lorsqu'une allocation pour le sens montant est reçue par l'UE, celui-ci procède de la façon suivante.

- Il alloue des ressources aux canaux logiques autorisés à transmettre des données, c'est-à-dire ceux dont le solde du panier est positif ($P_i > 0$), et qui ont des données à transmettre, dans un ordre de priorité décroissante (le canal de priorité 0 est servi en premier).

- Il retire du panier l'équivalent des données servies : $P_i$ est décrémenté du nombre de bits transmis pour le canal i).

- Si des ressources sont encore disponibles sur l'allocation reçue, il sert les canaux logiques par ordre de priorité décroissante, jusqu'à ce que l'ensemble des données disponibles pour transmission soient servies, ou qu'il ne reste plus de place sur l'allocation.

- Au TTI suivant la transmission sur la voie montante, chaque panier récupère un nouveau jeton. Ainsi, l'état de remplissage $P_i$ augmente de la taille du jeton pour le panier i.

Ce faisant, l'UE doit faire en sorte de maximiser la transmission de données utiles, en limitant autant que possible le recours à la segmentation des blocs de données. Le solde $P_i$ du panier i peut ainsi devenir négatif, si l'UE a plus de données à transmettre que de crédits dans son panier. Dans ce cas en effet, un crédit supplémentaire est accordé pour éviter une segmentation excessive des blocs de données, qui conduirait à une utilisation inefficace des ressources : une segmentation implique l'ajout d'informations de contrôle pour que l'eNodeB reconstitue le bloc initial. De ce fait, il est possible qu'un canal logique qui a des données à transmettre ne puisse pas les envoyer lorsqu'une nouvelle allocation est reçue, si le solde de son panier ($P_i$) est encore négatif ou nul ; son solde doit devenir à nouveau positif pour qu'il puisse utiliser les ressources allouées. Cela a pour but d'éviter qu'un canal logique ne monopolise les allocations de ressources, bien au-delà du niveau autorisé par son PBR. Cependant, les spécifications 3GPP donnent des règles générales, en laissant aux constructeurs une liberté d'implémentation : un UE peut par exemple utiliser au maximum l'allocation pour des PDU du canal logique de priorité 0 (sans les segmenter), quitte à avoir un crédit $P_0$ largement négatif, tandis qu'un autre choisira d'utiliser l'allocation pour ce canal dans la limite du crédit $P_0$ (sans segmentation), puis d'utiliser l'espace restant pour le canal logique suivant.

## Exemple

Un exemple est donné sur le schéma 14-8, dans lequel deux radio bearers sont actifs.

Le radio bearer 1 (ou canal logique 1) a la priorité la plus élevée et un PBR de 1 Mb/s, tandis que le PBR du canal 2 est de 2 Mb/s. Avec un TTI de 1 ms, leurs paniers se remplissent donc respectivement de 1 kilobit et 2 kilobits à chaque TTI. Pour une raison de lisibilité, les jetons sont normalisés à 1 unité = 1 kilobit sur le schéma.

Ainsi, au bout de 5 TTI sans allocation, leurs paniers respectifs contiennent 5 unités et 10 unités.

Au TTI $_5$, une allocation pour le sens montant est reçue. Comme le panier du canal 1 n'est pas vide ($P_1 > 0$) et que des données de ce canal sont disponibles pour transmission, l'UE commence par allouer des ressources à ce canal logique. La taille de l'allocation (11 unités) étant supérieure à la quantité de données présente dans le buffer (7 unités), toutes ces données peuvent être transmises sur cette allocation. Cependant, l'UE octroie 2 jetons « à crédit » au canal 1 puisque le remplissage du panier n'est que de 5 unités. La conséquence est que ce canal ne pourra transmettre des données au prochain TTI, le remplissage étant désormais « négatif » ($P_1 = -2$).

L'UE procède ensuite de la même façon pour le canal 2, de priorité inférieure. Comme $P_2$ est égal à 10, ce canal peut être servi. L'espace disponible sur l'allocation est de 4 unités, mais le buffer contient 2 blocs de données dont les tailles respectives sont 1 unité et 6 unités, soit un total de 7 unités. Afin de maximiser la transmission de données, l'UE procède à la segmentation du bloc de 6 unités en deux blocs de 3 unités : cela lui permet de remplir l'allocation en y insérant le bloc de

1 unité et un des 2 blocs de 3 unités. À l'issue de cette transmission, le panier du canal 2 a donc un solde positif ($P_2 = 6$) et le buffer contient un bloc de 3 unités.

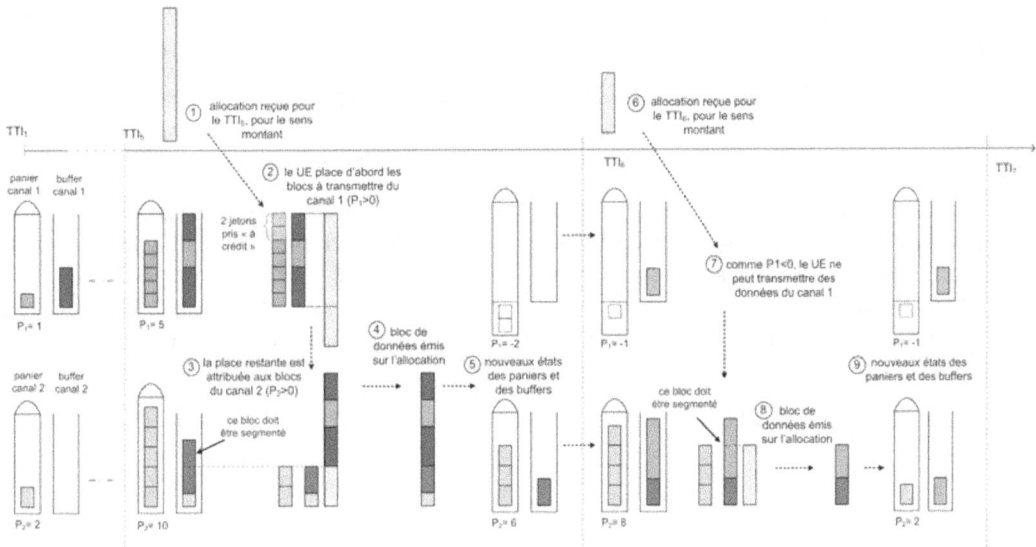

Figure 14-8
*Exemple de priorisation de radio bearers dans le sens montant*

Au TTI suivant (TTI $_6$), chacun des 2 canaux reçoit un nouveau jeton. Une nouvelle allocation est reçue. Le canal 1 ne peut en bénéficier puisque son solde est négatif ($P_1 \leq 0$). Il ne pourra d'ailleurs pas transmettre non plus au TTI suivant, puisque son solde sera alors nul (1 nouveau jeton reçu). En revanche, le panier du canal 2 contient des jetons ($P_2 = 8$) et son buffer n'est pas vide : il peut donc utiliser cette allocation pour transmettre des données. Comme précédemment, l'allocation équivalente à 6 unités n'est pas suffisante pour transmettre toutes les données présentes dans son buffer (9 unités). Le dernier bloc arrivé sera donc à son tour segmenté pour utiliser toutes les ressources disponibles. L'autre partie est conservée dans le buffer et le panier contient 2 unités à la fin du TTI.

Si l'on fait un bilan rapide pour ces deux canaux sur les 7 TTI, on voit que le canal 1 aura pu transmettre 7 unités, ce qui représente son PBR (1 unité par TTI). Cela est dû au fait que, d'une part, l'allocation reçue au TTI $_5$ était suffisante pour écouler l'intégralité du buffer et d'autre part, le canal 1 n'a pu émettre de données sur les TTI 6 et 7.

Le canal 2 a été d'abord pénalisé par sa plus faible priorité, puis a bénéficié de la situation de blocage du canal 1. Au TTI $_7$, si une allocation suffisante est reçue, il pourra l'utiliser seul. Il aura transmis alors 13 unités sur 7 TTI, ce qui est proche de son PBR. On comprend qu'il ne peut atteindre ce PBR qu'à la condition que le PBR du canal 1 soit également atteint.

L'effet de la taille du panier n'est pas montré dans cet exemple, mais on peut l'imaginer en supposant que celle du panier 1 est de 3 unités. Dans ce scénario, le panier aurait été rempli dès le $TTI_3$ et le crédit accordé au canal 1 pour la transmission au $TTI_5$ aurait donc été de 4 unités. Ce canal n'aurait donc pu transmettre de nouvelles données avant le $TTI_{10}$ et le débit réel serait bien en-dessous du PBR. Ce paramètre doit donc être choisi judicieusement, afin de ne pas pénaliser le radio bearer prioritaire, tout en évitant qu'il ne monopolise complètement les ressources allouées.

On voit aussi qu'il est important que le PBR associé à un radio bearer ne soit pas sous-estimé ; dans le cas contraire, le buffer se remplirait bien plus vite que le panier et les données restantes dans le buffer pourraient y rester trop longtemps (cas d'une allocation en rapport avec le PBR).

Typiquement, l'eNodeB détermine d'abord le PBR qui doit être associé au radio bearer et en déduit la valeur du jeton (produit entre le PBR et la durée du TTI). Ensuite, il choisit la taille de panier en fonction de la durée sur laquelle il veut que le PBR soit vérifié. Cette taille de panier dépend directement de la fréquence à laquelle il peut allouer des ressources à l'UE, puisqu'elle correspond, en moyenne, au volume de données que l'UE pourra émettre en une seule fois sur ce radio bearer (i.e. sur la même allocation dans le sens montant).

Sur la durée, le PBR est atteint si les allocations fournies par l'eNodeB le permettent.

# Références

Le lecteur souhaitant approfondir le sujet pourra consulter les documents suivants.

[3GPP TS 36.321]   Spécification technique 3GPP TS 36.321, *E-UTRA, Medium Access Control (MAC) protocol specification*, v8.12.0, mars 2012.

[3GPP TS 36.300]   Spécification technique 3GPP TS 36.300, *E-UTRA, Overall description*, v8.12.0, avril 2012 (section 12 sur le DRX).

[3GPP TS 36.133]   Spécification technique 3GPP TS 36.133, *E-UTRA, Requirements for support of radio resource management,* v8.17.0, mars 2012 (section 7.6.2. pour le DRX)

# 15

# Les protocoles NAS

**Sommaire :** *Quels sont les protocoles Non Access Stratum ? – Quelles fonctions assurent-ils ? – Quelles sont les interactions avec la partie Access Stratum ?*

Après la description de l'architecture du système LTE au chapitre 2 et de l'interface radio au chapitre 3, ce chapitre présente les concepts Access Stratum (AS) et Non Access Stratum (NAS), ainsi que les protocoles et fonctions qui leur sont associés. Ces connaissances sont utiles à la compréhension des procédures d'enregistrement au réseau, d'établissement d'appel et de gestion de la mobilité, qui seront développées dans les chapitres suivants.

## Les notions AS et NAS

Les acronymes AS et NAS, largement utilisés dans les spécifications 3GPP, désignent un découpage fonctionnel des échanges entre l'UE et le réseau : l'*Access Stratum*, ou AS, regroupe les protocoles et fonctions propres à l'accès radio entre l'UE et le réseau d'accès, tandis que le *Non Access Stratum*, ou NAS, désigne les fonctions et échanges entre l'UE et le réseau cœur. Ces notions impliquent donc toujours l'UE. Elles ne sont pas spécifiques au LTE mais ont été introduites dès la définition du système GSM. On parle parfois de *couche AS* et de *couche NAS* pour désigner collectivement les couches ou protocoles qui leur sont associés, sans avoir à nommer précisément le protocole AS ou NAS concerné. Les protocoles NAS assurent l'établissement d'une connexion sécurisée entre l'UE et le réseau cœur et la gestion des appels de et vers l'UE.

Du point de vue de l'UE, la partie Access Stratum regroupe les couches *basses* de sa pile protocolaire (PHY, MAC, RLC, PDCP et RRC), pour le transfert tant des données de signalisation (plan de contrôle) que des données de service (plan usager). Au contraire, la couche NAS n'est formée que de protocoles de signalisation, les données du plan usager étant délivrées par la partie AS aux couches supérieures de ce plan (IP/UDP/TCP). La couche NAS utilise le service de transport de signalisation offert par la couche AS. Sur l'interface radio, les messages NAS sont encapsulés dans des messages RRC, protocole de contrôle de la couche AS, messages qui sont eux-mêmes transmis dans des unités de données RLC/MAC, puis dans une trame physique, vers le nœud destinataire du réseau d'accès (BSC, RNC ou eNodeB). Ce nœud du réseau d'accès encapsule à son tour le message NAS dans des messages spécifiques à l'interface réseau d'accès – réseau cœur et le transmet au nœud destinataire du réseau cœur (MSC, SGN ou MME). Celui-ci extrait alors le message NAS et l'interprète, selon le protocole utilisé. La couche NAS participe ainsi au plan de contrôle de l'UE, mais n'intervient pas dans le plan usager.

La figure suivante illustre le découpage AS-NAS sur l'interface radio et l'interface réseau d'accès – réseau cœur.

Figure 15-1

*Découpage AS-NAS*

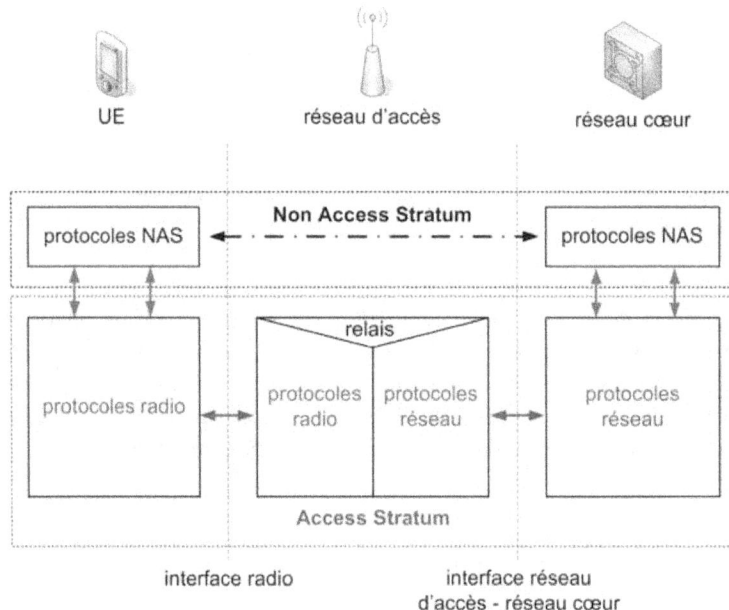

Dans les systèmes GSM/GPRS, UMTS et LTE, la couche NAS contient deux sous-couches : la première pour la gestion des appels (établissement, relâche, modification) et la seconde pour la gestion de la mobilité. Le rôle de cette seconde sous-couche est de masquer les contraintes du réseau mobile à la première, notamment les besoins d'authentification, d'attachement, de mise à jour de localisation, de connexion sécurisée de signalisation.

En GSM/GPRS et en UMTS, comme il existe les domaines circuit (CS, pour *Circuit Switched*) et paquet (PS, pour *Packet Switched*), ces sous-couches sont doublées (deux par domaine).

La figure 15-2 montre le découpage AS-NAS dans les systèmes GSM/GPRS et UMTS.

La couche NAS est constituée des protocoles suivants :

• *Call Control* (CC), entre l'UE et le MSC (domaine circuit), pour l'établissement et la relâche des appels du domaine circuit (CS), la signalisation en appel et les SMS ;

Figure 15-2

*Découpage AS-NAS
dans les systèmes
UMTS et GSM/GPRS*

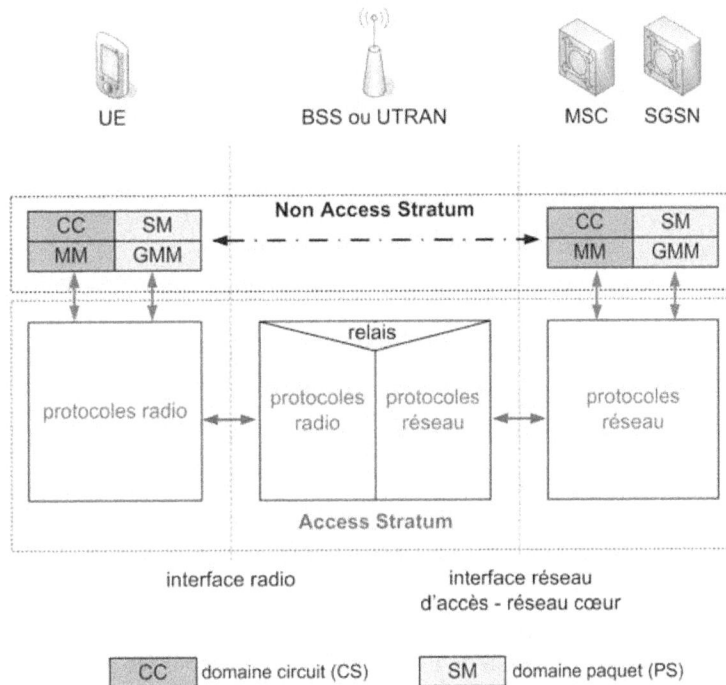

- *Mobility Management* (MM), entre l'UE et le MSC (domaine circuit), pour l'enregistrement, la mise à jour de localisation, l'authentification et l'établissement d'une connexion de signalisation sécurisée avec le domaine CS ;

- *Session Management* (SM), entre l'UE et le SGSN (domaine paquet), pour l'établissement et la relâche des sessions de données dans le domaine PS ;

- *GPRS Mobility Management* (GMM), entre l'UE et le SGSN (domaine paquet), équivalent du protocole MM pour le domaine PS.

On notera que les protocoles CC et SM figurent sur le schéma précédent au-dessus des protocoles MM et GMM. Cette représentation signifie que les protocoles MM et GMM interviennent en premier lieu pour établir et maintenir la connexion de signalisation avec le réseau cœur nécessaire à CC et SM pour l'établissement des appels. Cependant, les messages CC et SM ne sont pas encapsulés dans des messages MM et GMM, mais dans des messages RRC.

En LTE, système conçu autour d'un seul domaine PS, seuls deux protocoles sont définis : EMM, pour *EPS Mobility Management*, et ESM, pour *EPS Session Management*. L'eNodeB relaie les messages EMM et ESM au MME, en les encapsulant dans des messages S1-AP. En effet, le protocole S1-AP est le pendant du protocole RRC sur l'interface S1 : il permet l'échange de signalisation propre à l'UE entre l'eNodeB et le MME ainsi que le transport de messages NAS.

Figure 15-3
*Découpage AS-NAS
dans le système LTE*

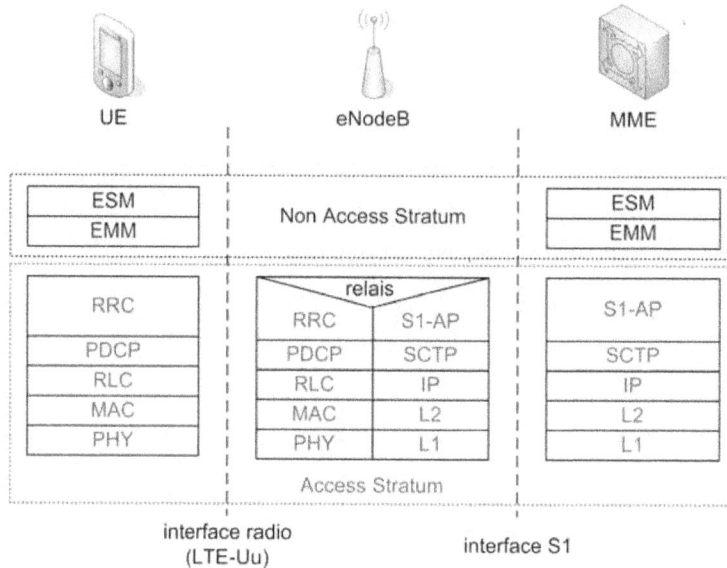

Figure 15-3
*Découpage AS-NAS
dans le système LTE*

Comme nous le verrons aux chapitres 18 et 19, un UE LTE peut néanmoins être joint via le réseau LTE par le domaine CS de l'UMTS et du GSM, pour les procédures de *CS Fallback*. Ces procédures utilisent cependant le protocole ESM, dans lequel des messages et des champs d'information spécifiques ont été prévus.

# Le protocole EMM

## Fonctions et procédures EMM

Le rôle premier du protocole EMM est de gérer la mobilité de l'UE vis-à-vis du réseau cœur, c'est-à-dire son enregistrement au réseau et la mise à jour de sa localisation. L'objectif est de masquer cette mobilité au protocole ESM. Ainsi, ce dernier s'affranchit des problématiques d'enregistrement et de joignabilité de l'UE, et gère les appels entrants et sortants comme si l'UE était un téléphone fixe.

Pour ce faire, EMM réalise la mise à jour de la localisation de l'UE, mais fournit également une connexion sécurisée entre l'UE et le MME pour l'échange de la signalisation ESM.

On distingue trois types de procédures EMM : les procédures élémentaires, dites *communes*, les procédures *spécifiques*, utilisant des procédures élémentaires, et les procédures visant à établir une connexion de signalisation. Les procédures élémentaires regroupent notamment les procédures d'authentification, de réallocation d'identifiant temporaire NAS (GUTI), d'établissement de la sécurité NAS et d'identification. Les procédures EMM spécifiques sont celles qui permettent d'enregistrer et de détacher l'UE du réseau, et de mettre à jour sa localisation. Enfin, les dernières visent par exemple à établir une connexion NAS sécurisée entre l'UE et le réseau cœur (procédure *Service Request*) ou à notifier l'UE d'un appel entrant (procédure de paging).

Les procédures EMM communes, déclenchées par le MME, sont données ci-après :

- identification de l'UE, pour fournir au MME les informations d'authentification et de souscription de l'UE auprès du HSS par exemple ;

- authentification mutuelle EPS, pour authentifier l'UE vis-à-vis du réseau et inversement ;

- établissement de la sécurité NAS, pour protéger la signalisation NAS ;

- réallocation d'identifiant temporaire NAS, lorsque l'UE a changé de pool de MME par exemple ;

- information EMM, pour informer l'UE de l'heure locale par exemple.

En revanche, les procédures EMM spécifiques sont pour la plupart déclenchées par l'UE :

- attachement (ou enregistrement) au réseau, simple ou combiné, à l'initiative de l'UE ;

- détachement du réseau, à l'initiative de l'UE (ex. UE mis hors tension) ou du MME (ex. en cas de problème réseau) ;

- mise à jour de localisation (simple ou combinée CS/PS), à l'initiative de l'UE.

Enfin, la procédure *Service Request* est lancée par l'UE pour établir une connexion EMM sécurisée avec le MME, typiquement lors de l'initiation ou de la réception d'un appel par l'usager. Dans le second cas, cette procédure est déclenchée par la réception d'un message de notification RRC, appelé paging. Lorsqu'il reçoit le message *Service Request*, le MME peut décider de réaliser les procédures d'authentification EPS et de sécurité NAS (voir le chapitre 20), avant d'établir le ou les bearer(s) pour l'échange de données. La couche EMM considère que la procédure de *Service Request* est terminée lorsqu'elle reçoit de la couche AS l'indication que le plan usager est établi.

## Les états EMM

Des états EMM ont été définis dans les spécifications 3GPP pour modéliser le protocole du même nom. Deux états EMM sont relatifs à la présence ou non d'une connexion NAS entre l'UE et le MME, tandis que des états relatifs à l'enregistrement de l'UE sont également définis.

Les états de connexion EMM sont :

- EMM_IDLE : l'UE est dans cet état lorsqu'aucune connexion EMM n'est établie avec un MME. Sa mobilité est gouvernée par la resélection autonome de cellule (voir le chapitre 18) ;

- EMM_CONNECTED : une connexion EMM est établie entre l'UE et le MME. L'UE passe dans cet état dès qu'une connexion RRC est établie avec l'eNodeB. Il a alors envoyé le premier message NAS au MME, encapsulé dans le message *RRC Connection Setup Complete*. Sa mobilité est gouvernée par le réseau (voir le chapitre 19). De façon similaire, le contexte de l'UE au sein du MME passe dans cet état EMM lorsque la connexion de signalisation S1-AP est établie pour cet UE.

**Figure 15-4**
*Les états de connexion EMM*

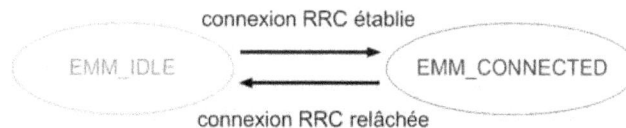

connexion RRC établie

EMM_IDLE → EMM_CONNECTED

connexion RRC relâchée

Les états d'enregistrement EMM sont indépendants des états de connexion EMM. Les trois principaux sont :

- EMM_NULL : dans cet état, les fonctionnalités EPS et LTE de l'UE sont désactivées. Certains terminaux permettent en effet de désactiver le mode LTE/EPS (comme le mode Wi-Fi), fonctionnalité utile pour un utilisateur qui souhaite limiter la consommation de batterie dans une zone non couverte par la technologie LTE (zone rurale par exemple, si le réseau LTE est d'abord déployé dans les agglomérations urbaines). À la différence des deux autres états, l'UE est nécessairement dans l'état de connexion EMM_IDLE lorsqu'il est dans l'état d'enregistrement EMM_NULL ;

- EMM_DEREGISTERED : l'UE est dans cet état lorsqu'il n'existe pas de contexte EMM partagé avec un MME. Dans l'état EMM_DEREGISTERED, la localisation de l'UE dans le réseau LTE/EPS n'est pas connue du réseau. L'UE est dans cet état lorsqu'il ne s'est pas localisé sur le réseau LTE/EPS, ou lorsqu'il s'en est détaché. Il sort de cet état lorsque les fonctionnalités EPS/LTE sont désactivées (transition vers l'état EMM_NULL) ou lorsqu'une procédure d'enregistrement est réalisée (un contexte EMM est alors créé et l'UE passe dans l'état EMM_REGISTERED). L'UE peut être dans l'état de connexion EMM_IDLE ou EMM_CONNECTED (par exemple pendant la procédure de détachement du réseau). Lorsque les fonctionnalités EPS/LTE sont réactivées, l'UE passe également dans cet état EMM_DEREGISTERED ;

- EMM_REGISTERED : l'UE est enregistré sur le réseau et partage un contexte EMM avec un MME. Ce contexte EMM contient notamment les capacités EPS de l'UE, sa localisation et des données de sécurité issues de la dernière authentification réalisée. Si l'UE est dans l'état de connexion EMM_IDLE, le MME connaît la localisation de l'UE avec la précision de la Tracking Area ou de la liste de Tracking Area attribuée par le MME lors de la mise à jour de sa localisation (voir le chapitre 18). L'UE peut établir un appel ou mettre à jour sa localisation si nécessaire. Si l'UE est dans l'état de connexion EMM_CONNECTED, le MME connaît la cellule et l'eNodeB servant actuellement l'UE. L'UE sort de cet état lorsqu'il se détache du réseau, du fait par exemple d'une mise hors tension ou de la désactivation des fonctionnalités EPS/LTE, mais aussi lorsque l'UE effectue une mobilité vers la technologie CDMA200-HRPD. En particulier, l'UE demeure dans cet état s'il évolue vers une cellule d'un autre système 3GPP (GSM/GPRS ou UMTS), tant qu'il est enregistré au réseau.

La figure suivante illustre les transitions possibles entre ces trois états EMM.

Figure 15-5
*Les états
d'enregistrement
EMM*

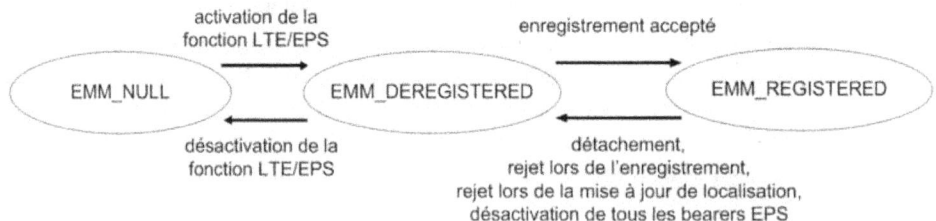

Des sous-états existent par ailleurs pour EMM_REGISTERED et EMM_DEREGISTERED, qui indiquent par exemple si une procédure a été lancée par l'UE (recherche de PLMN, attachement en cours...) ou si un problème est survenu (aucune cellule trouvée, pas de carte UICC détectée...). Nous ne détaillerons pas ici ces sous-états, mais ils font partie de la modélisation du protocole et doivent être utilisés par l'UE, notamment pour déterminer si une action ou procédure est possible dans l'état EMM courant de l'UE. En outre, ils peuvent être utiles pour l'analyse de problèmes sur le réseau réel ou en environnement de test, si le terminal est capable de les afficher (par exemple, mobile *à trace*, qui enregistre les messages échangés, les mesures et événements internes à l'UE ainsi que d'autres informations sur l'état de l'UE).

## Coordination entre les sous-couches EMM et GMM

Un UE LTE implémentant également les technologies UMTS et/ou GPRS maintient un seul enregistrement au domaine PS du réseau via les protocoles EMM et GMM. Lorsqu'il est détaché du réseau LTE, il l'est aussi du domaine PS de l'UMTS et du GPRS. Une coordination peut également être mise en œuvre pour la mise à jour de localisation NAS entre le domaine PS du GPRS et de UMTS, et le LTE, via la fonctionnalité ISR (décrite dans le chapitre 18).

## Coordination entre les sous-couches EMM et MM

Dans certains cas de déploiement, le réseau LTE peut s'interfacer avec le domaine circuit (CS) de l'UMTS et du GSM pour notifier l'UE d'un appel voix circuit entrant par exemple (voir le mécanisme de CS Fallback décrit au chapitre 19). Si l'UE utilise ce mode pour les appels voix, il doit effectuer un enregistrement combiné EPS/CS lors de son attachement au réseau LTE (ou lors de la mise à jour de sa localisation sur ce réseau). Cet enregistrement au domaine CS via l'EPS est assuré par le protocole EMM. Lorsqu'il est en GSM ou en UMTS, l'UE utilise le protocole MM pour mettre à jour sa localisation sur le domaine CS, comme un UE UMTS ou GSM. La fonction ISR n'est pas utilisée pour le domaine circuit.

# Le protocole ESM

## Fonctions et procédures ESM

Le protocole ESM permet l'établissement de connectivités IP avec des réseaux de données (*Packet Data Networks*, ou PDN), ainsi que l'activation, la désactivation et la modification de *contextes de bearer EPS* sur ces connectivités. Les notions de bearer EPS et de contexte de bearer EPS seront décrites au sein du chapitre 17.

Lors de la création d'une connectivité IP avec un PDN (à la demande de l'UE), un contexte de bearer EPS par défaut est établi dans le MME et l'UE, ainsi que le bearer EPS associé. Le contexte définit les paramètres du bearer EPS (paramètres de QoS, de mobilité…) et de la connectivité IP (APN, adresse IP de l'UE, PDN). La connectivité est effective lorsque le bearer EPS par défaut est établi de bout en bout, c'est-à-dire entre l'UE, le réseau d'accès et le réseau cœur. L'UE peut ensuite demander une QoS spécifique sur cette connectivité, via l'établissement d'un contexte de bearer EPS dédié qui s'ajoutera au bearer par défaut. Il peut également solliciter le MME pour obtenir une connectivité simultanée vers un autre PDN.

Ainsi, le protocole ESM distingue deux catégories de procédures : celles lancées par l'UE pour demander une connectivité ou des ressources spécifiques sur une connectivité existante, et celles utilisées par le MME pour activer, modifier ou désactiver un contexte de bearer EPS. Ces dernières peuvent être déclenchées par une demande de l'UE, ou sur demande du réseau cœur (P-GW par exemple), par exemple pour assurer une qualité de service spécifique à un usage.

Ces procédures ESM ne peuvent être déclenchées que lorsqu'un contexte EMM et une connexion NAS sécurisée sont établis. La seule exception est la demande de connectivité par défaut, qui est lancée par l'UE lors de l'enregistrement au réseau (voir le chapitre 16).

## Coordination entre les sous-couches ESM et SM

Lors d'une mobilité vers le GPRS ou l'UMTS, l'UE et le réseau conservent les contextes de bearer EPS qui peuvent être maintenus dans le système cible et traduisent les paramètres de chaque contexte EPS vers les paramètres équivalents dans ce système. En particulier, les paramètres de QoS sont déclinés dans ceux utilisés par le système cible, selon la Release 3GPP implémentée.

## Échanges entre NAS et RRC

Dans la pile protocolaire de l'UE, la sous-couche EMM est immédiatement supérieure à la couche RRC. Le protocole RRC assure pour les deux protocoles EMM et ESM le transport des messages NAS sur l'interface radio.

Pour EMM en particulier, RRC encapsule le premier message NAS (*Attach Request*, *Tracking Area Update Request*, *Detach Request*, *Service Request*) dans le message *RRC Connection Setup Complete* afin d'accélérer l'établissement de la connexion EMM. Les autres messages EMM et ESM sont en revanche transmis dans des messages RRC dédiés au transport de la signalisation NAS et qui ne véhiculent aucune autre information.

Au sein de l'UE, la couche RRC délivre également à la sous-couche EMM des informations NAS issues des Informations Système de la cellule (qui relèvent du protocole RRC) et qui lui sont nécessaires pour la sélection de réseau et la mise à jour de localisation ; c'est par exemple le cas de la liste des PLMN pris en charge, ainsi que du code de la Tracking Area à laquelle appartient la cellule, tous deux transmis dans le bloc d'Informations Système SIB1.

Les messages ESM sont transmis de façon transparente par EMM à RRC, sans modification ni ajout d'en-tête EMM. Cependant, un message ESM ne peut être envoyé tant que la connexion sécurisée EMM n'est pas établie avec le MME.

# Références

Le lecteur souhaitant approfondir le sujet pourra consulter les documents suivants.

[3GPP TS 24.008]    Spécification technique 3GPP TS 24.008, *Mobile radio interface Layer 3 specification, Core network protocols*, v8.16.0, mars 2012 : protocoles NAS UMTS et GSM/GPRS

[3GPP TS 24.301]    Spécification technique 3GPP TS 24.301, Non-Access-Stratum (NAS) protocol for Evolved Packet System (EPS), v8.10.0, juin 2011 : protocoles NAS LTE

# 16

# L'accès au réseau

**Sommaire :** *L'accès au réseau : dans quel but ? – Le mode veille du terminal mobile – La sélection de réseau – La sélection de cellule – L'enregistrement au réseau*

Ce chapitre présente les principales étapes que doit suivre un terminal pour accéder au réseau mobile et pouvoir ainsi émettre et recevoir des appels, échanger des données ou recevoir des informations de diffusion.

L'accès au réseau mobile regroupe un ensemble de procédures très différentes, dont la finalité est d'offrir à l'utilisateur qui allume son terminal la possibilité d'utiliser les services fournis par l'opérateur du réseau, et ce dans les meilleurs délais. En effet, pour bénéficier de services mobiles, l'usager souscrit un abonnement auprès d'un opérateur qui gère (ou utilise, dans le cas d'un opérateur virtuel) une infrastructure de réseau : réseau d'accès, réseau cœur, plates-formes de services, interconnexions de réseaux (par exemple avec Internet ou des réseaux d'entreprises). L'accès rapide à ces ressources implique d'une part que l'UE soit capable de différencier ce réseau parmi plusieurs candidats avant même d'y accéder, et d'autre part, qu'il identifie la meilleure cellule pour effectuer sa demande d'enregistrement au réseau : il s'agit respectivement des étapes de sélection de réseau et de sélection de cellule. Enfin, l'enregistrement au réseau est déclenché par l'UE. Pendant cette procédure, le réseau vérifie que l'utilisateur est autorisé à accéder aux ressources et services du réseau, et s'informe de sa localisation initiale afin de lui remettre les appels qui lui seront destinés.

Nous verrons dans ce chapitre les éléments de ces étapes qui sont spécifiés par le 3GPP et ceux qui relèvent de l'implémentation des terminaux mobiles, notamment dans les procédures de sélection de réseau et de sélection de cellule. La performance du terminal mobile pour les réaliser est primordiale, puisque l'UE ne peut accéder à un service avant de les avoir effectuées. Leur mise en œuvre dans les terminaux mobiles constitue de ce fait un élément de différenciation entre constructeurs. Ceci explique en partie le fait que ces procédures ne sont que partiellement normalisées.

# L'accès au réseau : finalité et principe

Après la mise sous tension du terminal mobile, celui-ci cherche en premier lieu un réseau sur lequel s'enregistrer. Cet accès initial est une spécificité des technologies d'accès mobile, pour lesquelles un utilisateur n'est pas associé de façon statique à un point d'accès physique au réseau, comme c'est le cas pour un réseau téléphonique fixe ou une connexion filaire à Internet.

En particulier, cette procédure d'enregistrement est nécessaire pour permettre :

- l'identification et l'authentification de l'UE ;
- l'accès aux services offerts par l'opérateur du réseau (ou par des partenaires fournisseurs de services) ;
- la localisation de l'UE par le réseau, qui garantit la joignabilité de l'utilisateur.

## L'identification et l'authentification de l'utilisateur

### Objet et principe de l'authentification

L'objet de l'authentification est, d'un point de vue général, de vérifier l'identité d'un utilisateur ou d'un équipement cherchant à accéder à des ressources, et cela de façon plus ou moins fiable selon le type de procédure mise en œuvre. Dans le cas de la simple présentation d'un couple {identifiant, mot de passe} connu des deux entités participant à l'authentification, on parle en général d'*authentification simple*. La procédure d'authentification mutuelle utilisée en LTE est de type AKA (*Authentication and Key Agreement*), c'est-à-dire basée sur un *challenge* (défi) auquel le réseau soumet l'UE, et vice-versa.

Suivant le même principe qu'en UMTS, ce mécanisme d'authentification en LTE repose sur le partage d'une clé secrète entre l'UE et le réseau, ainsi que sur une authentification mutuelle : le réseau authentifie l'UE et l'UE authentifie aussi le réseau, afin d'éviter notamment une attaque de type « man in the middle » où un intrus prétend être le réseau. La clé secrète est stockée dans la carte UICC (*Universal Integrated Circuit Card*), appelée couramment *carte SIM* ou *USIM* par abus de langage (SIM pour *Subscriber Identity Module* et USIM pour *Universal SIM*). En effet, la SIM et l'USIM sont en réalité des applications hébergées sur cette carte, définies respectivement pour le GSM et l'UMTS. L'USIM est réutilisée en LTE, les données d'authentification produites par l'USIM en UMTS et en LTE sont donc identiques.

L'UICC est un véritable coffre-fort de l'utilisateur mobile et assure la tâche d'authentification par l'intermédiaire du terminal mobile.

Cette authentification permet aussi, par le calcul de clés de chiffrement et d'intégrité, d'assurer d'une part la confidentialité des échanges (grâce au chiffrement), et d'autre part que l'identité de l'UE ne puisse être ni usurpée ni répudiée (protection en intégrité).

La procédure d'authentification, en LTE comme en GSM/GPRS ou en UMTS, ne peut être déclenchée que par le réseau. Celui-ci l'utilise typiquement lorsqu'il ne dispose pas du matériel de sécurité propre à l'UE lui permettant de protéger ses échanges avec le terminal mobile. Le réseau peut cependant être configuré pour solliciter cette authentification à chaque accès de l'UE (ce comportement n'étant pas optimal à plusieurs égards), ou une fois tous les N accès (*authentification 1/N*).

Ces aspects seront abordés en détail dans le chapitre 20.

### Objet et principe de l'identification

L'identification est utilisée par le réseau pour demander à l'UE de fournir des éléments spécifiques d'identification, comme son IMSI ou son IMEI. L'IMSI (*International Mobile Subscriber Identity*) est attaché à la carte UICC et permet au réseau d'identifier la souscription associée à l'UE, alors que l'IMEI (*International Mobile Equipment Identity*) identifie de façon unique le terminal lui-même.

Le réseau engage une identification par l'IMSI lorsqu'il ne retrouve aucun contexte pour l'UE qui se présente avec un identifiant temporaire. Il est donc contraint d'utiliser l'IMSI pour obtenir les paramètres nécessaires à l'authentification de l'UE auprès du HSS (jeton et nombre aléatoire pour le challenge, et le résultat attendu de l'UE). De ce fait, cette procédure n'est pas systématique lors de l'accès du terminal mobile au réseau. Elle peut typiquement être initiée si l'UE était hors de couverture lorsqu'il a été éteint et qu'il est resté éteint pendant une période suffisamment longue pour que son contexte soit supprimé du MME qui le portait.

L'identification de l'IMEI peut être déclenchée par le réseau à tout moment, afin de vérifier que l'UE utilisé n'est pas interdit (par exemple qu'il ne s'agit pas d'un mobile volé). Elle est typiquement déclenchée lors de l'enregistrement de l'UE au réseau ou lors d'une identification par IMSI.

L'identification est souvent nécessaire pour le besoin du service : pour les appels voix par exemple, le numéro de l'appelant ne peut être présenté à l'appelé qu'en identifiant la souscription de l'utilisateur, grâce notamment à une correspondance entre son IMSI et son numéro téléphonique (MSISDN, pour *Mobile Station Integrated Services Digital Network Number*).

Enfin, l'opérateur de réseau est soumis à une obligation légale de pouvoir identifier le ou les correspondant(s) d'un appel téléphonique, d'une session de données, mais également de permettre l'enregistrement au sein du réseau des échanges lorsque cela est requis par les autorités légales (interceptions légales). Cette contrainte impose donc la mise en œuvre d'une identification fiable de l'UE.

## L'accès aux services

L'accès à la plupart des services impose un enregistrement préalable du terminal mobile, en particulier pour les services qui nécessitent une identification de la souscription associée à l'UE pour leurs besoins propres (par exemple un appel voix) ou pour réaliser la facturation.

En revanche, l'établissement d'appels d'urgence doit pouvoir être effectué sur n'importe quel réseau sans enregistrement. Cela permet d'émettre ce type d'appel dès lors que l'UE est sous tension, y compris dans une région où l'utilisateur ne dispose pas de la couverture de son opérateur ou d'un opérateur partenaire. Par ailleurs, il s'agit d'un service gratuit ; l'identification de l'UE n'est donc pas rendue nécessaire par la facturation.

## La localisation auprès du réseau

L'objectif de la localisation du terminal mobile auprès du réseau est de rendre l'utilisateur joignable dès lors qu'il a effectué son enregistrement au réseau et tant qu'il demeure sous tension.

En effet, et comme nous le verrons au chapitre 18, l'enregistrement au réseau ne se fait pas uniquement lorsque l'UE est mis sous tension : ce dernier doit veiller à informer le réseau lorsqu'il change de zone de localisation. L'enregistrement initial, au même titre que les mises à jour ultérieures, permet, dès lors qu'il est réalisé, de délivrer des appels ou des messages à l'utilisateur.

## Quelques définitions

Cette partie propose des définitions pour les nouveaux termes utilisés dans la suite de ce chapitre.

- PLMN : signifie littéralement *Public Land Mobile Network*, c'est-à-dire un réseau mobile public présent dans un pays donné. Le PLMN est matérialisé par un code, diffusé sur les cellules qui constituent le réseau. Ce code est lui-même formé de deux parties distinctes.
  - Le *Mobile Country Code* (MCC), qui désigne le pays du PLMN, est formé de trois chiffres. Pour la France, ce code vaut 208 en valeur décimale.
  - Le *Mobile Network Code* (MNC), qui identifie le réseau de l'opérateur au sein du pays, est formé de deux à trois chiffres.
- *Home PLMN* (ou HPLMN) : PLMN d'origine de l'utilisateur. Lorsqu'une personne souscrit un abonnement auprès d'un opérateur, cette souscription est associée à un PLMN, qui est alors désigné Home PLMN.
- *Visited PLMN* (ou VPLMN) : PLMN visité par l'utilisateur. L'UE d'un utilisateur peut être amené à s'enregistrer sur un autre PLMN que le HPLMN, par exemple en cas d'itinérance. Ce nouveau PLMN est dit *visité*. Il peut s'agir d'un PLMN du même pays que le HPLMN (cas d'itinérance nationale) ou appartenant à un pays différent (on parle alors d'itinérance internationale).
- *Equivalent PLMN* (ou EPLMN) : PLMN équivalent au HPLMN. L'UE doit considérer un PLMN équivalent de la même façon que celui d'origine dans la procédure de recherche de PLMN, c'est-à-dire avec la plus haute priorité. Ce mécanisme de PLMN équivalent peut être utilisé par un opérateur pour fournir à ses utilisateurs une couverture plus large que celle de son propre réseau, par le biais d'accords d'itinérance avec d'autres opérateurs. L'EPLMN est utilisé dans le cas du partage de réseau par des opérateurs. Une partie du pays peut ainsi être couverte par l'opérateur A tandis que le complément est couvert par l'opérateur B.
- *Tracking Area* (TA) : littéralement *zone de pistage*. La Tracking Area désigne en LTE une zone de localisation, constituée de cellules voisines les unes des autres. Chaque cellule du réseau appartient à une et une seule TA dont elle diffuse l'identifiant.
- *Radio Access Technology* (ou RAT) : technologie d'accès radio. Les technologies d'accès radio définies par le 3GPP sont : le GSM/GPRS/EDGE, l'UMTS et le LTE. Au sein d'un réseau mobile, une technologie d'accès radio peut être portée sur une ou plusieurs bande(s) de fréquences. Par ailleurs, un opérateur peut déployer une ou plusieurs RAT. Par exemple en France, la RAT GSM/GPRS/EDGE est déployée sur les bandes 900 MHz et 1 800 MHz,

l'UMTS sur les bandes 2,1 GHz et 900 MHz et le LTE est prévu pour être déployé sur les bandes 2,6 GHz et 800 MHz.

# Le mode veille du terminal mobile

Pour s'enregistrer et accéder à des services mobiles, l'UE doit au préalable déterminer sur quel réseau et quelle cellule de ce réseau établir une première connexion radio, qui lui permettra alors de s'identifier. Cette recherche est réalisée de façon autonome par l'UE en mode veille.

Le mode veille caractérise un état de l'UE dans lequel aucune connexion n'est établie avec le réseau. En LTE, on ne distingue pas l'état de veille de l'UE vis-à-vis du réseau cœur, de l'état de veille du mobile vis-à-vis du réseau d'accès : dès qu'une connexion RRC est établie avec l'eNodeB, une connexion existe entre l'UE et le MME. Ceci est illustré sur le schéma suivant. Les états RRC_IDLE et RRC_CONNECTED désignent respectivement les états de veille et connecté du protocole RRC, c'est-à-dire l'existence ou non d'une connexion radio entre l'UE et l'eNodeB. Les modes EMM_IDLE et EMM_CONNECTED sont les modes de veille et connecté du protocole NAS EMM, présentés dans le chapitre 15.

Figure 16-1
*Transition entre les états de veille et connecté RRC et EMM*

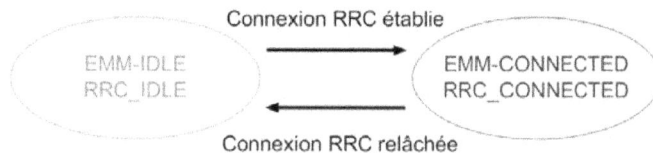

L'UE entre à nouveau dans l'état de veille lorsque la connexion RRC est relâchée, de façon explicite (par exemple à la fin d'un appel, d'une procédure d'enregistrement), ou de façon implicite (par exemple après une perte de couverture et l'expiration du *timer* de maintien).

Dans cet état, l'UE peut réaliser les tâches suivantes (selon le besoin) :

* la sélection de PLMN, lors d'un accès initial ou après un rejet par le PLMN courant ;
* la sélection et la resélection de cellule ;
* l'enregistrement et la mise à jour de sa localisation ;
* la sélection manuelle de cellule CSG (*Closed Subscriber Group)*, si l'UE est autorisé à accéder à ce type de cellule (voir le chapitre 22).

Le schéma suivant modélise les actions des couches AS et NAS et leurs interactions pour la sélection de PLMN et de cellule. Le terminal prend en compte, outre des mesures radio et des informations diffusées par le réseau, deux éléments externes à son implémentation : l'USIM, qui lui fournit une liste de couples {PLMN, RAT} classés par priorité, et le mode de sélection de réseau choisi par l'utilisateur (automatique ou manuel).

Figure 16-2
*Actions des couches AS et
NAS pour la sélection de
cellule et de PLMN*

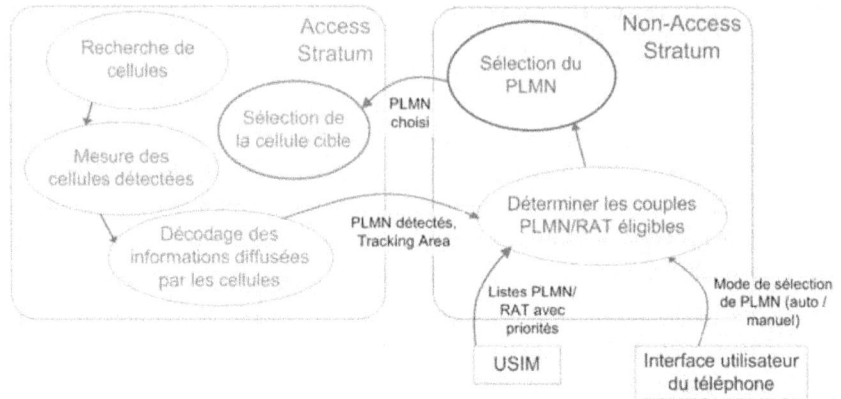

Comme nous le verrons dans les sections suivantes, l'accès initial aux services implique la sélection d'un réseau, d'une cellule, et l'enregistrement au réseau sélectionné sur la cellule choisie.

Nous verrons aussi que ces procédures peuvent être déclenchées pour d'autres besoins. Par exemple, la sélection de réseau est invoquée lorsque l'UE en mode veille perd la couverture du réseau sélectionné.

# La sélection de réseau

## Principe

La sélection de PLMN est initiée par l'UE dans plusieurs cas de figure :

- lors de la mise sous tension ;
- après une perte de couverture ;
- de façon périodique, lorsque l'UE ne se trouve pas sur le HPLMN (ou un PLMN équivalent).

Cette sélection de PLMN peut être effectuée de façon automatique par l'UE, ou de façon manuelle par l'utilisateur :

- Dans le mode de sélection automatique, l'UE utilise la liste configurée par l'opérateur et présente dans la carte UICC classant les PLMN autorisés par ordre de priorité, et sélectionne le PLMN disponible qui possède la plus haute priorité dans la liste.
- Dans le mode de sélection manuelle, l'UE indique à l'utilisateur les PLMN qu'il a détectés et, lorsque celui-ci a choisi l'un de ces PLMN, l'UE en sélectionne la meilleure cellule et essaie de s'enregistrer à ce réseau.

Pour effectuer une sélection de PLMN, l'UE sollicite des mécanismes et des informations de natures très différentes, notamment des procédures radio (balayage des bandes de fréquences et détection des cellules disponibles), le décodage de messages diffusés par ces cellules, la lecture d'informations stockées dans l'USIM et la prise en compte de la préférence définie sur l'UE par l'utilisateur.

Cela provient du fait que le choix du réseau doit être déterminé par plusieurs facteurs :

- la préférence de l'utilisateur (par exemple si le mode de sélection manuelle est activé) ;
- sa souscription (les données stockées dans l'USIM peuvent en dépendre) ;
- les conditions radio (des cellules sont-elles détectées ? sont-elles reçues avec une qualité de signal suffisante ?) ;
- l'environnement cellulaire (à quel PLMN appartiennent les cellules détectées ?).

## Procédure globale

L'UE procède en premier lieu à la recherche des PLMN disponibles. Pour ce faire, il balaie les fréquences radio LTE et celles des autres RAT (suivant ses capacités), et recherche pour chacune d'elles la cellule reçue avec le signal le plus fort. En fonction du résultat de cette recherche, la partie AS du mobile indique à la partie NAS les PLMN découverts. Sur la base de ces informations, la partie NAS détermine le PLMN à sélectionner, notamment en fonction des priorités obtenues de l'USIM. Le PLMN choisi est alors indiqué à la partie AS et l'UE procède à la sélection de cellule sur ce PLMN. Cette phase de sélection de cellule va typiquement conduire à la sélection de la cellule reçue avec la puissance la plus élevée parmi celles précédemment mesurées par l'UE.

Il faut noter que la partie NAS du mobile peut contrôler les RAT sur lesquelles l'UE recherche une cellule éligible (voir la section « La recherche de cellules », p. 335), en indiquant les RAT associées au PLMN et en maintenant une liste de zones d'enregistrement interdites (*Forbidden Tracking Areas*). Si la cellule sélectionnée appartient à une TA présente dans cette liste, l'UE sélectionne une autre cellule du même PLMN mais appartenant à une TA autorisée.

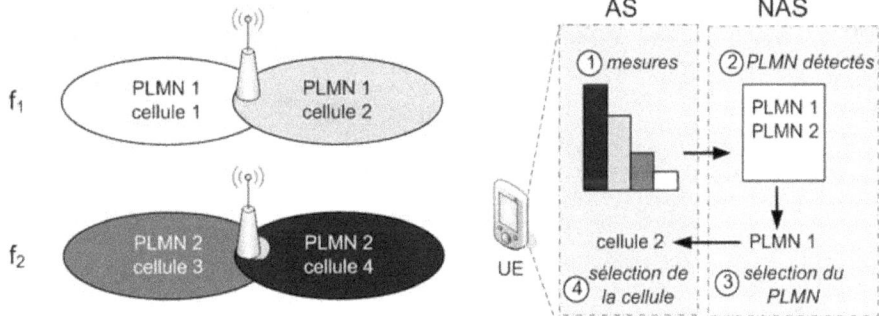

**Figure 16-3**
*Étapes de la sélection de PLMN au sein de l'UE*

## La gestion des listes de PLMN

L'USIM contient plusieurs listes utilisables par l'UE pour la sélection du PLMN :

- liste des PLMN et RAT préférés définie par l'utilisateur, qui peut être utilisée lors d'une sélection manuelle du PLMN et de la RAT ;
- liste des PLMN et RAT préférés définie par l'opérateur, qui est utilisée en mode de sélection automatique ;
- liste des PLMN équivalents au HPLMN.

Les deux premières listes contiennent les couples de PLMN et RAT classés par ordre de priorité. Lors d'une sélection de PLMN, l'UE doit d'abord suivre la première liste. Si elle est vide ou s'il ne trouve aucun PLMN de la liste, il procède à l'analyse de la seconde liste et s'enregistre au PLMN détecté de plus haute priorité de cette liste.

La troisième liste, optionnelle, indique les PLMN que l'UE peut considérer comme équivalents au HPLMN, ce qui signifie qu'il ne considérera pas un de ces PLMN comme un PLMN visité s'il s'y enregistre. Dans ce cas de figure, il ne déclenchera pas de recherche périodique de PLMN, même si celui auquel il est enregistré n'est pas le premier de la liste. Cette liste ordonne néanmoins les PLMN équivalents par priorité, le premier étant typiquement le HPLMN. Si cette liste est absente, l'UE déduit le HPLMN de l'IMSI fourni par l'USIM.

Un exemple est illustré par la figure suivante. L'opérateur du HPLMN (PLMN A) possède un réseau LTE qui ne couvre que certaines régions du territoire national. Cet opérateur a conclu un accord avec un opérateur tiers (PLMN D dans notre exemple) pour offrir une couverture LTE à ses utilisateurs dans une région qu'il ne couvre pas : lors de son enregistrement au HPLMN, ce dernier indique à l'UE que le PLMN D est un PLMN équivalent. En outre, l'opérateur du HPLMN autorise ses utilisateurs à sélectionner les PLMN B et C, qui fournissent un accès à ses services respectivement via les technologies d'accès UMTS et GSM, mais avec une priorité plus faible. Cela lui permet de garantir un accès préférentiel de ses utilisateurs via un réseau LTE (le sien, ou celui de l'opérateur partenaire), tout en autorisant la sélection des autres RAT dans les zones qui ne sont pas bien couvertes par ce réseau LTE.

Figure 16-4
*Exemple de déploiement LTE avec itinérance nationale pour les RAT LTE, UMTS et GSM/ GPRS*

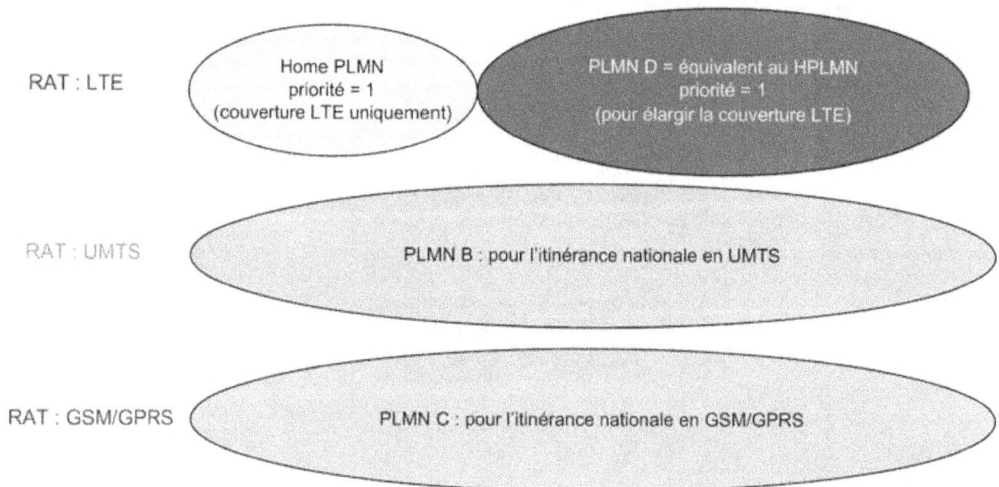

RAT : LTE — Home PLMN priorité = 1 (couverture LTE uniquement) — PLMN D = équivalent au HPLMN priorité = 1 (pour élargir la couverture LTE)

RAT : UMTS — PLMN B : pour l'itinérance nationale en UMTS

RAT : GSM/GPRS — PLMN C : pour l'itinérance nationale en GSM/GPRS

La seconde liste précédente (PLMN et RAT préférés), définie par l'opérateur, indiquera donc, outre le HPLMN, les deux couples {PLMN, RAT} auxquels l'UE peut accéder pour s'enregistrer si le HPLMN n'est pas disponible :

• Priorité 1 : PLMN = HPLMN = PLMN A, RAT = LTE ;

- Priorité 2 : PLMN = PLMN B, RAT = UMTS ;
- Priorité 3 : PLMN = PLMN C, RAT = GSM.

La troisième liste indique en outre le PLMN D comme PLMN équivalent.

Enfin, lorsqu'il s'enregistre à un PLMN ou qu'il y met à jour sa localisation, l'UE peut recevoir du MME une liste d'équivalents au PLMN courant. Ce peut être le cas en itinérance internationale (*roaming*) par exemple, si l'opérateur du HPLMN a conclu des accords d'itinérance similaires avec plusieurs opérateurs du pays visité. L'UE devra alors conserver cette liste jusqu'à la prochaine procédure d'enregistrement (ou de détachement) ou de mise à jour de localisation, et l'utilisera pour déterminer les PLMN de même priorité que le PLMN courant. Cette liste n'est pas enregistrée dans l'USIM, mais uniquement dans la mémoire du terminal.

## La perte de couverture

Si l'UE perd la couverture de la cellule du PLMN sur lequel il est enregistré, il lance une procédure de sélection de cellule (voir la section « La sélection de cellule », ci-après) comme lors d'une mise sous tension, afin de trouver une cellule éligible sur ce PLMN. S'il n'en trouve pas sur ce PLMN, ni sur son HPLMN (ou sur un équivalent), il procède à une sélection de PLMN en suivant les mêmes étapes que lors de la mise sous tension.

## Recherche périodique de PLMN

Lorsque l'UE se trouve sur un PLMN visité qui n'est pas le plus prioritaire de la liste définie par l'opérateur, il doit effectuer périodiquement une recherche de PLMN. Cette recherche ne peut être lancée qu'en mode veille et la période est déterminée dans la configuration de l'USIM ; il s'agit donc d'un paramétrage défini par l'opérateur.

Dans cette procédure, l'UE ne recherche que les PLMN de priorité plus élevée qui appartiennent au même pays que le PLMN visité, déterminé à partir du code pays inclus dans le PLMN. Dans une zone frontière entre deux pays, l'UE peut en effet perdre la couverture du HPLMN. Si l'opérateur a conclu un accord d'itinérance avec un PLMN du pays voisin, ce dernier sera présent dans la liste des PLMN préférés définie par l'opérateur du HPLMN et l'UE pourra donc s'enregistrer sur ce PLMN visité (VPLMN). Ce VPLMN aura typiquement une priorité inférieure à celle du HPLMN et l'UE devra rechercher périodiquement un PLMN de plus haute priorité (dont son HPLMN). Cette période de recherche est définie par l'opérateur du HPLMN et configurée dans l'USIM. S'il détecte une cellule éligible sur le HPLMN, l'UE la sélectionne et s'enregistre alors auprès du HPLMN.

# La sélection de cellule

## La recherche de cellules

L'identification des cellules présentes dans son environnement s'effectue par l'UE en recherchant la présence de signaux de synchronisation émis par les eNodeB, chacun utilisant des signaux spécifiques permettant à l'UE d'identifier son identifiant physique PCI (*Physical Cell Identifier*). La procédure de recherche de cellules par la couche physique est décrite au chapitre 13. Dans le reste de ce chapitre, nous supposons que cette procédure a été effectuée et que l'UE connaît les PCI des cellules dans son voisinage.

Lorsqu'il procède à la recherche de cellules, l'UE peut utiliser des informations enregistrées lors des précédents accès au réseau afin d'accélérer la procédure : par exemple, les fréquences LTE et les identifiants physiques (PCI) des cellules sélectionnées avant la mise hors tension. Cette *sélection à mémoire* peut être typiquement utilisée lors de la mise sous tension (par exemple, l'UE détecte qu'il n'a pas changé de pays, voire de zone de localisation), mais également après une perte de couverture (par exemple, l'utilisateur entre puis ressort d'un parking, l'UE recherche alors en priorité les cellules mesurées avant l'entrée dans le parking, plutôt que de lancer un scan de l'ensemble de la bande de fréquence), ou encore après un rejet par le réseau (par exemple si l'UE a sélectionné une cellule appartenant à une zone réservée et cherche à revenir sur les cellules précédemment sélectionnées).

Si ces cellules ne sont pas disponibles, il procède à une *sélection initiale* en balayant toutes les fréquences porteuses des bandes LTE qu'il prend en charge. Pour chacune de ces fréquences, la seule exigence de la norme 3GPP est qu'il recherche la meilleure cellule. Cela signifie en pratique qu'il peut comparer rapidement les niveaux de signal des cellules détectées sur la fréquence porteuse, puis vérifier l'éligibilité de cette cellule. On comprend que les phases de détection et de comparaison des cellules peuvent faire l'objet d'implémentations différentes et sont des éléments de différenciation entre constructeurs puisqu'ils peuvent fortement influer sur la rapidité de l'enregistrement au réseau, mais aussi sur la consommation du terminal. Un constructeur pourrait faire le choix de ne pas mémoriser de telles informations, tandis que d'autres algorithmes se différencieront dans le type d'informations enregistrées, leur durée de rétention ou le comportement après une perte de couverture.

Dans le modèle de sélection de PLMN, décrit à la section « Principe » (p. 332), la partie AS du terminal mobile détermine la meilleure cellule de chaque fréquence porteuse avant de remonter à la partie NAS les PLMN découverts, puis procède à la sélection de cellule sur le PLMN choisi par cette dernière. On peut raisonnablement penser que l'UE sélectionne d'emblée une des cellules du PLMN qu'il a précédemment mesurées, plutôt que d'initier une nouvelle recherche de cellules.

Plus généralement, la recherche des cellules est du ressort de l'implémentation du constructeur. Par exemple, l'UE peut commencer par balayer les fréquences les plus basses du spectre radio, pour finir par les fréquences les plus élevées, en adaptant sa méthode de recherche à la technologie associée sur cette bande, ou balayer d'abord les fréquences d'une RAT donnée (ex. LTE), puis d'une autre RAT etc.

Pour déterminer si une cellule détectée est éligible, l'UE vérifie que le niveau de signal mesuré remplit le critère suivant :

Signal_mesuré > Seuil_sélection + Offset_rech_PLMN – Compensation_puiss

Dans cette équation, les paramètres Seuil_sélection, Offset_rech_PLMN et Compensation_ puiss sont définis comme indiqué ci-dessous :

• Seuil_sélection : seuil d'éligibilité de la cellule diffusé dans les Informations Système, d'après une mesure de RSRP (en dBm). Sa valeur peut être identique dans une large zone d'un PLMN, voire le PLMN entier, mais doit être diffusée par chaque cellule.

- Offset_rech_PLMN : offset appliqué à la cellule évaluée, en cas de recherche périodique de PLMN seulement (si l'UE se trouve sur un PLMN visité). Ce paramètre évite une resélection trop rapide du HPLMN par exemple, et une situation de « ping-pong » entre deux PLMN.

- Compensation_puiss : ce paramètre caractérise la différence entre la puissance maximale autorisée dans le sens montant sur la cellule, et la puissance maximale supportée par l'UE. Il évite que l'UE ne sélectionne une cellule sur laquelle ses messages ne seraient pas reçus par la station de base, même en émettant à sa puissance maximale.

L'UE obtient ces paramètres des Informations Système diffusées sur la cellule évaluée.

## Le choix de la cellule

Comme nous le verrons dans le chapitre 18, la resélection de cellule en LTE est gouvernée par un mécanisme de priorité : des priorités sont affectées aux fréquences du système LTE et des autres RAT, l'UE devant en règle générale sélectionner la meilleure cellule de la fréquence de plus haute priorité. Ces priorités ne s'appliquent pas dans le processus de sélection initiale de cellule.

# L'enregistrement au réseau

L'enregistrement au réseau permet à l'UE de recevoir et d'émettre des appels dès que la procédure est réalisée. En effet, un plan usager est établi lors de cette procédure sur un bearer EPS « par défaut ». Ainsi, à la différence de l'UMTS, une seule procédure est nécessaire pour que l'UE soit en mesure d'envoyer des données. Cette évolution réduit le délai d'attente de l'utilisateur et s'inscrit dans les objectifs d'accessibilité et de faible latence du LTE. Pour désigner la procédure d'enregistrement, on parle également d'*attachement*.

Par ailleurs, si le LTE a été conçu pour fournir exclusivement des services de données en mode paquet, il est néanmoins possible d'accéder au service voix en mode circuit de l'UMTS et du GSM si le système met en œuvre la fonction CS Fallback définie en Release 8 du 3GPP. Pour cela, l'UE qui implémente cette fonctionnalité doit s'enregistrer au système EPS ainsi qu'au domaine circuit de l'UMTS et du GSM, via le système EPS. Cette fonction CS Fallback n'est pas détaillée ici, mais sera présentée dans le chapitre 19.

## La procédure d'enregistrement

Lorsqu'il a déterminé la cellule sur laquelle procéder à son enregistrement au PLMN, l'UE initie tout d'abord l'établissement d'une connexion RRC avec l'eNodeB :

1. L'UE procède à l'envoi du message *RRC Connection Request*. Au moment de l'enregistrement initial au PLMN qui nous intéresse ici, l'UE ne dispose pas d'identité temporaire (S-TMSI) sur la Tracking Area à laquelle appartient la cellule. L'UE fournit alors un nombre défini de manière aléatoire comme identité temporaire (de valeur entre 0 et 240-1). En outre, il indique dans le message *RRC Connection Request* que la connexion RRC est demandée pour l'enregistrement au réseau. Si l'eNodeB peut accepter la demande de connexion de l'UE, il répond alors par un

message *RRC Connection Setup*, dans lequel il indique à l'UE les paramètres à utiliser pour transmettre des messages sur un canal logique dédié. Ce premier échange aboutit à l'établissement d'un radio bearer de signalisation, le SRB1 (SRB pour *Signalling Radio Bearer*), sur lequel l'UE pourra envoyer et recevoir des messages RRC ainsi que des messages NAS.

2.  L'UE concatène au message *RRC Connection Setup Complete* le message NAS *Attach Request*. Il indique également dans le message RRC le PLMN sélectionné, information qui est transmise par l'eNodeB au MME destinataire du message NAS. En effet, dans le cas d'une mutualisation du réseau entre plusieurs opérateurs, l'eNodeB peut être relié à des MME qui gèrent plusieurs PLMN. Il faut alors que le MME soit capable, lors de la réception du message NAS, de déterminer le HSS à interroger pour obtenir les informations liées à la souscription de l'utilisateur.

> REMARQUE **Un abonné est associé à un PLMN, donc à un HSS**
>
> Les informations des abonnés d'un PLMN sont enregistrées dans le HSS. Elles sont relatives à la souscription, à l'authentification, ainsi qu'à la zone dans laquelle l'abonné est localisé. Un abonné n'appartient qu'à un PLMN. Le MME contacte le HSS lors de l'enregistrement de l'abonné, pour obtenir les informations lui permettant de l'authentifier.

L'UE fournit également l'identifiant du MME sur lequel il était enregistré avant d'être mis hors tension, ce qui permet à l'eNodeB de router le message NAS au MME approprié (celui-ci peut conserver en effet des informations sur l'UE pendant une période de temps donnée, afin d'accélérer son accès). Cet identifiant du MME est connu de l'UE, y compris dans le cas où celui-ci était précédemment enregistré en UTRAN ou GERAN, à l'exception de cas particuliers comme le tout premier enregistrement au réseau de l'utilisateur ou son enregistrement après un échec sérieux (par exemple un rejet du réseau car la souscription n'était plus valide). Si ce MME n'est pas connecté à l'eNodeB, ou si l'UE ne peut fournir l'identifiant de l'ancien MME, l'eNodeB sélectionne de façon autonome un des MME qui gère la Tracking Area et lui transmet le message NAS. Dans ce cas de figure, le nouveau MME contacte l'ancien pour identifier l'UE et obtenir son contexte. Le MME retrouve l'identité de l'ancien MME à partir de l'identifiant temporaire de l'UE fourni dans le message NAS.

L'eNodeB fournit quant à lui au MME, en plus du PLMN sélectionné, l'identifiant de la cellule et celui de la Tracking Area à laquelle la cellule appartient.

L'UE indique dans le message NAS *Attach Request* transmis par l'eNodeB, des informations permettant au MME de l'identifier, de connaître les capacités du mobile, de vérifier l'intégrité du message transmis et de préparer un bearer avec la P-GW :

– identifiant temporaire TMSI de l'UE au sein du réseau, contenant l'identifiant du groupe auquel appartient le MME, l'identifiant du MME et l'identifiant du mobile au sein de ce MME ;

– la dernière Tracking Area visitée ;

– les *capacités réseau* de l'UE (par exemple, les algorithmes de sécurité EPS et UMTS implémentés), par opposition aux *capacités radio* (par exemple les bandes de fréquences traitées en LTE), qui sont, elles, fournies par l'UE via la signalisation RRC, à la demande de l'eNodeB ;

– des informations utiles pour la sécurité des échanges (identifiant du jeu de clés, numéro de séquence du message, hash du message…) ;

– un message du protocole ESM, *PDN Connectivity Request*, par lequel le mobile indique au MME qu'il souhaite l'établissement d'une connectivité de données. L'UE précise l'identifiant du bearer et le type d'adressage souhaité (IPv4, IPv6 ou les deux).

Si l'UE dispose d'un contexte de sécurité NAS valide, il doit protéger ce message en intégrité.

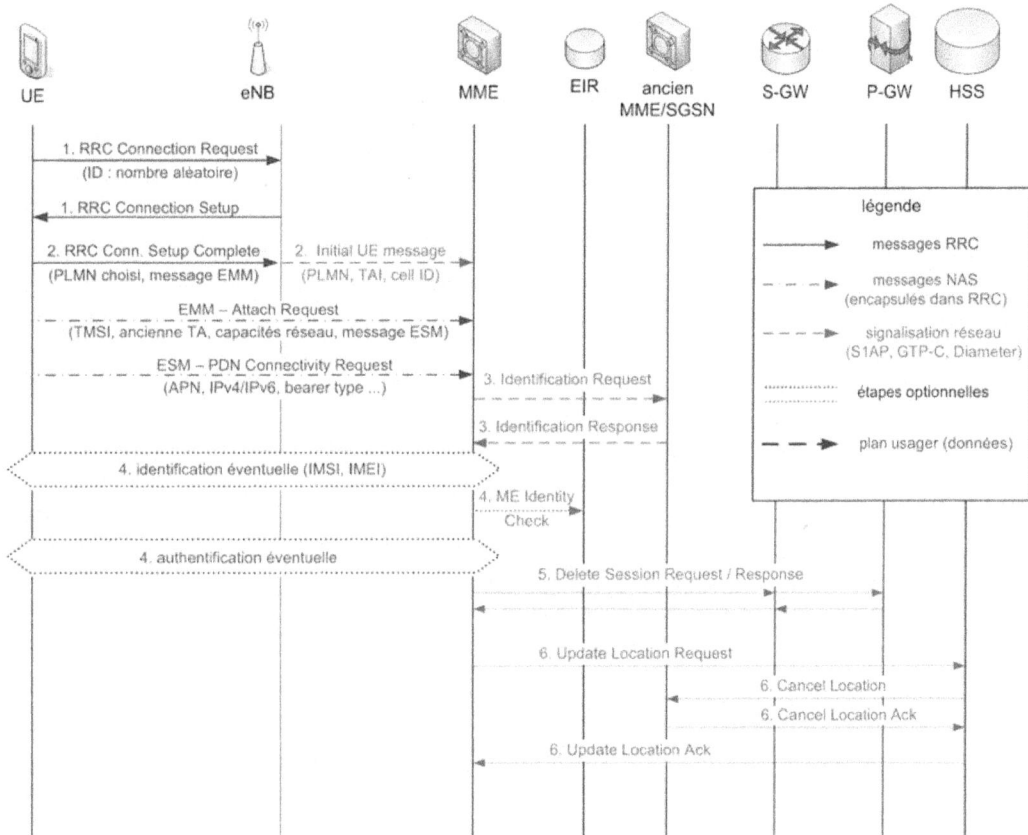

Figure 16-5
*Cinématique de la procédure d'enregistrement au réseau (première partie)*

3. Si l'UE n'est connu ni de l'ancien MME (ou de l'ancien SGSN), ni du nouveau MME, ce dernier demande à l'UE de s'identifier à l'aide de son IMSI. Cette identification n'est pas nécessaire dans un cas nominal d'enregistrement, le réseau conservant le contexte de l'UE même lorsqu'il est détaché du réseau. Ce dernier peut cependant exiger du terminal mobile son identifiant matériel (IMEI) à chaque enregistrement, afin de vérifier ensuite avec la base de données EIR qu'il ne s'agit pas d'un équipement interdit (par exemple un mobile volé). L'authentification peut également être déclenchée, par exemple si le réseau ne détient plus de

contexte de sécurité pour cet UE. Les procédures de sécurité sont, elles, systématiques et réalisées après l'identification et l'authentification éventuelle de l'UE. Les procédures d'identification, d'authentification et de sécurité (activation du chiffrement et de l'intégrité AS/NAS) seront présentées en détail dans le chapitre 20.

4. Si un ou plusieurs contexte(s) de bearer subsiste(nt) pour cet UE dans le MME (par exemple, l'UE était hors couverture lorsqu'il a été mis hors tension), le MME demande à la S-GW de les supprimer.

5. Si l'UE était inconnu du MME lors de la réception du message EMM *Attach Request* (par exemple si l'UE a changé de Tracking Area et de MME depuis qu'il a été éteint), le MME informe le HSS que l'UE a changé de MME en lui envoyant un message S1AP *Update Location Request* incluant l'identifiant du nouveau MME. Le contexte de l'UE est alors supprimé de l'ancien MME. Le nouveau MME reçoit en retour du HSS l'IMSI de la carte UICC de l'utilisateur, ainsi que le ou les contexte(s) de souscription PDN. Chaque contexte PDN est défini par :
   - un profil de QoS souscrite ;
   - et un débit maximal associé à l'APN (*Access Point Name*), dénoté *APN-AMBR* (*APN - Aggregate Maximum Bit Rate*, voir le chapitre 17).

   À ce niveau de la procédure, le MME dispose d'un contexte sur l'UE incluant plusieurs types d'informations :
   - identifiants de l'UE : IMSI (identifiant permanent), GUTI (identifiant temporaire) ;
   - localisation : *Tracking Area Identifier* (TAI) actuel, TAI précédent (si disponible), liste des TAI sur lesquels l'UE est enregistré, identifiant global de la cellule EGCI (tant que l'UE est connecté), PLMN sur lequel l'UE est enregistré ;
   - contexte de bearer : type de PDN, adresse IP, APN, débit autorisé, autres paramètres de QoS (priorité, QCI…) ;
   - paramètres de sécurité : l'identifiant de la clé-mère NAS utilisée ($KSI_{ASME}$), la clé-mère NAS elle-même ($K_{ASME}$), le numéro de séquence NAS (voir le chapitre 20) ;
   - capacités radio et réseau de l'UE.

6. Le MME demande l'établissement d'une session de données auprès de la S-GW qu'il a choisie, en lui indiquant notamment l'APN et l'adresse de la P-GW associées à cette session. La S-GW sollicite alors la P-GW, qui valide ou non l'établissement du contexte EPS et peut modifier par exemple la QoS associée ou le débit autorisé sur cet APN (AMBR). En effet, la P-GW peut vérifier, par l'intermédiaire d'une fonction externe responsable du contrôle du trafic et de la facturation (appelée PCRF), la concordance entre l'offre de l'utilisateur et les paramètres demandés pour le bearer par défaut. Une fois la session créée, la P-GW retourne les paramètres effectifs à la S-GW (QoS, APN-AMBR, adresse IP attribuée à l'UE) et la S-GW répond à son tour au MME en lui fournissant en plus les paramètres de connexion GTP pour le plan usager destinés à l'eNodeB. On notera cependant que le plan usager n'est pas encore établi à ce stade : la procédure NAS n'est pas terminée et la S-GW ne connaît pas les paramètres de connexion GTP de l'eNodeB pour ce bearer EPS (adresse et point de terminaison). Par conséquent, la S-GW stocke dans ses buffers les données éventuellement reçues de la P-GW pour l'UE. Enfin, la P-GW ou l'entité PCRF peut décider d'établir plusieurs contextes de bearers EPS dédiés sur la connectivité PDN demandée par l'UE, et pas seulement un contexte de bearer par défaut. Dans ce cas, la P-GW retourne les paramètres de chaque bearer dans la réponse à la S-GW.

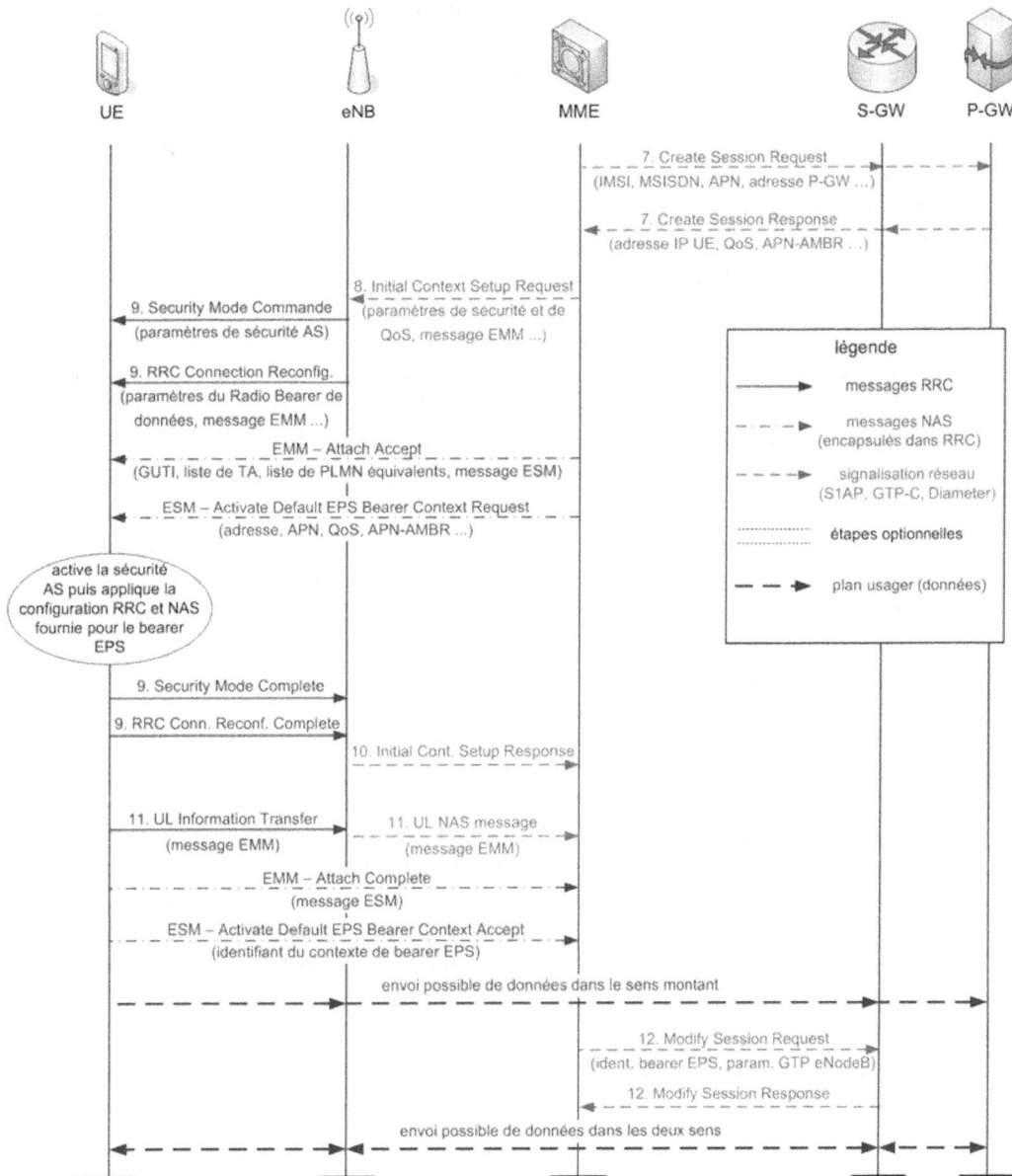

Figure 16-6

*Cinématique de la procédure d'enregistrement au réseau (seconde partie)*

7. Le MME envoie alors le message S1AP *Initial Context Setup Response* à l'eNodeB pour qu'il établisse un contexte pour l'UE. Ce message S1AP encapsule également un message NAS

confirmant l'enregistrement de ce dernier au réseau. Ce message EMM *Attach Accept* contient notamment :

– une liste des Tracking Areas sur lesquelles l'UE est enregistré ;

– le message ESM *Activate Default EPS Bearer Context Request*.

Ce message est destiné à l'UE et n'est donc ni décodé ni interprété par l'eNodeB, qui le transmet ensuite dans un message RRC (étape 8). Le message ESM *Activate Default EPS Bearer Context Request* permet au MME de répondre à la demande initiale du mobile d'établir un bearer EPS par défaut pour le transfert de données. Il contient notamment l'APN associé au bearer EPS établi, l'adresse de l'UE sur le PDN du bearer (son adresse IPv4 ou IPv6) et les paramètres de QoS du bearer.

Le MME informe également l'eNodeB des paramètres de QoS et de l'identifiant du bearer dans le message S1AP. Ce dernier indique en outre les paramètres de connexion GTP du plan usager sur la S-GW, fournis par celle-ci dans l'étape précédente. Par ailleurs, l'eNodeB reçoit dans ce message les capacités radio du mobile, le contexte de sécurité (clé $K_{eNodeB}$) et les restrictions de mobilité à appliquer éventuellement à l'UE (par exemple handover interdit vers le GSM/GPRS).

8.  Après la création du contexte de l'UE, l'eNodeB active la sécurité AS (chiffrement et intégrité) par l'envoi à l'UE du message RRC *Security Mode Command*. À partir de ce moment, tout message ultérieur de l'UE sur cette connexion RRC doit être chiffré et protégé en intégrité, notamment la réponse *Security Mode Complete*. Dans la foulée, et sans attendre cette réponse de l'UE, l'eNodeB, lorsqu'il reçoit le message *RRC Connection Reconfiguration Complete*, active le radio bearer de Signalisation SRB2, utilisé pour l'envoi sécurisé de messages RRC et NAS, ainsi que le ou les radio bearer(s) de données associés au Contexte EPS activé (procédure NAS). Cette seconde procédure ne peut aboutir si la procédure de sécurité a échoué (par exemple, si l'UE n'a pas reçu la commande de l'eNodeB ou si la configuration reçue n'est pas applicable). Ces deux procédures sont en effet toutes deux déclenchées par la même procédure S1 d'établissement de contexte, qui échoue si l'une des procédures RRC échoue. Dans ce cas, l'eNodeB relâche la connexion RRC. La procédure d'enregistrement sera alors reprise par l'UE selon des mécanismes EMM (temporisation et compteur de tentatives). À l'issue de ces procédures, le plan usager est établi sur l'interface radio. L'eNodeB doit donc être prêt à recevoir et traiter des données de l'UE et à les transférer à la S-GW, ce qui pourra se produire après l'étape 10.

9.  Sur réception d'une réponse positive de l'UE à la procédure de reconfiguration RRC, l'eNodeB informe le MME que l'E-RAB (associé au bearer EPS par défaut) a bien été établi. Il doit alors être prêt à recevoir des données de la S-GW pour cet E-RAB.

10. L'UE termine la procédure NAS d'enregistrement en retournant au MME le message EMM *Attach Complete*, encapsulé sur l'interface radio dans un message RRC, et dans un message S1AP sur l'interface S1. Ce message EMM contient essentiellement l'acquittement ESM de l'UE pour l'activation du contexte de bearer EPS (message *Activate Default EPS Bearer Context Request*).

11. Lorsque le MME a reçu d'une part la confirmation de l'eNodeB pour l'établissement de l'E-RAB (étape 9) et d'autre part la réponse positive de l'UE, il contacte la S-GW pour lui commu-

niquer les paramètres GTP de l'eNodeB pour le plan usager. Après avoir répondu au MME, la S-GW peut dès lors transmettre les données à l'eNodeB pour le sens descendant.

Si l'enregistrement est refusé par le réseau, le comportement de l'UE dépend de la cause de rejet reçue. Si l'IMSI est inconnu du HSS, l'UE sera interdit sur le PLMN et devra alors ajouter ce PLMN à la liste des PLMN interdits. L'UE ne devra plus tenter d'accéder aux cellules de ce PLMN, sauf éventuellement pour établir des appels d'urgence (voir la note).

---

REMARQUE **Appel d'urgence en LTE/EPC**

L'établissement d'appels d'urgence n'est possible en LTE (pour la Release 8) que lorsqu'une carte UICC est insérée dans l'UE et qu'il parvient à s'enregistrer auprès d'un PLMN. Dans le cas contraire, l'UE doit désactiver ses capacités LTE, sélectionner une cellule d'une autre RAT et lancer l'appel sur cette cellule. Cela constitue une régression par rapport à l'UMTS ou au GSM, sur lesquels un UE peut établir un appel d'urgence sans carte UICC.

---

## Après l'enregistrement initial

Après l'enregistrement initial (typiquement déclenché à l'allumage de l'UE), l'UE est enregistré sur l'ensemble des zones Tracking Area indiquées par le MME dans le message EMM *Attach Accept* (cette liste peut ne contenir qu'une seule TA). Pour rester joignable malgré les éventuels déplacements de l'utilisateur, l'UE informe le réseau lorsqu'il quitte cette zone d'enregistrement initial. Pour cela, l'UE effectue une mise à jour de localisation après la sélection d'une cellule appartenant à une TA absente de la liste reçue.

Par ailleurs, après cet enregistrement initial, l'UE et le réseau LTE/EPC partagent un plan usager pour le transfert de données. L'UE a notamment une adresse IP, qui peut être une adresse IPv4 privée, c'est-à-dire routable uniquement au sein du réseau mobile (dans ce cas, un mécanisme de translation d'adresse (NAT) après la PGW permet d'y associer une adresse publique routable sur Internet), publique (donc routable directement sur Internet, sans besoin de NAT) ou une adresse IPv6 (également routable sur Internet). Si la connexion RRC est relâchée, les ressources allouées sur l'interface radio au bearer EPS le sont donc aussi, mais l'UE et le réseau conservent le contexte du bearer EPS et l'adresse IP allouée, pour un rétablissement ultérieur du plan usager. Si des données sont reçues par la P-GW pour l'UE, le MME contactera alors l'UE en diffusant un message de paging sur l'ensemble des cellules appartenant aux Tracking Areas sur lesquelles l'UE est enregistré. Ce comportement est similaire à l'utilisation du *Contexte PDP* en GPRS et UMTS. Cependant, la connexion RRC sera vraisemblablement maintenue plus longtemps en LTE, même en cas d'inactivité de l'UE, via l'utilisation du mode DRX. L'UE recevra alors directement les paquets de données envoyés à son adresse IP, sans procédure de paging préalable.

Enfin, si l'UE est mis hors tension, il devra informer le réseau afin de supprimer son enregistrement et le contexte présent dans le MME. Il déclenche pour cela une procédure de détachement (*detach* en anglais), par l'envoi du message EMM *Detach Request*, dans lequel il indique notamment le type de détachement souhaité : pour les services EPS (*EPS detach*), pour les services voix CS (*IMSI detach*) ou pour les deux types de services (*combined EPS/IMSI detach*). Ces deux derniers cas ne s'appliquent que pour un UE qui s'est préalablement enregistré au domaine CS de l'UMTS et du GSM pour permettre la procédure de CS Fallback. On notera que le réseau peut également provoquer le détachement de l'UE, en lui envoyant ce même message *Detach Request*. Cela se produit par exemple lorsque le HSS demande au MME de supprimer le contexte de l'UE, la souscription de l'utilisateur ayant expirée. Cependant, dans ce cas de figure, l'opérateur pourra faire le choix de laisser l'UE accéder au réseau, pour l'inviter à renouveler sa souscription lorsque l'utilisateur tentera d'accéder à un service. Enfin, le réseau peut détacher implicitement un UE du réseau s'il n'a pas reçu de mise à jour périodique pendant une durée déterminée (voir le chapitre 18). Dans ce cas, il n'enverra aucun message à l'UE, qui est vraisemblablement hors couverture, voire hors tension (l'utilisateur l'ayant par exemple éteint alors qu'il se trouvait hors de couverture).

# 17

# La gestion des appels

**Sommaire :** *Les différents types d'appels – Les échanges au sein de l'UE pour l'établissement d'un appel – La procédure d'établissement d'appel avec le réseau LTE – Les notions de bearer, de connectivité PDN et d'APN – Les paramètres de Qualité de Service et leur application lors d'un appel – L'établissement d'un bearer EPS par défaut et d'un bearer EPS dédié*

Ce chapitre présente les principales notions et procédures relatives à l'établissement d'appel dans le système LTE/EPC.

Nous avons expliqué au chapitre 16 comment l'UE procède pour s'enregistrer sur le réseau LTE et que cet enregistrement lui fournit immédiatement une connectivité IP au PDN choisi. L'UE peut ainsi utiliser cette connectivité par défaut pour transmettre et recevoir des données. Pour établir un appel avec une QoS spécifique (par exemple, un appel VoIP), l'UE doit cependant lancer une procédure complémentaire. Nous présenterons tout d'abord dans ce chapitre les différents types d'appels que l'UE peut établir et les échanges au sein du terminal lors de l'établissement d'un appel. Nous expliquerons ensuite les notions de bearer et de bearer EPS, évoquées au chapitre 2. Les concepts de *bearer EPS par défaut* et *bearer EPS dédié*, propres au LTE, seront également présentés afin d'identifier leurs particularités. Nous décrirons alors les paramètres de QoS et leur application pendant un appel en LTE. Les procédures entre l'UE et le réseau pour établir l'appel seront enfin développées, afin d'en détailler les principales étapes et les nœuds impliqués.

Le lecteur trouvera ainsi dans ce chapitre des réponses aux questions suivantes.

- Comment l'UE et le réseau établissent-ils un appel en LTE ? Quelles en sont les principales étapes ?
- Qu'est-ce que le bearer EPS ? Comment est-il caractérisé ?
- Quelles sont les différences entre un bearer EPS par défaut et un bearer EPS dédié ?
- Comment est caractérisée la qualité de service associée au bearer EPS ?

# Les différents types d'appels

Un appel est établi par l'UE lorsque celui-ci a besoin d'échanger des données avec un autre terminal mobile (on parle alors d'appel *mobile-à-mobile*), avec un terminal fixe, ou avec une plate-forme de services (appel *mobile-à-serveur* ou *serveur-à-mobile*). Un appel voix entre deux UE est un exemple d'appel mobile-à-mobile, puisque les données de voix sont échangées entre les deux terminaux (même si un transcodage peut avoir lieu dans le réseau). La navigation sur le portail de l'opérateur ou sur Internet depuis un mobile met en œuvre un appel mobile-à-serveur (serveur HTTP par exemple). Cette différenciation entre appel mobile-à-mobile et appel mobile-à-serveur réside donc essentiellement dans la finalité de l'appel, qui se traduit dans les échanges applicatifs, alors que la procédure entre l'UE et le réseau mobile est identique.

En revanche, la procédure d'établissement d'appel entre l'UE et le réseau sera différente selon que l'UE est à l'initiative de l'appel (appel *sortant*) ou le reçoit (appel *entrant*). Cette distinction s'applique aussi bien à un appel mobile-à-mobile, qu'à un appel entre mobile et serveur. En effet, un serveur peut prendre l'initiative d'une connexion vers un mobile, par exemple pour lui transmettre un message multimédia (MMS) ou un courriel.

Un appel entrant se distingue par une étape de notification vers le mobile, pour l'informer qu'un appel doit être établi. La suite de la procédure — l'établissement de l'appel à proprement parler — est identique au cas de l'appel sortant.

**Figure 17-1**
*Différents types d'appels
dans le réseau mobile*

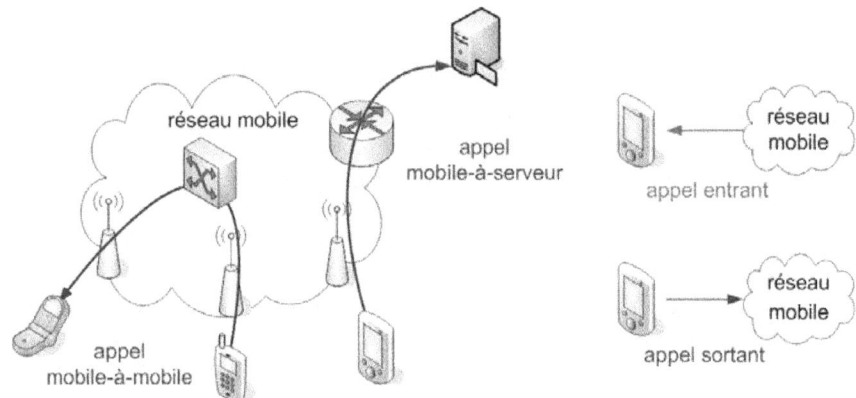

# Les échanges au sein du terminal mobile

Lorsque l'utilisateur initie un appel sur son terminal mobile, il effectue une action sur une application. Celle-ci communique avec le système d'exploitation (souvent appelé OS, pour *Operating System* en anglais) du terminal, qui assure le lien avec les couches basses, en charge de l'établissement de l'appel avec le réseau mobile. Au sein de ces couches également, des échanges d'information ont lieu afin d'utiliser les fonctions dévolues à chacune. Ces échanges intercouches peuvent être modélisés par des requêtes d'une couche supérieure vers la couche inférieure et d'indications dans l'autre sens, en réponse à ces requêtes. Cette modélisation est représentée sur la figure suivante.

Figure 17-2
*Les échanges intercouches au sein de l'UE*

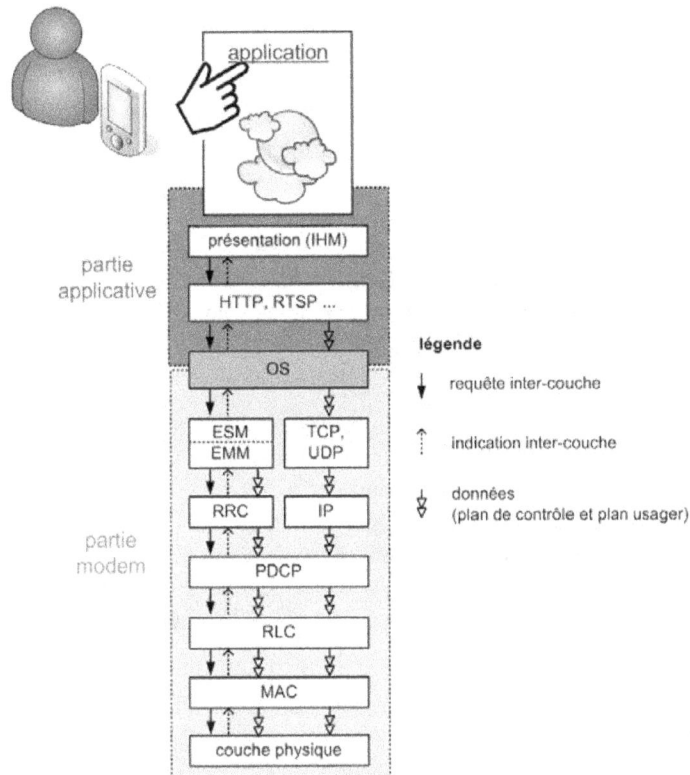

En particulier, les couches NAS du terminal, sollicitées par l'OS, déclenchent l'établissement d'une connexion NAS sécurisée entre l'UE et le MME. Cette connexion nécessite au préalable l'établissement d'une liaison sur l'interface radio. Cette tâche est réalisée par la couche RRC (*Radio Resource Control*), qui reçoit de la couche NAS une requête pour transmettre le message NAS initial. Ainsi, l'échange de signalisation entre l'UE et le MME utilise le transport de messages NAS fourni par le protocole RRC entre l'UE et l'eNodeB. De façon similaire, l'établissement de la connexion RRC et l'échange de messages RRC sont rendus possibles par des mécanismes des protocoles RLC (notamment les acquittements et retransmissions) et MAC (par exemple, procédure d'accès aléatoire et scheduling). Enfin, la couche MAC bénéficie des mécanismes de la couche physique (notamment le codage de canal, la modulation) pour transmettre ses blocs de données sur le lien radio.

Ainsi, une couche de protocole donnée rend des services à la couche de protocole supérieure, services qui nécessitent l'échange de signalisation avec le réseau mobile. En synthèse, la réalisation de l'appel implique donc une signalisation interne au terminal et une signalisation entre les entités paires d'un même protocole, localisées sur l'UE et sur un équipement du réseau (eNodeB, MME…). La signalisation interne n'est, pour l'essentiel, pas normalisée. En revanche, les échanges entre l'UE et le réseau mobile suivent le format et les protocoles spécifiés par le 3GPP.

## La notion de bearer

Dans tout réseau, les ressources de transmission et de traitement au sein des nœuds sont limitées et partagées entre les utilisateurs. Selon la nature et la technologie du réseau, l'accroissement de ces ressources par l'opérateur peut être complexe et coûteux. Dans un réseau mobile par exemple, la ressource radio (spectre) est particulièrement onéreuse. Cette préoccupation a conduit à considérer des mécanismes optimisant l'utilisation de ces ressources sur l'interface radio, mais également sur les autres interfaces du réseau impliquées dans le plan usager UE – réseau. Ces mécanismes de *Qualité de Service* (ou QoS pour *Quality of Service*) visent à offrir à l'utilisateur le service demandé avec une qualité satisfaisante, tout en minimisant les ressources utilisées pour y parvenir.

La figure suivante illustre l'importance de tels mécanismes. Dans cet exemple, l'UE2 a un appel voix en cours, avec un débit assez stable. L'UE1 navigue sur Internet et démarre un téléchargement. En l'absence de mécanisme approprié de partage des ressources, l'UE1 monopoliserait à partir de cet instant la bande passante du système, privant l'UE2 de ressources pour recevoir des données. En revanche, en autorisant un débit instantané maximal à l'UE1 et en garantissant un débit minimal à l'UE2 pour son appel voix, le trafic de l'UE1 sera lissé, tandis que l'UE2 pourra recevoir des données au rythme auquel elles sont produites, sans subir les variations de débit de l'UE1.

Figure 17-3
*Le besoin de mécanismes de QoS lors d'un accès à des ressources partagées*

1. Sans mécanisme de QoS, l'UE2 subit les variations de trafic de l'UE1

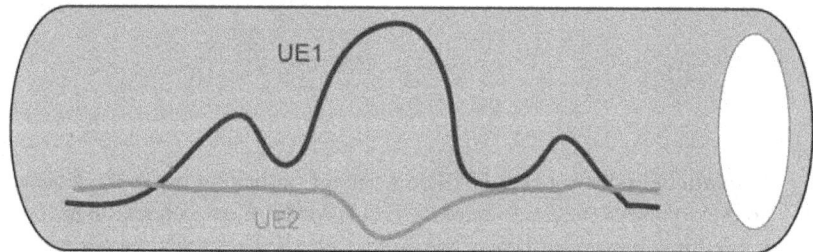

2. Avec des mécanismes de QoS : l'UE2 peut avoir un débit garanti, l'UE1 ne peut monopoliser toute la bande passante

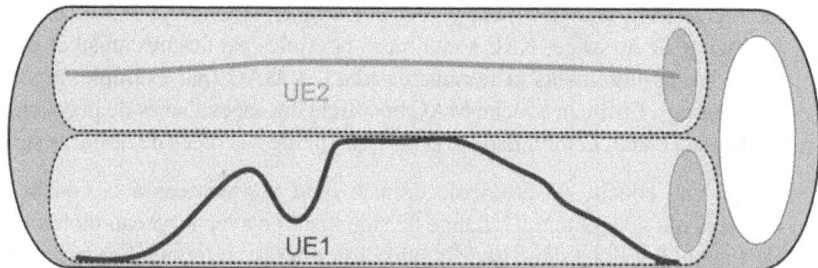

Pour affecter efficacement des ressources aux besoins d'un appel, la notion de bearer a été introduite dans les télécommunications, dès la conception du système GSM. Un bearer peut être vu comme un tuyau entre deux entités du réseau qui communiquent entre elles sur une interface, tuyau dont certaines caractéristiques sont négociées entre ces entités lors de son établissement et qui permet le transfert de données. Le concept de bearer est ainsi décliné sur les interfaces du réseau dont les ressources doivent être économisées, et en particulier sur :

- l'interface radio, entre l'UE et l'eNodeB ;
- l'interface S1 entre l'E-UTRAN et le réseau cœur ;
- les interfaces du réseau cœur.

Les bearers sur ces interfaces forment un bearer agrégé, entre l'UE et le réseau cœur : le bearer EPS (ou *EPS bearer*).

# Le bearer EPS

La connectivité à un réseau de données via l'E-UTRAN et l'EPC est assurée par un bearer EPS. Celui-ci porte des flux de trafic qui doivent recevoir un même traitement de QoS entre l'UE et la P-GW. Il est constitué des éléments suivants :

- le radio bearer sur l'interface Uu, entre l'UE et l'eNodeB ;
- le bearer S1, entre l'eNodeB et la S-GW (interface S1-U) ;
- le bearer S5/S8, entre la S-GW et la P-GW.

Le radio bearer et le bearer S1 forment en outre une connexion logique entre l'UE et la S-GW : l'E-RAB (pour *E-UTRAN Radio Access Bearer*), qui constitue un élément agrégé du bearer EPS. L'E-RAB est tout à fait comparable dans son principe au RAB défini en UMTS entre l'UE et le SGSN.

Enfin, l'association du bearer EPS et du bearer sur le réseau de données externe fournit le support de bout-en-bout pour le service.

Ces éléments et les entités du réseau qui les portent sont représentés sur la figure suivante.

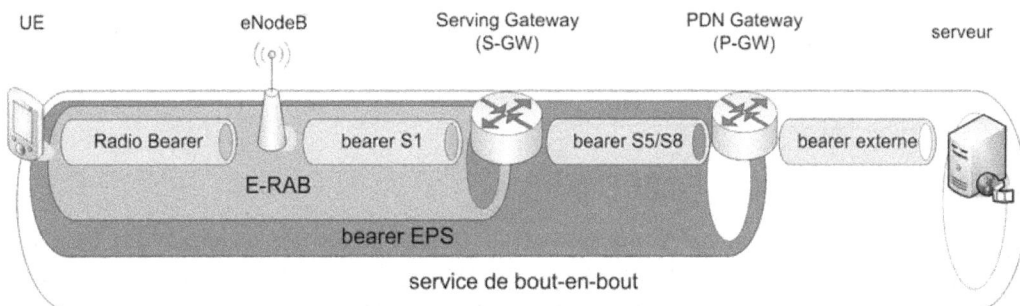

Figure 17-4
*Le bearer EPS dans le système LTE*

En outre, un bearer EPS est caractérisé par des paramètres protocolaires, qui permettent le routage de bout-en-bout des données transmises sur ce bearer, mais également par des paramètres de Qualité de Service. Nous détaillerons les principaux paramètres dans la suite de ce chapitre.

Un radio bearer de données transporte les paquets de données d'un bearer EPS entre l'UE et l'eNodeB. Pour un bearer EPS établi, il existe un seul radio bearer de données, parfois désigné par la forme abrégée DRB, pour *Data Radio Bearer*, par opposition aux radio bearers de signalisation (SRB, pour *Signaling Radio Bearer*), utilisés aussi sur l'interface radio mais pour le transport des messages RRC et NAS. Un DRB est établi par la procédure de reconfiguration de la connexion RRC.

Le radio bearer est formé des éléments suivants :

- un canal logique de données DTCH pour un DRB, ou un canal logique de signalisation DCCH pour un SRB (voir le chapitre 3) ;
- une configuration PDCP, pour la compression d'en-tête (pour un DRB), la protection des unités de données (pour un DRB ou un SRB) et la gestion des données lors du handover (pour DRB) ;
- une configuration RLC, pour le paramétrage des acquittements en mode RLC-AM notamment ;
- une configuration MAC, qui indique notamment le groupe auquel appartient le radio bearer pour le *Buffer Status Report* (voir le chapitre 14).

Ces paramètres de configuration sont déterminés par l'eNodeB en fonction des capacités du terminal et des caractéristiques du bearer EPS communiquées par le MME.

Enfin, l'établissement d'un bearer EPS implique nécessairement la création d'un *contexte de bearer EPS* au sein du MME, de la P-GW, de la S-GW et de l'UE. Ce contexte associé au bearer EPS demeure actif dans ces équipements lorsque les bearers des interfaces radio et S1 sont relâchés sans désactivation explicite du contexte de bearer EPS. Les terminaisons de tunnel GTP sur la S-GW et la P-GW sont maintenues dans ce cas, avec le contexte EPS. Ce contexte de bearer EPS est similaire au contexte PDP utilisé en GPRS et UMTS, qui peut subsister alors que le *Radio Access Bearer* (RAB) est relâché.

Lors de l'établissement d'une connexion logique sécurisée entre l'UE et le MME, un contexte radio est créé au sein de l'eNodeB pour l'UE, à l'initiative du MME. Ce contexte contient des données sur les bearers actifs de l'UE (DRB notamment), la connexion RRC, la mobilité de l'UE et la sécurité AS établie avec l'UE. Il est transmis à l'eNodeB cible lors d'un handover LTE. Il ne s'agit pas d'un contexte de bearer EPS.

## Bearer par défaut et bearer dédié

Le préalable à l'application de mécanismes de Qualité de Service répondant aux besoins spécifiques de chaque type de trafic est d'identifier et traiter distinctement des flux dont les caractéristiques et les contraintes diffèrent de façon notable. Les concepts de bearer EPS par défaut et de bearer EPS dédié ont été définis dans cette optique.

## Pour une connectivité de données générique : le bearer par défaut

Pour accéder au service de transport de données fourni par le réseau mobile, l'UE doit demander une connectivité vers le réseau de données PDN auquel il souhaite accéder (par exemple Internet). Comme nous l'avons vu au chapitre 16, une connectivité PDN est établie lors de la procédure d'enregistrement au réseau. Elle est assurée par l'activation d'un contexte EPS et l'établissement conjoint d'un bearer EPS par défaut, permettant à l'UE d'échanger des données avec un réseau PDN immédiatement après son enregistrement au réseau. L'intérêt de cette connectivité initiale est de réduire le délai d'accès aux services de données et de rapprocher l'expérience utilisateur sur le réseau mobile de celle offerte sur les réseaux d'accès fixe type ADSL tant que l'UE est enregistré au réseau (connectivité *always-on*). C'est une nouveauté par rapport au système UMTS, dans lequel l'UE doit réaliser les procédures d'enregistrement au réseau et d'établissement du contexte PDP de façon séquentielle. L'UE doit ainsi attendre la fin de cette seconde procédure pour pouvoir échanger des données sur le plan usager, avec le réseau de données associé à l'APN demandé.

On notera que le bearer EPS peut être relâché sans que le contexte EPS associé soit désactivé, par exemple lorsque l'eNodeB décide de relâcher la connexion RRC sur inactivité, ou après une perte de couverture. Ce comportement est identique à la gestion du RAB et du contexte PDP en UMTS, ce dernier pouvant être maintenu alors que l'UE passe en mode veille. Cette connectivité *always-on* est déjà mise en œuvre aujourd'hui par des terminaux de type smartphone, qui activent une session de données en tâche de fond, après l'enregistrement au réseau, pour pouvoir recevoir des notifications utilisées par certaines applications.

La connectivité PDN par défaut est générique : ses caractéristiques (APN, QoS) sont identiques pour un grand nombre, voire pour tous les utilisateurs du réseau. La notion d'APN, héritée du réseau cœur paquet GPRS, est déjà utilisée dans les technologies d'accès GPRS et UMTS. L'APN et les paramètres de QoS du contexte de bearer EPS par défaut sont déterminés par le profil de souscription de l'abonné au sein du HSS. L'opérateur peut donc envisager d'utiliser un paramétrage différent selon le type d'abonné. Le choix par l'opérateur de l'APN par défaut doit être judicieux, puisqu'il peut déterminer les premiers services accessibles au client dès l'enregistrement du terminal au réseau.

Un même PDN peut être associé à plusieurs APN. Par exemple, on peut imaginer un accès aux plates-formes de services de l'opérateur mobile via deux APN différents, l'un dédié aux services grand public et l'autre aux services entreprises, avec toutefois un contrôle d'accès et une politique tarifaire différents. Un APN dédié peut aussi être utilisé pour l'accès au réseau privé d'une entreprise, par exemple.

La figure 17-5 illustre une configuration possible d'APN et de réseaux PDN associés.

Si l'UE a besoin d'établir une connectivité PDN vers un autre APN que celui choisi par défaut par le réseau, il lance une nouvelle demande de connectivité en précisant l'APN souhaité. Un nouveau bearer EPS par défaut est alors établi entre l'UE et la P-GW qui gère cet APN, si toutefois l'abonné est autorisé à accéder à ce dernier. Cela peut être nécessaire pour que l'UE accède à un autre réseau de données : par exemple vers Internet, alors que l'UE dispose d'une connectivité vers son réseau d'entreprise. Cependant, ces connectivités sont indépendantes et à tout moment, l'UE ou le réseau peut en relâcher une sans affecter l'autre.

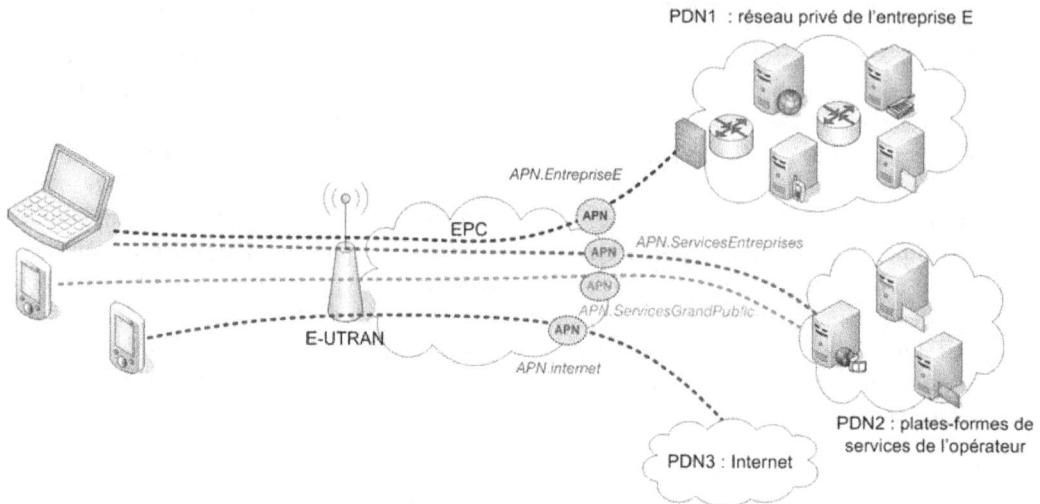

Figure 17-5
*APN et réseaux PDN*

Afin d'optimiser l'usage des ressources dans le réseau, la QoS associée au bearer par défaut est relâchée, car ce bearer porte typiquement des flux HTTP sans contrainte forte de délai ou de débit.

## Besoin de QoS spécifique : le bearer dédié

Au cours d'un appel ou d'une session de données, l'usage de l'utilisateur peut évoluer : par exemple, il peut lancer une vidéo à la demande alors qu'il navigue sur le portail de l'opérateur. De même, l'application qu'il utilise peut offrir des services très différents : par exemple, une suite de communication lui permettant de partager des documents avec son correspondant pendant l'appel ou de réaliser une visioconférence.

De ce fait, les besoins de QoS peuvent varier pendant un même appel. Le réseau doit donc être capable d'adapter rapidement les ressources utilisées dans le réseau et sur l'interface radio. Cette adaptation peut être faite de sa propre initiative (il détecte un nouveau type de flux) ou suite à une demande de l'UE, lorsque l'utilisateur lance un service nécessitant une QoS spécifique. Pour cela, le réseau enrichit d'un nouveau bearer la connectivité PDN existante. Différent du bearer par défaut établi lors de la demande de connectivité, il sera *dédié* à ces nouveaux flux, pour lesquels la QoS du bearer par défaut n'est plus suffisante.

Le bearer EPS dédié vise ainsi à assurer une QoS spécifique à certains flux applicatifs avec le même réseau PDN et le même APN que le bearer EPS par défaut. Un bearer EPS dédié est en effet toujours associé à une connectivité existante et donc à un bearer EPS par défaut. Une fois qu'il est établi, l'UE et le réseau partagent donc deux bearers EPS sur la même connectivité PDN.

Il est alors nécessaire d'identifier les flux de trafic afin de les orienter sur ce bearer dédié et de leur fournir la QoS associée. Pour ce faire, l'UE et le réseau déterminent des filtres de trafic, appliqués dans les sens montant et descendant aux données à transmettre, dès que le bearer EPS dédié est établi. Chaque filtre indique des caractéristiques protocolaires spécifiques à un flux qui utilisera ce bearer. Un filtre caractérise donc un flux de trafic du bearer dédié et est défini par les éléments suivants :

- une adresse IPv4 ou IPv6 distante ;

- l'identifiant du protocole de transport utilisé (TCP, UDP) ;

- un numéro ou une plage de numéros de ports (par exemple, le port 554 couramment utilisé pour le protocole de streaming RTSP sur UDP ou TCP, ou la plage de ports UDP 1024 à 65535 pour le protocole RTP) ;

- la valeur du paramètre *Type of Service* qui sera utilisée dans les en-têtes des paquets IP associés au flux de trafic ;

- la valeur du paramètre IPv6 *Flow Label*, utilisé typiquement pour différencier plusieurs flux IPv6 partageant le même couple d'adresses source et destinataire ;

- une priorité associée au filtre ;

- et si le protocole IPsec est utilisé : le paramètre SPI (pour *Security Parameter Index*) identifiant le contexte de sécurité associé au flux.

L'ensemble des filtres de trafic définis pour un bearer EPS dédié constitue un masque de trafic, appelé *Traffic Flow Template* (TFT). Les flux qui satisfont à l'un des filtres du TFT bénéficieront donc de la même QoS. Les filtres dédiés au sens montant sont utilisés par l'UE lorsqu'il doit transmettre des données, tandis que la P-GW se base sur les filtres définis pour le sens descendant pour orienter les données sur le bearer approprié. Pour un même flux, les filtres de trafic sur l'UE et sur la P-GW diffèrent au moins par l'adresse IP destination. Les filtres de trafic sont une particularité du bearer dédié et ne sont pas utilisés pour un bearer par défaut.

Lorsqu'il demande l'établissement d'un bearer dédié sur une connectivité PDN existante, l'UE indique l'identifiant du bearer par défaut associé à la connectivité PDN, la QoS souhaitée et le ou les filtre(s) de trafic des flux associés au nouveau bearer. L'UE peut également indiquer dans ce message des options de configuration protocolaire, par exemple pour échanger avec la P-GW des informations liées au protocole d'authentification applicative, demander le MSISDN si celui-ci n'est pas enregistré dans l'USIM, ou encore obtenir l'adresse du serveur DNS. Dans sa réponse, le réseau retourne un identifiant pour le nouveau bearer EPS, la QoS accordée, égale ou inférieure à celle demandée par l'UE, et les filtres de trafic déterminés par la P-GW.

Ensuite, lorsqu'un paquet de données est créé et délivré pour transmission sur la voie montante, l'UE compare les informations présentes dans les en-têtes IP et TCP/UDP du paquet avec le filtre ayant la priorité la plus élevée parmi l'ensemble des filtres définis pour les différents bearers. Si le paquet ne correspond pas à ce premier filtre, il procède de même avec le filtre de priorité immédiatement inférieure et ainsi de suite. Lorsqu'une correspondance est trouvée, le paquet est transmis sur le bearer EPS associé au filtre. Si, au contraire, le paquet ne se conforme à aucun des filtres définis, il est transmis sur le bearer par défaut de la connectivité PDN : ainsi, le bearer par défaut d'une connectivité PDN n'a pas de filtre de trafic et reçoit le trafic résiduel de cette connectivité.

La figure suivante illustre l'application d'un filtre TFT par la P-GW et l'UE, afin d'orienter les données du flux vidéo sur le bearer EPS dédié et les flux web sur le bearer EPS par défaut.

Au niveau de l'UE, seuls les paquets de données destinés à une transmission sur la voie montante passent dans le masque de trafic de l'UE UL TFT1, pour les orienter sur le bearer EPS adéquat ; les données reçues de la P-GW sont, elles, remises à l'application en fonction du bearer EPS par lequel elles sont portées. Le flux web des applications « actu » et « météo » correspond typiquement à des requêtes HTTP, portées sur TCP, vers le portail web de l'opérateur, tandis que le flux de l'appel vidéo consiste en paquets destinés à l'UE distant et produits par le codec vidéo (par exemple H264 sur RTP/UDP). De façon similaire, la P-GW ne compare que les données pour la voie descendante aux masques de trafic DL TFT1 et DL TFT2, et les données reçues de l'UE sont directement routées vers l'entité distante désignée par l'adresse IP destination.

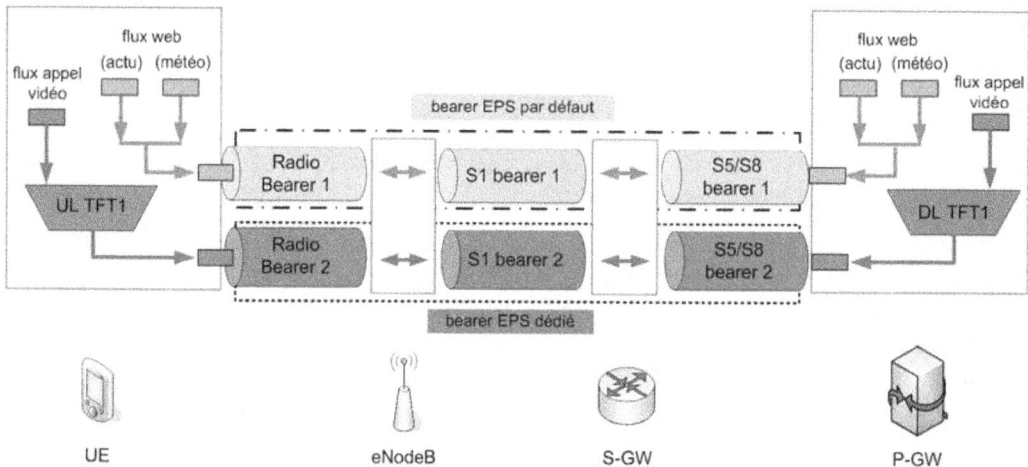

Figure 17-6

*Utilisation des TFT dans les sens montant et descendant pour le multiplexage des données sur le plan usager*

Le système LTE/EPC, par l'intermédiaire de la PGW, peut prendre l'initiative d'établir un bearer EPS dédié sans demande préalable de l'UE, par exemple s'il détecte un nouveau flux qui devrait, dans la politique de l'opérateur, bénéficier d'un traitement spécifique en termes de QoS notamment. C'est par exemple le cas si l'utilisateur, en naviguant sur le portail de l'opérateur, ouvre un contenu vidéo ou audio en streaming. L'opérateur peut en effet faire le choix de différencier ce flux du trafic de navigation alors que l'UE ne demande pas de QoS spécifique. De cette façon, l'application de la politique de QoS de l'opérateur n'est pas dépendante de l'implémentation des terminaux.

On notera que les notions de bearer par défaut et de bearer dédié ne sont pas connues de l'E-UTRAN : l'eNodeB reçoit les mêmes paramètres lors de l'établissement de ces bearers et seules leurs valeurs déterminent une différence de traitement des flux par l'eNodeB.

Comme nous le verrons par la suite, les caractéristiques des flux de trafic peuvent évoluer au fil de l'appel. Ainsi, de nouveaux flux peuvent être ouverts, avec des besoins de QoS spécifiques, ou simplement des paramètres protocolaires différents des flux existants. Par exemple, l'application peut initier un flux utilisant des ports TCP différents, ou nécessitant un débit garanti qui n'est pas assuré par un bearer EPS déjà établi pour la connectivité au PDN. Selon la nature de ces besoins et les choix de l'opérateur, cette évolution des flux peut donc conduire à modifier les filtres de trafic du bearer EPS dédié, sa QoS, ou à établir un nouveau bearer EPS dédié.

> **REMARQUE Quid de l'UMTS ?**
>
> Le concept de bearer par défaut a également été introduit en Release 8 pour les technologies UMTS et GPRS, dans un souci d'homogénéité avec le système LTE/EPC. Ainsi, pour un UE conforme à la Release 8 3GPP, le premier contexte PDP établi vers un APN donné suivra les paramètres de QoS par défaut (définis au sein du réseau pour cet abonné et pour la connectivité vers cet APN), et non la QoS demandée par l'UE. Ce dernier devra demander l'activation d'un second contexte PDP vers cet APN (contexte dit *secondaire*) pour obtenir une QoS spécifique, associée à un ou plusieurs flux applicatif(s). Ce contexte PDP secondaire donne lieu à l'établissement d'un RAB dédié.

# Les paramètres de QoS

Un bearer est décrit par un ensemble de paramètres qui s'appliquent à l'interface ainsi qu'aux équipements qui le gèrent. On peut les regrouper en deux catégories : les paramètres de transport (adresse IP, point de terminaison...) et les paramètres de QoS (latence, débit, taux d'erreur).

Certaines applications nécessitent un débit garanti par le réseau, par exemple une session de streaming video ou un appel voix. Le bearer EPS associé doit alors garantir ce débit. On fait référence à un bearer GBR (*Guaranteed Bit Rate*), lorsque des ressources sont allouées de façon persistante au sein du réseau pour ce bearer, ou à un bearer non-GBR sinon. Un bearer par défaut est toujours un bearer non-GBR, tandis qu'un bearer dédié peut être GBR ou non-GBR.

La QoS du bearer EPS est caractérisée par des paramètres que nous présenterons de manière détaillée dans les sections suivantes :

- la classe (ou *label*), appelée *QoS Class Identifier* (QCI) ;
- la priorité d'allocation et de rétention ou *Allocation and Retention Priority* (ARP) ;
- le débit garanti ou *Guaranteed Bit Rate* (GBR), si applicable ;
- le débit maximal ou *Maximal Bit Rate* (MBR).

Par ailleurs, le réseau indique à l'UE des débits maximaux agrégés sur plusieurs bearers EPS : il s'agit des paramètres APN-AMBR et UE-AMBR décrits dans la suite. Ces paramètres sont donc communs à un ensemble de bearers EPS.

## Le QCI

Le QCI est un paramètre défini au sein du système LTE/EPC pour différencier les Qualités de Service entre les flux de services différents. L'UE et les nœuds du réseau tels que l'eNodeB, la S-GW, la P-GW déterminent le traitement à appliquer aux paquets de données d'un bearer EPS en fonction de la valeur de QCI définie pour ce bearer.

Neuf QCI sont identifiés dans la norme 3GPP, chacun étant défini par les caractéristiques suivantes :

- le type de ressource (GBR / non-GBR) ;
- la priorité ;
- le délai de transmission au sein du système LTE ;
- le taux d'erreur résiduel.

L'objectif de ces QCI normalisés est d'assurer que les services reçoivent le même niveau de QoS de bout-en-bout dans un environnement impliquant plusieurs constructeurs d'infrastructure. Par exemple, le traitement appliqué par un eNodeB doit être cohérent avec celui appliqué par la S-GW et la P-GW, sous peine de ne pas respecter les contraintes de qualité liées au service. Le tableau suivant décrit les caractéristiques des QCI normalisés.

**Table de correspondance des paramètres QCI**

| QCI | Type de ressource | Priorité | Délai de transmission | Taux d'erreur résiduel | Exemples d'utilisation |
|-----|-------------------|----------|-----------------------|------------------------|------------------------|
| 1 | GBR | 2 | 100 ms | $10^{-2}$ | Voix |
| 2 | | 4 | 150 ms | $10^{-3}$ | TV, streaming vidéo |
| 3 | | 3 | 50 ms | $10^{-3}$ | Jeu interactif |
| 4 | | 5 | 300 ms | $10^{-6}$ | Vidéo à la demande |
| 5 | non-GBR | 1 | 100 ms | $10^{-6}$ | Signalisation IMS |
| 6 | | 6 | 300 ms | $10^{-6}$ | Vidéo à la demande, services basés sur TCP (navigation web, courriel, chat, FTP, transfert de fichier, peer-to-peer...) |
| 7 | | 7 | 100 ms | $10^{-3}$ | Voix, streaming vidéo, jeu interactif |
| 8 | | 8 | 300 ms | $10^{-6}$ | bearer EPS par défaut pour des abonnés *premium* ou *privilégiés* |
| 9 | | 9 | | | bearer EPS par défaut pour des abonnés non *premium* |

Ces caractéristiques ne sont pas transmises explicitement dans la signalisation entre les équipements ; seules les valeurs de QCI le sont. Si la table précédente des QCI normalisés est utilisée dans le réseau de l'opérateur, les équipements feront la même correspondance entre QCI et caractéristiques de QoS. Ces QCI sont cependant indicatifs et l'opérateur peut en utiliser d'autres, ou associer d'autres valeurs aux QCI 1 à 9 et ainsi définir sa propre table de QCI, configurée au sein des équipements qui traiteront les flux de données (eNodeB, S-GW, P-GW).

La priorité indiquée dans ce tableau fait référence à la priorité de traitement au sein des équipements associés au QCI.

Le paramètre *délai de transmission* ou *Packet Delay Budget* (PDB) définit la limite de délai pour la transmission des données entre l'UE et la P-GW. Pour un QCI donné, la valeur du PDB s'applique dans les sens montant et descendant. Le PDB est ainsi destiné à aider les nœuds transmettant les données du plan usager dans leurs fonctions d'ordonnancement et de configuration des couches de liaisons de données (niveau 2 du modèle OSI). Au sein de l'eNodeB par exemple, le PDB peut être pris en compte dans le cadre de la fonction de scheduling des données sur l'interface radio et du paramétrage des couches RLC et MAC (nombres maximaux de retransmissions HARQ et RLC autorisées, configuration des retransmissions RLC, débit PBR).

Le PDB constitue une valeur limite *souple* : si le délai de certains paquets de données dépasse le PDB, ils ne sont pas nécessairement supprimés. Il est toutefois attendu que les unités de données seront pour la plupart délivrées avec un délai bien inférieur à ce seuil. Le PDB doit être interprété ainsi : « 98% des unités de données sont transmises avec un délai inférieur ou égal à la valeur du PDB ». Dans certains cas de congestion cependant, cet objectif peut ne pas être atteint.

La contribution essentielle au PDB provient de l'interface radio, alors que le transit sur le réseau de l'opérateur (entre l'eNodeB et la P-GW) est de l'ordre d'une dizaine de millisecondes. Cependant, ce délai entre l'eNodeB et la P-GW peut varier suivant la situation de l'UE et la stratégie de l'opérateur : en cas d'itinérance internationale par exemple, et si l'opérateur d'origine fait le choix de faire transiter les données par son réseau, le trafic à destination de l'UE transitera donc par la P-GW du réseau d'origine avant d'atteindre le réseau visité. Le délai entre la P-GW et l'eNodeB pourra par exemple dépasser 50 ms pour une itinérance Europe - États-Unis et n'inclut donc pas le délai de transmission sur l'interface radio. On comprend que certains services comme le jeu interactif peuvent être difficiles à assurer dans ce type de scénario.

Le paramètre *taux d'erreur résiduel* ou *Packet Error Loss Rate* (PELR) désigne le taux d'erreur sur la transmission des unités de données de niveau 2, par exemple le taux de paquets IP traités au sein du réseau mais qui n'ont pu être délivrés à la couche PDCP de l'UE. Pour un QCI donné, la valeur du PELR s'applique dans les sens montant et descendant. On notera que cet objectif de fiabilité dans la transmission des données n'est pas forcément atteint en cas de congestion. L'objet du PELR est de permettre une configuration appropriée des couches de liaisons de données (par exemple RLC et MAC dans l'E-UTRAN). Le taux d'erreur entre l'eNodeB et la P-GW est considéré comme négligeable (hors cas de congestion) ; le PELR s'applique donc essentiellement à l'interface radio, entre UE et eNodeB.

# L'ARP

## Principe

Le paramètre ARP (pour *Allocation and Retention Priority*) a pour but de déterminer dans une situation de congestion si l'établissement du bearer EPS peut être accepté, aux dépens d'un autre bearer déjà établi, ou doit être rejeté. Il existe déjà en UMTS, pour le même usage.

L'ARP est constitué des éléments suivants :

- le niveau de priorité (grandeur numérique de 1 à 15, 1 étant le niveau de priorité le plus élevé) ;
- la capacité de préemption (valeur binaire : oui/non) ;
- la vulnérabilité à la préemption (valeur binaire : oui/non).

Le niveau de priorité permet, dans une situation de limitation des ressources, d'assurer que le bearer de plus haute priorité sera établi. Par ailleurs, l'ARP peut être utilisé en cas de restriction de ressources pour décider de relâcher un ou plusieurs bearer(s) EPS au profit d'un nouveau bearer de plus haute priorité : il s'agit du mécanisme de préemption. La *capacité de préemption* indique si l'établissement du bearer peut conduire à la relâche d'un bearer de plus faible priorité, pour libérer les ressources nécessaires, si toutefois ce bearer moins prioritaire est *vulnérable à la préemption*.

L'opérateur peut décider d'attribuer les mêmes paramètres de préemption à tous les abonnés pour un même QCI. Ils ne seront différents dans ce cas qu'entre des QCI différents. On peut aussi imaginer d'utiliser ces paramètres de préemption pour différencier des classes d'abonnés, pour le même QCI et la même priorité :

- abonné *gold* : peut préempter et ne peut pas être préempté ;
- abonné *silver* : peut préempter et peut être préempté ;
- abonné *bronze* : ne peut pas préempter et peut être préempté.

L'ARP n'est utilisé que lors du contrôle d'admission et il n'influence pas le traitement des données une fois le bearer établi. Les mécanismes de scheduling ou de contrôle de débit implémentés au sein de l'eNodeB n'intègrent pas ce paramètre. Enfin, l'ARP est un paramètre interne au réseau de l'opérateur et n'est pas communiqué à l'UE.

### Exemple

L'UE1 établit un appel de visiophonie, qui donne lieu à l'établissement d'un bearer EPS pour la voix et d'un autre bearer EPS pour la vidéo. L'opérateur peut alors attribuer un niveau de priorité égal à 1 au bearer voix et une priorité plus faible (par exemple 2) au bearer vidéo. En cas de congestion, si un nouvel appel voix est établi par un autre UE (UE2), avec une priorité de 1 également, l'établissement de ce bearer pourra donner lieu à la relâche du bearer vidéo de l'UE1, alors que son bearer voix sera maintenu. Cela évite ainsi que l'appel de l'UE1 soit entièrement relâché du fait de la situation de congestion. Le schéma suivant illustre ce scénario.

Figure 17-7
*Exemple d'utilisation de l'ARP entre deux usagers*

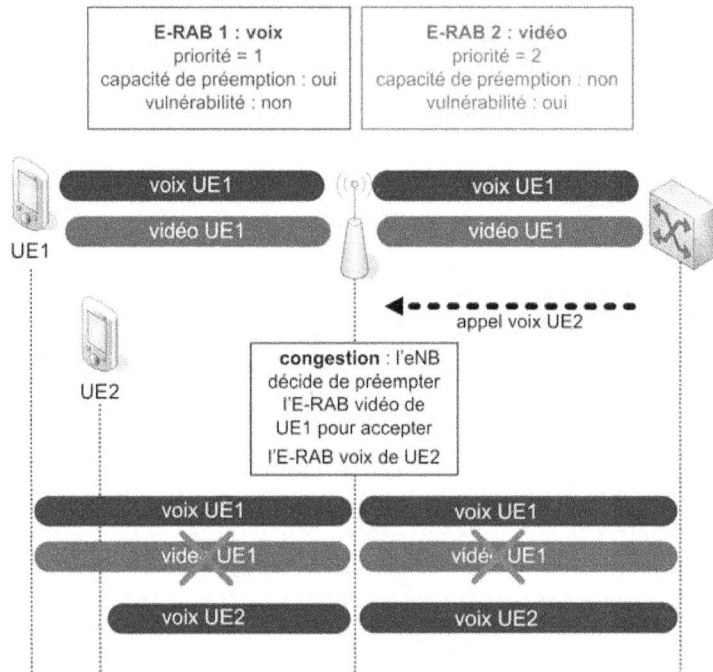

# Les paramètres de débit

## Le GBR

Le paramètre GBR caractérise le débit qui est offert par un bearer GBR. Ce débit est garanti, ce qui signifie qu'il ne peut être inférieur au GBR.

Un GBR est défini par exemple pour un bearer EPS portant un service de streaming ou de VoIP (voir le tableau des QCI). Le débit réel peut cependant être inférieur au GBR si les sources (UE, serveur) fournissent des données à un rythme moins élevé. Lors d'un appel VoIP via l'IMS, l'UE ou le réseau peut prendre l'initiative de modifier le codec utilisé et le GBR associé, pour s'adapter à l'évolution des conditions radio, par exemple en cas de changement de RAT.

En cas de congestion, l'équipement réseau priorise les paquets des bearers GBR par rapport aux bearers non-GBR, afin d'assurer le GBR malgré la situation de surcharge. Par ailleurs, le constructeur met souvent en place un mécanisme de contrôle d'admission qui assure qu'un bearer GBR admis verra systématiquement son débit GBR respecté.

En LTE, l'eNodeB ne peut pas négocier la QoS lors de l'établissement du bearer EPS, ni demander de modification du bearer EPS en cours de session. De ce fait, si l'eNodeB ne peut plus assurer le GBR, il doit alors demander au MME la désactivation du bearer EPS.

## Le MBR

Le paramètre MBR désigne le débit maximal autorisé sur le bearer EPS. Si le débit instantané mesuré par un équipement du plan usager dépasse le MBR, cet équipement peut effectuer un lissage du débit en supprimant des paquets, afin de respecter ce seuil. Ce lissage de trafic sera typiquement réalisé par l'eNodeB dans le sens montant et par la P-GW dans le sens descendant. En Release 8, la norme impose que le MBR soit toujours égal au GBR lorsque ce dernier est utilisé. Cela peut nécessiter de surévaluer légèrement le GBR pour éviter le phénomène de lissage.

## Les débits agrégés (UE-AMBR et APN-AMBR)

Des paramètres de QoS agrégés sont définis pour un ensemble de bearers EPS : il s'agit du débit maximal agrégé par APN appelé *APN-Agregated Maximum Bit Rate* (APN-AMBR) et du débit maximal agrégé par UE *UE-Agregated Maximum Bit Rate* (UE-AMBR).

L'APN-AMBR est le débit maximal autorisé à un UE par l'opérateur pour l'ensemble de ses bearers non-GBR utilisant l'APN considéré. C'est un paramètre lié à la souscription de l'abonné ; il est donc enregistré au sein du HSS dans le contexte de l'abonné et transmis par le HSS au MME lors de l'enregistrement de l'UE au réseau. Le contrôle de ce débit agrégé est réalisé par la P-GW dans le sens descendant, par l'UE et la P-GW dans le sens montant.

L'UE-AMBR désigne le débit maximal accordé à un UE pour l'ensemble de ses bearers non-GBR. Il est limité par un paramètre de souscription transmis par le HSS au MME lors de l'enregistrement de l'UE. Le MME produit l'UE-AMBR à partir de la somme des APN-AMBR des APN utilisés par les bearers EPS de l'UE, ou de la valeur souscrite si celle-ci est inférieure à la somme des APN-AMBR. Il existe une valeur UE-AMBR pour le sens montant, une autre pour le sens descendant. Le MME communique ces deux paramètres à l'eNodeB, qui a la charge de les appliquer via l'allocation des ressources dans les sens montant et descendant.

## L'application des paramètres de QoS dans le réseau

Les valeurs des paramètres de QoS sont définies au sein du réseau cœur EPC en fonction de la politique de l'opérateur, des caractéristiques du service et de la souscription de l'utilisateur enregistrée dans le HSS. Le MME ne modifie pas ces valeurs et les transfère de façon transparente à l'eNodeB et à l'UE. Par ailleurs, il n'existe pas de négociation de QoS entre le MME et l'eNodeB : si ce dernier ne peut assurer la QoS requise pour le bearer EPS, il doit rejeter l'établissement de l'E-RAB. Cela constitue une différence avec l'UMTS, dans lequel le RNC peut proposer une QoS inférieure à celle demandée par le SGSN. Par ailleurs, l'eNodeB ne peut modifier ou demander au MME de modifier les caractéristiques de QoS de l'E-RAB. L'eNodeB peut décider cependant de relâcher les ressources d'un E-RAB, en cas de congestion notamment ; dans ce cas, il doit alors indiquer cette relâche de l'E-RAB au MME.

La figure suivante montre les paramètres de QoS connus par les différents équipements, lors d'un appel. On voit par exemple que les paramètres de débit GBR et MBR sont transmis à tous les nœuds du réseau impliqués dans le plan usager. Ils peuvent ainsi contrôler le respect de ces valeurs et mettre en œuvre si besoin des mécanismes de lissage, ou au contraire allouer davantage de ressources. L'UE reçoit également ces paramètres lors de l'établissement de l'appel, mais il ne contrôle pas le respect de ces valeurs sur le plan usager pendant l'appel. En effet, c'est l'eNodeB qui veille à ne pas dépasser le MBR ou à atteindre le GBR, dans le sens montant ou descendant, par les allocations sur l'interface radio. La couche ESM de l'UE peut cependant indiquer ces paramètres de débit à l'application utilisée, et celle-ci peut alors éventuellement adapter l'encodage des flux (par exemple pour un flux vidéo).

Figure 17-8

*Les paramètres de
QoS du bearer EPS
et les nœuds
impliqués*

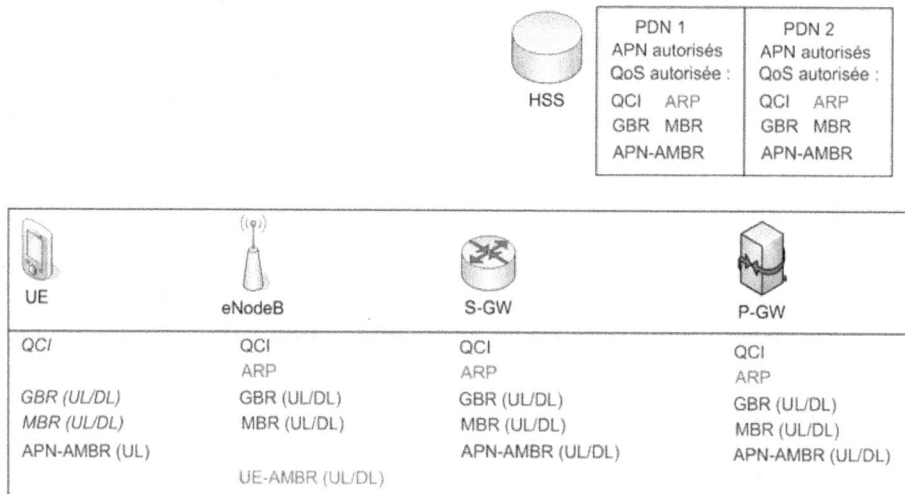

Ainsi, on voit que certains paramètres (en italique sur la figure) peuvent être connus de l'équipement sans être appliqués pendant l'appel.

L'UE doit en revanche veiller à ne pas dépasser dans le sens montant le débit maximal par APN (APN-AMBR), qui peut impliquer plusieurs bearers EPS, car l'eNodeB n'a pas la connaissance de l'APN associé au bearer EPS (l'APN étant une information de niveau NAS). Un contrôle est également effectué par la P-GW sur ce débit agrégé, dans les deux sens. Si le débit effectif dépasse l'APN AMBR, la P-GW supprime des paquets de données. Cette seconde vérification dans le sens montant est importante : si l'UE ne respecte pas l'APN AMBR, cela limite le débit applicatif et donc aide à maîtriser la QoS effective obtenue par l'utilisateur. Il est cependant préférable d'éviter cette situation puisqu'elle conduit à un gaspillage de ressources, les paquets n'étant supprimés qu'après avoir traversé le réseau mobile. La maîtrise des terminaux est donc primordiale pour l'opérateur et motive la réalisation de tests de validation pour vérifier le respect de la norme par les terminaux.

Le profil de souscription de l'abonné, enregistré dans le HSS, indique pour chaque PDN autorisé les APN auxquels l'abonné peut accéder et la QoS maximale autorisée : QCI, ARP, GBR (si applicable), MBR et APN-AMBR. Ce profil est envoyé au MME, par le HSS ou l'ancien MME (voir le chapitre 16). Le MME peut alors vérifier lors de l'établissement d'appel que l'UE est autorisé à accéder au PDN indiqué avec la QoS demandée.

Pour superviser l'allocation des ressources radio à l'UE (scheduling), l'eNodeB peut utiliser le QCI du bearer EPS, l'UE-AMBR et les paramètres GBR et/ou MBR.

# Procédures d'appel

## Exemple d'établissement de session sur le bearer par défaut

Afin d'illustrer le cheminement des actions et des données lors de l'établissement d'un appel, prenons le cas d'un utilisateur qui lance l'application « météo » sur son téléphone mobile. Au démarrage, l'application détermine qu'elle ne dispose pas des informations météorologiques de la journée en cours. Elle décide donc de contacter le serveur distant pour obtenir le dernier bulletin. Pour ce faire, l'application produit une requête HTTP. Le système d'exploitation voit qu'aucune connexion de données n'est ouverte sur le réseau mobile et décide par conséquent d'en établir une. Il envoie une requête locale de connexion à la partie modem du téléphone, qui héberge toutes les couches basses assurant l'interface avec le réseau mobile (et qui peut disposer de son propre système d'exploitation).

Cette requête de connexion arrive à la couche ESM (voir le chapitre 15), responsable de la gestion des sessions de données avec le réseau mobile. La requête peut éventuellement indiquer des exigences de Qualité de Service, associées à l'application. L'UE étant attaché au réseau, un contexte de bearer EPS par défaut est présent au sein de l'UE et du réseau. Nous supposerons ici que l'application « météo » n'a pas indiqué de contrainte particulière de QoS. De ce fait, le bearer EPS par défaut serait suffisant pour l'échange des données applicatives. Cependant, l'UE est en mode veille suite à une période d'inactivité prolongée (l'eNodeB avait alors relâché la connexion RRC). Aucun bearer EPS n'est donc actif, bien que l'UE et le MME partagent un contexte de bearer EPS. Pour réactiver ce bearer EPS par défaut, l'UE doit rétablir une connexion sécurisée avec le MME.

La sous-couche ESM détermine donc qu'aucune procédure ESM n'a besoin d'être initiée, mais informe néanmoins la sous-couche EMM qu'une connexion EMM est nécessaire, pour rétablir le bearer par défaut. La sous-couche EMM lance alors la procédure *Service Request*, destinée à établir la connexion sécurisée entre l'UE et le MME pour que l'UE envoie des données sur le plan usager. Ce message EMM *Service Request* doit être transmis à l'entité EMM distante, localisée dans le MME. Pour cela, une connexion RRC entre l'UE et l'eNodeB d'une part, et une connexion S1 entre l'eNodeB et le MME d'autre part, doivent être établies. On notera que l'UE ne peut indiquer au réseau dans ce message *Service Request* la connectivité qu'il souhaite rétablir : si plusieurs contextes EPS sont actifs, ce message déclenchera l'établissement des bearers EPS associés.

Les étapes de cet établissement sont décrites ci-après et sur la figure suivante (les numéros d'étapes correspondent à ceux du diagramme de flux).

1. La sous-couche EMM transmet donc ce message à la couche RRC, qui déclenche alors l'établissement de la connexion RRC. L'UE encapsule le message EMM *Service Request* dans le message *RRC Connection Setup Complete*.

2. L'eNodeB transmet alors le message EMM *Service Request* au MME en l'encapsulant dans le message S1AP *Initial UE Message*, qui inclut également le S-TMSI reçu de l'UE dans le message *RRC Connection Request*, l'identifiant de la zone de localisation (TAI) et l'identifiant global de la cellule serveuse (ECGI).

   Le message *Service Request* contient des paramètres de sécurité permettant au MME d'identifier le contexte de sécurité à utiliser et de s'assurer de l'intégrité et de l'origine du message. À la réception du message, le MME peut décider de lancer une procédure d'authentification, s'il ne dispose pas du contexte de sécurité désigné dans le message EMM. Dans cet exemple, nous supposons que l'UE et le MME partagent un contexte de sécurité EPS, issu de l'authentification réalisée lors de la procédure d'enregistrement (voir les chapitres 16 et 20).

3. Le MME retourne alors à l'eNodeB le message S1AP *Initial Context Setup Request*, qui fournit à l'eNodeB :
   - les paramètres de l'E-RAB : adresse IP, terminaison du tunnel GTP avec la S-GW (TEID, pour *Tunnel Endpoint Identifier*), paramètres de QoS… ;
   - l'UE-AMBR ;
   - le contexte de sécurité de l'UE (algorithmes implémentés, clé $K_{eNB}$), permettant à l'eNodeB d'établir une connexion sécurisée avec celui-ci ;
   - les capacités radio de l'UE ;
   - les éventuelles préférences et restrictions de mobilité de l'UE (définies par l'opérateur), ou liées à l'appel lui-même (SRVCC).

   Cette étape a pour effet d'activer les bearers de contrôle et de données sur l'interface S1 et de déclencher l'établissement du ou des radio bearer(s) de données.

4. Pour cela, l'eNodeB lance deux procédures conjointes : l'activation de la sécurité AS, afin d'établir une liaison sécurisée avec l'UE, et la reconfiguration de la connexion RRC pour ajouter le radio bearer de données associé au bearer EPS. À l'issue de ces procédures RRC, l'UE peut envoyer des données sur le bearer EPS par défaut : le radio bearer est établi et l'eNodeB transfère ces données à la S-GW, puisqu'il a reçu du MME les paramètres de trans-

port (adresse IP et terminaison TEID du tunnel GTP) de la S-GW. En revanche, la S-GW ne peut pas encore transmettre les données dans le sens descendant, puisqu'elle ne dispose pas des informations équivalentes pour l'eNodeB.

---

**RAPPEL Séparation des plans de contrôle et de données dans l'architecture EPC**

Comme nous l'avons expliqué au chapitre 2, le plan de contrôle et le plan usager sont séparés dans l'architecture du réseau cœur EPC et dans son interface avec l'E-UTRAN : l'échange de la signalisation est réalisé entre l'eNodeB et le MME, alors que les données transitent entre la S-GW et l'eNodeB. Le MME a la charge d'indiquer à la S-GW les informations permettant à celle-ci d'échanger des données avec l'eNodeB pour le service d'un bearer donné. Par conséquent, tout établissement, toute modification ou relâche de ressources dédiées à un bearer entre l'eNodeB et la S-GW fait l'objet préalable de signalisation entre le MME et l'eNodeB d'une part, et entre le MME et la S-GW d'autre part.

---

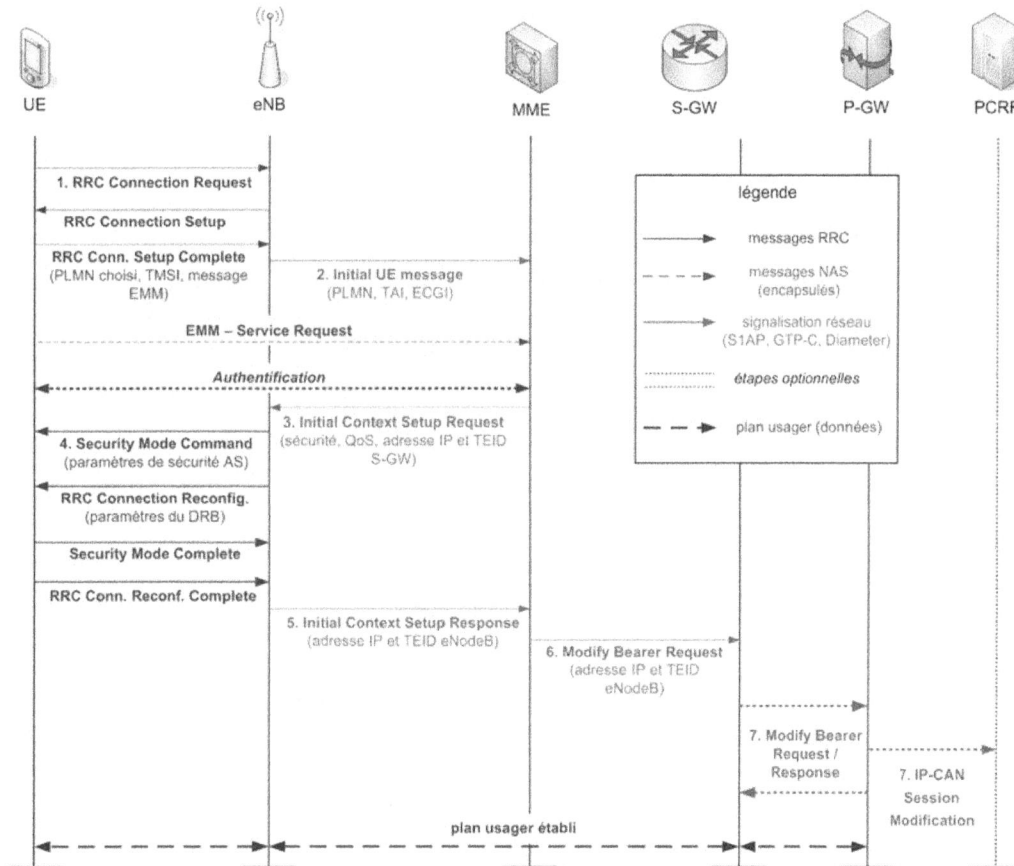

Figure 17-9
*Cinématique de rétablissement d'un bearer EPS à partir d'un contexte EPS existant (bearer par défaut)*

5. L'eNodeB peut, dès lors que le radio bearer de données est établi, répondre positivement au MME par un message S1AP *Initial Context Setup Response*, dans lequel il indique notamment son adresse IP et le point de terminaison TEID du tunnel GTP pour la transmission des données descendantes par la S-GW. Ce message confirme au MME l'établissement de l'E-RAB et le succès de la procédure de sécurité entre l'eNodeB et l'UE.

6. Le MME transmet alors les informations de transport fournies par l'eNodeB à la S-GW, qui peut dès lors délivrer à l'eNodeB les données destinées à l'UE.

7. Un échange de signalisation peut avoir lieu entre la S-GW et la P-GW (par exemple, pour remonter une information de localisation de l'UE), et entre la P-GW et l'entité qui régit la politique de QoS et de tarification (PCRF), avant la réponse de la S-GW au MME.

La procédure est terminée : l'UE peut émettre et recevoir des données sur le bearer par défaut, qui a les mêmes caractéristiques que celui établi lors de l'enregistrement (voir le chapitre 16). Le contexte de ce bearer EPS par défaut est associé, comme tout autre contexte EPS, à :

• un réseau de données PDN, identifié par l'APN auquel le contexte de bearer EPS est associé (cet APN est déterminé lors de la procédure d'enregistrement au réseau) ;

• une adresse IP ;

• des paramètres de QoS.

## Création d'un bearer EPS dédié en cours d'appel

Supposons maintenant que l'utilisateur de l'application « météo », après avoir reçu le bulletin synthétique des prévisions, souhaite visionner le bulletin vidéo de météo marine afin, par exemple, d'avoir des prévisions plus précises sur les conditions de vent et de navigation en mer. Il clique alors sur le lien « météo marine en vidéo pour demain ». Cette action va lancer un échange de messages applicatifs puis ouvrir le flux de streaming vidéo. Le réseau, par l'intermédiaire de la P-GW, détecte alors la présence d'un nouveau type de flux de données nécessitant une QoS spécifique, notamment en délai de transmission pour assurer la fluidité de la vidéo. Il va alors proposer à l'UE d'établir un bearer EPS dédié à ce flux sur la connectivité PDN existante.

Ce bearer EPS dédié va se décliner sur les interfaces radio, S1 et S5/S8 en bearers élémentaires, qui porteront le trafic usager en lui offrant la QoS requise. Les étapes de cette procédure sont présentées ci-après.

1. Le PCRF, s'il est déployé, peut déclencher la modification de la session IP-CAN suite à la remontée d'informations de la P-GW sur le trafic de l'utilisateur. Cet échange a lieu entre le PCRF et la fonction PCEF de la P-GW. Si aucun PCRF n'est utilisé, la fonction PCEF peut décider de façon autonome la création d'un contexte de bearer EPS dédié, suivant les règles définies localement par l'opérateur et après la détection de ce trafic de l'utilisateur.

2. La P-GW demande à la S-GW d'établir un nouveau bearer EPS sur la connectivité PDN existante, établie lors de l'activation du bearer EPS par défaut. Elle indique à la S-GW l'identifiant du nouveau bearer EPS, du bearer EPS par défaut associé, la QoS, le TFT à transmettre à l'UE pour les données montantes (UL TFT) ainsi que le point de terminaison TEID du tunnel GTP

sur la P-GW pour le plan usager. Nous supposons ici que la QoS suivante est décidée par la P-GW et/ou le PCRF pour ce bearer :

– QCI = 2, pour le streaming vidéo ;
– ARP : priorité = 3, capacité de préemption = non, vulnérabilité à la préemption = oui ;
– MBR = 1 Mbps, GBR = 1 Mbps, APN AMBR = 1,5 Mbps.

Une fois le bearer établi, la P-GW veillera au respect des débits MBR, GBR et APN-AMBR pour le sens descendant. La P-GW et la S-GW appliqueront l'ARP en cas de congestion. Elles déclinent par ailleurs le QCI en paramètres de routage pour le transport des données (délai et taux d'erreur, pour les routeurs intermédiaires). Si elle peut accepter le nouveau bearer EPS, la S-GW envoie le même message GTP-C *Create Bearer Request* au MME, avec le TEID sur la S-GW du tunnel GTP entre celle-ci et l'eNodeB pour ce bearer.

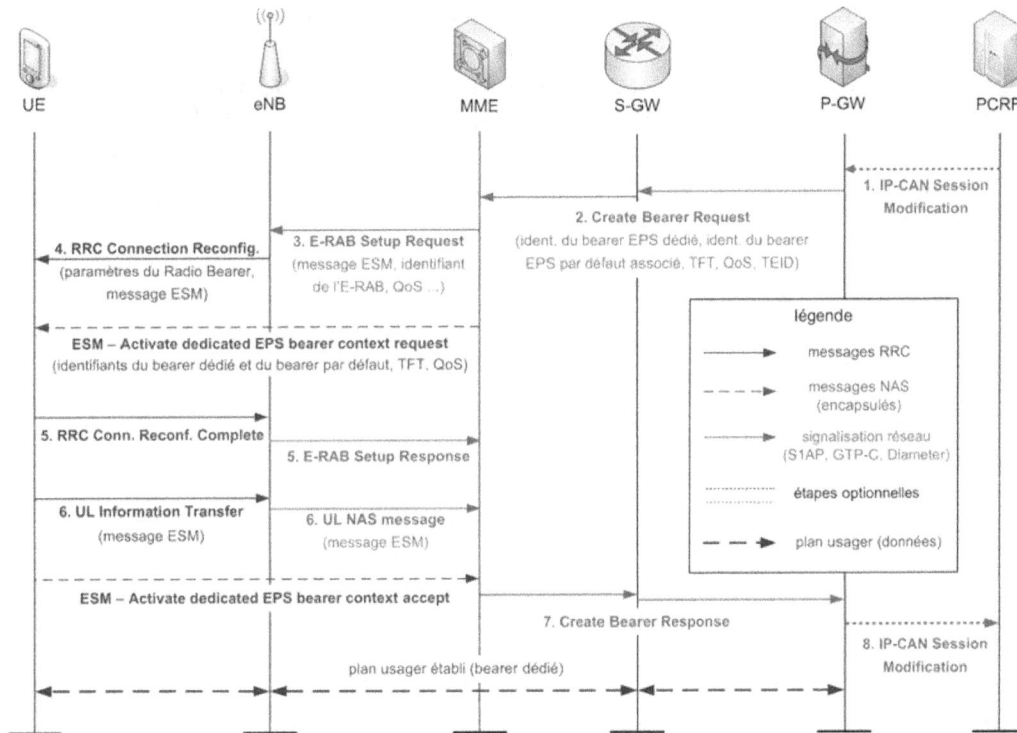

Figure 17-10
*Cinématique pour l'établissement d'un bearer dédié sur une connectivité PDN existante*

3. Le MME déclenche la procédure d'établissement d'E-RAB par l'envoi du message S1AP *E-RAB Setup Request*, indiquant à l'eNodeB les paramètres de QoS (QCI, ARP, GBR, MBR et UE-AMBR) et de transport de ce nouvel E-RAB. Il contient en outre le message ESM d'activation du contexte de bearer EPS dédié, qui fournit à l'UE les paramètres TFT, de QoS et les identifiants du bearer dédié et du bearer par défaut associé.

4.  L'eNodeB réalise le contrôle d'admission sur la base de la QoS indiquée par le MME et de la charge actuelle sur la cellule, sur l'équipement et ses interfaces. S'il peut accepter le nouvel E-RAB, il déclenche la reconfiguration de la connexion RRC pour établir le radio bearer associé. Il transmet dans le même message RRC le message ESM d'activation du contexte de bearer EPS dédié. L'eNodeB aura alors la charge de respecter les débits MBR, GBR et UE-AMBR reçus, via les allocations dans les sens montant et descendant en tenant compte des retransmissions éventuelles (RLC et HARQ).

5.  La couche RRC de l'UE applique alors la configuration radio indiquée et délivre le message ESM à la couche NAS. Si cette configuration est valide, l'UE répond ensuite positivement à l'eNodeB. L'eNodeB fait de même vers le MME, en indiquant son point de terminaison TEID du tunnel GTP, destiné à la S-GW.

6.  L'UE transmet la réponse ESM pour le MME, en l'encapsulant dans un message RRC et l'eNodeB l'encapsule à son tour dans un message S1AP. À partir de ce moment, l'UE peut transmettre des données sur le nouveau radio bearer.

7.  Le MME termine la procédure en transmettant à la S-GW le TEID fourni par l'eNodeB. La S-GW informe alors la P-GW du succès de la procédure et lui indique le TEID de son tunnel GTP avec la P-GW.

8.  Si la procédure a été déclenchée par le PCRF, la P-GW lui répond que la configuration demandée est prise en compte.

# 18

# La mobilité en mode veille

**Sommaire :** *Principes de gestion de la mobilité en mode veille – La resélection de cellule – La mise à jour de la zone de localisation du mobile – La réduction de signalisation intersystème en mode veille*

Ce chapitre a pour objectif d'apporter au lecteur les éléments essentiels de la mobilité en mode veille, d'une part au sein du système LTE et, d'autre part, entre le LTE et les autres RAT définies par le 3GPP (GSM/GPRS et UMTS en particulier).

Comme nous l'avons exposé dans le premier chapitre, l'empreinte d'un réseau mobile est basée sur un motif cellulaire, afin de conjuguer une capacité élevée à une couverture étendue. Cette structure implique la mise en œuvre de mécanismes de mobilité entre ces cellules, afin d'assurer aux utilisateurs qu'ils restent joignables, qu'ils peuvent émettre des appels et accéder aux services de données tout en se déplaçant, sans interruption du service. Par ailleurs, il est essentiel, pour l'utilisateur comme pour l'opérateur, que la consommation du terminal ne soit pas un frein à son usage. Ainsi, les mécanismes mis en œuvre pour la mobilité en mode veille doivent également minimiser la consommation du terminal.

Nous décrirons dans ce chapitre les principes régissant la mobilité en mode veille, le mécanisme de resélection de cellule et ses spécificités en LTE, la mise à jour de localisation avec le réseau cœur et les mécanismes réduisant la signalisation associée.

## Quelques notions utiles

### Le principe de meilleure cellule

Nous avons expliqué dans le chapitre 16 que le terminal sélectionne en règle générale la meilleure cellule du point de vue du signal reçu. Les mesures associées sont effectuées par la couche physique à l'aide des signaux de référence CRS décrits au chapitre 7. L'UE se sert de ces mesures pour calculer l'indicateur de niveau du signal reçu RSRP (*Reference Signal Received Power*), utilisé en mode veille pour déterminer la meilleure cellule vue de l'UE. Ce principe fondamental de *meilleure cellule* gouverne ainsi la mobilité du terminal en mode veille : celui-ci choisit la cellule qu'il reçoit avec le meilleur signal, à l'aide de mesures régulières sur les cellules environnantes. Les objectifs visés sont :

- d'assurer que l'utilisateur est joignable, c'est-à-dire que l'UE pourra recevoir correctement les messages de notification envoyés sur la cellule (paging) ;
- d'assurer les meilleures conditions radio lorsque l'UE passe en mode connecté (par exemple pour établir un appel), ce qui minimise également sa consommation.

Ce principe est généralement aussi suivi en mode connecté, même si la mobilité peut être déclenchée sur d'autres critères.

## Notions de cellule éligible et de cellule acceptable

Une cellule est dite *éligible* lorsqu'elle vérifie les conditions suivantes.

- Elle fait partie du PLMN courant, d'un PLMN équivalent, ou d'un PLMN de plus haute priorité que le PLMN courant.
- Elle n'est pas *barrée*, c'est-à-dire interdite d'accès.
- Elle n'appartient pas à une des zones de localisation interdites à l'UE (voir le chapitre 16).
- Le critère radio d'éligibilité est vérifié : le niveau de signal de la cellule est supérieur au seuil d'éligibilité (voir le chapitre 16).
- Dans le cas d'une cellule de type CSG (voir le chapitre 22), la cellule fait partie des cellules CSG autorisées à l'UE.

En règle générale, l'UE cherche à sélectionner la meilleure cellule éligible sur l'un des systèmes 3GPP, en fonction du paramétrage du réseau. Il se peut cependant qu'aucune cellule éligible ne soit présente, sur aucun des systèmes GSM, UMTS/HSPA ou LTE de l'opérateur ou d'un PLMN autorisé. Par exemple, dans un garage souterrain, il est possible que l'UE ne reçoive avec un signal suffisant (critère radio vérifié) que des cellules appartenant à des PLMN non autorisés. Dans ce cas de figure, l'UE peut sélectionner une de ces cellules, mais ne pourra y établir que des appels d'urgence. Ces cellules sont dites *acceptables* dans la terminologie 3GPP, parce qu'elles peuvent assurer à l'UE ce service minimal. On notera que l'UE ne sélectionne une telle cellule que lorsqu'il n'a pu trouver une cellule éligible sur aucune fréquence et aucune RAT d'un PLMN autorisé. Ainsi, une cellule est acceptable lorsqu'elle n'est pas barrée et que le critère radio d'éligibilité est vérifié. S'il sélectionne une cellule acceptable, l'UE continue ses mesures, jusqu'à trouver éventuellement une cellule éligible.

## Autres définitions

Nous donnons ci-dessous d'autres définitions utiles à la compréhension de ce chapitre.

- *Cellule serveuse* : cellule sélectionnée par l'UE. L'UE décode en mode veille les Informations Système de la cellule, ainsi que le canal de paging (afin d'être notifié d'un appel entrant par exemple).

- *Cellule barrée* : une cellule est dite barrée lorsqu'elle n'est accessible à aucun UE ; elle ne peut donc être sélectionnée. La cellule diffuse cette information dans ses Informations Système (plus précisément, dans le message RRC *System Information Block Type1*). L'opérateur peut avoir besoin de barrer une cellule pour effectuer des opérations de maintenance.

- *Cellule réservée* : cellule dont l'accès n'est autorisé qu'aux UE munis de cartes UICC spécifiques, par exemple des cartes utilisées par l'opérateur pour la maintenance du réseau. L'UE muni d'une carte UICC normale doit considérer cette cellule comme une cellule barrée.

- *Cellule CSG autorisée* : une cellule CSG (*Closed Subscriber Group*) appartient à un groupe restreint d'utilisateurs et ne peut être autorisée qu'à ces derniers (voir le chapitre 22). Une cellule CSG autorisée est donc une cellule CSG à laquelle l'UE peut accéder parce que son utilisateur appartient au groupe associé à la cellule CSG.

# La resélection de cellule

La sélection de cellule a pour objectif de choisir une cellule du réseau mobile sur laquelle l'UE peut s'enregistrer et accéder aux services offerts par le réseau (si toutefois une des cellules détectées le permet). Nous avons expliqué au chapitre 16 comment l'UE sélectionne une cellule pour effectuer son enregistrement initial auprès du réseau, après la mise sous tension. Après cette phase initiale, la mobilité de l'UE en mode veille est entièrement gouvernée par les mécanismes de resélection et de sélection de cellule. L'objet de la resélection est pour l'UE de choisir la meilleure cellule, alors qu'il se déplace, pour maintenir cet accès au réseau dans les meilleures conditions. Sélection et resélection diffèrent dans leur utilisation : l'UE n'effectue une sélection que lorsque la resélection n'est pas possible, par exemple si aucune des cellules mesurées n'est éligible. En revanche, ces deux procédures sont internes à l'UE (sans échange de signalisation avec le réseau) et gouvernées par un algorithme de mesure et de décision spécifique à l'UE, dont seuls certains critères sont spécifiés par le 3GPP et configurés par le réseau (Informations Système).

## Les principales étapes de la resélection

Le processus de resélection de cellule suit, en LTE comme en UMTS ou en GSM, les étapes suivantes : mesures, comparaison des cellules mesurées (entre elles et/ou à des seuils) et sélection de la meilleure cellule. Ces étapes sont détaillées ci-après.

- Mesures : l'UE mesure les cellules voisines (niveau et/ou qualité du signal), qui peuvent être portées sur la même fréquence que la cellule courante (on parle alors de mesure *intrafréquence*), sur une fréquence porteuse différente (mesure *interfréquence*) ou sur un autre système (mesure *intersystème* ou inter-RAT). Les cellules voisines peuvent être indiquées dans les Informations Système diffusées sur le canal BCH de la cellule courante, ou découvertes par l'UE de façon autonome, selon la RAT considérée.

- Comparaison des cellules mesurées : l'UE compare les mesures effectuées sur les cellules voisines, en appliquant éventuellement des *offsets* et *hysteresis* fixés par le réseau permettant, par exemple, de privilégier une cellule voisine ou la cellule courante. Cette comparaison aboutit à un classement des cellules mesurées, la meilleure étant la première. Comme nous le verrons plus loin, ce classement des cellules n'est pas systématique en LTE mais dépend de la configuration du réseau.

• Sélection de la cellule : l'UE procède à la sélection de la meilleure cellule issue de la phase précédente. Il en lit les Informations Système afin de vérifier qu'elle est éligible. Si tel est le cas, il reste sur cette cellule et, si la cellule appartient à une nouvelle zone de localisation, informe le réseau de sa nouvelle localisation. Si la cellule cible n'est pas éligible, l'UE procède de même sur la cellule classée en seconde position.

## Spécificités de la resélection en UMTS

En UMTS, toutes les cellules à mesurer sont indiquées explicitement à l'UE dans les Informations Système de la cellule serveuse, ce qui implique un effort de paramétrage de l'opérateur et une charge de signalisation sur l'interface radio. Par ailleurs, le paramétrage des mesures inter-RAT présente une contrainte, expliquée dans la suite de cette section, qui a conduit à choisir un schéma de resélection différent en LTE.

En UMTS, les mesures inter-RAT sont déclenchées lorsque la qualité ou le niveau du signal de la cellule serveuse passe sous un seuil prédéfini, appelé $S_{searchRAT}$. L'UE effectue alors des mesures sur toutes les cellules inter-RAT indiquées par la cellule serveuse. Ce paramètre vise à limiter les mesures inter-RAT de l'UE, consommatrices d'énergie. Il est typiquement positionné à une valeur relativement faible et proche du seuil d'éligibilité de la cellule serveuse. Il a été introduit avec l'UMTS, dans la logique que cette RAT serait celle prioritaire pour les UE UMTS. Le paramètre étant commun à l'ensemble des cellules inter-RAT présentes dans les Informations Système de la cellule, le fait de lui donner une valeur élevée impliquerait que l'UE réalise quasiment en permanence des mesures sur l'ensemble de ces cellules, que ces cellules soient portées sur une RAT prioritaire ou non. Ce comportement réduirait notablement l'autonomie de l'UE. Par exemple, si l'opérateur souhaitait favoriser la couche GSM (ce qui semble assez étrange a priori), il aurait intérêt à placer $S_{searchRAT}$ à une valeur assez élevée, afin que l'UE mesure les cellules voisines GSM même lorsque le signal de la cellule serveuse UMTS est bon.

Or, l'avènement d'une nouvelle technologie d'accès 3GPP (en l'occurrence le LTE) rend cette contrainte d'une valeur unique de $S_{searchRAT}$ pour l'ensemble des RAT particulièrement gênante : dans un scénario de déploiement assez probable, la couche LTE serait la RAT prioritaire pour les UE LTE afin d'inciter ces derniers à sélectionner une cellule LTE comme cellule serveuse. Il devient donc indispensable de pouvoir déclencher indépendamment des mesures sur une RAT plus prioritaire que l'UMTS et sur une RAT de plus faible priorité.

La figure suivante montre la conséquence d'un paramétrage de $S_{searchRAT}$ en UMTS à une valeur plutôt faible (proche du seuil d'éligibilité de la cellule), afin de limiter les mesures sur les cellules GSM : cela a pour effet de réduire la probabilité de réselection de la cellule LTE, lorsque l'UE est sous couverture de la cellule UMTS. En effet, l'UE ne resélectionnera une cellule LTE que lorsque la qualité du signal UMTS passera sous $S_{searchRAT}$, dans la zone sombre de la cellule (le trait en pointillés correspond à $S_{searchRAT}$ et délimite donc la zone dans laquelle l'UE ne fait aucune mesure inter-RAT).

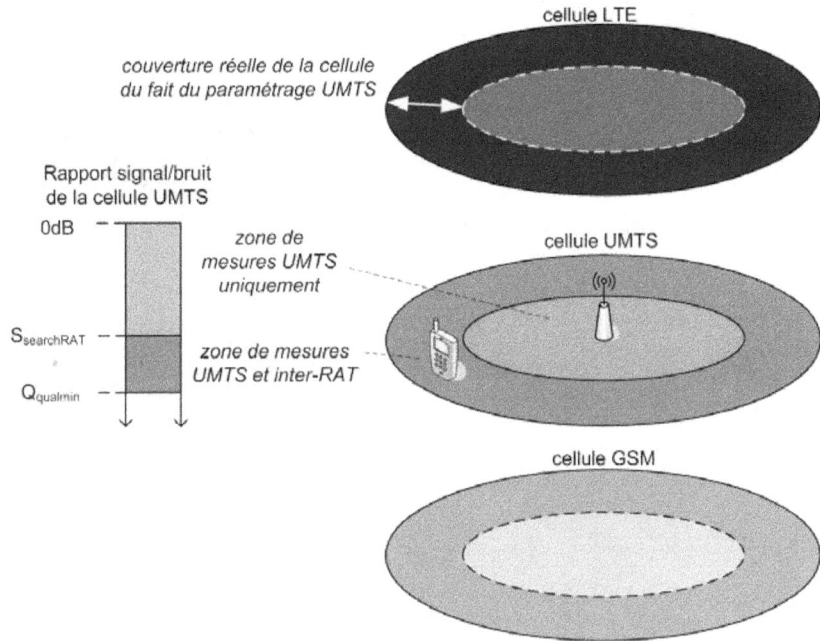

Ensuite, après la phase de mesure, l'UE compare les cellules voisines avec la cellule serveuse et effectue un classement. Pour cela, il peut avoir à appliquer des offsets indiqués par la cellule serveuse, qui favorisent celle-ci ou la cellule voisine. Dans le cas de mesures inter-RAT, il est possible que le signal de la cellule serveuse UMTS soit faible, mais que l'UE ne puisse resélectionner une cellule GSM du fait d'un offset important.

Ce jeu d'offset pallie partiellement la limitation évoquée plus haut : en plaçant $S_{searchRAT}$ à une valeur élevée, l'UE réalise des mesures sur les RAT de priorité plus faible et plus élevée. L'application d'un offset défavorable sur les cellules des RAT de plus faible priorité évite que l'UE resélectionne une cellule d'une RAT moins prioritaire (le GSM par exemple), si elle devient meilleure que la cellule serveuse. L'UE ne la resélectionnera que si elle devient meilleure de X dB par rapport à la cellule serveuse (X étant la valeur de l'offset). Pour la RAT LTE, on utilisera typiquement un offset favorable, afin de favoriser la resélection d'une cellule LTE. Cependant, cette solution n'est pas satisfaisante puisqu'elle conduit à des mesures inter-RAT très fréquentes et donc à une consommation excessive de l'UE. Ce cas de figure est présenté sur la figure suivante. La zone de mesure inter-RAT est quasiment aussi grande que la cellule UMTS et l'UE effectue donc des mesures LTE et GSM sur une large partie de cette cellule. Par ailleurs, la cellule LTE étant ici favorisée à l'aide d'un offset, la cellule GSM ne sera jamais resélectionnée et les mesures GSM sont donc faites inutilement.

**LTE et les réseaux 4G**

Figure 18-2
*Effet d'une valeur élevée*
*de S$_{searchRAT}$ en UMTS*
*et d'un offset favorable au LTE,*
*sans mécanisme de priorité*
*(antennes LTE, UMTS et GSM*
*colocalisées)*

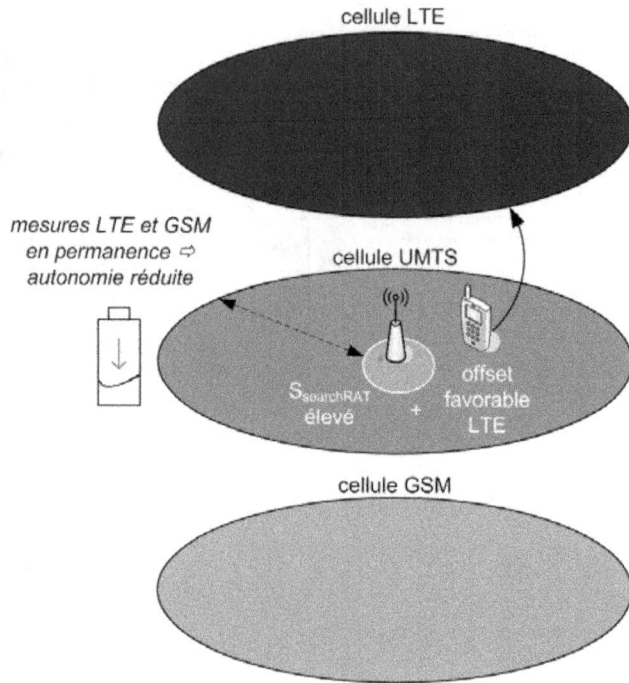

## Spécificités de la resélection en LTE

### Priorités : principe et signalisation

En LTE, la resélection de cellule est gouvernée par des priorités associées aux différentes fréquences LTE et aux différentes RAT présentes. Ainsi, toutes les cellules portées par une fréquence donnée auront la même priorité entre elles, tandis que les cellules d'une autre fréquence ou RAT pourront avoir une priorité différente.

Ces priorités sont signalées sur les Informations Système de la cellule serveuse : tous les UE présents sur cette cellule reçoivent donc les mêmes priorités. Cependant, l'opérateur peut également indiquer des priorités spécifiques à un UE, par une signalisation dédiée lorsqu'il est connecté. Ceci permet par exemple à l'opérateur de réserver une fréquence LTE à certains abonnés ou à certains types de terminaux, ou même de faire basculer les abonnés n'utilisant pas les services de données sur une RAT différente du LTE (GSM par exemple).

Ces priorités dites *dédiées* sont communiquées à l'UE lors de la relâche de la connexion RRC, ou lorsque l'UE se trouve sur une autre RAT (elles sont conservées lors d'une resélection inter-RAT), éventuellement avec une durée de validité. Elles se substituent au sein de l'UE aux priorités communes, diffusées sur la cellule serveuse.

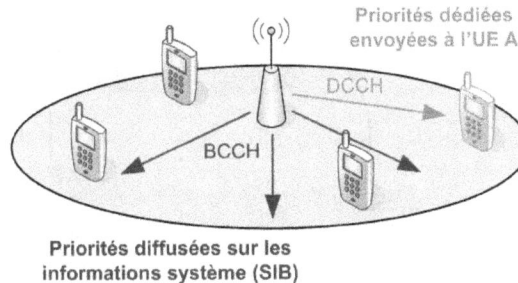

Priorités dédiées
envoyées à l'UE A

DCCH

BCCH

Priorités diffusées sur les
informations système (SIB)

L'UE supprime ces priorités dédiées soit lorsqu'il passe dans l'état RRC_CONNECTED, soit lorsque leur durée de validité expire. Deux RAT différentes ne peuvent avoir des priorités identiques. Ainsi, les RAT GSM/GPRS, UMTS/HSPA et LTE ont nécessairement des priorités différentes dans les informations diffusées sur les cellules d'un réseau LTE.

Ces priorités dédiées peuvent être déterminées par l'eNodeB à partir d'informations fournies par le MME, notamment le paramètre appelé *Subscriber Profile ID for RAT/Frequency Priority* (SPID). Ce paramètre est un indice faisant référence à un profil-type d'utilisateur défini sur l'eNodeB et qui peut caractériser la mobilité (par exemple, déplacements inexistants / rares / occasionnels / fréquents) et l'usage de l'utilisateur (par exemple services de données uniquement). Ainsi, l'eNodeB recevant cet indice va consulter sa base interne de profils, déterminer le profil associé et éventuellement en décliner des priorités dédiées. Pour un UE de type *Machine-To-Machine* (aussi appelé M2M), par exemple un distributeur, on peut imaginer que l'indice 1 soit utilisé car associé au sein des eNodeB à un profil de mobilité « déplacements inexistants » et un profil d'usage « usage faible mais régulier des services de données » (pour remonter l'état de service du distributeur, ses stocks, l'absence de monnaie…). L'eNodeB va alors indiquer à l'UE des priorités dédiées : la fréquence LTE courante aura la plus haute priorité, tandis que les autres fréquences ou RAT ne seront par exemple pas mentionnées. L'UE n'aura ainsi à réaliser aucune mesure sur les cellules des autres fréquences ou RAT, résultant en une économie d'énergie substantielle, ce qui est particulièrement utile si l'équipement fonctionne à l'énergie solaire (un parcmètre par exemple).

Lorsque l'UE se trouve sur une cellule de type CSG, il doit considérer la fréquence courante comme celle de plus haute priorité, quelles que soient les priorités qui lui ont été indiquées (voir le chapitre 22).

La figure suivante présente un exemple d'utilisation des priorités dans un réseau intégrant les technologies d'accès GSM/GPRS, UMTS/HSPA et LTE. Le réseau d'accès LTE comporte deux fréquences porteuses de priorités différentes. La priorité 0 est la plus élevée, la priorité 3 la plus faible. Ainsi, un UE traversant une zone de ce réseau dans laquelle ces technologies coexistent va resélectionner au fur et à mesure de son parcours la couche de priorité supérieure, dès qu'il la recevra avec un niveau de signal suffisant.

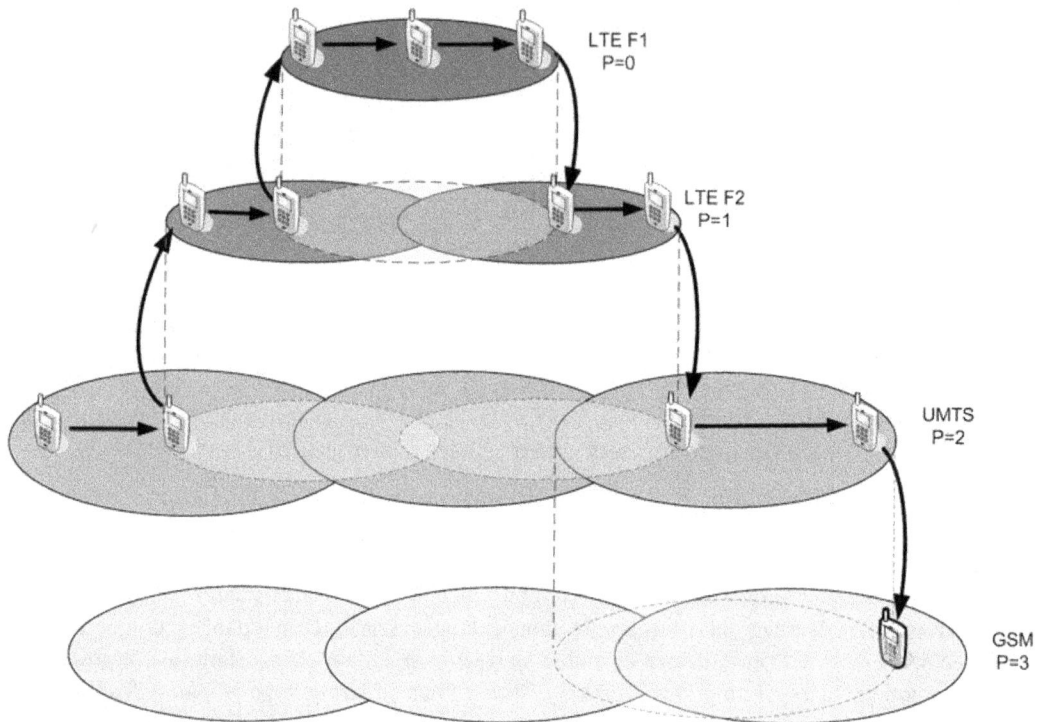

Figure 18-4
*Exemple de configuration de priorités inter-RAT*

### Le critère d'éligibilité en LTE

En UMTS FDD, la cellule doit vérifier deux conditions : une sur le niveau du signal de référence et une autre sur la qualité de ce signal. En LTE, le critère utilisé pour vérifier qu'une cellule est éligible est basé uniquement sur une mesure de RSRP : celui-ci doit être supérieur au seuil d'éligibilité de la cellule, déterminé par l'UE à partir des paramètres diffusés sur la cellule serveuse (Informations Système). Ce critère a été décrit au chapitre 16.

Le critère d'éligibilité est donc plus simple à vérifier en LTE.

On notera que dans la prose 3GPP et dans la suite de ce chapitre, les grandeurs $S_{ServingCell}$, $S_{NonServingCell}$ et les seuils (par exemple, $S_{intrasearch}$) considérés dans les équations de resélection sont en réalité des écarts par rapport à ce seuil d'éligibilité.

### Mesure des cellules voisines

Les cellules voisines LTE ne sont pas explicitement indiquées à l'UE par la cellule courante : seules les fréquences porteuses à mesurer sont données. En effet, en mode veille comme en mode connecté, l'UE doit être capable de détecter par lui-même et mesurer les cellules voisines présentes sur une fréquence porteuse donnée, y compris sur celle de la cellule serveuse. Ceci constitue une différence majeure avec les technologies précédentes (GSM/GPRS et UMTS/HSPA en particulier), dans lesquelles le réseau fournit la liste des cellules à mesurer, y compris pour les mesures intrasystèmes.

Cela est rendu possible en LTE par les capacités élevées de traitement des terminaux, en particulier pour les opérations en bande de base. L'intérêt pour l'opérateur est de réduire la signalisation diffusée sur les cellules. L'eNodeB peut néanmoins diffuser des paramètres de resélection spécifiques pour certaines cellules, par exemple une valeur d'offset pour favoriser ou défavoriser la resélection d'une cellule particulière. Cela peut être utilisé pour limiter le trafic de « transit » sur une cellule souvent chargée, c'est-à-dire le trafic lié au déplacement d'utilisateurs qui quittent très rapidement la cellule.

Des critères de déclenchement sont définis dans la norme pour limiter les mesures effectuées par l'UE et leur effet sur sa consommation. Ainsi, les règles suivantes s'appliquent pour limiter les mesures intrafréquences.

- Si le niveau de signal de la cellule serveuse est supérieur à un seuil, soit $S_{ServingCell} > S_{intrasearch}$, l'UE n'est pas obligé de mesurer les cellules voisines intrafréquences.

- En revanche, si ce niveau devient inférieur ou égal à ce seuil (ou si le paramètre $S_{intrasearch}$ n'est pas transmis), l'UE doit impérativement réaliser ces mesures.

Elles sont illustrées sur la figure suivante.

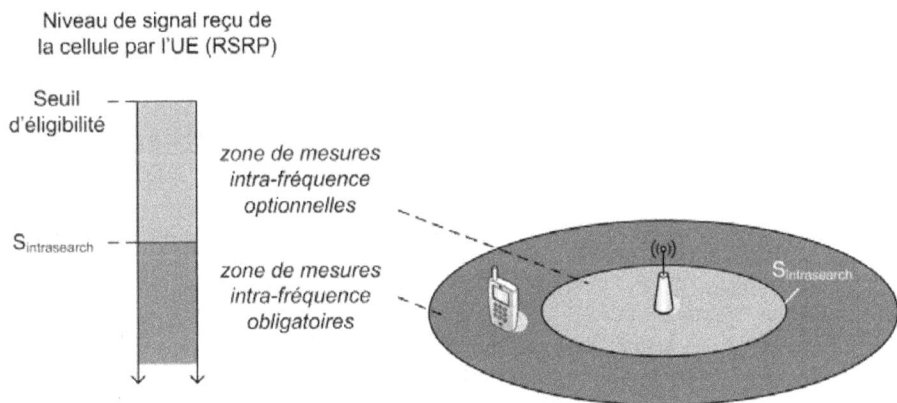

Figure 18-5
*Critère de mesures intrafréquences*
$S_{intrasearch}$

Des règles similaires ont été définies pour les mesures interfréquences et inter-RAT, selon la priorité de la fréquence ou de la RAT par rapport à celle de la cellule serveuse.

- L'UE doit réaliser en permanence des mesures sur une fréquence ou une RAT de plus haute priorité.

- Pour une fréquence ou une RAT de priorité inférieure, l'UE doit réaliser des mesures dès que le niveau de signal est inférieur à un seuil, soit $S_{ServingCell} \leq S_{nonintrasearch} \leq S_{nonintrasearch}$ (ou si le paramètre $S_{nonintrasearch}$ n'est pas diffusé).

- Les paramètres $S_{intrasearch}$ et $S_{nonintrasearch}$ sont diffusés dans les Informations Système de la cellule serveuse. $S_{ServingCell}$ correspond au niveau de signal de la cellule serveuse mesuré par l'UE.

- On notera que l'opérateur a la possibilité d'indiquer des listes de cellules LTE interdites (*blacklist*), qu'elles soient sur la même fréquence que la cellule serveuse ou sur une fréquence LTE différente.

### Choix de la cellule cible

Le choix de la cellule cible se fait selon des critères différents suivant la priorité de la fréquence ou de la RAT qui la porte, par rapport à la priorité de la cellule serveuse. On distingue ainsi quatre cas :

- cellule appartenant à une couche (RAT ou fréquence LTE) de priorité supérieure à celle de la cellule serveuse, couche que nous appellerons L1 ;

- cellule appartenant à une couche (RAT ou fréquence LTE) de priorité inférieure à celle de la cellule serveuse, couche que nous appellerons L3 ;

- cellule appartenant à une fréquence LTE de priorité égale à celle de la cellule serveuse ;

- cellule appartenant à la même fréquence LTE que la cellule serveuse, couche que nous appellerons L2.

Les deux derniers scénarios sont traités de la même façon, puisque la cellule voisine et la cellule serveuse ont la même priorité.

*Resélection d'une cellule appartenant à une fréquence LTE ou une RAT (L1)*
*de plus haute priorité*

L'UE resélectionne une cellule de la couche L1 si elle vérifie les conditions suivantes.

- Plus d'une seconde s'est écoulée depuis l'arrivée de l'UE sur la cellule serveuse (sur L2).

- Le critère suivant est vérifié : $S_{nonServingCell,x} > Thresh_{x,high}$ pendant une durée $Treselection_{RAT}$.

$Thresh_{x,high}$ représente le seuil de resélection de la couche L1 pour un UE provenant d'une couche de priorité inférieure et $S_{nonServingCell,x}$ est le niveau de signal mesuré sur la cellule voisine. $Thresh_{xhigh}$ est diffusé sur les Informations Système de la cellule courante, avec les autres paramètres associés à la couche L1 (comme la priorité ou la fréquence de cette couche). $Thresh_{x,high}$ aura typiquement une valeur faible, afin de favoriser la resélection d'une cellule de cette couche L1 dès que l'UE la reçoit avec un signal suffisant. Le paramètre $Treselection_{RAT}$ correspond à $Treselection_{UTRA}$ dans le cas où la cellule voisine évaluée est une cellule UMTS, à $Treselection_{GERAN}$ s'il s'agit d'une cellule GSM/GPRS, et à la valeur associée à la fréquence LTE dans le cas d'une cellule interfréquence LTE. Ces valeurs sont également diffusées dans les Informations Système de la cellule (valeur en secondes). Ainsi, pour la configuration représentée par la figure à la section « Priorités : principe et signalisation » (p. 372), la cellule LTE courante diffusera quatre valeurs différentes Treselection : pour les deux fréquences LTE, la couche UMTS et la couche GSM/GPRS. Pour une RAT ou une fréquence donnée, la même valeur est utilisée pour les différents scénarios de resélection présentés dans ce chapitre (cette section et les deux suivantes).

L'UE n'applique aucun offset ni hysteresis sur les valeurs mesurées : il compare uniquement la mesure filtrée (moyenne temporelle des mesures élémentaires) au seuil ci-dessus. Si plusieurs cellules voisines de la couche L1 vérifient ces conditions, l'UE choisit la meilleure de ces cellules.

### Resélection d'une cellule intrafréquence ou d'une cellule appartenant à une fréquence LTE d'égale priorité

L'UE évalue les grandeurs ci-après : Rs pour la cellule serveuse et Rn pour toutes les cellules voisines de L2 ou d'une fréquence LTE d'égale priorité qui satisfont le critère d'éligibilité (voir le chapitre 16) :

$$Rs = Qmeas,s + Qhyst$$

$$Rn = Qmeas,n - Qoffset$$

Qmeas,s et Qmeas,n représentent respectivement les mesures de RSRP effectuées sur la cellule serveuse et sur la cellule voisine. Qhyst est la valeur d'hysteresis à appliquer au RSRP de la cellule serveuse. Son rôle est de maintenir l'UE sur la cellule serveuse tant que la différence entre les RSRP n'est pas trop importante (typiquement 3 dB) et de réduire les phénomènes de « ping-pong » entre deux cellules LTE. Qoffset correspond soit à l'offset éventuel de la cellule voisine, dans le cas d'une cellule intrafréquence, soit à la somme de l'offset de la cellule voisine et de celui associé à la fréquence LTE. En effet, il est possible de définir un offset pour une fréquence LTE de même priorité, par exemple si une fréquence porteuse LTE appartient à une bande de fréquence différente de celle de la fréquence L2, et que son RSRP est globalement meilleur du fait d'une meilleure propagation du signal dans cette bande. Tous ces paramètres sont diffusés dans les Informations Système de la cellule serveuse, sachant que les offsets sont optionnels.

L'UE resélectionne une cellule voisine si :

- la grandeur Rn calculée pour cette cellule est supérieure à Rs pendant une durée égale à $Treselection_{RAT}$ ;
- l'UE est sur la cellule serveuse depuis plus d'une seconde.

Si plusieurs cellules voisines satisfont ces critères, l'UE choisit la meilleure, ce qui implique donc qu'il les compare également entre elles. Pour ce classement, il n'applique pas de correction (hysteresis ou offset) sur la mesure mais compare strictement les niveaux de signal mesurés.

### Resélection d'une cellule appartenant à une fréquence LTE ou une RAT de plus faible priorité (L3)

Pour que l'UE resélectionne une cellule appartenant à une fréquence LTE ou RAT de priorité inférieure (que nous appellerons ici L3), les critères suivants doivent être vérifiés.

- Aucune cellule appartenant à une couche de priorité supérieure ou égale à celle de la couche actuelle L2 ne vérifie les critères de resélection.
- La cellule serveuse vérifie $S_{ServingCell} < Thresh_{serving, low}$ et la cellule de plus faible priorité vérifie $S_{nonServingCell,x} > Thresh_{x, low}$ pendant une durée $Treselection_{RAT}$ ;
- Et plus d'une seconde s'est écoulée depuis l'arrivée de l'UE sur la cellule serveuse.

Thresh$_{serving, low}$ est un paramètre diffusé sur la cellule et associé à la couche de la cellule serveuse (L2). Il désigne le seuil sous lequel le niveau de signal est considéré suffisamment faible pour que l'UE resélectionne une cellule de priorité inférieure. Thresh$_{x,low}$ est également diffusé sur la cellule, mais est associé à la couche L3 et représente le seuil minimal de signal pour que l'UE puisse resélectionner la cellule de L3.

Ainsi, Thresh$_{serving, low}$ sera typiquement positionné à une valeur assez basse, correspondant quasiment à la limite de couverture, afin d'éviter que l'UE ne resélectionne une couche de plus faible priorité alors qu'il peut bénéficier d'un service acceptable sur la cellule serveuse. La valeur du seuil Thresh$_{x, low}$ prend typiquement une valeur supérieure à celle de Thresh$_{serving, low}$ tout en restant dans le même ordre de grandeur.

La figure suivante illustre un scénario de déploiement LTE, avec deux fréquences LTE de priorités P0 et P1 et la couche UMTS de priorité P2 (priorités communes).

- l'UE1 resélectionne la couche LTE L1 de priorité P0 dès lors qu'il mesure une cellule de cette fréquence avec un niveau de signal supérieur à Thresh$_{L1,high}$ (C1 ici).
- l'UE2 resélectionne la cellule voisine C2B de la couche L2 car celle-ci devient meilleure que C2A, tandis que le niveau de signal reçu de la cellule C1 est inférieur à Thresh$_{L1,high}$.
- l'UE3 resélectionne la cellule C3 de la couche UMTS car le niveau de sa cellule LTE (C2A) devient inférieur à Thresh$_{serving, low}$ et le niveau de C3 est supérieur au seuil Thresh$_{L3,low}$.

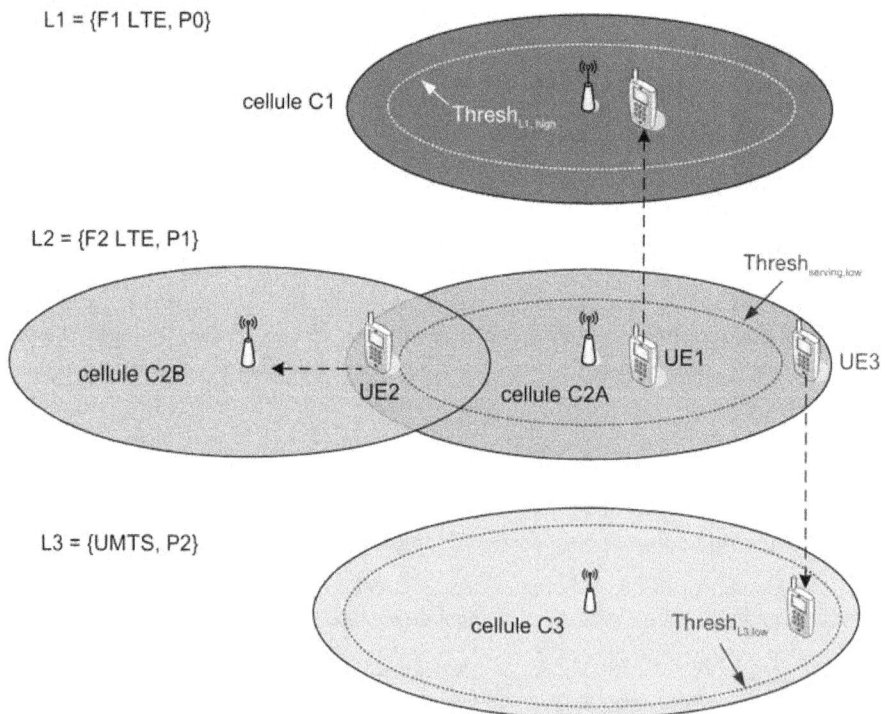

Figure 18-6
*Seuils de resélection en configuration inter-RAT {LTE, UMTS}*

*Resélection et implémentation*

Les spécifications 3GPP ne définissent pas la façon dont l'UE réalise les vérifications précédentes ni la méthode de classement des cellules mesurées, mais uniquement les critères qu'il doit suivre avant d'effectuer une resélection et les performances (précision et délai) associées. De façon générale, les spécifications 3GPP laissent en LTE, en UMTS et en GSM/GPRS de la latitude aux fabricants de terminaux et de puces (chipsets) vis-à-vis de l'implémentation de l'algorithme de resélection. Les constructeurs vont donc chercher à se différencier par l'efficacité de leur algorithme, qui doit réaliser un compromis entre la rapidité pour sélectionner une cellule éligible, la qualité de cette cellule (par exemple, l'UE vérifie uniquement son éligibilité ou effectue une comparaison des cellules mémorisées et/ou détectées) et la consommation induite (liée notamment au nombre de cellules, de fréquences et de RAT mesurées, aux mesures élémentaires utilisées pour les moyennes).

## Vitesse de déplacement et mobilité

En mode veille comme en mode connecté, l'UE peut être soumis à un déplacement de l'utilisateur. Si ce dernier se déplace rapidement (train, voiture), les cellules détectées par l'UE et leur niveau de signal respectif évolueront plus rapidement qu'à faible vitesse. Il lui faut donc pouvoir détecter plus vite ces changements, afin d'éviter de perdre la couverture du réseau.

Pour cela, l'UE adapte à sa vitesse de déplacement la durée Treselection pendant laquelle le critère de resélection doit être vérifié. Ainsi, cette durée pourra être réduite lorsque la vitesse de l'UE augmente. Toutefois, un préalable à cette adaptation est que l'UE puisse détecter ce changement de vélocité. Il se base pour ce faire sur le nombre de resélections réalisées dans un délai défini. Ce seuil est bien sûr étroitement lié à la physionomie du réseau (taille des cellules, nombre moyen de cellules voisines) et sera très différent entre une zone urbaine dense et une zone rurale. L'opérateur doit donc ajuster ces paramètres, qui sont diffusés dans les Informations Système de la cellule.

La figure 18-7 illustre la situation de deux UE évoluant à des vitesses différentes (l'UE2 se déplaçant plus rapidement que l'UE1). Dans l'exemple, le critère de resélection est vérifié lorsque le signal de la cellule C2 est supérieur à celui de la cellule C1 pendant un temps D égal à Treselection. Pour les deux UE, C2 devient meilleure que C1 à T0. Si les deux UE observent le même délai D pour valider le critère, on voit que l'UE2, qui s'éloigne rapidement du centre de la cellule C1, aura certainement perdu la couverture de la cellule C1 avant d'avoir resélectionné la cellule C2. L'utilisateur ne pourra émettre ni recevoir aucun appel pendant cette perte de couverture. On comprend donc que le délai D devra être diminué pour l'UE2 pour garantir la continuité de sa couverture radio.

Trois niveaux de mobilité sont définis : normal, intermédiaire et élevé. L'UE est par défaut dans le niveau normal, qui n'a donc pas de paramétrage spécifique. L'eNodeB associe à chacun des deux autres niveaux un seuil qui correspond à un nombre de changements de cellule, ainsi qu'un coefficient appliqué au délai Treselection. Enfin, il indique à l'UE la durée considérée pour compter le nombre de changements de cellule (par exemple 30 s, 1 min).

Ainsi, pour la configuration représentée sur la figure 18-8, l'UE passera du niveau normal au niveau intermédiaire s'il effectue trois resélections de cellule en moins de trois minutes, ou au niveau élevé s'il compte cinq resélections de cellule dans ce même intervalle de temps.

Figure 18-7
*Effet du délai Treselection en
déplacement*

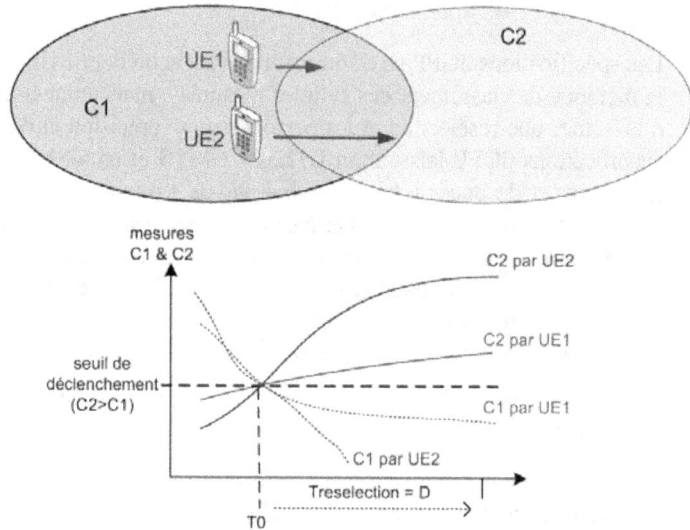

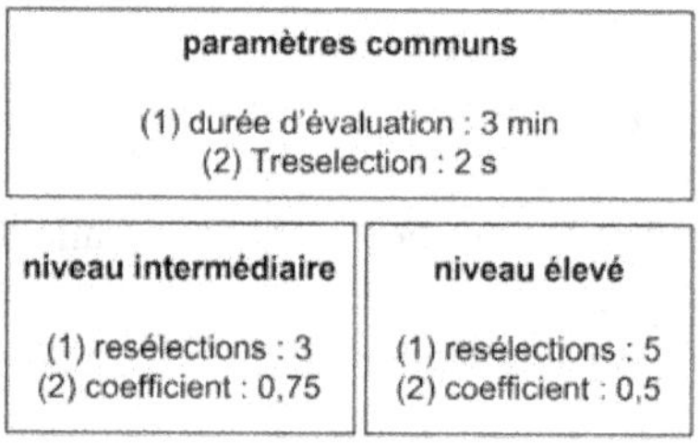

Figure 18-8
*Exemple de paramétrage
des niveaux de mobilité en
resélection*

Dans l'état de mobilité intermédiaire, l'UE appliquera un coefficient de 0,75 à la valeur de Treselection utilisée dans l'état normal, soit 1,5 s au lieu de 2 s. De façon similaire, la durée de Treselection observée dans l'état de mobilité élevé sera de 1 s.

Ce mécanisme est appliqué par l'UE en mode veille si ces paramètres d'ajustement sont diffusés dans les Informations Système. Il est appliqué de façon similaire en mode connecté, où le paramètre *time-to-trigger* est utilisé à la place de Treselection pour vérifier un événement de mesure (voir le chapitre 19).

## Introduction du mécanisme des priorités en GSM/GPRS et UMTS

Le schéma de resélection basé sur des priorités absolues et introduit pour le LTE a été étendu lors de la définition de la Release 8 3GPP aux deux systèmes existants, le GSM/GPRS et l'UMTS. Cette généralisation permet d'utiliser un seul modèle de resélection sur l'ensemble du réseau de l'opérateur pour les terminaux conformes à la Release 8, si toutefois l'opérateur fait le choix de l'utiliser également sur son réseau existant.

Ces terminaux bénéficient alors des avantages escomptés de ce mécanisme : simplicité de la configuration, réduction de la consommation. En UMTS par exemple, si les priorités sont utilisées, les critères de resélection sont tout à fait similaires à ceux définis en LTE. L'utilisation des priorités sur les RAT LTE et UMTS aide ainsi l'opérateur à modéliser plus facilement le comportement des UE LTE sur son réseau.

Ce nouveau modèle n'est cependant pas obligatoire et l'opérateur peut aussi bien faire le choix de ne pas l'introduire sur les technologies d'accès déjà déployées, afin de limiter les modifications sur celles-ci (mise à jour logicielle, efforts de paramétrage et de tests). Dans ce cas, seuls les mécanismes de resélection existants seront utilisés, par tous les UE (Release 8 ou antérieurs).

Dans tous les cas, les UE dont l'implémentation est antérieure à la Release 8 continueront de suivre le modèle existant. Cela signifie que, si l'opérateur fait le choix de généraliser le mécanisme des priorités, un double paramétrage sera diffusé sur les Informations Système des cellules UMTS et/ou GSM/GPRS : celui associé au mode de resélection *historique*, basé sur un classement des cellules voisines mesurées et sur un jeu d'offsets éventuels, et celui utilisant les priorités absolues.

# Les performances de l'UE en resélection

## Quelle importance ?

Les performances intrinsèques de l'UE dans les procédures radio, et en particulier lors des resélections, sont primordiales :

- pour la qualité de l'expérience utilisateur, notamment pour assurer une connectivité stable et que l'utilisateur reste joignable ;
- mais aussi vis-à-vis de la charge et de l'efficacité du réseau.

Par exemple, un UE qui surestime dans sa mesure le niveau de RSRP de la cellule serveuse aura tendance à rester « trop longtemps » sur cette cellule alors que le signal radio est dégradé, et donc à basculer tardivement sur une cellule voisine meilleure que la serveuse. Le risque associé en mode veille lors d'un appel entrant est de devoir émettre plusieurs fois le message de paging avant que l'UE ne le reçoive, voire que l'utilisateur ne reçoive pas du tout l'appel si l'UE ne peut décoder le paging (émis sans contrôle de puissance). Par ailleurs, lors de l'établissement de la connexion (pour un appel sortant par exemple, ou après la réception d'un paging), la position de l'UE l'obligera à émettre sur le RACH avec une puissance élevée (voir le chapitre 14), induisant ainsi des interférences importantes sur les autres cellules.

Inversement, si l'UE sous-estime le RSRP de la cellule serveuse, il aura tendance à resélectionner trop tôt une cellule voisine, ce qui peut entraîner des resélections plus nombreuses, voire un risque de « ping-pong » entre cellules. Ce phénomène diminue significativement l'autonomie de l'UE et, en bordure de Tracking Area (TA), surcharge sensiblement le réseau : si la TA ne fait pas partie de la liste des TA auxquelles il est enregistré, l'UE déclenchera une procédure de mise à jour à chaque resélection entre les deux cellules. Le MME peut détecter un tel phénomène et décider d'enregistrer l'UE sur ces deux TA (voir la suite de ce chapitre). Enfin, cette sous-estimation du RSRP conduit à réduire la zone de couverture du réseau LTE pour cet UE : en bordure de plaque LTE par exemple, il basculera sur une cellule d'un autre système, alors que le RSRP est supérieur au seuil de resélection attendu.

## Exigences et implémentation

Les exigences de performance en resélection se déclinent essentiellement suivant deux axes : précision et justesse d'une part, délai d'autre part. En effet, l'UE doit resélectionner la meilleure cellule en respectant les seuils déduits des paramètres diffusés sur les Informations Système (avec une certaine marge de tolérance) et faire la resélection dans un délai minimal après le franchissement du ou des seuil(s).

Ces performances en resélection sont déterminées par plusieurs éléments, notamment :

- la précision et la justesse des mesures du RSRP par la chaîne de réception radio de l'UE, qui détermine le respect des seuils de resélection ;
- l'algorithme de moyennage (filtrage) du RSRP utilisé par l'UE, en particulier le nombre d'échantillons de mesure utilisés, la périodicité des échantillons et de calcul de la moyenne. Cet algorithme conditionne la réactivité de l'UE aux changements de l'environnement radio et donc également sa sensibilité aux fluctuations éphémères du signal de la cellule.

Les spécifications 3GPP ne définissent pas l'algorithme de mesure de l'UE, mais uniquement le nombre minimal d'échantillons qu'il doit utiliser pour une mesure moyenne (2) et l'intervalle de temps minimal entre le premier et le dernier échantillons. Dans le réglage de son algorithme, le constructeur fait donc un compromis entre le respect des seuils et la réactivité à un changement de conditions radio.

Il est primordial de vérifier que l'implémentation de l'UE satisfait des exigences de performance minimale. Pour cela, le 3GPP spécifie les performances minimales que l'UE doit atteindre dans des conditions de test précises. Ces performances de l'UE peuvent être vérifiées à l'aide d'outils de tests dédiés, qui simulent un environnement radio avec des cellules des différents systèmes (LTE/ UMTS/GSM) et des profils d'affaiblissement.

# La mise à jour de localisation

## Les zones de localisation

Après son enregistrement au réseau mobile (voir le chapitre 16), l'UE peut évoluer entre le mode veille et le mode connecté. Lorsqu'il est en mode veille, nous avons vu qu'il procède à des resélections au gré de ses déplacements afin de se trouver à chaque instant sur la meilleure cellule, parmi celles qui l'environnent et auxquelles il peut accéder.

### L'objet de la zone de localisation

Outre la resélection de la meilleure cellule, l'UE en mode veille doit rester *joignable* tant qu'il est sous tension, pour recevoir des appels entrants, des courriels, des messages instantanés (*chat*) mais aussi d'éventuels messages d'urgence (par exemple en cas de catastrophe naturelle ou d'attentat). Le réseau contacte pour cela l'UE en mode veille, en diffusant sur toutes les cellules de la zone dans laquelle l'UE se trouve des messages de notification, appelés aussi messages de paging. Pour permettre ce mécanisme de notification, l'UE informe le réseau dès qu'il resélectionne une cellule appartenant à une zone sur laquelle il n'est pas enregistré : il procède ainsi à une *mise à jour de localisation*.

## Contraintes de planification

On comprend que la zone de localisation doit être judicieusement choisie. Trop grande, elle conduit à l'envoi de messages de paging sur un grand nombre de cellules (y compris celles sur lesquelles l'UE a peu de probabilité de se trouver) et donc à une charge importante du réseau et de l'interface radio pour cette seule notification. Trop petite, elle induit une mise à jour fréquente, donc également une charge du réseau, de l'interface radio, et une autonomie moindre de l'UE. On peut ainsi définir le taux d'efficacité du paging comme le rapport entre le nombre de paging utile, toujours égal à un puisque l'UE n'est que sur une cellule à un instant donné, et le nombre de cellules sur lesquelles le paging est envoyé (égal au nombre de cellules dans la zone de localisation courante). Plus la zone de localisation sera étendue, moins cette efficacité sera élevée.

Le choix des zones de localisation est donc une tâche délicate de l'opérateur pour minimiser la charge liée à la mobilité des UE en mode veille et l'effet sur leur consommation. Cette problématique est inhérente à la nature du réseau cellulaire et donc présente dans les technologies GSM/GPRS, UMTS et LTE, même s'il existe des différences notables en LTE que nous verrons dans la suite de ce chapitre.

Cette problématique est illustrée par la figure suivante. Dans le cas de figure 1, la zone de localisation est grande et comprend 12 cellules, soit un taux d'efficacité de paging de 1/12. L'UE se déplaçant dans cette zone n'a pas besoin de mettre à jour sa localisation, mais lorsqu'il reçoit un appel, la charge liée au paging sur la zone est importante. Dans le cas n°2 en revanche, les zones de localisation sont de taille réduite, ce qui conduit à deux mises à jour lors du déplacement de l'UE de la zone 1 à la zone 3. Cependant, l'efficacité du paging est bien supérieure (1/3).

Figure 18-9
*Influence de la taille de la zone de localisation sur la signalisation (paging et fréquence de mise à jour)*

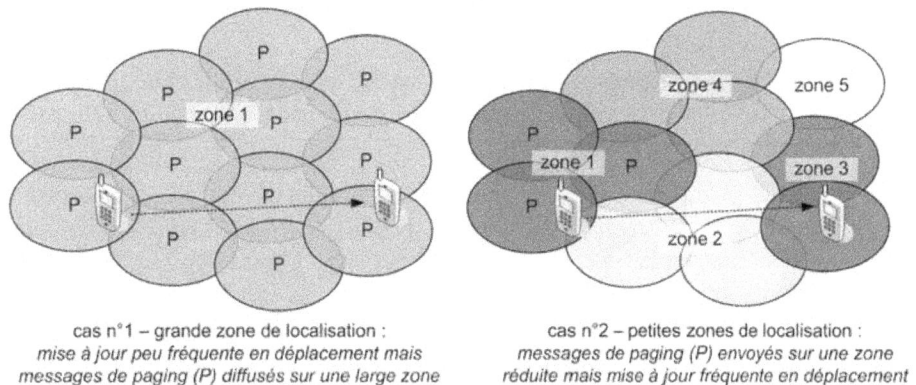

cas n°1 – grande zone de localisation :
*mise à jour peu fréquente en déplacement mais messages de paging (P) diffusés sur une large zone*

cas n°2 – petites zones de localisation :
*messages de paging (P) envoyés sur une zone réduite mais mise à jour fréquente en déplacement*

# Les différents types de mise à jour

### La mise à jour « normale »

Pour ces trois systèmes, les cellules indiquent dans leurs Informations Système les zones de localisation auxquelles elles appartiennent. L'UE peut ainsi détecter, lorsqu'il resélectionne une cellule, si elle fait partie d'une zone différente de celle sur laquelle il est enregistré. Dans ce cas, l'UE démarre une procédure de mise à jour de localisation vers le réseau cœur, afin de l'informer de ce changement, pour qu'il envoie désormais les notifications sur toutes les cellules de la nouvelle zone. Si en revanche, elle appartient à la même zone, l'UE n'engage pas cette procédure et le réseau continuera ainsi à lui envoyer les messages de paging sur les cellules de la zone.

Ce type de mise à jour est dit *normal*, par opposition au type *périodique* décrit ci-après.

### La mise à jour « périodique »

L'UE doit lancer une mise à jour périodique lorsqu'il reste pendant une durée déterminée sur la même zone de localisation. Ceci évite une longue désynchronisation entre l'état de l'UE et celui enregistré par le réseau : par cxcmplc, si l'UE est éteint par l'utilisateur dans une zone sans couverture, il ne pourra se détacher du réseau, et l'équipement du réseau cœur (MSC, SGSN ou MME) conservera donc le contexte de l'UE après sa mise hors tension. Le réseau pourra alors décider de supprimer le contexte de l'UE s'il ne reçoit pas de mise à jour périodique pendant une durée déterminée, définie par l'opérateur. La période de mise à jour est indiquée à l'UE par le réseau via une valeur de temporisation signalée dans les Informations Système de la cellule pour la temporisation du domaine circuit (en UMTS et GSM), et par la signalisation NAS dédiée pour celle du domaine paquet (en LTE, UMTS et GPRS).

# La mise à jour de localisation en UMTS et GSM/GPRS

En GSM/GPRS et en UMTS, des zones de localisation différentes sont utilisées sur les domaines circuit (CS) et paquet (PS).

- Le terme *Location Area* (LA) désigne la zone de localisation du domaine CS, identifiée par le *Location Area Identifier* (LAI) et mise à jour par la procédure *Location Area Update* déclenchée par l'UE vers le MSC ;
- Le terme *Routing Area* (RA) désigne la zone de localisation du domaine PS, identifiée par le *Routing Area Identifier* (RAI) et mise à jour par la procédure *Routing Area Update* déclenchée par l'UE vers le SGSN.

Une cellule donnée ne peut appartenir qu'à une seule LA et une seule RA. L'identifiant LAI est constitué de l'identifiant du réseau de l'opérateur (PLMN) ainsi que du code LAC (pour *Location Area Code*) de la zone. De même, l'identifiant RAI est lui-même formé du LAI et d'un code RAC (pour *Routing Area Code*). Ainsi, une zone Routing Area est toujours incluse dans une zone Location Area, c'est-à-dire qu'une LA est formée d'au moins une RA, comme le montre la figure suivante.

Ceci implique que, lorsque la LA change, la zone RA change également : l'UE met à jour sa localisation pour les deux domaines CS et PS. Cette mise à jour se fait via deux procédures distinctes (l'une vers le domaine CS, l'autre vers le domaine PS), ou en une seule procédure dite *combinée*, si le réseau le permet. Enfin, en UMTS et GSM/GPRS, l'UE ne peut être enregistré que sur une LA et une RA à un instant donné, à la différence du LTE.

Figure 18-10
*Une zone Location Area inclut généralement plusieurs zones Routing Area*

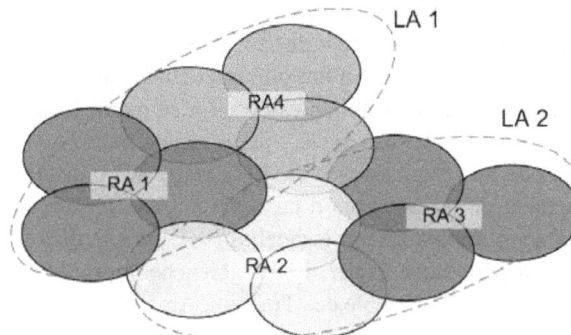

regroupement des cellules en RA et LA

## Spécificités du LTE

En LTE, seul le domaine PS est utilisé, donc un seul type de zone de localisation est défini : la Tracking Area ou TA, dont l'identifiant TAI (pour *Tracking Area Identity*) est formé du PLMN et du *Tracking Area Code* (TAC), codé sur 2 octets. Comme en UMTS, la mise à jour de la TA par l'UE peut être déclenchée par un changement de zone ou l'expiration de la temporisation de mise à jour. La valeur de cette temporisation est indiquée à l'UE à l'aide de la signalisation NAS, dans les messages EMM *Attach Accept* et *Tracking Area Update Accept*.

Cependant, des mécanismes ont été définis dès la première Release du LTE pour réduire l'occurrence des mises à jour, qui occasionnent une charge de signalisation non négligeable sur le réseau et diminuent l'autonomie des terminaux mobiles :

• la possibilité d'enregistrer l'UE sur plusieurs Tracking Area ;
• un mode évitant la mise à jour de localisation lors du changement de RAT (ISR, voir la section « Le mécanisme ISR : réduire la signalisation de mobilité en mode veille », p. 389).

Par ailleurs, deux nouveaux critères de mise à jour apparaissent : le partage de charge entre MME, décrit dans la section éponyme (p. 388) et la modification des capacités réseau de l'UE. En effet, l'UE fournit ces capacités au MME lors de son enregistrement initial (voir le chapitre 16). Si ces capacités changent alors qu'il est attaché au réseau, l'UE doit en informer le réseau afin qu'il en tienne compte pour l'établissement de la sécurité NAS notamment.

### L'enregistrement simultané à plusieurs Tracking Area

Lors des procédures d'enregistrement et de mise à jour de localisation, l'UE indique au MME l'identifiant TAI de la zone sur laquelle il était précédemment enregistré. Cela permet au MME de récupérer le contexte NAS de l'UE, soit auprès du MME gérant cette TA, soit dans sa propre base. Si la

TA a changé, le MME enregistre alors l'UE sur la nouvelle TA et éventuellement aussi sur un groupe de Tracking Area. Dans ce cas, il fournit cette liste de TA à l'UE à la fin de la procédure. L'UE ne lance pas de mise à jour de localisation tant qu'il est sur une cellule appartenant à l'une des TA indiquées dans cette liste. L'intérêt d'enregistrer implicitement l'UE sur d'autres TA que celle sur laquelle il se trouve est de permettre à l'opérateur de définir des zones TA de taille raisonnable, tout en enregistrant certains UE sur des zones plus larges afin de limiter leur signalisation. Ainsi, lorsque le MME détecte qu'un UE a fait plusieurs changements de TA dans une courte période de temps, il peut décider de l'enregistrer à plusieurs TA en même temps afin de limiter la charge de signalisation liée aux mises à jour successives (par exemple pour un UE évoluant sur une autoroute ou dans un TGV). Cette liste est conservée par l'UE jusqu'à la prochaine mise à jour de localisation, ou jusqu'au détachement du réseau. Lors d'un appel entrant, le réseau diffusera un message de paging sur les cellules de toutes les TA sur lesquelles l'UE est enregistré. Par ailleurs, lorsque la temporisation de mise à jour périodique expire, l'UE déclenche la procédure de mise à jour, qui maintient alors son enregistrement à l'ensemble des Tracking Area sur lesquelles il est enregistré.

### La mise à jour combinée pour les services EPS et non-EPS

Malgré l'absence de domaine circuit en LTE, une procédure de mise à jour combinée CS/PS a été définie pour que l'opérateur soit en mesure de maintenir le routage des appels voix sur le domaine circuit, y compris lorsque l'UE est sous couverture d'une cellule LTE. Cela est nécessaire si, par exemple, le réseau n'est pas capable d'établir d'appel VoIP via l'IMS, alors que l'UE permet à l'utilisateur d'émettre ou de recevoir des appels voix. Des mécanismes spécifiques ont été définis et regroupés sous la dénomination CS Fallback (voir le chapitre 19). Si l'UE souhaite maintenir un enregistrement à jour sur le domaine circuit, il indique dans le message *Tracking Area Update Request* qu'il s'agit d'une mise à jour combinée. Il fournit dans ce message l'identifiant de la dernière LA sur laquelle il s'est enregistré en UMTS par exemple, avant de basculer en LTE. Le MME récupère alors le contexte de l'UE auprès du MSC d'origine et déduit la zone LA associée à la cellule LTE courante à partir d'une table de correspondance géographique entre cellule LTE et cellule UMTS. Il contacte alors le MSC en charge de cette LA pour y créer un contexte pour l'UE, comme lors d'une mise à jour combinée en UMTS. Enfin, le MME informe le HSS de la nouvelle zone de localisation CS de l'UE pour les éventuels appels entrants ultérieurs et retourne à l'UE l'identifiant de sa nouvelle LA, en plus de l'identifiant de la TA. L'UE l'enregistre et l'associe à la TA actuelle. On dit alors que l'UE est enregistré pour les services EPS et non-EPS. L'UE procèdera de même lorsqu'il entrera dans une nouvelle TA. S'il resélectionne une cellule UMTS ou GSM appartenant à une LA différente, l'UE fera également une mise à jour vers le domaine CS (simple ou combinée) afin d'être enregistré sur cette nouvelle LA.

Cette correspondance cellule LTE – Location Area est illustrée sur la figure suivante. L'UE est sur la cellule 1 de la couche LTE, associée au sein du MME à la TA1 et à la LA1. Lors de la procédure combinée de mise à jour de TA, le MME a contacté le MSC qui gère la LA1 pour enregistrer l'UE sur cette LA. Ainsi l'UE est enregistré à LA1 et TA1 à l'issue de cette procédure. Si un appel voix CS entrant arrive pour l'UE, le MSC émettra des messages de paging sur toutes les cellules de LA1, y compris sur les cellules 1 et 3, par l'intermédiaire du MME. À la réponse de l'UE, le MME l'enverra alors vers la cellule 4 de la couche UMTS.

Figure 18-11
*Correspondance entre cellule
LTE et Location Area pour une
mise à jour combinée*

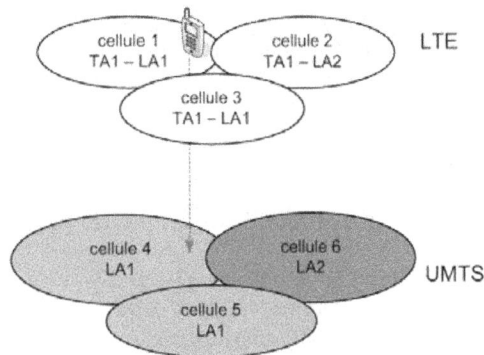

L'objectif de cette procédure est de créer :

- un contexte pour l'UE sur le MSC qui recevra l'UE lors d'un repli CS Fallback provoqué par la réception ou l'émission d'un appel voix ;

- un lien logique entre ce MSC et le MME, pour cet UE, de sorte que le MSC prévienne le MME si un appel entrant destiné à l'UE arrive, le MME notifiant alors l'UE par un paging sur la couche LTE, avant de commander sa bascule.

On notera cependant que ce mécanisme suppose un recouvrement d'une cellule UMTS par une cellule LTE, ce qui n'est pas exactement le cas en pratique, notamment du fait qu'elles utilisent des fréquences porteuses différentes. La conséquence est que le MSC préparé peut ne pas être celui qui recevra l'UE lors de sa bascule ; dans ce cas, l'établissement de l'appel voix échoue.

### Pool de MME et partage de réseau

Une zone Tracking Area peut également être gérée par plusieurs MME d'un même *pool* (ensemble). Cela permet au MME du pool qui détient le contexte de l'UE après son enregistrement sur la TA de faire basculer cet UE sur un autre MME du pool, pour du partage de charge par exemple (voir le chapitre 19).

Figure 18-12
*La cellule diffuse dans ses
Informations Système (canal
BCCH) le ou les PLMN et le TAC*

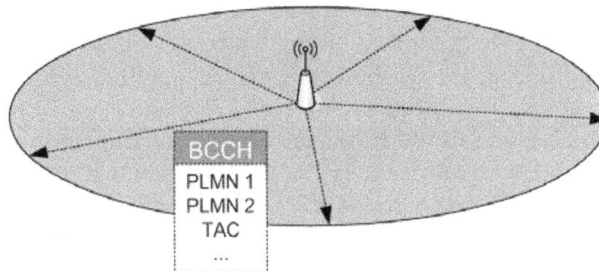

Par ailleurs, dans le cas d'un partage de réseau (*network sharing*), un même MME ou pool de MME peut être utilisé par plusieurs opérateurs. Ainsi, une zone TA peut, elle aussi, être associée à plusieurs PLMN. Chaque cellule LTE diffuse dans ses Informations Système le code TAC identifiant la TA à laquelle la cellule appartient, ainsi que la liste de PLMN partageant cette cellule et cette Tracking Area. Lorsqu'il sélectionne une cellule, l'UE tient compte de ces codes PLMN diffusés sur la cellule et indique lors de son accès le PLMN auquel il souhaite accéder. Il forme alors l'identifiant Tracking Area Identity à partir du TAC et du PLMN.

## Partage de charge entre MME d'un même pool

Le mécanisme décrit ici est utilisé lorsque l'UE est en mode connecté. Il ne s'agit donc pas à proprement parler de mobilité en mode veille. Cependant, il est présenté dans ce chapitre, d'une part, parce qu'il conduit l'UE à passer dans ce mode veille pour exécuter la procédure de partage de charge, et d'autre part, parce que l'UE effectue alors une mise à jour de TA, procédure étroitement liée à la localisation de l'UE en mode veille. Ainsi, pour des raisons de cohérence avec les sections précédentes, nous faisons le choix de le présenter dans la section sur la procédure de Tracking Area.

Le réseau peut demander à l'UE de réaliser une mise à jour de Tracking Area pour des raisons de *partage de charge* entre plusieurs MME du même pool. L'UE est notifié de ce besoin par l'eNodeB qui relâche la connexion RRC en lui indiquant la cause *load balancing*. Il passe en mode veille et déclenche la procédure *Tracking Area Update*. L'UE indique à l'eNodeB, lors de l'établissement de la connexion RRC, la raison de cette connexion (partage de charge MME) et l'identifiant du MME précédent (GUMMEI), permettant ainsi à l'eNodeB d'exclure ce dernier lors du choix du MME cible. L'eNodeB détermine ce MME cible pour le nouvel échange S1-AP en fonction des *poids* respectifs des différents MME du pool, reçus au préalable de chaque MME lors de l'établissement de l'interface S1 (ou lors d'une modification ultérieure).

Ces poids sont utilisés pour supprimer temporairement ou définitivement un MME au sein d'un pool (opération de maintenance du réseau). Dans ce cas, il peut s'accompagner d'une mise à zéro du poids associé au MME, indiquant ainsi à l'eNodeB qu'aucune connexion S1 ne doit être établie avec lui.

## Une procédure moins fréquente ?

Le LTE vise à offrir une connectivité IP *always-on*, c'est-à-dire maintenue durablement entre l'UE et le réseau, à moindre coût pour l'opérateur. Cela est possible notamment grâce à une interface radio efficace et des mécanismes d'économie d'énergie comme le DRX, étudié au chapitre 14. En mode DRX long, si le délai pour « réveiller » l'UE peut être comparable à celui nécessaire pour lui envoyer une notification puis établir le plan usager, il impliquera en revanche uniquement une signalisation RRC sur la cellule courante de l'UE, tandis que l'envoi d'un message de paging chargera toutes les cellules de la TA. Ainsi, on peut raisonnablement s'attendre à ce que le réseau maintienne en mode connecté (via le DRX long par exemple) les UE pendant une durée nettement plus longue que sur les technologies précédentes, ce qui aura pour effet mécanique de réduire la charge de paging. Suivant ce raisonnement, on peut alors envisager des zones de localisation plus étendues en LTE qu'en UMTS par exemple.

En outre, le mécanisme ISR (voir la section suivante), s'il est utilisé, doit limiter les procédures de mise à jour de localisation lors de resélections intersystèmes.

## Le mécanisme ISR : réduire la signalisation de mobilité en mode veille

### Principe

Le sigle ISR (pour *Idle mode Signaling Reduction*) désigne un mécanisme qui réduit la signalisation entre l'UE et le réseau lors de resélections inter-RAT, en évitant à l'UE de signaler au réseau qu'il a changé de zone de localisation PS (RA en UMTS et GPRS, TA en LTE).

En effet, lors de la resélection de cellule, l'UE décode les Informations Système pour relever entre autres l'identifiant de la zone de localisation : TAI sur une cellule LTE, LAI et RAI sur une cellule UMTS ou GSM/GPRS pour les zones de localisation CS et PS respectivement. Il compare chaque identifiant avec celui de la zone sur laquelle il est enregistré. Il procède de même lors d'une resélection intersystème. Par conséquent, sans mécanisme d'ISR, l'UE basculant en mode veille du LTE à l'UMTS par exemple, va devoir lancer une mise à jour de localisation pour signaler au réseau UMTS ses nouvelles zones de localisation CS et PS. Si l'ISR est activé en revanche, le réseau et l'UE mémorisent à la fois la dernière Routing Area sur laquelle l'UE s'est enregistré, mais aussi la dernière Tracking Area (ou liste de TA). Ainsi, s'il se déplace entre ces zones RA et TA, l'UE n'a pas à alerter le réseau d'un changement de zone de localisation. Cela économise la batterie de l'UE et limite la charge de signalisation sur les interfaces du réseau, ainsi que sur les équipements. Si des données destinées à l'UE arrivent dans le réseau cœur, des messages de paging seront transmis sur les cellules des zones de localisation RA et TA. L'UE répondra alors au paging sur la cellule sur laquelle il se trouve et le réseau arrêtera l'envoi des paging, y compris sur l'autre RAT.

Dans les premières années suivant les déploiements LTE, les zones couvertes seront probablement limitées aux grands centres urbains, voire à des zones très denses en leur sein. De ce fait, le déplacement des utilisateurs depuis et vers ces zones à des périodes horaires chargées (par exemple les horaires de bureaux) donneront vraisemblablement lieu à des pics de signalisation en bordure de zone, du fait notamment des resélections et handovers. Les équipements réseau (eNodeB, MME, SGSN, HSS, S-GW) doivent alors être dimensionnés pour traiter cet afflux de signalisation. Par ailleurs, les premiers déploiements UMTS ont montré que des UE positionnés en bordure de couverture pouvaient dans certains cas effectuer des allers-retours entre une cellule GSM et une cellule UMTS. Ce phénomène, qui peut être limité par un réglage judicieux des seuils de resélection, a également pour effet d'augmenter inutilement la charge du réseau et de réduire l'autonomie des UE.

La figure 18-13 représente un déploiement de la technologie LTE limité au centre urbain, dont la zone de couverture coïncide avec plusieurs RA. L'opérateur peut faire le choix d'utiliser l'ISR pour limiter les mises à jour de localisation lors de resélections inter-RAT, par exemple entre la TA1 et la RA1. En contrepartie, le réseau devra transmettre les notifications d'appel (paging) à l'UE sur les cellules des zones TA1 et RA1.

On notera qu'un UE LTE doit obligatoirement implémenter l'ISR, tandis que cette fonctionnalité est optionnelle pour les équipements du réseau (MME et SGSN en particulier). Pour que l'ISR soit activé par le réseau vers un UE, il faut que cet UE soit localisé au niveau NAS en LTE et en UMTS ou GPRS : par exemple, l'UE s'est enregistré en UMTS et a ensuite réalisé une mise à jour de TA après avoir resélectionné une cellule LTE.

Figure 18-13

*Exemple de déploiement
LTE dans lequel l'ISR
peut être utilisé, entre TA1
et RA1 par exemple*

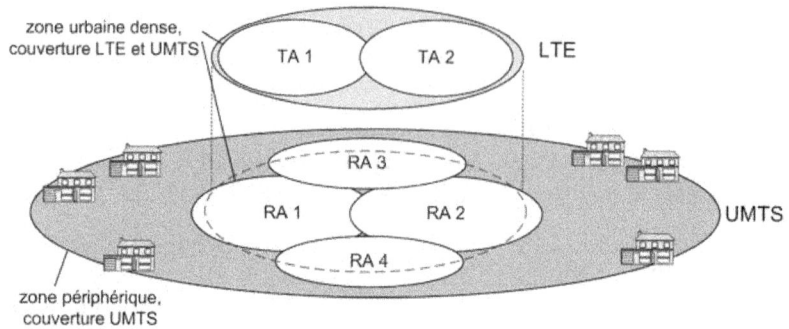

## Exemple

Nous supposons ici que l'UE s'est enregistré au réseau de l'opérateur via la RAT UMTS, pour les domaines circuit (CS) et paquet (PS). L'UE dispose donc d'un identifiant temporaire P-TMSI (*PS Temporary Mobile Station Identity*) pour le domaine paquet valable dans la zone de localisation Routing Area sur laquelle il a effectué son enregistrement. Nous appellerons cette zone RA1. La zone de localisation du domaine circuit est désignée par LA1. La figure suivante illustre cet exemple, les numéros faisant référence aux étapes décrites dans la suite.

Figure 18-14

*Exemple de cas d'usage
de l'ISR*

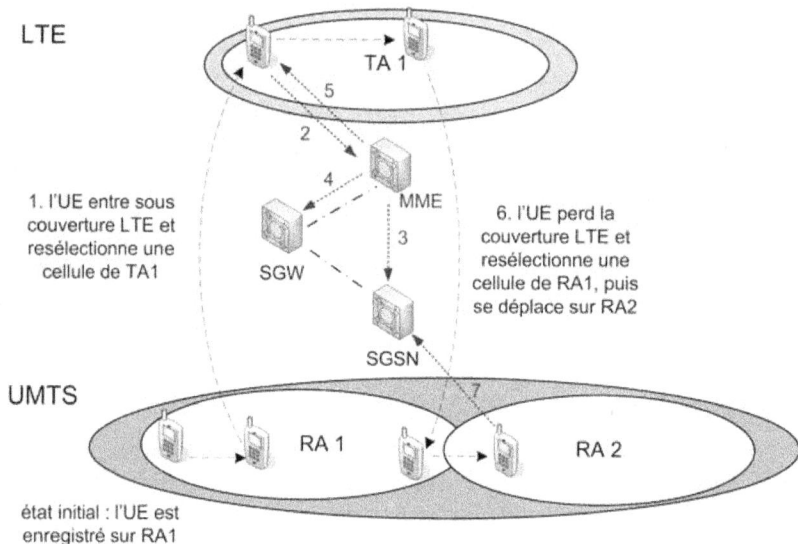

1. L'UE se déplace et resélectionne une cellule LTE, appartenant à la TA1.
2. Il déclenche une procédure de mise à jour de localisation (TA Update). Pour s'identifier auprès du réseau, il produit un identifiant temporaire GUTI à partir de son identifiant P-TMSI et du RAI de RA1.

3. Ceci permet au MME de déduire le SGSN à contacter pour obtenir le contexte de l'UE, son IMSI et ainsi de l'authentifier (authentification EPS AKA, voir le chapitre 20). Lors de cette procédure, le SGSN et le MME échangent leur capacité à gérer l'ISR. Si les deux le mettent en œuvre, le MME choisit de l'activer.

4. Le MME contacte la S-GW pour établir une connexion logique pour cet UE (associée au bearer EPS par défaut). La S-GW a alors deux connexions logiques pour cet UE : l'une vers le SGSN, l'autre vers le MME.

5. Le MME indique alors à l'UE l'activation de l'ISR et lui fournit un nouvel identifiant GUTI (message *TA Update Accept*). L'UE enregistre ce GUTI et l'associe à la zone de localisation TA1. À partir de ce moment, l'UE est donc enregistré sur RA1 et TA1 et dispose d'identifiants associés à ces deux zones (GUTI pour TA1, P-TMSI pour RA1), et l'ISR est activé pour cet UE entre ces deux zones. Il n'aura pas à informer le réseau lors de reselections entre cellules de RA1 et de TA1. Si la S-GW reçoit des données à transmettre à l'UE, elle contactera le SGSN et le MME, qui transmettront à l'UE des messages de paging sur les cellules de RA1 et de TA1. On notera que si l'UE a demandé au MME un enregistrement combiné pour pouvoir recevoir des appels voix CS en LTE, le MME informe également le MSC pour qu'il enregistre l'UE sur la LA1. Il obtiendra alors un autre identifiant TMSI, associé à cette zone, pour le domaine CS.

6. Supposons que l'UE perde la couverture LTE et resélectionne une cellule de RA1. Il n'engage donc pas de mise à jour de localisation.

7. L'UE se déplace et resélectionne une cellule de RA2. Il doit alors lancer une procédure de mise à jour de localisation PS en fournissant son P-TMSI et sa zone précédente (RA1). Si le SGSN ne change pas (il gère RA1 et RA2), il met à jour le contexte localisation de l'UE en remplaçant RA1 par RA2 et en allouant à l'UE un nouveau P-TMSI. L'ISR est toujours actif, entre RA2 et TA1 désormais. Si le SGSN change, celui contacté par l'UE récupèrera le contexte de l'UE auprès du SGSN gérant la RA1 et informera ensuite la S-GW afin que celle-ci le notifie si elle reçoit des données destinées à l'UE.

## Désactivation de l'ISR

L'ISR est désactivé lorsque l'UE effectue une mise à jour de localisation CS (*Location Area Update*) en UMTS, GSM ou LTE, alors qu'il est attaché au domaine CS en LTE (pour le CS Fallback). Le mécanisme est également désactivé en cas de modification ou d'ajout d'un ou plusieurs bearer(s).

Lorsque l'ISR est désactivé, une procédure de mise à jour de localisation est déclenchée en LTE lors d'une resélection intersystème, quelle que soit la TA de la cellule LTE. L'UE indique alors comme identifiant temporaire GUTI, une valeur dérivée de son identifiant UMTS/GPRS (P-TMSI) et de la RAI. De la même façon, une procédure de mise à jour sera toujours réalisée en GPRS ou en UMTS, tant que l'ISR n'est pas activé, avec comme identifiant un P-TMSI dérivé du GUTI alloué par le MME à l'UE. Ceci est similaire à l'existant entre UMTS et GSM/GPRS. En effet, lors de resélections entre ces systèmes, l'UE doit mettre à jour sa localisation car des zones LA et RA différentes sont utilisées sur les deux systèmes.

# 19

# La mobilité en mode connecté

**Sommaire :** *Les principaux mécanismes de mobilité en mode connecté – Le handover en LTE – La mobilité intersystème ou comment assurer la continuité de service entre des systèmes différents – Les mécanismes CS Fallback et SR-VCC*

Ce chapitre a pour objectif d'apporter au lecteur les éléments essentiels de la mobilité en mode connecté, au sein du système LTE d'une part, et entre le LTE et les autres systèmes 3GPP d'autre part.

Au cours d'un appel sur un réseau mobile, l'usager peut être amené à se déplacer hors de la cellule sur laquelle l'appel a été établi. Cette mobilité ne doit pas conduire à la coupure de l'appel. Pour assurer cette continuité de service, le réseau mobile met en œuvre des mécanismes basculant l'UE vers la meilleure cellule qui peut l'accueillir. Ces mécanismes reposent généralement sur des mesures radio effectuées par l'UE sur la cellule serveuse et des cellules voisines. Le réseau choisit alors, essentiellement en fonction de ces mesures, la cellule cible et la façon de faire basculer l'UE vers cette cellule.

Trois types de mécanismes peuvent être distingués pour la mobilité en mode connecté.

- La *resélection*, qui repose sur les mêmes principes que ceux utilisés en mode veille, est employée par exemple en GPRS et en UMTS dans des états transitoires ou *dormants*. L'UE envoie ou reçoit peu de données (faible activité) et les périodes d'inactivité lui permettent alors de réaliser des mesures sur des cellules voisines. Lors d'une resélection, le réseau n'effectue aucune préparation sur la cellule cible.

- La *redirection* consiste à envoyer l'UE vers une cellule cible, sans dialogue préalable entre la station de base d'origine et celle de destination. Cette cellule cible peut se trouver sur une autre fréquence ou appartenir à un autre système. Aucune ressource radio, logique ou de transmission n'est réservée sur la cellule ou sur le système cible. Cela réduit donc la probabilité de succès de l'opération. Par ailleurs, la procédure de bascule peut être longue et conduire à des pertes de données, donc à une dégradation de la qualité de service perçue par l'usager. En revanche, elle est simple pour le réseau et n'entraîne pas de charge de signalisation entre les nœuds source et cible.

- Le *handover* se distingue de la redirection par une phase de préparation de la station de base de destination et par une bascule du flux de données plus rapide et souvent plus fiable (car plus proche de l'interface radio) : il suit le principe désigné en anglais *make before break*, c'est-à-dire de préparer l'environnement radio cible avant de relâcher l'existant.

La redirection comme le handover peuvent être déclenchés à la suite de mesures sur des cellules voisines (du même système ou d'un système différent), ou de façon *aveugle*, c'est-à-dire sans aucune mesure préalable sur ces cellules candidates. On parle dans ce dernier cas de *blind handover* ou *blind redirection*. Ce mode présente l'inconvénient d'un risque plus élevé d'échec, puisqu'on ne vérifie pas que le niveau de signal reçu par l'UE sur la cellule cible est suffisant pour maintenir la connexion radio, et donc l'appel en cours.

La redirection est par exemple utilisée pour basculer un appel paquet (PS) de l'UMTS vers le GSM/GPRS et elle est alors souvent réalisée en combinaison avec des mesures sur les cellules voisines GSM/GPRS.

Le mécanisme de handover est largement utilisé sur les réseaux mobiles, en particulier au sein d'un même système, car dans ce cas le dialogue entre stations de base est simplifié. Il est par exemple mis en œuvre pour la mobilité en appel au sein des systèmes GSM et UMTS, de même qu'entre ces deux systèmes pour la continuité des appels voix.

Ce chapitre présente ainsi :

- les différents types de handover ;
- les phases du handover ;
- le handover au sein du système LTE ;
- les mécanismes de mobilité entre le LTE et les autres systèmes 3GPP ;
- les mécanismes CS Fallback et SR-VCC ;
- le rétablissement d'appel en LTE.

## Les différents types de handover

On peut caractériser un handover à partir des critères suivants :

- la technologie d'accès radio (RAT) et/ou la fréquence respective des cellules source et cible ;
- l'interruption ou non du lien radio lors de la bascule.

Ainsi, un handover entre deux cellules du même système sera dit *intrafréquence* si les cellules sont portées par la même fréquence radio et *interfréquence* dans le cas contraire. On parle de handover *inter-RAT* ou *intersystème* lorsque les deux cellules appartiennent à deux systèmes différents. Les fréquences sont alors nécessairement différentes.

Le second critère est moins évident. Si le lien radio sur la cellule source est relâché avant l'établissement du lien radio sur la cellule cible, la bascule est réalisée avec une interruption de la transmission sur l'interface radio entre l'UE et le réseau. C'est le type de handover utilisé en GSM, ou en

UMTS pour les handover interfréquences. Pour rappel, en GSM un handover est nécessairement interfréquence puisque les cellules voisines sont portées sur des fréquences différentes. Au contraire, si le second lien radio est établi entre la cellule cible et l'UE alors que le lien sur la cellule source est toujours actif, la transmission radio ne sera pas interrompue. L'UE a alors deux liens radio actifs, qui portent les mêmes données depuis et vers l'UE, et qui lui offrent un gain de diversité : les deux liens empruntent des chemins radio différents et ne sont donc pas soumis aux mêmes perturbations. La station de base peut alors réduire sa puissance d'émission vers l'UE, ou la maintenir pour améliorer la réception de l'UE. Le lien initial peut donc être conservé au-delà de cet ajout et être supprimé par exemple lorsque sa qualité deviendra trop faible pour apporter une information utile à l'UE (voir la figure suivante). Le terme *soft handover* a été choisi pour désigner cette bascule opérée sans interruption du lien radio entre l'UE et le réseau. Par opposition, on a alors consacré la dénomination *hard handover* au type de handover précédent, illustré sur la partie droite de la figure suivante : le lien radio sur la cellule C1 est relâché avant l'établissement du lien sur la cellule C2.

**Figure 19-1**
*Principes du soft handover et du hard handover*

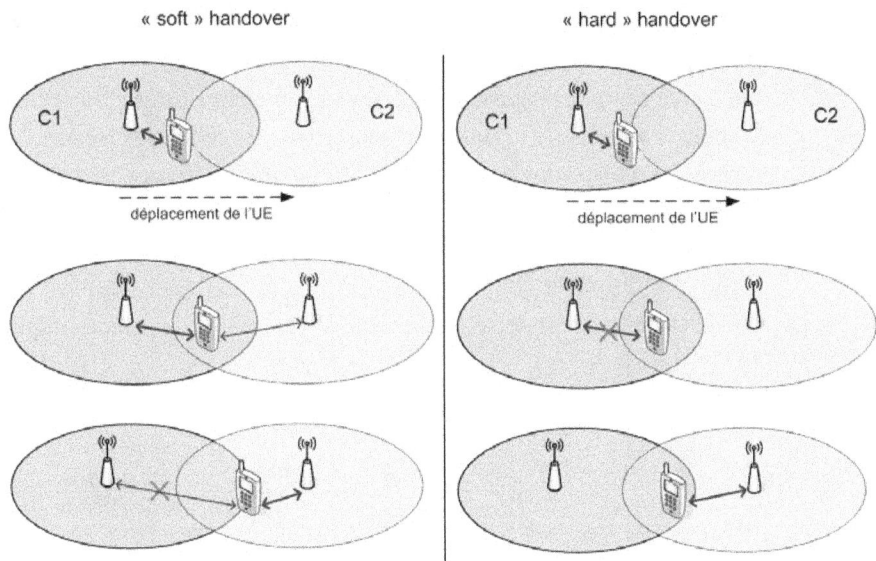

Le principe du soft handover a été en premier lieu utilisé dans les systèmes CDMA de seconde génération. Il a été repris dans le système UMTS (qui repose également sur un accès à répartition par les codes, ou CDMA) comme principal mécanisme de mobilité intrafréquence. Le soft handover n'a en revanche pas été défini dans la première version (Release 8 3GPP) du système LTE.

Le tableau suivant présente les mécanismes de mobilité couramment utilisés en mode connecté, sur les systèmes GSM, GPRS/EDGE et UMTS, pour les différents types de mobilité (intrafréquence, interfréquence et inter-RAT).

**Mécanismes de mobilité en mode connecté couramment utilisés**

| Système considéré | Type de mobilité | | |
|---|---|---|---|
| | Intrafréquence | Interfréquence | Inter-RAT |
| GSM (voix) | non applicable | hard handover | hard handover |
| GPRS/EDGE (données) | non applicable | resélection et/ou hard handover * | resélection et/ou hard handover * |
| UMTS (voix et données) | soft handover et/ou hard handover * | hard handover | voix : hard handover données : resélection (et/ou hard handover *) |

\* suivant la configuration du réseau et les choix de l'opérateur

# Les phases du handover

Cette section présente les étapes de la réalisation d'un handover de façon générale, c'est-à-dire sans aborder les spécificités propres au système LTE. Celles-ci seront décrites à la section « Le handover au sein du système LTE », p. 399.

On peut distinguer trois phases dans la réalisation d'un handover :

1.   la phase de *mesure* sur la cellule serveuse et sur les cellules voisines ;
2.   la phase de *préparation* de la cellule cible, qui met en jeu des échanges entre les contrôleurs de stations de base source et destination, ainsi qu'entre ces contrôleurs et le réseau cœur ;
3.   la phase d'*exécution*, c'est-à-dire la bascule de l'UE et des flux de données, puis la relâche des ressources dans la cellule d'origine.

Le schéma suivant montre le séquencement de ces phases, les nœuds impliqués et les principales actions réalisées.

Figure 19-2
*Les trois phases du handover*

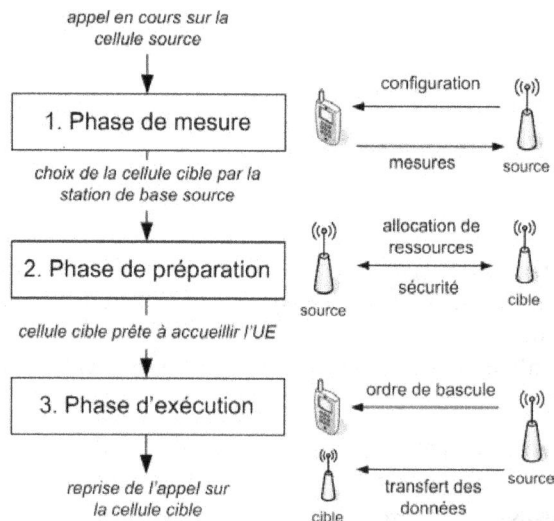

La phase de mesure est toujours optionnelle. Dans le cas de la redirection, la phase de préparation n'existe pas. Dans la suite, les explications données décrivent la procédure de handover, sauf indication explicite.

## La phase de mesure

Cette phase précède la décision de handover prise par le contrôleur de station de base source et donc le déclenchement effectif de ce handover. Les critères de décision sont essentiellement basés sur la qualité et/ou le niveau de signal des cellules voisines, mesurés par l'UE. La station de base informe au préalable l'UE des éléments suivants, dans un message de configuration :

- les mesures attendues : par exemple le niveau ou la qualité de signal, la puissance reçue ;
- l'objet à mesurer : cellule, fréquence porteuse ;
- le mode de remontée : périodique ou sur événement.

La réalisation des mesures par l'UE peut en outre nécessiter des aménagements dans la trame radio, en particulier des périodes dédiées à la mesure d'une autre fréquence ou d'un autre système, grâce auxquels l'UE ne manque pas les données transmises sur la cellule serveuse alors qu'il effectue ces mesures.

De façon générale, le temps que prend l'UE pour mesurer les cellules voisines et l'exactitude de ces mesures sont des points cruciaux pour le succès du handover et la continuité de l'appel. Ils dépendent notamment des performances radio intrinsèques de l'UE, de ses algorithmes de moyennage et de la configuration judicieuse des mesures par l'opérateur. Les exigences de performance de l'UE pour le handover seront abordées à la section du même nom, p. 428.

En UMTS par exemple, l'UE effectue ses mesures sur les cellules intrafréquences sans modification de la trame radio sur la cellule serveuse : il est capable de maintenir sa connexion radio avec cette cellule et de réaliser de façon simultanée des mesures sur les cellules intrafréquences.

Pour les cellules UMTS portées par une autre fréquence ou un autre système (donc nécessairement sur une fréquence porteuse différente), il peut être nécessaire de ménager des intervalles de temps vides sur la trame en émission et réception. Ces intervalles, appelés *trous*, ou *gaps* en anglais, permettent à l'UE d'ajuster son récepteur sur la fréquence à mesurer pendant une durée déterminée. À la fin de cette période, l'UE bascule à nouveau sur la fréquence d'origine et la cellule source. Ce mécanisme, appelé *mode compressé* (ou *Compressed Mode*) impose d'une part des coupures très courtes pour éviter la désynchronisation entre l'UE et la station de base, et engendre d'autre part des interférences supplémentaires liées au fait que la même quantité de données doit être transmise sur la trame radio, mais dans un délai réduit par les trous. Son utilisation est souvent nécessaire pour que l'UE effectue des mesures sur des fréquences différentes (en particulier lorsque l'UE n'a qu'une seule chaîne de réception radio UMTS/GSM). En effet, en UMTS l'UE a un lien radio dédié avec le NodeB et reçoit de celui-ci une trame continue, notamment pour le maintien d'un contrôle de puissance précis.

Le contrôleur de station de base intègre les mesures remontées par l'UE dans son algorithme de décision. Si les critères de déclenchement sont vérifiés, elle entame la phase de préparation décrite ci-après. La décision repose par exemple sur les critères suivants :

- Le niveau de signal d'une cellule voisine mesurée par l'UE est supérieur à un seuil prédéfini et la qualité de la cellule serveuse est inférieure à un autre seuil (pour un handover intersystème par exemple).

- Le niveau ou la qualité du signal d'une cellule voisine est meilleur(e) que celui/celle de la cellule serveuse (pour un handover intra ou interfréquence par exemple).

On comprend que, pour que cette phase de mesure soit possible, l'opérateur doit paramétrer les cellules intra et intersystèmes voisines de la cellule serveuse, et ce pour toutes les cellules du réseau, ce qui représente un effort conséquent. Il doit également définir les seuils d'activation des mesures et de déclenchement du handover. Par exemple en UMTS, le mode compressé et les mesures intersystèmes peuvent n'être activés que lorsque le signal de la cellule serveuse est dégradé, afin de limiter la consommation du terminal et les interférences engendrées sur la cellule serveuse. Les seuils mis en jeu peuvent varier suivant la topologie du réseau. Un travail d'optimisation est donc souvent nécessaire.

## La phase de préparation

L'objectif premier de cette phase est de maximiser les chances de succès de la procédure de handover, par l'échange d'informations entre les contrôleurs de stations de base source et cible, en préalable à la réalisation de la bascule proprement dite. La préparation commence dès lors que le contrôleur source a pris la décision de réaliser un handover de l'UE, sur la base des mesures remontées par celui-ci et de ses critères de déclenchement.

Elle consiste en un simple échange de messages visant à :
- interroger le contrôleur de la station de base gérant la cellule cible sur la possibilité de réaliser ce handover ;
- obtenir de sa part les informations et paramètres grâce auxquels l'UE accèdera rapidement et de façon fiable aux ressources de la cellule, par exemple la configuration des canaux logiques et de transport.

Cet échange peut avoir lieu directement entre deux contrôleurs du même système, s'il existe une interface entre ces nœuds, ou par l'intermédiaire d'un ou plusieurs nœud(s) du réseau cœur. En effet, dans le cas d'un handover intersystème, chaque contrôleur de station de base communique avec le nœud de son réseau cœur (SGSN ou MSC en GSM/GPRS et UMTS, MME en LTE), nœuds qui relaient ensuite les informations entre système source et système cible. On notera cependant que le MME et le SGSN peuvent être physiquement intégrés dans un même équipement.

La phase de préparation doit être exécutée rapidement, puisqu'il s'agit de la période pendant laquelle les conditions radio se dégradent pour l'UE sur la cellule source. Cependant, cet échange est généralement bref, dans la mesure où il s'effectue sur les interfaces *terrestres* du réseau, sur lesquelles la latence et le taux d'erreur sont souvent très faibles.

À l'issue de cet échange, le contrôleur source peut commencer le transfert des données reçues du réseau cœur vers le contrôleur cible. On parle de *data forwarding*. Ces données sont stockées en mémoire par le contrôleur cible, avant l'arrivée de l'UE. Ce transfert de données doit veiller à maintenir le séquencement des paquets tel que reçu du réseau cœur.

## La phase d'exécution

Pour l'exécution du handover, le contrôleur source envoie un ordre de bascule à l'UE. Cette commande est typiquement un message RRC, indiquant à l'UE la cellule cible (fréquence, identifiant…) et des informations sur sa configuration, afin de permettre un accès rapide et fiable de l'UE aux ressources qui lui sont réservées ou qui sont partagées au sein de la cellule entre les UE.

Dès la réception de cette commande, l'UE procède à la recherche de la cellule cible, s'il ne reçoit pas déjà son signal de façon simultanée à celui de la cellule source. Si la cellule cible est portée par une fréquence différente, l'UE ajuste par exemple la fréquence de son récepteur pour démoduler le signal sur cette nouvelle fréquence.

Une fois la cellule cible détectée, l'UE doit accéder aux ressources radio de la voie montante afin de transmettre au contrôleur de la station de base cible un message signalant sa présence et le succès de la bascule radio. Ce message déclenche l'envoi par ce contrôleur d'une notification au réseau cœur lui indiquant que le chemin de données peut être basculé. À l'issue de cette bascule du flux de données, celles-ci ne transitent alors plus par le contrôleur source, mais sont acheminées directement du réseau cœur au contrôleur cible.

Dans le cas d'un handover inter-RAT, la bascule radio est gouvernée par une temporisation déclenchée par l'UE à la réception de la commande de handover : si cette temporisation s'écoule avant que l'UE n'ait pu accéder à la nouvelle cellule, la procédure échoue et l'UE retourne sur la cellule d'origine.

## Rôle de l'UE

Le rôle de l'UE dans la procédure de handover est crucial à deux égards :

- pour réaliser des mesures fiables sur son environnement et les remonter au contrôleur de la station de base ;
- pour la bascule proprement dite sur la cellule cible.

La performance radio de l'UE (justesse et délai des mesures, délai pour basculer sur la cellule cible) est donc un élément clé du succès de cette procédure. Pour l'opérateur, il est primordial de s'assurer que les UE utilisés sur son réseau sont capables de réaliser cette procédure radio dans un délai minimal, afin de limiter le temps d'interruption du service. Cet aspect de performance sera traité à la section « Les performances de l'UE en handover », p. 428.

# Le handover au sein du système LTE

Cette section décrit la procédure de handover au sein du LTE (handover intra-LTE). Il s'agit de la seule procédure définie pour la mobilité en mode connecté au sein du système LTE. Le handover intra-LTE est de type hard handover.

Les aspects suivants sont décrits dans cette section :

- les mesures ;
- la préparation du handover ;
- l'exécution du handover ;
- la procédure en cas d'échec ;
- et enfin, le délai du handover<XREF>.

# La phase de mesures

Nous avons expliqué dans le chapitre 18 que l'UE est capable, en mode veille, de détecter les cellules voisines intra et interfréquences sur la seule indication de leur fréquence porteuse, évitant ainsi la nécessité d'indiquer sur la cellule serveuse une liste complète de cellules voisines LTE.

En mode connecté, il faut considérer deux contraintes.

• Les informations dont l'UE a besoin pour détecter une cellule voisine. Ici, les capacités de l'UE sont identiques au mode veille : l'indication de la fréquence porteuse lui suffit pour détecter les cellules présentes sur cette fréquence dans le voisinage de la cellule serveuse.

• Le besoin ou non d'intervalles de mesures aménagés spécifiquement par l'eNodeB pour l'UE dans la trame radio (trous). Cette question ne se pose pas en mode veille puisque l'UE ne reçoit pas de données en continu de l'eNodeB.

## La détection des cellules voisines LTE

L'UE n'a pas besoin de recevoir une liste de cellules voisines LTE pour les détecter. Cette détection met en jeu les signaux de synchronisation émis par chaque cellule et décrits au chapitre 7. Par ailleurs, l'eNodeB peut signaler une *liste noire* (ou *blacklist*) de cellules que l'UE ne doit pas mesurer. Signaler cette liste à l'UE pour les mesures limite sa consommation. En effet, même si, in fine, l'eNodeB décide de ne pas réaliser le handover vers une cellule cible faisant partie de la liste noire, l'UE détectera et mesurera inutilement ces cellules si elles ne lui sont pas interdites.

Par ailleurs, pour la mesure proprement dite, l'UE n'a pas besoin d'intervalles de mesure (*gaps*) pour les cellules intrafréquences : il est capable de mesurer ces cellules tout en continuant de recevoir des données sur la cellule serveuse, de façon simultanée.

Pour les cellules interfréquences en revanche, ces intervalles de mesure peuvent être nécessaires à l'UE, suivant ses capacités : seul un UE pourvu de deux chaînes de réception radio LTE peut simultanément réaliser des mesures interfréquences et poursuivre la réception de données sur la cellule serveuse. Une telle configuration matérielle implique un coût accru du terminal.

## Mesures intrafréquences et interfréquences

En LTE, une cellule se caractérise dans le domaine fréquentiel par sa fréquence centrale fc et sa largeur de bande. Deux cellules voisines peuvent donc avoir la même fréquence centrale mais une largeur de bande différente, ou une fréquence centrale différente avec la même largeur de bande. Le terme intrafréquence est réservé au cas de cellules partageant la même fréquence centrale, quelle que soit leur largeur de bande respective (scénarios 1, 2 et 3 sur la figure 19-3). Au contraire, si cette fréquence est différente, on parlera de cellules *interfréquences* (scénarios 4, 5 et 6).

L'UE effectue les mesures des cellules voisines sur une bande de fréquence dont la largeur est indiquée par la cellule serveuse dans ses Informations Système.

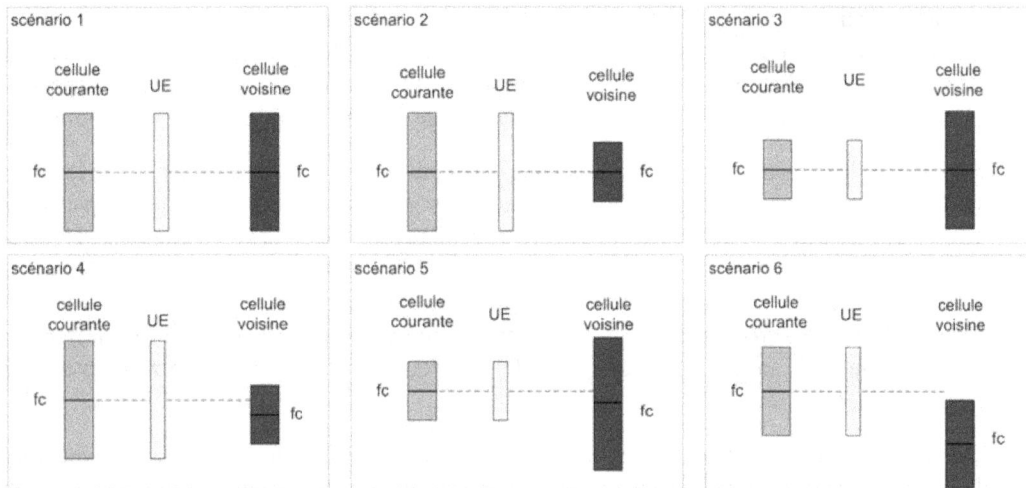

Figure 19-3
*Deux cellules intrafréquences ont la même fréquence centrale*

## Configuration et remontée des mesures

Lors de la configuration d'une mesure, l'eNodeB associe un objet, c'est-à-dire l'élément sur lequel porte la mesure, à une configuration de remontée, c'est-à-dire la façon dont la mesure doit être remontée à l'eNodeB. L'objet de mesure peut être la fréquence LTE courante ou une autre fréquence LTE. L'UE mesure pour chaque cellule détectée le niveau de signal qu'il reçoit de la cellule. Cette mesure s'effectue à l'aide des signaux de référence communs à la cellule (CRS, voir le chapitre 7) et est appelée RSRP (*Reference Signal Received Power*).

L'UE réalise un filtrage sur les mesures de RSRP fournies par la couche physique et remonte cette valeur filtrée à l'eNodeB ou la compare au seuil configuré pour l'événement.

Ensuite, la remontée des mesures suit un des schémas suivants.

- Sur événement (dit *event-triggered* en anglais) : dans ce cas, l'UE informe l'eNodeB lorsque l'événement survient. Ce dernier est au préalable configuré par l'eNodeB au moyen du protocole RRC, qui indique notamment le ou les seuil(s) radio associé(s) au critère de déclenchement et la durée T pendant laquelle ce critère doit être vérifié (appelée time-to-trigger). L'événement suivant peut par exemple être utilisé pour déclencher un handover intrafréquence : « une cellule voisine mesurée devient meilleure de 6 dB que la cellule courante et le reste pendant T secondes ».

- De façon périodique : l'UE envoie régulièrement à l'eNodeB des rapports de mesures, conformément au format et à la fréquence définis par l'eNodeB lors de la configuration des mesures.

- De façon périodique après un événement : il s'agit d'une combinaison des deux modes précédents. Une fois que le critère associé à l'événement configuré est atteint, l'UE envoie des rapports de mesures de façon périodique, dans la limite d'un nombre prédéterminé de rapports.

La remontée périodique permet à l'eNodeB de suivre l'évolution de l'UE vis-à-vis de l'objet mesuré et, par exemple, de déclencher un handover lorsque la mesure remontée se dégrade de façon continue. En revanche, elle implique plus de signalisation qu'une remontée sur événement et peut donc induire une charge radio plus importante sur la voie montante. Il faut bien noter cependant que la périodicité avec laquelle l'UE réalise les mesures ne dépend pas de ce mode de remontée.

En général, les mesures intrafréquences LTE sont configurées dès l'établissement de la connexion RRC, puisqu'elles sont indispensables au réseau pour assurer la mobilité sur une plaque de cellules LTE. Les mesures interfréquences peuvent être configurées également à ce moment ; cependant, si le terminal ne dispose pas de deux récepteurs radio LTE, elles ne pourront être réalisées sans intervalles de mesure aménagés à cet effet dans la trame. Cette configuration d'intervalles est typiquement réalisée par l'eNodeB lorsque l'UE remonte un événement comme « la cellule serveuse est inférieure au seuil absolu X » et que la cellule serveuse se trouve dans une zone avec plusieurs fréquences LTE.

On notera également qu'en LTE, et cela constitue une différence importante avec l'UMTS, l'eNodeB peut configurer en mode connecté un seuil de niveau de signal radio au-dessus duquel l'UE n'est pas obligé de réaliser des mesures sur les fréquences LTE voisines ou sur les autres systèmes, et cela même si les intervalles permettant ces mesures sont activés. Ce seuil est appelé *s-Measure*, comme pour le mode veille. L'intérêt de ce seuil pour l'opérateur est de limiter la consommation des UE tout en simplifiant la configuration des mesures : celles-ci peuvent être configurées dès l'établissement de la connexion RRC, mais activées par l'UE uniquement lorsqu'il mesure sur la cellule serveuse un RSRP inférieur au seuil s-Measure. La valeur de s-Measure peut aussi être adaptée à l'activité de l'UE. Un UE actif aura besoin de bonnes conditions radio pour une qualité de service satisfaisante et une bonne continuité de service ; on pourra donc positionner s-Measure prudemment pour cet UE. En revanche, une valeur plus faible pourra être utilisée pour un UE peu ou pas actif pour lequel la consommation de batterie doit être minimisée (UE en mode DRX par exemple).

Il est important d'avoir à l'esprit que ce seuil ne s'applique qu'aux mesures effectuées par l'UE sur les cellules voisines, et non sur la cellule serveuse, que l'UE évalue de façon continue.

Ce séquencement configuration - remontée de mesures est illustré à la figure de la section « La phase de préparation », p. 403.

### Mesures en mode DRX

Lorsque le DRX est utilisé en mode connecté, la période de mesure est limitée à la durée d'activité, comme illustré à la figure suivante. De ce fait, les exigences sur la précision des mesures et la rapidité de détection de nouvelles cellules voisines sont relâchées et elles dépendent de la durée du cycle DRX. Maintenir les mêmes exigences de performances avec et sans DRX impliquerait une activité de mesure et de remontée identique et réduirait donc notablement le gain apporté par ce mécanisme.

Le mode DRX a été présenté en détail dans le chapitre 14.

Figure 19-4

*Les mesures en mode DRX ne peuvent être réalisées que pendant les périodes d'éveil*

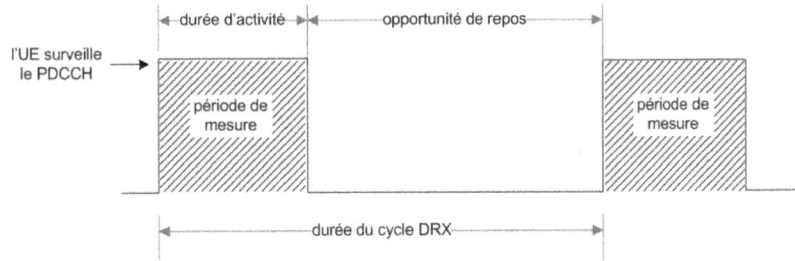

## La phase de préparation

La préparation peut être réalisée entre les deux eNodeB via l'interface X2 si elle existe, ou, à défaut, par l'intermédiaire du MME via l'interface S1. Dans les deux cas cependant, la procédure sur l'interface radio est identique. L'utilisation de l'interface S1 pour le handover est nécessaire lorsque l'opérateur ne peut mettre en œuvre d'interface X2 entre certains eNodeB. Cependant, les délais de préparation et de transfert des données peuvent être plus longs puisque les messages transitent par le MME et traversent ainsi deux interfaces S1 (entre eNodeB source et MME, puis entre MME et eNodeB cible). Si la cellule cible appartient au même eNodeB, celui-ci n'engage aucune procédure de préparation.

La figure suivante représente la cinématique des flux de signalisation dans le cas d'une procédure de handover via l'interface X2.

Lors de la préparation, l'eNodeB source fournit, entre autres, les informations suivantes à l'eNodeB cible :

- l'identifiant global de la cellule cible EGCI, permettant d'identifier la cellule cible sans ambiguïté ;
- la cause du handover (par exemple les conditions radio, la réduction de la charge, l'optimisation des ressources) ;
- des paramètres de sécurité, comme les algorithmes implémentés, la clé $K_{eNB*}$, l'identifiant short MAC-I (voir le chapitre sur la sécurité) ;
- la liste et la description des E-RAB à configurer ;
- le contexte RRC de l'UE, qui décrit notamment la configuration radio de la connexion RRC sur la cellule source, les paramètres du cycle DRX si utilisé ;
- des informations sur l'historique de mobilité de l'UE, informant l'eNodeB cible de la liste des 16 dernières cellules visitées par l'UE, et, par exemple, de déplacements récurrents entre des cellules (« ping-pong »).

L'eNodeB cible, à la réception du message X2AP *Handover Request*, effectue le contrôle d'admission : il vérifie qu'il dispose des ressources radio et système pour accueillir l'UE et, en particulier, des E-RAB actifs sur la cellule source. S'il est capable d'établir au moins l'un de ces E-RAB, l'eNodeB doit répondre positivement à l'eNodeB source en lui indiquant le ou les E-RAB qui peuvent être maintenu(s). Il inclut dans sa réponse le message RRC destiné à l'UE et qui sera envoyé par l'eNodeB source lors de la commande du handover. Ce message contient la configuration que

Figure 19-5
*Diagramme
de flux
du handover
LTE via
l'interface X2*

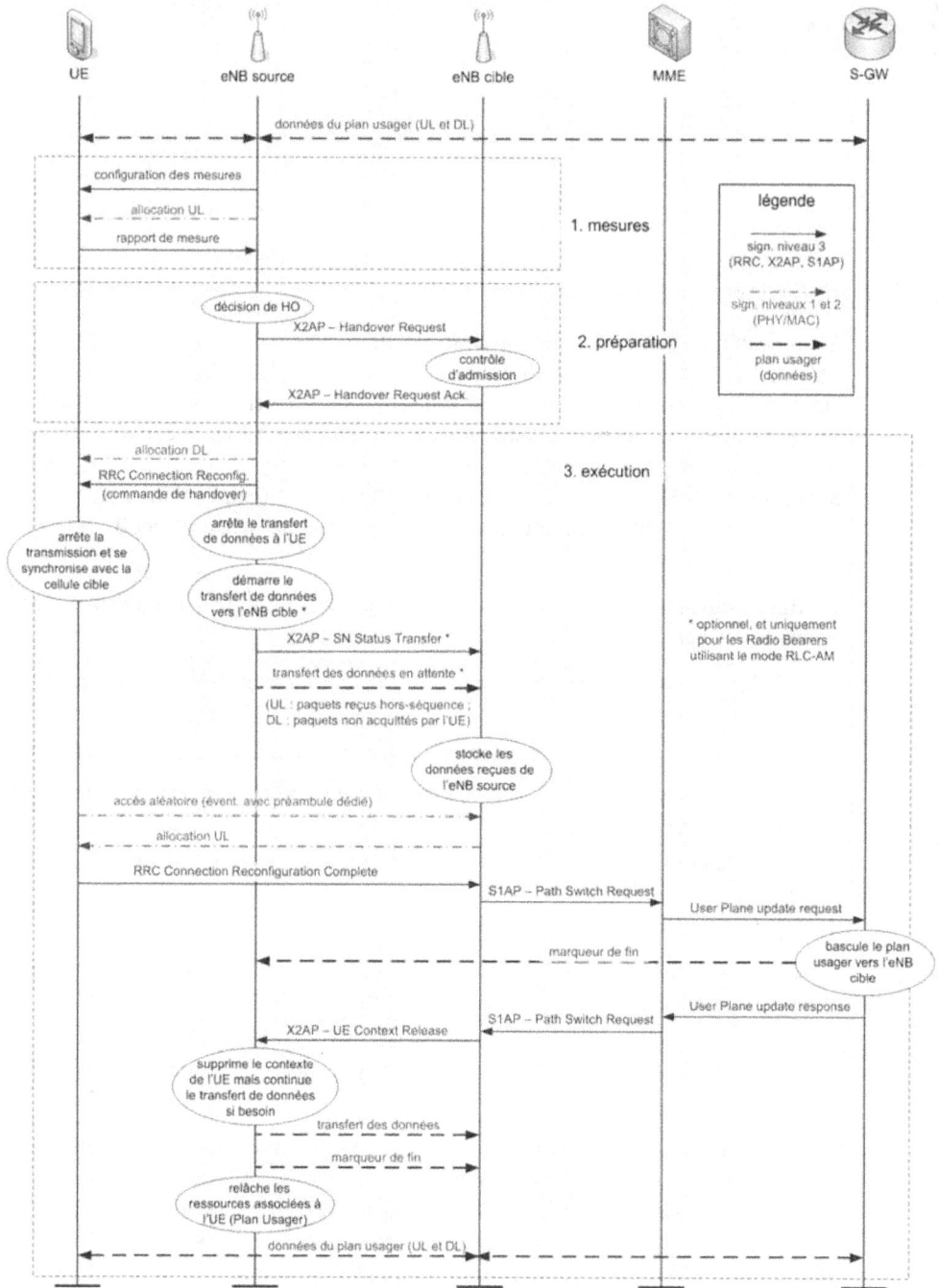

l'UE devra appliquer lors de son accès à la cellule cible, notamment les radio bearers associés aux E-RAB qui sont maintenus. L'eNodeB cible retourne également à l'eNodeB source, pour chaque E-RAB, le point de terminaison du tunnel GTP entre les deux eNodeB, si un transfert de l'eNodeB source à l'eNodeB cible des données descendantes (reçues par l'eNodeB source de la S-GW) a été demandé par l'eNodeB source dans le message *Handover Request*.

## La phase d'exécution

Après la réception du message de réponse au *Handover Request*, l'eNodeB source déclenche le handover par l'envoi à l'UE du message *RRC Connection Reconfiguration*, qui lui indique notamment :

- la cellule cible (sa fréquence, si différente, et son PCI) ;
- son identifiant C-RNTI dans cette cellule ;
- des paramètres de sécurité (par exemple l'algorithme, s'il doit changer) lui permettant de dériver les nouvelles clés de chiffrement et d'intégrité RRC.

Lorsqu'il reçoit ce message, l'UE doit immédiatement tenter de basculer sur la cellule cible, même s'il n'a pu acquitter la réception du message RRC (acquittements HARQ ou ARQ/RLC). Il réinitialise sa couche MAC et procède au rétablissement de ses couches RLC et PDCP. La couche RRC configure alors les couches PHY, MAC, RLC et PDCP suivant les paramètres fournis par l'eNodeB cible et transmis par l'eNodeB source dans le message *RRC Connection Reconfiguration*.

L'UE dérive ensuite la nouvelle clé $K_{eNB*}$, soit à partir de la clé $K_{ASME}$ actuelle (c'est-à-dire celle utilisée pour le calcul de la clé $K_{eNodeB}$ courante), soit à partir de la nouvelle clé $K_{ASME}$ si une procédure NAS de sécurité a été réalisée. L'eNodeB indique à l'UE lequel des deux mécanismes utiliser pour cette dérivation.

L'UE procède alors à l'accès aléatoire sur le canal RACH de la cellule cible et, en cas de succès, transmet à l'eNodeB le message *RRC Connection Reconfiguration Complete*, qui termine la procédure de signalisation. L'accès au canal RACH peut être réalisé avec un préambule dédié, si la cellule cible l'a fourni à la cellule source lors de la phase de préparation. Ce mode présente l'avantage d'écarter un risque de collision avec des préambules d'autres UE, ce qui augmente donc les chances de succès de la procédure et tend à réduire son délai global (voir le chapitre 14 pour la description de la procédure d'accès aléatoire).

Enfin, l'UE arrête les remontées périodiques de mesures activées sur la cellule source et supprime la configuration des intervalles de mesures utilisés pour les mesures interfréquences ou intersystèmes. Cependant, dans le cas d'un handover interfréquence, l'UE conserve les événements préalablement configurés sur la cellule source, en intervertissant simplement les fréquences source et cible dans la configuration de mesure.

### La gestion du plan usager

Lors d'un handover, la bascule de l'UE de la cellule source vers la cellule cible s'accompagne d'une interruption de la connexion radio et, par conséquent, le transfert des données dans les sens montant et descendant est temporairement suspendu.

*Le transfert de données descendantes vers l'eNodeB cible*

Sans mécanisme de transfert des données entre eNodeB, les unités de données reçues de la S-GW par l'eNodeB source après le déclenchement de la bascule de l'UE sont perdues. La réémission de ces données échoit alors aux couches supérieures, si celles-ci mettent en œuvre une transmission fiable à l'aide de mécanismes de retransmission (par exemple lorsque le protocole TCP est utilisé). Cependant, ces retransmissions sont de fait plus lentes, puisque réalisées entre entités distantes (par exemple de type client/serveur), et peuvent induire une diminution du débit par les couches supérieures (mécanisme *TCP slow start* par exemple). L'expérience de l'utilisateur est alors dégradée. Pour éviter ces pertes, un transfert des unités de données PDCP (SDU PDCP) est possible de l'eNodeB source vers l'eNodeB cible.

La couche PDCP est utilisée, car la numérotation des SDU PDCP est maintenue entre les deux eNodeB pour les radio bearers utilisant le mode RLC acquitté (RLC-AM), alors que la couche RLC est toujours réinitialisée lors du handover (le numéro de séquence RLC est donc remis à zéro). Cette continuité dans la numérotation PDCP permet ainsi, pour ce type de radio bearer, de délivrer en séquence les unités de données à la couche supérieure (paquets IP typiquement) et d'éviter de renvoyer sur la cellule cible une unité de donnée déjà reçue par l'UE sur la cellule source.

Pour les radio bearers utilisant le mode RLC transparent (RLC-TM) ou non acquitté (RLC-UM), le transfert des données à l'eNodeB cible réduit l'interruption du service mais ne peut garantir l'absence de perte de paquets ni la remise en séquence à la couche supérieure, la numérotation des SDU PDCP n'étant pas maintenue.

Pendant la bascule radio effectuée par l'UE et décrite précédemment, l'eNodeB source peut commencer à transférer des données du plan usager à l'eNodeB cible, si un tel transfert doit être appliqué pour l'un des radio bearers basculés sur la cellule cible.

Pour un radio bearer utilisant le mode RLC-AM, l'eNodeB source indique à l'eNodeB cible le prochain numéro de séquence à attribuer dans le sens descendant à un paquet de données n'ayant pas encore de numéro de séquence PDCP. L'eNodeB source transmet également les unités de données suivantes :

- les SDU PDCP qui n'ont pas été intégralement transmises à l'UE ;
- les SDU PDCP dont les unités RLC n'ont pas toutes été acquittées par l'UE ;
- les nouvelles unités de données reçues de la S-GW, qui n'ont pas été traitées par la couche PDCP.

Les SDU PDCP complètes reçues de l'UE sont quant à elles transférées par l'eNodeB source à la S-GW. Deux tunnels différents sont utilisés entre l'eNodeB source et l'eNodeB cible pour transférer les données du sens montant et celles du sens descendant.

Le transfert des SDU PDCP permet de réaliser un handover sans perte de données. Il doit être conjugué à l'utilisation des rapports de réception décrits à la section suivante, pour réaliser un handover sans doublon.

Figure 19-6

*Gestion du plan usager lors du handover en LTE*

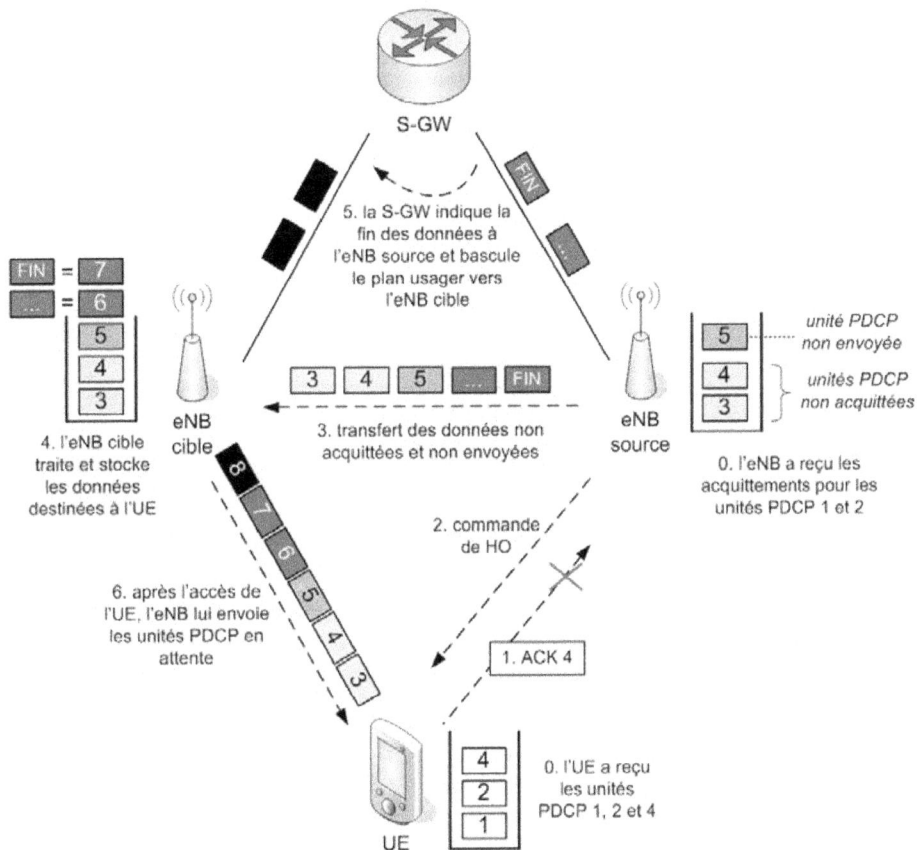

La figure illustre par un exemple la gestion du plan usager lors d'un handover avec transfert des données PDCP de l'eNodeB source à l'eNodeB cible :

0. Lors de l'appel en cours sur la cellule source, l'eNodeB a pu envoyer à l'UE les SDU PDCP 1 à 4. Cependant, l'eNodeB source n'a pas reçu d'acquittement pour les SDU 3 et 4. Il les conserve donc dans son buffer de transmission, de même que la SDU 5 qui n'a pas été transmise à l'UE. Ce dernier a correctement reçu les SDU 1, 2 et 4, et les a acquittées. En revanche, il n'a pas reçu la SDU 3 ; il a donc besoin de sa retransmission par l'eNodeB.

1. L'acquittement de la SDU 4 n'arrive pas à l'eNodeB source, le lien radio entre l'UE et l'eNodeB source étant déjà dégradé.

2. L'eNodeB source envoie à l'UE l'ordre de bascule.

3. L'eNodeB source commence alors le transfert des SDU PDCP vers l'eNodeB cible, en indiquant leur numéro de séquence. Simultanément, il continue de recevoir de la S-GW des unités de données à destination de l'UE, qu'il transfèrera également à l'eNodeB cible après le transfert de toutes les SDU PDCP en attente. L'eNodeB cible leur attribuera alors des numéros de séquence PDCP.

4. L'eNodeB cible stocke les SDU reçues, jusqu'à l'arrivée de l'UE sur la cellule. Il attribue un numéro de séquence à chaque unité de données reçue de l'eNodeB source sans numéro de séquence (SDU 6 par exemple, transmise dès réception de la S-GW par l'eNodeB source).

5. Lors de l'accès de l'UE, l'eNodeB cible informe la S-GW, qui bascule alors le plan de données vers l'eNodeB cible. Celle-ci envoie à l'eNodeB source un indicateur de fin de trafic.

6. L'eNodeB cible transmet à l'UE les données PDCP en attente, ainsi que de nouvelles unités de données reçues de la S-GW (SDU 7 et 8). On voit que l'UE va recevoir une seconde fois la SDU 4, ce qui constitue donc un doublon et une utilisation non optimale de l'interface radio.

### Les rapports de réception

Un mécanisme de rapport de réception évite en LTE la transmission sur la cellule cible de SDU PDCP déjà reçues par l'UE ou par l'eNodeB (*doublons*). Ce mécanisme ne peut être utilisé que pour les radio bearers utilisant le mode RLC-AM, pour lesquels la numérotation des SDU PDCP est continue entre la cellule source et la cellule cible, comme nous l'avons expliqué précédemment.

Si l'eNodeB source choisit d'utiliser ce mécanisme pour un ou plusieurs E-RAB actif(s) de l'UE, il indique à l'UE dans le message de commande du handover les E-RAB pour lesquels l'UE devra envoyer un rapport de réception PDCP à l'eNodeB cible une fois la bascule effectuée. L'UE doit alors transmettre sur la cellule cible une unité de contrôle PDCP, appelée *PDCP Status Report*, donnant l'état des réceptions des SDU PDCP pour ces radio bearers. Ce rapport n'est donc pas systématique pour un radio bearer RLC-AM. Cependant, s'il est demandé, l'UE doit l'envoyer avant toute transmission de données sur la cellule cible. Il sert à l'eNodeB cible pour déterminer quelles SDU PDCP doivent être renvoyées à l'UE.

Lors du transfert des données à l'eNodeB cible, l'eNodeB source envoie également un état d'envoi/réception indiquant, pour chacun de ces E-RAB :

- pour le sens descendant : le dernier numéro de séquence PDCP alloué, indiquant à l'eNodeB cible quel numéro attribuer à la première SDU PDCP qui n'en a pas encore ;

- pour le sens montant : le numéro de séquence SN1 de la dernière SDU PDCP reçue en séquence, informant l'eNodeB cible qu'il ne doit pas transmettre à la S-GW de SDU PDCP reçue de l'UE avec un numéro de séquence inférieur ou égal. La SDU SN2 est donc la première SDU non reçue par l'eNodeB source ;

- pour le sens montant : les numéros de séquence des autres SDU PDCP reçues de l'UE après cette SDU SN1, qui n'ont donc pas besoin d'être renvoyées par l'UE sur la cellule cible.

Les deux dernières informations servent à l'eNodeB cible pour préparer un PDCP Status Report à destination de l'UE, pour qu'il ne renvoie que les SDU manquantes. L'eNodeB source peut envoyer cet état d'envoi/réception à l'eNodeB cible directement via l'interface X2 (dans le cas d'un handover via X2), ou par l'intermédiaire du MME (handover via S1).

Avec ces deux rapports PDCP fournis par l'eNodeB source et par l'UE lors de son accès, l'eNodeB cible sait donc quelles SDU PDCP renvoyer et lesquelles attendre de l'UE.

Figure 19-7
*Rapport de réception par l'UE pour éviter les doublons PDCP*

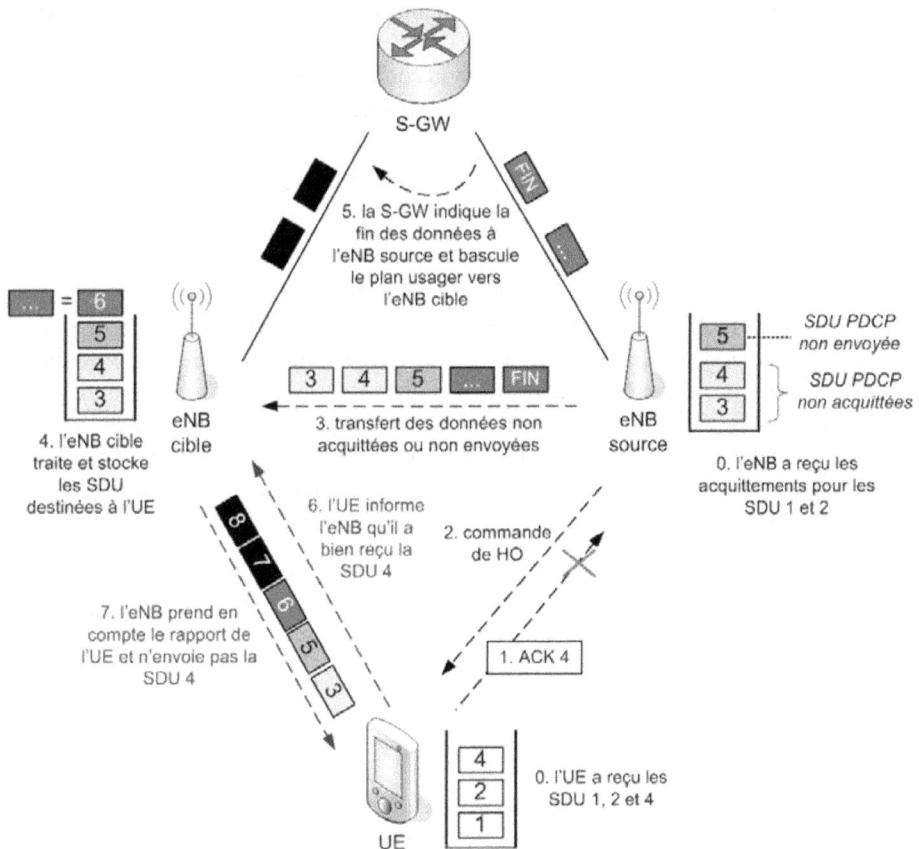

Cette figure reprend l'exemple précédent, mais ici l'UE envoie un rapport de réception lors de son accès à la cellule cible. Cela informe l'eNodeB qu'il a reçu la SDU 4 et donc qu'il doit la supprimer du buffer d'envoi. On évite ainsi un doublon sur l'interface radio.

En synthèse :

- Un handover peut être réalisé sans perte de données sur un radio bearer si, d'une part, un transfert de données est opéré par l'eNodeB source pour ce radio bearer et, d'autre part, le radio bearer utilise le mode RLC-AM.

- Le mécanisme de rapport de réception limite le renvoi sur l'interface radio de données déjà transmises (évite les doublons) et améliore ainsi l'efficacité radio du handover.

## En cas d'échec : la procédure de rétablissement

Lors de la réception du message *RRC Connection Reconfiguration* commandant le handover, l'UE démarre la temporisation du handover. Celle-ci est arrêtée par l'UE lorsque la procédure d'accès aléatoire sur le canal RACH de la cellule cible aboutit. Si cette temporisation expire avant la fin de cette procédure, l'UE considère que le handover a échoué et lance alors une procédure de rétablissement de connexion RRC. L'UE reprend alors la configuration RRC et PDCP utilisée dans la cellule source et supprime les configurations des couches physique et MAC établies pour la cellule cible.

## La perte du lien radio et le rétablissement de connexion en LTE

Lors de l'appel, la position de l'UE au sein de la cellule peut évoluer et conduire à une dégradation du lien radio avec l'eNodeB. L'objectif de l'opérateur est d'éviter que cette dégradation ne conduise à la perte de la connexion RRC et d'assurer une continuité de l'appel à l'aide des procédures de mobilité. Toutefois, différents facteurs, comme la charge du réseau, un déplacement rapide et soudain de l'UE ou des perturbations liées à l'environnement (interférences, obstacle mobile…) peuvent provoquer une dégradation brutale des conditions et une rupture du lien radio avant que l'eNodeB ait pu déclencher un handover. Enfin, le paramétrage du réseau (seuils de handover notamment) est une opération délicate qui peut nécessiter sur certains sites une période d'observation et d'optimisation après le déploiement, période pendant laquelle l'UE peut être exposé à des pertes de couverture en fonction de son déplacement.

Il est donc primordial de pouvoir rétablir une connexion RRC si celle-ci est provisoirement rompue du fait d'une dégradation sévère du lien radio. Une procédure a donc été définie, comme dans les systèmes GSM et UMTS, pour que l'UE recouvre cette connexion avec une cellule.

Nous décrivons dans cette section les différentes étapes de ce mécanisme, à savoir :
1. la détection d'un problème sur le lien radio ;
2. la procédure de rétablissement elle-même.

Dans la suite, nous supposerons que l'UE a établi un bearer EPS avec le réseau. Une connexion RRC est donc établie et la procédure de sécurité a été effectuée.

### La détection de la perte de lien radio

Lorsqu'une connexion radio est établie avec l'eNodeB, l'UE en surveille la qualité à l'aide de mesures effectuées par la couche physique et remontées à la couche RRC après application d'un filtre.

La couche RRC de l'UE détecte un problème sur la couche physique lorsqu'elle reçoit de celle-ci $N$ indications successives de perte de synchronisation. Une temporisation RRC (que nous appellerons ici $T_1$) est alors démarrée et n'est arrêtée que si la couche physique remonte $M$ indications consécutives de synchronisation avant que cette temporisation expire. Dans ce cas de figure, la couche RRC considère que la synchronisation est rétablie et ne lance aucune procédure particulière. En revanche, si la temporisation expire, ou si le nombre maximal de retransmissions RLC a été atteint, la couche RRC de l'UE considère que le lien radio est défaillant et démarre alors la procédure de rétablissement de connexion RRC. Elle lance alors la temporisation $T_2$. Si le rétablissement aboutit avant l'expiration de $T_2$, cette temporisation est arrêtée. Sinon, l'UE passe en mode veille et le rétablissement de la session est alors du ressort des couches supérieures, voire de l'utilisateur.

Les valeurs $N$, $M$, $T_1$ et $T_2$ sont configurées par l'opérateur et diffusées sur les Informations Système de chaque cellule.

Figure 19-8
*Les étapes dans la perte du lien radio*

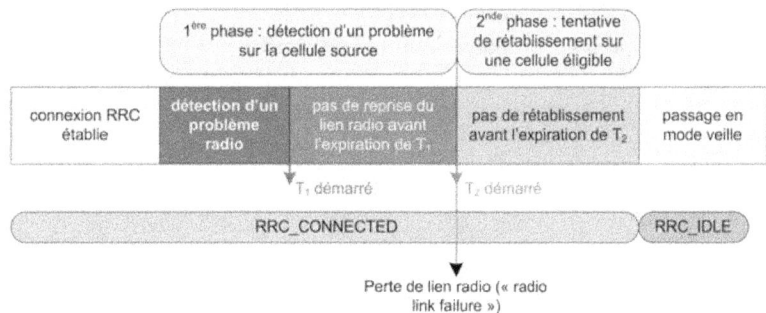

## Le rétablissement de la connexion RRC

L'objet de cette procédure est de rétablir la connexion RRC. Ceci implique d'abord la reprise du radio bearer de signalisation SRB1, portant les messages RRC avant la procédure de sécurité RRC et, ensuite, la réactivation de la sécurité RRC. On notera que cette procédure est prévue pour permettre un rétablissement de la connexion radio sur la cellule source ou la cellule cible du handover, après un échec lors de l'accès initial de l'UE à la cellule cible. Cette procédure ne peut en effet aboutir que lorsque la cellule sélectionnée par l'UE a été préalablement *préparée* par l'eNodeB d'origine, c'est-à-dire qu'elle a reçu de celui-ci un ensemble d'informations sur l'UE en préparation à un handover.

Cette procédure est décrite dans la suite de cette section et illustrée par la figure 19-9. Ici, une interface X2 existe entre les deux eNodeB et le handover est donc préparé via cette interface.

Nous supposons que la temporisation $T_1$ a expiré (perte du lien radio) et que l'UE n'a pas reçu la commande de handover. L'UE déclenche la temporisation de rétablissement $T_2$ et procède à la sélection de cellule. Lorsqu'une cellule E-UTRAN éligible est sélectionnée, l'UE arrête $T_2$ et prépare le message *RRC Connection Reestablishment Request*. Si en revanche aucune cellule éligible E-UTRAN n'est trouvée, ou si l'UE sélectionne une cellule d'une autre technologie d'accès (GSM ou UMTS), il passe alors en mode veille et relâche tous les radio bearers établis en LTE.

Dans le message *RRC Connection Reestablishment Request*, l'UE indique notamment :

- son identifiant C-RNTI utilisé dans la cellule d'origine ;
- l'identifiant physique de la cellule d'origine (PCI) ;
- un code d'identification appelé *Short MAC-I*.

Les deux premiers paramètres permettent à l'eNodeB contrôlant la cellule accédée de retrouver le contexte de l'UE. Le cas échéant, l'eNodeB vérifie que le code d'identification Short MAC-I fourni par l'UE correspond à celui reçu de l'eNodeB d'origine avec le contexte de l'UE, lors de la préparation du handover.

En effet, lors de cette préparation, l'eNodeB d'origine ne fournit pas les clés RRC de l'UE utilisées pour la protection de l'intégrité et le chiffrement des messages RRC, mais uniquement le paramètre Short MAC-I qu'il a calculé à l'aide de ces clés (voir le chapitre 20). L'UE procède au même calcul au moment d'accéder à la cellule. Le message *RRC Connection Reestablishment Request* n'est donc pas protégé en intégrité, ni même chiffré, et l'identification fiable n'est rendue possible que par la vérification de ce code. Sans cette identification sécurisée, un UE malveillant pourrait mettre fin à l'appel de l'UE auquel le CRNTI est attribué, en initiant une procédure de rétablissement sur une cellule voisine.

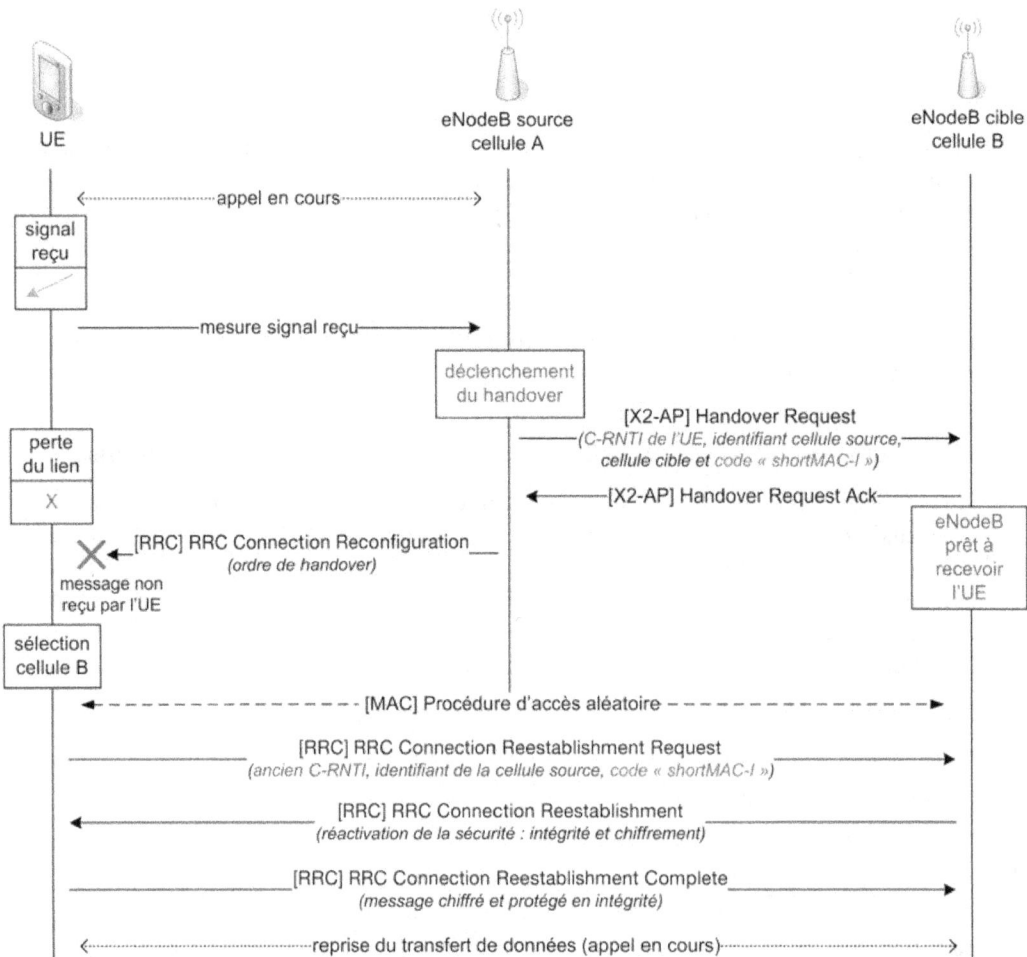

Figure 19-9
*Cinématique pour le rétablissement de la connexion RRC*

Ce message est alors transmis à la couche MAC de l'UE, qui démarre une procédure d'accès aléatoire pour l'envoyer à l'eNodeB, comme dans le cas d'une procédure d'établissement de connexion RRC.

Lors de cette procédure d'accès aléatoire, un nouveau C-RNTI est alloué à l'UE par la cellule d'arrivée. L'UE reçoit en retour le message *RRC Connection Reestablishment*, à l'aide duquel il dérive les nouvelles clés de chiffrement et d'intégrité RRC. Tous les messages suivants sont alors protégés en intégrité et chiffrés à l'aide de ces clés, avec les algorithmes de chiffrement et d'intégrité utilisés dans la cellule d'origine. La clé de chiffrement du plan usager est également calculée par l'UE à la réception de ce message. À partir de ce moment, la sécurité entre l'UE et l'eNodeB est donc rétablie. Ce dernier peut maintenant procéder au rétablissement des radio bearers de données, via la procédure de reconfiguration de la connexion RRC. Le basculement du plan usager vers l'eNodeB cible est alors demandé par l'eNodeB source au MME et suit le même mécanisme que pour un handover.

### Vitesse de déplacement et mobilité

En mode connecté, un ajustement peut être effectué en fonction de la vitesse de l'UE sur la rapidité de détection d'un événement particulier. Dans ce cas, l'UE modifie la durée de validation du critère associé à l'événement, appelée time-to-trigger, selon sa vitesse de déplacement.

Il évalue sa vitesse en comptant le nombre de handovers réalisés dans un intervalle de temps donné et, selon le résultat et la configuration indiquée par l'eNodeB, il considère qu'il évolue à une vitesse faible, moyenne ou élevée. Il ajuste alors le paramètre time-to-trigger d'un coefficient associé à cette vitesse et fourni par l'eNodeB. Le mécanisme est donc identique à celui utilisé en mode veille (voir le chapitre 18), la seule différence portant sur le paramètre affecté, time-to-trigger étant l'équivalent en mode connecté de $T_{reselection}$. Les paramètres nécessaires à la détection de la vitesse de déplacement (durée d'évaluation, nombre de handovers pour chaque niveau de vitesse) et à l'adaptation du time-to-trigger (coefficient pour chaque niveau de vitesse) sont indiqués par l'eNodeB dans le message *RRC Connection Reconfiguration*, typiquement lors de la configuration des événements de mesure. Cependant, ce mécanisme est optionnel pour l'eNodeB et l'opérateur peut faire le choix de ne pas l'utiliser.

# La mobilité intersystème en appel

## Principes généraux

De façon générale, la mobilité intersystème peut suivre les mêmes schémas que la mobilité intra-système, c'est-à-dire handover (avec ou sans mesures), redirection et resélection. Cependant, en cas de handover, ce dernier sera toujours effectué avec une rupture du lien radio. En effet, le mécanisme de soft handover n'est défini qu'en UMTS et est possible uniquement entre stations de base de la même technologie radio. Par ailleurs, un principe général adopté par le 3GPP pour la définition des procédures de handover en appel est que le système source s'adapte au système cible : cela signifie par exemple que, lors d'un handover LTE vers UMTS, les messages échangés entre les nœuds des deux systèmes suivent la syntaxe et le protocole du système UMTS.

Ce principe est essentiel dans la perspective du déploiement d'une nouvelle technologie de réseau mobile. En effet, le déploiement d'un tel réseau se faisant progressivement, les zones couvertes par ce nouveau système sont habituellement limitées aux grands centres urbains dans un premier temps et à des surfaces géographiques limitées de façon générale. Cela implique, pour une technologie dite mobile, de mettre en place dès le début des mécanismes de continuité de service depuis le nouveau réseau vers le réseau existant, a minima pour les services interactifs ou conversationnels (appels voix et vidéo, streaming par exemple). Les opérateurs cherchent alors à éviter des modifications sur la technologie de réseau existante pour limiter les investissements sur une technologie non pérenne. Ainsi, il est primordial que la continuité de service vers le réseau existant soit assurée sans faire évoluer ce dernier de façon significative. C'est une condition déterminante pour l'acceptation de la nouvelle technologie.

De façon similaire, l'intérêt des opérateurs est que la mobilité vers le nouveau système, qui suit aussi le principe énoncé ci-dessus, soit conçue de façon à ce que les changements sur le système existant, inévitables, soient limités et simples. Par exemple, les modifications sur la partie UMTS de l'UE pour permettre le handover vers le LTE doivent être minimales.

Un autre point important dans le handover intersystème est que le système source transmet les capacités de l'UE au système cible. Elles sont en effet utilisées par ce dernier pour préparer une configuration adaptée à ces capacités (configuration radio, de sécurité, de mesure…) avant l'arrivée de l'UE sur la cellule.

## Mécanismes utilisés en LTE

Rappelons que le système LTE/EPC a été conçu pour utiliser l'architecture de service IMS, entièrement basée sur le protocole IP : cela signifie que tous les services, y compris ceux de type conversationnel (voix, visiophonie), sont destinés à être portés de bout-en-bout par ce protocole (VoIP pour la voix). Le handover en mode paquet est donc la procédure adéquate pour basculer un appel VoIP entre les systèmes LTE et UMTS tout en le maintenant sur l'IMS pour la signalisation.

Cependant, lors de la définition des systèmes LTE/EPC, certains opérateurs ont souhaité permettre une mobilité vers le mode circuit de l'UMTS, afin de ne pas avoir à déployer une infrastructure IMS dès le déploiement de leur réseau LTE/EPC. Cela a conduit à la définition de la procédure CS Fallback, qui transfère un appel VoIP en LTE vers la technologie la plus utilisée en UMTS ou en GSM/GPRS pour la voix : le mode circuit (CS).

Plusieurs mécanismes de mobilité en mode connecté ont été définis pour couvrir différents cas d'usages (voix, données) et de déploiement.

- Handover en mode paquet (*PS handover*, pour *Packet-Switched handover*), similaire au mécanisme existant entre 3G et 2G pour la continuité des sessions de données, qui peut être utilisé pour la mobilité entre le LTE et le domaine PS des technologies 3G et 2G.
- Handover de type paquet vers circuit (SR-VCC pour *Single Radio Voice Call Continuity*), transférant un appel VoIP en LTE vers le domaine CS de la 3G ou de la 2G.
- Resélection commandée par la station de base (*Cell Change Order*). Elle peut être utilisée dans certaines configurations, entre LTE et GPRS notamment, lors de sessions de données, à la place du PS handover, dont la mise en œuvre est plus complexe (voir la section « Cell Change Order et redirection », p. 427). Comme le handover, elle peut être précédée de mesures sur la RAT cible.

- Redirection lors de l'établissement ou de la relâche de la connexion RRC, similaire à la redirection existant en UMTS. Ce mécanisme peut être utilisé en LTE par exemple lors d'une procédure de CS Fallback (voir la section « Le mécanisme CS Fallback », p. 432) pour renvoyer l'UE en 3G ou en 2G afin qu'il puisse y établir un appel voix sur le domaine CS.

L'intérêt et la mise en œuvre effective de tel ou tel mécanisme dépend de la configuration du réseau existant de l'opérateur (par exemple en fonction de l'existence et la couverture du réseau UMTS et/ou des services proposés sur le réseau GSM/GPRS) et de sa stratégie (selon son choix ou non d'investir dans le réseau GSM/GPRS, la nature des premiers terminaux LTE etc.).

## Mobilité entre les systèmes LTE et UMTS

Les mécanismes de mobilité existant entre l'UMTS et le LTE sont résumés par le schéma suivant. On voit que seul le handover permet de rester dans l'état connecté sur le système cible, tandis que la redirection est possible, dans un sens comme dans l'autre. Ces mécanismes sont décrits dans la suite de ce chapitre, tandis que la resélection a été décrite dans le chapitre 18.

Figure 19-10
*États RRC et mobilité entre les systèmes UMTS et LTE*

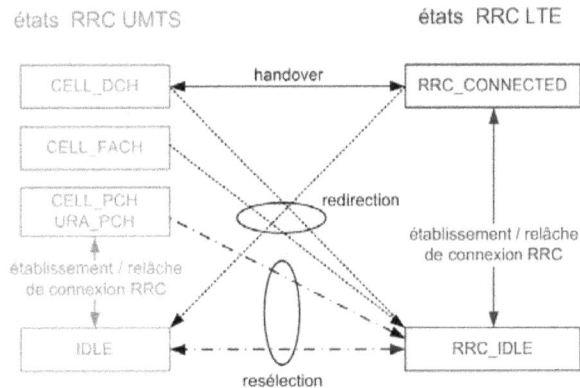

## Mobilité entre les systèmes LTE et GSM/GPRS

Les mécanismes de mobilité en mode connecté définis en Release 8 entre les systèmes LTE et GSM/GPRS sont :

- pour la mobilité du LTE vers le GSM/GPRS :
    - PS Handover ;
    - SR-VCC (appel voix) ;
    - redirection de type *Cell Change Order*.
- pour la mobilité du GPRS vers le LTE :
    - PS Handover ;
    - resélection autonome en mode connecté GPRS (*Packet Transfer Mode*) ;
    - redirection de type *Cell Changer Order*.

La figure suivante représente les mécanismes et les transitions d'états associées entre LTE et GSM/GPRS.

Figure 19-11
*États RRC et mobilité
entre les systèmes GSM/GPRS
et LTE*

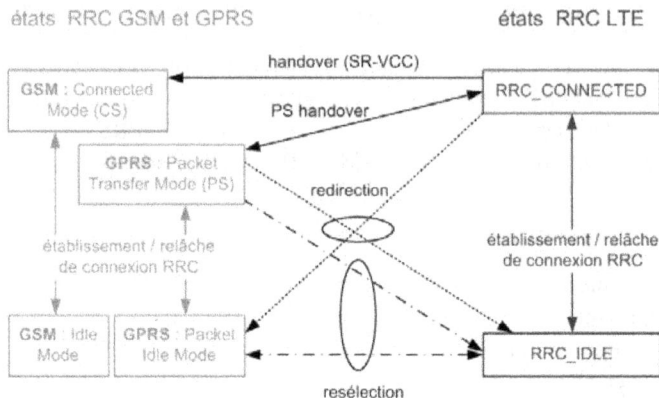

## Handover LTE vers UMTS

Cette section décrit la procédure de handover en mode paquet depuis le système LTE vers le système UMTS. En particulier, les étapes suivantes sont présentées :

- les mesures ;
- la préparation <XREF> du handover ;
- l'exécution du handover ;
- l'échec du handover : sur quel critère et quel comportement de l'UE.

Comme nous l'avons évoqué plus haut, ce handover en mode paquet est essentiel pour assurer une véritable continuité de service lors du déploiement d'un réseau LTE, puisqu'il s'agit du seul mécanisme de mobilité comprenant une phase de préparation.

La prise en charge de cette procédure par l'UE est optionnelle et est indiquée dans les capacités que l'UE communique au réseau lors de son attachement (voir le chapitre 16).

Au cours de cette procédure, le plan usager bascule de la configuration 1 à la configuration 2 ci-après, définies en termes d'équipements mis en jeu :

1. en LTE : P-GW – S-GW – eNodeB – UE ;
2. en UMTS : P-GW – S-GW – SGSN (si le *Direct Tunnel* n'est pas utilisé, voir la section « Mécanismes de Direct Forwarding et de Direct Tunnel », p. 421) – RNC – UE.

De même, le plan de contrôle entre l'UE et le réseau évolue :

1. en LTE : MME – eNodeB – UE ;
2. en UMTS : SGSN – RNC – UE.

L'eNodeB n'est pas mentionné dans les chaînes UMTS, car son rôle est identique vis-à-vis des plan de contrôle et plan usager UE – réseau.

## Mesures

*Une liste des cellules voisines UMTS et GSM*

Si l'UE n'a pas besoin de recevoir de liste de cellules pour réaliser des mesures sur les cellules voisines LTE, il n'en est pas de même pour les mesures intersystèmes. En effet, la norme 3GPP prévoit que l'UE reçoit de l'eNodeB une liste complète de cellules voisines UMTS et/ou GSM et qu'il peut effectuer des mesures uniquement sur ces cellules. La principale raison de cette différence entre les cas intra et intersystèmes est que la détection autonome de cellule, prévue dans les spécifications UMTS, n'a pas ou très peu été utilisée en UMTS et par conséquent n'a été que peu testée voire peu mise en œuvre au sein des terminaux. Constructeurs et opérateurs étant soucieux de réutiliser au maximum l'implémentation UMTS existante pour la partie UMTS des terminaux LTE, afin d'accélérer l'arrivée de ces terminaux et de limiter leur coût, il a été décidé de conserver le mode de mesure existant, basée sur une liste de cellules voisines fournie par le réseau.

*Activation et remontée des mesures*

La configuration des mesures intersystèmes et des intervalles de mesure éventuels est décidée par l'eNodeB, le plus souvent sur un critère de niveau de signal (RSRP) remonté par l'UE. En effet, lorsque l'UE n'a plus dans son voisinage de cellule LTE suffisamment bonne pour y basculer, le niveau du signal radio reçu par l'UE sur la cellule serveuse peut continuer à se dégrader sans que l'eNodeB puisse déclencher de handover intra-LTE, jusqu'à la rupture du lien. Un seuil absolu de ce niveau RSRP est de ce fait associé à un événement déclenchant la configuration de mesures intersystèmes. Si l'UE remonte des mesures périodiques, ce seuil est configuré au sein de l'eNodeB. On notera que si l'UE a besoin d'intervalles de mesure pour réaliser des mesures inter-RAT, il n'effectuera pas ces mesures tant que ces intervalles ne seront pas configurés par l'eNodeB, même si les mesures sont configurées et si le RSRP est inférieur au seuil s-Measure. Ce mécanisme est similaire à celui décrit à la section « Configuration et remontée des mesures » (p. 401) pour le déclenchement des mesures interfréquences. L'événement de type « le RSRP de la cellule serveuse est inférieur à un seuil » (appelé événement A2 dans [3GPP TS 36.331]) peut par exemple être utilisé.

La configuration des mesures et des intervalles peut être réalisée dans la même procédure, par l'envoi du message *RRC Connection Reconfiguration*, qui indique notamment à l'UE l'objet de la mesure inter-RAT (c'est-à-dire la liste des cellules UMTS dans le cas présent), le mode de remontée (sur événement, périodique) et enfin la quantité mesurée sur ces cellules UMTS (soit le RSCP, équivalent du RSRP, soit le rapport signal sur bruit Ec/No du canal pilote).

Un exemple de configuration est donné sur la figure suivante. Deux fréquences porteuses UMTS sont indiquées comme objet de mesure, portant chacune trois cellules identifiées par leur *code d'embrouillage* (*Scrambling Code* en anglais). Par ailleurs, deux configurations de remontée sont fournies à l'UE (périodique et sur événement). Dans le message RRC de configuration, l'eNodeB indique à l'UE trois configurations de mesures, correspondant chacune à un couple {objet de mesure, configuration de remontée}. On voit que pour la fréquence porteuse UMTS $f_2$, deux configurations de mesures existent : l'une avec une configuration de remontée sur événement, l'autre avec une remontée périodique.

Figure 19-12
*Exemple de configuration
de mesures sur la RAT
UMTS en LTE*

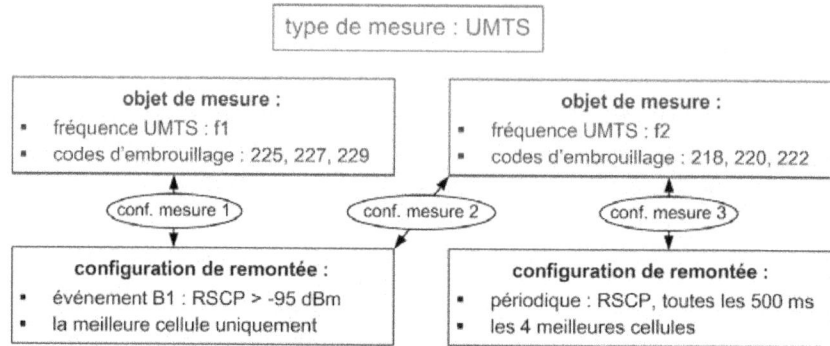

On notera cependant que l'eNodeB peut utiliser plusieurs critères pour décider du déclenchement du handover, l'algorithme de décision étant du ressort de l'implémentation de la partie RRM (voir le chapitre 2). Il n'est en effet pas défini dans les spécifications 3GPP, qui fournissent des outils associés aux interfaces normalisées (comme les éléments ci-dessus) et il constitue un élément clé de différenciation pour les constructeurs.

### Intervalles de mesure et capacités de l'UE

Le mode compressé mis en œuvre en UMTS n'est pas nécessaire en LTE, puisque les UE sont multiplexés par l'eNodeB dans le domaine temporel (et fréquentiel) : l'eNodeB peut donc s'arranger pour ne pas envoyer de données pendant des intervalles de temps que l'UE utilise pour réaliser les mesures attendues sur les cellules voisines UMTS. La réalisation des mesures intersystèmes implique donc, pour l'UE ne disposant pas de deux chaînes complètes de réception, une interaction avec les opérations de scheduling (voir le chapitre 10). L'eNodeB doit donc aménager des intervalles de temps suffisants pour que l'UE puisse mesurer les cellules indiquées en respectant les exigences de performance définies par le 3GPP, mais pas trop longs pour limiter l'effet sur l'expérience de l'utilisateur (débit utile et latence notamment).

Un avantage notable de ces intervalles de mesure par rapport au mode compressé de l'UMTS est qu'ils n'engendrent pas directement d'interférences sur la cellule, dans les sens montant et descendant.

L'UE indique dans ses capacités radio (*UE radio access capabilities*) s'il a besoin d'intervalles pour mesurer des cellules UMTS, pour chaque combinaison de bande LTE et UMTS. Par exemple, si l'UE gère les bandes I (2,1 GHz) et VIII (900 MHz) en UMTS, ainsi que les bandes VII (2,6 GHz) et XX (800 MHz) en LTE, il devra ainsi préciser dans ses *UE radio access capabilities* s'il a besoin d'intervalles aménagés pour mesurer :

- des cellules UMTS sur la bande I, alors qu'il est en LTE sur la bande VII ;
- des cellules UMTS sur la bande VIII, alors qu'il est en LTE sur la bande VII ;
- des cellules UMTS sur la bande I, alors qu'il est en LTE sur la bande XX ;
- des cellules UMTS sur la bande VIII, alors qu'il est en LTE sur la bande XX.

Ce besoin d'intervalles est intimement lié à l'implémentation de la chaîne de réception radio de l'UE et en particulier aux duplexeurs utilisés pour séparer en réception les signaux des différentes bandes de fréquences.

## Préparation du handover

Cette section décrit en détail la phase de préparation du handover, sur décision de l'eNodeB lorsque les critères de déclenchement sont vérifiés. Dans la plupart des cas, ce handover est démarré suite à la réception d'un événement spécifique (voir la section précédente) et/ou de mesures remontées par l'UE. Cependant, d'autres facteurs peuvent déclencher un tel mécanisme, par exemple un état de congestion sur la cellule LTE serveuse et ses voisines immédiates.

Cette phase de préparation implique l'UE, l'eNodeB, le RNC cible et le cœur de réseau LTE et UMTS, à la fois pour la gestion du plan de contrôle (signalisation) et pour celle du plan usager (données). À l'issue de cette phase, le RNC et le SGSN sont informés de l'arrivée de l'UE et préparés à le recevoir.

Les étapes de cette phase sont décrites ci-après, les numéros correspondant à ceux indiqués sur la figure suivante.

1.  En premier lieu, l'eNodeB décide de déclencher un handover vers une cellule UMTS. Un plan usager existe dans les sens montant et descendant pour le transfert de données, qui implique l'existence des éléments suivants : radio bearer(s) entre l'UE et l'eNodeB, tunnels GTP entre l'eNodeB, la S-GW et la P-GW.

2.  L'eNodeB envoie le message S1-AP *Handover Required* au MME pour qu'il demande des ressources au RNC cible, au SGSN et à la S-GW cible, si celle-ci change.

    Ce message indique notamment :

    – le type de handover, "LTE-to-UTRAN" ici, permettant au MME de savoir quel protocole suivre pour la formation du message suivant (vers le SGSN dans le cas présent) ;

    – la cause de cette procédure, qui indiquera « Handover desirable for radio reasons » dans le cas d'un handover déclenché par les conditions radio ;

    – l'identifiant *Target ID* de la cible, qui contient l'identifiant du RNC, de la zone de localisation (LAI) et de la zone de routage (RAI), et que le MME transmettra ensuite au SGSN ;

    – l'indication si un chemin est disponible pour effectuer du *Direct Forwarding* (voir la section « Mécanismes de Direct Forwarding et de Direct Tunnel », p. 421) vers le RNC ;

    – le bloc transparent *Source to Target RNC Transparent Container*. Ce bloc suit le protocole UMTS RANAP (entre RNC et réseau cœur) et est formaté comme s'il s'agissait d'un handover entre deux RNC, l'eNodeB jouant ainsi le rôle du RNC source, conformément au principe énoncé plus haut « la source s'adapte à la cible ». En outre, il est *transparent* pour le réseau cœur, c'est-à-dire qu'il n'est pas interprété par le MME ou le SGSN, mais est inséré par ces nœuds dans les messages ultérieurs pour être transmis tel quel au RNC cible. Il fournit notamment l'identifiant de la cellule cible et un conteneur RRC, destiné à la couche RRC du RNC et qui contient les capacités radio de l'UE pour les deux systèmes (UMTS et LTE). Les capacités LTE sont utiles dans la perspective d'un handover ultérieur vers le LTE ; elles seront alors fournies à l'eNodeB par le RNC de façon similaire.

Les éléments de sécurité (clés et algorithmes) seront fournis au RNC par le SGSN, après dérivation des clés UMTS CK et IK par le MME (voir les étapes 3 et 4).

3. Le MME associe à chaque contexte de bearer EPS un contexte PDP (équivalent en UMTS) ainsi que des paramètres de QoS : les paramètres de QoS EPC sont traduits en paramètres de QoS UMTS selon la correspondance définie par [3GPP TS 23.401]. Le MME envoie alors un message *Forward Relocation Request* au SGSN, contenant notamment l'IMSI de l'abonné, le ou les contexte(s) PDP, l'identifiant *Target ID* fourni par l'eNodeB, le bloc *Source RNC to Target RNC Transparent Container*, les clés CK/IK et ses propres coordonnées (adresse et point de terminaison) pour l'échange de signalisation avec le SGSN. Le MME peut déterminer le SGSN cible à partir de la zone de routage du domaine paquet (RA) incluse dans le paramètre *Target ID*. Le MME informe également le SGSN dans ce message si le *Direct Forwarding* est utilisé pour le transfert de données. On notera que, si l'UE a un bearer dédié actif, celui-ci sera décliné en UMTS sous la forme d'un contexte PDP secondaire (*Secondary PDP Context*), équivalent du contexte EPS dédié défini en LTE. Le maintien de ce bearer dédié lors d'une mobilité vers l'UMTS implique donc la prise en charge de la fonctionnalité *Secondary PDP Context* par le réseau UMTS et par l'UE.

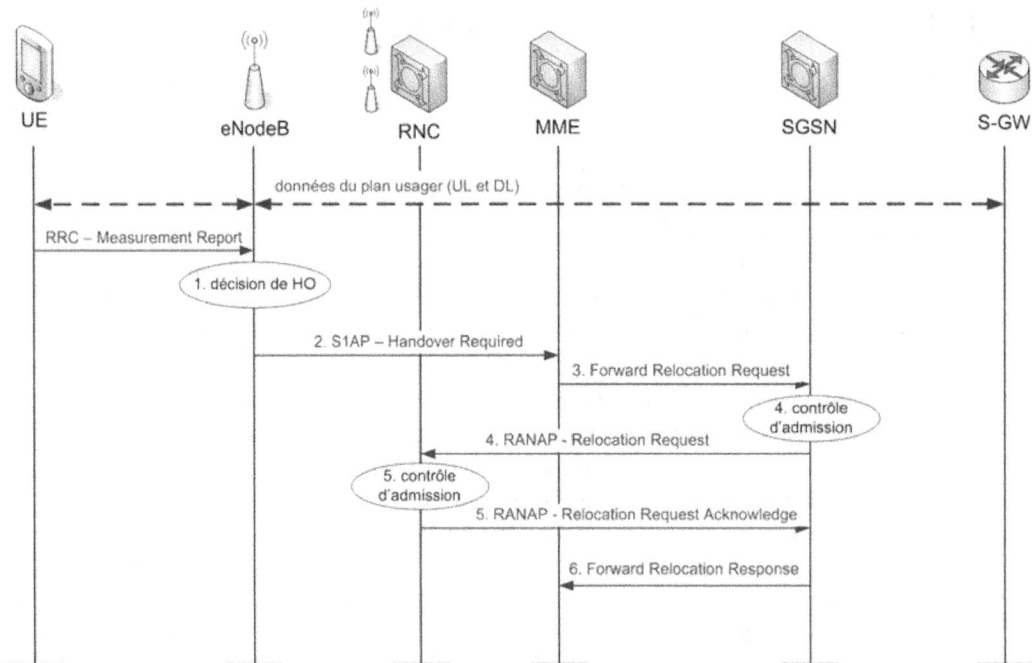

Figure 19-13
*Cinématique pour la phase de préparation du handover LTE vers UMTS (pas de changement de S-GW)*

4. Le SGSN détermine si une S-GW différente doit être utilisée (par exemple en cas de changement de PLMN). Nous supposerons ici que la même S-GW est utilisée. On notera que même si

la S-GW change, elle reste le point d'ancrage du plan usager pour l'UE. Le SGSN vérifie qu'il peut accueillir le ou les RAB demandé(s) (contrôle d'admission). Le cas échéant, il demande à son tour au RNC cible d'établir les ressources pour les *Radio Acces Bearers* correspondant aux contextes PDP qui doivent être maintenus en UMTS, par l'envoi du message RANAP *Relocation Request*. Ce dernier contient notamment les données de sécurité, les paramètres du ou des RAB (un RAB par contexte PDP), le bloc *Source RNC to Target RNC Transparent Container* et l'identifiant de l'abonné (IMSI). On notera que le SGSN peut réduire la QoS associée à un RAB par rapport à celle indiquée par le MME, en fonction de ses capacités propres et de sa charge. L'envoi des clés de sécurité UMTS au RNC par le SGSN évite d'effectuer une authentification UMTS AKA à l'arrivée de l'UE sur la cellule UMTS et donc accélère la reprise du transfert de données.

5. Le RNC alloue les ressources logiques, radio et réseau pour les RAB et radio bearers qu'il peut établir, à l'issue du contrôle d'admission. Il retourne alors au SGSN dans le message RANAP *Relocation Request Acknowledge* la liste de ces RAB qui peuvent être maintenus. En outre, il insère dans ce message le bloc *Target RNC to Source RNC Transparent Container*, destiné à l'eNodeB (qui opère comme le RNC source ici) et qui n'est ensuite modifié ni par le SGSN ni par le MME. Ce bloc contient en fait le message RRC *Handover to UTRAN Command*, destiné à l'UE, qui précise l'algorithme de chiffrement UMTS choisi, la configuration de la connexion RRC et les paramètres des radio bearers établis par le RNC, dont l'UE a besoin lors de son accès à la cellule UMTS. À partir de ce moment, le RNC doit être prêt à recevoir des paquets de données à destination de l'UE.

6. Le SGSN traite ce message du RNC et transmet au MME le message *Forward Relocation Response*, qui contient le bloc transparent fourni par le RNC. Si le mode *Direct Forwarding* n'est pas utilisé, le SGSN indique également dans ce message les coordonnées du tunnel GTP avec la S-GW (adresse IP et point de terminaison GTP) : si le mode *Direct Tunnel* est employé, ces coordonnées correspondent à une terminaison de tunnel sur le RNC, sinon, sur le SGSN.

Nous supposons que le mécanisme *Direct Forwarding* est utilisé pour le transfert des données entre l'eNodeB et le RNC. Si ce n'est pas le cas, le MME indique à la S-GW, sur réception de la réponse du SGSN, les coordonnées communiquées par ce dernier pour le tunnel GTP et les identifiants des bearers EPS concernés afin de permettre à la S-GW de transférer les données au SGSN.

## Mécanismes de Direct Forwarding et de Direct Tunnel

Deux mécanismes complémentaires peuvent être utilisés pour accélérer l'envoi des données du plan usager au RNC :

* l'un pour le transfert des données déjà reçues, de l'eNodeB vers le RNC lors du handover uniquement (*Direct Forwarding*) ;
* le second, plus général, pour la transmission directe des données depuis le GGSN ou la S-GW au RNC (*Direct Tunnel*), dès qu'un service implique un transfert de données vers l'UE.

Ces mécanismes sont illustrés par la figure suivante.

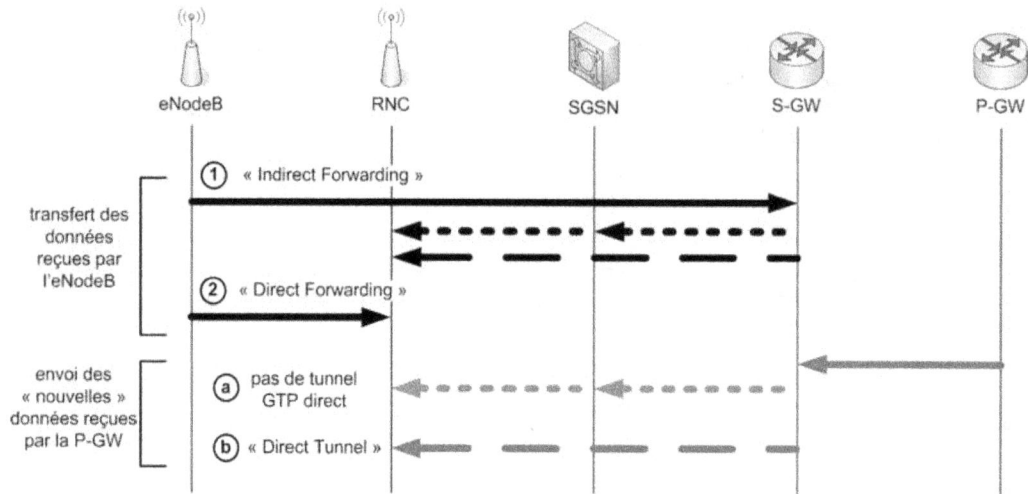

Figure 19-14
*Mécanismes Direct Forwarding et Direct Tunnel*

Le mécanisme *Direct Forwarding* désigne ainsi le transfert de données du plan usager pendant le handover, directement de l'eNodeB vers le RNC cible, sans transiter par la ou les S-GW. Dans le cas contraire (*Indirect Forwarding*), ces données sont d'abord envoyées par l'eNodeB à la S-GW. Ensuite, cette dernière transmet les données soit au SGSN, qui les envoie lui-même au RNC, soit directement au RNC si le mécanisme *Direct Tunnel* est utilisé, via un tunnel GTP entre la S-GW et le RNC. Ce mécanisme peut déjà être mis en œuvre en UMTS, entre le GGSN et le RNC, afin de réduire la latence des données et de diminuer la charge du SGSN. Ce tunnel, s'il est utilisé, est maintenu pour la suite de l'appel et jusqu'à sa relâche.

En LTE, la séparation des plans de données et de contrôle dans le réseau cœur implique que les données sont toujours transmises par la S-GW à l'eNodeB et inversement, sans jamais transiter par le MME.

On voit sur la figure que le tunnel (direct ou indirect) sert toujours à délivrer au RNC les données issues de la P-GW, mais qu'il peut être utilisé également pour transmettre les données envoyées par l'eNodeB à la S-GW dans le cas d'un mode *Indirect Forwarding* (flèche noire en pointillés longs).

## Exécution du handover

À ce moment de la procédure, l'eNodeB continue de recevoir des unités de données sur le plan usager, de la part de la S-GW (sens descendant) et de la part de l'UE (sens montant). Le transfert de données vers le RNC n'a pas commencé et l'eNodeB n'a pas encore commandé à l'UE de basculer sur la cellule cible : il attend pour cela la réponse du RNC cible, qui est transmise par le MME. Celle-ci indiquera à l'eNodeB si le handover est possible et déclenchera l'envoi par l'eNodeB à l'UE de la commande de bascule. Dès qu'il aura donné cet ordre à l'UE, l'eNodeB pourra démarrer le transfert vers le RNC des données reçues de la S-GW et non transmises à l'UE, suivant le schéma de transfert permis par le réseau. Les données de l'UE reçues par l'eNodeB seront quant à elles toujours transmises à la S-GW.

L'accès de l'UE à la cellule cible déclenchera d'abord le basculement effectif du plan de données sur le réseau UMTS (la S-GW envoie alors les données au SGSN, ou directement au RNC), ainsi que la relâche des ressources et de la session dans le réseau LTE (eNodeB, MME, S-GW). Le handover s'achève lorsque l'eNodeB a transféré toutes les données qu'il a en mémoire.

Dans cette phase d'exécution, l'étape la plus critique est la bascule radio de l'UE, du fait du risque d'échec et de l'effet de sa durée sur la qualité de l'expérience utilisateur. D'une part, il est possible que l'UE ne reçoive pas le message de commande, du fait d'une dégradation (ou d'une rupture) du lien radio sur la cellule LTE. Si le lien continue de se dégrader, l'appel en cours est interrompu. D'autre part, la réception par l'UE de la cellule UMTS a pu elle aussi évoluer, rendant plus difficile l'accès de l'UE aux ressources de la cellule. Ces deux phénomènes peuvent simplement être provoqués par le déplacement de l'utilisateur (par exemple le passage d'un angle de rue), ou par l'évolution de son environnement (cas d'obstacles mobiles). Par ailleurs, le service en cours est interrompu pendant une durée au moins égale à celle de cette bascule, d'où l'importance de sa durée. Selon le service utilisé, l'effet sur l'expérience de l'utilisateur sera plus ou moins important : il peut être imperceptible entre deux messages de *chat* par exemple. Le transfert des données de l'eNodeB au RNC pendant cette période vise à réduire l'interruption du service, en permettant au RNC d'envoyer des données à l'UE dès son accès sur la cellule UMTS.

Les différentes étapes de la phase d'exécution du handover sont décrites plus en détail, les numéros des étapes correspondant à ceux indiqués sur la figure 19-15.

1. Le MME envoie à l'eNodeB le message S1-AP *Handover Command*, qui contient essentiellement le message RRC envoyé par le RNC (*Handover to UTRAN*, voir la phase de préparation).

2. Sur réception de ce message, l'eNodeB envoie à l'UE le message RRC *Mobility from E-UTRAN Command*, dans lequel il insère le message RRC du RNC et indique à l'UE la cellule UMTS cible. L'eNodeB peut dès lors démarrer le transfert des données au RNC. Nous supposons ici que le *Direct Forwarding* est utilisé.

   On notera que, à la différence du handover intra-LTE, la couche PDCP est ici réinitialisée et, par conséquent, les numéros de séquence éventuellement attribués par l'eNodeB aux unités de données PDCP ne sont pas conservés. Ceci implique que le RNC et l'UE ne peuvent envoyer l'un à l'autre de rapport de réception PDCP. En outre, la couche PDCP délivre à la couche supérieure, dès la commande de bascule, les SDU PDCP reçues sur la cellule LTE, même si la remise en séquence ne peut être assurée (SDU intermédiaire non reçue).

   Pour le sens descendant, l'eNodeB peut transmettre au RNC les SDU PDCP qu'il n'a pas encore envoyées à l'UE, ou que ce dernier n'a pas acquittées (pour le mode RLC-AM uniquement), afin de limiter les pertes de données lors du handover. Ainsi, ces unités de données seront retransmises à l'UE par le RNC. Du fait de l'absence de rapport de réception PDCP, il est possible en mode RLC-AM que l'UE reçoive et délivre deux fois le même paquet à la couche IP (une fois sur la cellule LTE et une autre fois sur la cellule UMTS). On peut donc avoir des doublons dans le sens descendant, mais les pertes de données peuvent être évitées grâce au transfert des données de l'eNodeB au RNC.

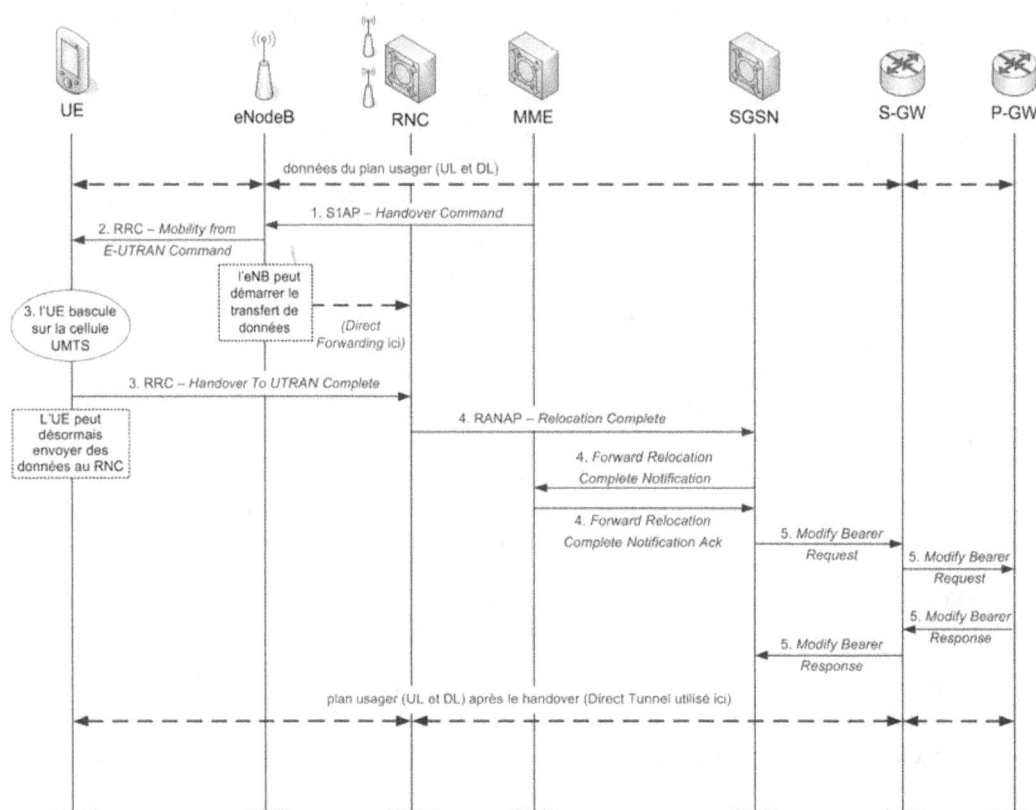

Figure 19-15
*Cinématique de la phase d'exécution du handover LTE vers UMTS (pas de changement de S-GW)*

Pour le sens montant, l'UE considère les unités de données PDCP déjà transmises comme reçues par l'eNodeB. Cela constitue donc une différence avec le comportement de l'eNodeB, qui peut transférer au RNC les données non acquittées. De ce fait, des pertes de données peuvent survenir dans le sens montant. Il sera du ressort des couches supérieures de les corriger si besoin. En revanche, ce comportement évite des doublons dans le sens montant.

Ainsi, des doublons et des pertes de paquets peuvent avoir lieu lors du handover LTE vers UMTS, alors qu'ils sont évités lors d'un handover intra-LTE.

3.  L'UE suspend le transfert de données sur la cellule LTE et bascule sur la cellule indiquée, sans acquitter la réception des unités RLC à l'eNodeB. L'UE recherche la cellule UMTS, récupère les Informations Système diffusées par la cellule et nécessaires à son accès, puis transmet au RNC le message RRC *Handover To UTRAN Complete* sur les ressources de la cellule qui lui ont été allouées. Ce message signale au RNC que l'UE a réussi à accéder à ces ressources et que le plan usager dans le réseau peut être à son tour basculé vers la cellule UMTS, afin de délivrer à l'UE les nouvelles données reçues par la S-GW. Le RNC peut alors commencer à envoyer des données à l'UE, même si le transfert des données par l'eNodeB n'est pas terminé.

De même, l'UE peut à son tour transmettre des données sur le ou les radio bearer(s) établi(s), en commençant par le premier paquet IP qui n'a pas encore été transmis.

4. Le RNC informe alors le SGSN de l'arrivée de l'UE par le message RANAP *Relocation Complete*. À partir de ce moment, le SGSN doit accepter les données envoyées par le RNC pour cet UE (sens montant) et les transmettre immédiatement à la S-GW. Le SGSN informe le MME du succès de la procédure, ce qui conduira à la relâche des ressources associées à l'UE dans le MME et l'eNodeB.

5. Le SGSN contacte ensuite la S-GW pour lui demander de basculer le flux de données : celles-ci ne doivent plus être envoyées à l'eNodeB mais au RNC si le mécanisme *Direct Tunnel* est utilisé, au SGSN sinon. Dans le cas d'un tunnel direct, le SGSN indique l'adresse IP et le point de terminaison sur le RNC pour chaque bearer maintenu. Sur réception de ce message, la S-GW met à jour sa table de routage et oriente les données destinées à l'UE vers le RNC. La S-GW peut informer la P-GW du changement de RAT, en envoyant le message *Modify Bearer Request*.

Après l'étape 5, le plan usager est basculé et implique l'UE, l'UTRAN, la S-GW, la P-GW et éventuellement le SGSN si un tunnel direct n'est pas employé.

### Échec du handover

Si l'UE ne parvient pas à établir la connexion RRC sur la cellule UMTS, il doit revenir sur la cellule LTE et appliquer la configuration utilisée avant l'ordre de handover, à l'exception de la configuration des couches PHY et MAC, et entamer une procédure de rétablissement RRC (voir la section « Les performances de l'UE en handover », p. 428).

Cependant, le handover LTE vers UMTS n'est pas gouverné par une temporisation, à la différence du handover intra-LTE : l'UE ne démarre aucune temporisation à la réception de la commande de handover par l'eNodeB. Par conséquent, le délai d'accès à la cellule UMTS que s'autorise l'UE peut varier d'une implémentation à l'autre. Lorsque l'eNodeB détecte le retour de l'UE, il annule la procédure de handover en cours dans le réseau par l'envoi au MME du message S1-AP *Handover Cancel*.

## Handover du LTE vers le GSM/GPRS

Cette section présente le mécanisme de handover PS du système LTE vers le système GSM/GPRS, qui vise à assurer une continuité de service de données entre les deux systèmes, par exemple lorsque l'utilisateur quitte la zone de couverture LTE et que l'opérateur ne détient pas de réseau UMTS.

Si l'opérateur détient un réseau GSM/GPRS et UMTS, il peut choisir de privilégier le handover vers l'UMTS afin de maintenir un débit et une expérience meilleurs pour l'utilisateur, mais aussi pour conserver un appel voix en VoIP si son réseau UMTS en est capable et éviter ainsi une procédure de transfert vers le domaine circuit (SR-VCC, voir la section « Le transfert d'appel VoIP vers le domaine CS : SR-VCC », p. 435). Dans ce cas, et si la couverture UMTS est satisfaisante, le handover vers le système GSM/GPRS peut n'être que très rarement utilisé. L'opérateur fait parfois le choix de ne pas l'activer, ce qui limite les mesures intersystèmes en LTE à des cellules UMTS uniquement. Il est cependant possible que l'opérateur ne dispose pas d'un réseau UMTS dans la zone où évolue l'utilisateur et ait alors besoin d'utiliser ce handover localement.

Ce handover est très semblable dans son déroulement et les messages échangés à celui du LTE vers l'UMTS. Les principales différences avec celui-ci sont :

- les cellules voisines GSM sont désignées par leur fréquence porteuse uniquement ;
- l'utilisation de conteneurs transparents échangés entre stations de base, qui suivent le formalisme GSM (« la source s'adapte à la cible ») ;
- la gestion des données du plan usager ;
- le mode d'accès de l'UE à la cellule cible, qui suit la norme du système GSM/GPRS.

## Mesures

Pour évaluer une cellule GSM, l'UE mesure le niveau de signal reçu sur la fréquence porteuse GSM signalée par l'eNodeB (une porteuse par cellule). Cette grandeur, appelée RSSI pour *Received Signal Strength Indication*, indique la puissance mesurée par le récepteur radio du terminal sur l'ensemble de cette fréquence GSM. Il faut rappeler que la planification cellulaire en GSM repose sur des fréquences distinctes entre cellules voisines : une cellule GSM utilise une fréquence porteuse qui ne peut être utilisée par ses voisines immédiates. Ainsi, cette mesure de RSSI sur une fréquence porteuse est bien la mesure d'une cellule, à un endroit donné du réseau GSM.

## Signalisation réseau et conteneurs

La phase de préparation suit les mêmes étapes que pour le handover du LTE vers l'UMTS. Les principales différences résident dans le fait que l'eNodeB et le MME doivent utiliser le formalisme du GSM/GPRS. En particulier, le conteneur fourni par l'eNodeB au BSS est codé suivant le format utilisé entre deux BSS pour un handover GSM. De même, le message RRC envoyé par le BSS à l'eNodeB et à destination de l'UE est un message GSM, inséré dans la commande de handover et interprété par la couche RRC GSM de l'UE avant l'accès à la cellule cible.

Ce message contient également des informations NAS insérées à la volée par le SGSN lorsqu'il reçoit la réponse du BSS dans la phase de préparation et qui indiquent notamment l'algorithme de chiffrement choisi. En effet, en GPRS le chiffrement est réalisé par la couche LLC entre l'UE et le SGSN, et non entre l'UE et la station de base, comme c'est le cas en UMTS et en LTE.

## Gestion du plan usager

À la différence du RNC en UMTS, le BSS n'utilise pas le protocole GTP pour le transfert des données du plan usager avec le SGSN. De ce fait, la notion de tunnel direct entre GGSN (ou P-GW en LTE/EPC) et BSS n'existe pas : ces données transitent nécessairement par le SGSN. Il en est donc de même pour le transfert des données de l'eNodeB vers le BSS : en cas de transfert direct côté LTE (*Direct Forwarding*), les données transitent quand même par le SGSN avant d'atteindre le BSS ; pour le transfert indirect, elles passent en outre par la S-GW.

## Accès au réseau GSM/GPRS

L'accès de l'UE à la cellule GSM/GPRS est suivi immédiatement d'un échange de messages de la couche LLC entre l'UE et le SGSN, notamment pour l'activation du chiffrement et la négociation des paramètres de la liaison LLC (*Logical Link Control*, niveau 2). Comme en UMTS, cet échange peut être suivi d'une procédure de mise à jour de localisation (*Routing Area Update*) entre l'UE et le SGSN, après laquelle l'échange de données peut reprendre.

## Cell Change Order et redirection

L'eNodeB envoie parfois l'UE vers une cellule GSM/GPRS à l'aide d'un mécanisme appelé *Cell Change Order*. Ce mécanisme s'apparente à une redirection, à la différence que l'UE reste en mode connecté lors de la bascule. L'UE accède alors à la cellule GSM/GPRS comme lors d'une resélection. Cette bascule est déclenchée par l'envoi d'un message *Mobility from E-UTRAN Command* de l'eNodeB à l'UE, qui indique le mécanisme *Cell Change Order*, ainsi que la fréquence et l'identifiant physique de la cellule GSM. Pour accélérer l'accès de l'UE à la cellule GSM, l'eNodeB peut fournir une partie des Informations Système de cette cellule, ce qui évite à l'UE d'avoir à les décoder avant d'engager la connexion RRC avec le BSS. Il s'agit de la principale différence avec la redirection par relâche de la connexion RRC, présentée ci-après.

Le principe de la redirection est en effet très voisin du *Cell Change Order*. L'eNodeB relâche ici la connexion RRC avec l'UE en lui indiquant la cellule GSM ou UMTS cible. L'UE passe alors en mode veille et effectue une sélection initiale de la cellule cible GSM ou UMTS. Ce mécanisme est typiquement utilisé pour la procédure de CS Fallback (voir la section « Le mécanisme CS Fallback », p. 432). La redirection peut ainsi être déclenchée vers une cellule GSM ou une cellule UMTS, tandis que le *Cell Change Order* n'est possible que vers une cellule GSM.

La figure suivante illustre les étapes de ces deux mécanismes.

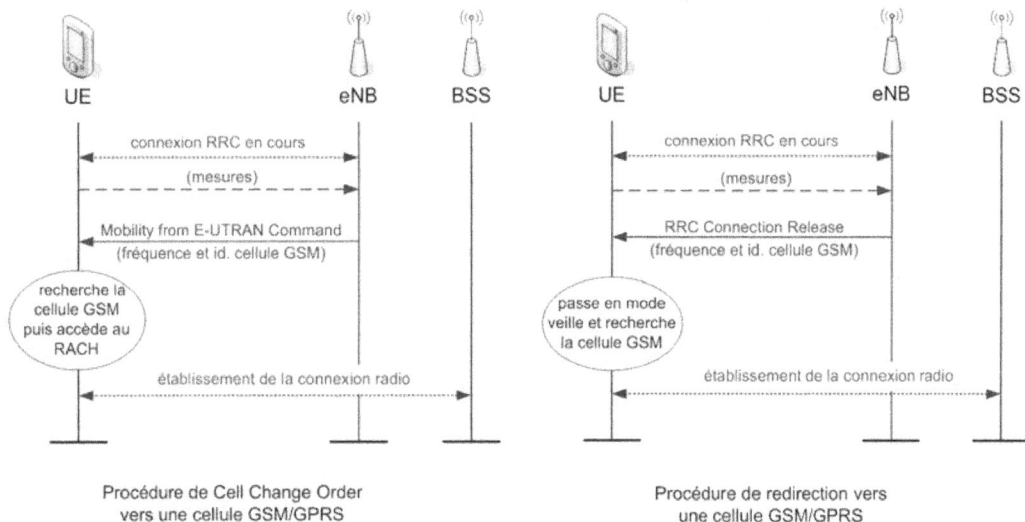

Figure 19-16
*Mécanismes de Cell Change Order et de redirection vers une cellule GMS/GPRS*

## Les performances de l'UE en handover

Cette section est dédiée aux performances de l'UE pour le handover. Les performances de l'UE pour la resélection ont été abordées dans le chapitre 18.

Comme nous l'avons vu, la procédure de handover est contrôlée par le réseau et l'algorithme de décision réside dans l'eNodeB. On peut donc s'attendre à ce que la différence de comportement et les écarts de performance entre des UE de constructeurs différents soient nettement moins marqués que pour la resélection. L'UE réalise toujours des mesures, et donc leur justesse reste un point important, mais ces mesures sont éventuellement moyennées et corrigées par l'eNodeB dans son traitement. En revanche, le délai effectif de bascule radio est un point crucial, surtout dans un environnement radio perturbé, et dépend entièrement de l'UE pour une configuration donnée du réseau.

Pour le handover intra-LTE, les exigences de performance sur le délai de bascule varient entre 20 et 130 ms, suivant le fait que l'UE connaît ou non la cellule cible. Par exemple, si l'UE a mesuré la cellule cible avant de recevoir l'ordre de bascule, l'exigence de délai sera de l'ordre de 20 à 50 ms. En revanche, pour un handover en aveugle (*blind handover*), l'exigence est relâchée à plus de 100 ms car l'UE doit rechercher cette cellule avant d'y accéder.

Pour le handover intersystème, les exigences sur le délai de bascule dépendent beaucoup de la configuration de la cellule cible. Par exemple, pour le handover vers l'UMTS ce délai maximal varie de 90 à plus de 500 ms et cette plage est liée à la périodicité des canaux logiques configurés pour l'UE. Ce délai est minimisé lorsque tous ces canaux logiques (données et signalisation) sont portés par le HSPA. Ainsi, pour une mobilité de type SR-VCC, on comprend qu'il sera préférable d'utiliser sur la cellule cible les canaux de transport HSPA aux canaux DCH de la Release 99, afin de réduire ce délai de bascule (via l'utilisation de la fonction *CS over HSPA*, voir [CS over HSPA]).

La performance globale de l'UE pour réaliser les handovers est cependant issue d'un compromis entre le coût final du produit, qui dépend notamment de la chaîne de réception radio, et son autonomie : un algorithme plus complexe demande plus d'opérations élémentaires, des mesures plus nombreuses impliquent que la chaîne de réception sera plus souvent allumée.

## La mobilité vers le système LTE

### Les mécanismes de mobilité de l'UMTS vers le LTE

*Le handover UMTS vers LTE*

Le handover UMTS vers LTE peut être réalisé pour les appels sur le domaine PS de l'UMTS, pour que l'utilisateur bénéficie d'un débit supérieur et d'une latence réduite en LTE. Les appels voix établis sur le domaine circuit (CS) ne peuvent être basculés sur le système LTE, d'abord parce qu'il n'existe pas de tel domaine en LTE/EPC et ensuite parce que la procédure de transfert d'appel CS vers VoIP n'est pas définie en Release 8.

Cela étant, si le réseau LTE/EPC ne permet pas de réaliser des appels VoIP, par choix de l'opérateur cette fois (pas d'infrastructure IMS déployée par exemple), les appels VoIP établis en UMTS ne devront pas non plus être envoyés sur le système LTE. On comprend qu'il est important que le système UMTS sache s'il peut basculer ou non un RAB vers le système LTE. C'est le rôle de l'indi-cateur *E-UTRAN Service Handover*, grâce auquel le réseau cœur indique au RNC que le RAB ne doit pas être basculé. Ce paramètre est par exemple signalé lors de l'établissement d'un RAB CS pour un appel voix, que l'opérateur souhaite maintenir en UMTS.

Le handover peut être utilisé lorsque l'UE est dans l'état Cell_DCH (un des états RRC du mode connecté en UMTS). Dans les états Cell_PCH et URA_PCH, l'UE utilise la resélection de cellule, comme en mode veille. Dans l'état Cell_FACH, l'UTRAN doit faire passer l'UE à l'état Cell_DCH avant d'effectuer le handover. Ces états UMTS sont définis dans [3GPP TS 25.331].

### Mesures LTE et mode compressé

Comme pour les mesures en mode veille, les cellules voisines LTE ne sont pas indiquées indivi-duellement à l'UE lorsque le RNC lui demande de remonter des mesures de cellules LTE. Seule la fréquence est fournie à l'UE, qui se débrouille ensuite pour détecter les cellules présentes sur cette fréquence dans l'environnement de la cellule UMTS. Ce fonctionnement est donc identique au cas des mesures effectuées en LTE sur des cellules voisines LTE.

Les UE LTE auront probablement besoin du mode compressé pour effectuer des mesures sur des cellules LTE alors qu'ils sont connectés à l'UMTS. Cette adaptation de la trame radio est déjà utilisée aujourd'hui par la grande majorité des UE UMTS pour réaliser les mesures GSM ou UMTS interfréquences en appel. Il s'agit donc surtout pour le RNC de s'assurer que la durée et la fréquence des intervalles sont suffisantes à l'UE pour détecter des cellules LTE et les mesurer.

On peut s'attendre à ce que ces mesures LTE soient demandées à l'UE dès qu'il a une connexion RRC active sur une cellule UMTS en zone de couverture LTE. Le RNC peut en effet prendre comme critères pour faire cette demande la déclaration comme voisines d'une ou plusieurs fréquences LTE d'une part, et une priorité supérieure associée à la RAT LTE d'autre part. Ainsi, l'UTRAN peut activer ces mesures dès l'établissement de la connexion RRC ou d'un radio bearer de données, afin de basculer l'UE sur la RAT LTE dès que le signal radio d'une cellule est suffisant.

### Préparation

Pour la préparation du handover, le RNC contacte le SGSN en lui indiquant l'identifiant de l'eNodeB cible, ce qui lui permet de relayer la demande de handover au MME gérant cet eNodeB. Pour rappel, le MME et le SGSN peuvent être un seul et même nœud physique. Ce message du RNC contient notamment un conteneur destiné à l'eNodeB cible (*Source eNodeB to Target eNodeB Transparent Container*). Comme les autres conteneurs, il est transmis de façon transparente par les équipements du réseau cœur (SGSN et MME ici) et indique en particulier à l'eNodeB la cellule cible ainsi que les capacités radio de l'UE pour le LTE. Celles-ci servent par exemple à l'eNodeB pour adapter la configuration des mesures ou le scheduling des envois de données.

Le MME sollicite ensuite l'eNodeB cible, qui retourne alors un message S1AP incluant le conte-neur *Target eNodeB to Source eNodeB Transparent Container*, lequel contient en fait le message RRC destiné à l'UE pour la bascule vers la cellule cible. Ce message lui indique la configuration radio à appliquer lors de son accès à la cellule LTE, ainsi que les paramètres de sécurité LTE néces-saires pour la dérivation des nouvelles clés.

Le RNC, recevant ce message RRC dans la réponse du SGSN, ne l'interprète pas ; il n'en est d'ailleurs pas capable a priori, s'agissant du protocole RRC LTE. Il l'intègre à la commande de bascule qu'il envoie à l'UE (message RRC *Handover From UTRAN Command*).

**Plan usager**

Le RNC est autorisé à démarrer le transfert à l'eNodeB des données reçues du SGSN dès qu'il a envoyé l'ordre de bascule à l'UE. Comme pour le sens LTE vers UMTS, les données peuvent être transférées directement de la station de base source (RNC) à l'eNodeB cible sans transiter par le SGSN et la Serving-GW, à l'aide du mécanisme *Direct Forwarding*. En cas de transfert indirect, les données transitent nécessairement par la S-GW et éventuellement par le SGSN, si le mécanisme *Direct Tunnel* n'est pas non plus utilisé. Comme nous l'avons évoqué plus haut, il est possible que des RAB actifs de l'UE ne puissent pas être basculés en LTE. Si l'UE a un appel voix CS et une session de données en cours, le handover ne pourra être déclenché, l'appel voix CS ne pouvant être basculé en LTE. Le RNC indique à l'UE dans la commande de handover le ou les RAB maintenu(s). L'UE doit alors désactiver localement les autres RAB. Le MME peut également refuser un ou plusieurs RAB, en cas de congestion par exemple sur l'eNodeB ou sur le réseau cœur.

**Échec du handover**

Si l'UE ne parvient pas à accéder aux ressources de la cellule LTE, il doit revenir à la cellule UMTS et à la configuration précédemment utilisée, puis envoyer un message RRC au RNC afin de l'informer de cet échec. On précisera cependant que la norme n'indique pas de critère temporel et l'UE ne déclenche pas de temporisation à la réception de l'ordre de bascule. Le délai au bout duquel l'UE revient sur la cellule UMTS est lié en fait au mécanisme d'accès aléatoire du LTE, l'UE effectuant plusieurs tentatives sur la cellule LTE (voir le chapitre 14).

*La redirection UMTS vers LTE*

En UMTS, la redirection vers le système LTE peut se faire de deux façons différentes :

- lors de l'établissement de la connexion RRC, le RNC rejetant la demande de l'UE et lui indiquant la cellule LTE à resélectionner ;
- à la relâche de la connexion RRC, par exemple à la fin d'un appel ou lorsque l'UE est inactif.

Tout comme le handover, la redirection est toujours décidée par le RNC et l'ordre est signalé explicitement dans un message RRC.

Dans le premier mode, le RNC prend sa décision sur la base de la cause de connexion indiquée par l'UE dans le message *RRC Connection Request* et du paramétrage de l'opérateur. Il peut par exemple rediriger vers le LTE les demandes de connexion pour des sessions de données et maintenir en UMTS les appels voix si le réseau LTE de l'opérateur ne permet pas de passer ce type d'appels. C'est le cas par exemple si l'opérateur n'a pas déployé de solution VoIP en LTE et souhaite donc que les terminaux de type smartphones, dont la voix demeure un usage majeur, établissent leurs appels voix en UMTS plutôt qu'en LTE. Il attribuera alors typiquement à l'UMTS une priorité de resélection supérieure à celle du LTE. Cependant, il devra envoyer en LTE les appels de données, qui peuvent bénéficier du débit élevé et de la latence réduite de ce système. Ce mécanisme de redirection peut alors être utilisé et fait l'économie d'un handover de l'UMTS vers le LTE une fois la session de données établie.

Pour cette redirection, le RNC indique à l'UE dans le message de rejet (*RRC Connection Reject*) la ou les cellules LTE qu'il peut resélectionner ainsi qu'une durée pendant laquelle l'UE ne devra pas resélectionner de cellule UMTS. Cette durée d'inhibition vise à éviter un phénomène de ping-pong entre les couches LTE et UMTS, en particulier si la couche UMTS a une priorité de resélection supérieure à celle de la fréquence LTE utilisée. Le RNC peut également fournir à l'UE une liste de cellules interdites pour chaque fréquence LTE indiquée.

Dans le second mode de redirection, le RNC indique à l'UE une ou plusieurs cellules LTE cible(s) lors de la relâche de la connexion RRC. Cette redirection peut être utilisée dans le scénario évoqué précédemment : pour les UE centrés sur un usage de type modem, l'opérateur aura plutôt intérêt à les faire rester sur des cellules LTE pour qu'ils bénéficient d'un accès immédiat aux débits élevés offerts par le LTE. Si ces terminaux sont également capables de passer des appels voix de façon accessoire, le mécanisme CS Fallback pourra être utilisé.

Ces deux redirections ne doivent être déclenchées par le RNC que si la cellule UMTS est sous couverture de cellules LTE, ce que le RNC détermine grâce à des mesures remontées par l'UE avant la relâche (dans le second mode), ou par la configuration de l'opérateur (si des cellules LTE sont déclarées comme voisines de la cellule UMTS).

## La mobilité entrante GSM/GPRS vers LTE

### Le handover GSM/GPRS vers LTE

Lorsque l'UE a une session de données en cours, le BSS peut effectuer un handover vers le LTE, s'il supporte la procédure de *PS handover*. Comme pour l'UMTS, ce handover est précédé ou non de mesures préalables de l'UE sur des cellules LTE. Ces dernières doivent alors être indiquées explicitement à l'UE lors de la configuration des mesures LTE. La préparation du handover suit le même principe que pour le handover de l'UMTS vers le LTE. Par ailleurs, comme pour le handover LTE vers GPRS, les données du plan usager transitent par le SGSN et la S-GW avant d'arriver à l'eNodeB gérant la cellule cible. L'UE bascule sur la cellule cible LTE lorsqu'il reçoit le message de l'eNodeB *RRC Connection Reconfiguration*, inclus par le BSS dans l'ordre de handover (message *PS Handover Command*).

### La redirection GSM/GPRS vers LTE

La redirection GPRS vers LTE est utilisée typiquement lorsque le handover n'est pas implémenté dans le réseau, ou que l'UE ne le permet pas. Elle est éventuellement précédée de mesures sur des cellules LTE et est déclenchée par le BSS. Celui-ci envoie pour cela le message *Packet Cell Change Order* indiquant la cellule cible LTE et éventuellement des priorités de resélection dédiées pour l'UE (voir le chapitre 18).

Cette redirection de type *Cell Change Order* s'effectue en *Packet Transfer Mode*, c'est-à-dire lorsque l'UE a une session de données en cours. Elle peut être utilisée dans le but de transférer tout appel de données vers le LTE, dès lors que l'UE est sous la couverture d'une cellule LTE.

*La resélection GPRS vers LTE en mode connecté*

En GPRS, l'UE peut effectuer des resélections de façon autonome en mode connecté (*Packet Transfer Mode*), les mesures étant réalisées dans les intervalles de temps où il n'est pas servi par le scheduler.

Cette resélection en mode connecté peut être faite vers une cellule GPRS, UMTS ou LTE suivant les mesures de l'UE et le paramétrage indiqué par le BSS (cellules voisines, seuils et offsets). Les priorités de resélection, si elles sont diffusées sur la cellule, sont appliquées par l'UE comme pour la resélection en mode veille (*Packet Idle Mode*).

# Le mécanisme CS Fallback

## Origine et principe

Le système LTE/EPC est entièrement basé sur la commutation de paquets et ne comporte pas de domaine à commutation de circuits, contrairement au GSM/GPRS et à l'UMTS. Il a en outre vocation à être associé à l'architecture de services IMS, définie par le 3GPP, pour l'accès aux services multimédias. En effet, l'IMS propose une architecture fonctionnelle de services élémentaires (présence, carnet d'adresses, appel voix/vidéo, échange de données client-à-client…), qui peuvent ensuite être utilisés et mutualisés par différents services multimédias évolués. Cependant, lors de l'élaboration de la Release 8 3GPP, plusieurs opérateurs souhaitaient pouvoir fournir un service voix via les terminaux mobiles LTE dès l'ouverture de leur réseau LTE, sans avoir à déployer dans le même temps une architecture IMS, complexe et coûteuse.

Pour cette raison, un mécanisme a été défini pour basculer l'UE, dès qu'un appel voix est lancé, vers une technologie d'accès traitant la voix en commutation de circuits (appelée aussi *voix CS* par opposition à la VoIP). Ce mécanisme, appelé CS Fallback, permet de renvoyer un appel voix lancé par l'UE ou à destination de celui-ci vers le domaine CS du GSM ou de l'UMTS.

## Procédure : appel voix CS entrant en LTE

La figure 19-17 illustre la procédure CS Fallback dans le cas d'un appel voix entrant. Les numéros indiqués renvoient aux étapes décrites dans la suite de cette section.

1. Dans le cas d'un appel entrant, le MME reçoit du MSC un message de notification d'appel CS pour l'UE.

2. Le MME transmet alors un message de paging à tous les eNodeB inclus dans la zone de localisation de l'UE (Tracking Area, ou liste de TA).

3. Chaque eNodeB envoie un paging sur les canaux radio communs des cellules associées à la zone de localisation de l'UE. L'eNodeB indique dans chaque paging le S-TMSI de l'UE pour qu'il sache que le message lui est destiné. Ce message indique également que la notification provient du domaine CS, ce qui permet à l'UE de déduire qu'il s'agit d'une procédure CS Fallback.

4. Sur réception de cette notification, l'UE établit une connexion RRC et contacte le MME avec le message EMM *Extended Service Request*, dédié au CS Fallback et encapsulé successivement dans la signalisation RRC puis dans un message S1-AP.

5. Le MME demande alors à l'eNodeB de faire basculer l'UE, en lui indiquant qu'il s'agit d'un CS Fallback dans le message S1AP *UE Context Setup*. De façon simultanée, le MME envoie le message *Service Request* au MSC, via l'interface SGs définie pour le CS Fallback.

6. L'eNodeB peut alors rediriger l'UE vers la cellule cible prédéfinie, sans préparation préalable. Cette redirection s'effectue soit via une procédure de type *Cell Change Order*, soit via la relâche de la connexion RRC. Dans les deux cas de figure, l'eNodeB peut éventuellement demander à l'UE d'effectuer des mesures sur une ou plusieurs cellule(s) de la technologie cible avant de lui envoyer la commande de bascule. Cette phase, si elle augmente les chances de succès de la procédure, conduit néanmoins à un délai plus long avant l'établissement effectif de l'appel voix.

7. L'UE tente alors d'accéder à la cellule cible et procède comme pour l'établissement d'un appel voix CS sur le système GSM ou UMTS, après avoir réalisé une mise à jour de localisation si la zone de localisation CS (*Location Area*) ou PS (*Routing Area*) a changé.

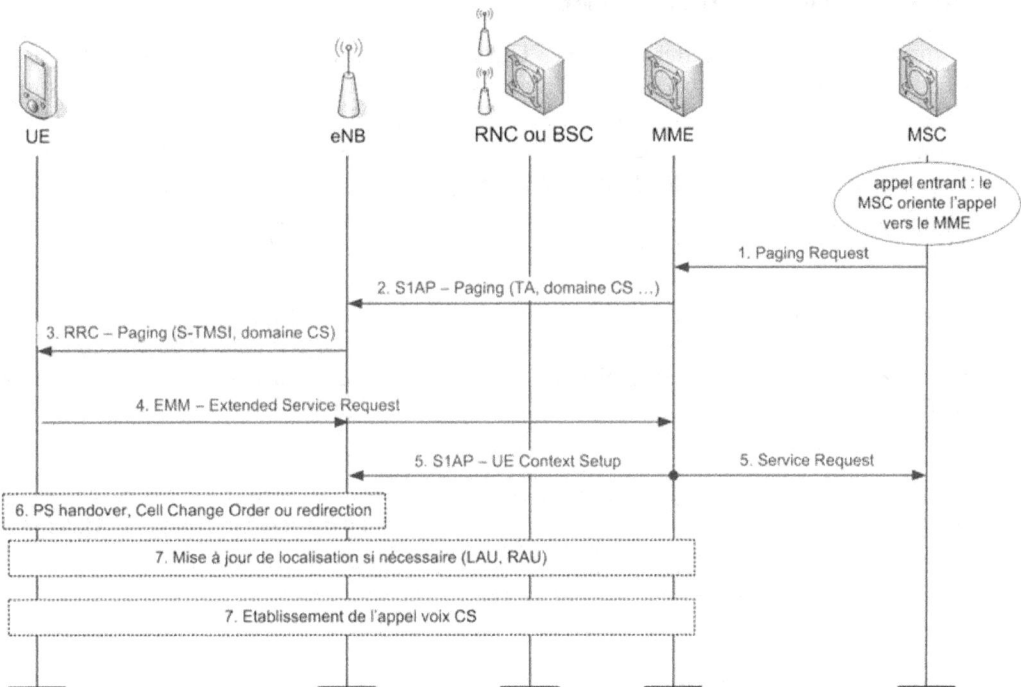

**Figure 19-17**
*Procédure de CS Fallback déclenchée par un appel voix entrant en LTE*

Dans le cas d'un appel voix lancé par l'UE, les étapes 1 à 3 n'ont pas lieu et l'envoi du message *Extended Service Request* est déclenché par l'action de l'utilisateur et non par la réception du message de paging. Le reste de la procédure est identique.

On notera également que l'appel entrant ou sortant peut survenir n'importe quand, y compris lorsque l'UE a une connexion active avec le réseau LTE et échange des données avec celui-ci (service en cours). Dans ce cas, l'opérateur a plusieurs possibilités en fonction des capacités de son réseau et de sa stratégie :

- réaliser un handover PS vers une cellule GSM ou UMTS pour maintenir le ou les service(s) en cours, si le réseau, l'UE et la cellule cible le permettent ;
- réaliser une redirection vers une cellule GSM, ce qui a pour effet de suspendre la session de données en cours jusqu'à l'accès de l'UE à la cellule GSM si l'UE et le système GSM/GPRS implémentent le *Dual Transfer Mode* (qui permet d'établir un appel voix et une session de données simultanément), jusqu'à la fin de l'appel voix sinon ;
- réaliser une redirection vers une cellule UMTS. La session de données en cours sera suspendue jusqu'à l'accès de l'UE à la cellule, la combinaison d'appels CS et PS simultanés étant prise en charge nativement en UMTS.

### Conséquences sur l'UE et le MME

Le préalable à cette procédure est que l'UE s'attache au domaine circuit en même temps qu'il s'enregistre à l'EPS. Sans cela, le MSC recevant la notification d'appel ou le SMS à destination de l'UE ne saura router le message vers le bon MME. On parle alors d'enregistrement combiné EPS/CS. La réalisation de cette procédure nécessite donc la prise en charge de fonctions spécifiques, principalement sur l'UE, le MME et le MSC. En particulier, le MME et le MSC doivent tous deux mettre en œuvre une nouvelle interface (SGs), semblable à l'interface Gs définie entre SGSN et MSC, pour l'enregistrement combiné, l'envoi de la notification d'appel, le transfert du message EMM et l'envoi ou la réception de SMS. Le MME doit par ailleurs indiquer à l'eNodeB la nécessité de basculer l'UE. L'UE doit quant à lui être capable de réaliser un enregistrement combiné, d'implémenter les procédures CS Fallback pour les appels voix entrants et sortants, et la fonctionnalité ISR (voir le chapitre 18). L'eNodeB doit pour sa part être capable de déclencher la procédure RRC adéquate lorsqu'il reçoit l'indication « CS Fallback » du MME lors de l'établissement ou de la modification du contexte de l'UE.

Lorsque l'UE réalise un enregistrement combiné EPS/CS, le réseau LTE/EPC en déduit qu'il implémente les mécanismes de CS Fallback. L'UE n'a donc pas à signaler une information de type « CS Fallback implémenté ».

### Autres services

Si le CS Fallback a été défini en premier lieu pour établir des appels voix CS lorsque que l'UE a sélectionné une cellule LTE, son périmètre est plus étendu et recouvre d'autres services initialement portés en GSM et UMTS sur le domaine CS (par exemple services de localisation et services supplémentaires, voir [3GPP TS 23.272]). Cependant, tous ne donnent pas lieu à une bascule vers le GSM ou l'UMTS. Ainsi, l'UE peut envoyer et recevoir des SMS insérés dans la signalisation NAS sans utiliser l'IMS, mais sans être non plus envoyé sur une cellule GSM ou UMTS. On réutilise donc ici simplement le mode classique de transmission des SMS, employé dans tous les réseaux GSM et UMTS.

On notera que ce mécanisme CS Fallback, s'il est utilisé, doit aussi permettre de basculer dans le domaine CS des appels d'urgence déclenchés sur le réseau LTE. L'UE en informe le MME dans le message EMM *Extended Service Request* en indiquant *appel d'urgence* comme service demandé. Le MME transmet à son tour l'information à l'eNodeB dans le message S1-AP *Initial UE Context Setup Request*. L'eNodeB peut, comme pour la bascule d'un appel normal, demander à l'UE de faire des mesures préalables, ou bien déclencher la bascule dès la réception du message S1-AP vers une cellule prédéfinie.

# Le transfert d'appel VoIP vers le domaine CS : SR-VCC

## Principe

Comme nous l'avons évoqué dans la section précédente, le système LTE/EPC a été bâti sur le mode de transfert de données par paquets et n'intègre pas de commutation de circuits, à la différence du GSM/GPRS et de l'UMTS. Ainsi, un appel voix porté par ce système utilise nécessairement la voix sur IP (VoIP), typiquement à l'aide d'une infrastructure IMS pour l'établissement et le contrôle des appels. Les réseaux GSM/GPRS et UMTS peuvent également être interconnectés à une infrastructure IMS et permettre des appels VoIP, si les équipements du réseau et les terminaux mettent en œuvre des fonctionnalités spécifiques, définies dans les évolutions 3GPP de ces deux systèmes. Cependant, presque tous les réseaux GSM/GPRS et UMTS actuels utilisent principalement, voire exclusivement, la voix à commutation de circuits.

Cet état de fait a conduit à envisager un mécanisme garantissant une continuité de service d'un appel VoIP vers un appel voix CS, lorsque l'utilisateur sort de la zone de couverture du réseau LTE. Ce mécanisme ne peut se limiter à un simple handover intersystème puisque la gestion entière de l'appel est différente entre ces deux modes : outre le fait que l'appel VoIP est porté par le domaine paquet, il implique aussi l'utilisation d'une signalisation (SIP, pour *Session Initiation Protocol*, entre l'UE et l'IMS), de protocoles de données (par exemple UDP/RTP) et de codecs différents. Ainsi, la bascule vers un mode de voix circuit doit réaliser le transfert complet du chemin de données de l'UE au point de sortie du réseau, et pas uniquement entre l'UE et le réseau d'accès. La signalisation d'appel est également modifiée, passant de SIP au protocole NAS *Call Control* (voir le chapitre 15). Le principe de cette bascule est illustré à la figure 19-18 : on peut voir que la signalisation de l'appel comme le plan usager sont modifiés par le transfert SR-VCC. On peut remarquer que la signalisation de l'appel VoIP en LTE transite par la S-GW et non par le MME : cette signalisation SIP se termine dans l'IMS, elle est portée par un bearer EPS et n'utilise pas les protocoles NAS du LTE entre l'UE et le MME.

La procédure définie par le 3GPP pour ce transfert est nommée *Single Radio Voice Call Continuity*, abrégée en SR-VCC. Les termes *Single Radio* ont été ajoutés pour préciser que l'UE ne peut recevoir simultanément des messages ou des données sur deux systèmes d'accès radio différents (LTE et UMTS par exemple). En effet, les premières procédures VCC ont été définies pour permettre la bascule d'un appel VoIP sur un accès WiFi vers le domaine circuit du réseau mobile (GSM ou UMTS). Cette mobilité est alors basée sur la capacité de l'UE à émettre et recevoir simultanément sur ces deux accès radio qui ne sont pas coordonnés et qui ne sont pas capables d'échanger de la signalisation ni des données. Dans le cas du SR-VCC, l'UE échange des données et de la signalisation avec un seul réseau d'accès à un instant donné et le réseau se charge du transfert des informations nécessaires au système cible (contexte de l'UE, paramètres de l'appel etc.).

Figure 19-18
*Transfert du plan usager
et de la signalisation
d'appel lors d'un transfert
SR-VCC*

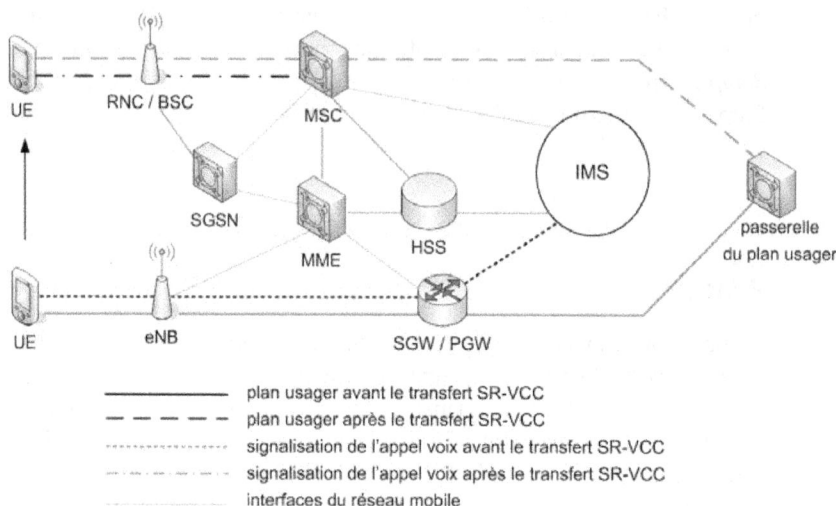

## Procédure de transfert d'appel voix LTE-IMS vers le domaine CS

En Release 8, seule la procédure de transfert du LTE (ou du HSPA) vers le domaine CS de l'UMTS ou du GSM/GPRS est définie. C'est la plus importante pour la continuité de service puisqu'elle permet de maintenir l'appel voix au-delà de la couverture VoIP.

Elle est illustrée par la figure 19-19 et décrite dans la suite de cette section.

L'UE remonte une mesure sur une cellule voisine UMTS ou GSM, qui déclenche la décision de handover par l'eNodeB. L'eNodeB demande alors au MME d'effectuer le handover des bearers EPS de l'UE (via le message S1–AP *Handover Required*). Le MME détermine qu'au moins un des bearers EPS est un bearer de voix, par exemple à l'aide du QCI (typiquement égal à 1 dans ce cas). Il le traite alors séparément des autres bearers EPS actifs pour cet UE. Pour le bearer voix, il contacte le MSC Serveur afin d'effectuer le transfert de l'appel voix vers le domaine CS. Pour les autres bearers, il déclenche une préparation de handover dans le domaine PS (voir les sections précédentes). Le message envoyé au MSC Serveur par le MME indique notamment le MSISDN de l'abonné (numéro de téléphone), son IMSI, la cellule GSM cible ou l'identifiant du RNC pour un transfert vers l'UMTS, un conteneur transparent destiné au BSS ou au RNC et le contexte NAS de l'UE qui inclut entre autres la ou les clé(s) de sécurité (par exemple CK et IK pour un transfert vers l'UMTS).

Le MSC Serveur déclenche alors un handover inter-MSC vers le MSC cible, déterminé à partir de la zone de localisation LA de la cellule cible. Une fois ce handover vers le BSS ou RNC cible effectué, le MSC Serveur contacte l'IMS pour demander le transfert de l'appel (message SIP *INVITE* avec le MSISDN de l'abonné).

Enfin, le MME informe l'eNodeB qu'il est autorisé à poursuivre le handover. Ce dernier peut alors déclencher la bascule vers la cellule cible ou attendre la réponse du SGSN pour le handover des autres bearers, s'il ne l'a pas encore reçue.

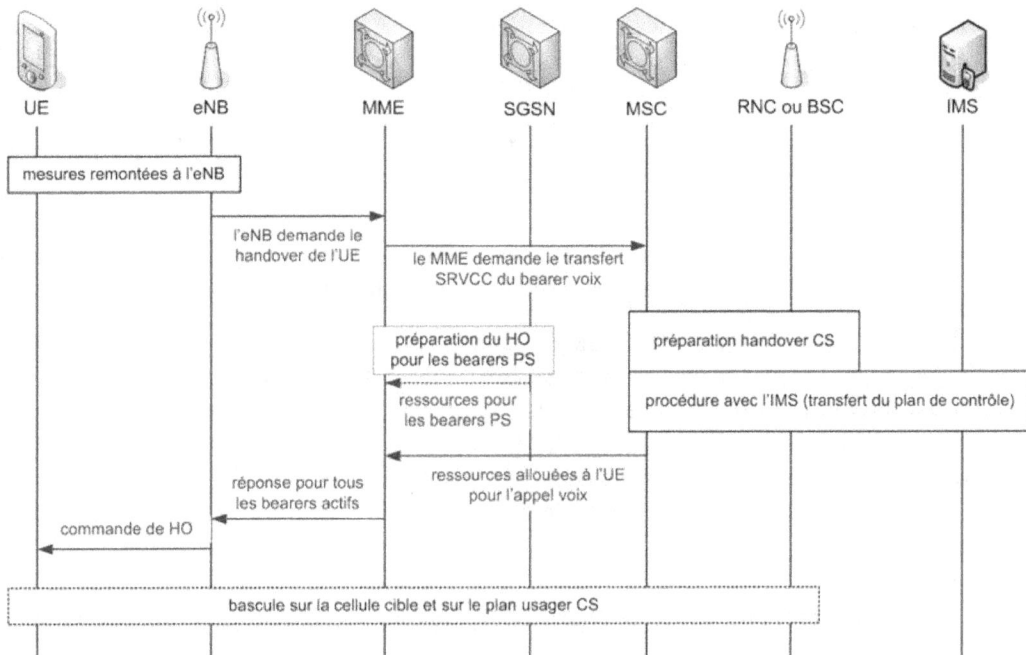

Figure 19-19
*Principales phases de la procédure de transfert SR-VCC*

Lors de son accès à la cellule cible, l'UE dispose d'un contexte NAS (MM, CC) identique à celui qu'il aurait eu s'il avait établi son appel voix dans le domaine CS.

## Conséquences sur les équipements

La procédure SR-VCC requiert des fonctionnalités spécifiques de la part des différents équipements impliqués.

Le MME doit être capable de :
- réaliser la séparation du bearer voix et des autres bearers ;
- déclencher la procédure de SR-VCC et éventuellement celle de PS handover si d'autres bearers sont actifs ;
- coordonner ces deux procédures lorsqu'elles sont toutes deux effectuées.

Le MSC Serveur doit quant à lui :
- demander le tranfert de session auprès de l'IMS ;
- coordonner ce transfert et la procédure de handover dans le domaine circuit.

Enfin, l'UE doit être capable de réaliser cette procédure, et en particulier la bascule d'un mode utilisant la signalisation SIP et un codec VoIP vers le mode circuit (signalisation NAS Call Control et codecs AMR).

Il n'existe pas dans la norme LTE/EPC de champ permettant à l'UE d'indiquer explicitement qu'il est capable de SR-VCC. Cependant, il doit nécessairement proposer au moins une des deux technologies d'accès GSM/GPRS et/ou UMTS pour réaliser la procédure de SR-VCC. Ainsi, le réseau considère que l'UE est capable de SR-VCC dès lors qu'il a établi un appel VoIP via l'IMS et qu'il indique la prise en charge du GSM/GPRS et/ou de l'UMTS.

## Synthèse

Le tableau suivant présente une synthèse des mécanismes de mobilité qui sont utilisés à l'établissement ou en cours d'appel, au sein d'un même système ou entre deux technologies d'accès différentes.

À l'exception du soft handover de l'UMTS, tous les autres handovers indiqués dans ce tableau sont du type hard handover et conduisent donc à une rupture du lien radio lors de la bascule. Le sigle PS HO désigne un handover sur le domaine PS, impliquant un ou plusieurs réseau(x) d'accès et un ou plusieurs réseau(x) cœur, tandis que CS HO désigne un handover sur le domaine CS du réseau cœur. Ainsi, même si les procédures sont différentes, les PS HO utilisés par exemple pour les cas LTE vers UMTS et UMTS vers GPRS suivent les mêmes principes (voir les sections précédentes de ce chapitre).

**Principaux mécanismes de mobilité intra et intersystème en appel ou à l'établissement d'appel**

| Type de service | de \ vers | LTE | UMTS | GSM/GPRS/EDGE |
|---|---|---|---|---|
| Voix | LTE | LTE HO | PS HO (VoIP?VoIP) SR-VCC (VoIP?CS) redirection CS Fallback | SR-VCC (VoIP?CS) PS HO (VoIP?VoIP) redirection CS Fallback |
| | UMTS | PS HO (VoIP?VoIP) | soft HO (intrafréq.) hard HO (intra/interfréq.) | CS HO |
| | GSM | PS HO (VoIP?VoIP) | CS HO | GSM HO |
| Données | LTE | LTE HO | PS HO redirection | PS HO redirection Cell Change Order |
| | UMTS | PS HO redirection | soft HO (intrafréq.) hard HO (intra/interfréq.) | PS HO Cell Change Order |
| | GPRS/EDGE | PS HO redirection resélection | PS HO redirection resélection | GPRS HO resélection |

Nous avons indiqué en italique les mécanismes dont l'utilisation avec un réseau LTE nous semble peu probable et ceux, pour les technologies UMTS et GSM/GPRS, qui sont peu utilisés dans les réseaux existants. Il s'agit des mécanismes de PS HO entre le LTE et le GSM d'une part, et entre l'UMTS et le GSM d'autre part.

# Références

[3GPP TS 36.331]   Spécification technique 3GPP TS 36.331, *E-UTRA, Radio Resource Control (RRC), Protocol specification*, v8.16.0, décembre 2011.

[3GPP TS 23.401]   Spécification technique 3GPP TS 23.401, *General Packet Radio Service (GPRS) enhancements for E-UTRAN access*, v8.16.0, mars 2012.

[CS over HSPA]   *Circuit-Switched Voice Services over HSPA*, Qualcomm Incorporated, 2009.

[3GPP TS 25.331]   Spécification technique 3GPP TS 25.331, *UTRA, Radio Resource Control (RRC), Protocol specification*, v8.18.0, mars 2012.

[3GPP TS 23.272]]   Spécification technique 3GPP TS 23.272, *Circuit Switched (CS) fallback in Evolved Packet System (EPS), Stage 2*, v8.11.0, octobre 2010.

# La sécurité

Sommaire : *Quels principes gouvernent la sécurité dans le système EPS ? – Quel est l'objet de l'authentification d'un abonné ? Comment est-elle réalisée ? – Quelles informations sont protégées au cours d'une communication ? – Comment la sécurité des échanges entre l'UE et le réseau est-elle assurée en situation de mobilité ?*

Ce chapitre vise à expliquer les principes gouvernant la sécurité dans le système EPS, les mécanismes mis en œuvre pour assurer la confidentialité et l'intégrité des échanges, lors de l'accès de l'UE au réseau ou en situation de mobilité.

La sécurité concerne aussi bien la protection de l'interface du terminal que la protection des échanges applicatifs ou des couches basses donnant l'accès au réseau. C'est ce dernier point que nous abordons dans ce chapitre. L'interface radio du réseau mobile est physiquement vulnérable car accessible à tous ; il est donc primordial de prévoir une authentification forte de l'abonné, la confidentialité des échanges et la protection de leur intégrité. Il est également nécessaire de sécuriser les interfaces *terrestres* du réseau, entre les nœuds de l'opérateur : protection contre une usurpation d'identité, une attaque physique ou logicielle d'un eNodeB par exemple. Par ailleurs, la mobilité impose d'autres contraintes car elle soumet le réseau à des faiblesses spécifiques, par exemple le routage, lors d'un handover, d'un appel vers une station de base espionne qui n'utilise pas de chiffrement. Enfin, le besoin de flexibilité pour le partage du réseau entre plusieurs opérateurs (*network sharing*) nécessite une architecture de sécurité plus complexe, notamment avec des protections indépendantes des procédures AS et NAS.

# Quelques définitions

Cette partie propose des définitions des notions de confidentialité, d'intégrité et d'authentification, qui sont utilisées dans la suite de ce chapitre.

## L'authentification

L'authentification désigne la procédure par laquelle une entité A vérifie que l'entité B avec laquelle elle communique est bien autorisée à utiliser l'identité présentée. L'authentification d'un UE consiste donc pour le réseau à s'assurer que l'UE est bien autorisé à utiliser l'identité de l'abonné qu'il prétend représenter. De même, l'authentification du réseau par l'UE vise à assurer à l'abonné que le réseau auquel l'abonné tente d'accéder est bien celui qu'il prétend être et détient bien les informations confidentielles de l'abonné, liées à sa souscription. Nous verrons ainsi que l'authentification mise en œuvre en LTE a un double objectif : authentifier le réseau autant que l'UE qui y accède. On parle ainsi d'*authentification mutuelle*.

## La confidentialité

Une information est dite confidentielle lorsqu'elle ne peut être partagée qu'avec des entités, individus ou processus autorisés. Le niveau de confidentialité d'une information indique la nature et le nombre de ces éléments (entités, individus, processus) avec lesquels elle peut être partagée. Ce niveau de confidentialité est lié à la sensibilité de l'information et aux conséquences que sa distribution à des éléments non autorisés implique pour l'individu ou la personne morale à laquelle cette information est associée. Suivant la sensibilité de l'information, sa confidentialité peut alors être assurée par des règles et mécanismes différents : l'information peut ainsi n'être jamais transmise par l'entité qui la détient, mais utilisée pour produire des informations dérivées qui ne permettront pas de remonter à l'information d'origine, ou encore être protégée par un mécanisme de chiffrement, afin d'assurer que seule l'entité capable de réaliser le déchiffrement aura accès à cette information.

À titre d'exemple, une clé secrète K est partagée entre la carte UICC insérée dans un terminal mobile et un équipement du réseau, l'AuC. L'authentification de l'abonné auquel la carte est associée repose sur cette clé : elle permet de reconnaître un abonné et, par voie de conséquence, de facturer à celui-ci les services utilisés sur le réseau mobile. Cette clé est donc une information très sensible et ne doit jamais sortir de la carte UICC ou de l'AuC.

## L'intégrité

La protection de l'intégrité a deux objectifs :

- la protection de l'intégrité proprement dite : assurer que la donnée n'a pas été altérée par un tiers après son envoi initial ;
- l'authentification de la source : vérifier que la source de cette donnée est bien celle indiquée dans le message.

La protection de l'intégrité n'implique pas le chiffrement des données, qui peuvent être transmises en clair. En revanche, celles-ci sont adjointes d'une signature produite par l'émetteur à partir des données à transmettre. Si un tiers malveillant modifie les données sans modifier la signature en conséquence, celle-ci ne correspondra plus aux données et le récepteur les rejettera. Cependant, si l'algorithme pour calculer la signature est connu du tiers, celui-ci pourra produire une nouvelle signature valable et l'altération des données ne pourra pas être détectée par le récepteur. Ainsi, on comprend qu'il est nécessaire que la création de la signature soit réalisée à l'aide d'un secret partagé par les deux entités paires, afin d'assurer que les données reçues sont bien celles émises et que l'entité qui les a envoyées est bien l'émetteur. Ceci est réalisé par le partage d'une clé dédiée à la protection de l'intégrité. La signature ajoutée aux données est appelée *code MAC*, pour *Message Authentication Code*.

# Les principaux axes de sécurité dans le système EPS

Cette section présente les principaux axes de sécurité dans le système EPS et donne quelques éléments de leur mise en œuvre qui seront développés et illustrés dans ce chapitre.

## Confidentialité de l'identité de l'usager

L'abonné est identifié sur le réseau mobile par son IMSI, qui est associé en fait à la carte UICC utilisée par l'abonné ; il est enregistré de façon sécurisée sur cette carte et dans l'AuC. Il ne doit être demandé par le réseau qu'en cas de nécessité, lorsque l'identité de l'abonné ne peut être dérivée de l'identifiant temporaire fourni par l'UE ou lors du premier enregistrement de l'UE au réseau. Dans ces deux cas de figure, l'IMSI est envoyé sans protection car la sécurité ne peut être établie tant que l'identité de l'abonné n'est pas connue du réseau.

Lors de l'enregistrement initial de l'UE au réseau, le MME alloue à l'UE un identifiant temporaire GUTI. L'utilité du GUTI est d'éviter autant que possible de demander à l'UE de transmettre l'IMSI sur l'interface radio. Un nouveau GUTI peut être alloué à l'UE lors d'une procédure de mise à jour de localisation (voir chapitre 18), en particulier lorsque le MME a changé. Il faut cependant noter que la seule connaissance de l'IMSI ne suffit pas à un tiers malveillant pour usurper l'identité de l'abonné, car l'authentification repose sur le partage de la clé secrète K associée à cet IMSI et enregistrée sur la carte UICC et dans l'AuC.

## Confidentialité de l'identité du terminal

Tout équipement destiné à un usage sur un réseau mobile possède un identifiant unique, l'IMEI, attribué au terminal avant sa mise sur le marché. Il peut être assorti de la version du terminal, formant alors l'IMEISV, SV désignant alors la version logicielle ou *Software Version*. Pour respecter la vie privée, l'utilisation de cet identifiant doit être protégée. En particulier, l'IMEI doit être enregistré de façon sûre dans le terminal et ne doit pas être transmis au réseau avant l'activation de la sécurité entre l'UE et le réseau. Ce dernier peut demander à l'UE de fournir son IMEI lors de son enregistrement ou de la mise à jour de sa localisation, afin de vérifier qu'il ne s'agit pas d'un équipement volé. Cette vérification est possible par la consultation d'une base de données commune aux opérateurs, l'EIR, dans laquelle sont enregistrés les IMEI des terminaux volés, lorsqu'une procédure de blocage a été réalisée par le propriétaire du terminal.

## Intégrité des données de signalisation

La signalisation doit être protégée le plus tôt possible dans les échanges entre l'UE et le réseau. Cette protection se décline en deux mécanismes :

- le chiffrement, qui garantit la confidentialité des données échangées (voir la section suivante) ;
- la protection de l'intégrité, qui assure que le message reçu par l'entité destinataire a bien été formé par l'entité d'origine et n'a pas été modifié par un intermédiaire.

La protection de l'intégrité revêt aussi une dimension temporelle : elle garantit qu'un message déjà reçu ne peut être réutilisé par un tiers ultérieurement. Cette protection est appelée *replay protection* (« protection contre la répétition »). Elle repose sur une synchronisation entre le terminal et le réseau des paramètres utilisés en entrée de la fonction d'intégrité (compteurs).

Ainsi, les messages RRC et NAS doivent être protégés en intégrité dans les sens montant et descendant. Cette protection est obligatoire dans le réseau LTE/EPC. Seuls certains messages, échangés entre l'UE et le réseau avant l'activation de la sécurité, peuvent dans certains cas être transmis sans cette protection, dont par exemple :

- les messages NAS *Attach Request* (si l'UE ne détient pas de contexte de sécurité valide) et *Identity Request* (si le MME demande l'IMSI de l'UE) ;
- les messages RRC *RRC Connection Request, RRC Connection Setup, RRC Connection Setup Complete* (messages toujours envoyés avant l'activation de la sécurité RRC), *RRC Connection Release* (uniquement si l'activation de la sécurité RRC a échoué).

Seul l'établissement des appels d'urgence est autorisé sans protection de l'intégrité, si le réseau ne parvient pas à authentifier l'utilisateur.

Cette protection et sa vérification sont réalisées par l'UE et l'eNodeB pour les messages RRC : pour le sens montant par exemple, l'UE protège les messages RRC par l'ajout d'un code MAC au message et leur intégrité est vérifiée par l'eNodeB dès leur réception. Pour la signalisation NAS, l'intégrité est assurée de façon similaire, par l'UE et le MME.

Lors des procédures de sécurité AS et NAS, le réseau choisit l'algorithme qui sera employé pour la protection de l'intégrité des messages. Deux algorithmes sont autorisés en Release 8 : AES ou SNOW 3G [33.401]. L'algorithme utilisé pour la signalisation RRC, choisi par l'eNodeB, peut être différent de celui sélectionné par le MME pour la signalisation NAS. Dans les deux cas, le choix est réalisé en fonction des capacités de l'UE d'une part, et des préférences de l'opérateur d'autre part.

Le système LTE/EPC ne prévoit pas la protection de l'intégrité des données du plan usager. Elle peut toutefois être réalisée par les couches supérieures : via les protocoles IPsec ou SSL par exemple.

## Confidentialité des données de l'usager et de la signalisation

La confidentialité des échanges est assurée par le chiffrement des données transmises, c'est-à-dire par une opération algorithmique qui transforme les données initiales et compréhensibles en une chaîne de caractères inutilisable sans une opération préalable de déchiffrement. Ce déchiffrement se fait à l'aide de la clé utilisée pour le chiffrement. La confidentialité repose donc, comme l'intégrité, sur la connaissance d'une clé de part et d'autre de l'interface considérée.

Le système EPS permet le chiffrement des données de l'usager et de la signalisation RRC sur l'interface radio, ainsi que de la signalisation NAS entre l'UE et le MME. Le chiffrement de la signalisation RRC évite par exemple que le parcours d'un utilisateur ne soit suivi à l'aide des remontées de mesures ou des procédures de mobilité réalisées.

Le chiffrement de la signalisation et des données est recommandé par le 3GPP, mais laissé au choix de l'opérateur, comme en UMTS et en GSM/GPRS. Il est réalisé en LTE par la couche PDCP pour la protection des messages RRC et des données du plan usager, tandis que le chiffrement des messages NAS est réalisé par le protocole NAS EMM.

Les algorithmes définis en Release 8 pour le chiffrement sont les mêmes que ceux utilisés pour l'intégrité (SNOW 3G et AES). Ils doivent être implémentés par l'UE, l'eNodeB (pour la signalisation RRC et les données de l'usager) et le MME (pour la signalisation NAS). Comme pour la protection de l'intégrité, l'algorithme utilisé sur l'interface radio peut être différent de celui utilisé entre UE et MME pour la signalisation NAS.

## Visibilité et configuration de la sécurité par l'utilisateur

Si, de façon générale, le traitement de la sécurité est transparent pour l'utilisateur d'un UE LTE, la norme 3GPP prévoit que l'utilisateur puisse être informé par son terminal de certains événements, notamment de l'absence de chiffrement des données lors de l'établissement d'un appel, ou de sa désactivation éventuelle au cours de l'appel.

En outre, et cela ne constitue pas une nouveauté par rapport aux systèmes GSM ou UMTS, l'utilisateur doit avoir la possibilité d'activer ou désactiver l'authentification USIM – utilisateur réalisée par la saisie du *code PIN* (*Personal Identification Number*).

## La sécurité de l'eNodeB

La norme 3GPP établit également des exigences de sécurité pour l'eNodeB et ses interfaces, afin d'éviter que ceux-ci ne constituent une vulnérabilité dans la sécurité globale du système. En effet, l'eNodeB est en règle générale situé sur un site distant et dont l'accès ne peut être complètement contrôlé par l'opérateur (toits d'immeubles, édifices publics, emplacements extérieurs…). Il peut en être de même pour les supports physiques des interfaces de l'eNodeB (faisceau hertzien, fibre optique enterrée). Ainsi, les exigences portent à la fois sur la sécurité logicielle (démarrage, configuration, gestion des clés) et sur les interfaces de l'eNodeB.

### Démarrage et configuration

Les opérations de démarrage (*boot*) et de configuration des eNodeB doivent être soumises à une authentification, afin d'empêcher des attaques sur le réseau par la modification locale ou distante de la configuration d'un ou plusieurs eNodeB. L'eNodeB doit être capable d'assurer que les changements logiciels ou de données sont autorisés et que les nouvelles données ou nouveaux logiciels le sont également. Les parties sensibles du processus de démarrage doivent être exécutées avec l'aide d'un environnement sécurisé. Par ailleurs, les transmissions de logiciels à l'eNodeB doivent être protégées en confidentialité et en intégrité.

### Gestion des clés

Un environnement sécurisé existe au sein de l'eNodeB et est utilisé par celui-ci pour la manipulation des clés et les opérations sensibles : en particulier, pour le chiffrement/déchiffrement, l'intégrité, la gestion des contextes de sécurité des UE, les séquences du boot. Les clés ne doivent jamais quitter cet environnement (sauf si besoin lié aux procédures normalisées de l'interface S1).

### Interfaces terrestres

Sur les interfaces S1 et X2, des associations de sécurité (SA en anglais, pour *Security Association*) sont établies entre eNodeB et MME d'une part, et entre les eNodeB d'autre part. Les plans de contrôle et usager des interfaces S1 et X2 doivent être protégés à l'aide du protocole IPsec ESP [IETF RFC3948]. En particulier, avant l'échange de messages de signalisation sur ces interfaces, une authentification et un échange de clés sont réalisés suivant la procédure IKEv2 [IETF RFC5996], basée sur des certificats. Le mode tunnel d'IPsec doit être implémenté par l'eNodeB, mais le mode transport est également autorisé et peut être utilisé pour limiter la taille additionnelle des paquets (*overhead*). On notera cependant que l'usage d'IPsec n'est pas requis lorsque ces interfaces sont déjà protégées et considérées fiables (par exemple dans le cas d'un accès physique sécurisé).

Les mêmes règles s'appliquent à l'interface utilisée pour l'opération et la maintenance (O&M) des eNodeB. Le trafic associé à cette interface est typiquement porté par le même lien que l'interface S1 et, de ce fait, les mécanismes mis en œuvre pour la protection de cette interface peuvent être simplement réutilisés pour l'interface de gestion. Pour cette raison, le 3GGP impose que le protocole IPsec ESP soit implémenté sur cette interface si son accès physique n'est pas sécurisé.

On notera également que l'interface X2 ne porte aucun trafic lié à la gestion des eNodeB (O&M, pour *Operation & Maintenance*).

## L'architecture de la sécurité

On peut distinguer cinq domaines d'application de la sécurité :

1. le domaine de l'accès au réseau, qui regroupe les fonctions assurant à l'abonné un accès sécurisé aux services du réseau et qui protège en particulier des attaques sur l'interface radio ;

2. la sécurité interne au réseau, qui permet aux nœuds du réseau de protéger leurs échanges de signalisation et les données utilisateur (par exemple par un tunnel IPsec entre eNodeB et SGW) et de parer aux éventuelles attaques sur les interfaces terrestres ;

3. la sécurité du domaine de l'abonné, visant à garantir un accès sécurisé à l'USIM par la protection des échanges entre le terminal et l'USIM, l'authentification de l'utilisateur (saisie du code PIN) et la vérification du terminal par l'USIM ;

4. la sécurité du domaine applicatif, qui assure la protection des messages entre l'application sur le terminal et le fournisseur de l'application ;

5. la visibilité de la sécurité pour l'utilisateur : fonctions informant l'utilisateur qu'une fonction de sécurité est utilisée ou non et des conséquences éventuelles sur l'accès aux services.

La mise en œuvre de la sécurité dans le système EPS suit une architecture dont les contours sont similaires à ceux du système UMTS. Cependant, de nouveaux mécanismes sont introduits, en particulier dans le domaine de l'accès au réseau : sécurité NAS entre l'UE et le réseau cœur, niveau intermédiaire de sécurité (clé $K_{ASME}$) et gestion de la mobilité en mode connecté.

La figure suivante représente les éléments impliqués dans l'architecture de la sécurité et les échanges entre ces éléments. Les domaines sont identifiés par les numéros sur les flèches. Les procédures et mécanismes associés au domaine de l'accès au réseau (1) sont décrits dans la suite de ce chapitre.

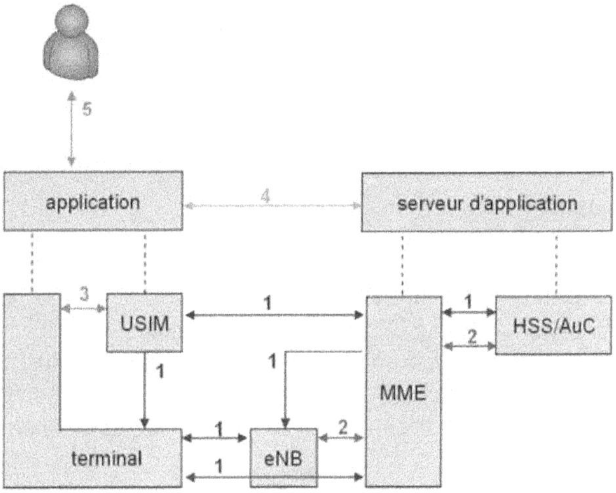

Figure 20-1
*Les domaines d'application
de la sécurité dans le
système EPS*

Figure 20-1
*Les domaines d'application de la sécurité dans le système EPS*

## Les principaux équipements et leurs rôles dans la sécurité

### L'Authentication Centre ou AuC

L'AuC détient la clé K de l'abonné : cette clé est unique au sein d'un PLMN et constitue le secret partagé entre l'AuC et l'USIM. Elle ne doit jamais quitter l'AuC. Celui-ci produit à partir de K les clés CK et IK (voir la section « L'authentification de l'abonné dans le système EPS », p. 449) à la demande du HSS lorsqu'une authentification de l'UE est nécessaire. L'AuC les inclut alors dans un *vecteur d'authentification* qui contient également d'autres paramètres utilisés pour l'authentification (voir la section « Le principe », p. 449). L'AuC doit donc être parfaitement sécurisé, physiquement (redondance sur plusieurs sites protégés) et logiquement (accès limité au HSS du PLMN).

### Le HSS

Le HSS est l'entité du réseau qui détient et maintient les données de souscription des abonnés du PLMN. Ces données incluent notamment les paramètres de QoS autorisés et les APN auxquels l'UE peut accéder. Lors d'une authentification de l'UE, le HSS dérive la clé intermédiaire $K_{ASME}$ à partir des clés CK et IK fournies par l'AuC. Le HSS inclut cette clé dans un *vecteur d'authentification EPS* (voir la section « L'authentification de l'abonné dans le système EPS », p. 449) qu'il transmet au

MME. Les échanges entre le HSS et les MME du réseau doivent donc être protégés, afin notamment d'empêcher la récupération de ces clés par un tiers malveillant.

### Le MME

Le MME assure plusieurs fonctions essentielles dans la sécurité EPS :

- l'authentification de l'UE, à partir des informations fournies par le HSS ;
- la dérivation des clés de sécurité NAS et leur utilisation pour la protection de la signalisation NAS ;
- la dérivation de la clé $K_{eNB}$ et son envoi à l'eNodeB, pour qu'il établisse ou mette à jour la sécurité AS.

Ces aspects seront décrits en détail dans la section « L'authentification de l'abonné dans le système EPS » (p. 449).

### L'eNodeB

Avec l'UE, l'eNodeB garantit la sécurité des échanges sur l'interface radio. L'eNodeB produit à partir de la clé $K_{eNB}$ les trois clés de sécurité AS, pour la protection de l'intégrité et le chiffrement de la signalisation RRC, et pour le chiffrement des données du plan usager. Il effectue le chiffrement et la protection des messages RRC en voie descendante, le déchiffrement et la vérification de l'intégrité des messages RRC en voie montante. Il chiffre également les données du plan usager en voie descendante et déchiffre les données reçues de l'UE en voie montante.

### L'application USIM de la carte UICC

L'USIM, application hébergée par la carte UICC, détient la clé secrète K associée à l'abonné, utilisée pour l'authentification mutuelle et pour calculer les clés CK et IK. L'IMSI est également enregistré dans l'USIM par l'opérateur, avant que la carte UICC ne soit délivrée à l'abonné. La carte UICC peut être vue comme l'équivalent au sein de l'UE de l'AuC dans le réseau. Elle joue un véritable rôle de coffre-fort mobile pour l'abonné.

L'échange de données entre le terminal mobile et l'UICC suit un mode dit *maître-esclave*, c'est-à-dire que seul le terminal envoie des commandes (rôle de maître), auxquelles l'UICC répond (esclave). Celle-ci doit donc utiliser des règles et mécanismes pour protéger les données sensibles qu'elle conserve : données non accessibles en lecture par le terminal (la clé K par exemple), données en lecture seule (IMSI), données en écriture seule (code PIN), détection de tentatives de « re-jeu » (*replay protection*), protection contre des attaques, etc.

### Le terminal mobile

Le terminal mobile ou *Mobile Equipment* (ME) réalise les mêmes dérivations de clés que le HSS, le MME et l'eNodeB. Il authentifie l'abonné auprès de l'USIM à l'aide du code PIN. Il a la responsabilité également de produire toutes les clés utilisées pour la protection de la signalisation (AS et NAS), à partir de celles fournies par l'USIM. Le *User Equipment* (UE), formé du couple terminal – UICC, porte donc l'ensemble des clés utilisées pour la sécurité avec le système EPS.

# L'authentification de l'abonné dans le système EPS

## Le principe

L'authentification EPS, nommée EPS AKA pour *EPS Authentication and Key Agreement*, vise à :

1. vérifier que l'UE qui cherche à accéder au réseau y est bien autorisé par l'opérateur ;

2. permettre à l'UE de s'assurer que le réseau est celui de l'opérateur et non un tiers malveillant ;

3. créer un contexte de sécurité EPS au sein du réseau et de l'UE pour cet abonné, pour le calcul ultérieur des clés de chiffrement et d'intégrité NAS et AS.

Cette procédure reprend les principes de celle mise en œuvre en UMTS (UMTS AKA).

- Il s'agit d'une authentification mutuelle : le réseau authentifie l'UE à partir d'un *challenge* (épreuve à laquelle il soumet l'UE), mais s'authentifie également auprès de l'UE en fournissant un jeton appelé AUTN (pour *Authentication Token*).

- La clé secrète K associée à la souscription de l'abonné ne quitte jamais son environnement sécurisé (AuC ou UICC).

- Des clés intermédiaires CK et IK sont calculées par l'AuC et l'UICC au cours de cette procédure, pour protéger l'intégrité et le chiffrement des données échangées ; ces clés ont des durées de vie limitées et une nouvelle authentification est lancée lorsque l'une d'elles expire.

La procédure EPS AKA produit la clé $K_{ASME}$, calculée respectivement par le HSS et le terminal à partir du couple de clés CK/IK, ainsi que du jeton AUTN. Ces deux clés CK/IK et ce jeton sont fournis au HSS par l'AuC dans le *vecteur d'authentification*.

Un vecteur d'authentification est un jeu de données permettant d'authentifier un UE. Celui transmis par l'AuC au HSS est identique en UMTS et en LTE. Ce vecteur est à la base de la sécurité des échanges avec l'UE puisqu'il permet d'une part l'authentification mutuelle et d'autre part de produire les clés de niveaux inférieurs qui seront utilisées pour la protection des échanges (signalisation AS et NAS, et données du plan usager).

$K_{ASME}$ est la clé pivot permettant de dériver les autres clés NAS et AS.

---

REMARQUE **Pourquoi « ASME » dans $K_{ASME}$ ?**

ASME est l'acronyme d'*Access Security Management Entity*. Il désigne l'entité du réseau qui reçoit du HSS la ou les clé(s) de sécurité de second niveau. Dans le cas du LTE, ce rôle est assuré par le MME et la clé reçue du HSS est $K_{ASME}$. Dans le cas de l'UMTS, il s'agit du SGSN et du MSC, respectivement dans les domaines paquet (PS) et circuit (CS). En LTE comme en UMTS, ces nœuds reçoivent directement le couple de clés {CK, IK} de la part du HSS, sans niveau de clé intermédiaire.

---

Ce mécanisme EPS AKA est conçu de façon à ce que l'authentification d'une carte UICC soit identique à celle définie dans le système UMTS ; ainsi, un abonné n'a pas besoin de changer de carte pour accéder au réseau LTE de son opérateur. En revanche, une carte SIM GSM n'autorise pas l'accès au réseau LTE car l'authentification GSM n'est pas jugée suffisamment robuste. En particulier, elle ne permet pas à l'UE d'authentifier le réseau.

Les principales différences avec les mécanismes définis pour l'UMTS sont les suivantes.

- D'une part, la hiérarchie des clés : elle est constituée de plusieurs niveaux intermédiaires (CK/IK, $K_{ASME}$ et $K_{eNB}$) entre la clé secrète K et les clés finales de chiffrement et d'intégrité. Cette hiérarchie renforce la sécurité du système, limitant les procédures de signalisation avec le HSS et protégeant la signalisation NAS jusqu'au MME. En UMTS, les clés CK et IK sont directement utilisées pour la sécurité AS et il n'existe pas de protection spécifique de la signalisation NAS (elle est protégée par la sécurité AS, donc sur l'interface radio uniquement).

- D'autre part, la dérivation des clés CK/IK lors d'un handover entre deux eNodeB : elle produit un nouveau couple de clés AS lors du handover et est conçue pour empêcher de remonter aux clés AS précédentes. En UMTS, les clés CK et IK sont transmises telles quelles au RNC cible en cas de changement de RNC.

- Enfin, il n'existe qu'un seul domaine dans le réseau cœur LTE et cela évite des authentifications successives par chaque domaine CS et PS lors de l'accès au réseau ou de l'établissement d'appel, ainsi que d'éventuels problèmes de synchronisation entre vecteurs d'authentification PS et CS.

On notera que, comme en UMTS et en GSM/GPRS, aucune clé n'est transmise entre le terminal et une entité du réseau. Les clés sont calculées de façon autonome par les entités du réseau responsables des différents niveaux de sécurité (HSS, MME, eNodeB) et par le terminal côté utilisateur, sur la base d'un secret partagé (clé K) et d'informations échangées par la signalisation.

## Les étapes

### L'identification de l'abonné

Pour retrouver le contexte de l'UE, le MME a besoin de recevoir de ce dernier un identifiant associé à la souscription. Ce contexte contient notamment l'IMSI de la carte UICC et le ou les vecteur(s) d'authentification obtenu(s) auprès du HSS. En temps normal, l'UE est identifié à l'aide du GUTI (voir le chapitre 16). Cependant, si le MME ne peut retrouver l'IMSI associé au GUTI indiqué par l'UE, il demande à ce dernier de fournir son IMSI. De même, lorsque l'UE ne dispose pas de GUTI valable (par exemple lors du premier enregistrement au réseau ou après un rejet conduisant à la suppression du GUTI), il fournit de lui-même son IMSI dans le premier message EMM.

Lors d'une mise à jour de localisation (TAU), le nouveau MME demande à l'ancien les données d'authentification liées à l'UE à l'aide du GUTI et lui transfère également l'ensemble du message EMM *Tracking Area Update Request*. L'ancien MME vérifie alors l'intégrité du message reçu et, si cette vérification est positive, transmet les vecteurs d'authentification EPS dont il dispose pour cet UE au nouveau MME, ainsi que l'IMSI de l'usager. Si l'intégrité du message EMM n'est pas valide, il ne transmet pas le contexte de l'UE. S'il ne peut retrouver l'IMSI de l'usager, il l'indique au nouveau MME qui déclenche alors une procédure d'identification.

La figure suivante illustre cette phase d'identification, ainsi que la création d'un vecteur d'authentification EPS (voir la section suivante).

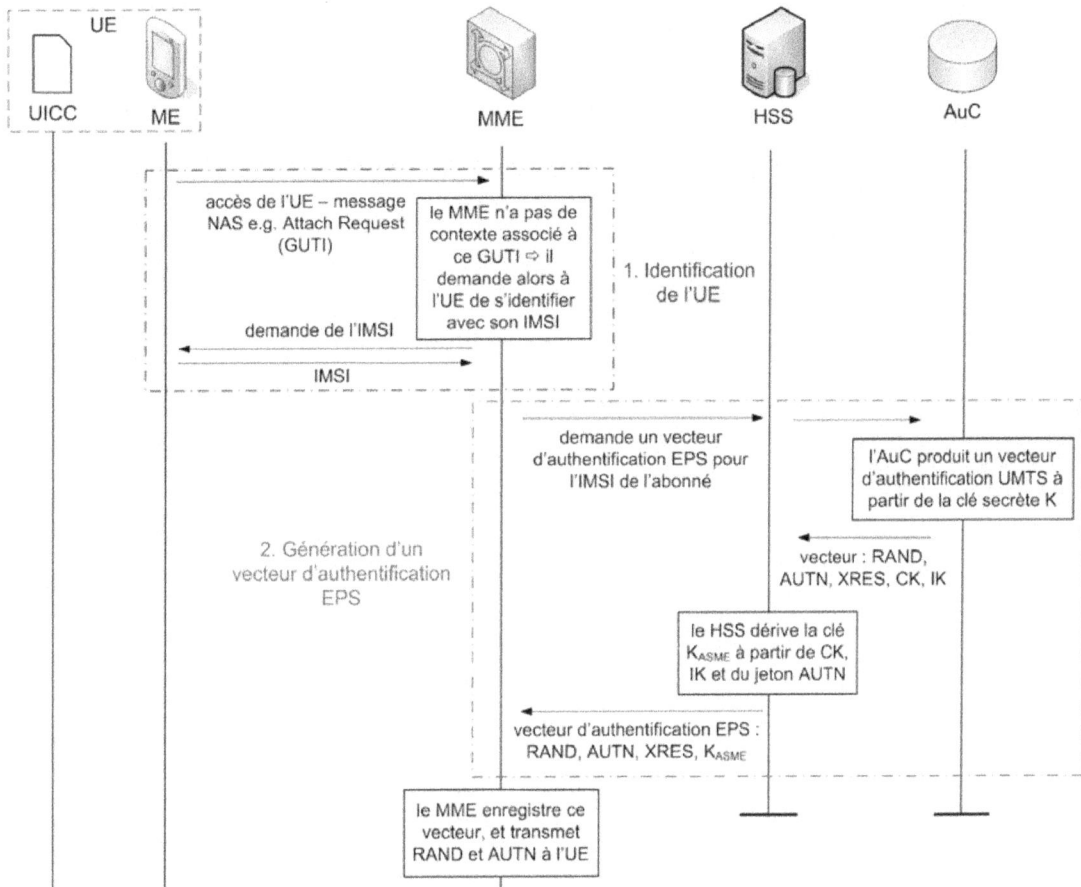

Figure 20-2
*La procédure d'authentification EPS (étapes 1 et 2)*

## La création du vecteur d'authentification EPS

Les données utilisées pour l'authentification sont fournies, en LTE comme en UMTS, par le HSS. Il sollicite l'AuC pour obtenir un *vecteur d'authentification UMTS*, constitué des cinq éléments suivants :

- un jeton AUTN, utilisé pour l'authentification du réseau par l'UE ;
- le paramètre XRES, qui est le résultat attendu lors du challenge de l'UE ;
- un nombre aléatoire RAND, utilisé pour calculer les nombres AUTN et XRES et assurer leur unicité ;
- la clé de chiffrement UMTS CK ;
- la clé d'intégrité UMTS IK.

Le HSS dérive de ce quintuplet un *vecteur d'authentification EPS*, formé des trois premiers éléments et de la clé $K_{ASME}$, issue des clés CK et IK. Ce vecteur ne peut donc être utilisé que par un MME et non par un SGSN, même si le vecteur d'origine peut l'être. De même, un vecteur d'authentification UMTS ne peut être utilisé par un MME, puisqu'il ne comporte pas de clé $K_{ASME}$. Le HSS produit un vecteur uniquement lorsque le MME le lui demande.

## Authentification du réseau par l'UE

L'application USIM de la carte UICC vérifie la fraîcheur du jeton AUTN, à partir d'un numéro de séquence (SQN pour *SeQuence Number*) présent dans ce jeton. La synchronisation entre l'AuC et l'USIM est basée sur ce numéro de séquence et l'USIM n'accepte un SQN que dans une plage donnée autour du SQN précédemment reçu. Elle vérifie également la validité du jeton AUTN via un code d'authentification qu'il contient (code MAC).

Si ces vérifications sont positives, l'USIM produit le paramètre RES à partir de RAND et de sa clé secrète K. Elle fournit alors au terminal les clés (CK, IK) et ce résultat RES. Ce séquencement est illustré sur la figure suivante.

Figure 20-3
*La procédure d'authentification EPS (étapes 3 à 5)*

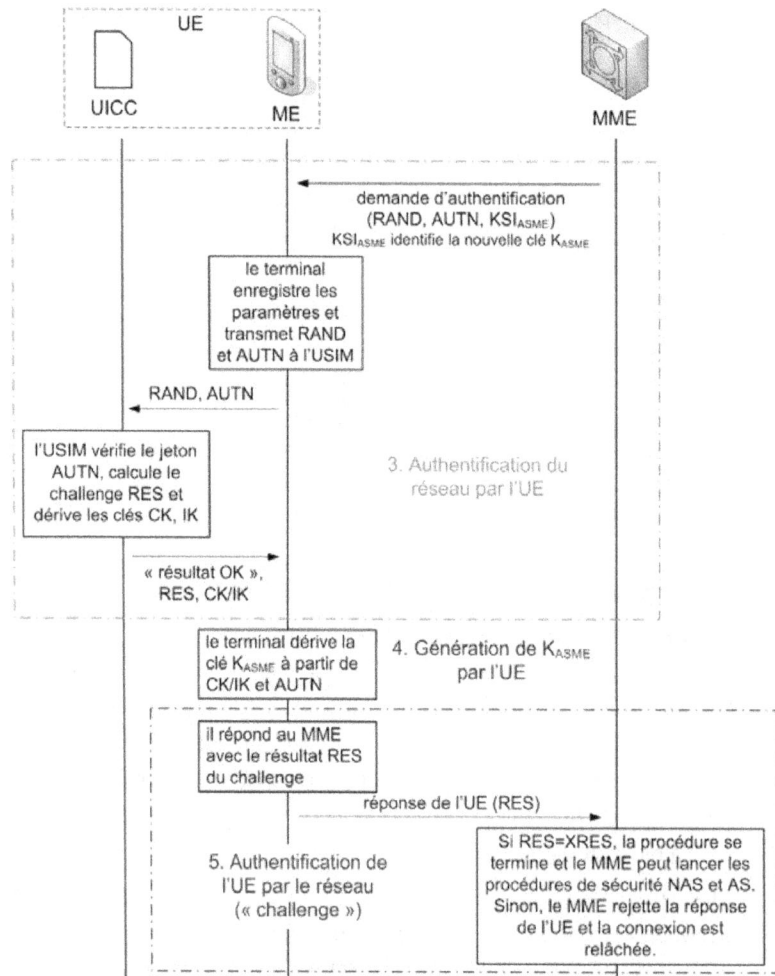

Dans le cas contraire, l'USIM indique au terminal la cause de l'échec (par exemple : numéro de séquence incorrect, code MAC invalide) et l'UE retourne alors un message d'erreur au MME. Selon la nature de l'erreur survenue, le MME peut lancer une nouvelle tentative d'authentification avec un nouveau vecteur ou mettre un terme à l'échange avec l'UE. Cette situation se produit si le réseau est simulé par un tiers malveillant (le code MAC contenu dans le jeton sera alors très probablement invalide) ou en cas de désynchronisation entre l'UE et l'AuC (paramètre SQN présent dans le jeton AUTN). Ce dernier cas est cependant peu probable dans le réseau LTE, surtout si le MME ne demande qu'un seul vecteur à la fois au HSS.

### Calcul de $K_{ASME}$ par le terminal

Le terminal mobile (ME) dérive la clé $K_{ASME}$ des clés CK et IK, du jeton AUTN ainsi que du paramètre *SN id*, à l'aide d'une fonction de dérivation spécifique. Le *SN id* est égal au code PLMN du réseau auquel appartient le MME. Le HSS s'assure que le MME qui demande le vecteur d'authentification peut utiliser ce SN id. La clé $K_{ASME}$ authentifie donc implicitement le MME : si les clés dérivées de $K_{ASME}$ sont utilisées avec succès pour le déchiffrement et la vérification de l'intégrité, cela indique à l'UE que la clé $K_{ASME}$ a bien été calculée pour le PLMN du MME.

### Authentification de l'UE

Si la vérification du jeton AUTN par l'USIM est positive, l'UE transmet le résultat RES du challenge au MME. Le MME vérifie alors que cette valeur est bien conforme à celle attendue (XRES), auquel cas l'authentification de l'UE est également positive. Dans le cas contraire, deux situations peuvent se produire.

- Si l'UE s'est identifié avec l'IMSI de l'abonné (fourni par l'USIM), le MME rejette sa demande d'accès.
- Si l'UE s'est identifié avec l'identifiant temporaire GUTI, le MME lance une procédure d'identification afin de vérifier que l'IMSI est identique à celui associé au GUTI au sein du MME. Dans ce cas, le MME rejette l'accès de l'UE. Dans le cas contraire, une nouvelle procédure d'authentification est déclenchée avec un vecteur associé à l'IMSI de l'abonné.

Si le MME a rejeté la demande de l'UE, le terminal doit considérer la carte UICC invalide et ne plus tenter d'accéder à ce PLMN tant qu'une nouvelle carte UICC n'est pas introduite (ou que le terminal est éteint puis redémarré).

## La gestion des clés et des contextes de sécurité dans le système EPS

### La hiérarchie des clés

Le système EPS et l'UE doivent permettre l'utilisation de clés de 128 bits et doivent être préparés à utiliser des clés de 256 bits pour le futur. Lors de l'enregistrement initial, le terminal (ME) indique au MME ses capacités de sécurité (algorithmes implémentés).

La hiérarchie des clés en EPS inclut les clés suivantes : K, CK/IK, $K_{ASME}$, $K_{eNB}$, $K_{NASint}$, $K_{NASenc}$, $K_{UPenc}$, $K_{RRCint}$ et $K_{RRCenc}$. Le schéma suivant figure cette hiérarchie et le lien entre ces clés.

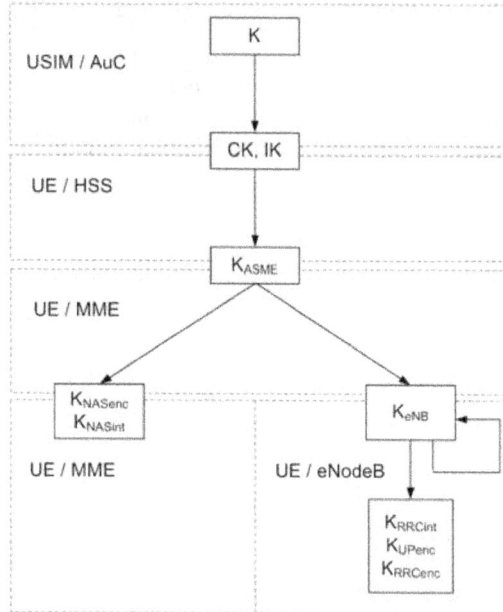

K est la clé secrète connue uniquement de l'AuC côté réseau et de l'USIM côté utilisateur. Elle ne quitte jamais ces deux entités et la hiérarchie des clés repose sur cette clé *mère*.

Les clés CK/IK sont dérivées lors d'une authentification EPS AKA ou UMTS AKA par l'AuC et l'USIM, à partir de la clé K et de paramètres dynamiques, propres à chaque authentification (RAND, SQN). Ces clés sont transmises d'une part par l'AuC au HSS et d'autre part par l'USIM au terminal mobile (ME).

$K_{ASME}$ est la clé d'authentification EPS AKA. Elle est dérivée des clés CK/IK par l'UE et le HSS. Comme CK/IK, cette clé change donc lors d'une nouvelle authentification EPS AKA. Le MME reçoit cette clé $K_{ASME}$ du HSS dans le vecteur d'authentification EPS.

$K_{NASint}$ et $K_{NASenc}$ sont dérivées par le MME à partir de $K_{ASME}$ et des identifiants des algorithmes choisis pour la protection de l'intégrité et le chiffrement. Ces clés servent à la protection des messages NAS échangés entre l'UE et le MME. Chacune de ces clés change lorsque l'algorithme utilisé est modifié.

$K_{eNB}$ est dérivée de $K_{ASME}$ par le MME et l'UE lorsque ce dernier passe en mode connecté (EMM-CONNECTED), ou par l'UE et l'eNodeB cible lors d'un handover entre eNodeB. Une nouvelle clé $K_{eNB}$ peut être calculée à partir de la même clé $K_{ASME}$ lors d'un accès ultérieur de l'UE.

Si $K_{ASME}$ change, les clés $K_{eNB}$, $K_{NASint}$ et $K_{NASenc}$ ne sont plus valables et doivent être dérivées à nouveau (opération de *re-keying*).

$K_{RRCint}$ et $K_{RRCenc}$ sont dérivées par l'eNodeB et l'UE à partir de $K_{eNB}$ et des identifiants des algorithmes choisis respectivement pour la protection de l'intégrité et le chiffrement. Ces clés servent à la protection des messages RRC échangés entre l'UE et l'eNodeB. Chacune de ces clés change lorsque l'algorithme utilisé est modifié.

La clé $K_{UPenc}$ est utilisée pour le chiffrement des données du plan usager, entre l'UE et l'eNodeB. Elle est dérivée dans la même procédure que les deux clés $K_{RRCint}$ et $K_{RRCenc}$ et est liée au même algorithme que celui utilisé pour le chiffrement de la signalisation RRC.

Les clés d'intégrité et de chiffrement AS ($K_{RRCint}$, $K_{RRCenc}$, $K_{UPenc}$) et NAS ($K_{NASint}$ et $K_{NASenc}$) sont liées aux algorithmes utilisés. Elles doivent donc être recalculées lorsque le réseau souhaite changer l'un des algorithmes. Enfin, des clés intermédiaires sont utilisées lors de la mobilité de l'UE au sein du réseau LTE ; elles seront décrites dans la section « Mobilité au sein du système EPS » (p. 465), dédiée à la gestion de la sécurité lors d'un handover.

---

> **REMARQUE Les clés CK et IK en UMTS**
>
> En UMTS, seules les clés CK et IK sont utilisées. CK sert pour le chiffrement de la signalisation RRC et des données du plan usager. IK est utilisée pour la protection de l'intégrité des messages RRC. La signalisation NAS n'est protégée que par la protection sur les messages RRC qui encapsulent les messages NAS. Ces derniers ne sont donc pas protégés entre l'UTRAN et le réseau cœur. De façon similaire, les données de l'usager ne sont donc pas protégées entre l'UTRAN et le réseau cœur (hors protection de niveau applicatif).

---

Les cinq clés utilisées pour la protection de l'intégrité et le chiffrement sont des clés de 128 bits, alors que $K_{eNB}$ et $K_{ASME}$ qui servent pour les calculer font 256 bits. En réalité, les 5 clés calculées font 256 bits, mais elles sont tronquées avant d'être utilisées. Ce mécanisme assure une évolution ultérieure plus souple vers des clés de 256 bits, tout en offrant comme première étape une sécurité suffisante et limitant la charge et le délai de traitement pour l'UE. La figure suivante illustre cette dérivation des clés NAS. On notera que la fonction de dérivation est différente pour chaque niveau de hiérarchie des clés.

Figure 20-5
*Chaîne de dérivation des clés*
*NAS à partir de $K_{ASME}$*

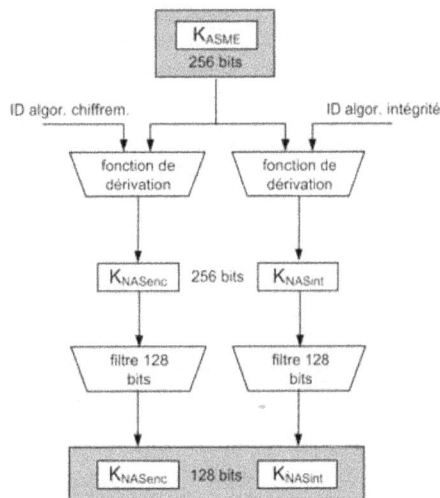

# Contexte de sécurité EPS au sein du MME et de l'UE

Un *contexte de sécurité EPS* est un jeu de données de sécurité associé à un UE, créé lors la procédure d'authentification EPS AKA. L'UE et le MME enregistrent localement ce contexte et le mettent à jour en fonction des procédures de sécurité réalisées. En particulier, ce contexte contient la clé $K_{ASME}$, les capacités de sécurité de l'UE (algorithmes de chiffrement et d'intégrité NAS et AS implémentés) et, éventuellement, des contextes de sécurité NAS et AS. Le contexte de sécurité EPS est identifié à l'aide du KSI (*Key Set Identifier*), qui est un nombre compris entre 0 et 7.

Une clé $K_{ASME}$ n'est en effet jamais transmise par le réseau à l'UE et le KSI permet à l'UE et au MME d'identifier sans ambiguïté le contexte de sécurité EPS (donc la clé $K_{ASME}$). Cet identifiant est indiqué par l'UE lorsqu'il accède au réseau et qu'une authentification a déjà eu lieu. C'est typiquement le cas lors d'une mise à jour de localisation (procédure Tracking Area Update), d'établissement d'appel (procédure *Service Request*) ou même lors d'un enregistrement si l'UE était enregistré au réseau avant la mise hors tension. Le MME peut alors identifier le contexte de sécurité EPS et la clé $K_{ASME}$ associée, et choisir de les réutiliser pour produire de nouvelles clés AS et NAS de chiffrement et d'intégrité. On évite ainsi le coût en délai et ressources réseau d'une nouvelle procédure d'authentification AKA. Cela limite en effet la signalisation vers le HSS, point sensible du réseau, et minimise le délai pour l'accès aux services, les procédures de sécurité NAS et AS pouvant être réalisées immédiatement. Ce KSI est enregistré sur le terminal mobile et le MME, avec la clé $K_{ASME}$ et l'identifiant temporaire de l'UE, le GUTI.

On notera que la réutilisation effective de la clé $K_{ASME}$ et sa fréquence de rafraîchissement dépendent du choix de l'opérateur et des possibilités offertes par le MME. Cet identifiant KSI est déjà utilisé en UMTS et un opérateur peut par exemple décider de ne procéder à une nouvelle authentification qu'une fois sur N accès de l'UE au réseau.

Par ailleurs, la durée de rétention du contexte de sécurité EPS de l'UE au sein du MME peut influer sur l'efficacité de ce mécanisme : lorsque ce contexte est supprimé, le MME doit nécessairement lancer une procédure d'authentification AKA lors du prochain accès de l'UE. Un compromis peut être nécessaire entre durée de rétention et signalisation, la première impliquant des capacités de stockage de données adéquates sur les équipements, la seconde se traduisant plutôt par une charge de traitement sur les nœuds et de données sur les interfaces (en fait, sur les supports physiques associés).

Lors d'une procédure de mobilité de l'UMTS ou du GPRS vers le LTE, nous verrons qu'un identifiant $KSI_{SGSN}$ est utilisé, dont le format est celui de l'identifiant du couple de clés {CK, IK} de l'UMTS. Le MME et l'UE désignent par cet identifiant le contexte de sécurité EPS dérivé du contexte de sécurité UMTS ou GPRS, et la clé $K_{ASME}$' associée.

Le contexte de sécurité NAS est créé lors d'une procédure de sécurité NAS (EMM *Security Mode Command / Complete*). Il contient les clés de sécurité NAS et le couple de compteurs *NAS UL COUNT* et *NAS DL COUNT*, pour les sens montant et descendant, utilisés pour le chiffrement et l'intégrité.

Le contexte de sécurité AS est créé lors d'une procédure de sécurité AS (RRC *Security Mode Command / Complete*). Il contient alors la clé $K_{eNB}$, les clés de chiffrement et d'intégrité AS, les identifiants des algorithmes utilisés pour les produire, les paramètres *Next Hop* (NH) et *Next Hop Chaining Counter* (NCC) décrits à la section « Mobilité au sein du système EPS » (p. 465), et les compteurs RRC pour les sens montant et descendant. Ces compteurs sont utilisés par la couche PDCP pour le chiffrement et la protection de l'intégrité. Ce contexte de sécurité AS ne peut exister que lorsque l'UE a une connexion établie avec le réseau LTE.

## Gestion des contextes de sécurité par l'UE

Un contexte de sécurité EPS peut être caractérisé par :

- son origine : il est dit natif, lorsqu'il est créé par une procédure d'authentification EPS AKA, et dérivé, s'il est issu d'un contexte de sécurité UMTS, suite à une procédure de mobilité de l'UE vers le LTE (resélection ou handover) ;

- sa complétude : un contexte est complet s'il contient, en plus des données issues de l'authentification EPS AKA (clé $K_{ASME}$, capacités de sécurité de l'UE), celles produites lors de la procédure de sécurité NAS (clés de chiffrement $K_{NASenc}$ et d'intégrité $K_{NASint}$ et les identifiants des algorithmes utilisés, clé $K_{eNB}$). Le contexte est en revanche partiel, si la procédure de sécurité NAS n'a pas encore été réalisée. Dans ce cas, il ne contient pas encore les deux clés NAS, ni la clé $K_{eNB}$. Un contexte partiel ne peut donc être le contexte courant. Un contexte natif peut être complet ou partiel, alors qu'un contexte dérivé est nécessairement complet.

- son état : le contexte est courant s'il est en cours d'utilisation pour la protection des données échangées entre l'UE et le réseau. Il est non courant s'il est disponible mais pas utilisé. Le contexte EPS courant contient nécessairement un contexte AS, puisque l'UE est connecté au réseau. L'UE et le MME sont capables de stocker un contexte courant et un contexte non courant. Le contexte non courant peut être complet, si une procédure AS SMC a été réalisée. Il devient le contexte courant lorsque le MME le décide, et le signale à l'UE.

La figure 20-6 représente ainsi trois cas : un contexte de sécurité EPS natif et complet, à la suite de procédures d'authentification et de sécurité NAS, un contexte de sécurité dérivé d'un contexte UMTS, pour lequel les clés NAS sont produites par le MME dès la réception du contexte UMTS, et enfin, un contexte natif mais partiel, après une procédure d'authentification EPS AKA sans activation de la sécurité NAS.

Il est possible que l'UE et le MME partagent plusieurs contextes de sécurité EPS (par exemple, un contexte dérivé et un contexte natif partiel). Dans ce cas, le KSI leur permet de faire référence au contexte qui doit être utilisé, par exemple lors d'une procédure de sécurité NAS.

Les contextes sont stockés dans le terminal et le MME. Cependant, le terminal lie ces contextes à la carte UICC utilisée pour les créer. Ainsi, il supprime le ou les contexte(s) EPS présent(s) lorsque :

- la carte UICC est enlevée du terminal ;
- le terminal détecte à l'allumage que la carte UICC insérée est différente de celle présente avant ;
- le terminal est allumé sans carte UICC.

Lorsqu'il est sous tension, l'UE doit être capable d'enregistrer le contexte EPS courant ainsi qu'un autre contexte EPS (non courant) dans sa mémoire volatile. Lorsqu'il est connecté au réseau LTE, il utilise également cette mémoire pour enregistrer $K_{ASME}$, NCC et NH pour le calcul de $K_{eNB}$ et des clés NAS et AS.

Figure 20-6
*Contextes de sécurité EPS natif et complet, dérivé, partiel*

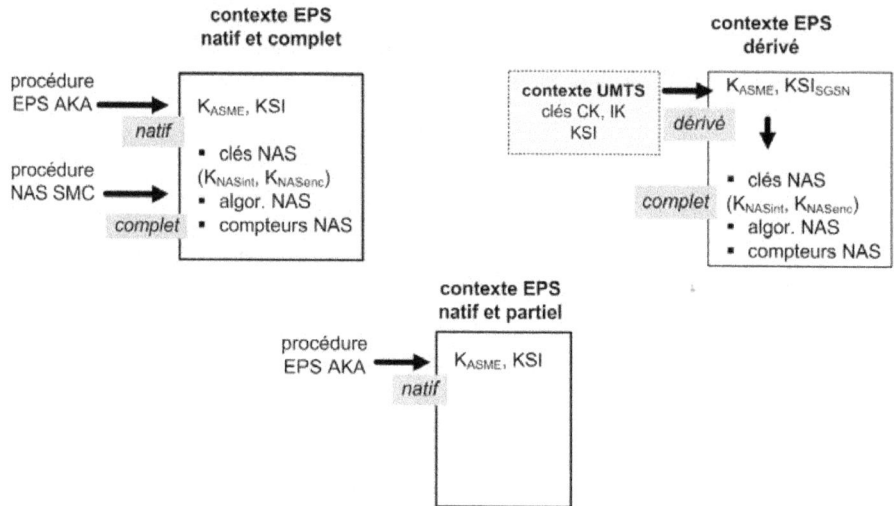

Lorsqu'il est mis hors tension, l'UE transfère son contexte EPS courant (s'il est natif de l'EPS) sur l'USIM, si celle-ci est capable de stocker ces données (UICC compatible avec la Release 8 3GPP), ou sur sa mémoire non volatile dans le cas contraire. Cela permet à l'UE de réutiliser ce contexte EPS lors de son prochain accès, si le MME l'autorise en ne lançant pas d'authentification AKA. L'UE ne doit pas conserver un contexte dérivé, afin d'éviter sa réutilisation ultérieure et ainsi forcer la création d'un contexte de sécurité EPS natif lors du prochain accès de l'UE au réseau LTE.

# Le chiffrement et la protection de l'intégrité au sein du système EPS

## Choix de l'algorithme

Le MME, pour choisir l'algorithme de sécurité, doit prendre en compte ses propres capacités ainsi que celles du terminal. Les capacités de sécurité de l'UE, indiquées lors de son enregistrement au réseau, précisent les algorithmes de chiffrement et de protection de l'intégrité implémentés sur le terminal pour la sécurité AS et NAS. En Release 8, il s'agit des algorithmes SNOW 3G et AES, tous deux obligatoires.

Les capacités de sécurité indiquées par l'UE lui sont renvoyées par le réseau lors de la procédure de sécurité NAS, protégées en intégrité, pour qu'il détecte une éventuelle altération de ses capacités par un tiers malveillant (*bidding down attack*). En effet, l'UE envoie ces capacités lors de l'enregistrement au réseau (dans le message EMM *Attach Request*) ou lors d'une mise à jour de localisation (message EMM *Tracking Area Update Request*). S'il ne détient pas de contexte de sécurité EPS, il ne peut protéger ce message en intégrité et ses capacités sont susceptibles d'être altérées par un tiers interceptant ce message.

Le MME doit en outre protéger en intégrité le message indiquant l'algorithme choisi (message EMM *Security Mode Command*). L'UE peut ainsi s'assurer que le message n'a pas été modifié ou envoyé par un tiers.

Des procédures de sécurité distinctes sont mises en œuvre pour les domaines AS et NAS, qui peuvent conduire à l'utilisation d'algorithmes différents pour ces deux domaines.

La protection de l'intégrité et le chiffrement RRC, ainsi que le chiffrement des données du plan usager, sont activés dans la même procédure RRC (appelée *RRC Security Mode Command* ou *AS SMC*).

## Mécanismes de chiffrement et déchiffrement

Le principe de l'opération de chiffrement consiste à additionner bit par bit la séquence d'origine A (données non chiffrées) à une séquence B appelée *bloc de chiffrement* ou *chiffrante*, de même longueur. On réalise donc l'opération A' = A $\oplus$ B. La séquence B est calculée à l'aide de la clé de chiffrement et d'un jeu de paramètres appliqués en entrée de l'algorithme de chiffrement (voir le schéma suivant).

Ces paramètres sont :

- BEARER, qui désigne l'identifiant du bearer sur lequel les données chiffrées seront portées (5 bits) ;
- DIRECTION, qui désigne le sens montant ou descendant (ce paramètre est donc une constante pour le chiffrement par l'UE ou l'eNodeB) ;
- LENGTH, qui indique la longueur de la séquence à chiffrer (voir plus loin) ;
- COUNT, compteur propre au bearer utilisé et à la direction, incrémenté à chaque envoi d'une unité de données PDCP (données usager ou signalisation) sur ce bearer.

Pour déchiffrer le message, le récepteur réalise la même opération d'addition bit par bit, en utilisant la séquence chiffrée comme séquence d'entrée de l'additionneur. Le résultat de cette addition est la séquence d'origine A. On exploite en effet une propriété de la fonction « OU exclusif » : (A $\oplus$ B) $\oplus$ B = A.

**Figure 20-7**
*Schéma de chiffrement-déchiffrement en LTE*

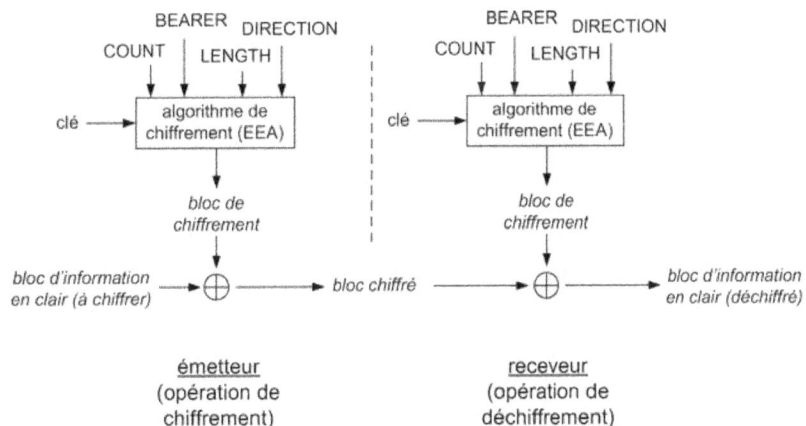

On notera que ce mécanisme s'applique au chiffrement des messages RRC (par la couche PDCP), NAS (par la couche EMM) et des données du plan usager (par la couche PDCP).

## Mécanisme de protection de l'intégrité

À la différence du chiffrement, le mécanisme de protection de l'intégrité ne repose pas sur la transformation de la séquence transmise par l'émetteur, mais sur l'ajout d'un code d'authentification à la séquence de données. Ce code est en quelque sorte une empreinte à la fois du message à transmettre, mais aussi de l'émetteur. Il est donc calculé à partir du message d'origine et de la clé d'intégrité. D'autres paramètres, également utilisés pour le chiffrement, interviennent dans cette opération afin d'assurer l'unicité du code d'authentification. Il s'agit de :

- DIRECTION, qui vaut 0 pour le sens montant et 1 pour le sens descendant ;
- COUNT, qui est égal au compteur de données maintenu par PDCP pour le SRB et incrémenté dès qu'une unité de données est transmise par cette couche à la couche RLC, pour ce canal logique.

Le code d'authentification résultant est une chaîne de 32 bits, appelée *code MAC-I* (pour *Message Authentication Code – Integrity*).

Le récepteur réalise la même opération de calcul du code d'authentification à partir du message reçu. Le résultat *XMAC-I* est ensuite comparé au code MAC-I reçu avec le message. S'ils sont identiques, l'intégrité du message est validée. Sinon, le message est rejeté par le récepteur, c'est-à-dire qu'il n'est pas interprété ou transmis à la couche destinataire.

Ce mécanisme s'applique aussi bien aux messages RRC (par la couche PDCP) qu'aux messages NAS (par la couche EMM). Il est illustré par la figure suivante.

Figure 20-8
*Schéma de protection
et de vérification
de l'intégrité en LTE*

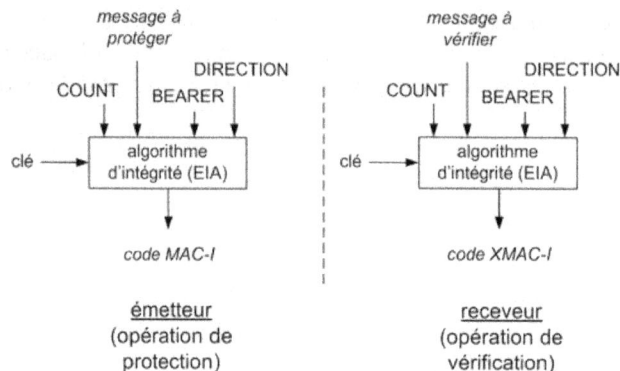

## Activation de la sécurité : deux cas d'usage

### Scénario 1 : établissement d'appel avec un contexte EPS existant

Dans cet exemple, un contexte de sécurité natif et complet existe au sein de l'UE et du MME. De ce fait, l'activation de la sécurité NAS ne nécessite pas de procédure spécifique, les clés $K_{NASint}$ et $K_{NASenc}$ étant disponibles et valides dans ce contexte. Ce cas se produit typiquement lorsque l'UE, déjà attaché au réseau, déclenche un appel ou une mise à jour de localisation. En revanche, cela ne peut pas se produire à la mise sous tension du terminal (procédure d'enregistrement), car les clés

NAS sont supprimées lors de la mise hors tension. L'établissement de l'appel va donc mettre en œuvre uniquement la procédure de sécurité AS, tandis que les clés NAS peuvent être utilisées par l'UE et le MME pour protéger leurs échanges, sans procédure d'activation supplémentaire.

Ce cas d'usage, illustré à la figure suivante, est probablement celui qui sera le plus fréquent lors de l'établissement d'un appel en LTE.

Figure 20-9
*Établissement d'appel avec procédure de sécurité AS uniquement*

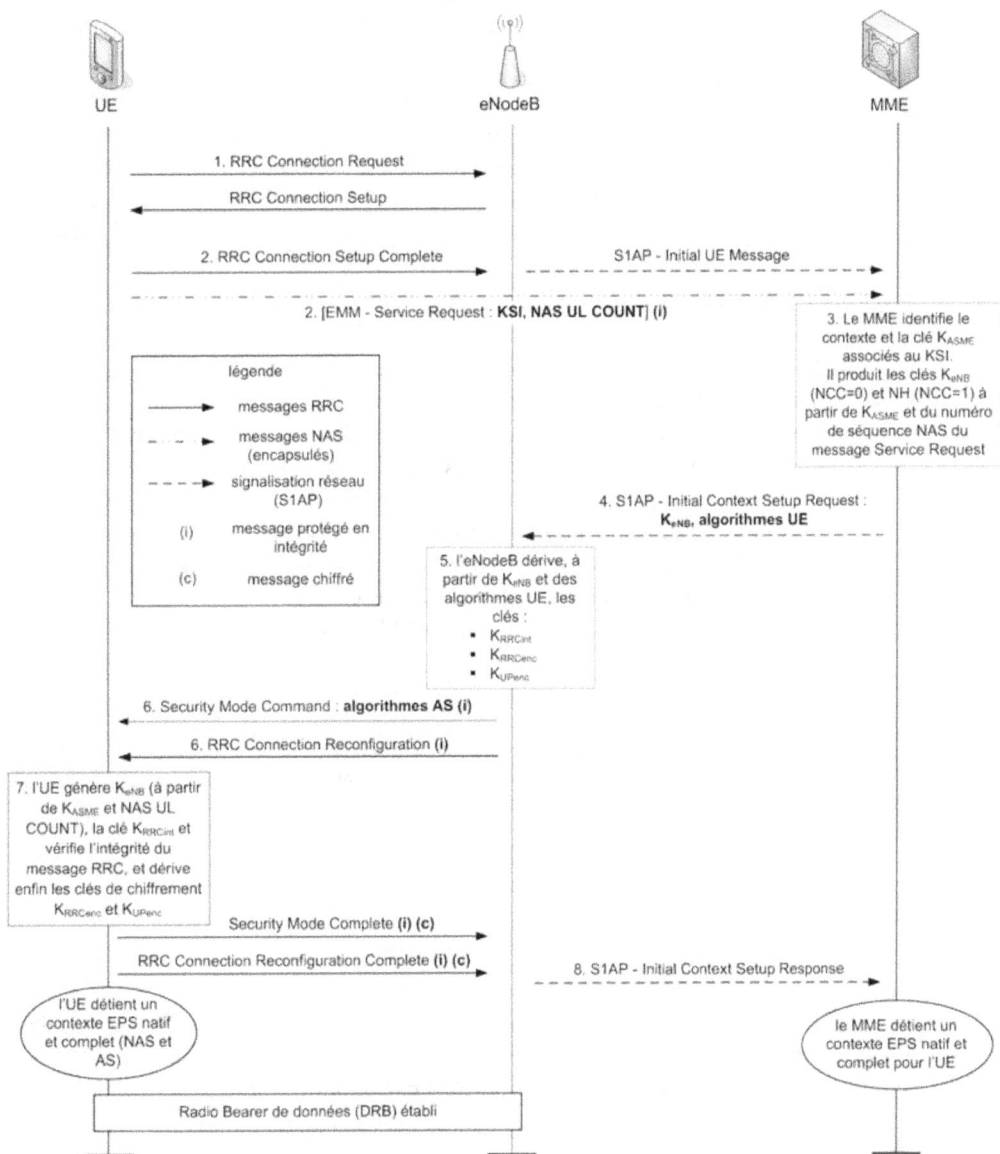

La procédure se déroule comme suit :

1. L'UE entame une procédure d'établissement de connexion RRC.

2. L'UE envoie au MME le message NAS *Service Request*, contenant l'identifiant KSI du contexte de sécurité EPS courant. Ce message est protégé en intégrité à l'aide de la clé $K_{NASint}$ de ce contexte, par l'ajout d'un code MAC-I dans le corps du message. Le MME vérifie ce code et, si le résultat est positif, détermine qu'il n'a pas besoin de procéder à une authentification de l'UE. Il peut néanmoins le faire, ou seulement procéder à une procédure NAS SMC s'il souhaite par exemple changer l'algorithme NAS utilisé. Nous supposerons ici que le MME utilise le contexte EPS existant et ne lance pas de procédure de sécurité NAS SMC.

3. Le MME produit alors la clé $K_{eNB}$ à partir du numéro de séquence NAS du message EMM *Service Request* (paramètre NAS *UL COUNT*). Le MME calcule également la clé NH à partir de $K_{eNB}$ et de $K_{ASME}$, qu'il associe à la valeur NCC=1. Il conserve ce couple {NH, NCC} pour l'envoyer plus tard à l'eNodeB cible d'un handover (voir la section « La gestion de la sécurité en mobilité », p. 465).

4. Le MME demande ensuite à l'eNodeB d'établir un contexte pour l'UE, en indiquant les paramètres de l'E-RAB par défaut. Il transmet également dans ce message les capacités de sécurité de l'UE et la clé $K_{eNB}$. L'eNodeB les enregistre dans le contexte de l'UE. Cette requête du MME va donner lieu à deux procédures distinctes sur l'interface radio : l'activation de la sécurité AS d'une part et l'établissement du radio bearer SRB2 et du (ou des) radio bearer(s) de données d'autre part (via la reconfiguration de la connexion RRC). Ces deux procédures sont néanmoins liées : si l'une d'elles échoue, la procédure S1 d'établissement de contexte échoue également et l'eNodeB répond alors au MME par un message d'échec (voir le chapitre 17). Ce lien est justifié par le fait que les radio bearers de données (DRB) et le radio bearer de signalisation SRB2 établis par la reconfiguration de connexion RRC ne doivent pas être utilisés sans sécurité, et l'activation du bearer par défaut ne peut avoir lieu sans l'établissement des radio bearers de données.

> **NOTE Modification de contexte S1 par le MME**
>
> Le MME peut déclencher une modification de ce contexte en cours d'appel, par exemple si la clé $K_{eNB}$ utilisée arrive à expiration. L'eNodeB applique alors immédiatement la nouvelle clé reçue du MME en lançant une procédure de sécurité AS.

5. L'eNodeB dérive alors les 3 clés AS $K_{RRCenc}$, $K_{RRCint}$ et $K_{UPenc}$ à partir de la nouvelle clé $K_{eNB}$ et des identifiants des algorithmes choisis.

6. L'eNodeB déclenche ensuite une procédure RRC *Security Mode Command* pour établir la sécurité AS avec l'UE, en lui indiquant les algorithmes choisis. Il lance également vers l'UE une procédure de reconfiguration de la connexion RRC pour établir le SRB2 et le radio bearer de données (DRB) associé au bearer EPS par défaut.

7. Lorsqu'il reçoit le message RRC *Security Mode Command*, l'UE détermine qu'aucune procédure NAS SMC n'a été réalisée au préalable. Il considère alors que les algorithmes NAS ne changent pas et conserve ainsi les clés NAS du contexte EPS courant. Par ailleurs, l'UE calcule

à son tour la clé $K_{eNB}$ à partir du numéro de séquence NAS du dernier message NAS envoyé (message EMM *Service Request* ici) et de la clé $K_{ASME}$. Il produit également la clé $K_{RRCint}$ à partir de $K_{eNB}$ et de l'identifiant de l'algorithme choisi par l'eNodeB pour la protection de l'intégrité. Il vérifie alors le code MAC-I présent dans le message. Si celui-ci ne correspond pas à la valeur calculée, l'UE répond négativement à l'eNodeB par le message RRC *Security Mode Failure* et n'applique pas la configuration indiquée dans la commande. Si le contrôle est positif, l'UE poursuit le traitement du message : il dérive les deux clés de chiffrement $K_{RRCenc}$ et $K_{Upenc}$, et active le chiffrement et l'intégrité sur la couche PDCP avec les deux algorithmes indiqués par l'eNodeB et les trois clés calculées. Il retourne ensuite le message d'acquittement positif *Security Mode Complete*, protégé en intégrité mais non chiffré. Tous les messages ultérieurs dans les sens montant et descendant devront être protégés et chiffrés.

8. Lorsque la procédure de reconfiguration RRC aboutit, l'eNodeB acquitte la demande d'établissement de contexte pour l'UE provenant du MME. Cette réponse indique au MME que le plan usager et la signalisation RRC sont bien protégés par la sécurité AS. Le MME considère alors que la sécurité NAS est active. De même, la couche EMM de l'UE considère que l'échange de messages est sécurisé lorsqu'elle reçoit l'indication de la couche RRC que le plan usager est établi.

## Scénario 2 : enregistrement initial – pas de contexte EPS existant

Dans cet exemple, nous supposons que le réseau ne dispose d'aucun contexte EPS associé à l'UE. En revanche, l'UE détient ici un contexte de sécurité EPS enregistré dans l'USIM ou dans sa mémoire non volatile, contexte établi lors d'une authentification précédente EPS AKA. Ce contexte ne pourra être utilisé puisqu'il n'est pas connu du réseau. Cette situation peut se produire si le contexte a été purgé par le réseau après une durée prédéfinie sans utilisation, c'est-à-dire sans accès de l'UE au réseau (par exemple, l'abonné est parti en vacances à l'étranger et rallume l'UE au retour). L'UE dispose également d'un identifiant temporaire GUTI. Le réseau n'ayant plus de contexte EPS pour cet UE, le GUTI n'est pas connu du réseau. Par conséquent, une procédure d'identification est déclenchée par le MME.

Ce scénario est illustré à la figure 20-10, dont les étapes sont décrites dans la suite de cette section.

1. L'UE établit avec l'eNodeB une connexion RRC et transmet le message EMM *Attach Request* dans le message *RRC Connection Setup Complete*.

2. L'UE indique notamment dans le message EMM *Attach Request* l'identifiant KSI du contexte de sécurité EPS courant, son identifiant temporaire GUTI, ses capacités *réseau* (*UE network capabilities*) ainsi que l'identifiant de la dernière zone de localisation visitée (TAI). On notera également que ce message contient un code MAC-I, produit à l'aide de la clé $K_{NASint}$ et qui permet au réseau de vérifier son intégrité s'il dispose du contexte de sécurité EPS associé au KSI, ce qui n'est pas le cas ici.

3. Le MME détermine à partir du GUTI l'identifiant de l'ancien MME, c'est-à-dire celui qui a servi l'UE avant son détachement du réseau. Il lui transmet alors le message *Attach Request* reçu de l'UE. Celui-ci ne trouve pas de contexte associé au GUTI de l'UE. Il ne lui est donc pas utile de vérifier le code MAC-I inséré dans le message. Ce MME répond donc négativement au nouveau MME, ce qui a pour conséquence de déclencher une procédure d'identification de l'UE.

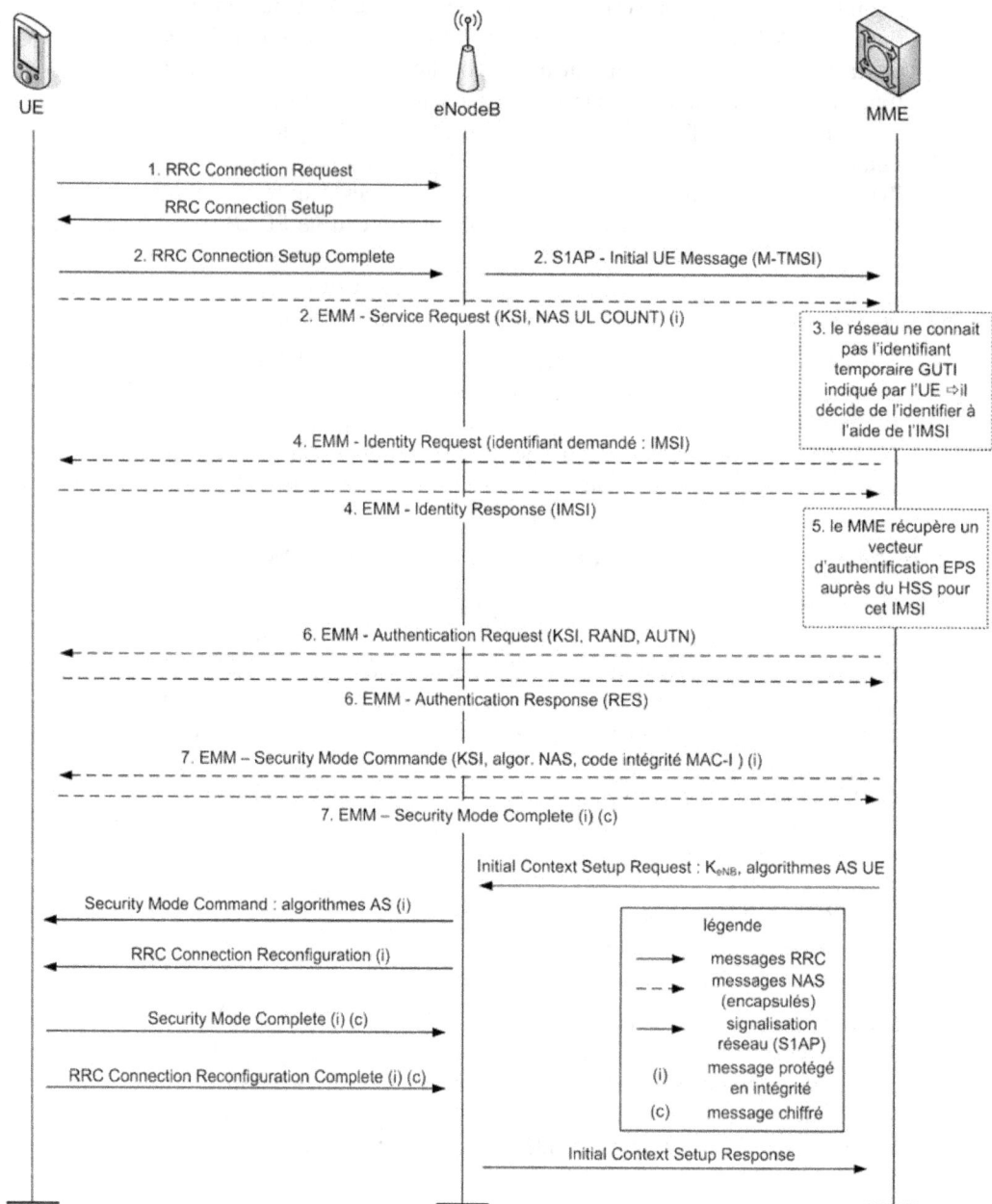

Figure 20-10
*Établissement d'appel avec création d'un nouveau contexte de sécurité EPS*

4. Suite à la demande du MME, l'UE retourne son IMSI.

5. Le MME demande alors au HSS un vecteur d'authentification pour l'IMSI fourni par l'UE. Le vecteur d'authentification EPS retourné contient les éléments suivants : $K_{ASME}$, RAND, AUTN, XRES.

6. Le MME démarre une procédure d'authentification EPS AKA avec l'UE (section « L'authentification de l'abonné dans le système EPS » de ce chapitre, p. 449). Les messages S1AP et RRC encapsulant ce message ne sont pas représentés sur le schéma, pour des raisons de lisibilité. On notera que cette procédure est également réalisée lorsque la vérification du code MAC-I est négative, même si le contexte de l'UE existe (GUTI connu), ou lorsque ce code est absent du message NAS. À l'issue de cette procédure, le MME et l'UE disposent de la même clé $K_{ASME}$ et le MME peut poursuivre avec la procédure de sécurité NAS. Il dérive alors les clés $K_{NASint}$ et $K_{NASenc}$ à partir de $K_{ASME}$ et des identifiants des algorithmes qu'il a sélectionnés.

7. Le MME utilise alors $K_{NASint}$ pour protéger le message EMM *Security Mode Command*, dans lequel il indique les algorithmes utilisés et le KSI de la clé $K_{ASME}$ du contexte courant (le MME peut détenir plusieurs clés $K_{ASME}$ associées à des contextes différents du même UE). Il transmet ensuite ce message à l'UE. Ce dernier vérifie la validité du code d'intégrité MAC inclus dans le message et dérive à son tour les clés NAS à partir des informations fournies par le MME, de $K_{ASME}$ et de la fonction de dérivation. Il retourne au MME le message EMM *Security Mode Complete*, protégé et chiffré. Le MME utilise la valeur du numéro de séquence indiqué par l'UE dans ce dernier message NAS pour calculer $K_{eNB}$ à partir de $K_{ASME}$.

La suite des échanges est alors identique au scénario 1 (étape 4).

# La gestion de la sécurité en mobilité

## Mobilité au sein du système EPS

La clé $K_{eNB}$, dérivée à partir de $K_{ASME}$, est associée à la connexion RRC établie entre l'eNodeB et l'UE sur la cellule courante. Cela implique qu'elle doit être renouvelée lors de chaque handover. Cette règle évite sa réutilisation en situation de mobilité, par un autre eNodeB notamment (qui peut être contrôlé par un autre opérateur). En effet, les procédures de signalisation avec l'UE ne doivent pas lui révéler l'architecture du réseau de l'opérateur (par exemple un changement d'eNodeB, ou la présence d'une interface X2 entre les eNodeB). De ce fait, la procédure de handover au sein d'un même eNodeB ou entre deux eNodeB différents doit être la même vis-à-vis de l'UE, y compris pour la gestion de la sécurité.

Cependant, la nouvelle clé (que nous noterons $K_{eNB}*$) doit être disponible avant que l'UE ne bascule sur la cellule cible, pour que les messages et données échangés sur cette cellule soient immédiatement protégés. Ainsi, cette clé doit être calculée par l'eNodeB cible et l'UE à partir de $K_{eNB}$ utilisée dans la cellule d'origine. Cela signifie que $K_{eNB}*$ peut être également déterminée par l'eNodeB source, l'UE et l'eNode cible ne partageant pas encore d'information *exclusive* propre à la future connexion. En répétant plusieurs fois ce scénario de handover, on voit que des clés successives peuvent être dérivées à partir de la même clé d'origine $K_{eNB}$, ce qui peut fragiliser la sécurité du système.

Pour éviter ce schéma de dérivation, un mécanisme faisant intervenir $K_{ASME}$ (et donc le MME) est introduit et décrit ci-après.

Pour l'établissement du contexte initial de sécurité AS (procédure AS SMC), le MME et l'UE dérivent la clé $K_{eNB}$ en appliquant la fonction de dérivation à $K_{ASME}$ et en prenant comme paramètre le compteur *NAS Uplink Count*. Le paramètre NH est alors produit de façon similaire, à partir de la même fonction de dérivation que celle appliquée à la clé $K_{ASME}$, mais en prenant cette fois comme paramètre d'entrée la clé $K_{eNB}$ précédemment calculée (au lieu du compteur NAS). Un nouveau paramètre NH pourra ensuite être dérivé de façon identique, à l'aide de $K_{ASME}$ et du paramètre NH précédent. On peut ainsi produire une chaîne de clés $\{K_{eNB}$ initiale$=NH_0, NH_1, NH_2 \ldots NH_n\}$ calculée à partir de $K_{ASME}$. Pour identifier l'élément de cette chaîne, le paramètre NCC est introduit : NCC=0 pour $K_{eNB}$ initiale, NCC=1 pour $NH_1$, NCC=2 pour $NH_2$, etc. Ces paramètres NH serviront à produire de nouvelles clés $K_{eNB}$* dans certains cas de handover que nous détaillerons dans la suite.

Ainsi, à l'établissement du contexte de sécurité AS initial, le MME et l'UE dérivent tous deux la clé $K_{eNB}$ et le premier paramètre NH, que nous pouvons appeler $NH_1$. Ils associent NCC=0 à $K_{eNB}$ et NCC=1 à $NH_1$ et enregistrent $K_{eNB}$ et $NH_1$. Le MME ne transmet que la clé $K_{eNB}$ à l'eNodeB lors de l'établissement du contexte S1 initial.

Lors d'un handover, la nouvelle clé $K_{eNB}$* utilisée entre l'UE et l'eNodeB cible est dérivée, soit de la clé $K_{eNB}$ courante, soit du paramètre NH courant ($NH_i$). Dans le premier cas, on parle de dérivation horizontale et dans le second, de dérivation verticale. Dans les deux cas, la fréquence et l'identifiant physique de la cellule cible sont utilisés pour la dérivation de $K_{eNB}$*.

Ces deux modes de dérivation de $K_{eNB}$* sont représentés sur la figure suivante.

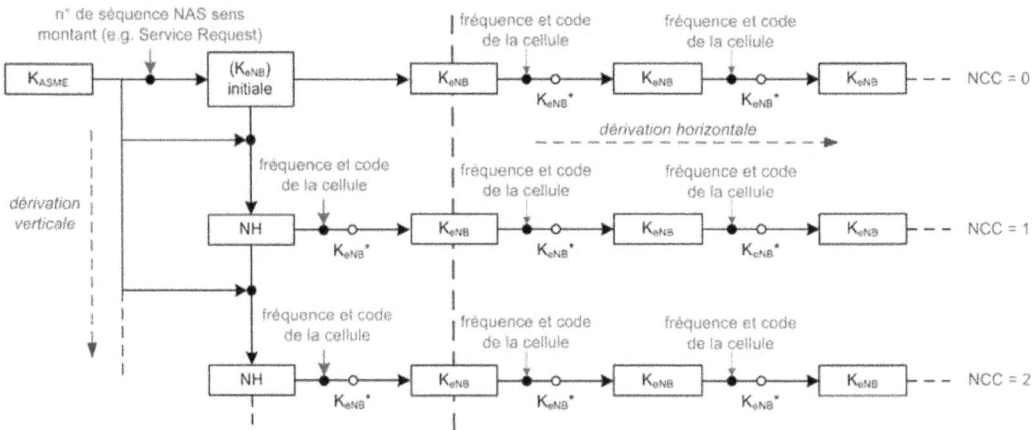

Figure 20-11
*Dérivations verticale et horizontale de $K_{eNB}$*

Un couple {NH, NCC} est disponible au sein d'un eNodeB lorsqu'un handover via une interface X2 ou S1 a été réalisé vers une cellule de cet eNodeB. L'UE saura quel type de dérivation effectuer pour produire $K_{eNB}$* grâce au paramètre NCC indiqué dans le message lui commandant le handover.

### Handover intra-eNodeB

Quand l'eNodeB décide de réaliser un handover de l'UE vers une des cellules qu'il gère (on parle dans ce cas de handover *intra-eNodeB*), il procède soit à une dérivation verticale, s'il dispose d'un couple {NH, NCC} non utilisé, soit à une dérivation horizontale sinon.

L'eNodeB indique à l'UE le type de dérivation à effectuer, par le paramètre NCC transmis dans le message *RRC Connection Reconfiguration Request* commandant le handover : si la valeur de NCC fournie est identique à celle associée à la clé $K_{eNB}$ courante, l'UE détermine qu'il doit procéder à une dérivation horizontale. Dans le cas contraire, il dérive $K_{eNB}$ à partir de la clé NH associée à la valeur du NCC.

L'eNodeB et l'UE utilisent cette nouvelle clé $K_{eNB}$* pour leurs échanges dans la nouvelle cellule.

Un exemple de cette procédure est décrit sur la figure suivante, dans lequel nous supposons qu'une dérivation horizontale est réalisée, à partir de la clé $K_{eNB}$ initiale (NCC=0).

*Figure 20-12*
*Handover*
*intra-eNodeB*
*avec dérivation*
*horizontale de $K_{eNB}$*

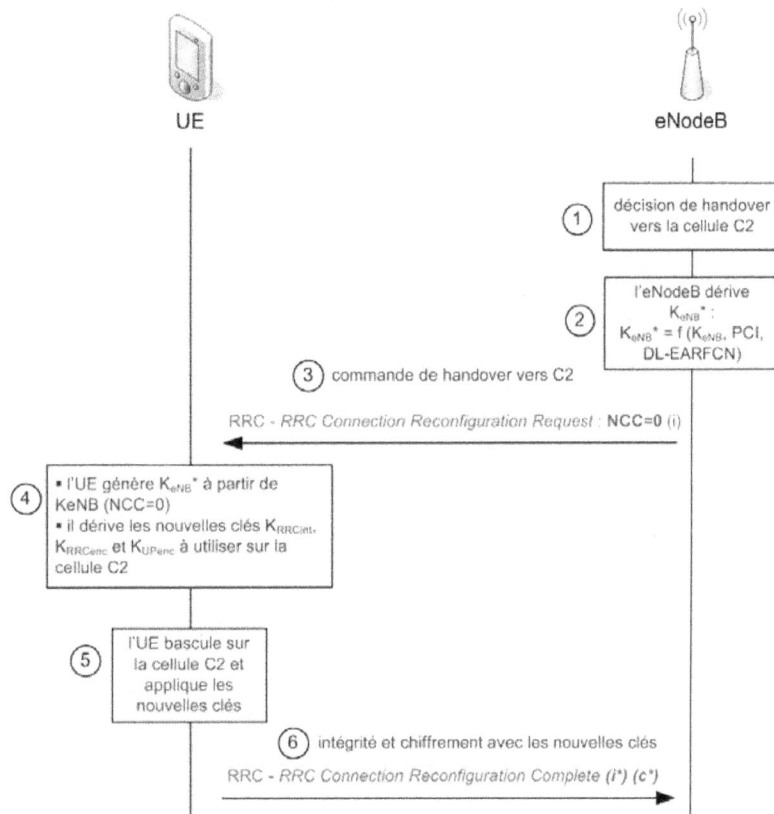

## Handover inter-eNodeB via l'interface X2

Dans le cas d'un handover entre deux eNodeB via l'interface X2, l'eNodeB source dérive la clé $K_{eNB}*$ suivant les mêmes règles que pour un handover intra-eNodeB (dérivation horizontale ou verticale). Il envoie ensuite le couple $\{K_{eNB}*, NCC\}$ à l'eNodeB cible dans le message de préparation du handover.

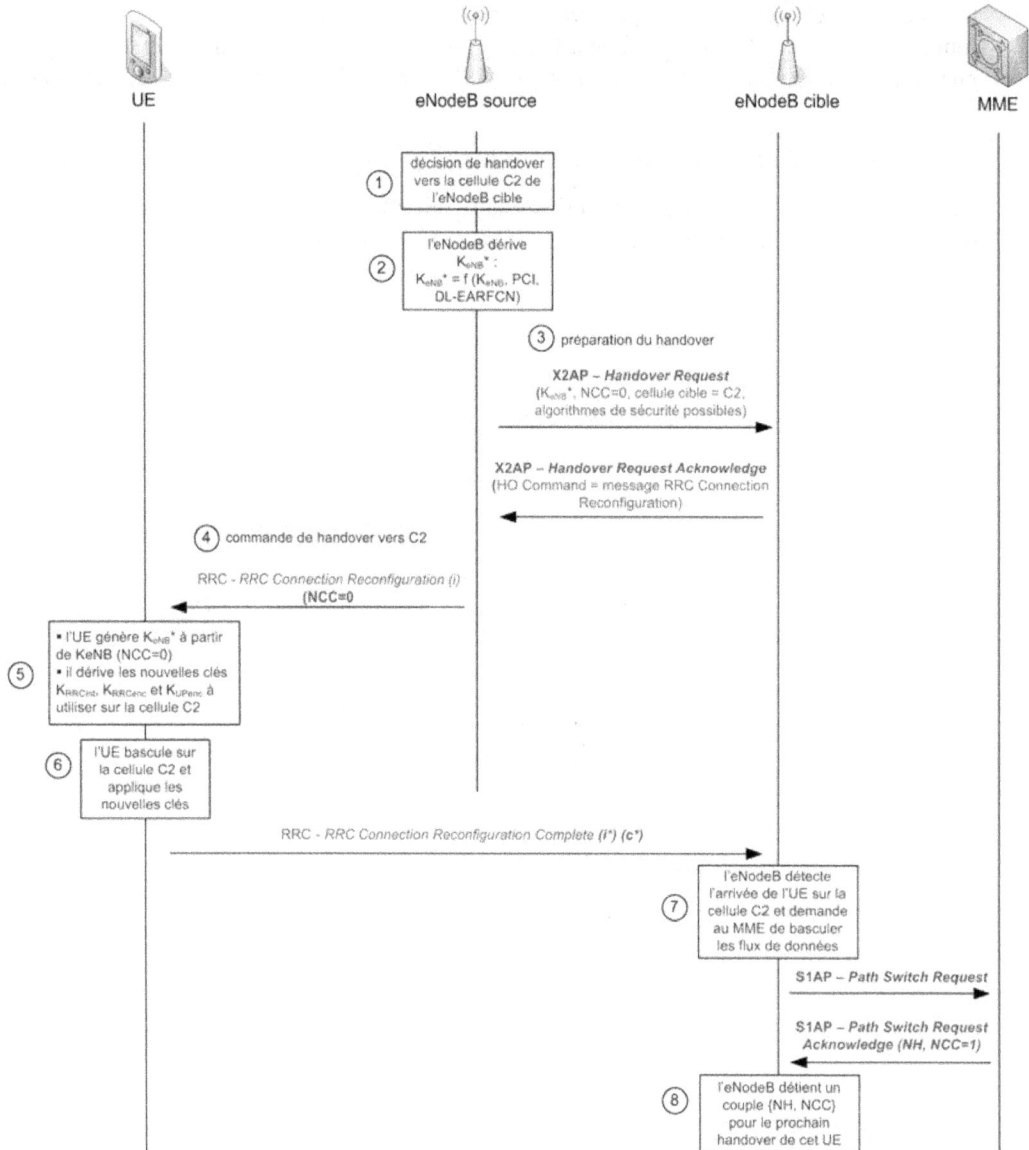

Figure 20-13
*Handover inter-eNodeB via X2 avec dérivation horizontale de $K_{eNB}$*

COMMUNICATION ENTRE L'UE ET L'eNODEB CIBLE AVANT LE HANDOVER **Le rôle du « transparent container »**

Lors d'un handover entre deux contrôleurs de stations de base (du même système ou de systèmes différents), un principe général est que le contrôleur cible prépare un bloc d'informations destiné à l'UE, que celui-ci reçoit du contrôleur source lors de la commande pour réaliser le handover. Ce bloc, appelé *container* en anglais, contient les informations nécessaires à l'UE pour établir la connexion sécurisée et le transfert de données avec la cellule cible. Ce point a été décrit dans le chapitre 19. En LTE, il est désigné par le terme *Handover Command* et correspond en fait au message RRC *Connection Reconfiguration Request* : en effet, lors d'un handover inter-eNodeB, ce message est entièrement préparé par l'eNodeB cible, l'eNodeB source se contentant de protéger le message lors de l'envoi à l'UE sur la cellule d'origine.

L'UE dérive la clé $K_{eNB}*$ sur la base du NCC reçu dans le message commandant le handover (*RRC Connection Reconfiguration Request*). L'eNodeB cible et l'UE utilisent ce $K_{eNB}*$ pour produire de nouvelles clés $K_{RRCint}$, $K_{RRCenc}$ et $K_{UPenc}$ associées aux algorithmes indiqués par l'eNodeB cible, afin de protéger leurs échanges sur la cellule cible.

Lorsque l'UE arrive sur la cellule cible, l'eNodeB cible informe le MME que le routage des données descendantes peut être basculé vers lui. Le MME incrémente alors son indice local NCC, produit un nouveau NH à partir du NH précédent et de $K_{ASME}$ (dérivation verticale). Il retourne ce nouveau couple {NH, NCC} à l'eNodeB dans sa réponse, qui le met de côté pour un prochain handover de l'UE. Lors du handover suivant, l'eNodeB source dérivera $K_{eNB}*$ à partir de ce couple {NH, NCC}, de la fréquence et de l'identifiant physique de la cellule cible.

Ainsi, nous voyons que lors d'un handover via X2, la nouvelle clé $K_{eNB}*$ utilisée sur la cellule cible est calculée par l'eNodeB source et donc connue de cet eNodeB. La séparation des clés n'est effective qu'après un second handover (intra-eNodeB, via X2 ou via S1), pour lequel une dérivation verticale sera réalisée à partir du nouveau paramètre NH fourni par le MME.

### Handover inter-eNodeB via l'interface S1

En cas de handover via l'interface S1, le MME produit un nouveau couple {NH, NCC} à partir de $K_{ASME}$ lorsqu'il reçoit le message *S1-AP Handover Required* de l'eNodeB source. Il enregistre ce couple et le transmet alors à l'eNodeB cible dans le message *S1-AP Handover Request*. C'est l'eNodeB cible qui dérive alors la nouvelle clé $K_{eNB}*$ en utilisant la même méthode de dérivation que pour les cas précédents, mais en utilisant le paramètre NH comme clé d'entrée. On voit donc que dans ce scénario de handover, la clé $K_{eNB}*$ n'est pas issue des informations fournies par l'eNodeB source, mais uniquement des paramètres donnés par le MME.

Comme pour un handover via l'interface X2, l'eNodeB cible fournit à l'UE le paramètre NCC reçu du MME, par l'intermédiaire de l'eNodeB source, dans le conteneur *HO Command* (message *RRC Connection Reconfiguration Request*). De même, l'eNodeB indique dans ce conteneur (qui transite cette fois par le MME) les algorithmes sélectionnés pour la sécurité AS.

Par exemple, s'il s'agit du premier handover après l'établissement de l'appel, on a NCC=1 et NH est dérivé à partir des clés $K_{eNB}$ initiale et $K_{ASME}$. Si en revanche une dérivation verticale a déjà eu lieu (du fait d'un handover via S1, par exemple), la valeur de NCC dans ce nouveau couple {NH,

NCC} est égale à 2 et NH est dérivé du NH précédent ($NH_1$) et de la clé $K_{ASME}$. Sur le schéma qui suit, nous supposons que la clé $K_{eNB}$ utilisée sur la cellule source est la clé initiale (NCC=0).

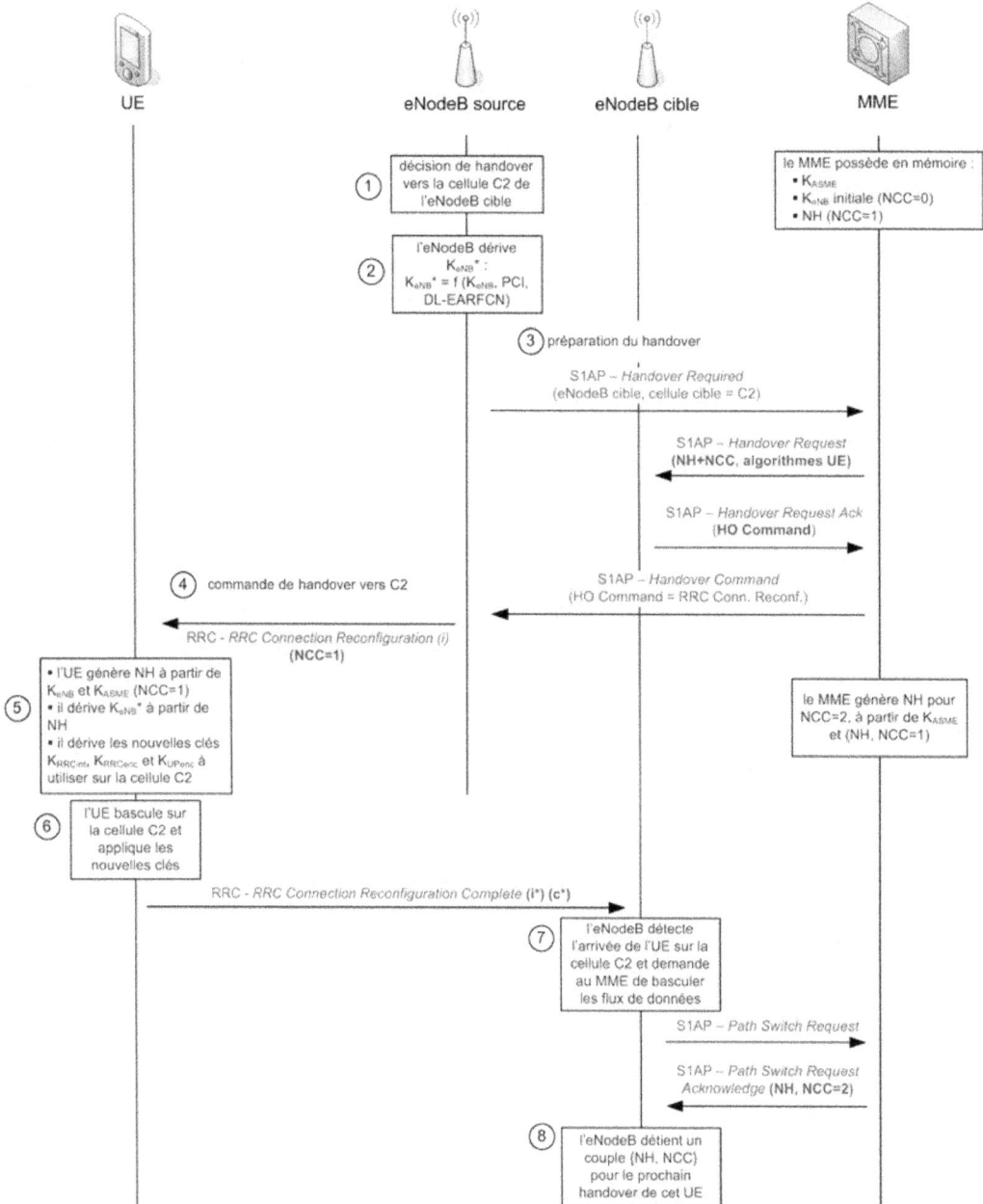

**Figure 20-14**

*Handover inter-eNodeB via S1 avec dérivation horizontale de $K_{eNB}$*

## Mise en œuvre de la sécurité lors de la mobilité intersystème

Lorsque l'UE a un appel actif sur le système LTE/EPC, une connexion sécurisée est établie entre lui et le réseau, avec un niveau de sécurité supérieur à celui qui peut être mis en œuvre en UMTS ou en GSM/GPRS. Ainsi, lors du handover vers un de ces systèmes, le réseau LTE/EPC et l'UE doivent essentiellement dériver un contexte de sécurité à partir du contexte EPS existant. Pour un handover dans l'autre direction (vers le LTE), un contexte EPS est dérivé du contexte existant pour permettre la continuité du service après la bascule, mais il est fortement recommandé de procéder à une nouvelle authentification EPS AKA afin de créer un nouveau contexte EPS natif.

### Mobilité avec le système UMTS

*Handover UMTS vers LTE*

Pour un handover de l'UMTS vers le LTE, le réseau et l'UE dérivent un contexte de sécurité EPS à partir du contexte UMTS utilisé. Un contexte natif peut être créé après le handover, afin de baser la sécurité AS et NAS sur un contexte neuf et produit par le réseau LTE/EPC.

Les principales étapes sont résumées ci-après.

1. Lors de la préparation du handover, le SGSN choisit le contexte de sécurité UMTS le plus récent (produit par une procédure UMTS AKA ou dérivé d'un contexte EPS) et le transmet au MME : couple de clés {CK, IK}, KSI et capacités de sécurité EPS de l'UE.

2. Le MME dérive alors la clé $K_{ASME}$, puis $K_{eNB}$ et les deux clés NAS. Il fournit $K_{eNB}$ à l'eNodeB cible.

3. À son tour, l'eNodeB dérive les trois clés de sécurité AS, à partir de $K_{eNB}$ et choisit les algorithmes de chiffrement et d'intégrité à partir des capacités de l'UE fournies par le MME. L'eNodeB indique ces algorithmes à l'UE dans le message de commande du handover, transmis au RNC via le MME et le SGSN.

4. Le MME fournit également à l'UE, via le SGSN et le RNC, des informations de niveau NAS : les algorithmes de sécurité NAS sélectionnés ainsi que le KSI.

5. Lorsqu'il reçoit du RNC le message de commande du handover (contenant les informations NAS du MME et le message RRC de l'eNodeB), l'UE dérive à son tour les clés $K_{ASME}$, $K_{eNB}$, ainsi que les clés AS et NAS en fonction des algorithmes indiqués.

6. Le message d'acquittement du handover envoyé par l'UE à l'eNodeB sur la cellule LTE est protégé en intégrité et chiffré, à l'aide des clés produites et des algorithmes sélectionnés par l'eNodeB.

7. Le message de confirmation envoyé par l'eNodeB au MME active la sécurité NAS sur le MME.

Les algorithmes de chiffrement et d'intégrité AS et NAS sont choisis par le MME et l'eNodeB en fonction des préférences de l'opérateur, de leurs capacités et de celles de l'UE.

Lors du handover, les capacités EPS de l'UE sont communiquées au MME par le SGSN, c'est-à-dire par le réseau d'origine. Celui-ci les a obtenues de l'UE lors de l'échange de signalisation NAS

(*MS Network Capabilities*, transmises par exemple lors d'une mise à jour de localisation). Pour éviter qu'une attaque de type *bidding down* (c'est-à-dire diminuant les capacités de sécurité de l'UE dans le but de forcer l'utilisation d'un algorithme vulnérable) réalisée par un tiers malveillant sur le réseau UMTS puisse se propager au système LTE/EPC, l'UE doit répéter ses capacités EPS dans le premier message NAS envoyé au MME. Le MME remplacera alors celles reçues précédemment par celles communiquées par l'UE.

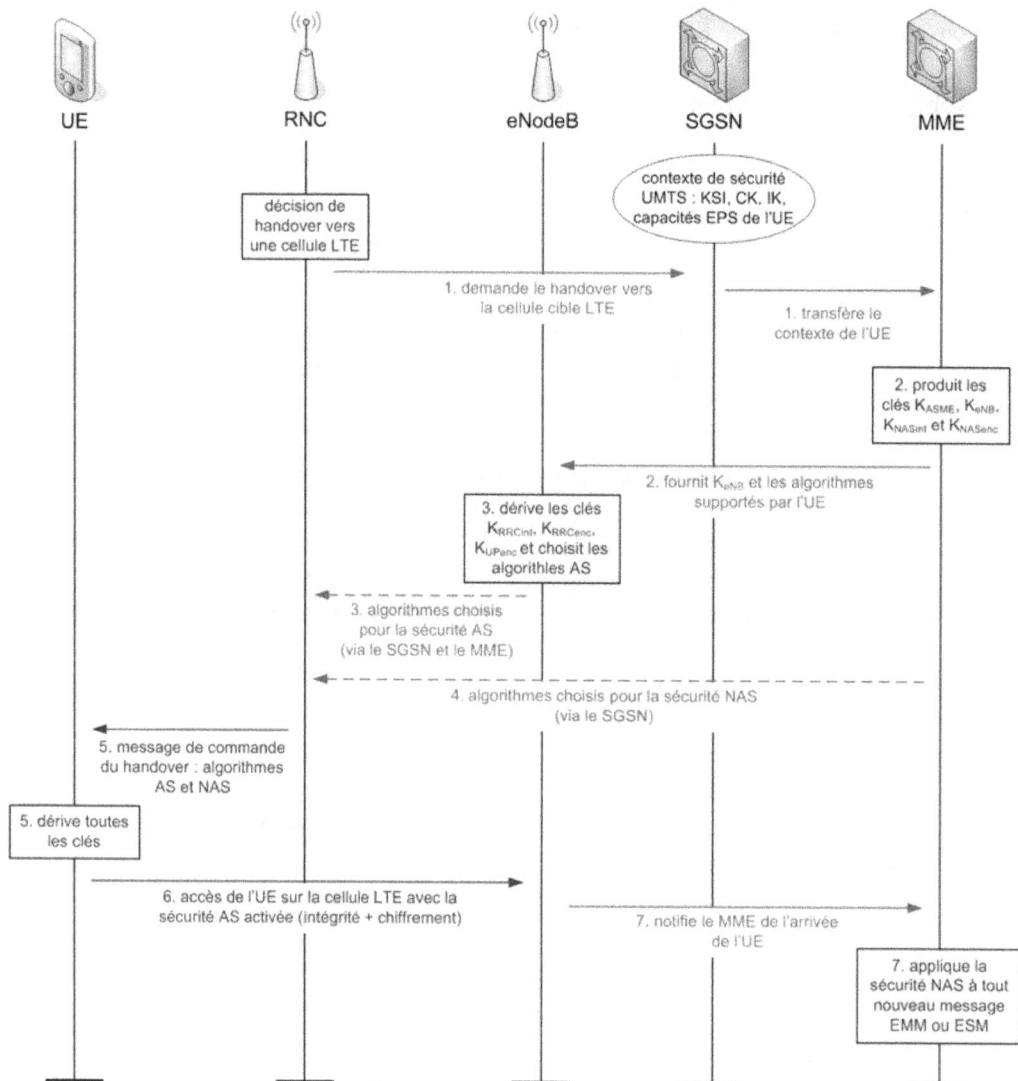

Figure 20-15
*Les échanges de sécurité lors du handover UMTS vers LTE*

Après le handover, l'UE doit démarrer une procédure de mise à jour de localisation si la zone de localisation Tracking Area a changé. Il doit alors protéger le message EMM *Tracking Area Update Request* à l'aide du contexte de sécurité EPS dérivé. En outre, si l'UE détient un contexte de sécurité natif, il inclut dans ce message le $KSI_{ASME}$ correspondant. Le MME utilise cet identifiant du contexte ainsi que l'identifiant temporaire GUTI de l'UE (également inclus dans le message) pour retrouver le contexte de sécurité adéquat. Il peut alors décider d'activer ce contexte EPS natif, par l'intermédiaire d'une procédure de sécurité NAS et un changement de clé $K_{eNB}$ *à la volée* conduisant à l'activation des nouvelles clés AS. Une fois ce contexte natif activé, l'UE et le MME suppriment le contexte dérivé. Cependant, le MME peut également attendre le prochain accès de l'UE (après la relâche de la connexion actuelle et l'établissement d'une nouvelle connexion) pour activer ce contexte EPS natif.

De façon générale, les spécifications 3GPP recommandent fortement de procéder à une authentification de l'UE lors d'une procédure de mobilité de l'UE vers le LTE, afin de calculer un contexte EPS natif et d'activer ce contexte immédiatement par le changement de clés *à la volée*.

### Handover LTE vers UMTS

Avant d'effectuer un handover vers l'UMTS, la sécurité doit être active pour les échanges AS et NAS. Ainsi, le handover n'est possible qu'après la réalisation de la procédure AS SMC décrite plus haut dans ce chapitre (ce qui est effectué dès l'établissement de l'appel). Les nouvelles clés UMTS de chiffrement et d'intégrité CK' et IK' sont dérivées par le MME et l'UE à partir de $K_{ASME}$. Le RNC les reçoit lors de la préparation du handover, tandis que l'UE les dérive avant la bascule sur la cellule cible UMTS, à partir des algorithmes sélectionnés et indiqués par le RNC via le conteneur RRC transmis par l'eNodeB. L'UE peut ainsi utiliser ces algorithmes dès son arrivée sur la cellule UMTS pour protéger ses messages RRC et les données transmises au RNC. La valeur du KSI est conservée, ce qui signifie que l'UE remplace le contexte de sécurité EPS par ce contexte dérivé, dans l'USIM et le terminal. Si l'UE a un appel voix en cours et d'autres bearers établis, le MME peut déclencher une procédure SR-VCC vers le domaine CS de l'UMTS et un handover PS vers le domaine PS pour les autres bearers EPS. Dans ce cas de figure, le même contexte de sécurité est transmis au MSC et au SGSN par le MME, puisque les clés CK' et IK' sont dérivées à l'aide de la même fonction et des mêmes paramètres ($K_{ASME}$, *NAS Downlink COUNT*).

En cas de CS Fallback vers le domaine CS de l'UMTS (ou le GSM), si un handover doit être exécuté vers le domaine PS pour les bearers actifs, le MME produit le contexte de sécurité UMTS de la même façon que pour la procédure SRVCC (donc un même contexte que celui envoyé au SGSN). Si l'eNodeB décide de rediriger l'UE en UMTS sans déclencher de handover (par exemple si aucun bearer n'est actif), l'UE dérive de la même façon le contexte UMTS, indique le KSI au MSC lors de son accès et le MSC récupère alors ce contexte du MME.

## Mobilité avec le système GPRS

Pour assurer un niveau de sécurité suffisant en LTE, la norme 3GPP n'autorise pas l'authentification de l'abonné à partir d'une SIM, mais exige l'utilisation d'une application USIM sur la carte UICC. Cette exigence s'applique donc aussi pour le handover vers le LTE : l'UE et le SGSN doivent nécessairement avoir réalisé une authentification mutuelle UMTS AKA, possible en UMTS et en GPRS. De même, le SGSN accueillant l'UE lors d'un handover LTE vers GPRS doit être capable de manipuler un contexte de sécurité UMTS (dérivé du contexte EPS par le MME).

### Handover GPRS vers LTE

La mise en œuvre de la sécurité LTE/EPC suit les mêmes étapes que celles indiquées à la section « Handover UMTS vers LTE » (p. 471), le SGSN et l'UE (respectivement le MSC et l'UE) partageant un contexte de sécurité UMTS (la clé de chiffrement GPRS $K_c$ étant produite à partir des clés CK, IK fournies par le HSS).

### Handover LTE vers GPRS

Les échanges relatifs à la sécurité sont similaires à ceux mis en œuvre pour un handover vers l'UMTS (voir la section « Mobilité avec le système UMTS », p. 471), avec les différences suivantes.

- Le SGSN et l'UE dérivent la clé de chiffrement GPRS $K_c$ à partir de CK et IK (elles-mêmes dérivées de KASME).
- Le SGSN choisit l'algorithme de chiffrement à appliquer après le handover et active le chiffrement lors de l'accès de l'UE au système GPRS.

# 21

# Les réseaux auto-organisés

**Sommaire :** *Intérêt des fonctionnalités d'auto-organisation – Principes de la configuration automatique des cellules voisines – Principes de la configuration automatique du PCI*

Ce chapitre présente les enjeux liés à l'automatisation des tâches de configuration et d'optimisation des réseaux mobiles. Puis les principes techniques des deux fonctionnalités majeures définies dans le cadre de la Release 8 sont détaillés.

## Intérêt du processus d'auto-organisation

Dès la phase de définition des exigences associées au système LTE, les opérateurs contribuant aux travaux du 3GPP ont requis l'intégration de processus d'auto-organisation au sein du nouveau système. On distingue deux grandes familles de processus d'auto-organisation :

- le processus d'autoconfiguration ;
- le processus d'auto-optimisation.

La figure suivante illustre le séquencement entre ces processus et la phase de mise en service de l'eNodeB.

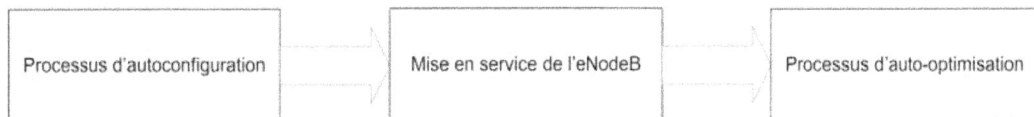

Figure 21-1
*Séquencement des processus d'auto-organisation*

## Le processus d'autoconfiguration

Le processus d'autoconfiguration permet à un nouvel eNodeB d'être configuré par l'intermédiaire de procédures d'installation automatiques. Ces procédures fournissent les données de configuration nécessaires à la mise en service de l'équipement.

Les procédures d'autoconfiguration principales sont :

- la détection de la liaison de transport ;
- la configuration automatique des interfaces ;
- la configuration des relations de voisinage ;
- la configuration de l'identifiant de la cellule.

Cette liste ne recouvre pas toutes les procédures nécessaires à la configuration d'une cellule. Toutefois, la mise en œuvre de ces procédures fait gagner beaucoup de temps aux opérateurs. En effet, ces tâches sont habituellement réalisées par des experts à chaque mise en service d'équipements et sont particulièrement fastidieuses et chronophages. Leur automatisation est une source de réduction des charges opérationnelles pour les opérateurs. La réalisation manuelle de ces tâches implique également des défauts ponctuels de configuration. Leur automatisation améliore donc potentiellement la qualité de service fournie aux utilisateurs dès la mise en service de l'équipement.

## Le processus d'auto-optimisation

L'auto-optimisation est définie comme le processus par lequel les mesures réalisées par les UE et les stations de base, ainsi que les mesures de performance du réseau, sont utilisées pour régler de manière automatique les paramètres du réseau.

Les principales procédures d'auto-optimisation sont :

- le traitement automatique des alarmes ;
- la réduction des interférences ;
- l'amélioration de la couverture et de la capacité ;
- l'optimisation de la mobilité ;
- l'équilibrage de charge intercellulaire ;
- l'optimisation des paramètres du canal RACH ;
- l'économie d'énergie.

Là non plus, cette liste n'est pas exhaustive. De nombreuses tâches sont effectuées par les experts afin d'améliorer la qualité de service des réseaux mobiles, mais certaines d'entre elles sont très complexes à automatiser. Ces procédures revêtent des objectifs divers tels que l'amélioration de la qualité de service, ou la réduction des charges opérationnelles et des investissements via une meilleure utilisation des ressources existantes. Leur automatisation implique un gain majeur en matière de charge opérationnelle et de qualité de service pour les utilisateurs. Certaines procédures telles que l'équilibrage de charge intercellulaire autorisent à retarder les investissements nécessaires pour faire face à l'augmentation de trafic.

## Les décisions prises en Release 8

Par manque de temps, le 3GPP a décidé de restreindre le champ d'investigations de la Release 8 à quelques procédures d'autoconfiguration. Certaines procédures d'auto-optimisation sont définies dans le cadre de la Release 9. Les sections suivantes présentent les principes techniques des procédures d'autoconfiguration définies dans le cadre de la Release 8 :

- la configuration dynamique des interfaces S1 et X2 ;
- la déclaration automatique des relations de voisinage ;
- la déclaration automatique du PCI.

# L'effet du processus d'auto-organisation au niveau de l'UE

Au sein du système LTE, l'UE doit prendre à sa charge les mesures et procédures qui peuvent être utilisées à des fins d'autoconfiguration et d'auto-optimisation, ce qui implique les exigences suivantes.

- L'UE est capable d'effectuer des mesures et de les remonter à l'eNodeB pour leur utilisation par le processus d'auto-organisation.
- Le réseau est capable de configurer ces mesures et les caractéristiques de leur report à des fins d'auto-organisation, via des messages de signalisation RRC.

# La configuration des interfaces S1 et X2

La configuration des interfaces terrestres d'un eNodeB est une opération relativement fastidieuse et qui peut être automatisée. Les procédures d'établissement d'interface S1 et X2 sont systématiquement à l'initiative de l'eNodeB à mettre en service. Elles se décomposent en trois étapes (figure suivante).

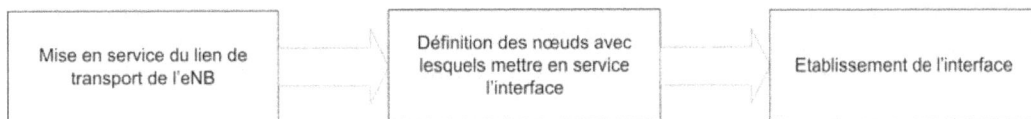

Figure 21-2
*Étapes de configuration d'une interface terrestre pour un eNodeB*

Les spécifications 3GPP ne détaillent pas la méthode de détection et de mise en service du lien de transport par l'eNodeB. De même, la méthode de récupération par l'eNodeB de la terminaison IP des nœuds distants (MME pour interface S1 et eNodeB pour interface X2) n'est pas précisée. Les spécifications 3GPP présentent uniquement les procédures d'établissement des interfaces S1 et X2. On ne peut donc considérer ces procédures comme réellement automatiques.

## L'interface S1

La configuration dynamique de l'interface S1 implique comme prérequis de fournir à l'eNodeB une terminaison IP pour chaque MME. L'eNodeB tente l'initialisation d'une association SCTP avec les MME pour lesquels une terminaison IP est déclarée, et ce jusqu'à ce que la connexion SCTP soit établie. La connexion SCTP établie, eNodeB et MME échangent des données de configuration en utilisant le protocole S1-AP suivant la procédure d'établissement de l'interface S1. L'eNodeB fournit les informations de configuration nécessaires au MME, telles que l'identifiant de l'eNodeB et la liste des TA prises en charge. Le MME fournit alors à l'eNodeB les informations de configuration telles que le GUMMEI et le PLMN ID. L'initialisation de l'interface S1 est alors réalisée au niveau applicatif, la procédure de configuration dynamique est terminée et l'interface S1-MME est opérationnelle.

## L'interface X2

La configuration dynamique de l'interface X2 est très similaire à la procédure définie pour l'interface S1. L'interface X2 est établie entre deux eNodeB. Nous appelons ici *source*, l'eNodeB à mettre en service et *cible* l'eNodeB voisin avec lequel le source doit établir une connexion X2. Cette configuration intervient théoriquement après réalisation de la procédure de configuration automatique des cellules voisines. En effet, l'eNodeB source a besoin de connaître les eNodeB cibles avec lesquels une connexion X2 est nécessaire. La configuration dynamique de l'interface X2 implique comme prérequis de fournir à l'eNodeB source une terminaison IP pour chaque cible. L'eNodeB source tente l'initialisation d'une association SCTP avec les eNodeB cibles pour lesquels une terminaison IP est déclarée, et ce jusqu'à ce que la connexion SCTP soit établie. La connexion SCTP établie, les eNodeB échangent des données de configuration en utilisant le protocole X2-AP par l'intermédiaire de la procédure d'établissement de l'interface. L'eNodeB source fournit à l'eNodeB cible les informations de configuration telles que les cellules qu'il sert. L'eNodeB cible fournit ensuite les mêmes éléments de configuration à l'eNodeB source. L'initialisation de l'interface X2 est alors réalisée au niveau applicatif, la procédure de configuration dynamique est terminée et l'interface X2 est opérationnelle.

# La déclaration automatique de relations de voisinage

## Relations de voisinage

L'une des particularités des réseaux mobiles est d'autoriser des communications pour un utilisateur en situation de mobilité. Les réseaux mobiles permettent la mobilité d'une cellule à une autre de manière transparente pour l'utilisateur, via le mécanisme de handover.

Les algorithmes de décision de handover ne sont pas complètement normalisés par le 3GPP et plusieurs aspects dépendent de l'implémentation des eNodeB. Cependant, il existe un point commun à toutes ces implémentations : la notion de relations de voisinage. En effet, l'opérateur doit avoir déclaré une relation de voisinage entre deux cellules voisines géographiquement pour que le handover soit possible entre ces cellules (mode connecté). Ce principe s'étend également au mécanisme de resélection (mode veille). Ainsi, lors de l'intégration au réseau d'une nouvelle cellule, l'opérateur procède à une analyse des zones de contiguïté entre cette cellule et les cellules existantes. L'ingénieur chargé de réaliser cette déclaration base habituellement son étude sur l'utilisation d'un outil de simulation de propagation électromagnétique. Chaque cellule comportant une frontière avec la nouvelle cellule est définie comme voisine de cette dernière. Cette opération est relativement simple lorsque l'on considère un seul système opérant sur une bande de fréquences unique. Toutefois, les réseaux déployés sont souvent bien plus complexes avec plusieurs systèmes et plusieurs bandes de fréquences utilisées. La figure suivante présente les déclarations à effectuer pour une cellule UMTS utilisant la porteuse F1 avec les cellules d'un même site supportant :

- le système GSM dans la bande 900 MHz ;

- le système DCS dans la bande 1 800 MHz ;

- le système UMTS avec trois porteuses différentes (F1, F2 et F3).

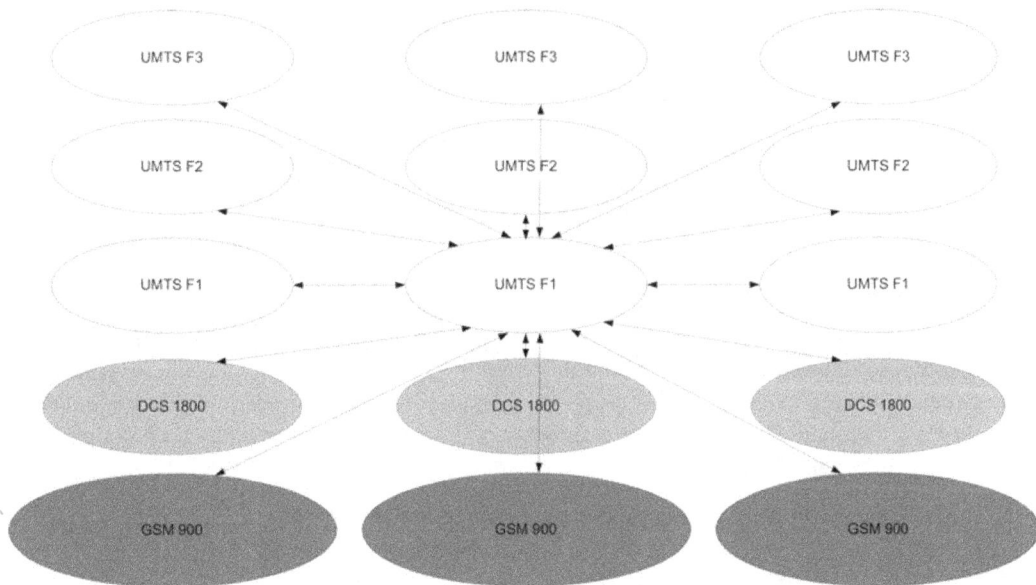

Figure 21-3

*Déclarations à effectuer pour une cellule UMTS utilisant la porteuse F1 avec les cellules d'un même site supportant les systèmes GSM (bande 900), DCS (bande 1 800) et UMTS (3 porteuses)*

Cette figure illustre la complexité de définir les cellules voisines au sein d'un même site. Toutefois, la déclaration intrasite est la plus simple et la complexité est bien plus élevée lorsque l'on considère les cellules des sites voisins. Le nombre de cellules voisines est très élevé dans les réseaux, ce qui conduit à un plan de voisinage extrêmement complexe. La méthode manuelle de déclaration de cellules voisines présente donc plusieurs inconvénients.

- L'étude et l'analyse de chaque zone est chronophage et représente une source de coûts non négligeable pour l'opérateur.

- Les conclusions des études peuvent être entachées d'erreurs du fait de l'imperfection des modèles de propagation utilisés, de l'imprécision des bases de données topographiques disponibles, ou enfin d'oublis de l'ingénieur en charge de l'étude.

La non-déclaration d'une relation de voisinage implique une qualité de service dégradée (coupures d'appels, dégradation de la qualité vocale, réduction des débits, etc.), comme illustré sur la figure suivante.

Figure 21-4
*Conséquence d'un manque de relation de voisinage*

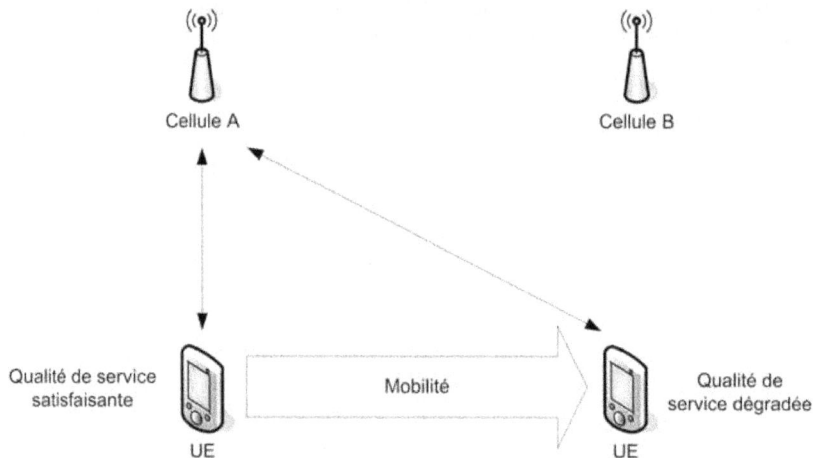

Sur cette figure, le mobile est en communication avec la cellule A et en mobilité en direction de la cellule B. La relation de voisinage entre les cellules A et B n'est pas déclarée. Malgré les meilleures conditions radio offertes par la cellule B, le mobile reste connecté avec la cellule A. La procédure de handover ne peut être déclenchée, ce qui se traduit par une dégradation de la qualité de service offerte à l'abonné. Pour l'opérateur, cet oubli est souvent révélé par un taux de coupures d'appel élevé sur la cellule A.

L'ANR (*Automatic Neighbor Relation*) a pour objectif d'automatiser la déclaration des relations de voisinage :

- intrasystèmes et intrafréquences ;
- intrasystèmes et interfréquences ;
- intersystèmes.

## Principes techniques

Dans la plupart des cas, la procédure de handover a pour objectif de connecter le terminal à la cellule qui lui offre les meilleures conditions radio. Plusieurs méthodes sont envisageables afin de déterminer les cellules voisines. On peut ainsi appliquer :

- une méthode théorique basée sur des simulations de propagation électromagnétique indiquant les zones de recouvrement entre la cellule étudiée et les cellules voisines ;

- une méthode basée sur les mesures réalisées au niveau de la station de base contrôlant la cellule étudiée ;
- une méthode basée sur les mesures remontées par les terminaux mobiles connectés à la cellule étudiée.

Nous avons expliqué que la méthode théorique peut être entachée d'erreurs du fait de l'imperfection des modèles de propagation utilisés et de l'imprécision des bases de données topographiques disponibles. La méthode basée sur les mesures réalisées par la station de base ne traduit pas avec précision l'environnement radio des UE sous couverture de la cellule étudiée. La fonctionnalité ANR exploite la troisième méthode, à savoir l'utilisation des mesures remontées par les UE connectés à la cellule étudiée.

### ANR intra-LTE intrafréquence

La fonctionnalité ANR repose sur la diffusion par chaque cellule de son identifiant unique, le Global-CID (*Global Cell IDentifier*). La fonctionnalité ANR a été dans un premier temps imaginée pour permettre l'ajout et la suppression de relations de voisinage au sein d'un réseau LTE comportant une fréquence unique. Dans ce cas, l'eNodeB demande à chaque UE de réaliser des mesures sur les cellules voisines dans le cadre de la procédure d'appel en mode connecté. L'eNodeB peut utiliser différentes stratégies pour lancer le déclenchement de mesures, mais aussi pour préciser à quel moment réaliser ces mesures. En revanche, la procédure de remontée par l'UE du Global-CID d'une cellule voisine (B) à une cellule source (A) est normalisée par le 3GPP et définie comme suit.

Figure 21-5
*Procédure ANR*
*intrasystème*
*intrafréquence*

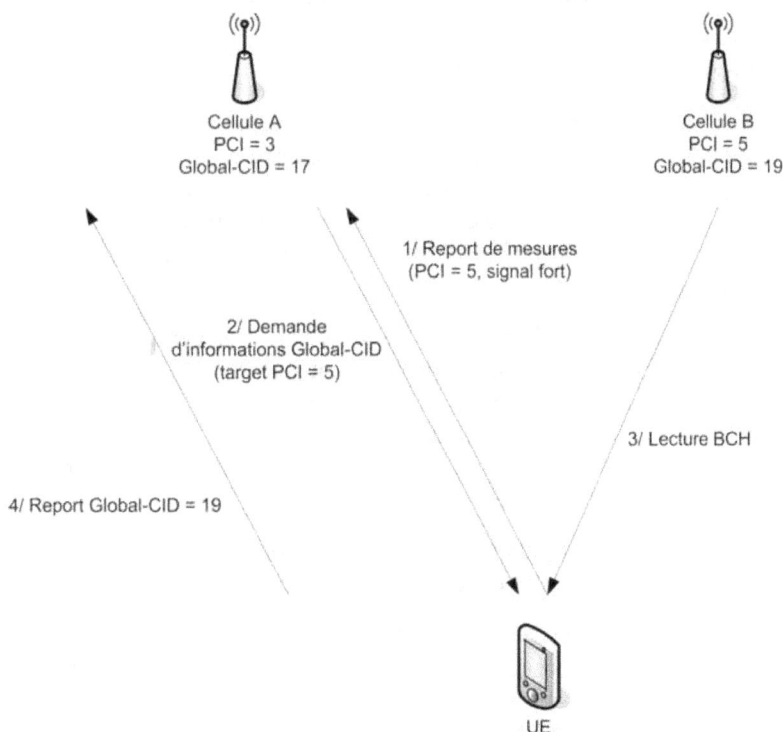

Cellule A
PCI = 3
Global-CID = 17

Cellule B
PCI = 5
Global-CID = 19

1/ Report de mesures
(PCI = 5, signal fort)

2/ Demande
d'informations Global-CID
(target PCI = 5)

3/ Lecture BCH

4/ Report Global-CID = 19

UE

Le séquencement des messages au sein de la procédure d'ANR intrasystème intrafréquence est le suivant.

1. L'UE envoie à la cellule A un rapport de mesures concernant la cellule B. Ce rapport contient le PCI de la cellule B, mais pas son Global-CID. Quand l'eNodeB reçoit le rapport de mesures de l'UE contenant le PCI, la séquence suivante peut être utilisée, typiquement dans le cas où l'eNodeB ne connaît pas le PCI remonté.

2. L'eNodeB demande à l'UE de lire le Global-CID, le TAC et les PLMN ID disponibles pour la cellule voisine détectée. Pour ce faire, l'eNodeB peut être amené à allouer des périodes de veille permettant à l'UE de lire le Global-CID sur le canal BCH de la cellule détectée.

3. L'UE lit le Global-CID de la cellule voisine détectée sur le canal BCH.

4. Quand l'UE dispose du Global-CID de la cellule détectée, il le renvoie à la cellule serveuse de l'eNodeB. L'UE reporte aussi les informations TAC et PLMN ID décodées sur le BCH de la cellule.

L'eNodeB peut alors décider d'ajouter cette relation de voisinage et peut utiliser le PCI et le Global-CID pour :

- mettre à jour sa liste de relations de voisinage ;
- rechercher une adresse de la couche de transport de l'eNodeB contrôlant la cellule détectée ;
- si nécessaire, établir une nouvelle interface X2 avec l'eNodeB contrôlant la cellule détectée.

### ANR intersystème/interfréquence

Actuellement, la procédure de handover est exécutée fréquemment entre des réseaux 2G et 3G. En effet, les couvertures offertes par les deux réseaux diffèrent du fait de l'utilisation de fréquences porteuses et d'ingénierie distinctes. L'opérateur désire tirer le meilleur parti de ces deux *couches*. À titre d'exemple, un mobile connecté au réseau 3G sur une bande à 2 GHz et qui arrive en limite de couverture 3G peut être basculé vers un réseau 2G sur une bande à 900 MHz si ce dernier offre des conditions radio suffisantes.

Le système LTE est déployé, dans la plupart des cas, par des opérateurs exploitant déjà des réseaux 2G et 3G. Dans la phase de déploiement initial, le système LTE couvre ainsi des zones déjà couvertes par les réseaux 2G et 3G. La figure 21-6 illustre un cas pour lequel la surface d'une cellule LTE est plus réduite que les surfaces des cellules 2G et 3G. Cet exemple est vraisemblable dans le cas d'une opération du système LTE sur une bande de fréquences plus élevée que celles utilisées par les réseaux 2G et 3G.

Dans une telle configuration, la mobilité du système LTE vers un autre système est nécessaire afin d'éviter toute rupture de communication en bordure de cellule LTE.

La mobilité intersystème a été définie comme primordiale par les opérateurs lors de la phase de définition des exigences techniques pour le système LTE et la déclaration automatique des relations de voisinage intersystème est donc nécessaire. Certains opérateurs allouent également plusieurs bandes de fréquences au système LTE comme présenté sur la figure 21-7.

Figure 21-6

*Scénario de déploiement impliquant l'interaction du système LTE avec les réseaux 2G et 3G*

Figure 21-6

*Scénario de déploiement impliquant l'interaction du système LTE avec les réseaux 2G et 3G*

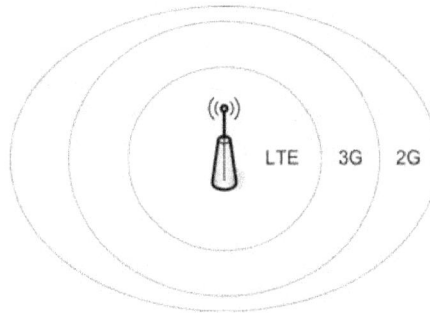

Figure 21-7

*Scénario de déploiement impliquant l'interaction entre deux fréquences porteuses pour le système LTE*

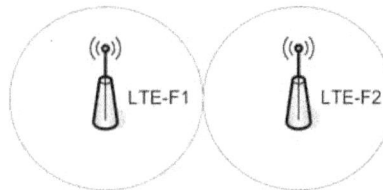

L'extension de la fonctionnalité ANR au scénario interfréquence est donc nécessaire. La procédure ANR intersystème/interfréquence est identique au cas intra-LTE intrafréquence, à savoir que le réseau prend la décision d'ajout ou de retrait de relations de voisinage en fonction des mesures remontées par le mobile sous couverture de la cellule étudiée. Le schéma suivant décrit les étapes nécessaires à l'ajout d'une relation de voisinage entre une cellule LTE (A) et une cellule UMTS (B).

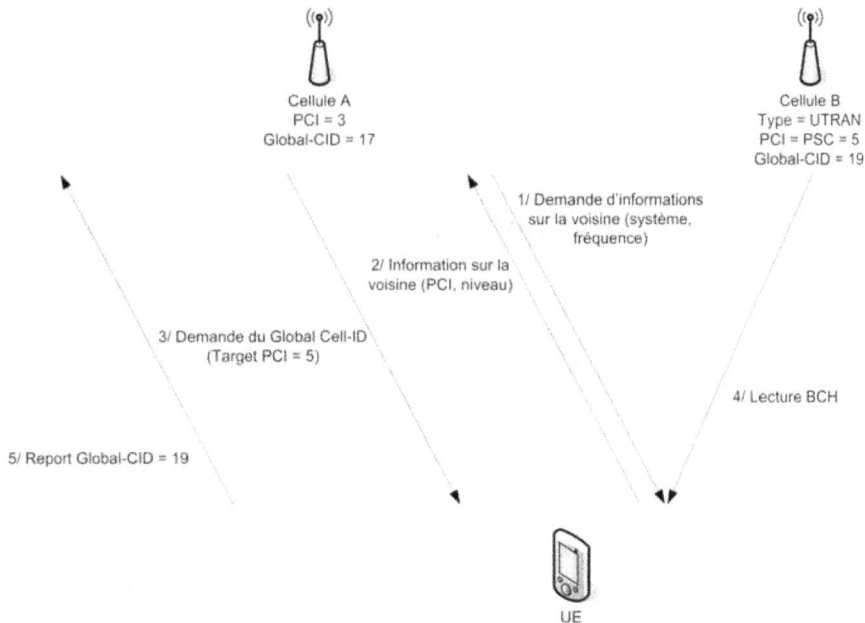

Figure 21-8

*Procédure ANR intersystème (exemple d'une cellule voisine UTRAN-FDD)*

Dans ce scénario, la cellule A intègre la fonctionnalité ANR. En mode connecté, l'eNodeB demande à l'UE de réaliser des mesures sur d'autres systèmes et/ou fréquences. Comme précédemment, l'eNodeB utilise différentes stratégies pour initier le déclenchement de mesures, mais aussi pour préciser quand réaliser ces mesures. En revanche, les procédures de remontée par l'UE de l'identifiant de la cellule voisine sont normalisées par le 3GPP et sont définies comme suit :

1.  L'eNodeB demande à l'UE de rechercher des cellules de différents systèmes et/ou fréquences cibles. Pour ce faire, l'eNodeB peut être amené à allouer des périodes de veille à l'UE pour qu'il scanne toutes les cellules candidates.

2.  L'UE reporte le PCI des cellules détectées dans les systèmes et/ou fréquences cibles. Le PCI est défini par la fréquence porteuse et le code d'embrouillage primaire ou PSC (*Primary Scrambling Code*) dans le cas d'une cellule cible de type UTRAN FDD, par la fréquence porteuse et le *cell parameter ID* dans le cas d'une cellule de type UTRAN TDD et enfin par le couple BSIC/BCCH ARFCN dans le cas d'une cellule GERAN.

3.  Le PCI n'est pas un identifiant unique au sein d'un PLMN. Il convient donc de préciser l'identifiant afin de fiabiliser l'identité de la cellule voisine détectée. Dans ce but, l'eNodeB demande à l'UE ayant découvert le nouveau PCI de lire le Global-CID de la cellule voisine détectée.

4.  L'UE peut ignorer des transmissions de la cellule serveuse LTE afin de lire le Global-CID transmis sur le canal BCH de la cellule voisine détectée.

5.  Après avoir lu le Global-CID de la cellule détectée, l'UE rapporte l'information à la cellule serveuse de l'eNodeB.

L'eNodeB peut alors décider de mettre à jour la liste de ses relations de voisinage intersystème/ interfréquences. Dans le cas interfréquence, l'eNodeB peut utiliser les informations PCI et Global-CID afin d'établir une nouvelle interface X2.

## Interactions entre procédure ANR et O&M

Les fonctions O&M (Opération et Maintenance) sont habituellement associées dans le domaine des réseaux. La notion d'opération fait référence à la possibilité d'accéder aux données de configuration du réseau et de les modifier. La notion de maintenance fait quant à elle appel à la capacité à superviser le fonctionnement du réseau.

Comme la procédure ANR a pour objectif d'optimiser des données de configuration du réseau LTE, il est logique de prévoir son interaction avec le système O&M. Toutefois, il est à noter que le niveau de normalisation des interfaces entre les équipements du réseau et les nœuds du système O&M est relativement faible, rendant impossible pour les opérateurs la dissociation entre constructeur de réseaux et constructeur de système O&M. Les interactions mises en œuvre entre l'eNodeB et le système O&M pour la procédure ANR sont présentées sur la figure 21-9.

La fonction ANR est localisée au sein de l'eNodeB et gère le concept de table de relations de voisinage ou NRT (*Neighbour Relation Table*). Partie intégrante de la procédure ANR, la fonction de détection de voisines trouve de nouvelles voisines et les ajoute à la table NRT. La fonction ANR englobe également la fonction de retrait de voisines qui supprime des voisines inutiles. Le fonctionnement précis de ces deux fonctions n'est pas normalisé et dépend de l'implémentation du constructeur de l'eNodeB. La mise en œuvre de la procédure ANR implique une définition précise du concept de relation de voisinage. Ainsi, une relation de voisinage existante entre une cellule source et une cellule cible signifie que l'eNodeB contrôlant la cellule source :

- connaît les informations Global-CID et PCI de la cellule cible ;
- possède une information identifiant la cellule cible dans sa table NRT ;
- connaît les attributs de la NRT pour la cellule cible, définis soit par le système O&M soit à des valeurs par défaut.

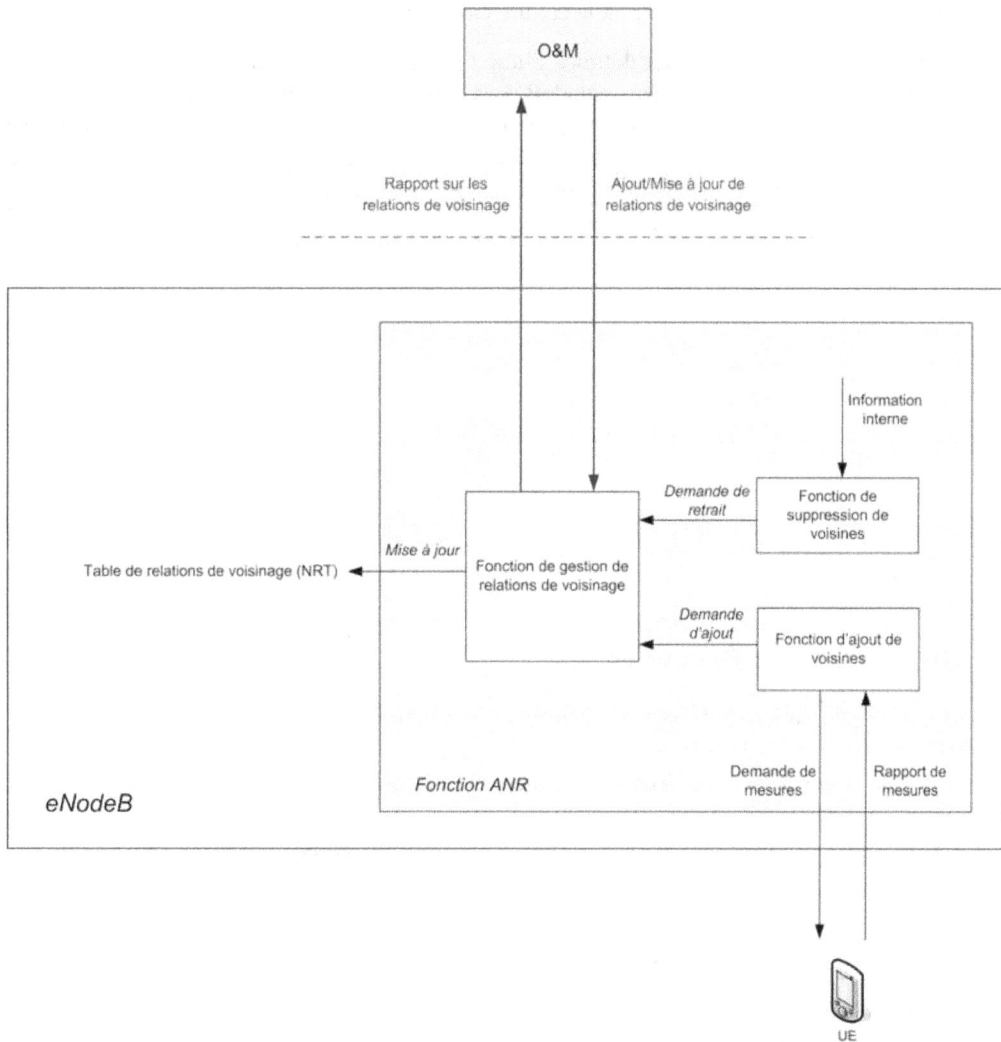

Figure 21-9
*Interaction entre eNodeB et le système O&M pour la fonction ANR*

L'eNodeB conserve une table NRT pour chaque cellule qu'il contrôle. Pour chaque relation de voisinage, la table NRT contient l'identifiant de la cellule cible ou TCI (*Target Cell Identifier*). Pour une cellule cible LTE, le TCI se traduit par une association Global-CID/PCI. De plus, chaque relation de voisinage comporte trois attributs pouvant prendre les valeurs « vrai » ou « faux ».

- *No Remove* : si vérifié, l'eNodeB ne doit pas supprimer la relation de voisinage de la NRT.
- *No HO* : si vérifié, la relation de voisinage ne doit pas être utilisée par l'eNodeB pour une opération de handover.
- *No X2* : si vérifié, la relation de voisinage ne doit pas utiliser l'interface X2 afin d'initier des procédures vers l'eNodeB gérant la cellule cible.

Les relations de voisinage sont définies d'une cellule source vers une cellule cible, tandis qu'une interface X2 est établie entre deux eNodeB. Les relations de voisinage sont unidirectionnelles alors que les interfaces X2 sont bidirectionnelles. La fonction ANR permet au système O&M de gérer la NRT. Il peut ajouter et supprimer les relations de voisinages. Il peut également modifier les attributs de la NRT et est informé dès lors qu'un changement de la NRT est effectué. La figure suivante présente la structure d'une table de relations de voisinage.

Figure 21-10
*Structure d'une table*
*de relations*
*de voisinage*
*d'une cellule*

| NR | TCI | No Remove | No HO | No X2 |
|----|-----|-----------|-------|-------|
| 1 | TCI#1 | | | |
| 2 | TCI#2 | ✓ | | ✓ |
| 3 | TCI#3 | ✓ | | |
| | | | | |

## ANR intra-LTE intrafréquence

Il a été défini que la fonction ANR intra-LTE intrafréquence est exécutée sous le contrôle du système O&M qui peut gérer :

- la liste noire ANR, une liste de cellules avec lesquelles l'eNodeB ne doit jamais établir ou conserver une relation de voisinage ;
- la liste blanche ANR, une liste de cellules avec lesquelles l'eNodeB doit toujours établir et maintenir une relation de voisinage.

## ANR intersystème/interfréquence

Il a été défini que la fonction ANR intersystème/interfréquence est exécutée sous le contrôle du système O&M qui peut gérer :

- la liste de recherche intersystème/interfréquence, une liste des systèmes et/ou fréquences qui doivent être recherché(e)s ;

- la liste noire ANR intersystème/interfréquences, une liste de cellules intersystème/interfréquences avec lesquelles l'eNodeB ne doit jamais établir ou conserver une relation de voisinage ;
- la liste blanche ANR intersystème/interfréquences, une liste de cellules intersystème/interfréquences avec lesquelles l'eNodeB doit toujours établir et maintenir une relation de voisinage.

Il est également supposé que le système O&M est systématiquement informé dès lors qu'un changement est effectué au sein d'une des listes des relations de voisinage intersystème/interfréquences de l'eNodeB.

# La déclaration automatique de PCI

## Complexité de la procédure

Au sein des réseaux mobiles, la méthode d'accès à la ressource spectrale implique systématiquement la réutilisation de ressources radio. Ainsi, en GSM, l'utilisation du FDMA exige d'extrêmes précautions de la part de l'opérateur dans le cadre de la planification des fréquences. L'opération de planification de canaux fréquentiels consiste à allouer à une cellule un canal (ou plusieurs) avec pour contrainte d'éviter toute assignation du même canal à deux cellules comportant une zone de recouvrement géographique. Le nombre de canaux disponibles étant très réduit (typiquement 50 par opérateur en France dans la bande 900 MHz), cette opération s'avère très complexe. Un mauvais choix de canal peut se révéler dramatique en matière de qualité de service : dégradation de l'accessibilité au réseau, accroissement des coupures d'appel et dégradation de la qualité vocale.

En UMTS, l'utilisation du CDMA a permis d'éviter tout souci de planification de fréquences, toutes les cellules du réseau pouvant émettre sur la même fréquence porteuse. Toutefois, l'opérateur doit allouer à chaque cellule un code d'embrouillage afin que les UE les distinguent. Ainsi, un même code ne doit pas être alloué à deux cellules voisines ou proches géographiquement. Le nombre de codes d'embrouillage disponibles étant relativement important (512), l'opération de planification de ces codes est habituellement bien plus simple que l'opération de planification des canaux fréquentiels pour le GSM. L'opérateur doit cependant rester particulièrement vigilant car tout conflit de codes d'embrouillage entre deux cellules voisines peut conduire à une dégradation significative de l'accessibilité au réseau, ainsi qu'à une augmentation des coupures d'appels.

Le système LTE fait appel à l'OFDMA. Les cellules sont distinguées par leur PCI, qui conditionne entre autres la séquence d'embrouillage appliquée au niveau des bits de données codés (voir le chapitre 4), la séquence utilisée pour les signaux de synchronisation et de référence, etc. Le PCI est utilisé également par une cellule serveuse dans le cadre du rapport des mesures effectuées sur des cellules voisines. Cet identifiant n'est pas unique au sein du réseau et doit être choisi dans un ensemble de valeurs relativement conséquent (504). Le PCI doit toutefois identifier de manière unique une cellule voisine vis-à-vis d'une cellule serveuse. Par conséquent, la distance de réutilisation de PCI doit être suffisamment grande pour éviter toute confusion entre cellules voisines. La complexité de la planification des PCI est d'un niveau similaire à celle de la planification des codes d'embrouillage en UMTS.

## Principes techniques

En Release 8, le degré de normalisation de la procédure de sélection automatique des PCI est encore limité. En effet, le 3GPP a uniquement défini des bases générales d'implémentation de la procédure. Ainsi, au sein de l'eNodeB, la sélection du PCI d'une cellule peut être basée sur deux types d'algorithmes :

• un algorithme centralisé ;

• un algorithme distribué.

L'algorithme centralisé est basé sur une signalisation par le système O&M de la valeur du PCI que l'eNodeB doit sélectionner. Ce dernier ne revêt donc aucun caractère d'automatisation et de gain de temps réalisé par l'opérateur.

Bien que partiellement défini par le 3GPP, l'algorithme distribué peut au contraire permettre une automatisation complète de la sélection du PCI par l'eNodeB. Le système O&M signale une liste de valeurs de PCI au sein de laquelle l'eNodeB réalise son choix. L'eNodeB restreint cette liste en supprimant les PCI :

• remontés par les UE ;

• remontés par des eNodeB voisins via l'interface X2 ;

• identifiés selon une méthode propre au constructeur.

L'eNodeB doit alors sélectionner sa valeur de PCI aléatoirement au sein de la liste des PCI qui subsistent.

# 22

# Les cellules femto

Sommaire : *Définition d'une cellule femto – Décisions propres aux cellules femto approuvées par le 3GPP en Release 8 – Architecture définie pour traiter les cellules femto – Scénarios d'accès envisagés pour les cellules femto*

Ce chapitre présente le concept de cellule femto et décrit l'architecture définie pour optimiser la prise en charge de ce type de cellule au sein du système LTE. Les outils mis à la disposition des opérateurs pour gérer l'accès aux cellules femto sont aussi présentés. De nombreux points restent toutefois en suspens en Release 8 et sont précisés dans le cadre des Releases 9 et 10.

## Intérêt des cellules femto

### Contexte

Comme évoqué au chapitre 1, les réseaux mobiles sont basés sur le concept de motif cellulaire. Le rayon d'une cellule macro varie de quelques centaines de mètres à plusieurs kilomètres, l'opérateur de réseaux mobiles adaptant ce rayon aux spécificités topographiques et démographiques de la zone à couvrir. Ainsi, la distance entre sites en ville est plus courte qu'en zone rurale. Ces dernières années, de nombreux constructeurs d'infrastructures de réseaux mobiles ont étoffé leurs catalogues en proposant des équipements de faible encombrement et donc plus aisés à déployer. Ces solutions appelées couramment cellules micro ou pico sont déployées aujourd'hui pour améliorer la couverture radio à l'intérieur de locaux tels que des zones commerciales ou encore pour couvrir des zones urbaines enclavées telles que des rues piétonnes. Toutefois, la dimension de ces équipements est incompatible avec un déploiement au domicile des utilisateurs.

En parallèle, un utilisateur désire aujourd'hui consulter ses courriels et accéder à ses services favoris sur son terminal mobile aussi bien dans la rue, dans les transports, qu'au bureau ou encore à son domicile. Cette demande implique pour l'opérateur de fournir une couverture radio mobile dense, notamment à l'intérieur des bâtiments. Or, les difficultés de déploiement couplées aux coûts liés à la densification du réseau ne permettent pas toujours à l'opérateur de satisfaire cette demande. Des solutions alternatives existent, telles que la connexion du terminal au réseau résidentiel via une liaison Wi-Fi. Ces solutions présentent cependant des limites, notamment en matière de mobilité et d'autonomie du terminal, et surtout nécessitent des terminaux intégrant un module radio Wi-Fi.

Une nouvelle piste jusqu'alors inexplorée a vu le jour ces dernières années. Elle consiste à déployer au sein même du domicile de l'utilisateur des stations de base émettant à des puissances très faibles, de l'ordre de 20 dBm ou moins, sur le spectre fréquentiel détenu par l'opérateur mobile. Les cellules gérées par ces stations de base sont appelées cellules femto, femto étant le préfixe du système international qui représente $10^{-15}$ de l'unité. Une cellule femto fait donc référence à une cellule dont le rayon est bien plus réduit qu'une cellule habituelle (de l'ordre de quelques mètres). Les stations de base mettant en œuvre les cellules femto sont également appelées stations de base femto. Elles sont typiquement déployées par l'utilisateur (en étant louées ou vendues par l'opérateur) et sont connectées au réseau de l'opérateur par le biais de liaisons haut-débit (x-DSL, FTTH…). Les premières cellules femto sont actuellement en cours de déploiement et sont principalement basées sur la technologie d'accès UMTS. Mi-2011, on comptait environ 2,3 millions de cellules femto déployées dans le monde. La figure suivante présente les prévisions de déploiement de cellules femto au niveau mondial.

**Figure 22-1**
*Prévision de déploiement de cellules femto au niveau mondial (source Small Cell Forum)*

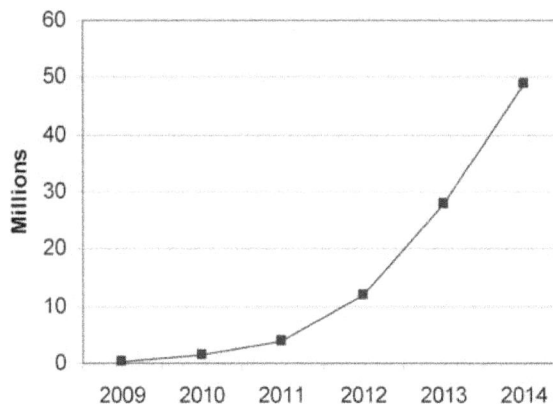

Les solutions déployées ont été développées de manière autonome par différents constructeurs, sans véritable cadre de normalisation. Pourtant, le concept même de cellule femto pose de nombreuses questions, notamment relatives à l'accès à la cellule, la mobilité, la connexion d'un nombre très important de cellules avec le réseau cœur, les interférences avec le réseau macro, la sécurité et la configuration des équipements. Ces questions n'ont pas été résolues nativement par la norme UMTS, obligeant les constructeurs d'infrastructures à trouver des solutions propriétaires spécifiques à leurs implémentations. La norme LTE vise au contraire à intégrer nativement quelques concepts facilitant la mise en œuvre des cellules femto dès la Release 8. À ce titre, le 3GPP a introduit le concept de HeNB (*Home eNodeB*) que nous décrivons dans la suite de ce chapitre. Les sections suivantes présentent les décisions relatives aux HeNB, prises dans le cadre de la Release 8. Il convient cependant d'indiquer les limites de cette première version ; en effet, les contraintes de temps ont obligé le 3GPP à décaler à la Release 9 la normalisation de nombreuses fonctionnalités propres aux HeNB.

## Intérêts pour l'utilisateur

L'avantage majeur d'une cellule femto pour l'utilisateur est une amélioration de la couverture radio à son domicile, qui peut se traduire par une meilleure qualité pour le service voix et des débits plus élevés pour accéder aux services de données. Le propriétaire d'un HeNB peut restreindre l'accès à sa cellule femto à certains utilisateurs, par exemple les membres de sa famille ou ses invités. C'est le concept de CSG (*Closed Subscriber Group*), qui sera détaillé à la section éponyme (p. 496). Dans ce cas, la cellule femto offre des débits moins sensibles aux pics d'activité des autres utilisateurs du réseau. Les cellules femto facilitent également l'émergence de services mobiles qui exploitent la capacité de la technologie à détecter la présence de l'utilisateur à son domicile et/ou basés sur l'interaction via le réseau domestique avec les autres équipements de la maison. On peut citer :

- les services de numéro virtuel permettant d'avoir un numéro à domicile sans abonnement à une ligne fixe ;
- l'envoi de SMS aux parents dès le retour de leurs enfants à la maison ;
- le chargement de *podcasts* dès détection de l'arrivée de l'utilisateur.

Un autre avantage pour l'utilisateur est l'amélioration de l'autonomie du terminal. La proximité de l'HeNB implique de très faibles niveaux de puissance d'émission de l'UE en voie montante, autorisant un net gain en matière d'autonomie du terminal mobile en comparaison à une connexion au réseau macro.

D'un point de vue économique, le déploiement d'une cellule femto à son domicile peut procurer à l'utilisateur un tarif avantageux de la part de l'opérateur. Ce point dépend naturellement de la politique commerciale de l'opérateur et, à ce titre, des scénarios de tarification très différents sont envisageables.

## Intérêt pour l'opérateur

Les cellules femto sont appropriées pour couvrir le domicile de clients mal couverts et sont une solution technique à faible coût améliorant la satisfaction des clients des opérateurs. Outre les habitations, le déploiement de cellules femto peut être approprié pour améliorer à moindre coût la couverture d'espaces publics de petite dimension, comme des locaux de petites sociétés, des cafés, des restaurants ou des boutiques.

Le déploiement de cellules femto est intéressant à plusieurs titres pour l'opérateur. En termes d'investissements, l'installation d'une cellule femto ne requiert pas de travaux spécifiques d'aménagement de site, contrairement au cas des déploiements de cellules macro, micro et pico. Les cellules femto aident aussi à réduire les investissements capacitaires liés à la croissance du trafic à écouler par le réseau. Les cellules femto peuvent en effet absorber une partie du trafic engendré par les utilisateurs, réduisant le taux de charge des équipements du réseau macro par exemple. En termes de charges opérationnelles, nous retrouvons là aussi des économies substantielles pour l'opérateur. En effet, la fourniture de l'énergie électrique nécessaire au fonctionnement de l'HeNB ainsi que la location du lien haut-débit permettant son raccordement au réseau de l'opérateur sont à la charge de l'utilisateur. Par ailleurs, le déploiement d'une cellule femto n'est pas contraint à la signature d'un bail de location, contrairement aux cas des cellules macro, micro et pico. En conclusion, les cellules femto permettent à un opérateur de densifier la couverture de son réseau et d'accroître sa capacité à un coût modéré.

# Architecture pour la prise en charge des HeNB

## Principes

Deux contraintes majeures doivent être prises en compte lors de la définition d'une architecture pour les HeNB :

- la sécurité, car les HeNB ne sont pas déployés dans des locaux sécurisés, contrairement aux stations de base déployées par l'opérateur ;
- l'extensibilité (*scalability* en anglais), car les HeNB peuvent être déployés par millions au sein d'un même PLMN.

La figure suivante présente l'architecture logique définie par le 3GPP et adaptée au déploiement des HeNB.

Figure 22-2
*Architecture logique
définie pour la prise
en charge des HeNB*

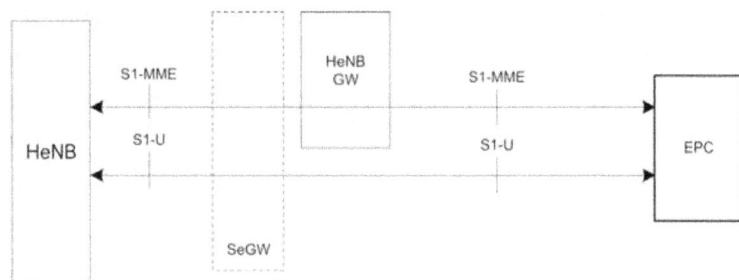

En préambule, il convient d'indiquer qu'un HeNB ne peut contrôler qu'une seule cellule femto. On voit apparaître deux nouvelles entités optionnelles au sein de l'architecture LTE :

- la SeGW ;
- la HeNB GW.

L'entité SeGW (*Security Gateway*) est une passerelle de sécurité qui protège pour le plan usager et le plan de contrôle les nœuds EPC d'éventuelles attaques provenant d'un HeNB détourné. Comme les HeNB sont installés dans des locaux non sécurisés, un utilisateur mal-intentionné pourrait, en l'absence de règles spécifiques de sécurité, avoir un accès direct aux interfaces entre l'HeNB et les nœuds de l'EPC et tenter de mettre en péril le fonctionnement de ces derniers. L'entité SeGW assure la sécurité des nœuds de l'EPC lors d'un déploiement de HeNB.

L'entité HeNB GW (*Home eNodeB Gateway*) est une passerelle optionnelle réduisant le nombre d'interfaces S1-MME à connecter au niveau de l'EPC. Cette entité logique revêt tout son sens dans le cas d'un déploiement massif d'HeNB pour le grand public. La HeNB GW sert alors de concentrateur pour le plan de contrôle (S1-MME), réduisant ainsi le nombre de connexions SCTP simultanées au niveau du MME. On peut également imaginer que les utilisateurs procéderont à des démarrages et arrêts fréquents de leur HeNB, engendrant une forte charge du MME liée à la relâche et au rétablissement des connexions SCTP. La HeNB GW peut servir à masquer ces phénomènes au MME.

Un HeNB ne peut être connecté qu'à une unique HeNB GW à un instant donné, appelée la HeNB GW *serveuse*. De même, un HeNB connecté à l'EPC via la HeNB GW ne peut être connecté simultanément qu'à un seul MME. En d'autres termes, la fonction S1-Flex décrite au chapitre 2 ne s'applique pas aux HeNB dans le cas d'un raccordement à une HeNB GW. La HeNB GW peut toutefois être reliée à plusieurs MME.

La figure suivante décrit un exemple d'architecture impliquant des déploiements simultanés d'eNB et de HeNB au sein d'un même PLMN.

**Figure 22-3**
*Architecture générale LTE incluant eNodeB, HeNB et HeNB GW*

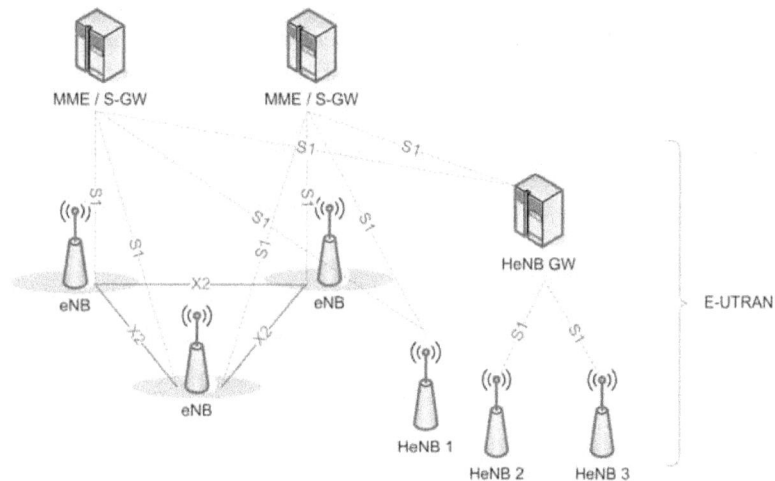

Sur cette figure, l'HeNB1 est connecté directement à deux MME, ce qui illustre le fait que la fonction S1-Flex peut s'appliquer aux HeNB dans le cas d'un raccordement direct entre EPC et HeNB. Les HeNB2 et HeNB3 sont quant à eux reliés à une HeNB GW. Cette figure illustre la latitude laissée à l'opérateur en termes d'architecture. On peut imaginer que pour un déploiement limité d'HeNB, l'opérateur n'installera pas de HeNB GW. En revanche, un déploiement plus massif implique logiquement le déploiement d'une HeNB GW.

La connectivité X2 entre les HeNB n'est pas permise en Release 8, par volonté de simplicité du réseau de transport, notamment pour un scénario de déploiement impliquant un grand nombre (par exemple des millions) de HeNB. Par conséquent, le seul schéma de handover envisagé pour les HeNB est celui basé sur l'interface S1. Par ailleurs, il est à noter qu'une interface X2 ne peut être établie ni entre deux HeNB GW, ni entre une HeNB GW et un HeNB.

Il est à noter enfin que la HeNB GW peut être connectée à l'EPC de telle sorte que les mobilités entrantes et sortantes ne requièrent pas nécessairement un handover inter-MME. En d'autres termes, l'opérateur peut décider de connecter les HeNB et eNodeB d'une même zone géographique à un même MME, afin d'éviter les délais et la charge de signalisation en mobilité liés à l'échange d'informations entre MME.

## Les interfaces

La HeNB GW apparaît comme un MME pour l'HeNB et comme un HeNB pour le MME. L'interface S1 est définie entre les couples de nœuds suivants :

- HeNB GW et EPC ;
- HeNB et HeNB GW ;
- HeNB et EPC ;
- eNB et EPC.

En cas d'absence de HeNB GW, les interfaces S1-U et S1-MME sont identiques à celles présentées au chapitre 2. Les figures suivantes présentent respectivement les piles protocolaires associées à l'interface S1-U et à l'interface S1-MME en présence d'une HeNB GW.

**Figure 22-4**
*Interface S1-U en présence d'une HeNB GW*

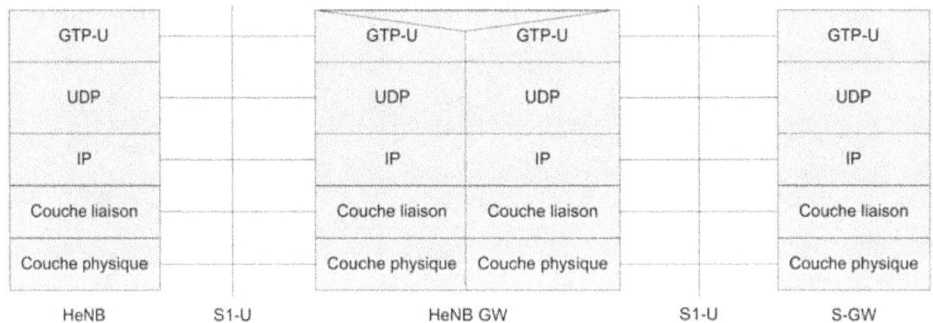

**Figure 22-5**
*Interface S1-MME en présence d'une HeNB GW*

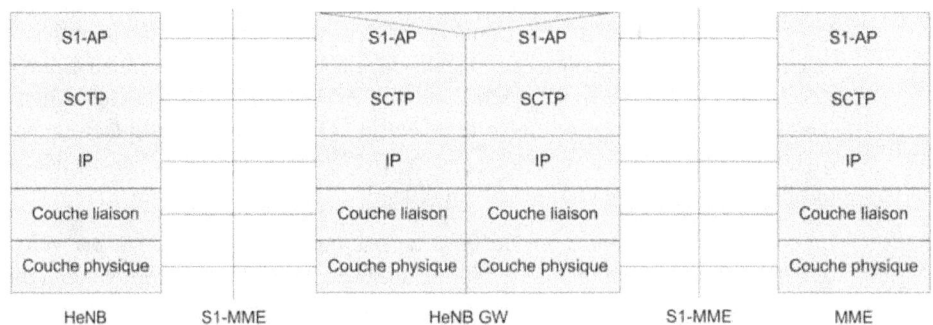

## Architecture fonctionnelle

D'un point de vue fonctionnel, l'HeNB accueille quasiment les mêmes fonctions qu'un eNodeB et les procédures définies entre eNodeB et EPC s'appliquent aussi entre HeNB et EPC. Une fonctionnalité propre à l'HeNB est d'assurer la découverte d'une HeNB GW serveuse appropriée, pour les cas où la HeNB GW est déployée dans le réseau. Quand l'HeNB est connectée à la HeNB GW, la sélection d'un MME lors de la procédure d'enregistrement de l'UE est hébergée par la HeNB GW. Pour rappel, cette procédure est hébergée par l'eNodeB et de manière similaire par l'HeNB en l'absence de HeNB GW. L'HeNB peut être déployé de manière non planifiée par l'opérateur et être déplacé par l'utilisateur d'une zone géographique à une autre ; par conséquent, il peut avoir besoin de se connecter à différentes HeNB GW en fonction de sa localisation.

La HeNB GW accueille les fonctions suivantes :

- relais des messages S1-AP ayant trait à un UE, entre le MME et l'HeNB servant cet UE (par exemple pour les procédures d'enregistrement ou de mise à jour de localisation) ;
- terminaison des procédures S1-AP n'ayant pas trait à un UE, vers les HeNB et vers le MME ; toutefois, ces procédures S1-AP doivent être exécutées entre les HeNB et la HeNB GW d'une part, et entre la HeNB GW et le MME d'autre part ;
- sauvegarde des TAC et PLMN ID utilisés par les HeNB ;
- de manière optionnelle, l'optimisation du paging afin d'éviter l'envoi de messages de paging vers des cellules femto non accessibles à l'UE destinataire du message en raison du CSG. Rappelons que le concept de CSG a pour objectif de limiter l'accès d'un HeNB à certains abonnés et sera détaillé à la prochaine section.

Le MME accueille quant à lui les fonctions suivantes :

- le contrôle d'accès, qui restreint l'accès de l'HeNB aux UE membres d'un groupe fermé servi par cet HeNB, si la fonctionnalité de CSG est mise en œuvre ;
- l'optimisation du paging, de manière optionnelle.

## Accès aux HeNB

Un HeNB ne peut gérer qu'une unique cellule, à des fins de simplification du système. Deux modes d'accès aux HeNB ont été définis.

- L'accès fermé : seuls les membres d'un groupe prédéfini peuvent accéder à l'HeNB (membres d'une famille, collaborateurs d'une entreprise, etc.).
- L'accès ouvert : tous les abonnés d'un même PLMN peuvent utiliser l'HeNB.

Pour bien comprendre le sens de ces deux modes, prenons l'exemple des points d'accès Wi-Fi également installés aux domiciles des utilisateurs.

Habituellement, l'utilisateur a la possibilité de sécuriser l'accès au point d'accès Wi-Fi dont il est propriétaire, via une clé d'authentification (clé WEP ou WPA). Chaque utilisateur désirant se connecter au point d'accès doit connaître la clé et la renseigner sur son terminal. Ce mode d'accès est donc limité au groupe d'utilisateurs partageant une même clé, par exemple une même famille. Le propriétaire du point d'accès a ainsi la maîtrise des connexions via la communication ou non de la clé à des tiers. Par analogie, on peut comparer ce principe à l'accès fermé dans le cas des HeNB. Il convient toutefois d'indiquer que dans le cas de l'HeNB, c'est le propriétaire de l'HeNB lui-même qui autorise le nouvel utilisateur à accéder à l'équipement. Il n'y pas d'échange de clé entre le propriétaire et le nouvel utilisateur.

Toujours dans le cas du Wi-Fi, une autre stratégie consiste au contraire à autoriser tous les abonnés d'un même fournisseur d'accès à Internet à accéder à tous les points d'accès de ses abonnés. Cette approche dite communautaire a pour principal intérêt d'accroître la couverture du réseau Wi-Fi. Par analogie, on peut comparer ce principe à l'accès ouvert du HeNB.

Ces deux stratégies sont offertes aux opérateurs pour les cellules femto en LTE. La première implique la définition de groupes restreints d'utilisateurs ou CSG. L'accès autorisé à tous les abonnés d'un même PLMN ne revêt pas de spécificité et est donc pris en charge par le système LTE par défaut.

## Le concept de CSG

La définition du concept de CSG a été motivée par le cas des HeNB. Toutefois, il convient de mentionner que ce concept peut être appliqué à tout type de cellule. Le concept de CSG a été défini en complément de celui de zone de localisation aussi appelée TA et présenté au chapitre 18. Un CSG regroupe une ou plusieurs cellule(s), accessible(s) uniquement à une liste prédéfinie d'abonnés. La figure suivante illustre les interactions entre les concepts de cellule, de TA et de CSG.

Figure 22-6
*Interaction entre les concepts de cellule, de CSG et de TA*

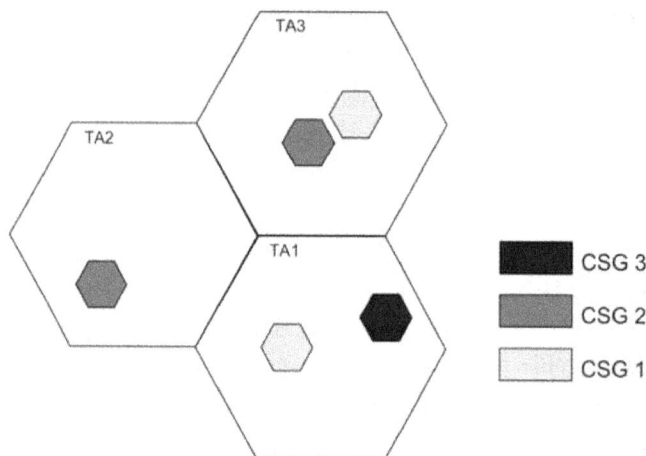

Il est important de rappeler que le concept de CSG ne se substitue pas à celui de TA. Une cellule est systématiquement associée à un TA et peut être associée à un CSG. Le concept de CSG est régi par les deux principes suivants.

- Un UE ne doit ni tenter d'accéder à une cellule appartenant à un CSG ni y « camper »·s'il n'est pas membre de ce CSG, afin d'éviter des tentatives de mises à jour de localisation ou d'appels, à très forts risques d'échec sur des cellules non autorisées.

- L'utilisateur défini comme le propriétaire des cellules appartenant à un CSG doit être autorisé, sous supervision de l'opérateur, à contrôler et modifier facilement la liste des abonnés membres du CSG.

Un CSG est défini par un identifiant unique au sein du PLMN appelé CSG ID. Ce CSG ID est associé à une cellule ou à un groupe de cellules auxquelles ont accès les membres du CSG. La liste des cellules appartenant au CSG est enregistrée dans le MME. De même, le MME maintient une liste des abonnés autorisés pour chaque CSG. Enfin, une liste comprenant les CSG ID autorisés pour un utilisateur donné est stockée au sein de l'UE, dans l'USIM. L'UE ne peut accéder à des cellules CSG non incluses dans cette liste. La procédure de mise à jour de la liste des cellules CSG autorisées pour un UE n'a pas été définie en Release 8, ce qui limite fortement l'utilisation du concept de CSG pour cette Release. La figure suivante présente les éléments de l'UE et du MME qui doivent être mis à jour afin de mettre en œuvre le concept de CSG.

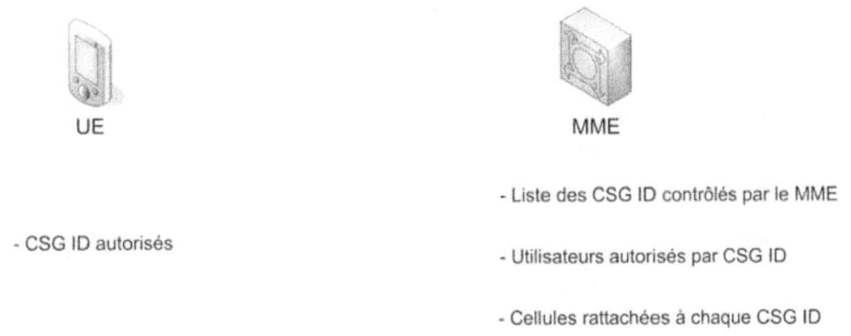

**Figure 22-7**
*Informations nécessaires
à la mise en œuvre
du concept de CSG*

UE

MME

- Liste des CSG ID contrôlés par le MME

- CSG ID autorisés

- Utilisateurs autorisés par CSG ID

- Cellules rattachées à chaque CSG ID

## Mobilité et CSG

Les sections suivantes présentent les principes de mobilité en mode veille ainsi qu'en mode connecté en présence de cellules CSG.

### Principes de mobilité en mode veille

La sélection d'une cellule CSG peut s'effectuer soit de manière automatique par l'UE sur la base de la liste des CSG ID autorisés, soit de manière manuelle par l'utilisateur et après indication par l'UE de la liste des cellules CSG détectées. Logiquement, la recherche automatique de cellules CSG par l'UE est désactivée si la liste des CSG autorisés est vide, ce qui permet l'économie de procédures inutiles et consommatrices d'énergie et améliore ainsi l'autonomie de l'UE.

La mobilité intrafréquence en mode veille en présence de cellules CSG autorisées est basée sur le classement et la resélection de cellules en utilisant le principe de la meilleure cellule. En d'autres termes, les cellules CSG sont considérées exactement comme des cellules non-CSG. Pour le classement et la resélection de cellules, l'UE peut ignorer toutes les cellules CSG auxquelles il n'est pas autorisé à accéder, afin d'éviter des mesures et traitements inutiles. Toutes les cellules CSG émettant sur la fréquence porteuse diffusent dans les Informations Système une plage de valeurs de PCI réservées aux cellules CSG. De manière optionnelle, les cellules n'étant pas rattachées à un CSG peuvent aussi diffuser cette information. La plage de PCI réservés est valable uniquement pour la fréquence porteuse pour laquelle l'UE reçoit cette information. L'UE considère la dernière plage de valeurs de PCI reçue comme valide pour une période de 24 heures au sein du PLMN tout entier. L'utilisation de ces informations par l'UE n'est quant à elle pas normalisée. La sélection/resélection de cellules CSG ne suppose pas pour le réseau d'indiquer à l'UE la liste des cellules voisines aux cellules CSG, mais cette information peut toutefois lui être fournie pour l'aider dans des cas spécifiques, par exemple lorsque le réseau désire déclencher la recherche de cellules CSG par l'UE. Avant de resélectionner une cellule CSG, l'UE doit vérifier son CSG ID au sein des Informations Système afin de s'assurer qu'il s'agit d'une cellule CSG accessible. La réutilisation de PCI peut en effet entraîner des collisions de PCI entre cellules.

Dans le cas de la mobilité interfréquence en mode veille, l'UE doit prioriser les cellules CSG présentes dans sa liste de CSG ID autorisés, indépendamment des priorités indiquées par le réseau pour les différentes fréquences LTE. Enfin, la mobilité intersystème des systèmes GSM et UMTS vers des cellules CSG LTE est également prise en charge.

Dans tous les cas, la recherche de cellules CSG par l'UE est assurée par un mécanisme propriétaire, dont l'efficacité et l'effet sur l'autonomie de l'UE peuvent varier sensiblement d'un constructeur à un autre. Une solution potentielle évoquée lors des travaux de normalisation en Release 8 est celle de l'*empreinte réseau*, appelée aussi *fingerprint* : l'UE enregistre des informations associées au voisinage de la cellule CSG (par exemple des identifiants de cellules voisines, des identifiants de TA, des signaux balise Wi-Fi, sa position GPS). Ces informations lui sont ensuite utiles pour déterminer s'il se trouve à proximité de la cellule CSG et s'il doit effectuer des mesures pour la détecter. L'implémentation d'un tel mécanisme de détection fait donc l'objet d'un compromis entre le délai de découverte d'une cellule CSG et la consommation du terminal.

### Principes de mobilité en mode connecté

Lorsque l'UE est en mode connecté, il réalise les mêmes mesures que dans le cas non-CSG, les cellules CSG autorisées étant traitées de la même façon que les cellules non-CSG. Les procédures de mobilité sont basées sur la configuration fournie par le réseau. L'UE ne prend pas obligatoirement en charge la sélection manuelle de cellules CSG lorsqu'il est en mode connecté.

# 23

# LTE-Advanced

**Sommaire :** *Contexte réglementaire – Cahier des charges – Description des principales nouvelles fonctionnalités – Perspectives d'évolution du LTE*

Ce chapitre présente l'évolution du LTE appelée *LTE-Advanced*, normalisée dans le cadre de la Release 10 du 3GPP.

## Introduction

Le LTE-Advanced (ou LTE avancé) est une évolution du LTE normalisée dans le cadre de la Release 10 du 3GPP. Le LTE, tout comme les autres systèmes normalisés par le 3GPP (GSM, UMTS, HSPA), évolue au cours du temps, notamment en fonction des progrès techniques et des demandes du marché. Chaque palier d'évolution est appelé une Release. La première Release du LTE est la Release 8, dont les spécifications fonctionnelles ont été finalisées en décembre 2008. Les spécifications fonctionnelles de la Release 10 ont elles été finalisées en mars 2011.

Le LTE-Advanced apporte des améliorations au LTE, notamment afin d'offrir une capacité de cellule supérieure et des débits utilisateur plus élevés. Le LTE-Advanced est naturellement compatible avec le LTE, ce qui signifie qu'un UE LTE-Advanced peut fonctionner dans un réseau LTE Release 8 et qu'un UE LTE Release 8 peut fonctionner dans un réseau LTE-Advanced. Dans ces deux cas, les UE ne pourront naturellement pas bénéficier des améliorations apportées par le LTE-Advanced.

Le nom LTE-Advanced provient du processus de réglementation appelé *IMT-Advanced* du secteur Radiocommunications de l'Union internationale des télécommunications (UIT-R), dans lequel s'est inscrit son développement.

La suite de ce chapitre est organisée comme suit : la section ci-après décrit le processus IMT-Advanced et l'influence qu'il a eue sur le développement du LTE-Advanced. Les sections suivantes présentent le cahier des charges du LTE-Advanced, puis les nouvelles fonctionnalités introduites pour y répondre. En guise de conclusion, nous décrivons les perspectives d'évolution du LTE au-delà de la Release 10.

## Contexte réglementaire : rôle de l'IMT-Advanced

L'IMT-Advanced (*International Mobile Telecommunications-Advanced*) est un label de l'UIT pour identifier des systèmes de communications mobiles dont les capacités dépassent celles des systèmes IMT-2000. Ce dernier label est celui qui regroupe les technologies 3G, dont l'UMTS et le HSPA.

Le but du label IMT-Advanced, comme l'avait été en son temps l'IMT-2000, est d'encourager le développement d'interfaces radio de haute performance tirant le meilleur parti du spectre limité disponible, tout en favorisant un nombre limité de technologies au niveau mondial. En effet, ce dernier point favorise des économies d'échelle sur le prix des équipements, ainsi qu'une itinérance mondiale. Pour être labellisé IMT-Advanced, un système doit ainsi satisfaire un certain nombre d'exigences, qui portent notamment sur l'efficacité spectrale, mais aussi sur la latence et la mobilité, les bandes spectrales utilisables et les services. L'ensemble du cahier des charges de l'IMT-Advanced peut être trouvé dans le document de l'UIT-R [UIT-R M.2133, 2008] et les références qui y sont citées. Les interfaces radio reconnues comme satisfaisant ces exigences sont finalement décrites dans la recommandation de l'UIT-R [UIT-R M.2012, 2012].

En raison des caractéristiques contraignantes imposées par l'UIT-R, un système IMT-Advanced est par définition de haute performance, selon une classification internationalement reconnue. Outre la distinction marketing vis-à-vis d'autres technologies qui ne la posséderaient pas, la labellisation IMT-Advanced peut surtout constituer un sésame pour l'accès à de nouvelles fréquences.

À ce titre, certaines bandes avaient été réservées par l'UIT aux systèmes mobiles IMT-2000. Pour l'IMT-Advanced, la situation est un peu différente : l'UIT a effectivement identifié de nouvelles bandes de fréquences au-delà de celles initialement identifiées comme IMT-2000 :

- la bande 800 MHz libérée par le passage de la télévision analogique à la télévision numérique, aussi appelée le *dividende numérique* ;
- la bande 3,5 GHz.

Cependant, ces nouvelles bandes ont été regroupées avec celles de l'IMT-2000 sous la classification de bandes IMT, chaque système IMT-2000 ou IMT-Advanced y ayant accès. En pratique, cela signifie que du point de vue de l'UIT, un système 3G IMT-2000 (par exemple l'UMTS) peut utiliser par exemple la bande du dividende numérique.

Toutefois, les instances nationales de réglementation, qui sont les détentrices des licences d'exploitation du spectre électromagnétique, peuvent fixer des critères d'accès au spectre plus exigeants que ceux de l'UIT. En effet, le spectre est une ressource rare et chère ; il convient d'en faire le meilleur usage possible. L'intérêt des instances de réglementation est donc que la technologie utilisant ce spectre soit la plus efficace possible. Ainsi, il était attendu que certaines d'entre elles restreignent l'accès aux nouvelles bandes aux systèmes IMT-Advanced.

La labellisation IMT-Advanced a donc constitué un enjeu fort de la définition du LTE-Advanced. En effet, l'accès à de nouvelles bandes de spectre est un facteur clé pour le développement économique d'une technologie et sa pérennité, car il encourage une plus large adoption par les opérateurs. Ce faisant, il entraîne des économies d'échelle et contribue à la stabilité de l'écosystème des équipementiers. À ce titre, la labellisation IMT-Advanced du LTE-Advanced était un enjeu pour le LTE en général.

Ainsi, le LTE-Advanced a été conçu pour satisfaire le cahier des charges de l'IMT-Advanced. En outre, son calendrier de développement a été calqué sur celui des spécifications de l'IMT-Advanced. En particulier, le 3GPP a effectué une évaluation des performances du LTE-Advanced afin de démontrer l'atteinte des exigences de l'IMT-Advanced. Ces performances annoncées ont ensuite été vérifiées et validées par des groupes d'évaluation indépendants sous l'égide de l'UIT. Le LTE-Advanced a finalement été reconnu comme une interface radio IMT-Advanced en octobre 2010. Notons qu'une seule autre technologie a reçu le label IMT-Advanced au moment de l'édition de cet ouvrage : l'IEEE 802.16m aussi appelé le WiMAX 2.0 [IEEE 802.16m SDD, 2010].

## Cahier des charges du LTE-Advanced

Les enjeux de conception du LTE-Advanced peuvent se résumer comme suit :
- faire évoluer le LTE vers une meilleure efficacité spectrale afin d'absorber l'accroissement continu du trafic mobile ;
- offrir une meilleure expérience utilisateur, notamment via des débits plus élevés quelle que soit sa position dans la cellule ;
- satisfaire le cahier des charges de l'IMT-Advanced ;
- conserver la compatibilité avec le LTE Release 8 et l'interopérabilité avec les systèmes déjà largement déployés de la famille du 3GPP (GSM, UMTS, HSPA).

Ce dernier point influe sur la manière dont les nouvelles fonctionnalités doivent être conçues, aussi nous n'y reviendrons pas dans cette section.

Le cahier des charges de l'IMT-Advanced comprend naturellement les deux premiers points. D'autres exigences concernent la latence, la mobilité, etc. mais ces dernières étaient déjà atteintes par le LTE Release 8 ; nous ne les discuterons donc pas ici. En outre, le 3GPP a de son côté défini des cibles de performance, listées dans [3GPP 36.913, 2008]. Dans ce qui suit, nous nous concentrons sur les critères de conception affectant la capacité et les débits utilisateur. Ces derniers peuvent être classifiés selon les quatre types suivants :
- la largeur de bande gérée ;
- l'efficacité spectrale crête (en bit/s/Hz) ;
- l'efficacité spectrale cellulaire (en bit/s/Hz) ;
- l'efficacité spectrale en bordure de cellule (en bit/s/Hz).

La définition des différents types d'efficacité spectrale a été donnée à la section « Performances du LTE » (p. 28) du chapitre 1. Les critères de conception principaux de l'UIT-R et du 3GPP sont résumés dans le tableau suivant, ainsi que les techniques nécessaires pour atteindre les exigences de l'IMT-Advanced. On constate que les cibles de performance du 3GPP sont plus ambitieuses que les exigences de l'UIT-R en ce qui concerne la largeur de bande et l'efficacité spectrale crête. Notons que les critères sur l'efficacité spectrale cellulaire et en bordure de cellule ne sont pas comparables entre le 3GPP et l'UIT-R, car relatifs à des scénarios de simulation différents. On constate également qu'un certain nombre d'exigences de l'IMT-Advanced sont déjà atteintes par le LTE Release 8.

**Critères de conception du LTE-Advanced, selon le 3GPP et l'UIT-R**

| Type de critère | | Configuration MIMO | Cibles 3GPP | Exigences de l'UIT-R | Amélioration requise par l'IMT-Advanced |
|---|---|---|---|---|---|
| Largeur de bande gérée | | N/A | Jusqu'à 100 MHz | 40 MHz | Agrégation de porteuses |
| Efficacité spectrale crête (bit/s/Hz) | DL | N/A | 30 (MIMO 8×8) | 15 (MIMO 4×4) | - |
| | UL | N/A | 15 (MIMO 4×4) | 6,75 (MIMO 2×4) | Introduction du SU-MIMO en UL |
| Efficacité spectrale cellulaire (bit/s/Hz/cellule) | DL | 2×2 | 2,4 | | Amélioration du MIMO DL, notamment du MU-MIMO |
| | | 4×2 | 2,6 | 2,2 | |
| | | 4×4 | 3,7 | | |
| | UL | 2×4 | 2,0 | 1,4 | - |
| Efficacité spectrale en bordure de cellule (pour 10 UE par cellule) (bit/s/Hz/UE) | DL | 2×2 | 0,07 | | Amélioration du MIMO DL, notamment du MU-MIMO |
| | | 4×2 | 0,09 | 0,06 | |
| | | 4×4 | 0,12 | | |
| | UL | 2×4 | 0,07 | 0,03 | - |

L'atteinte des critères de conception de l'IMT-Advanced et de ceux du 3GPP a donc motivé l'introduction ou l'amélioration des fonctionnalités indiquées dans le tableau précédent. De plus, l'efficacité spectrale crête visée par le 3GPP a demandé l'extension du MIMO en voie descendante à la prise en charge de la configuration MIMO 8×8, soit de 8 antennes à l'eNodeB et 8 antennes à l'UE. Par ailleurs, les relais ont été introduits afin de faire évoluer le LTE vers plus de flexibilité de déploiement. Ajoutons que l'efficacité spectrale des déploiements impliquant des petites cellules sous la couverture d'une cellule macro, qu'on appelle couramment des réseaux hétérogènes, a été accrue via une coordination d'interférence améliorée appelée eICIC (pour *enhanced ICIC*). Ces principales nouvelles fonctionnalités seront présentées à la section suivante.

Une fois ces nouvelles fonctionnalités définies, le 3GPP a évalué les performances du LTE-Advanced au regard des exigences de l'IMT-Advanced ainsi que de ses propres objectifs. Les résultats de cette évaluation montrent que tous les critères de conception sont satisfaits [3GPP 36.912, 2010]. Il convient d'indiquer que le 3GPP a amélioré le réalisme du modèle de diagramme d'antenne utilisé pour les simulations entre la définition des cibles de performance et la finalisation du LTE-Advanced. Ce nouveau modèle de diagramme d'antenne, dit 3D, a eu pour effet de réduire l'interférence intercellulaire et donc d'améliorer les performances simulées. Par conséquent, les cibles peuvent à présent sembler faibles au regard des performances du LTE Release 8 indiquées au chapitre 1, qui sont elles basées sur le modèle 3D. Néanmoins, gardons à l'esprit que les performances de la Release 8 obtenues avec l'ancien modèle étaient bien inférieures au moment où les cibles de performance du LTE-Advanced ont été définies (voir par exemple [3GPP 25.912, 2006]). De même, les performances du LTE-Advanced avec le modèle 3D sont bien supérieures à celles des cibles.

# Principales nouvelles fonctionnalités

Cette section présente les principales nouvelles fonctionnalités du LTE-Advanced :

- l'agrégation de porteuses ;
- l'introduction du SU-MIMO en voie montante ;
- l'extension du MIMO à la prise en charge de la configuration 8x8 en voie descendante ;
- l'amélioration du MU-MIMO en voie descendante ;
- les relais ;
- l'eICIC.

## Agrégation de porteuses

### Principe et avantages

L'agrégation de porteuses consiste à servir l'UE sur deux porteuses simultanément, comme illustré à la figure suivante. Cette fonctionnalité permet d'étendre la largeur de bande du LTE au-delà de 20 MHz, tout en réutilisant au maximum les spécifications du LTE.

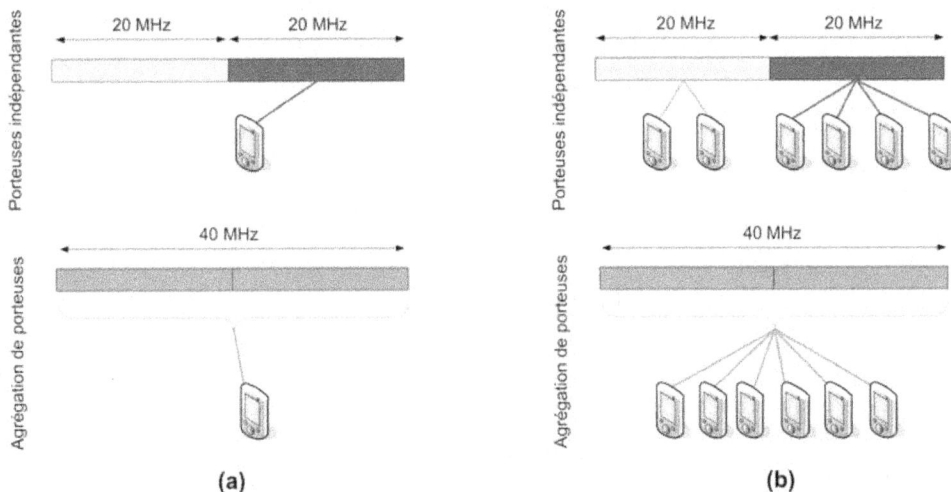

Figure 23-1

*Principe de l'agrégation de porteuses : (a) cas d'un système faiblement chargé ; (b) cas d'un système fortement chargé*

L'agrégation de porteuses accroît le débit crête du système (donné par l'efficacité spectrale crête multipliée par la bande maximale gérée) et est requise pour atteindre la largeur de bande de 40 MHz exigée par l'IMT-Advanced.

Elle améliore également l'expérience utilisateur.

- Lorsque peu d'UE sont actifs dans le système, les variations dynamiques de trafic font qu'un UE peut être seul à être servi à un instant donné (cas (a) de la figure précédente) et se voir alors allouer l'ensemble de la largeur de bande du système. Dans l'exemple de la figure, le débit de l'UE est ainsi doublé par rapport à des porteuses indépendantes.

- Lorsque le système est fortement chargé, l'agrégation de porteuses permet d'équilibrer la charge de manière dynamique entre les différentes porteuses, ce qui conduit à une utilisation plus efficace des ressources du système et à plus d'homogénéité dans le service offert aux UE.

Enfin, grâce à l'agrégation de porteuses, un opérateur disposant d'allocations spectrales fragmentées pourra les utiliser avec la même efficacité que s'il disposait d'une seule porteuse large. En fonction de la disponibilité du spectre, il est en effet possible pour un opérateur de se voir allouer par exemple deux blocs de 10 MHz chacun dans des bandes disjointes. En LTE Release 8, cette allocation contraint un UE à opérer sur une porteuse de 10 MHz, ce qui limite sa performance et celles du système par rapport à une porteuse de 20 MHz.

Notons qu'en voie montante, la puissance d'émission maximale de l'UE reste inchangée, de sorte que la puissance disponible doit être partagée entre les porteuses. L'agrégation de porteuses en voie montante est donc réservée aux UE se trouvant dans de bonnes conditions radio.

## Caractéristiques

L'agrégation de porteuses normalisée en LTE-Advanced peut gérer :
- des porteuses contiguës ou non contiguës dans une même bande de fréquences ;
- des porteuses se trouvant dans des bandes de fréquences différentes.

Chaque porteuse d'un ensemble de porteuses agrégées peut avoir n'importe quelle largeur de bande gérée en Release 8 (1,4 - 3 - 5 - 10 - 15 - 20 MHz), les porteuses agrégées pouvant être de largeurs de bande différentes. Le nombre de porteuses agrégées est spécifique à l'UE et peut être différent en voie montante et en voie descendante ; en voie montante, il ne peut cependant pas être plus élevé qu'en voie descendante. La technologie, c'est-à-dire les spécifications des couches physique et MAC, supporte l'agrégation de cinq porteuses, ce qui étend la largeur de bande maximale à 100 MHz.

Les couches affectées par l'introduction de l'agrégation de porteuses sont principalement les couches physiques et MAC, où les fonctionnalités existantes sont réutilisées autant que possible. Les notions de *porteuse composante primaire* et *porteuse composante secondaire* (PCC et SCC, pour *Primary* et *Secondary Component Carrier*) sont introduites, où une porteuse est définie pour une direction de transmission uniquement ; il existe ainsi des porteuses composantes montantes et des porteuses composantes descendantes. La PCC possède les mêmes propriétés qu'une porteuse Release 8 et correspond à la porteuse sur laquelle la connexion initiale au réseau est établie ; elle est changée uniquement par handover. L'UE peut être configuré par la couche RRC avec des porteuses SCC en voie descendante et en voie montante, ces dernières étant activées ou désactivées de manière semi-statique par la couche MAC.

La couche MAC distribue les blocs de transport sur les différentes porteuses, les opérations liées à la transmission/réception d'un bloc de transport sur une porteuse - (dé)codage, (dé)modulation, égalisation, etc. - restant inchangées. Il existe une entité HARQ par porteuse active. Notons qu'il est possible que l'UE soit configuré dans des modes de transmission MIMO différents sur différentes porteuses agrégées, en particulier car les conditions d'interférence ou de propagation peuvent être différentes en fonction de la bande.

L'effet principal sur les spécifications de la couche physique concerne la signalisation de contrôle. En particulier, il devient nécessaire de signaler l'allocation de ressources pour plusieurs porteuses. L'information d'allocation est toujours portée par le PDCCH. Un PDCCH ne porte l'allocation que pour une seule porteuse, mais deux modes sont applicables, illustrés à la figure suivante.

- Soit un PDCCH alloue des ressources sur la porteuse où il est transmis (et la porteuse associée en voie montante) comme en Release 8.
- Soit un PDCCH alloue des ressources sur une autre porteuse. Ce mode est appelé *scheduling interporteuses* (*cross-carrier scheduling* en anglais). Un indicateur de la porteuse à laquelle s'applique l'allocation est ajouté à cet effet dans le format de DCI transmis sur le PDCCH.

Figure 23-2
*Modes d'allocation de ressources sous agrégation de porteuses*

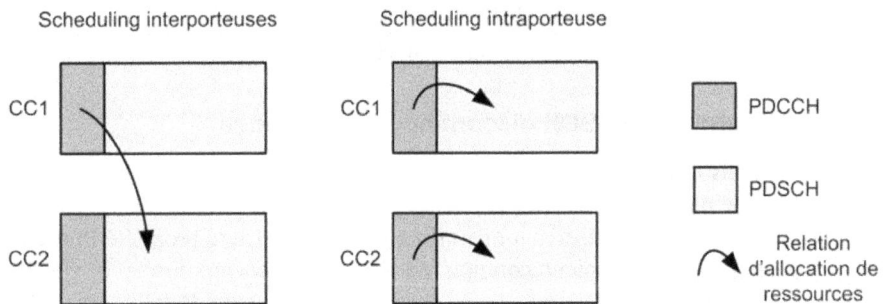

En voie montante, le retour d'informations de contrôle doit pouvoir assurer la transmission d'acquittements d'HARQ (ACK/NACK) et d'informations sur l'état du canal (CQI, PMI, RI) pour cinq porteuses. Un nouveau format de PUCCH (appelé *format 3*) a ainsi été défini afin de porter plus de 4 bits d'ACK/NACK, le PUCCH de format 1b avec sélection de canal de la Release 8 étant réutilisé pour transmettre jusqu'à 4 bits. Le retour périodique des CQI/PMI/RI s'effectue comme en Release 8, une ressource PUCCH en temps étant attribuée à l'UE par porteuse. Dans le cas du retour apériodique sur le PUSCH, une seule porteuse porte l'ensemble des CQI/PMI/RI pour les différentes porteuses ciblées. En outre, chaque porteuse en voie montante est contrôlée en puissance indépendamment.

## Scénarios d'agrégation

Si la technologie gère jusqu'à cinq porteuses, le nombre de scénarios possibles en Release 10 est limité. En effet, un travail de spécification doit être effectué pour chaque combinaison de bandes agrégées. Il est nécessaire de définir les performances minimales requises de l'UE dans chaque scénario, afin de pouvoir tester par la suite que l'UE est convenablement implémenté. Les scénarios ainsi effectivement pris en charge en Release 10 sont limités à deux porteuses, ces porteuses étant obligatoirement contiguës lorsqu'elles se trouvent dans une même bande de fréquences. Les premiers scénarios d'agrégation de porteuses qui seront utiles en Europe sont spécifiés au cours de la Release 11. Ils mettent en jeu les combinaisons de bandes suivantes :

- 2 600 MHz (20 MHz) + 1 800 MHz (20 MHz) ;
- 2 600 MHz (20 MHz) + 800 MHz (10 MHz) ;
- 1 800 MHz (20 MHz) + 800 MHz (10 MHz).

Seules les largeurs de bande maximales sont indiquées ici. Des largeurs de bande inférieures peuvent également être combinées (par exemple 20 MHz + 5 MHz). Notons que ces scénarios ne portent que sur la voie descendante, les performances de l'agrégation de porteuses en voie montante n'étant encore définies pour aucun scénario.

## Nouveaux schémas de transmission en voie montante

Le LTE-Advanced relâche la contrainte de transmission monoporteuse en voie montante, en introduisant deux nouveaux schémas d'émission :

- l'allocation non contiguë en fréquence pour le PUSCH ;
- la transmission simultanée du PUSCH et du PUCCH.

### Allocation du PUSCH discontinue en fréquence

La motivation pour le SC-FDMA en LTE Release 8 est que l'UE mette en œuvre des amplificateurs de puissance plus efficaces énergétiquement et de coût réduit par rapport à ce qu'imposerait l'OFDM, tout en préservant une même couverture. Cette propriété impose cependant que les PRB alloués à un UE soient contigus en fréquence, ce qui limite la flexibilité de l'allocation de ressources. Le 3GPP a travaillé à lever cette contrainte en Release 10.

La transmission de segments discontinus en fréquence crée des problèmes d'émissions non désirées [3GPP RAN4, 2010], qui pour être résolus demandent d'appliquer une réduction de la puissance d'émission maximale. Cette dernière réduit la portée de l'UE, ce qui affecte la couverture du réseau. Cependant, cette pénalité de puissance n'est pas dommageable pour un UE se trouvant dans de bonnes conditions radio et donc n'émettant pas à la puissance maximale. Elle n'occasionne ainsi pas de perte pour le système si seuls les UE en bonnes conditions radio se voient allouer des ressources discontinues.

En revanche, l'allocation discontinue offre les avantages suivants.

- Le scheduling adaptatif en fréquence est possible, avec une meilleure capacité à cibler les régions de la bande du système où la qualité du canal de l'UE est la meilleure. Cependant, le gain du scheduling adaptatif doit alors compenser la perte de débit due à la réduction éventuelle de puissance.
- L'utilisation du spectre est améliorée, car une allocation de ressources discontinues permet d'affecter plus facilement les ressources laissées vacantes par d'autres transmissions.

Seuls deux blocs discontinus de ressources sont acceptés en Release 10 afin d'opérer un compromis entre les avantages et les inconvénients de l'allocation de ressources discontinue. Ces derniers sont la diminution de la puissance maximale, la complexité de la signalisation nécessaire et une charge de signalisation supplémentaire.

Un nouveau schéma de transmission est ainsi introduit pour compléter le SC-FDMA en voie montante : l'*OFDM étalée par DFT par blocs* (CL-DFTS-OFDM, pour *Clustered DFT-Spread OFDM*), dont le modulateur est décrit à la figure suivante.

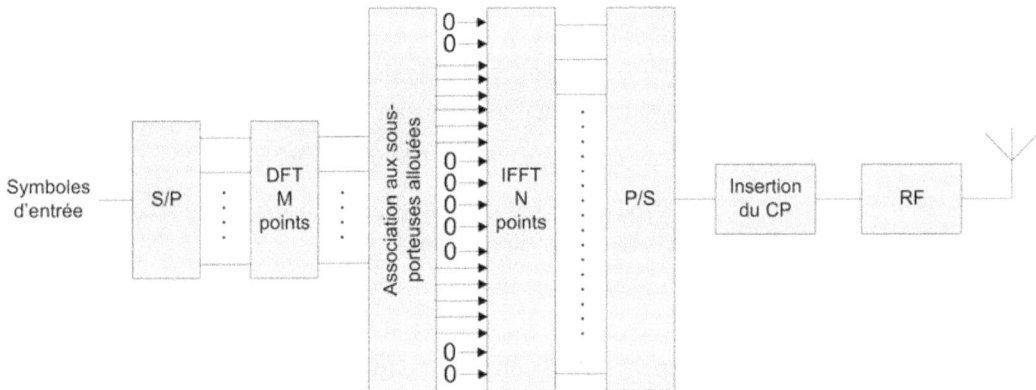

Figure 23-3
*Modulateur CL-DFTS-OFDM*

Deux types d'allocation en voie montante sont ainsi définis : le type 0 qui correspond à l'allocation continue de la Release 8, et le type 1 pour l'allocation discontinue. Chaque bloc de ressources contiguës est formé d'un certain nombre de RBG (voir le chapitre 10), les deux blocs pouvant être de tailles différentes. La commutation entre ces deux types d'allocation s'effectue de manière dynamique, le type d'allocation étant signalé dans le PDCCH par un bit dans le format de DCI. En particulier, les UE en bordure de cellule doivent être servis en SC-FDMA afin de ne pas limiter leur puissance d'émission.

### Transmission simultanée du PUSCH et du PUCCH

Cette fonctionnalité découle comme la précédente de la relâche de la contrainte de transmission monoporteuse, qui interdit en Release 8 de transmettre simultanément le PUSCH et le PUCCH.

Transmettre ces deux canaux simultanément autorise un UE à utiliser l'ensemble de la charge utile du PUSCH pour y transmettre des données plutôt que des informations de contrôle. Il s'ensuit une meilleure utilisation du spectre, puisque les ressources du PUCCH sont de toute façon réservées pour l'UE (voir le chapitre 9) et ne sont pas utilisées si ce dernier ne transmet pas le PUCCH lors d'une de ses occasions de transmission.

À nouveau, cette fonctionnalité est à réserver aux UE en bonnes conditions radio : d'une part à cause de la réduction de puissance maximale qu'elle induit et, d'autre part, car un UE limité en puissance a généralement intérêt à concentrer sa puissance d'émission sur un nombre de PRB réduits. La transmission simultanée du PUSCH et du PUCCH est ainsi configurée de manière semi-statique et spécifique à l'UE. Les UE limités en puissance peuvent toujours être configurés selon le mode de la Release 8, où l'information de contrôle destinée à être retournée sur le PUCCH est transmise sur le PUSCH lorsque celui-ci est alloué.

Dans le cas de l'agrégation de porteuses, le PUSCH et le PUCCH peuvent être transmis sur deux porteuses différentes.

## Améliorations du MIMO en voie descendante

L'amélioration du MIMO en voie descendante porte sur deux fonctionnalités principales :

- l'ajout de la prise en charge du MIMO 8 × 8 ;
- l'amélioration du MIMO Multi-utilisateurs (MU-MIMO, voir le chapitre 5).

Ces deux fonctionnalités ont motivé la définition de nouveaux signaux de référence en voie descendante, que nous abordons également dans cette section.

### MIMO 8 × 8

Le MIMO 8 × 8 requiert 8 antennes d'émission à l'eNodeB et 8 antennes de réception à l'UE. En ce qui concerne l'eNodeB, 8 antennes sont pour l'instant difficiles à déployer sur des sites macro du fait de la largeur d'un radôme unique, ou alternativement de l'accroissement du nombre de radômes requis sur le site. En revanche, il semble plus aisé de déployer 8 antennes d'émission sur des stations de base de faible puissance, comme des eNodeB pico, où les contraintes sur la taille des antennes sont moindres. En ce qui concerne l'UE, un si grand nombre d'antennes de réception est à réserver à des terminaux de grande taille, comme des tablettes ou des ordinateurs portables.

La prise en charge du MIMO 8 × 8 est motivée par l'atteinte de l'efficacité spectrale crête visée par le 3GPP pour le LTE-Advanced. Huit antennes d'émission peuvent être mises en œuvre dès la Release 8 via le mode de transmission TM7. Cependant, la transmission est restreinte à une seule couche spatiale, c'est-à-dire au beamforming. Une première amélioration a été effectuée en Release 9, où le multiplexage spatial de deux couches a été introduit, donnant naissance au mode de transmission TM8. Ce travail a été étendu en Release 10, en portant le nombre de couches spatiales possibles à 8. Le MIMO mono-utilisateur (SU-MIMO) est ainsi géré avec jusqu'à 8 couches affectées à un seul UE, le nombre de blocs de transport multiplexés restant égal à deux. En outre, le MU-MIMO est géré avec jusqu'à 4 couches spatiales à partager entre les UE, chaque UE pouvant se voir allouer jusqu'à deux couches spatiales. Nous reviendrons plus en détail au MU-MIMO à la section « Amélioration du MU-MIMO », p. 512.

Aucun schéma de diversité de transmission n'a été normalisé pour le cas de 8 antennes, car les gains de diversité par rapport au cas de quatre antennes sont faibles. Cependant, les schémas de diversité de transmission normalisés en Release 8 pour 4 antennes peuvent être appliqués à 8 antennes via un procédé appelé la *virtualisation d'antennes*. Ce dernier consiste à transmettre le signal correspondant à un port d'antenne via deux (ou plus) antennes physiques, comme décrit à la figure suivante. Un précodeur spécifique à l'implémentation et variant typiquement dans le temps et/ou selon les PRB assure que cette opération ne donne pas de direction privilégiée (beamforming) à la transmission.

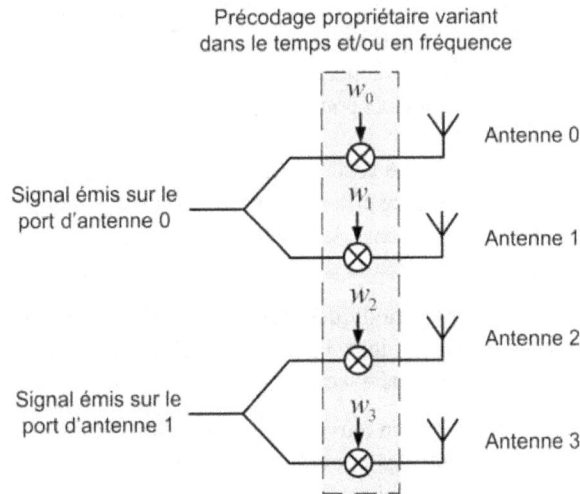

La prise en charge du MIMO $8 \times 8$ a demandé la définition de nouveaux signaux de référence, afin de limiter la réduction d'efficacité spectrale associée à l'ajout de nouveaux ports CRS. Ces nouveaux signaux de référence seront décrits à la section suivante.

En outre, un nouveau schéma de retour d'information a été élaboré pour permettre une bonne précision du retour d'information sur le canal, tout en maintenant la charge sur la voie de retour à un niveau acceptable. Pour ce faire, ce nouveau schéma de retour exploite la structure de corrélation des antennes afin de séparer les propriétés du canal variant lentement et large bande (typiquement liées à la corrélation entre les antennes) de celles variant rapidement et sélectives en fréquence. Ce schéma s'appuie comme en Release 8 sur le retour de CQI, PMI et RI. Cependant, le précodeur recommandé (noté $W$) est maintenant donné par le produit de deux précodeurs tels que $W=W_1.W_2$ où :

- $W_1$ exploite les propriétés à long terme et large bande du canal.
- $W_2$ exploite les propriétés à court terme et bande étroite du canal.

Chaque précodeur est indiqué à l'eNodeB par un PMI, chaque PMI provenant d'un dictionnaire spécifique. Deux nouveaux dictionnaires ont ainsi été définis et optimisés pour deux types d'antennes particuliers :

- les antennes à polarisation croisée, où les antennes de même polarisation sont plus ou moins corrélées en fonction de leur espacement, tandis que celles de polarisation opposée sont très faiblement corrélées ;
- les antennes de même polarisation faiblement espacées (typiquement d'une demi-longueur d'onde), qui sont fortement corrélées.

Les antennes à polarisation croisée, notamment rapprochées, sont privilégiées par les opérateurs, tandis que les secondes offrent les meilleures performances pour le MU-MIMO, mais sont plus difficiles à déployer en raison de leur plus grande largeur (voir le chapitre 5). Les entrées du dictionnaire pour $W_1$

possèdent ainsi une structure bloc-diagonale de façon à précoder individuellement chaque groupe d'antennes de même polarisation dans le cas des antennes à polarisation croisée. On peut assimiler cette opération à la formation de deux antennes virtuelles, chacune étant associée à l'une des polarisations. Le second précodeur a alors pour rôle d'ajuster les phases de ces deux antennes virtuelles afin d'assurer la combinaison cohérente des signaux au niveau de l'UE. En outre, les dictionnaires ont été conçus de telle sorte qu'au moins 16 vecteurs DFT puissent être formés à partir du produit des deux PMI, permettant ainsi un beamforming efficace dans le cas des antennes de même polarisation faiblement espacées. Il est à noter que ce schéma de retour d'information ne s'applique que pour 8 antennes à l'émission. Pour 2 et 4 antennes, le retour d'information de la Release 8 reste utilisé.

Les modes de retour périodiques (sur le PUCCH) et apériodiques (sur le PUSCH) ont également été étendus pour retourner deux PMI au lieu d'un. Comme $W_1$ varie typiquement lentement, le PMI associé peut être retourné avec une périodicité plus grande que celui associé à $W_2$.

Le MIMO 8x8 est mis en œuvre grâce à un nouveau mode de transmission introduit en Release 10 pour gérer l'ensemble des nouvelles fonctionnalités MIMO en voie descendante : le *mode de transmission 9* (*TM9*). Celui-ci est associé à un nouveau format de DCI appelé *2C*.

### Nouveaux signaux de référence en voie descendante

Avec les signaux de référence définis en Release 8, l'UE ne peut identifier que quatre antennes (voir le chapitre 7). De plus, si en TDD la réciprocité du canal permet de mettre en œuvre un nombre arbitraire d'antennes à l'émission, seule une couche spatiale est alors effectivement transmise du fait de l'unique port d'antenne spécifique à l'UE disponible en Release 8.

L'extension des CRS à huit ports pour autoriser le MIMO 8 × 8, bien que possible, aurait conduit à consommer trop de ressources du PDSCH. De plus, les CRS présentent l'inconvénient de devoir être transmis en permanence, même en l'absence de trafic sur la cellule, ce qui crée une interférence intercellulaire non nécessaire et limite les possibilités pour l'eNodeB d'éteindre ses équipements radiofréquence pour économiser de l'énergie. En outre, les CRS contraignent le précodage utilisé par l'eNodeB à appartenir à un dictionnaire normalisé, ce qui empêche d'utiliser des schémas de précodage optimisés pour réduire l'interférence (voir la section « Amélioration du MU-MIMO », p. 512). De nouveaux types de signaux de référence ont donc été introduits en Release 10 pour résoudre ces inconvénients.

Ces nouveaux signaux de référence pour la voie descendante sont de deux types :

• les signaux de référence pour l'estimation de canal CSI-RS (*Channel State Information Reference Signals*) ;

• les signaux de référence pour la démodulation DMRS (*Demodulation Reference Signals*).

Les CSI-RS sont transmis avec une faible densité (1 élément de ressource par PRB par port d'antenne) et une périodicité temporelle longue (de 5 à 80 ms) pour réduire au maximum le nombre de ressources PDSCH consommées. Les CSI-RS ne sont pas précodés et sont transmis sur toute la bande du système en vue du calcul par l'UE des CQI/PMI large bande et par sous-bande. Les CSI-RS ont également été conçus pour permettre une bonne estimation du canal des cellules voisines. Pour cela, des configurations de CSI-RS de puissance nulle sont disponibles afin de créer des

« trous » dans la transmission du PDSCH à l'emplacement des CSI-RS de cellules voisines, ce qui réduit l'interférence sur ces derniers. Les CSI-RS définissent jusqu'à 8 ports d'antenne, mais peuvent également être employés pour des eNodeB possédant 1, 2 ou 4 antenne(s).

Au contraire, les DMRS ne sont présents que sur les PRB alloués à un UE. Ces signaux sont spécifiques à un UE et sont donc précodés de la même façon que les données destinées à cet UE. Un port DMRS ne correspond donc pas à une antenne logique (contrairement à un port CRS), mais à une couche spatiale (comme le port d'antenne spécifique à l'UE de la Release 8). Les DMRS ont été conçus de sorte que le nombre de ressources qu'ils occupent augmente avec le nombre de couches spatiales transmises. Contrairement aux CRS, les DMRS ne consomment ainsi que les ressources des UE à qui ils profitent et ne sont transmis que lorsqu'ils sont nécessaires, uniquement avec la densité nécessaire. Les DMRS gèrent de 1 à 8 couches spatiales.

Les CSI-RS et les DMRS assurent toutes les fonctions des CRS. Néanmoins, certaines fonctions du système, notamment le maintien de la synchronisation et l'estimation de l'interférence, nécessitent en Release 10 de conserver quelques ports CRS actifs. En outre, le maintien de ports CRS est nécessaire à l'opération des UE Release 8 et 9 sur les porteuses partagées avec des UE Release 10. Les nouveaux signaux de référence viennent donc s'ajouter aux CRS, ce qui pénalise l'efficacité spectrale. En effet, pour que les nouveaux schémas MIMO introduits en Release 10 apportent effectivement un gain net, leur augmentation de l'efficacité spectrale sur les ressources PDSCH doit compenser la perte de ressources due aux signaux de référence additionnels. Il est cependant possible de réduire le nombre de ports CRS - par exemple à un ou deux port(s), même si l'eNodeB possède quatre antennes d'émission - afin de réduire le nombre de ressources consommées. Cela s'effectue cependant au détriment des UE Release 8 et 9, qui voient ainsi le nombre d'antennes de l'eNodeB diminuer.

Les motifs définis pour les CSI-RS et les DMRS sont décrits dans [3GPP 36.211, 2011]. Le tableau suivant résume le nombre d'éléments de ressource occupés par les signaux de référence dans la partie réservée aux données d'une sous-trame (en supposant une région de contrôle d'au moins 2 symboles OFDM) pour plusieurs scénarios de transmission. Les ressources occupées par les CSI-RS sont négligées ici du fait de leur faible densité.

**Éléments de ressource (RE) occupés par les signaux de référence dans la partie réservée aux données d'une sous-trame pour un préfixe cyclique normal, hors les sous-trames spéciales en TDD**

| Configuration | 4 antennes, 1 ou 2 couches | 4 antennes, 4 couches | 4 antennes, 1 ou 2 couches, s.-t. MBSFN | 4 antennes, 4 couches, s.-t. MBSFN | 8 antennes, 8 couches, s.-t. MBSFN |
|---|---|---|---|---|---|
| Release 8 | 16 | 16 | N/A | N/A | N/A |
| Release 10, 4 ports CRS | 16 CRS + 12 DMRS = 28 | 16 CRS + 24 DMRS = 40 | 0 CRS + 12 DMRS = 12 | 0 CRS + 24 DMRS = 24 | 0 CRS + 24 DMRS = 24 |
| Release 10, 2 ports CRS | 12 CRS + 12 DMRS = 24 | 12 CRS + 24 DMRS = 36 | 0 CRS + 12 DMRS = 12 | 0 CRS + 24 DMRS = 24 | 0 CRS + 24 DMRS = 24 |
| Release 10, 1 port CRS | 6 CRS + 12 DMRS = 18 | 6 CRS + 24 DMRS = 30 | 0 CRS + 12 DMRS = 12 | 0 CRS + 24 DMRS = 24 | 0 CRS + 24 DMRS = 24 |

On constate que pour quatre antennes, les CSI-RS et DMRS doivent être introduits en combinaison avec une réduction drastique du nombre de CRS, sous peine de diminuer significativement le nombre de ressources disponibles pour le PDSCH. Cette réduction s'obtient en Release 10 d'une part en réduisant le nombre de ports CRS, comme indiqué précédemment, et d'autre part par les *sous-trames MBSFN*.

Les sous-trames MBSFN ont été définies en Release 8, afin d'informer l'UE Release 8 qu'il ne doit pas tenter de pratiquer des mesures sur leur partie réservée à la transmission des données. En effet, le MBSFN n'est devenu fonctionnel qu'en Release 9 et utilise un motif de signaux de référence différent des CRS. Ces sous-trames possèdent ainsi la même région de contrôle (qui contient des CRS) que les sous-trames normales, mais la région correspondant à la transmission des données est entièrement exempte de CRS. Les sous-trames MBSFN ont été détournées de leur usage premier en Release 10, pour permettre la transmission du PDSCH sans la contrainte de ressources réservées pour les CRS et maximiser ainsi les performances du TM9. Ces sous-trames doivent être configurées de manière semi-statique par RRC. Leur configuration doit s'effectuer avec soin car les UE Release 8 et 9 ne peuvent être servis dans ces sous-trames. En outre, toutes les sous-trames ne peuvent pas être configurées comme des sous-trames MBSFN (c'est le cas par exemple des sous-trames 0, 4, 5 et 9 en FDD, qui doivent rester normales). Cette contrainte restreint donc l'efficacité spectrale susceptible d'être atteinte par le TM9 en Release 10.

### Amélioration du MU-MIMO

Le MU-MIMO est pris en charge en Release 8. Cependant, trois facteurs limitent sa performance.

- Les coefficients de précodage sont contraints par les entrées du dictionnaire.
- Une seule couche spatiale est possible par UE.
- La commutation entre SU-MIMO et MU-MIMO est configurée de manière semi-statique.

Ces trois points sont améliorés en Release 10 pour 2 et 4 antennes d'émission, les nouvelles fonctionnalités MU-MIMO s'appliquant également pour 8 antennes d'émission.

Grâce aux nouveaux signaux de référence DMRS, l'eNodeB est en mesure d'appliquer n'importe quel type de précodage à l'émission, puisqu'il ne lui est plus nécessaire de signaler à l'UE les coefficients de précodage utilisés. En particulier, des précodages performants minimisant l'interférence pour l'utilisateur apparié, comme le forçage à zéro [Gesbert *et al.*, 2007], deviennent possibles. L'emploi de techniques avancées de précodage améliore significativement les performances pour des antennes fortement corrélées. En revanche, les gains sont faibles à modérés pour des antennes faiblement corrélées (par exemple les antennes à polarisation croisée, y compris pour 4 antennes de type « X X »), moins bien adaptées au MU-MIMO et plus favorables au SU-MIMO.

Notons que bien que le dictionnaire ne soit plus obligatoire pour le précodage, il reste utilisé pour le retour d'information sur l'état du canal. En outre, le CQI reste calculé sous l'hypothèse d'une transmission SU-MIMO, donc l'eNodeB doit adapter le MCS utilisé en fonction du précodage qu'il applique en émission.

Le MU-MIMO en Release 10 accepte au maximum la transmission de 4 couches spatiales (pour 4 et 8 antennes d'émission) à partager entre les UE appariés, où chaque UE peut se voir allouer jusqu'à deux couches spatiales. Ainsi, une cellule peut servir simultanément 4 UE avec chacun une couche spatiale, ou 2 UE avec chacun 2 couches spatiales. En pratique, il est cependant rare de trouver plus de deux UE à apparier pour 4 antennes d'émission.

La commutation dynamique entre SU- et MU-MIMO est possible grâce à l'indication dans le PDCCH selon un format de DCI 2C de la ou des séquence(s) DMRS affectée(s) à l'UE pour la démodulation du PDSCH (une séquence par couche). L'avantage de cette commutation dynamique est que si l'eNodeB ne peut trouver deux UE à apparier, il peut se replier sur une allocation SU-MIMO à un seul UE. Cette disposition améliore le débit total sur la cellule par rapport au TM5 de la Release 8, où un UE ne peut être servi que sur une couche spatiale si l'eNodeB ne trouve pas d'autre UE avec lequel l'apparier. Le MU-MIMO amélioré est également mis en œuvre par le nouveau mode de transmission TM9.

Il est à noter que le TM8 introduit en Release 9 constitue une première étape vers le TM9, avec les mêmes propriétés de MU-MIMO mais un mode SU-MIMO limité à deux couches. Le TM8 est cependant en pratique réservé au TDD, car l'absence de CSI-RS pour l'estimation du canal en Release 9 demande de conserver autant de ports CRS qu'il y a d'antennes pour estimer le canal en FDD. Ceci pénalise le gain de performance apporté par le MU-MIMO amélioré, comme nous l'avons montré à la section précédente.

## MIMO en voie montante

Nous avons expliqué au chapitre 5 que la sélection d'antenne et le MU-MIMO sont possibles en voie montante en LTE Release 8. Néanmoins, ces traitements ne sont mis en œuvre que par une seule antenne d'émission au niveau de l'UE, les transmissions multi-antennes n'étant pas normalisées. Les transmissions multi-antennes en voie montante sont introduites en Release 10, notamment afin d'atteindre les critères d'efficacité spectrale en moyenne sur la cellule ainsi qu'en bordure de cellule. Les fonctionnalités suivantes sont possibles, pour 2 et 4 antennes d'émission :

- SU-MIMO jusqu'à 4 couches spatiales pour le PUSCH (nécessite 4 antennes en émission et 4 antennes en réception) ;
- MU-MIMO jusqu'à 4 couches spatiales au total (2 couches maximum par UE) pour le PUSCH ;
- diversité de transmission pour le PUCCH.

Si deux antennes d'émission peuvent être intégrées dans des terminaux de type dongle et smart-phone, quatre antennes d'émission sont à réserver à des terminaux plus larges, de type tablette ou ordinateur portable. La puissance totale d'émission reste inchangée par rapport à un UE mono-antenne, la puissance disponible étant partagée entre les antennes. Comme en voie descendante, l'émission de plusieurs couches spatiales requiert donc que l'UE soit en bonnes conditions radio (SINR suffisant et rang du canal supérieur à 1).

Notons qu'un mode monoport d'antenne en voie montante est également défini pour les UE avec plusieurs antennes d'émission, dans lequel l'émission est identique au cas d'un UE mono-antenne *du point de vue de l'eNodeB*. L'implémentation exacte de ce mode est laissée aux constructeurs d'UE ; les antennes multiples peuvent ainsi par exemple être utilisées via la virtualisation d'antennes. Ce mode monoport d'antenne est le mode d'opération par défaut jusqu'à ce que l'eNodeB acquière la connaissance du nombre d'antennes de l'UE.

Au plus deux blocs de transport peuvent être transmis vers un même UE (par porteuse), l'association entre blocs de transport et couches spatiales étant identique à celle de la voie descendante. Le SU-MIMO et le MU-MIMO se basent sur un précodage dont les coefficients sont choisis par l'eNodeB dans un dictionnaire normalisé, puis signalés à l'UE avec le nombre de couches à transmettre via un indicateur appelé TPMI (*Transmit Precoding Matrix Indicator*). Le précodage est toujours large bande (un seul TPMI est signalé pour toute la bande du système). Deux dictionnaires séparés ont été définis, l'un pour 2 antennes d'émission et l'autre pour 4 antennes, dont les index des entrées sont codés respectivement sur 3 et 6 bits. Le dictionnaire pour 2 antennes est donné au tableau suivant.

**Dictionnaire de précodage pour la voie montante, pour 2 antennes d'émission**

| Index du dictionnaire | Nombre de couches | |
|---|---|---|
| | 1 | 2 |
| 0 | $\dfrac{1}{\sqrt{2}}\begin{bmatrix}1\\1\end{bmatrix}$ | $\dfrac{1}{\sqrt{2}}\begin{bmatrix}1&0\\0&1\end{bmatrix}$ |
| 1 | $\dfrac{1}{\sqrt{2}}\begin{bmatrix}1\\-1\end{bmatrix}$ | – |
| 2 | $\dfrac{1}{\sqrt{2}}\begin{bmatrix}1\\j\end{bmatrix}$ | – |
| 3 | $\dfrac{1}{\sqrt{2}}\begin{bmatrix}1\\-j\end{bmatrix}$ | – |
| 4 | $\dfrac{1}{\sqrt{2}}\begin{bmatrix}1\\0\end{bmatrix}$ | – |
| 5 | $\dfrac{1}{\sqrt{2}}\begin{bmatrix}0\\1\end{bmatrix}$ | – |

Ces dictionnaires ont été conçus de manière à efficacement quantifier les coefficients du canal, réduire la complexité de recherche du TPMI (en utilisant un alphabet QPSK, voir le chapitre 5) et préserver une faible métrique cubique, qui est un critère essentiel en voie montante. Cette dernière contrainte est satisfaite d'une part en utilisant un alphabet QPSK pour les coefficients de précodage, qui ne modifie donc pas la puissance émise par antenne, et d'autre part en assurant qu'une antenne ne transmette qu'une seule couche spatiale. En effet, dans le cas contraire le signal émis d'une antenne serait une combinaison de deux signaux et donc sujet à des variations de puissance instantanée plus importantes. Certaines entrées des dictionnaires correspondent à une sélection d'antenne(s) (uniquement pour une transmission de rang 1). Pour deux antennes, ces entrées particulières permettent de désactiver une antenne fortement atténuée par rapport à l'autre (par exemple parce qu'elle est masquée par la main de l'utilisateur) afin d'économiser de l'énergie. Dans le cas de quatre antennes, un couple d'antennes est sélectionné, qui correspond aux antennes de même polarisation lorsque la configuration d'antennes est constituée de deux paires d'antennes à polarisation croisée (de type « X X »). La transmission multi-antenne améliore également le MU-MIMO par rapport à la Release 8, grâce à la directivité de la transmission apportée par le précodage. En effet, celle-ci permet à l'eNodeB de mieux séparer dans l'espace les transmissions des UE appariés.

Contrairement à la voie descendante, il n'existe pas en voie montante de schéma de diversité de transmission pour la transmission de données (utilisé en Release 8 lorsque le retour de CQI/PMI n'est pas fiable en raison d'une trop haute vitesse de l'UE). En effet, les études effectuées par le 3GPP ont montré que le gain de performance apporté par un tel mode en voie montante ne justifiait pas son introduction. En particulier, si les antennes sont corrélées, le précodage basé sur un dictionnaire peut toujours apporter du gain en forte mobilité, en déterminant le précodage à appliquer sur la base des propriétés à long terme du canal, insensibles aux variations rapides du canal.

En revanche, un mode de diversité de transmission a été introduit pour le PUCCH afin d'améliorer sa couverture ou de réduire la puissance d'émission nécessaire à sa transmission. Ce mode, appelé SORTD (*Spatial Orthogonal Resource Transmit Diversity*), a pour principe de transmettre chaque symbole de modulation de deux antennes, la transmission sur chaque antenne utilisant des ressources orthogonales (décalage cyclique et/ou code orthogonal) à celles utilisées pour la transmission sur l'autre antenne. Le SORTD n'est pas défini pour quatre ports d'antenne, mais peut être utilisé avec quatre antennes physiques via la virtualisation d'antenne. Puisque le SORTD utilise le double du nombre de ressources orthogonales disponibles pour la transmission du PUCCH, il divise par un facteur 2 la capacité du PUCCH sur la cellule. Pour palier cet inconvénient, le SORTD peut être configuré par UE de manière semi-statique, afin que ceux qui en ont vraiment besoin puissent en bénéficier tout en contrôlant la capacité de multiplexage du PUCCH (sauf pour le PUCCH de format 2 pour qui le SORTD est toujours activé si l'UE possède plusieurs antennes).

Les signaux de référence en voie montante ont, comme en voie descendante, été mis à jour pour permettre la mise en œuvre du MIMO. Ces modifications sont cependant plus légères qu'en voie descendante. Pour les DMRS, utilisés pour la démodulation, une composante CDMA a été ajoutée sur les deux symboles DMRS d'une même sous-trame afin de doubler le nombre de couches orthogonales pouvant être multiplexées sur les mêmes PRB. Du fait de l'espacement des symboles DMRS, cette propriété est réservée aux UE en situation de faible mobilité, afin que les variations du canal dans le temps ne remettent pas en cause l'orthogonalité entre les couches. Comme en voie descendante, un port DMRS en voie montante est associé à une couche spatiale, les DMRS étant précodés de la même façon que les données.

Les SRS, utilisés pour acquérir des informations sur l'état du canal sur l'ensemble de la bande du système, sont également améliorés pour que l'eNodeB active et désactive leur émission dynamiquement pour chaque UE, via le PDCCH. Cette flexibilité rend plus efficace la gestion des ressources SRS par l'eNodeB, ce qui est nécessaire à cause de l'introduction des transmissions multi-antennes. En effet, chaque antenne utilise une ressource SRS, de sorte que le nombre d'UE pouvant transmettre simultanément des SRS est réduit en présence de transmissions multi-antennes. Notons que les SRS restent non précodés et qu'un port SRS correspond à une antenne physique.

# Relais

## Introduction aux relais

Un relais est un équipement du réseau d'accès capable de recevoir un signal d'une source (UE ou eNodeB), de le traiter et de le retransmettre vers une destination (eNodeB ou UE, respectivement). Il existe différents types de relais dans la littérature, qui se distinguent par :

- La couche du modèle OSI sur laquelle s'effectue le relais des données du plan usager. Certains relais peuvent retransmettre des mots de code de la couche physique, d'autres des PDU des couches MAC, RLC ou PDCP, ou d'autres encore des paquets IP ; on parle alors de relais L1, L2 ou L3 respectivement.

- Le type de traitement appliqué par le relais, associé aux fonctionnalités du plan de contrôle de la couche sur laquelle il opère. Par exemple, un relais L2 peut réaliser un décodage de canal et mettre en œuvre des retransmissions d'HARQ et du scheduling, tandis qu'un relais L3 a toutes les fonctionnalités d'un eNodeB, en particulier le contrôle du protocole RRC et la possibilité de transmettre ses propres Informations Système.

Les répéteurs, déjà présents dans les réseaux 2G et 3G, peuvent être vus comme des relais L1 réalisant seulement une amplification du signal. Les relais sont cependant généralement distingués des répéteurs par un traitement plus puissant. On notera que, contrairement aux répéteurs qui retransmettent le signal quasiment au moment où celui-ci est reçu, le traitement effectué par un relais nécessite une transmission en deux temps, illustrée à la figure suivante.

1.  Dans un premier temps, le relais reçoit le signal de la source.

2.  Dans un second temps, le relais transmet le signal vers la destination.

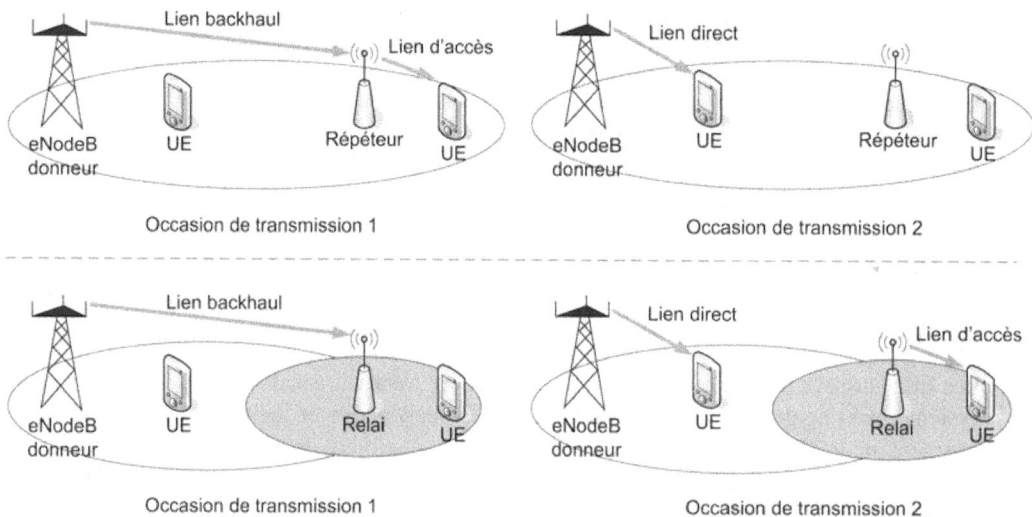

**Figure 23-5**
*Opération des répéteurs (haut) et des relais (bas)*

La figure précédente introduit la terminologie utilisée au 3GPP pour les relais. La cellule (resp. l'eNodeB) servant le relais est appelé la cellule *donneuse* (resp. l'eNodeB donneur). Le lien entre l'eNodeB et le relais est appelé le *lien backhaul*, celui entre le relais et l'UE est appelé le *lien d'accès* et enfin celui entre l'eNodeB et l'UE est appelé le *lien direct*.

En fonction de son usage du spectre, un relais peut être classifié en :

• *en-bande* (*inband*) : lorsque le lien backhaul partage la même fréquence porteuse que les liens d'accès ;

• *hors-bande* (*outband*) : lorsque le lien backhaul opère sur une porteuse différente de celle utilisée par les liens d'accès.

De plus, le relais peut être :

• *full duplex* : si le relais peut communiquer simultanément avec son eNodeB donneur et les UE qu'il sert (les relais hors-bande sont toujours full duplex) ;

• *half-duplex* : si le relais ne peut pas communiquer simultanément avec son eNodeB donneur et des UE.

Les relais half-duplex présentent l'avantage de pouvoir être opérés sur une seule porteuse, la séparation entre les liens backhaul et d'accès s'effectuant dans le domaine temporel, tandis que les relais full-duplex requièrent une porteuse pour chacun de ces liens.

## Les relais pris en charge en LTE-Advanced

Les relais normalisés en Release 10 ont toutes les fonctionnalités d'un eNodeB : en particulier, ils contrôlent des cellules avec leur propre identifiant de cellule, transmettent leurs propres canaux de contrôle et possèdent leur propre scheduler. De ce fait, le relais en LTE-Advanced peut être vu comme un eNodeB avec un backhaul sans fil opérant dans le spectre du LTE. Deux types de relais selon ce principe ont été définis.

• Le relais *de type 1* est un relais en-bande half-duplex.

• Le relais *de type 1a* est un relais hors-bande dérivé du relais de type 1.

L'introduction des relais a conduit à définir un nouveau nœud dans l'architecture du LTE, le nœud Relais (*Relay Node*, RN) ainsi qu'une nouvelle interface : l'interface *Un*, qui représente le lien backhaul. Le lien d'accès réutilise l'interface Uu, qui correspond au lien direct. Le relais est ainsi transparent pour les UE : ces derniers ne peuvent distinguer si une cellule est créée par un relais ou un eNodeB. Cette caractéristique permet notamment aux UE selon les Releases précédentes (8 et 9) de se connecter à un relais. En revanche, l'eNodeB est capable d'identifier les relais et de les distinguer des UE.

Pour les relais de type 1, les sous-trames sont partitionnées de manière semi-statique entre sous-trames pour le lien backhaul et sous-trames pour le lien d'accès en raison du mode half-duplex.

Le lien backhaul utilise le PDSCH pour transmettre les données des UE servis par le relais. Un PDSCH porte alors les données de plusieurs UE. Si le relais de type 1a peut réutiliser la structure du PDCCH de la Release 8 pour recevoir ses allocations de ressources de la part de l'eNodeB, un nouveau type de PDCCH, appelé R-PDCCH a du être défini pour le relais de type 1 en raison du half-duplex [3GPP 36.814, 2010]. Les spécifications des aspects couche physique des relais sont regroupées dans un nouveau document de spécification dédié [3GPP 36.216, 2011].

Les simulations effectuées au 3GPP ont montré que le lien backhaul constitue le goulot d'étranglement de la capacité d'un relais. Ce dernier doit donc autant que possible être positionné dans un endroit où il reçoit une bonne qualité de signal de la part de son eNodeB donneur, ce qui nécessite une recherche de site. Des antennes directives pointant vers l'eNodeB donneur peuvent également améliorer la qualité du lien backhaul.

Un relais peut être équipé de deux jeux d'antennes : des antennes *donneuses* qui servent à communiquer avec l'eNodeB (par exemple directives afin d'améliorer la qualité du lien backhaul) et des antennes *de couverture* destinées à communiquer avec les UE. Ces dernières peuvent être directives ou omnidirectionnelles en fonction du scénario. Il est cependant probable que de nombreux relais seront équipés d'un seul jeu d'antennes pour ces deux usages afin de réduire leur coût. Comme pour les UE, un relais doit être équipé d'au moins deux antennes de réception.

Une cellule donneuse peut servir plusieurs relais. Les puissances mises en œuvre par les relais définis en Release 10 sont de 24 ou 30 dBm sur le lien d'accès et de 24 dBm pour le lien backhaul.

Les relais définis en Release 10 sont astreints aux limitations suivantes.

- Seuls les relais *à un saut* sont possibles ; en d'autres termes, un relais ne peut communiquer avec un autre relais.
- Seuls des relais fixes sont pris en charge, ce qui ne permet pas de les installer sur un véhicule (par exemple un train ou un bus). En effet, la gestion de la mobilité requiert que le relais soit capable d'effectuer des handovers. Cette fonctionnalité pourra éventuellement être introduite lors d'une future Release.

### Avantages des relais

Les relais apportent les améliorations suivantes par rapport à un répéteur.

- Les répéteurs amplifient l'interférence présente dans le signal reçu, qui vient s'ajouter à l'interférence présente au niveau du récepteur final. Au contraire, les relais peuvent supprimer l'interférence avant de retransmettre le signal, notamment via le décodage de canal, ce qui améliore la qualité du signal reçu par le destinataire final. En outre, un relais crée une nouvelle cellule, ce qui apporte des ressources radio additionnelles bénéfiques pour l'accroissement de capacité.
- La surveillance du fonctionnement des relais est directement assurée par l'eNodeB et ne nécessite pas de fonctionnalité séparée, ce qui n'est pas le cas des répéteurs. Ce dernier avantage se traduit par une réduction des charges opérationnelles pour les opérateurs.

Par rapport à un eNodeB, les relais présentent les avantages suivants (comme les répéteurs).

- Coût de déploiement et d'opération réduits. Le raccordement des relais au réseau fixe n'est pas nécessaire puisqu'ils utilisent le spectre du LTE. En effet, un raccordement classique d'un eNodeB au réseau fixe demande ou bien une souscription auprès d'un fournisseur d'accès lorsqu'il s'effectue de manière filaire (voire des travaux d'ingénierie pour passer les câbles), ou bien d'acquérir des équipements radio additionnels ainsi qu'une licence spectrale lorsqu'il s'effectue par faisceaux hertziens. On notera cependant que puisque des ressources spectrales du LTE sont consommées pour le lien backhaul, celui-ci n'est pas totalement gratuit.

- Facilité de déploiement. En raison du fait qu'aucun raccordement au réseau fixe n'est nécessaire, il suffit de brancher le relais sur une source de courant électrique pour le faire fonctionner. Cette caractéristique offre également une plus grande liberté dans le choix des sites, un accès au réseau fixe n'étant plus requis.

En revanche, l'accroissement de capacité du système offerte par un relais est nécessairement réduit par rapport à l'ajout d'un eNodeB. En effet, les ressources consommées par le lien backhaul ne peuvent être utilisées pour servir des UE. Pour cette raison, les relais sont surtout considérés comme une solution d'amélioration de couverture, économique et pratique. Les scénarios suivants sont particulièrement identifiés comme cas d'usage des relais.

- L'extension de cellule, afin de couvrir une zone géographique plus étendue où la capacité n'est pas un facteur crucial (par exemple pour couvrir un segment de route en environnement rural) ; dans ce cas, le relais est typiquement placé en bordure de cellule donneuse et utilise des antennes directives pointant vers l'extérieur de la cellule.

- La réduction de trous de couverture, provoqués par exemple par de hauts bâtiments masquant un eNodeB ; cet usage est particulièrement attractif si le trou de couverture est trop peu étendu pour justifier le déploiement d'un eNodeB.

- L'amélioration de la couverture à l'intérieur des bâtiments par un relais intérieur en alternative aux cellules femto, notamment dans les pays où le réseau ADSL est inexistant ou peu répandu. On pourra utiliser une antenne donneuse externe afin de maximiser la puissance reçue de l'eNodeB donneur. Si le relais possède une antenne donneuse interne, on devra veiller à l'installer dans un endroit où la réception de l'eNodeB donneur est de bonne qualité, par exemple à côté d'une fenêtre.

De plus, bien que les relais soient moins performants que des eNodeB pour augmenter la capacité, ils peuvent également être utilisés dans ce but dans les cas suivants :

- comme solution de repli lorsqu'il est impossible ou très coûteux de faire venir le réseau fixe nécessaire au déploiement d'un eNodeB ;

- si le besoin de capacité supplémentaire est modéré, un relais peut être suffisant et plus économique qu'un eNodeB.

En général, si l'accroissement de la capacité est recherché, la décision de déployer un relais ou un eNodeB devra faire l'objet d'une analyse performance – coût.

## Coordination d'interférence améliorée (eICIC)

### Les réseaux hétérogènes

Il est attendu que l'augmentation de la demande de trafic mobile nécessitera à terme de densifier les réseaux. Du fait du coût des sites macro et de la difficulté pour les opérateurs de trouver de nouveaux sites, la solution envisagée est de déployer des points de transmission/réception de faible puissance, les cellules macro assurant une couverture continue du territoire. Cette solution a l'avantage d'augmenter la capacité localement, là où cette augmentation est nécessaire (*hot spots*), à un coût réduit par rapport au déploiement de nouveaux sites macro.

Nous avons indiqué au chapitre 1 qu'un réseau formé de cellules macro au sein desquelles sont déployés des points de transmission/réception de plus faible puissance est dit *hétérogène* (on parle en anglais de *het nets*, pour *heterogeneous networks*). Parmi les points de transmission/réception de faible puissance, on trouve :

- des eNodeB *pico* ;
- des eNodeB femto ou HeNB, qui ont été décrits en détail au chapitre 22 ;
- des relais, présentés à la section précédente.

### Scénarios d'interférence pour les réseaux hétérogènes

Le déploiement de points de transmission/réception de faible puissance au sein d'une cellule macro pose des problèmes d'interférence mutuelle, qu'il s'agit de résoudre afin d'optimiser le fonctionnement d'un réseau hétérogène. Le 3GPP a travaillé sur deux scénarios d'interférence particuliers en Release 10 :

- le scénario macro-pico (principalement) ;
- le scénario macro-femto.

Ces deux scénarios sont illustrés sur la figure suivante. Dans le scénario macro-pico, la cellule macro génère une forte interférence pour la cellule pico, qui limite son rayon en voie descendante. Dans le scénario macro-femto, c'est la cellule femto CSG (voir le chapitre 22) qui crée un trou de couverture dans la cellule macro pour les UE ne possédant pas les droits d'accès à cette femto mais se trouvant à proximité.

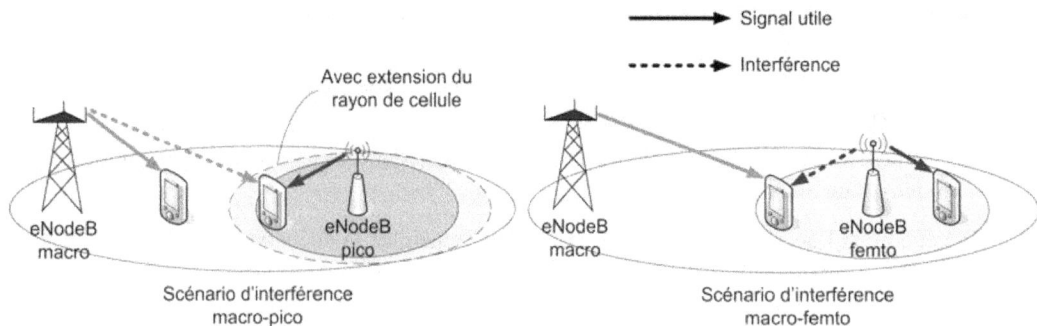

Figure 23-6
*Scénarios d'interférence pour les réseaux hétérogènes*

Le déploiement d'un point de transmission de faible puissance apporte un gain de capacité au réseau sur la base des mécanismes suivants.

- Les UE à proximité du point de transmission de faible puissance ont un débit plus élevé en voie montante à puissance d'émission égale, en raison des pertes de propagation moindres liées à la distance plus faible du récepteur.

- Les UE à proximité du point de transmission de faible puissance ont un meilleur débit en voie descendante s'ils en sont suffisamment proches, de sorte que la faible distance compense la puissance d'émission réduite par rapport à une cellule macro.

- Le point de transmission de faible puissance décharge la cellule macro d'une partie de son trafic, ce qui libère des ressources de cette dernière pour servir plus généreusement les UE qui y sont connectés.

On comprend ainsi qu'il existe une zone autour du point de faible puissance où le meilleur point de transmission (au sens de la puissance reçue en voie descendante) est l'eNodeB macro tandis que le meilleur point de réception (en voie montante) est le point de faible puissance. Afin de maximiser le nombre d'UE connectés à ce dernier, et ainsi décharger au maximum la cellule macro, il est nécessaire d'étendre autant que possible le rayon de couverture du point de faible puissance en voie descendante. Ceci implique la mise en œuvre de techniques de coordination d'interférence.

Nous avons décrit au chapitre 10 les mécanismes de coordination d'interférence intercellulaire (ICIC) intégrés en Release 8. Ceux-ci sont basés sur une coordination de la puissance d'émission en fréquence afin de créer des ressources protégées de l'interférence des cellules voisines. L'ICIC peut être utilisée pour la transmission de données (PDSCH), mais ne peut être appliquée pour la transmission de la région de contrôle, dont les canaux (PDCCH, PCFICH, PHICH) sont cruciaux pour le fonctionnement du système. C'est donc sur l'ICIC pour les canaux de contrôle que se sont focalisés les efforts en Release 10, pour donner les techniques d'ICIC amélioré, ou eICIC (*enhanced ICIC*).

Trois grands types de techniques de coordination d'interférence ont été étudiés :

- les techniques de contrôle de puissance ;
- les techniques d'eICIC basées sur l'agrégation de porteuses ;
- les techniques d'eICIC basées sur une coordination d'interférence dans le domaine temporel.

Les techniques de contrôle de puissance s'appuient sur les mécanismes de contrôle de puissance existants et ne sont pas normalisées ; aussi, nous ne les décrivons pas dans cet ouvrage. Néanmoins, le lecteur intéressé pourra se reporter au rapport technique [3GPP 36.921, 2010], pour une vue d'ensemble des techniques possibles. Nous décrivons dans ce qui suit les deux autres techniques.

## eICIC basée sur l'agrégation de porteuses

Les techniques d'eICIC basées sur l'agrégation de porteuses utilisent la fonctionnalité de scheduling interporteuses présentée à la section « Agrégation de porteuses » (p. 503), selon le principe décrit sur la figure suivante.

Supposons que le système opère sur deux porteuses *f1* et *f2*. La cellule macro est astreinte à transmettre ses canaux de contrôle uniquement sur l'une des porteuses (par exemple *f1*), tandis que les points de faible puissance ne sont autorisés à utiliser que l'autre porteuse (*f2*) pour cet usage. Aucun signal n'est transmis sur la région de contrôle de la porteuse non utilisée pour transmettre les canaux de contrôle. En revanche, chaque cellule peut utiliser les deux porteuses (*f1* et *f2*) pour transmettre le PDSCH, en utilisant le scheduling interporteuses pour affecter des ressources sur la porteuse qui ne porte pas la région de contrôle. On voit que si les régions de contrôle des différents points de transmission sont alignées en temps, la macro n'interfère pas la région de contrôle transmise par les points de faible puissance.

Figure 23-7
*Principe de l'eICIC
basée sur l'agrégation
de porteuses*

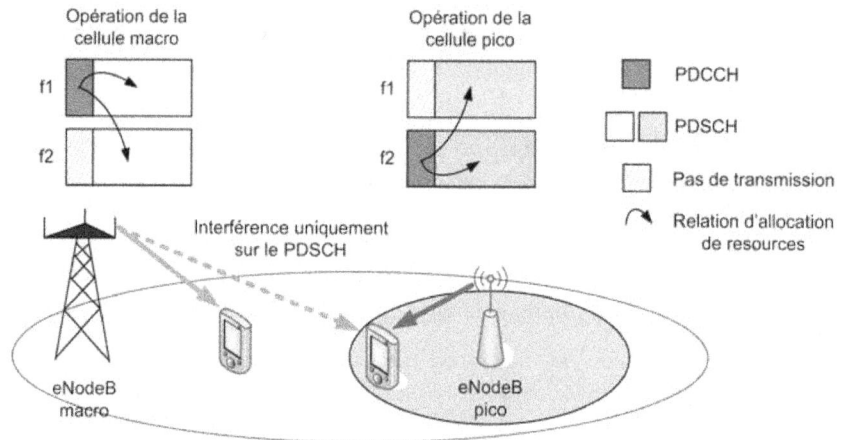

L'eICIC basée sur l'agrégation de porteuses est donc efficace pour protéger la région de contrôle de l'interférence intercellulaire. Pour protéger la région des données, il est nécessaire de faire appel à d'autres techniques, par exemple aux techniques d'ICIC définies en Release 8.

Les différents points de transmission doivent être synchronisés en temps, ce qui représente un coût pour l'opérateur car il est nécessaire de mettre en œuvre des équipements assurant cette synchronisation (récepteurs GPS, ou mécanismes de synchronisation par le backhaul comme le protocole *IEEE 1588/PTPv2*). De plus, l'opérateur doit posséder au moins deux porteuses afin d'opérer cette technique sans réduction de performance pour les UE ne gérant pas l'agrégation de porteuses (notamment les UE des Releases 8 et 9). Dans le cas contraire, il sera toujours possible de séparer une porteuse existante en deux porteuses de largeur plus faible, mais cela s'effectuera au détriment de la performance des UE ne pouvant les agréger. En effet, un opérateur possédant par exemple une allocation spectrale de 20 MHz pourra la séparer en deux porteuses contiguës de 10 MHz chacune afin de mettre en œuvre cette technique. Dans ce cas, les UE ne gérant pas l'agrégation de porteuses seront restreints à utiliser une bande de 10 MHz, ce qui se traduira par une réduction de performance. Enfin, quelle que soit l'allocation spectrale, cette technique a pour effet de réduire (par un facteur 2 dans l'exemple précédent) le nombre de ressources utilisables par la région de contrôle, ce qui réduit d'autant la capacité du PDCCH, et donc le nombre d'UE pouvant être servis par sous-trame.

## eICIC dans le domaine temporel

L'eICIC dans le domaine temporel est une solution qui protège à la fois la région de contrôle et la région de données d'une sous-trame. Son principe est de réduire significativement la puissance d'émission d'une cellule « agresseur » sur certaines sous-trames, afin de réduire l'interférence sur ces sous-trames pour les UE servis par une cellule « victime ». Pour ce faire, la cellule agresseur transmet des *sous-trames presque vides* (ABS, pour *Almost Blank Subframes*), qui sont définies comme des sous-trames portant au moins les signaux et canaux suivants :

- les signaux de référence CRS (présents dans toutes les sous-trames) ;
- les signaux de synchronisation PSS/SSS (présents uniquement dans les sous-trames 0 et 5 en FDD, voir le chapitre 13) ;
- le BCH (présent uniquement dans la sous-trame 0, voir le chapitre 8).

Les autres canaux (PDCCH, PDSCH, PCFICH, PHICH) ne sont pas transmis, ou transmis avec une puissance faible.

La position des ABS dans la trame radio est définie de manière semi-statique (par exemple en fonction de la répartition du trafic entre les cellules agresseur et victime) et échangée entre les eNodeB coordonnés via l'interface X2 lorsqu'elle est présente. La cellule victime sait ainsi quelles sous-trames sont transmises en tant qu'ABS et peut en profiter pour y servir avec une interférence réduite les UE souffrant le plus de la cellule agresseur. Le principe de l'eICIC dans le domaine temporel est illustré à la figure suivante pour le scénario macro (agresseur) - pico (victime).

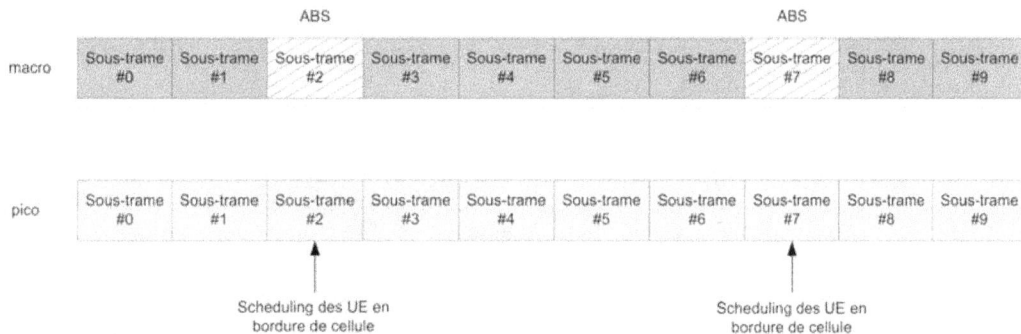

Figure 23-8
*Principe de l'eICIC dans le domaine temporel pour le scénario macro-pico*

Le même principe peut s'appliquer pour le scénario macro-femto, sauf que c'est alors la femto CSG qui est l'agresseur et la macro qui est la victime. En Release 10, l'interface X2 n'est pas définie entre macro et femto, donc il n'est pas possible pour ces eNodeB d'adapter dynamiquement les motifs d'ABS. Ces derniers doivent alors être fixés de manière statique par administration à distance.

Afin de prendre en compte la variabilité de l'interférence au cours du temps, les mesures effectuées par l'UE sont confinées à des ensembles spécifiques de sous-trames qui lui sont signalés. Deux ensembles peuvent être définis, par exemple l'ensemble des sous-trames interférées par des ABS de l'agresseur d'une part, et l'ensemble des sous-trames interférées par des sous-trames normales d'autre part. Ces restrictions sont particulièrement nécessaires dans les cas où les mesures mettent en jeu des moyennes effectuées sur plusieurs sous-trames. Les mesures visées sont celles effectuées pour la détermination du CQI, du RSRP et du RSRQ, ainsi que pour la surveillance de la qualité du lien radio (voir le chapitre 17). En particulier, l'UE peut reporter deux CQI, un pour chaque ensemble.

Comme l'eICIC basée sur l'agrégation de porteuses, l'eICIC dans le domaine temporel requiert une synchronisation temporelle de la cellule macro avec les cellules de faible puissance. De plus, comme les ABS ne sont pas totalement vides, leur transmission crée une interférence résiduelle (notamment en raison des CRS, présents dans toutes les sous-trames) qui limite l'extension du rayon de cellule. Cette interférence résiduelle doit être traitée au niveau du récepteur, par exemple par un traitement d'annulation d'interférence. Des performances minimales des techniques de réception visant à réduire cette interférence résiduelle sont prévues pour être normalisées en Release 11 (rappelons que le 3GPP ne normalise les traitements de réception que par des exigences de performance minimale, sans spécifier les traitements eux-mêmes).

## Nouvelles catégories d'UE

Nous avons présenté au chapitre 1 les cinq catégories d'UE définies en LTE Release 8. Ces catégories déterminent le niveau de performance, de complexité et de coût des UE. La Release 10 ajoute trois nouvelles catégories d'UE, dont les caractéristiques sont résumées dans le tableau suivant.

**Nouvelles catégories d'UE définies en Release 10**

| Catégorie d'UE | Débit crête en DL/UL (Mbit/s) | Nombre maximal de couches spatiales en DL | Prise en charge de la 64QAM en UL |
|---|---|---|---|
| Catégorie 6 | 300 / 50 | 2 ou 4 | Non |
| Catégorie 7 | 300 / 100 | 2 ou 4 | Non |
| Catégorie 8 | 3 000 / 1 500 | 8 | Oui |

Pour une catégorie donnée, le débit crête est atteint avec différentes configurations d'agrégation de porteuses et de MIMO. Par exemple, le même débit crête est atteint avec une configuration MIMO 4×4 dans une largeur de bande de 20 MHz, ou une configuration MIMO 2×2 dans une largeur de bande de 2×20 MHz (avec agrégation de porteuses). La complexité d'intégration de l'agrégation de porteuses au niveau de l'UE étant moindre que celle du MIMO 4×4, les catégories 6 et 7 pourront faciliter l'atteinte du débit crête de 300 Mbit/s en voie descendante, permis uniquement par le MIMO 4×4 en Release 8 (qui correspond à la catégorie d'UE 5).

La catégorie 8 montre les performances maximales possibles avec la technologie LTE-Advanced. Notons que ces débits fantastiques requièrent l'agrégation de 5 porteuses en voie montante et en voie descendante, ainsi qu'une configuration MIMO 8×8, et ne seront donc pas observables commercialement dans les premiers produits LTE-Advanced.

Un changement notable apporté en Release 10 est la séparation des capacités MIMO d'un terminal de sa catégorie. En effet, le nombre de couches MIMO prises en charge pour le SU-MIMO est en Release 8 et 9 défini par la catégorie de l'UE. En Release 10, puisqu'un débit crête peut être atteint par différentes configurations MIMO, le nombre de couches spatiales gérées est signalé par l'UE comme une capacité (*capability*). Il existe ainsi une capacité pour le MIMO en voie descendante et une autre pour le MIMO en voie montante. La prise en charge de l'agrégation de porteuses constitue également une capacité, qui définit les combinaisons de bandes, la largeur de bande totale et le nombre de porteuses gérées.

Pour les besoins de compatibilité avec les réseaux LTE Release 8 et 9, un UE Release 10 se doit de signaler deux catégories : sa catégorie Release 10, ainsi que la catégorie Release 8 qui s'en approche le plus. Par conséquent, les UE de catégorie 6 et 7 signalent également une catégorie 4, tandis qu'un UE de catégorie 8 signale aussi une catégorie 5.

En outre, les catégories d'UE 1 à 5 de la Release 8 peuvent être étendues en Release 10 pour prendre en charge l'agrégation de porteuses et le MIMO en voie montante, via la signalisation des capacités associées. Ainsi, le débit crête de la catégorie 3 en voie montante, défini pour une bande de 20 MHz dans une configuration MIMO 1×2, pourra être atteint sur une bande de 10 MHz à l'aide d'une configuration MIMO 2×2. Ceci permet de réutiliser les catégories des Releases précédentes pour adapter au mieux la complexité (et donc le coût) des UE aux allocations spectrales des opérateurs.

La liste complète des capacités définies dans les Releases 8, 9 et 10 est donnée dans le document [3GPP 36.306, 2012].

# Perspectives d'évolution du LTE

Le LTE-Advanced ne représente qu'une étape dans l'évolution du LTE, qui va se poursuivre au fur et à mesure des nouvelles Releases. Dans cette section, nous présentons quelques fonctionnalités en cours de normalisation pour la Release 11, ou attendues pour la Release 12, et qui dessinent certaines grandes tendances d'évolution.

## CoMP

Le CoMP (*Coordinated MultiPoint*) désigne un mode d'opération du réseau où plusieurs points de transmission/réception sont coordonnés avec une faible latence en vue de réduire l'interférence intercellulaire. Un point de transmission/réception peut désigner les antennes d'un eNodeB macro servant une cellule donnée, ou un eNodeB pico, ou encore, comme nous le verrons plus loin, une tête radio déportée (RRH, pour *Remote Radio Head*). La coordination concerne notamment les décisions de scheduling et/ou le précodage spatial appliqué(s) par chaque point de transmission. Le CoMP permet de mettre en œuvre les traitements suivants en émission.

*Transmission conjointe* de plusieurs points (*Joint Transmission*) : le signal destiné à un UE est transmis de plusieurs antennes géographiquement distribuées. Ce schéma de transmission est similaire dans son principe à la macrodiversité utilisée en UMTS, si ce n'est que le MIMO est maintenant mis à profit pour maximiser les performances de la transmission. En effet, l'ensemble des points coordonnés (dont chacun peut mettre en œuvre plusieurs antennes) constitue un système MIMO dont les antennes ne sont pas colocalisées ; les grands principes du MIMO peuvent ainsi s'y appliquer. La transmission conjointe est *cohérente* (les mêmes données sont transmises de plusieurs points, avec un précodage spatial déterminé conjointement pour que les signaux reçus se combinent de manière cohérente sur les antennes de l'UE) ou *non cohérente* (la combinaison cohérente n'est pas recherchée, voire chaque point transmet des données différentes). Le principe de la transmission conjointe est illustré à la figure 23-9 dans différents scénarios.

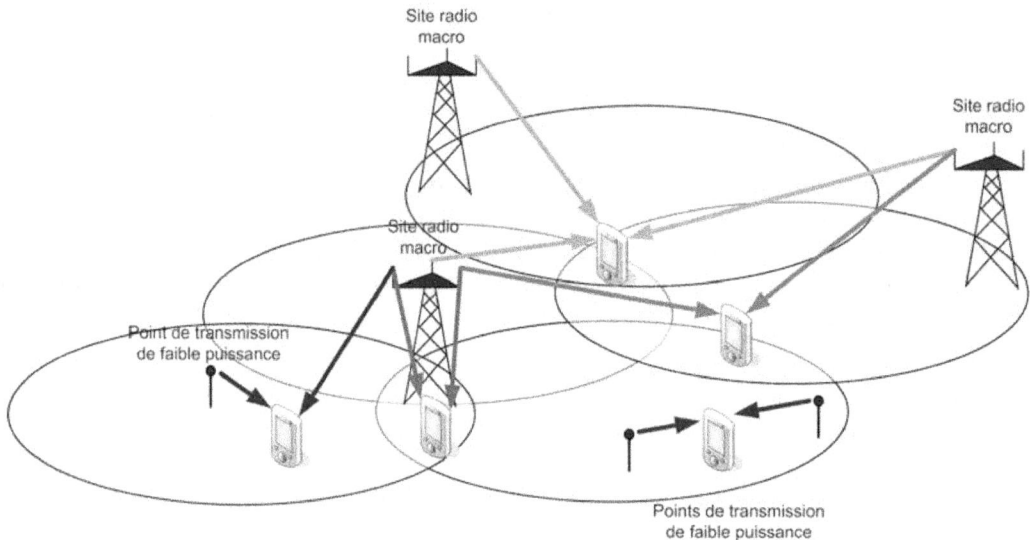

Figure 23-9
*CoMP avec transmission conjointe, dans différents scénarios de déploiement*

- *Scheduling et beamforming coordonnés* : les décisions de scheduling (et éventuellement les précodages appliqués) sont coordonnées entre plusieurs points de transmission de manière à minimiser l'interférence, mais la transmission vers un UE donné ne s'effectue que d'un seul point. Un exemple de coordination selon ce mode consiste à servir un UE dans une sous-trame si son faisceau préféré ne vise pas un UE sélectionné pour être servi par un autre point dans la même sous-trame.

- *Sélection et/ou extinction dynamique de point de transmission* : un seul point de transmission est utilisé pour servir un UE donné, mais peut être sélectionné dynamiquement (typiquement à chaque sous-trame) entre plusieurs points en fonction des variations du canal. De manière similaire, un point interférent peut également être éteint dynamiquement afin de réduire l'interférence pour un UE particulier.

Le CoMP s'applique aussi à la réception en voie montante, par exemple en combinant conjointement les signaux reçus de plusieurs points de réception, ou en sélectionnant dynamiquement le meilleur point de réception. Le CoMP en voie montante requiert cependant peu de modifications des spécifications car des solutions propriétaires peuvent être mises en œuvre sans aide de la norme.

Les schémas de transmission CoMP peuvent tirer parti du mode de transmission TM9 introduit en Release 10, car l'UE n'a alors pas besoin de savoir quels points de transmission participent à la transmission. Il suffit que tous utilisent le même signal de référence DMRS et l'origine de la transmission ainsi que son précodage sont transparents pour l'UE. Par ailleurs, les signaux de référence CSI-RS en Release 10 ont été conçus de manière à faciliter l'estimation du canal des points de transmission interférents, afin d'anticiper le besoin pour les UE d'estimer le canal de plusieurs points de transmission pour les CoMP. Des schémas de retour doivent cependant être normalisés en FDD pour que l'UE indique l'état de son canal pour plusieurs points de transmission, ce qui n'est pas possible en Release 10.

Les performances du CoMP dépendent beaucoup de la latence des échanges d'informations de contrôle et/ou de données entre les points coordonnés. Aussi le choix du type de technologie utilisée pour le réseau backhaul est-il crucial pour la mise en œuvre du CoMP. On considère que la technologie la mieux adaptée en termes de latence et de capacité est la fibre optique ; d'autres technologies peuvent néanmoins être utilisées, au prix d'une dégradation des performances. Par ailleurs, la coordination nécessite soit un équipement centralisé, soit d'être effectuée de manière distribuée entre les différents points coordonnés (par exemple par une relation maître/esclave).

À ce titre, un ensemble de RRH connectées à une même unité de bande de base (BBU, pour *Base Band Unit*) constitue un déploiement particulièrement bien adapté au CoMP. Rappelons que le principe des RRH est de séparer les fonctionnalités d'un eNodeB en deux entités : une BBU qui réalise l'ensemble des traitements des couches hautes et de la couche physique en bande de base, et une RRH qui assure les fonctions radiofréquence. La communication entre BBU et RRH s'effectue par fibre optique et consiste en échantillons du signal en bande de base. Cette séparation fonctionnelle permet de placer la RRH au plus près des antennes, réduisant ainsi les pertes de propagation dans les câbles convoyant le signal entre équipements radiofréquence et antennes. Par ailleurs, il est possible de colocaliser au même endroit les BBU contrôlant plusieurs sites radio, ce qui entre autres facilite les opérations de maintenance. Les RRH sont donc considérées comme une solution de choix pour le déploiement du LTE. Outre les avantages précédents valables pour tout déploiement, des RRH connectées à une même BBU, ou à des BBU colocalisées pouvant communiquer entre elles, présentent les caractéristiques suivantes bénéfiques au CoMP.

• Les RRH sont connectées aux BBU par des fibres optiques point-à-point, ce qui garantit une latence minimale et une capacité suffisante.

• Les traitements conjoints sont centralisés dans la BBU, ou peuvent être réalisés itérativement dans des BBU colocalisées ayant des facultés de communication, ce qui autorise des algorithmes de coordination performants.

Les RRH peuvent être de forte puissance et contrôler des cellules macro, ou contrôler des cellules pico placées sous la couverture d'une cellule macro, ou encore former des antennes distribuées d'une même cellule comme décrit à la section suivante.

Le scénario de déploiement de CoMP le plus simple est cependant de coordonner les cellules macro d'un même site, puisqu'il est alors aisé de centraliser les traitements pour ces cellules. Le CoMP entre des eNodeB et/ou des relais est également possible en principe, mais demande de normaliser des protocoles de communication dédiés entre nœuds (par exemple sur l'interface X2).

Le CoMP a été largement étudié au 3GPP au cours des Releases 10 et 11 ; le lecteur intéressé peut se reporter au document [3GPP 36.819, 2011] qui synthétise les résultats de ces études, notamment en ce qui concerne les performances. Le CoMP est spécifié en Release 11, au moins pour une coordination entre RRH car les échanges sur X2 ne sont pas normalisés dans cette Release.

## Vers une évolution du concept de cellule

Un scénario de déploiement hétérogène utilisant des RRH coordonnées fait l'objet de beaucoup d'attention au 3GPP. Ce scénario est similaire au scénario macro-pico discuté à la section « Coordination d'interférence améliorée (eICIC) » (p. 519), si ce n'est que tous les points de transmission (macro et de faible puissance) sont des RRH contrôlées par la même BBU (ou dont les BBU communiquent entre elles). Ce scénario de déploiement permet d'affecter le même identifiant de cellule (PCI) à tous les points de transmission de la cellule (eNodeB macro et RRH de faible puissance). La cellule macro est alors composée d'un ensemble de points de transmission/réception distribués sur la cellule et contrôlés par un même eNodeB comme illustré à la figure suivante.

Figure 23-10
*RRH de forte puissance et RRH de faible puissance contrôlées par une même BBU et associées au même identifiant de cellule*

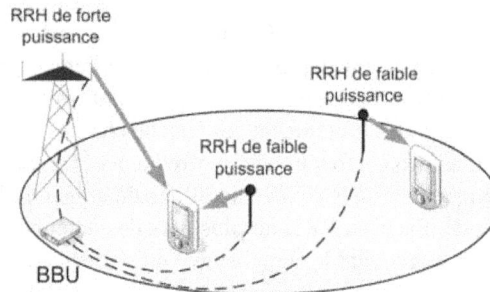

Contrairement au scénario macro-pico, où chaque pico contrôle une cellule avec son propre identifiant, ce scénario ne nécessite pas de handover lorsqu'un UE traverse la cellule, ce qui allège la signalisation radio et réseau (voir le chapitre 19). En outre, ce scénario de déploiement se prête bien à la mise en œuvre du CoMP entre les différents points de transmission, conduisant à une opération optimisée de la cellule. Des modifications de la norme sont en cours afin d'autoriser ce scénario en Release 11. Elles visent en particulier à permettre à un UE d'identifier les différents points de transmission, bien qu'ils soient associés à la même cellule. L'UE peut ainsi retourner des informations sur l'état de son canal vis-à-vis de chaque point. En outre, d'autres modifications visent à laisser les différents points réutiliser les mêmes ressources temps-fréquence, via des signaux de référence DMRS différenciés, en voie montante comme en voie descendante, et le ePDCCH (voir p. 529).

La dépendance stricte entre identifiant de cellule et point de transmission qui avait prévalu jusqu'à la Release 10 est donc assouplie.

## Récepteurs avancés

Bien qu'un accent particulier soit mis sur la réduction de l'interférence à l'émission, notamment par les techniques d'eICIC et de CoMP, il sera difficile pour ces traitements de supprimer toute l'interférence, dans tous les scénarios de déploiement.

Aussi, tout comme le HSPA a considérablement évolué vers des récepteurs avancés de plus en plus sophistiqués, il est vraisemblable que le LTE évoluera vers des récepteurs avancés au fur et à mesure de l'augmentation de la puissance de calcul des UE et eNodeB.

On assiste déjà aux prémices de cette évolution en Release 11, avec la normalisation de performances minimales pour deux types de traitements de réception au niveau de l'UE :

• des traitements visant à réduire l'interférence des CRS comme évoqué à la section « eICIC dans le domaine temporel » (p. 522), typiquement basés sur l'annulation d'interférence [CMCC, 2011] ;

- des récepteurs avancés de type IRC (voir le chapitre 5) pour réduire l'interférence intercellulaire par un traitement de réjection dans le domaine spatial [Renesas Mobile, 2012].

Les récepteurs de l'eNodeB ne sont pas normalisés, mais des récepteurs avancés de type turbo-SIC ont été pris en compte dans le cadre de la conception du MIMO en voie montante [Nokia Siemens Networks, Nokia, 2008].

Cette évolution est vraisemblablement appelée à se poursuivre avec des traitements de réception de plus en plus complexes et performants dans le futur.

## Porteuses non rétrocompatibles

Le MIMO en Release 8 est basé sur les signaux de référence CRS, qui présentent les inconvénients de :

- limiter les possibilités pour l'eNodeB d'économiser de l'énergie en se mettant en microsommeil, en raison de leur transmission continue indépendante du trafic ;

- contraindre le précodage, ce qui limite la performance du MU-MIMO et de certains schémas de CoMP ;

- créer une interférence intercellulaire résiduelle dans le cas de l'eICIC dans le domaine temporel.

Nous avons expliqué à la section « Nouveaux signaux de référence en voie descendante » (p. 510) que les CSI-RS et DMRS introduits en Release 10 résolvent ces problèmes, mais que les CRS doivent être en partie conservés du fait de certaines contraintes du système, ce qui limite les gains possibles en termes d'économie d'énergie et d'efficacité spectrale.

Afin de palier ces inconvénients, des travaux sur un nouveau type de porteuse ont commencé en Release 11. Cette porteuse ne transmet qu'un port CRS une fois toutes les 5 sous-trames pour aider l'UE à maintenir la synchronisation, éventuellement sur une largeur de bande réduite (ce point est encore à l'étude). La part de ressources occupées par les CRS devient ainsi extrêmement faible. En complément, des mécanismes sont définis en remplacement des CRS pour la mesure de l'interférence. En conséquence, les canaux de la région de contrôle des Releases 8/9/10, dont la démodulation est basée sur les CRS, ne sont pas transmis sur ce nouveau type de porteuse et un nouveau PDCCH basé sur les DMRS, appelé *enhanced PDCCH* (ePDCCH), est défini en Release 11 pour remplacer le PDCCH. L'ePDCCH prend en charge le beamforming et le MU-MIMO et est ainsi plus efficace spectralement que le PDCCH. Cette caractéristique, combinée à l'absence de CRS dans la région de contrôle comme dans la région de données, maximise le nombre de ressources disponibles pour le PDSCH, ce qui contribue à une meilleure efficacité spectrale.

Ce nouveau type de porteuse, attendu en Release 12, ne sera pas accessible aux UE des Releases 8-11, car ils n'y retrouveraient pas le format de trame qu'ils attendent. Les UE Release 12 pourront, eux, agréger ces porteuses avec des porteuses compatibles avec les précédentes Releases. Notons que le LTE continuera aussi d'évoluer en Release 12 selon un format de porteuse rétrocompatible. Le partage des fréquences d'un opérateur entre porteuses rétrocompatibles et porteuses du nouveau type pourra être adapté en fonction de l'évolution de son parc d'UE. Sur de nouvelles bandes (comme la bande 3,5 GHz), les porteuses du nouveau type pourront être déployées sans problème de rétrocompatibilité.

Dans un futur plus lointain, on peut également imaginer de faire évoluer le LTE en profondeur, par exemple en remplaçant l'OFDM par une nouvelle modulation multiporteuse en voie descendante, et de migrer les UE en douceur vers les nouvelles évolutions grâce à l'agrégation de porteuses selon le nouveau format avec des porteuses compatibles avec une version antérieure du LTE.

Le LTE n'est donc qu'au début de son histoire…

# Références

| | |
|---|---|
| [3GPP 25.912, 2006] | Rapport technique 3GPP TR 25.912, *Feasibility study for evolved Universal Terrestrial Radio Access (UTRA) and Universal Terrestrial Radio Access Network (UTRAN),* v7.1.0, octobre 2006. |
| [3GPP 36.211, 2011] | Spécification technique 3GPP TS 36.211, *E-UTRA, Physical channels and modulation,* v10.4.0, décembre 2011. |
| [3GPP 36.216, 2011] | Spécification technique 3GPP TS 36.216, *E-UTRA, Physical layer for relaying operation,* v10.3.1, septembre 2011. |
| [3GPP 36.306, 2012] | Spécification technique 3GPP TS 36.306, *E-UTRA, User Equipment (UE) radio access capabilities,* v10.5.0, mars 2012. |
| [3GPP 36.814, 2010] | Rapport technique 3GPP TR 36.814, *E-UTRA, Further advancements for E-UTRA physical layer aspects,* v9.0.0, mars 2010. |
| [3GPP 36.819, 2011] | Rapport technique 3GPP TR 36.819, *Coordinated multi-point operation for LTE physical layer aspects,* v11.1.0, décembre 2011. |
| [3GPP 36.912, 2010] | Rapport technique 3GPP TR 36.912, *Feasibility study for Further Advancements for E-UTRA (LTE-Advanced),* v9.3.0, juin 2010. |
| [3GPP 36.913, 2008] | Rapport technique 3GPP TR 36.913, *Requirements for further advancements for Evolved Universal Terrestrial Radio Access (E-UTRA) (LTE-Advanced),* v8.0.0, juin 2008. |
| [3GPP 36.921, 2010] | Rapport technique 3GPP TR 36.921, *E-UTRA, FDD Home eNodeB (HeNB) Radio Frequency (RF) requirements analysis,* v9.0.0, avril 2010. |
| [3GPP RAN4, 2010] | 3GPP TSG RAN WG4, *LS on simultaneous PUSCH and PUCCH and clustered SC-FDMA,* Liaison R4-101082, 3GPP TSG RAN WG4 #54, février 2010. |
| [CMCC, 2011] | CMCC, *Further Enhanced Non CA-based ICIC for LTE,* Description de Work Item RP-111369, septembre 2011. |
| [Gesbert *et al.,* 2007] | D. Gesbert, M. Kountouris, R. W. Heath, C.-B. Chae, T. Sälzer, *Shifting the MIMO Paradigm,* IEEE Signal Processing Magazine, septembre 2007. |
| [IEEE 802.16m SDD, 2010] | Spécification technique IEEE 802.16m *System Description Document (SDD),* décembre 2010. |
| [Nokia Siemens Networks, Nokia, 2008] | Nokia Siemens Networks, Nokia, *Considerations on SC-FDMA and OFDMA for LTE-Advanced Uplink,* Contribution R1-084319, 3GPP TSG RAN WG1 #55, novembre 2008. |
| [Renesas Mobile, 2012] | Renesas Mobile, *Improved Minimum Performance Requirements for E-UTRA: Interference Rejection,* Description de Work Item RP-120382, mars 2012. |
| [UIT-R M.2012, 2012] | Recommandation UIT-R M.2012, *Detailed specifications of the terrestrial radio interfaces of International Mobile Telecommunications-Advanced (IMT-Advanced),* janvier 2012. |
| [UIT-R M.2133, 2008] | Rapport UIT-R M.2133, *Requirements, evaluation criteria and submission templates for the development of IMT-Advanced,* janvier 2008. |

# ANNEXE

# Liste des sigles

| Sigle | Signification |
| --- | --- |
| 1G | 1$^{re}$ Génération de réseaux mobiles |
| 2G | 2$^e$ Génération de réseaux mobiles |
| 3G | 3$^e$ Génération de réseaux mobiles |
| 3GPP | Third Generation Partnership Project |
| 4G | 4$^e$ Génération de réseaux mobiles |
| ABS | Almost Blank Subframe |
| AMPS | Advanced Mobile Phone System |
| ANR | Automatic Neighbour Relation |
| AP | Application Protocol |
| APN | Access Point Name |
| ARCEP | Autorité de régulation des communications électroniques et des postes |
| ARFCN | Absolute Radio-Frequency Channel Number |
| ARIB | Association of Radio Industries and Businesses |
| ARP | Allocation and Retention Priority |
| ARQ | Automatic Repeat Request |
| AS | Access Stratum |
| ATIS | Alliance for Telecommunications Industry Solutions |
| ATM | Asynchronous Transfer Mode |
| AuC | Authentication Centre |
| BBU | BaseBand Unit |

| Sigle | Signification |
| --- | --- |
| BCCH | Broadcast Control CHannel |
| BCH | Broadcast CHannel |
| BLER | BLock Error Rate |
| BPSK | Binary Phase Shift Keying |
| BSC | Base Station Controller |
| BSIC | Base Station Identity Code |
| BSR | Buffer Status Report |
| BTS | Base Transceiver Station |
| CAZAC | Constant Amplitude Zero Auto-Correlation |
| CC | Chase Combining |
| CCE | Control Channel Element |
| CDD | Cyclic Delay Diversity |
| CDMA | Code Division Multiple Access |
| CFI | Control Format Indicator |
| CL-DFTS-OFDM | Clustered DFT-Spread OFDM |
| CN | Core Network |
| CoMP | Coordinated MultiPoint |
| CP | Cyclic Prefix |
| CPC | Continuous Packet Connectivity |
| CQI | Channel Quality Indicator |
| CRC | Cyclic Redundancy Check |
| CRS | Cell-specific Reference Signal |
| CS | Circuit Switched |
| CSG | Closed Subscriber Group |
| CSI-RS | Channel State Information Reference Signal |
| CT | Core network and Terminals |
| CWTS | China Wireless Telecommunication Standard |
| DAI | Downlink Assignment Index |
| DC | Direct Current |
| DC-HSDPA | Dual-Carrier High Speed Downlink Packet Access |
| DC-HSUPA | Dual-Carrier High Speed Uplink Packet Access |
| DCI | Downlink Control Information |
| DCS | Digital Cellular System |
| DFT | Discrete Fourier Transform |

| Sigle | Signification |
|---|---|
| DL | DownLink |
| DMRS | DeModulation Reference Signal |
| DRX | Discontinuous reception |
| DSCP | Differentiated Services Code Point |
| DwPTS | Downlink Pilot Time Slot |
| EDGE | Enhanced Data rates for GSM Evolution |
| eICIC | enhanced ICIC |
| EIR | Equipment Identity Register |
| eNB | eNodeB |
| eNodeB | evolved NodeB |
| EPC | Evolved Packet Core |
| ePDCCH | enhanced PDCCH |
| EPRE | Energy Per Resource Element |
| EPS | Evolved Packet System |
| E-RAB | EPS RAB |
| ETSI | European Telecommunications Standards Institute |
| E-UTRAN | Evolved-Universal Terrestrial Radio Access Network |
| FDD | Frequency Division Duplex |
| FDMA | Frequency Division Multiple Access |
| FFR | Fractional Frequency Reuse |
| FFT | Fast Fourier Transform |
| FSTD | Frequency Switched Transmit Diversity |
| FTTH | Fiber To The Home |
| GBR | Guaranteed Bit Rate |
| GERAN | GSM EDGE Radio Access Network |
| GGSN | Gateway GPRS Support Node |
| GPRS | General Packet Radio Service |
| GPS | Global Positioning System |
| GSM | Global System for Mobile communications |
| GSMA | GSM Association |
| GTP | GPRS Tunnelling Protocol |
| GTP-C | GPRS Tunnelling Protocol – Control plane |
| GTP-U | GPRS Tunnelling Protocol – User plane |
| GW | GateWay |
| HARQ | Hybrid Automatic Repeat reQuest |

| Sigle | Signification |
| --- | --- |
| HeNB | Home eNodeB |
| Het Net | Heterogeneous Network |
| HII | High Interference Indication |
| HLR | Home Location Register |
| HPLMN | Home PLMN |
| HSDPA | High Speed Downlink Packet Access |
| HSPA | High Speed Packet Access |
| HSS | Home Subscriber Service |
| HSUPA | High Speed Uplink Packet Access |
| ICIC | Inter-Cell Interference Coordination |
| IDFT | Inverse Discrete Fourier Transform |
| IEEE | Institute of Electrical and Electronics Engineers |
| IETF | Internet Engineering Task Force |
| IFDMA | Interleaved Frequency Division Multiple Access |
| IFFT | Inverse Fast Fourier Transform |
| IMEI | Internation Mobile Equipment Identity |
| IMS | IP Multimedia Subsystem |
| IMSI | International Mobile Subscriber Identity |
| IMT | International Mobile Telecommunications |
| IP | Internet Protocol |
| IR | Incremental Redundancy |
| IRC | Interference Rejection Combining |
| LTE | Long Term Evolution |
| M2M | Machine-to-Machine |
| MAC | Selon le contexte, Medium Access Control ou Message Authentication Code |
| MBMS | Multimedia Broadcast Multicast Service |
| MBR | Maximum Bit Rate |
| MBSFN | Multicast Broadcast Single Frequency Network |
| MCS | Modulation and Coding Scheme |
| ME | Mobile Equipment |
| MIB | Master Information Block |
| MIMO | Multiple Input Multiple Output |
| MME | Mobility Management Entity |
| MMSE | Minimum Mean Square Error |
| MRC | Maximum Ratio Combining |

| Sigle | Signification |
| --- | --- |
| MSC | Mobile Switching Center |
| MSISDN | Mobile Station ISDN number |
| MTC | Machine-Type Communication |
| MU-MIMO | Multi-User MIMO |
| NAS | Non Access Stratum |
| NDI | New Data Indicator |
| NMT | Nordic Mobile Telephone |
| NRT | Neighbour Relation Table |
| O&M | Operation & Maintenance |
| OFDM | Orthogonal Frequency Division Multiplexing |
| OFDMA | Orthogonal Frequency Division Multiple Access |
| OI | Overload Indication |
| OLLA | Open Loop Link Adaptation |
| OMA | Open Mobile Association |
| P2P | Peer-To-Peer |
| PAPR | Peak to Average Power Ratio |
| PBCH | Physical Broadcast CHannel |
| PCEF | Policy and Charging Enforcement Function |
| PCFICH | Physical Control Format Indicator CHannel |
| PCG | Project Coordination Group |
| PCH | Paging CHannel |
| PCI | Physical Cell Identifier |
| PCRF | Policy and Charging Rules Function |
| PDC | Personal Digital Cellular |
| PDCCH | Physical Downlink Control CHannel |
| PDCP | Packet Data Convergence Protocol |
| PDN | Packet Data Network |
| PDP | Packet Data Protocol |
| PDSCH | Physical Downlink Shared CHannel |
| P-GW | PDN-GateWay |
| PHICH | Physical HARQ Indicator CHannel |
| PLMN | Public Land Mobile Network |
| PMI | Precoding Matrix Indicator |
| PRACH | Physical Random Access CHannel |
| PRB | Physical Resource Block |

| Sigle | Signification |
| --- | --- |
| PS | Packet Switched |
| PSC | Primary Scrambling Code |
| PSS | Primary Synchronization Signal |
| PUCCH | Physical Uplink Control CHannel |
| PUSCH | Physical Uplink Shared CHannel |
| QAM | Quadrature Amplitude Modulation |
| QCI | QoS Class Identifier |
| QoS | Quality of Service |
| QPP | Quadratic Permutation Polynomial |
| QPSK | Quadrature Phase Shift Keying |
| RAB | Radio Access Bearer |
| RAN | Radio Access Network |
| RAT | Radio Access Technologies |
| RB | Radio Bearer |
| RBG | Resource Block Group |
| RE | Resource Element |
| REG | Resource Element Group |
| RI | Rank Indicator |
| RIV | Resource Indication Value |
| RLC | Radio Link Control |
| RNC | Radio Network Controller |
| RNL | Radio Network Layer |
| RNTI | Radio Network Temporary Identity |
| RNTP | Relative Narrowband Tx Power |
| RRC | Radio Resource Control |
| RRH | Remote Radio Head |
| RRM | Radio Resource Management |
| RS | Reference Signal |
| RSRP | Reference Signals Received Power |
| RSRQ | Reference Signals Received Quality |
| RTD | Round Trip Delay |
| RV | Redundancy Version |
| S1-AP | S1 Application Protocol |
| SA | Service and System Aspects |
| SaaS | Software as a Service |

| Sigle | Signification |
| --- | --- |
| SAE | System Architecture Evolution |
| SC-FDMA | Single Carrier-Frequency Division Multiple Access |
| SCH | Shared CHannel |
| SCTP | Stream Control Transmission Protocol |
| SeGW | Security GateWay |
| SFBC | Space Frequency Block Coding |
| SGSN | Serving GPRS Support Node |
| S-GW | Serving GateWay |
| SIB | System Information Block |
| SIC | Successive Interference Cancellation |
| SINR | Signal to Interference and Noise Ratio |
| SIP | Session Initiation Protocol |
| SMS | Short Message Service |
| SORTD | Spatial Orthogonal Resource Transmit Diversity |
| SPS | Semi-Persistent Scheduling |
| SR | Scheduling Request |
| SRS | Sounding Reference Signal |
| SR-VCC | Single Radio Voice Call Continuity |
| SSS | Secondary Synchronization Signal |
| SU-MIMO | Single User-MIMO |
| SVD | Singular Value Decomposition |
| TA | Tracking Area |
| TAC | Tracking Area Code |
| TACS | Total Access Communication System |
| TB | Transport Block |
| TBS | Transport Block Size |
| TCI | Target Cell Identifier |
| TCP | Transmission Control Protocol |
| TDD | Time Division Duplex |
| TDM | Time Division Multiplexing |
| TDMA | Time Division Multiple Access |
| TD-SCDMA | Time Division – Synchronous Code Division Multiple Access |
| TE | Terminal Equipment |
| TFT | Traffic Flow Template |
| TG | Temps de garde |

| Sigle | Signification |
|-------|---------------|
| TISPAN | Telecoms and Internet converged Services and Protocols for Advanced Networks |
| TM | Transmission Mode |
| TNL | Transport Network Layer |
| TNT | Télévision numérique terrestre |
| TPC | Transmit Power Control |
| TS | Technical Specification |
| TSG | Technical Specification Group |
| TTA | Telecommunication Technology Association |
| TTI | Transmission Time Interval |
| UDP | User Datagram Protocol |
| UE | User Equipment |
| UIT | Union internationale des télécommunications |
| UL | UpLink |
| UMTS | Universal Mobile Telecommunications System |
| UpPTS | Uplink Pilot Time Slot |
| USIM | Universal Subscriber Identity Module |
| UTRAN | Universal Terrestrial Radio Access Network |
| VLR | Visitor Location Register |
| VoIP | Voice over IP |
| VPLMN | Visited PLMN |
| VRB | Virtual Resource Block |
| WEP | Wired Equivalent Privacy |
| WiMAX | Worldwide Interoperability for Microwave Access |
| WPA | Wi-Fi Protected Access |
| WRC | World Radiocommunication Conference |
| X2-AP | X2 Application Protocol |
| x-DSL | x-Digital Subscriber Line |
| ZC | Zadoff-Chu |

# Index

www.ingramcontent.com/pod-product-compliance
Lightning Source LLC
Chambersburg PA
CBHW060948210326
41598CB00031B/4752